- 2013年度国家社科基金一般项目（13BZS086）资助
- 陕西师范大学优秀学术著作出版基金资助
- 陕西师范大学史学丛书资助

陕西师范大学史学丛书

嬗变、趋同及比较
北朝后期民族认同及区域文化研究

黄寿成 著

Transmutation, Convergence and Comparison
—— A Study of Ethnic Identity and Regional
Culture in the Late Northern Dynasty

中国社会科学出版社

图书在版编目（CIP）数据

嬗变、趋同及比较：北朝后期民族认同及区域文化研究／黄寿成著. —北京：中国社会科学出版社，2019.1（2022.11 重印）
ISBN 978-7-5203-3133-3

Ⅰ.①嬗… Ⅱ.①黄… Ⅲ.①胡（古族名）—对比研究—汉族—民族文化—研究—中国—古代 Ⅳ.①K289②K281.1

中国版本图书馆 CIP 数据核字（2018）第 209626 号

出 版 人	赵剑英	
责任编辑	宋燕鹏	
责任校对	王　龙	
责任印制	李寡寡	

出　　版	中国社会科学出版社	
社　　址	北京鼓楼西大街甲 158 号	
邮　　编	100720	
网　　址	http：//www.csspw.cn	
发 行 部	010-84083685	
门 市 部	010-84029450	
经　　销	新华书店及其他书店	

印　　刷	北京明恒达印务有限公司	
装　　订	廊坊市广阳区广增装订厂	
版　　次	2019 年 1 月第 1 版	
印　　次	2022 年 11 月第 2 次印刷	

开　　本	710×1000　1/16	
印　　张	31	
字　　数	491 千字	
定　　价	138.00 元	

凡购买中国社会科学出版社图书，如有质量问题请与本社营销中心联系调换
电话：010-84083683
版权所有　侵权必究

序

贾二强

近年来，已毕业的学生陆续将学位论文修订整理付之枣梨，多邀我作序，每临此刻，我都心怀喜悦。寿成君的这部书稿现置于案头，面对学生又一部大作，欣喜之余，更有一番别样的感受。寿成君与我有一层特殊关系，他是业师黄永年先生的哲嗣，因此与我之间并非寻常的师生之谊。忆及十几年前，寿成君考入我门下攻读博士，我曾戏言，你这位学生真令我省心，你的学业径由令老太爷代管代行可也。这番话竟使他十分紧张，连忙说：那可不行，和你们这些学生不同，我的这些事他从来不管！果不其然，先师真是内外有别，平日对我辈学业生活关怀有加，可谓无微不至，而寿成君在读期间，却从未对我提出任何要求，由此我也深深体会到他老人家对我辈门生的心血投入。

一代史学宗师陈寅恪先生对魏晋隋唐史研究做出了巨大贡献，他独具慧眼，提出承五胡十六国之后，北朝至唐代前期的种族与文化是认识这一时期历史演进的关键。这一观点得到广泛认同，此后中外学人多所关注，取得一系列重要成果。如众所知，先师黄永年先生是中古史的一代学术大家，北朝隋唐史尤为其所专擅，大作《六至九世纪中国政治史》堪称这一领域的经典之著。在考察这一时期政治史的同时，黄先生对于汉胡民族和区域文化也备为重视，在若干重要问题上取得了新的认识，深化了陈寅恪先生的研究。鉴于这一时期历史的复杂性，多种矛盾多种问题纵横交织错综复杂，前贤的工作虽然打开了宏观的思路，提供了有益的方法，但是对于所涉一些具体研究领域，尚有待于深化和细化，因而这一课题仍有很大的研究空间。

寿成君充分吸取前贤时辈的研究成果，将其考察重点集中于北朝后期。他从胡汉关系入手，主要从民族认同和区域文化视角，围绕民族冲突相互作用和文化交汇融合，就北朝时期的社会发展演进予以全面的考察探求。

公元6世纪30年代，称雄北方约一个半世纪的元魏解体为东魏、西魏，黄河流域大体形成以晋陕黄河至河南洛阳一线东西分治的局面，后又为把持朝政的权臣取得政权，分别建立高氏北齐和宇文氏北周。公元577年，北齐为北周所灭，581年杨坚代周建隋。这一段历史虽为时短暂，仅经历了不到50年，却经历了数次政权更迭、改制、内乱以及战争等重大事件，时局动荡，波谲云诡，成为观察和探究中古时期民族与文化交融变迁极其重要的一个窗口。

寿成君通观这一时期种种社会矛盾和风云变幻，经认真思考审度，选取了儒学传承、礼义习俗、典章制度、经济活动、文学艺术、宗教信仰、家庭家族等若干对于呈现一个时代文化状态具有指标意义的专题，采撷文献史料中的相关记载，主要通过各类人物生平活动和社会现象，细致而微地解析其时民族融合和文化发展的概貌、趋向和过程。

这部著作具有的最突出特点在于就此课题的微观细化和全面深化。如上所言，前贤于此题目已多有卓见，并指明了研究的方向。循此思路，寿成君不惮繁细，采用传统学术的考据方法，全面收集相关史料，进行了深入开掘。面对每一具体问题，他均尽量罗列排比材料，全面撷取文献中有关记事，逐一详加对比，分析综合，获得个人的结论。以典章制度为例。西魏北周在制度方面的复古倾向，前人多有关注，如行用所谓周礼六官之制，即是这个时期改变官制的重大举措。一般而言，论者多以《通典》的记述为据，通常以为这一制度仅施行于北周。寿成君经认真爬梳辨析史料，根据《周书·文帝纪》的一条记事大统年间宇文泰"命苏绰、卢辩依周制改创其事，寻亦置六卿官"，至恭帝三年正式实施，遂提出这一制度始行于西魏末年，此后终北周一代，弃置了前代北魏所行用的台省制度，一直采用此周礼六官之制。北周的礼仪制度如圆丘、宗庙、社稷等祭祀典礼亦多循西周之礼；选举制度则恢复两汉的察举，而并未实行汉魏以降的九品中正制。凡此种种均与北齐、南朝迥然有别。这一复古趋势与历史发展方向相背离，并不代表时代的主要潮流，对后世影响也极其有限，而寿成君就此予以特别说明，这实则代表了胡族政权统治者对于汉主流文化的认同和靠拢，只不过是一次选择偏离注定不会成功的尝试。

寿成君经过一番细致的探索与比较，就论题主旨得出了基本的认识：由于这一时期的地理环境、人文传统等历史因素的不同，各胡族的种族差异，各自发挥了独立的影响。而这一时期东西对峙的两个政权之间及其统治区域内不同民族不同文化的相互碰撞、相互影响，最终形成了以传统儒家思想为核心的全新汉文化，从而为日后隋唐时期的文化繁荣奠定了基础。基于这一认识，寿成君还针对海外学者提出的这一时期所形成的文化是一种既非胡又非汉的第三种形态，申明了不同的见解。由于大量繁复细密的引据和论证，因此他的这些认识可谓持之有故，有据有理，无疑加深了人们对于这一时期历史发展的认识。

这一课题的文献十分有限，厘清研究思路后如何合理而恰如其分地收集和使用材料却很费思量，看得出寿成君在这一方面下足了功夫。由于史料的细心开掘和周密的安排，书稿中总体看来材料却并不显单薄，因而各专题各事项的论证亦相当充分，这也是书稿予人最深刻的印象之一。其治学范式尤具先师之遗轨，学风朴厚笃实，足见寿成君颇得家学真传，素有根底，而先师学术，后不乏人，这也令我感到十分宽慰。

寿成君与我属于同代人，由于早年处于"文化大革命"动乱之世，未能完成系统的中小学学业，因此治学之路走得十分艰辛。而他命运尤为多舛，数次错失深造机缘，但矢志不移，玉汝于成，近年来不断有佳作问世，亦足以告慰先师在天之灵。

以寿成君坚忍不拔勤于探索的学术品格，我相信他将在学术上做出更多的贡献。

2018 年 3 月

目　录

绪　言 ………………………………………………………… (1)
　一　时代特征及现实意义 ………………………………… (3)
　二　研究现状 ……………………………………………… (5)
　三　研究思路 ……………………………………………… (11)

上编　民族认同

第一章　胡族的汉化 ……………………………………… (3)
第一节　儒学 ………………………………………………… (4)
　一　习读汉文化经典 ……………………………………… (5)
　二　尊师礼贤 ……………………………………………… (38)
　三　重视教育 ……………………………………………… (54)
第二节　礼义习俗 …………………………………………… (59)
　一　礼俗 …………………………………………………… (60)
　二　忠孝节义 ……………………………………………… (64)
第三节　姓名籍贯郡望世系 ………………………………… (70)
　一　东魏北齐统治地区胡族的良好表现 ………………… (70)
　二　西魏北周统治区胡族的表现 ………………………… (74)
第四节　文学艺术 …………………………………………… (78)
　一　语言文学 ……………………………………………… (78)
　二　艺术 …………………………………………………… (83)

第五节　社会风尚及生活 …………………………………… (87)
　　一　宗教 ………………………………………………… (88)
　　二　婚姻及女学 ………………………………………… (92)
　　三　社会风气及生活 …………………………………… (96)
　本章小结 …………………………………………………… (97)

第二章　各政权制度方面的汉化 ………………………… (100)
　第一节　职官制度 ………………………………………… (100)
　　一　北齐政权基本沿袭北魏制度 ……………………… (101)
　　二　北周政权实行周六官制 …………………………… (111)
　第二节　选举制度 ………………………………………… (116)
　　一　北齐政权沿用九品中正制并有所发展 …………… (116)
　　二　北周政权恢复察举制度 …………………………… (118)
　第三节　礼仪制度 ………………………………………… (122)
　　一　北齐政权继承发展汉魏以来礼仪 ………………… (122)
　　二　北周政权多追循周礼 ……………………………… (151)
　第四节　法律制度 ………………………………………… (161)
　　一　北齐政权法律制度多有创新 ……………………… (162)
　　二　北周政权法律制度较为落后 ……………………… (164)
　第五节　经济制度及措施 ………………………………… (166)
　　一　北齐政权行均田租调等制度措施 ………………… (166)
　　二　西魏北周政权此类制度的演变 …………………… (171)
　第六节　军事制度 ………………………………………… (173)
　　一　东魏北齐政权继承发展北魏制度 ………………… (173)
　　二　西魏北周政权实行府兵制 ………………………… (176)
　第七节　都城制度 ………………………………………… (177)
　　一　东魏北齐的洛阳模式 ……………………………… (177)
　　二　西魏北周的长安模式 ……………………………… (182)
　本章小结 …………………………………………………… (186)

第三章　外来文化对汉族的影响 …………………………………（190）
第一节　外来文化对于儒学的影响 ………………………………（190）
　　一　对于东魏北齐统治区多方面的影响 ………………………（191）
　　二　西魏北周统治地区亦不能免俗 ……………………………（193）
第二节　宗教 ………………………………………………………（194）
　　一　佛教在东魏北齐统治区影响很大 …………………………（194）
　　二　佛教对于西魏北周统治区的影响亦不可轻视 ……………（199）
第三节　文学艺术 …………………………………………………（203）
　　一　语言文学 ……………………………………………………（203）
　　二　艺术 …………………………………………………………（205）
第四节　风尚习俗 …………………………………………………（207）
　　一　社会风俗的变化 ……………………………………………（208）
　　二　尚武之风 ……………………………………………………（216）
　　三　使用胡姓胡名 ………………………………………………（222）
　　四　妇女两性观念的变化 ………………………………………（227）
　　五　生活器物及服饰 ……………………………………………（230）
本章小结 ……………………………………………………………（232）

下编　区域文化之比较

第一章　胡汉文化之整合趋同及区域差异 ………………………（237）
第一节　儒学教育之趋同及其差异 ………………………………（237）
　　一　东魏北齐统治区儒学教育发达 ……………………………（238）
　　二　西魏北周统治区儒学教育发展稍慢 ………………………（243）
　　三　两大区域的差异 ……………………………………………（245）
第二节　文化机构设置之异同 ……………………………………（249）
　　一　北齐文林馆的设置 …………………………………………（249）

二　北周麟趾学的设置 …………………………………………（250）
　　三　两大机构的异同 ……………………………………………（251）
第三节　各项制度及其异同 …………………………………………（253）
　　一　东魏北齐政权制度沿袭演变 ………………………………（253）
　　二　西魏北周统治区制度之变化 ………………………………（255）
　　三　两大区域之异同 ……………………………………………（257）
第四节　学者著述 ……………………………………………………（259）
　　一　东魏北齐政权统治区著述颇丰 ……………………………（259）
　　二　西魏北周政权统治区著述甚多 ……………………………（265）
　　三　两大区域之比较 ……………………………………………（271）
第五节　文学艺术表现及其异同 ……………………………………（272）
　　一　东魏北齐统治区文学艺术得到长足发展 …………………（273）
　　二　西魏北周统治区文学艺术也颇有声势 ……………………（293）
　　三　两大区域之异同 ……………………………………………（306）
第六节　礼仪习俗社会生活之趋同及其差异 ………………………（314）
　　一　东魏北齐统治区较为文明 …………………………………（315）
　　二　西魏北周统治区较为落后 …………………………………（317）
　　三　两大区域之异同 ……………………………………………（318）
第七节　北朝后期最高统治者家族汉化及比较 ……………………（319）
　　一　高氏家族的汉化 ……………………………………………（319）
　　二　宇文氏家族的汉化 …………………………………………（322）
　　三　高氏家族与宇文氏家族汉化之比较 ………………………（327）
本章小结 ………………………………………………………………（329）

第二章　胡汉文化整合趋同及地域差异之缘由 ……………………（333）
　第一节　胡汉文化之整合趋同 ……………………………………（333）
　　一　文化整合趋同的主流 ………………………………………（334）
　　二　文化整合趋同的缘由 ………………………………………（337）
　第二节　区域文化差异之缘由 ……………………………………（339）

一　自然环境 …………………………………………（340）
　　二　人文环境 …………………………………………（342）
　　三　学者的构成 ………………………………………（346）
　　四　士族的存在 ………………………………………（368）
　　五　中枢权力核心中的胡汉比例 ……………………（404）
　　六　战乱之影响 ………………………………………（436）
　本章小结 …………………………………………………（447）

结束语 ……………………………………………………（452）

主要参考文献 ……………………………………………（455）

后记 ………………………………………………………（464）

绪　　言

所谓"民族认同"有广义、狭义之分，广义的民族认同是指对某一主权民族国家的认同，即国家认同。狭义的民族认同是指一个国家中的各个民族对各自民族文化的认同，即族群认同。而在中国古代社会民族认同多是指文化的认同。至于"文化"的定义有多种解释，据20世纪50年代初的统计有160多种，但是对于什么是文化，却是明确的，即凡是人类生活的方式的各个方面都属于文化的范畴。具体分为物质文化和非物质文化这两大类。狭义的文化是指意识形态所创造的精神财富，包括宗教、信仰、风俗习惯、学术思想、文学艺术、科学技术。广义的文化是指人类在社会历史发展过程中所创造的物质财富和精神财富的总和，还包括道德情操、各种制度等，特指社会意识形态，中国文化当然也包括这些范畴。而中国文化一般称为中华文化，亦叫华夏文化、华夏文明，即汉族文化，汉文化。并且流传年代久远，地域甚广，以文化圈概念亦被称为"汉文化圈"。但是由于中国幅员广阔，历史悠久，各地区自然环境不同，人文历史环境的差异，造成了各地区文化的差异，在中国境内形成了齐鲁文化、三晋文化、燕赵文化、三秦文化、河陇文化、荆楚文化、湖湘文化、吴越文化、江淮文化、赣文化、徽文化、巴蜀文化、岭南文化、闽文化、客家文化、东北文化、藏文化等各种文化，这些文化中虽然存在着差异，可是除藏文化外大多还是属于以儒家思想为核心的汉文化的范畴，是我国历史上的各族先民共同创造的。并且对于周边国家特别是东亚的日本及朝鲜半岛的文化影响极大。

而在中国文化的形成过程中，魏晋南北朝时期是一个重要的历史时期，虽然魏晋南北朝时期是中国历史上的一个社会动荡、战乱不断、王朝更迭频繁的历史时期，其间经历了三国、两晋（包括五胡十六国）、南北朝几个历史阶段，在中国北方先后经历了八王之乱、西晋统一、"永嘉之乱"、北魏统一北方、北魏孝文帝改革、六镇起兵等重大历史事件。北魏拓跋氏统一北方后，进入中原的胡族部落迅速解体，① 并与当地的汉民族杂居，于是北魏孝文帝进行了改革，推行均田制、三长制，迁都洛阳、改汉姓，这一系列措施从主观、客观上促进了北方的民族融合。但是这场改革从另一方面则触动了一些鲜卑人特别是六镇鲜卑的既得利益，由此爆发了六镇等一系列兵变，最终导致北魏灭亡。北魏灭亡后，在平定兵变的过程中分别形成了以高欢为首的怀朔军事集团和以宇文泰为首的武川军事集团，而高欢集团消灭了契胡尔朱氏势力，占据山东地区，宇文泰集团则占据关陇地区，将北魏分裂为东魏、西魏，最后高氏取代东魏建立北齐，宇文氏取代西魏建立北周，中国北方进入了东西对峙时期，即本书要研究的北朝后期，也就是指东魏北齐与西魏北周对峙到北周灭亡这个历史时期，时间自孝武帝出奔关中、高欢立孝静帝的公元534年，至杨坚废北周静帝建立隋朝的公元581年，共计47年，而这一时期则是魏晋南北朝时期特别值得注意的一个历史时期。在这一时期，东魏北齐共有七个皇帝，其间出现了一次王朝更替，西魏北周共有九个皇帝，其间也出现过一次王朝更替，此后于建德六年（577）北周灭北齐，大定元年（581）北周政权又被外戚杨坚所颠覆，杨氏建立隋朝，开皇九年（589）隋朝消灭南方的陈朝，实现了全国统一。至此延续半个多世纪的东西、南北对峙时期，即"后三国时期"最终结束了。但是这一时期又是各种文化相互碰撞、相互影响、最终融合的一个重要历史时期，特别是北齐的"河清均田"对于其统治区域内的北魏末年以来进入该地区的胡族汉化起了巨大的推动作用。

魏晋南北朝时期，由于门阀政治的兴衰、社会变迁、胡族内侵、人口流动、民族融合步伐的加快，加之在北魏统一前的一段时期中国北方长期战乱不断，先后出现过近二十个由各民族建立的政权，其中大多是由胡族

---

① 按："胡族"一词似乎不太符合现今民族政策，应该作"少数民族"。可是那一时期还有一些鲜卑化的汉人及一些族属不详的胡化族群。而将他们称作"少数民族化族群"则更不合适，因此还是称他们为"胡化族群"。为了与此相对应，本书仍然按以往前辈学者的惯例，称匈奴、羯、氐、鲜卑等当时的少数民族为"胡族"。

首领建立的,并且很多时期是多个政权并存割据,虽然中国北方经过了北魏的一度统一时期,但是此后又陷入东西对峙的战乱时期,而由于山东、关陇、江左三大区域的地理环境、历史人文环境不同,在一定程度上造成了各区域文化的差异。可是在不断变化的社会环境和自然环境中,人们思想活跃、视野开阔、感情奔放、勇于探索、富有创新精神,各种文化不断碰撞交流整合则促进了新的文化体系的形成。

一 时代特征及现实意义

所谓"文化"有广义和狭义之分,广义文化包括物质层面和非物质层面,而狭义文化只指非物质层面。而物质层面多指有形的田地、农舍及其他建筑物;非物质层面则包括了制度、学术水平、杰出人物多寡、精神心态以及风俗等诸多方面。

在南北朝后期中国的版图之内既有南北对峙,又有北方的东西两大政权对峙,在史籍中除了记载当时的政治、军事活动外,还或多或少地记载了一些文化的活动,而且由于此前中国北方的农业地区先后有匈奴、鲜卑、羯、氐、羌等胡族的涌入,并建立了多个割据政权,同时许多北方士族或南迁或避难河西等战乱较少的地区,该地区的汉文化也就受到了胡族文化的冲击,而进入中原的胡族则也受到了既强大又先进的汉文化的影响,于是胡汉各族开始了双向的文化交流,最终形成了一种融合各民族文化并且仍然以汉文化为主体的先进文化——隋唐文化。因此南北朝后期的文化上承汉晋十六国文化,下启隋唐文化,成为中国文化史上一个重要的历史时期。笔者以为有必要对北朝时期的文化进行系统的研究,包括这一时期文化的形成,胡汉文化如何相互碰撞、嬗变趋同,以及不同地区的文化差异等诸要素。而且北朝时期的文化与其他时期相比又具有其特点,具体表现为:

第一,北方各种文化的融合。由于自永嘉之乱以至北魏统一前,大批胡族进入中国北方农业地区并建立了许多割据政权,出现了五胡十六国的各政权割据局面,而秦汉以来形成的统一的、共同的、以儒家思想为核心的汉文化格局被打破。其时虽然匈奴、鲜卑、羯、氐、羌等胡族进入农业地区时带来了他们本族所特有的甚至中亚地区的文化,这些文化与农业地区的汉文化接触、碰撞之中既相互排斥又相互吸收对方文化的某些成分。

而自北魏统一中国北方进入南北朝时期，这种相互学习借鉴对方的文化的行为，既有各民族自发的又有国家强制推行的，所谓自发的是由于胡族进入中原后开始与汉族杂居，在生活上相互接触，文化上也就必然相互影响。其强制性则表现为某些政权推行某项措施，其典型事例就是北魏孝文帝推行汉化的改革，当然这次改革由于受到某些阻碍在北魏的六镇地区未能实施，但是进入东魏北齐与西魏北周政权东西对峙时期，北齐政权则强制推行了"河清均田"，给原居于北边六镇的军民补了课，推行了汉化政策。在这种文化的相互交流、相互影响以至融合的过程中，汉族和胡族既相互吸收对方的优秀文化，也不排除相互吸收了一些对方文化的糟粕，导致了不良的后果，例如北魏末年的所谓"六镇起义"，诚然与孝文帝迁都洛阳有关，但是最后导致北魏灭亡的缘由就不能不说是北魏的大批鲜卑贵族在接受汉文化的优秀成分时连一些糟粕也一并接受了过来，导致大批官僚贵族腐化。到北朝后期，文化上又经过去其糟粕取其精华的过程，最终为此后灿烂的隋唐文化的形成奠定了坚实基础。而这种文化的交流既表现在语言、文学、书法、绘画、音乐等狭义的融合，也包括思想、意识、制度乃至服饰、饮食、风俗习惯等方面的交流和融合。

第二，各区域文化的差异性。由于各区域自然地理环境的差异，经济发展的不平衡，加之进入各区域的胡族文化之修养的不同，世家大族对于所在地区的影响存在差异，汉族文化在各区域的影响力有强弱之分，各地区已具有迥异的风俗习惯和民族性格，还有政治上由来已久的行政区划，加上此前五胡十六国时期的长期分裂割据局面以及北朝后期的东西对峙格局，造成了政治上的多元化，也必然形成了北朝文化上的差异性，因此在这个时期中国北方就出现了河洛、齐鲁、燕赵、三晋、关中、河陇诸多文化圈，到北朝后期由于政治的缘由大致形成了山东和关陇两大文化区域，这些文化区域之间当然又存在着诸多差异。

第三，文化的双向交流。自"永嘉之乱"以来中国北方不断有较大规模的人口迁徙，这中间既有汉族向中原以外的地区迁移，又有胡族向中国北方农业地区的迁徙，伴随着这些接连不断的人口迁徙，这些外来的移民必将自身的文化带到了新的迁徙地，并与迁徙地原有的文化发生接触，在共同的生活中各种文化相互影响、相互交流，当然这种交流多是以文化水准较高的汉文化影响其他民族，但是其他民族文化中的一些因素也或多或少地影响着汉族。因此这种交流不是单向交流，而是双向交流。

第四，文化的开放性。南北朝以至上溯到三国两晋时期，对中国文化影响最大的外来文化莫过于在古代印度产生的佛教文化，这一时期佛教开始在社会各阶层传播，佛教与中国本土的道教、儒家思想文化相互碰撞、相互影响、相互吸收，使佛教逐渐完成了本土化过程，演变为中国化的佛教。另外这一时期的艺术也或多或少受到外来文化的影响，据文献记载音乐就受到了西域音乐的影响，而近年的考古发掘又证明在绘画、雕塑等方面也受到了外来文化特别是粟特文化的影响。

第五，新形成的仍然以儒家思想为核心的汉族文化，对后世文化也产生了巨大影响。正如陈寅恪先生所说的：隋唐之制度来源于北魏北齐、梁陈、西魏北周三源，而在这三源中，西魏、北周制度对于隋唐制度的影响远不如其他二源。并进一步指出："所谓（北）魏、（北）齐之源者，凡江左承袭汉、魏、西晋之礼乐政刑典章文物，自东晋至南齐其间所发展变迁，而为北魏孝文帝及其子孙摹仿采用，传至北齐成一大结集者是也。其在旧史往往以'汉魏'制度目之，实则其流变所及，不止限于汉魏，而东晋南朝前半期俱包括在内。旧史又或以'山东'目之者；则以山东之地指北齐言，凡北齐承袭元魏所采用东晋南朝前半期之文物制度皆属于此范围也。"① 可见北魏、东魏、北齐时期所形成的文化对隋唐时期的影响巨大，而北魏、东魏、北齐时期的文化则是以汉文化为主体的文化。

另外，研究中国古代民族认同问题，认识到魏晋南北朝时期最终形成的文化绝不是所谓既不属于汉族又不属于胡族的第三种形态的文化，而仍然是以儒家思想为核心的汉文化，这就不仅有着重要的学术价值，还对于加强民族团结、巩固边疆、维护国家统一有着深远的历史意义和现实意义。另外，通过对区域文化差异的探讨及原因的分析，了解到各个地区文化的差异由来已久，其产生的原因也是多方面的，这又对国家加强西部开发、最终实现"一带一路"的宏伟蓝图有着现实意义。

二　研究现状

至于现今对于相关问题的研究概况如下：在文化史方面的研究，自

---

① 陈寅恪：《隋唐制度渊源略论稿·绪论》，上海古籍出版社1982年版，第1—2页。

20世纪中期以前有一些研究成果，进入20世纪80年代，文化研究成为一个热门学科，研究成果甚多。包括以下几个方面：（1）从文化要素入手，有周振鹤、游汝杰合撰《方言与中国文化》①，该书对于文化语言学研究具有开创性的意义，不仅没有局限于历代方言地理格局的研究，还揭示多种文化要素之间的关系，更重要的是在方法理论上有诸多创见。胡宝国《汉唐间史学的发展》②，从战国文化传统、经史之学、文史之学、史论、杂传与人物品评、南北史学异同等方面，多视角地考察了汉唐间史学的发展演变。（2）断代文化研究，文化地理方面虽然只有卢云《汉晋文化地理》③，可是该书从学术、婚姻、宗教、音乐四个文化要素对汉晋时期的文化分布及变迁进行了深入的研究。罗宏曾《魏晋南北朝文化史》④、万绳楠《魏晋南北朝文化史》⑤、熊铁基《汉唐文化史》⑥、曹文柱主编《中国文化通史·魏晋南北朝卷》⑦，另外一些断代史中亦有各个历史时期的文化研究。（3）区域文化研究，有司徒尚纪《广东文化地理》⑧、张伟然《湖南历史文化地理研究》⑨《湖北历史文化地理研究》⑩、张晓虹《文化区域的分异与整合》⑪、林拓《文化的地理分析》⑫、刘影《皇权旁的山西》⑬等著述，这些著述分别从方言、风俗、聚落、宗教、人才等诸方面对某一地区文化发展进行了探讨。（4）以问题为纲，周振鹤主著《中国历史文化区域研究》⑭，该书以文化区为线索，贯穿了语言、宗教、风俗、人物地理、文化重心、区域文化地理等专题。侯旭东《北朝村民的生活

---

① 上海人民出版社1997年版。
② 商务印书馆2003年版。
③ 陕西人民教育出版社1991年版。
④ 四川人民出版社1989年版。
⑤ 黄山书社1992年版。
⑥ 湖南出版社1992年版。
⑦ 中共中央党校出版社2000年版。
⑧ 广东人民出版社1993年版。
⑨ 复旦大学出版社1995年版。
⑩ 湖北教育出版社2000年版。
⑪ 上海书店出版社2004年版。
⑫ 上海书店出版社2004年版。
⑬ 新星出版社2007年版。
⑭ 复旦大学出版社1997年版。

世界》①，该书对于北朝时期村民的生活诸多方面做了深入的分析研究。介永强《西北佛教历史文化地理研究》②，揭示各历史时期佛教文化要素在西北地区的空间组合、地域差异及分布的历史成因。（5）比较研究，有王晖《商周文化比较研究》③，该书从天神上帝及其文化圈、思想文化、制度文化、习俗文化及文化渊源等方面入手，对于商周两朝文化之差异进行了分析。

关于魏晋南北朝史研究的包括：（1）通史研究，吕思勉《两晋南北朝史》④、劳干《魏晋南北朝史》⑤、何兹全《魏晋南北朝史略》⑥、王仲荦《魏晋南北朝史》⑦、林瑞翰《魏晋南北朝史》⑧、黎杰《魏晋南北朝史》⑨、邹纪方《魏晋南北朝史》⑩、韩国磐《魏晋南北朝史纲》⑪、万绳楠《魏晋南北朝史论稿》⑫、何兹全《中国古代社会》⑬、简修炜《六朝史稿》⑭、黄永年《六至九世纪中国政治史》⑮。（2）断代研究，有杜士铎《北魏史》⑯，雷依群《北周史稿》⑰。虽然这些著述基本上是对那一时期的历史做全面的论述，但是也涉及文化的诸多方面。（3）地区研究，有李文才《三至六世纪益梁地区》⑱、汪波《魏晋北朝并州地区研究》⑲，都是对这一时期的某一地区进行的综合研究。（4）专题研究，有杨筠如

---

① 商务印书馆2005年版。
② 人民出版社2008年版。
③ 人民出版社2001年版。
④ 开明书店1948年版。
⑤ 台北中华文化出版委员会1955年版。
⑥ 上海人民出版社1958年版。
⑦ 上海人民出版社1979年版。
⑧ 台北至大公司1977年版。
⑨ 台北九思出版社1978年版。
⑩ 台北长桥出版社1979年版。
⑪ 人民出版社1983年版。
⑫ 安徽教育出版社1983年版。
⑬ 河南人民出版社1991年版。
⑭ 华东师范大学出版社1994年版。
⑮ 上海书店出版社2004年版。
⑯ 山西高校联合出版社1992年版。
⑰ 陕西人民教育出版社1999年版。
⑱ 商务印书馆2002年版。
⑲ 人民出版社2001年版。

《九品中正与六朝门阀》①、容肇祖《魏晋的自然主义》②、王伊同《五朝门第》③、贺昌群《魏晋思想初论》④、毛汉光《两晋南北朝士族政治之研究》⑤、郭朋《汉魏两晋南北朝佛教》⑥、王青《汉魏两晋南北朝佛教信仰与神话》⑦、王葆玄《正始史学》⑧、汤一介《魏晋南北朝时期的道教》⑨、孔繁《魏晋玄谈》⑩、王晓毅《中国文化的清流》⑪、唐长孺《魏晋南北朝隋唐史三论》⑫、陈戍国《魏晋南北朝礼制研究》⑬、章权才《魏晋南北朝隋唐经学史》⑭、刘振东《中国儒学史·魏晋南北朝卷》⑮、朱大渭《魏晋南北朝社会生活史》⑯、葛兆光《七世纪前中国的知识、思想与信仰世界》⑰《屈服史及其他：六朝隋唐道教的思想史研究》⑱、谢宝富《北朝婚丧礼俗研究》⑲、侯旭东《五、六世纪北方民众佛教信仰》⑳、梁满仓《汉唐间政治与文化探索》㉑、杨泓《汉唐美术考古和佛教艺术》㉒、王利华《中国华北饮食文化的变迁》㉓、阎步克《乐师与史官——传统政治文化与

---

① 商务印书馆1930年版。
② 商务印书馆1935年版。
③ 金陵大学1943年版。
④ 商务印书馆1946年版。
⑤ 台湾学术著作奖助会1966年版。
⑥ 齐鲁书社1986年版。
⑦ 中国社会科学出版社2001年版。
⑧ 齐鲁书社1987年版。
⑨ 陕西师范大学出版社1988年版。
⑩ 辽宁教育出版社1991年版。
⑪ 中国社会科学出版社1991年版。
⑫ 武汉大学出版社1993年版。
⑬ 湖南教育出版社1995年版。
⑭ 广东人民出版社1996年版。
⑮ 广东教育出版社1998年版。
⑯ 中国社会科学出版社1998年版。
⑰ 复旦大学出版社1998年版。
⑱ 生活·读书·新知三联书店2003年版。
⑲ 首都师范大学出版社1998年版。
⑳ 中国社会科学出版社1998年版。
㉑ 贵州人民出版社2000年版。
㉒ 科学出版社2000年版。
㉓ 中国社会科学出版社2000年版。

政治制度论集》①、薛瑞泽《嬗变中的婚姻——魏晋南北朝婚姻形态研究》②、李书吉《北朝礼制法系研究》③。此外，域外的一些学者对于魏晋南北朝时期的文化也颇有研究，主要有韩国汉城大学东洋史学科朴汉济教授的《中国中世胡汉体制研究》④。

民族研究的著述则有姚薇元《北朝胡姓考》⑤、马长寿《乌桓与鲜卑》⑥《碑铭所见前秦至隋初的关中部族》⑦、黄烈《中国古代民族史研究》⑧、陈琳国《中古北方民族史探》⑨、陈连庆《秦汉魏晋南北朝少数民族姓氏研究》⑩、余太山《两汉魏晋南北朝与西域关系史研究》⑪、白翠琴《魏晋南北朝民族史》⑫、米文平著《鲜卑史研究》⑬、田余庆《拓跋史探》⑭、罗新《中古北族名号研究》⑮、王小甫《中国中古的族群凝聚》⑯，从多方面、多角度探讨分析了中国古代民族问题。

相关的论文集有唐长孺《魏晋南北朝史论丛》⑰《魏晋南北朝史论丛续编》⑱、周一良《魏晋南北朝论集》⑲、缪钺《读史存稿》⑳、陈寅恪

---

① 生活·读书·新知三联书店2001年版。
② 三秦出版社2001年版。
③ 人民出版社2002年版。
④ 韩国一潮阁1988年版。
⑤ 科学出版社1958年版。
⑥ 上海人民出版社1962年版。
⑦ 中华书局1985年版。
⑧ 人民出版社1987年版。
⑨ 商务印书馆2010年版。
⑩ 吉林文史出版社1993年版。
⑪ 中国社会科学出版社1995年版。
⑫ 四川民族出版社1996年版。
⑬ 中州古籍出版社2000年版。
⑭ 生活·读书·新知三联书店2003年版。
⑮ 北京大学出版社2009年版。
⑯ 中华书局2012年版。
⑰ 生活·读书·新知三联书店1955年版。
⑱ 生活·读书·新知三联书店1959年版。
⑲ 中华书局1963年版。
⑳ 生活·读书·新知三联书店1963年版。

《金明馆丛稿初编》[①] 何兹全《读史集》[②]、唐长孺《魏晋南北朝史论拾遗》[③]、郑欣《魏晋南北朝史探微》[④]、周一良《魏晋南北朝史论集续编》[⑤]、田余庆《秦汉魏晋史探微》[⑥]、谷霁光《谷霁光史学文集》[⑦]、朱大渭《六朝史论》[⑧]、黎虎《魏晋南北朝史论》[⑨]、黄永年《文史探微》[⑩]。

有关南北朝时期文化的研究论文，有罗宏曾《魏晋南北朝文化架构的特征》[⑪]，把魏晋南北朝时期定位为中国历史上第二次百家争鸣时期；周积明《论魏晋南北朝文化特质》[⑫]，认为魏晋南北朝文化特征是以经学独尊为内核的文化模式崩溃，取而代之的是生动活泼的多元文化；马良怀《魏晋南北朝时期的社会文化思潮论纲》[⑬]，认为魏晋南北朝时期是人们觉醒的时代，也是一个没有思想权威的时代；朱大渭《魏晋南北朝文化的基本特征》[⑭]，具体地给魏晋南北朝文化界定了自觉趋向、开放融合、宗教鬼神崇拜、区域文化四大特征；冯天瑜《魏晋南北朝文化刍议》[⑮]。而域外的一些学者对于魏晋南北朝时期的文化也颇有研究，其中韩国汉城大学东洋史学科朴汉济教授撰写了《北魏王权与胡汉体制》[⑯]，认为胡汉体制即"表示并存在同一地区和统治体制下的胡汉两个民族，在形成统一文化体制过程中的相互冲突、反目和融合，即以胡汉问题为基础的一切社会现象。换句话说……胡汉关系是构成这一时代的基本骨架；而且汉族文化同胡族文化互相融合，最后形成了既不属于汉族也不属于胡族的，即

---

① 上海古籍出版社 1980 年版。
② 上海人民出版社 1982 年版。
③ 中华书局 1983 年版。
④ 山东大学出版社 1989 年版。
⑤ 北京大学出版社 1991 年版。
⑥ 中华书局 1993 年版。
⑦ 江西人民出版社 1996 年版。
⑧ 中华书局 1998 年版。
⑨ 学苑出版社 1999 年版。
⑩ 中华书局 2000 年版。
⑪ 《天津社会科学》1987 年第 3 期。
⑫ 《江汉论坛》1989 年第 1 期。
⑬ 《中南民族学院学报》1991 年第 3 期。
⑭ 《文史哲》1993 年第 3 期。
⑮ 《中国文化研究》1994 年第 4 期。
⑯ 韩国《震檀学报》1987 年第 64 期。

Synthesized 的第三种形态的文化，是这一时代特殊的历史现象"①。为此朴汉济还撰写了《北魏均田制的成立和胡汉体制》②《北魏对外政策和胡汉体制——与统一体制指向相联系》③《北魏洛阳社会和胡汉体制——以都城区划和住民分布为中心》④ 《西魏北周时代胡姓的重行与胡汉体制——向"三十九国九十九姓"姓氏体制回归的目的和逻辑》⑤《西魏北周时代的赐姓与乡兵的府兵化》⑥《西魏北周时代胡汉体制的展开——胡姓重行的经过与其意义》⑦ 等一系列关于胡汉体制的论文，基本上奠定了这个理论框架。此外有关问题的研究还有笔者近年的几篇论著。

三 研究思路

虽然有上文所列举的诸多研究成果，但是对于北朝时期特别是北朝后期的文化认同及区域文化比较研究仍然一个相对薄弱的研究课题，包括卢云的《汉晋文化地理》也基本上只做到西晋时期。而南北朝阶段则是一个社会大动荡、战乱不断、各胡族不断融合到汉民族中去的特殊历史时期，在这一时期胡族或定鼎中原，或建立割据政权，胡汉文化相互碰撞、整合、趋同，而由于当时汉族文化处于一个较高的文明程度，因此最终在这一历史时期形成的新的汉文化虽然融入了胡族文化以及外来文化的因素，可是该文化仍然是以儒家思想为核心的汉文化，这一新文化为此后隋唐盛世奠定了坚实的文化基础。但是也有学者认为这一时期形成的文化既非汉文化又非胡文化，如韩国学者朴汉济教授就认为"汉族文化同胡族文化互相融合，最后形成了既不属于汉族也不属于胡族的，即 Synthesized 的第三种形态的文化"。为了弄清楚这个问题笔者以为有必要将这一时期文化加以梳理，廓清其发展演变的过程，在弄清这个问题同时也有必要将这一时期的各区域文化加以比较研究。

---

① 《中国史研究的成果与展望》，中国社会科学出版社 1991 年版，第 88 页。
② 韩国《东洋史学研究》1986 年第 24 期。
③ 《历史研究》1987 年第 116 期。
④ 韩国《泰东古典研究》1990 年第 6 期。
⑤ 《北朝研究》1993 年第 2 期。
⑥ 《历史研究》1993 年第 4 期。
⑦ 韩国《魏晋隋唐史研究》创刊号，1994 年。

从魏孝武帝出奔关中，孝静帝在山东地区即位，至北周武帝建德六年北齐灭亡，北周统一中国北方，一般称为北朝后期，或称为东西对峙时期，或称为后三国时期，由于文化的发展演变滞后于政治形势的演变，所以这一时期的文化也可下延至北周灭亡隋朝建立时为止。而这一时期两大区域分界比较明显，基本以东魏北齐统治区和西魏北周统治区来划分。

东魏北齐与西魏北周两大政权对峙时期中国北方大致可按其统治区划分为两大区域，东魏北齐政权统治地区主要是指函谷关以东的山东地区，西魏北周政权统治地区主要是指关陇地区，还包括弘农、河东等地的一部分。据《魏书·地形志》《隋书·地理志》，参考谭其骧先生主编的《中国历史地图集》第四册、王仲荦先生《北周地理志》、施和金先生《北齐地理志》，将东魏北齐和西魏北周两大统治区域所辖州郡列表如下：①

区域	州名	所领郡名	备注
东魏北齐统治区域	司　州	清都尹、林虑郡、阳平郡、广平郡、北广平郡、襄国郡、汲郡、广宗郡、东郡、顿丘郡、濮阳郡、黎阳郡、清河郡	
	定　州	中山郡、常山郡、钜鹿郡、博陵郡、北平郡	
	冀　州	勃海郡、长乐郡、武邑郡、安德郡	
	瀛　州	高阳郡、章武郡、河间郡	
	殷　州	赵郡、南赵郡、钜鹿郡	
	沧　州	浮阳郡、乐陵郡、安德郡	
	幽　州	范阳郡、燕郡、渔阳郡	
	安　州	密云郡、广阳郡、安乐郡	
	营　州	昌黎郡、建德郡、辽东郡、乐良郡、冀阳郡、营丘郡	
	平　州	北平郡、辽西郡	

---

① 此表中多次出现某一个郡属于几个州的现象，这是因为这个郡在不同时期所隶属的州有所变化的缘故。

续表

区域	州名	所领郡名	备注
东魏北齐统治区域	南营州	昌黎郡、营丘郡、辽东郡、建德郡、乐良郡	
	东燕州	上谷郡、平昌郡、偏城郡	
	义　州	恒农郡、新安郡、伍城郡、泰宁郡、渑池郡	
	并　州	太原郡、上党郡、乡郡、乐平郡、襄垣郡	
	戎　州	所领属郡史书缺载，《北齐地理志》亦无考	
	肆　州	雁门郡、永安郡、秀容郡	
	北恒州	安远郡、临塞郡、威远郡、临阳郡	
	北朔州	广安郡、太平郡、长宁郡、广宁郡、繁畤郡	
	北灵州	所领属郡史书缺载，《北齐地理志》亦无考	
	北蔚州	北灵丘郡	
	北显州	广安郡、永定郡、建安郡	
	恒　州	代郡、善无郡、梁城郡、繁畤郡、高柳郡、灵丘郡、北灵丘郡、内附郡	
	武　州	吐京郡、齐郡、新安郡	
	朔　州	所领属郡史书缺载，《北齐地理志》亦无考	
	燕　州	所领属郡史书缺载，《北齐地理志》亦无考	寄治并州境内
	云　州	盛乐郡、云中郡、建安郡、真兴郡	
	蔚　州	始昌郡、忠义郡、附恩郡	
	显　州	定戎郡、建平郡、真君郡、武昌郡	寄治并州境内
	宁　州	武康郡、灵武郡、初平郡、武定郡	寄治并州境内
	灵　州	所领属郡史书缺载，《北齐地理志》亦无考	寄治汾州境内
	西夏州	泰安郡、神武郡	寄治并州境内
	西汾州	怀政郡	
	南汾州	五城郡、定阳郡、中阳郡、北吐京郡、南吐京郡、北乡郡、龙门郡	
	南朔州	所领属郡史书缺载，《北齐地理志》亦无考	寄治汾州境内
	汾　州	西河郡、吐京郡、五城郡、定阳郡	
	东雍州	正平郡	治汾州境内

续表

区域	州名	所领郡名	备注
东魏北齐统治区域	晋州	平阳郡、河西郡、永安郡、北绛郡、南绛郡、冀氏郡、义宁郡、西河郡、定阳郡、北五城郡、伍城郡、敷城郡	
	建州	高都郡、长平郡、安平郡、泰宁郡	
	怀州	河内郡、武德郡	
	兖州	泰山郡、任城郡、鲁郡、高平郡、东平郡、东阳平郡	
	青州	齐郡、北海郡、勃海郡、乐安郡、高阳郡、河间郡、乐陵郡	
	光州	东莱郡、长广郡、东牟郡	
	胶州	东武郡、高密郡、平昌郡	
	南青州	东安郡、东莞郡、义塘郡	
	北徐州	东泰山郡、琅邪郡	
	海州	东彭城郡、琅邪郡、东海郡、海西郡、沭阳郡、武陵郡	
	东楚州	宿豫郡、高平郡、晋宁郡、淮阳郡、安远郡、临沭郡	
	东徐州	下邳郡、武原郡、临清郡、郯郡	
	徐州	彭城郡、南阳平郡、兰陵郡、蕃郡、沛郡、北济阴郡、砀郡	
	西兖州	沛郡、济阴郡	
	济州	济北郡、东济北郡、平原郡、东平郡、南清河郡	
	齐州	济南郡、东太原郡、东平原郡、东魏郡、东清河郡、广川郡	
	梁州	阳夏郡、陈留郡、开封郡	
	北豫州	成皋郡、荥阳郡、广武郡	
	洛州	洛阳郡、河南郡、中川郡、河阴郡、阳城郡	
	郑州	颍川郡、许昌郡、阳翟郡	

续表

区域	州名	所领郡名	备注
东魏北齐统治区域	北荆州	伊川郡、汝北郡、新城郡	
	广　州	襄城郡、汝南郡、汉广郡、顺阳郡、南阳郡、定陵郡	
	襄　州	南安郡、建城郡	
	豫　州	汝南郡、颍川郡、汝阳郡、新蔡郡、义阳郡、初安郡、襄城郡、城阳郡、广陵郡	
	洧　州	所领属郡史书缺载，《北齐地理志》亦无考	
	潜　州	所领属郡史书缺载，《北齐地理志》亦无考	
	蔡　州	新蔡郡、汝南郡	
	财　州	所领属郡史书缺载	北齐废除
	北建州	新蔡郡	
	永　州	城阳郡、仵城郡、汝阳郡	东魏为西楚州
	西淮州	淮川郡	
	东豫州	汝南郡、新蔡郡、东新蔡郡、长陵郡、弋阳郡、阳安郡	
	信　州	陈郡、陈留郡、南顿郡、丹杨郡、汝阴郡、淮阳郡	东魏先为扬州，后改为北扬州
	颍　州	汝阴弋阳二郡、北陈留颍川二郡、新蔡南陈二郡、西恒农陈南二郡、东郡汝南二郡、清河南阳二郡、荥阳北通二郡、汝南太原二郡、新兴郡、东恒农郡	
	南兖州	陈留郡、梁郡、北梁郡、沛郡、谯郡、马头郡、下蔡郡	
	谯　州	南谯郡、蒙郡、临涣郡、汴郡、下蔡郡、龙亢郡、蕲城郡	
	汴　州	沛郡、临淮郡	
	睢　州	南济阴郡、睢南郡	
	仁　州	临淮郡、谷阳郡	

续表

区域	州名	所领郡名	备注
东魏北齐统治区域	潼　州	夏丘郡、淮阳郡、潼郡	
	淮　州	淮阴郡、山阳郡、阳平郡、盱眙郡、东莞郡	
	东广州	广陵江阳二郡、海陵郡、射阳郡、神农郡	
	秦　州	秦郡、瓦梁郡	治六合县
	和　州	历阳郡、齐江郡	
	南谯州	新昌郡、高塘郡、南梁郡、临滁郡	
	西楚州	钟离郡、彭沛二郡、荆山郡、沛郡、鲁郡、济阴郡、阴陵郡、广安郡、安定郡、广梁郡、北阳平郡	
	扬　州	淮南郡、梁郡、北谯郡、陈留郡、北陈郡、颍川郡、边城郡、光化郡、新蔡郡、安丰郡、下蔡郡	
	合　州	汝阴郡、南顿郡、北梁郡、南梁郡、南谯郡、庐江郡、西汝南郡、北陈郡	
	安丰州	所领属郡史书缺载，《北齐地理志》亦无考	北齐废除
	霍　州	岳安郡、平原郡、北颍川郡、南颍川郡、梁兴郡、陈郡、南陈郡、北陈郡、扶风郡、北沛郡、新蔡郡、边城郡、西边城郡、西沛郡、淮南郡、乐安郡	
	南光州	北光城郡、南光城郡、梁安郡、弋阳郡、宋安郡	
	南郢州	定城郡、齐安郡、光城郡、边城郡、新蔡郡、弋阳郡	
	南建州	高平郡、新蔡郡、鲁郡、陈留郡、南陈郡、清河郡、光城郡	
	南朔州	梁郡、新蔡郡、边城郡、新城郡、义阳郡、黄川郡	
	沙　州	建宁郡、齐安郡	北齐废除
	南定州	弋阳郡、汝阴郡、新蔡郡、安定郡、建宁郡、定城郡	
	衡　州	齐安郡	

续表

区域	州名	所领郡名	备注
东魏北齐统治区域	沪州	治所及所领属郡，史书缺载，《北齐地理志》亦无考	
	南司州	安昌郡	
	巴州	酉阳郡、弋阳郡、边城郡	
	北江州	义阳郡、齐昌郡、齐兴郡、新昌郡、梁安郡、光城郡	
	湘州	安蛮郡、梁宁郡、永安郡	
	郢州	义阳郡、宋安郡、齐安郡、淮安郡	
	罗州	齐昌郡、永安郡	
	江州	晋熙郡、高塘郡、新蔡郡、龙安郡、枞阳郡	
西魏北周统治区域	雍州	京兆郡、冯翊郡、扶风郡、咸阳郡、北地郡	
	东雍州	邵郡、正平郡、高凉郡	
	北雍州	延寿等郡	
	华州	华山郡、澄城郡、白水郡	
	北华州（敷州）	中部郡、敷城郡	
	泰州	河东郡、北乡郡	
	义州	恒农郡、新安郡、渑池郡、五城郡、泰宁郡、宜阳郡、金门郡	
	东义州	义川等郡	
	洛州	上洛郡、上庸郡、始平郡、魏兴郡、苌和郡	
	淅州	修阳郡、固郡、朱阳郡、南上洛郡、淅阳郡	
	荆州	南阳郡、顺阳郡、新野郡、恒农郡、东恒农郡、汉广郡、襄城郡、北清郡	
	襄州	襄城郡、舞阴郡、南安郡、建城郡、期城郡、北南阳郡	
	南襄州	西淮郡、襄城郡、北南阳郡	

续表

区域	州名	所领郡名	备注
西魏北周统治区域	建 州	北绛、正平等郡	
	汾 州	义川等郡	
	南汾州	北吐京郡、南吐京郡、西五城郡、定阳郡、西定阳郡、北乡郡、五城郡、中阳郡、龙门郡	
	豳 州	西北地郡、赵兴郡、襄乐郡	
	南豳州	新平等郡	
	岐 州	平秦郡、武功郡、武都郡	
	南岐州	固道郡、广化郡、广业郡	
	东益州	武兴郡、仇池郡、槃头郡、梓潼郡、广长郡、广业郡、洛聚郡	
	梁 州	晋昌郡、汉中郡、褒中郡、安康郡、华阳郡	
	东梁州	金城郡、安康郡、魏明郡	
	泾 州	安定郡、新平郡、陇东郡、随平郡、平凉郡、平原郡	
	秦 州	天水郡、汉阳郡、略阳郡	
	东秦州	陇东等郡	
	南秦州	天水郡、武都郡、汉阳郡、武阶郡、修武郡、仇池郡	
	北秦州	清水等郡	
	原 州	平高郡、长城郡	
	朔 州	大安郡、神武郡、广宁郡、太平郡、附化郡	
	绥 州	绥德等郡	
	夏 州	化政郡、金明郡、阐熙郡、代名郡	
	东夏州	朔方郡、偏城郡、定阳郡、上郡	
	西夏州	太安郡、神武郡	
	灵 州	普乐等郡	
	岷 州	同和等郡	

续表

区域	州名	所领郡名	备注
西魏北周统治区域	渭州	陇西郡、广宁郡、南安阳郡	
	河州	金城郡、临洮郡、武始郡、洪和郡	
	会州	广武等郡	
	凉州	武安郡、临松郡、建昌郡、武威郡、番和郡、泉城郡、武兴郡、昌松郡、东泾郡、梁宁郡	
	西凉州	张掖郡、西郡、酒泉郡	
	鄯州	西平等郡	
	瓜州	敦煌郡、常乐郡、寿昌郡	
	南洛州	所领属郡，史书缺载，《北周地理志》亦无考	
	西郢州	所领属郡，史书缺载，《北周地理志》亦无考	
	西安州	所领属郡，史书缺载，《北周地理志》亦无考	
	沃野镇	所领属郡，史书缺载，《北周地理志》亦无考	

本书着重论述东魏北齐与西魏北周两大政权对峙时期的不同种族文化相互碰撞、相互影响，最终形成的以儒家思想为核心的全新汉文化，为日后隋唐时期文化繁荣奠定了基础。前几部分是从儒学、礼义、制度、宗教、文学艺术、经济、婚姻、女学等方面来解说胡族如何接受汉化，然后又从宗教、艺术、习俗诸方面来叙述汉族文化如何受到胡族文化的冲击、影响。而由于各地区的地理环境、人文历史因素以及进入的胡族的种族文化不同、产生的影响也不同，由此就出现了各区域的文化差异。最后一部分论述了这一时期胡汉文化的整合与趋同过程、结果，从历史、人文、自然环境等角度究其缘由。笔者以为经过魏晋南北朝时期胡汉各族文化相互接触、相互碰撞，不断嬗变，特别是到北朝后期文化进入了一个趋同期，最终各种胡文化融合进汉文化中，形成了一种全新的文化。但是这种全新的文化却不是朴汉济所说的 Synthesized 的第三种形态的文化，而是一种以儒家思想为核心的新的汉文化。当然由于历史人文环境以及地理自然环境的不同，这种全新的汉文化在山东、关陇两大区域之间存在着一定差异。

上 编

民族认同

由于本书所涉及问题，既有民族认同，又包括区域文化比较的问题，因此分为上、下两编，分别加以分析论述。而上编主要探讨的是胡族汉化、各政权制度方面汉化问题，也就是所谓在嬗变过程中的趋同问题。这主要是指北朝后期进入中国北方农业地区的胡族及胡化族群的汉化过程，是魏晋南北朝文化演变的主流。同时也对胡族及其他外来文化对汉族影响的问题加以分析，不过这只是这一时期文化演变的支流，因为经过魏晋南北朝时期进入隋唐时期所显现的文化无疑仍然是以儒家思想为核心的汉文化。为此本编将分为若干章节加以考述。

第 一 章

胡族的汉化

在民族认同方面，胡族汉化是魏晋南北朝时期社会发展的主流趋势，这是因为当时进入中国北方农业地区的各胡族社会形态、文化发展、生活习俗基本都落后于原居住在该区域的汉族，[①] 在北朝特别是北魏时期居于主导地位的胡族——鲜卑族亦不能免俗，据《后汉书》卷九十《鲜卑传》所云：鲜卑"其言语习俗与乌桓同。唯婚姻先髡头，以季春月大会于饶乐水上，饮宴毕，然后配合。"同卷《乌桓传》则曰，乌桓"俗善骑射，弋猎禽兽为事。随水草放牧，居无常处。以穹庐为舍，东开向日。食肉饮酪，以毛毳为衣。贵少而贱老，其性悍塞。怒则杀父兄，而终不害其母，以母有族类，父兄无相仇报故也。有勇健能理决斗讼者，推为大人，无世业相继。邑落各有小帅，数百千落自为一部。大人有所召呼，则刻木为信，虽无文字，而部众不敢违犯。"（第2979页）"其嫁娶则先略女通情，或半岁百日，然后送牛马羊畜，以为娉币。婿随妻还家，妻家无尊卑，旦旦拜之，而不拜其父母。为妻家仆役，一二年间，妻家乃厚遣送女，居处财物一皆为办。其俗妻后母，报寡嫂，死则归其故夫。计谋从用妇人，唯斗战之事乃自决之。父子男女相对踞蹲。以髡头为轻便"（第2979页）。"俗贵兵死，敛尸以棺，有哭泣之哀，至葬则歌舞相送。"（第2980页）"敬鬼神，祠天地日月星

[①] 《汉书》卷九四上《匈奴传》，中华书局1962年版，第3743页；《后汉书》卷八六《南蛮西南夷列传》，中华书局1965年版，第2858页，卷八七《西羌传》，第2869页，卷八九《匈奴传》，第2944页；《三国志》卷三十《乌丸鲜卑东夷传》集释所引《魏略》，中华书局1959年版，第858—859页。

辰山川及先大人有健名者。祠用牛羊，毕皆烧之。其约法：违大人言者，罪至死；若相贼杀者，令部落自相报，不止，诣大人告之，听出马牛羊以赎死；其自杀父兄则无罪；若亡叛为大人所捕者，邑落不得受之，皆徙逐于雍狂之地，沙漠之中。"（第2980页）人类当然不甘心落后，于是必然要向往文明，而当时居住在中国北方农业地区的汉族比起诸胡族文明程度高，因此胡族要效法文明必然要仰慕汉文化，接受汉文化。再则胡族进入中原后，部落逐渐被打乱，不复存在，转而与汉人杂居，加上中原地区适宜农业生产，而不适宜畜牧业生产，胡族也不得不效法汉人从事农业生产。另外社会也在不断进步，胡族在接受汉文化的同时，也开始放弃其原有的生产方式，由原始社会或奴隶社会快速进入封建社会，逐渐汉化，进而与汉民族融合。

而在东魏北齐与西魏北周两大政权对峙之初，中国北方虽然经过此前北魏孝文帝的改革，推行汉化政策，使得迁洛进入中原地区的胡族基本上都接受汉文化，有的胡族士人甚至学识水准颇高。但是当时留在北边六镇等边地生活的军民并未受到汉文化的影响。这些兵民是以胡族为主的，虽然有些汉族兵民，可是那些汉人由于久居边地，在与胡族杂居过程中逐渐被鲜卑等胡族同化，演变为胡化族群。此后由于北魏末年的所谓六镇起义等一系列重大事件，使得大批北方边地的胡族和胡化族群涌入中国北方农业地区，开始与中原汉人杂居，他们带来的胡文化则又与该地区原有的汉文化相互碰撞、相互影响，最后融合到汉文化之中，形成依然以儒家思想为核心的全新汉文化。下面就从儒学、礼义习俗、制度、文学艺术、社会生活诸方面来探讨这一时期胡族个体汉化的问题。

第一节　儒学

儒家学说是汉文化的主体，因此胡族接受汉文化首先要接受儒学，而儒学不仅仅指《周易》《尚书》《诗经》《周礼》《仪礼》《礼记》《春秋左氏传》《春秋公羊传》《春秋穀梁传》《论语》《孝经》《尔雅》等儒家经典，还应该包括其他诸方面，因此接受儒学主要还表现在习读经传、尊师礼贤、重视教育等方面。

一 习读汉文化经典

由于自然环境、人文环境、儒家思想的影响程度以及进入中国北方农业地区的胡族及胡化族群自身因素的不同，特别是此前五胡十六国时期各胡族相继进入该地区，并建立了诸多割据政权，而且这些胡族的汉化程度又是深浅不一，例如匈奴刘氏在建立政权之前已经汉化，其中刘渊等人的汉化程度还颇深。另外进入中国北方农业地区的胡族有的迅速汉化，有的汉化得则较为缓慢，这就造成了进入该地区的胡族以及胡化族群儒学水准的差异颇大。

（一）东魏北齐统治地区

有关生活在东魏北齐政权统治区域的胡族以及胡化族群汉化的记载，在传世史书中颇多，具体表述则多种多样，诸如有著述、学涉经史、精于一经或数经、遍览典坟、游心坟典、能诵经书、颇有学问、兼爱文学、幼聪颖、读书敏速、颇学缀文、好学慕善、背诵文集、幼而聪慧、解悟捷疾、少好学、明辨有识悟、无所不览、从师游学、爱始志学、工名理、好清言、善草隶、爱篇什、好儒学、粗涉书史、粗有刀笔、爱好文史、好学慕善、明解书计、好读书等，这又可以根据汉化的程度大致分为几类，其中学识颇高有著述者、述而不作或博学或专精一经数经、明解书计等几类情况，其中学识颇高有著述者为汉化程度最深者；精于一经或数经、背诵文集经传、颇学缀文、兼爱文学，读书敏速、学涉经史，好缀文、兼爱文学、能诵经书、颇有学问、解悟捷疾、遍览典坟、明辨有识悟、无所不览、从师游学、爱始志学、游心坟典、工名理、好清言、善草隶、爱篇什者次之；好学慕善、少好学、好儒学、明解书计、粗涉书史、粗有刀笔、爱好文史、好读书、秉文经武之业者又次之；最后一类则是初学汉字者，他们虽然也接受了汉文化，可是汉化程度最浅。

在该地区生活的胡族或胡化族群中学识颇高有著述者人数虽然不太多，但还是有几位，如东魏孝静帝元善见，《魏书》卷一二《孝静帝纪》

记载,他是清河文宣王亶之世子,其母自云出自安定胡氏。而据同书卷二二《清河王怿传》记载,元亶是清河文献王元怿之子,也就是推行汉化的北魏孝文帝元宏之孙,即元善见是北魏孝文帝的曾孙。《魏书·孝静帝纪》还说他"好文学,美容仪。力能挟石师子以逾墙,射无不中。嘉辰宴会,多命群臣赋诗,从容沉雅,有孝文[帝]风。"(中华书局1974年版,第313页)"咏谢灵运诸曰:韩亡子房备,秦帝鲁连耻。本自江海人,忠义动君子。"(第313页)而《魏书》卷七下《高祖纪》曰,孝文帝"雅好读书,手不释卷。《五经》之义,览之便讲,学不师受,探其精奥。史传百家,无不该涉。善谈《庄》、《老》,尤精释义。才藻富赡,好为文章、诗赋铭颂,有兴而作。"(第187页)由此推测东魏孝静帝也应如此,只不过其所作诗赋文章或因其被废而不存,或遗失于北齐灭亡之时,或毁于武德五年(622)三门峡翻船事件。①

宇文忠之,据《魏书》卷八一《宇文忠之传》所云,他是河南洛阳人,"其先南单于之远属,世据东部,后入居代都。"(第1795页)从他定籍河南洛阳,可知他所属的这支宇文氏家族当是随北魏孝文帝内迁的。传中还说他"猎涉文史,颇有笔札,释褐太学博士。天平初,除中书侍郎。裴伯茂与之同省,常侮忽之,以忠之色黑,呼为'黑宇'。后敕修国史。"(第1795页)这说明他当有著述,但其著述未能流传下来,可能与东魏孝静帝元善见情况相似,或是北齐灭亡时毁于兵火,或是毁于武德五年(622)三门峡翻船事件。本传还记载有东魏元象初年他曾作为副使,出使南朝萧梁政权。② 而当时东魏北齐出使萧梁者多为有学识者,这也佐证了他的儒学程度颇高。

---

① 见《隋书》卷三二《经籍志》所云:"大唐武德五年,克平伪郑,尽收其图书及古迹焉。命司农少卿宋遵贵载之以船,溯河西上,将致京师。行经底柱,多被漂没,其所存者,十不一二。其《目录》亦为所渐濡,时有残缺。"(中华书局1973年版,第908页)

② 《魏书》卷八一《宇文忠之传》,中华书局1974年版,第1795页。

北齐文襄帝高澄,① 据《北齐书》卷三本纪所云,他是高欢的长子,字子惠,"就杜询讲学,敏悟过人,询甚叹服。"(第31页)从杜询的姓氏来看,他当是出自京兆杜氏的儒者。既然高澄曾就学于出身士族的儒士,并能得到其赏识,可见其学识非同一般。另外,《北史》卷六《齐文襄帝纪》云:"文襄美姿容,善言笑,谈谑之际,从容弘雅。性聪警,多筹策,当朝作相,听断如流。爱士好贤,待之以礼,有神武之风焉。"(中华书局1974年版,第236页)而《隋书》卷三五《经籍志》记载,有《高澄与侯景书》一卷,② 但该文是否高澄所作?据《北齐书》卷三《文襄帝纪》记载:"至于才名之士,咸被荐擢,假有未居显位者,皆致之门下,以为宾客,每山园游燕,必见招携,执射赋诗,各尽其所长,以为娱适。"(第31—32页)又据《北齐书》记载高澄之子多能文,故推测此文为高澄所撰。

安德王高延宗,据《北齐书》卷一一本传所云,他是高欢之孙,后被追奉为文襄帝高澄之子,传中虽然没有他汉文化修养多高的记载,可是却有云"及兰陵〔王〕死,妃郑氏以颈珠施佛。广宁王使赎之。延宗手书以谏,而泪满纸。"(第148页)另有《经墓兴感诗》刻于《兰陵王碑》阴,诗作有云:"夜台长自寂。泉门无复明。独有鱼山树。郁郁向西

---

① 关于北齐高氏族属的问题,当前学术界大致可以归纳为五种说法:(1)周一良先生的"非汉人说"(周一良:《领民酋长与六州都督》,刊于《魏晋南北朝史论集》,北京大学出版社1997年版,第190—214页);(2)姚薇元、王仲荦先生的"鲜卑人说"(姚薇元:《北朝胡姓考》内篇第三《内入诸姓·高氏》,中华书局2007年版,第146—148页;王仲荦:《魏晋南北朝史》,上海人民出版社2003年版,第545—546页);(3)缪彦威(钺)先生的"鲜卑人或鲜卑化汉人说"(缪彦威:《东魏北齐政治上汉人与鲜卑之冲突》,刊于《读史存稿》,生活·读书·新知三联书店1964年版,第78—94页);(4)谭季龙(其骧)先生的"高丽人说"(见于谭其骧的信函,缪彦威先生附于《东魏北齐政治上汉人与鲜卑之冲突》一文附记,见《读史存稿》,生活·读书·新知三联书店1964年版,第93—94页);(5)陈寅恪先生的"鲜卑化汉人说"(《陈寅恪魏晋南北朝史讲演录》,黄山书社1987年版,第293页)。这五种说法谁是谁非,史学界尚无定论,但是对于高欢本人鲜卑化基本上可以说没有异议。陈寅恪先生《陈寅恪魏晋南北朝史讲演录》第十八篇(一)"北齐的鲜卑化"中说:"说他是汉人,为就血统而言。《北齐书·神武纪上》所说:'神武既累世(高谧、高树、高欢三世)北边,故习其俗,遂同鲜卑。'这就是'化'的问题。高欢在血统上虽是汉人,在'化'上因为累世北边,已经是鲜卑化的人了。'化'比血统重要,鲜卑化人也就是鲜卑人。'化'指文化习俗而言。"(第293—294页)因此北齐高氏进入中原以后的"汉化"就需要进行研究。

② 《隋书》卷三五《经籍志》,中华书局1972年版,第1089页。

倾。睹物令人感。目极使魂惊。望碑遥堕泪。轼墓转伤情。轩丘终见毁。千秋空建名。"① 可见这首诗确实水平颇高，在当时的政治环境之中，他是不敢让别人代笔的。而且这首诗既是他对于兄长感情的真实流露，又表现出较高的文学造诣，因此不可能是凭空之作。这说明他必定有相当深厚的文学底蕴，他亦当有其他诗作，只不过失传而已。因此说他的汉文化水准颇高，并有诗作。

赵郡王高叡，据《北齐书》卷一三本传所云，他是高欢之弟赵郡王高琛之子，即是高欢之侄，并说他"初读《孝经》，至'资于事父'，辄流涕歔欷。"（第170页）"励己勤学，常夜久方罢。"（第170页）"摄宗正卿，进拜太尉，监议五礼。叡久典朝政，清真自守，誉望日隆，渐被疏忌，乃撰古之忠臣义士，号曰《要言》，以致其意。"（第172页）可知他少时即读《孝经》，并有感悟。后又著有《要言》一书，至于这部《要言》《隋书·经籍志》缺载，当是毁于北齐灭亡之时的战火之中，或是毁于武德五年（622）三门峡翻船事件。②

刘世清，据《北齐书》卷二十《斛律羌举传》所云，他是代人"祖拔，魏燕州刺史，父巍，金紫光禄大夫。"（第267页）可见他当是胡族或胡化族群，还说他武平末，任"侍中，开府仪同三司，任遇与孝卿相亚。情性甚整，周慎谨密，在孝卿之右，能通四夷语，为当时第一。后主命世清作突厥语翻《涅盘经》，以遗突厥可汗，敕中书侍郎李德林为其序。"（第267页）可见他通周边民族语言，并能翻译《涅盘经》，这部翻译的《涅盘经》也是他的译作，即使按现今标准也算是一部著述。

王纮，《北齐书》卷二五本传虽说其家族世为小部酋帅，但是又说其父王基就"颇读书，有智略。"（第365页）可见其有家学，他"少好弓马，善骑射，颇爱文学。性机敏，应对便捷。年十三，见扬州刺史太原郭元贞。元贞抚其背曰：'汝读何书？'对曰：'诵《孝经》。'曰：'《孝经》云何？'曰：'在上不骄，为下不乱。'"（第365页）又"好著述，作

---

① 诗作原文见于河北省磁县兰陵王高长恭墓前《兰陵王碑》阴，并收入逯钦立编《先秦汉魏晋南北朝诗·北齐诗》卷二安德王高延宗《经墓兴感诗》，中华书局1983年版，第2274页。

② 按：《隋书》卷三二《经籍志》有云："大唐武德五年，克平伪郑，尽收其图书及古迹焉。命司农少卿宋遵贵载之以船，溯河西上，将致京师。行经底柱，多被漂没，其所存者，十不一二。"这些图书当是隋朝统一全国后集中于东都洛阳的，这时准备运至关中。

《鉴诫》二十四篇，颇有文义。"（第367页）这些都说明他既对儒家经典颇有领悟，又颇有著述，至于其著述《鉴诫》《隋书·经籍志》缺载，当也是毁于北齐灭亡时的兵火，或毁于武德五年（622）三门峡翻船事件。

元晖业，据《北齐书》卷二八本传所云，他是北魏景穆皇帝之玄孙，少年时不务正业，甚至与盗贼有交往，但是"长乃变节，涉子史，亦颇属文，而慷慨有志节。"（第386页）"又尝赋诗云：昔居王道泰，济济富群英；今逢世路阻，狐兔郁纵横。"（第387页）"晖业之在晋阳也，无所交通，居常闲暇，乃撰魏藩王家世，号为《辩宗录》四十卷行于世。"（第387页）而《北齐书》成书于唐初，还称《辩宗录》行于世，但是《隋书·经籍志》却缺载，不知何故。另外元晖业祖上当也是随北魏孝文帝内迁的，进入中原较早，故汉化程度较深。

陆卬，据《北齐书》卷三五本传所云，他字云驹，"少机悟，美风神，好学不倦，博览群书，五经多通大义。善属文，甚为河间邢邵所赏。"（第469页）可是据《北史》卷二八《陆俟传》记载，他是北魏政权显贵陆俟的后人，是出自步六孤氏后改为陆氏的鲜卑大姓，而不是出自江左的朱、张、顾、陆等南方士族。《北齐书》本传还记载，他"历文襄大将军主簿，中书舍人，兼中书郎中，以本职兼太子洗马。自梁、魏通和，岁有交聘。卬每兼官燕接，在帝席赋诗，卬必先成，虽未能尽工，以敏速见美。"（第469页）"所著文章十四卷，行于世。齐之郊庙诸歌，多卬所制。"（第470页）可见他好学不倦，博览群书，著述颇多，并为出自北方士族的河间邢邵所赏识。

这几位皆有著述，但是《隋书·经籍志》多阙载，当或是在北齐灭亡时被毁，或毁于武德五年（622）三门峡翻船事件。这样东魏北齐统治区内有著述的胡族或胡化族群计有九人，其中高澄是高欢的长子，可能出身生北部边地，但是幼年即已进入中原地区，占11%多。其他八人则是北魏孝文帝迁都洛阳时迁居中原的胡族后人或是出生于中原地区的，约占89%。由此可知，进入中原地区越早受汉文化的影响越大，汉文化修养也就越深。

生活在东魏北齐统治区内的胡族或胡化族群中，博学或专精一经甚至数经，但是述而不作者也颇多，北齐文宣帝高洋即是其中的佼佼者，据《北齐书》卷四《文宣帝纪》记载，他是高欢之子，字子进，"幼时师事范阳卢景裕，默识过人，景裕不能测也。"（第43—44页）而卢景裕则是出身范阳卢氏的北方一流大士族，也是当时名儒，既然连他都认为高洋学识不可测，可见高洋学识之不凡。

北齐废帝高殷，据《北齐书》卷五《废帝纪》所云，他是北齐文宣帝高洋的嫡子，字正道，"天保元年，立为皇太子，时年六岁。性敏慧。初学反语，于'迹'字下注云自反。时侍者未达其故，太子曰：'迹字，足傍亦为迹，岂非自反耶？'"（第73页）"初诏国子博士李宝鼎傅之，宝鼎卒，复诏国子博士邢峙侍讲。太子虽富于春秋，而温裕开朗，有人君之度，贯综经业，省览时政，甚有美名。七年冬，文宣召朝臣文学者及礼学官于宫宴会，令以经义相质，亲自临听。太子手笔措问，在坐莫不叹美。九年，文宣在晋阳，太子监国，集诸儒讲《孝经》。"（第73页）既然他能被文学之臣称赞，说明其才学也非同一般。

北齐孝昭帝高演，据《北齐书》卷六《孝昭帝纪》所云，他是高欢的第六子，字延安，即是北齐文宣帝高洋的同母弟，他"所览文籍，源其指归而不好辞彩。每叹云：'虽盟津之师，左骖震而不衄。'以为能。遂笃志读《汉书》，至《李陵传》，恒状其所为焉。"（第79页）天保五年，"除并省尚书令，善断割，长于文理，省内畏服。"（第79页）可知他精读史传，颇有见识。皇建元年八月甲午日的诏书："昔武王克殷，先封两代，汉、魏二晋，无废兹典。及元氏统历，不率旧章，朕纂承大业，思弘古典，但二王三恪，旧说不同，可议定是非，列名条奏，其礼仪体式亦仰议之。"（第82页）"帝聪敏有识度，深沉能断，不可窥测。"（第84页）"情好稽古，率由礼度，将封先代之胤，且敦学校之风，征召英贤，文武毕集。"（第86页）此文中记载高演能引经据典，熟悉典故，重视学校教育，可见他的汉化程度颇深，学识亦非浅。

北齐武成帝高湛，据《北齐书》卷七《武成帝纪》所云，他是高欢的第九个儿子，又是北齐文宣帝高洋、孝昭帝高演的同母弟，"时年八岁，冠服端严，神情闲远，华戎叹异。"（第89页）卷四四《儒林传》还记载，出自范阳卢氏的卢景裕被高欢"置之宾馆，以经教授太原公以下。及景裕卒，又以赵郡李同轨继之。二贤并大蒙恩遇，待以殊礼。同轨之亡，复征中山张雕、渤海李铉、刁柔、中山石曜等递为诸子师友。及天保、大宁、武平之朝，亦引进名儒，授皇太子诸王经术。"（第582页）

知高湛曾受名儒指教，还非常注重对自己子弟的汉文化教育及熏陶。另据《北齐书·武成帝纪》记载："[河清]二年春正月乙亥，帝诏临朝堂策试秀才。"（第91页）而敢亲自策试秀才，应该说他的汉化程度不浅，也颇有学识。

北齐后主高纬，据《北齐书》卷八《后主纪》所云，他是北齐武成帝高湛之子，"幼而念善，及长，颇学缀文，置文林馆，引诸文士焉。"（第112页）武平三年二月"敕撰《玄洲苑御览》，后改名《圣寿堂御览》。"（第105页）八月"《圣寿堂御览》成，敕付史阁，后改为《修文殿御览》。"（第106页）"四年"五月丙子，诏史官更撰《魏书》。"（第107页）从他引用文士，设置文林馆，修撰《修文殿御览》这部大型类书及命史宫修撰《魏书》来看，他汉化程度颇深，学识也非同一般。

高齐宗室诸王中还有一些人由于受到汉文化的影响，他们读书刻苦、颇有学识，如：高浚，《北齐书》卷十《高祖十一王传》说他是高欢的第三子，字定乐，"后稍折节，颇以读书为务。"（第132页）《北齐书》卷一一《文襄六王传》曰：高孝瑜是后被追赠为文襄帝高澄的长子，"兼爱文学，读书敏速，十行俱下，覆棋不失一道。"（第144页）高孝珩是文襄帝高澄的第二子，"爱赏人物，学涉经史，好缀文，有伎艺。"（第144页）高孝琬子高正礼"幼聪颖，能诵《左氏春秋》。"（第146—147页）高孝琬、高长恭、高绍信三人，据《北齐书》卷一一《文襄六王传》所云，分别是高澄第三、第四、第六子，《北齐书》卷一二《文宣四王孝昭六王武成十二王传》后论曰："文襄诸子，咸有风骨，虽文雅之道，有谢间、平，然武艺英姿，多堪御侮。"（第165页）因此说高湛诸子均已汉化无疑，并且汉化程度颇深。这亦可作为高澄极有学识的佐证。

韩晋明，据《北齐书》卷一五《韩轨传》所云：他是东魏北齐开国大臣韩轨之子，是太安狄那人，却没有说明他的族属，但是据《北朝胡姓考》所考韩轨出自大汗氏，大汗氏或云步大汗氏、破六韩氏，是匈奴人，但在进入中原前已经鲜卑化。① 而《韩轨传》说韩晋明"有侠气，诸

---

① 姚薇元：《北朝胡姓考》内篇第三《内入诸姓·韩氏》，中华书局2007年版，第136—137页。

勋贵子孙中最留心学问。"（第 200 页）虽然没有说他的学问到底如何，不过据《颜氏家训集解》卷四《名实》记载"有一士族，读书不过二三百卷，天才钝拙，而家世殷厚，雅自矜持，多以酒犊珍玩，交诸名士，甘其饵者，递共吹嘘。朝廷以为文华，亦尝出境聘。东莱王韩晋明笃好文学，疑彼制作，多非机杼，遂设谦言，面相讨试。竟日欢谐，辞人满席，属音赋韵，命笔为诗，彼造次即成，了非向韵。众客各自沉吟，遂无觉者。韩退叹曰：'果如所量！'韩又尝问曰：'玉珽杼上终葵首，当作何形？'乃答云：'珽头曲圜，势如葵叶耳。'韩既有学，忍笑为吾说之。"（《颜氏家训集解》（增补本），中华书局1993年版，第308—309页）可见韩晋明虽然是勋贵子弟，但是他迅速接受汉文化，学识远胜那位读书二三百卷的汉士族，其阅读汉学典籍也应该远超过三百卷。

斛律丰乐，据《酉阳杂俎》续集卷四《贬误》记载："《谈薮》云：北齐高祖常宴群臣，酒酣，各令歌。武卫斛律丰乐歌曰：'朝亦饮酒醉，暮亦饮酒醉。日日饮酒醉，国计无取次。'帝曰：'丰乐不谄，是好人也。'"（中华书局1981年版，第 233 页）据《北齐书》卷一七《斛律金传》所云，他是斛律金的第二子，即是斛律羡，以字行，而斛律金是"朔州敕勒部人也。"（第 219 页）斛律丰乐的籍贯亦应如此，但是他们当时已迁邺。此歌自是宴席之中所作，不可能请人代笔，此歌随口而来，虽然此歌不太雅，即便如此，他的汉文化水准不可小觑，至少可将他划入汉文化水准较高的这批胡族之中，而且当是较早随父进入中原者。

在元魏宗室中汉化程度较深者也颇多，其中元晖业前文中已有叙述，而元昭业，据《北齐书》卷二八《元晖业传》记载他是元晖业之弟"颇有学问，位谏议大夫。"（第 387 页）《北齐书》卷三八《元文遥传》曰：元文遥"字德远，河南洛阳人。"（第 503 页）"敏慧夙成，济阴王［元］晖业每云：'此子王佐才也。'晖业尝大会宾客，有人将《何逊集》初入洛，诸贤皆赞赏之。河间邢邵试命文遥，诵之几遍可得？文遥一览便诵，时年十余岁。济阴王曰：'我家千里驹，今定如何？'邢曰：'此殆古未有。'"（第 503 页）其子元行恭"美姿貌，有父风，兼俊才，位中书舍人，待诏文林馆。"（第 505 页）元行恭弟元行如，"亦聪慧早成，武平末，任著作佐郎。"（第 505 页）元行如能出仕著作佐郎，当学识不一般。据《汉魏南北朝墓志汇编》中《东魏·元玕墓志》曰：元玕"资生鹰积德之门，立身禀为善之教，容止每摄威仪，进退不逾规矩。至乃贤贤于受体，非日用其三牲；怡怡于同胞，乃投入力于四海。纷纶琴书，会文当世，慷慨弓马，慕气终古。盖兼资之伟人，岂倜傥而已哉。起家为秘书郎中，俄兼中书舍人。综协皇言，吐纳是司。"（天津古籍出版社2008年版，第315页）还记载他"字叔珍，河南洛阳人也。高祖广平王，烈祖道武皇帝之第七子也。曾祖仪同南平康王。祖尚书南平安王。父燉煌镇将。兄光州刺史南平王。伯父太傅司徒京兆王。"（第315页）《魏书》卷一六《广平王连传》又记其祖父天飞龙"容貌魁伟。雅有风则，贞白卓然，好直言正谏，朝臣惮之。高祖特垂钦重。"（第400页）其父正史中当无传，从他已定籍河南洛阳，至迟其祖父已随北魏孝文帝迁居洛阳，墓志又说其父任燉煌镇将，而燉煌又是河西走廊的文化重镇，元玕本人又曾任秘书郎中、中书舍人等职，这些都说明元玕的学识当如墓志所言具有一定水准。《汉魏南北朝墓志汇编》中《北齐·元子邃墓志》曰：元子邃"字德修，河南洛阳人也。"（第401页）"怀珠握镜之由，建国辩友之盛，光启南阳之基，遂荒大东之业。左史右史，记言记事，简于钟鼎，略此文辞。"（第401页）"旌贤乐善，味道求书，博极古今，洞观坟籍。既有公才，非无公望，声驰远近，誉满宫阙。"（第401页）此赞誉之辞是否属实只能在正史中考询，墓志又说他"曾祖魏文成皇帝，祖太尉安丰国王，父太保大司马文宣王。"（第401页）据《魏书》卷二十《安丰王猛传》所云，安丰王猛是北魏文成帝之子，其子元延明曾任大司马，赠太保，与元子邃祖上情况基本相符，所以元子邃正是元猛之孙，元延明之子，而传中又记载，元延明"博极群书，兼有文藻，鸠集图籍万有余卷。"（第530页）"所著诗赋赞颂铭诔三百余篇，又撰《五经宗略》、《诗礼别义》，注《帝王世纪》及《列仙传》。又以河间人信都芳工算术，引之在馆。其撰《古今乐事》九章十二图，又集《器准》九篇，芳别为之注，皆行于世。"（第530页）可见元延明著述颇多，又藏书万余卷，因此墓志所云属实，元子邃亦有学识。而元晖业、元昭业兄弟，元文遥、元行恭、元行如父子，学识皆不凡，说明北魏孝文帝入洛后，其宗室成员由于受到汉文化的影响，甚至出现了一部分世传汉学的家族。

在北朝的源氏家族中，源彪，据《北齐书》卷四三本传所云，他字文宗，西平乐都人，是南凉秃发氏的后人，"学涉机警，少有名誉。"（第

577页)"才识敏赡,以干局见知。"(第578页)"武平七年,周武平齐,与阳休之、袁聿修等十八人同敕入京"(第578页)而北齐灭亡时与源彪同时被征至关中的十八人皆饱学之士,可证源彪亦属其类。其子源师也"少好学,明辨有识悟,尤以吏事知名。"(第578页)据《隋书》卷六六《源师传》所云:"后属孟夏,以龙见请雩。时高阿那肱为相,谓真龙出见,大惊喜,问龙所在,师整容报曰:'此是龙星初见,依礼当雩祭郊坛,非谓真龙别有所降。'阿那肱忿然作色曰:'何乃干知星宿!'祭竟不行。师出而窃叹曰:'国家大事,在祀与戎。礼既废也,何能久乎?齐亡无日矣。'"(第1552—1553页)可证其学术水准不俗。

在出自步六孤氏的陆氏家族中,除了前文所叙述的陆卬之外,还有其子陆乂,据《北史》卷二八本传曰:他"字且,袭爵始平侯。又聪敏博学,有文才,年十九举司州秀才。历秘书郎、南阳王文学、通直散骑侍郎,待诏文林馆。兼散骑侍郎,迎陈使。还,兼中书舍人,加通直散骑常侍。又于《五经》最精熟,馆中谓之'石经'。人为之语曰:'《五经》无对有陆乂。'"(第1018—1019页)可见他的学识非凡,并且最擅长经学,精熟《五经》。而陆卬之弟陆抟,据《北史》卷二八《陆俟附子卬传》所云,他"字云征,好学有行检,卒于著作佐郎。"(第1019页)可见陆抟虽然学识不如其侄陆乂,但也是颇有学识的,不然高齐皇帝不会让他担任著作佐郎。还有陆卬的幼弟陆彦师,据《北史》卷二八《陆俟附子卬传》所曰:"字云房,少以行检称。及长好学,解属文。"(第1019页)"为中书舍人、通直散骑侍郎。每陈使至,必高选主客,彦师所接对者,前后六辈。"(第1019页)虽然只记载他"及长好学,解属文。"可是他又曾任中书舍人、通直散骑侍郎,高齐皇帝还让他来接待文化程度相当高的陈朝使者,这些都说明陆彦师的学识也非同一般。

和士开,据《北齐书》卷五十《恩悻·和士开传》记载,他字彦通,邺都临漳人。"其先西域商胡,本姓素和氏。父安,恭敏善事人,稍迁中书舍人。"(第686页)他本人"幼而聪慧"(第686页),虽为北齐佞臣,名列《恩倖传》,名声不佳,但是本传还记载他曾"选为国子学生,解悟捷疾,为同业所尚。"(第686页)可见他当有学识。另外其父曾任中书舍人,当已接受汉文化,亦可作为他学识水准深浅之佐证。

窦瑗,据《魏书》卷八八《良吏·窦瑗传》所云,他是辽西辽阳人,虽然"自言本扶风平陵人,汉大将军窦武之曾孙崇为辽西太守,子孙遂家焉"。(第2870页)可是据姚薇元《北朝胡姓考》考证,怀疑他本是拓跋鲜卑的纥豆陵氏,① 退一步说就算他是汉人,其祖上已久居漠北鲜卑部落,早已鲜卑化,本传却曰:他"年十七,便荷帙从师,游学十载,始为御史。"(第2870页)可见他已经汉化,并且学识颇深。

高构,据《隋书》卷六六本传所曰,他字孝基,自言是北海人,但是据姚薇元《北朝胡姓考》考证,他本是鲜卑族。② 本传还曰,他"性滑稽,多智,辩给过人,好读书,工吏事。弱冠,州补主簿。仕齐河南王参军事,历徐州司马、兰陵、平原二郡太守。"(第1556页)又记载"河东薛道衡才高当世,每称构有清鉴,所为文笔,必先以草呈构,而后出之。构有所诋诃,道衡未尝不嗟伏。"(第1556页)而薛道衡为北方著名学者,被时人誉为"才子",其所作尚且要呈送高构指教,可见高构学识之高。

穆子容,据《北史》卷二十本传所云,他"少好学,无所不览。求天下书,逢即写录,所得万余卷"。(第739页)其祖父穆泰因反对北魏孝文帝迁都,图谋不轨,被诛杀,但是其孙穆子容却接受了汉文化,并且颇有学识,可见反对迁都者未必也反对汉化。另外《汉魏南北朝墓志汇编》中还收有《东魏·穆子岩墓志》,从姓名上看穆子岩当与穆子容是兄弟,至少也是本家兄弟,河南洛阳人,都是迁居洛阳的鲜卑人。墓志记载穆子岩也"爱仁好士,存旧笃终,雅洞篇章,尤晓音律。正始之风弗坠,建安之体真存。蔡邕可以致书,卫瓘宜其命子。"(第381页)可见拓跋鲜卑的穆氏当有家学。

据以上考述,可知这批胡族或胡化族群中人受到儒学影响较深,颇有学术,主要表现为兼爱文学、读书敏速、颇学缀文、学涉经史、幼聪颖、能诵经书、颇有学问、好学慕善、精于一经或数经、背诵文集、幼而聪慧、解悟捷疾、遍览典坟,明辨有识悟、少好学,无所不览、从师游学、爱始志学、游心坟典、工名理、以读书为务、好清言、善草隶、爱篇什、韫牍诗书等方面,他们共有三十人,其中高殷、高演、高湛、高纬、高

---

① 姚薇元:《北朝胡姓考》内篇第四《四方诸姓·窦氏》,第190—192页。
② 姚薇元:《北朝胡姓考》内篇第三《内人诸姓·高氏》,第146—148页。

浚、高孝瑜、高孝珩、高正礼、高孝琬、高长恭、高绍信、韩晋明、元昭业、元文遥、元行恭、元行如、元玶、元子邃、源彪、源师、陆乂、陆抟、陆彦师、和士开、窦瑗、高构、穆子容、穆子岩 28 人祖上已迁居北方农业地区的，占 93% 多；而早年随父辈进入中原的有高洋、斛律丰乐 2 人，约占 7%。这也符合在中国北方农业地区出生者汉文化的水准高于虽然出生于北方边地但是较早进入中原者，而较早进入中原者的汉文化的水准也就必然高于后进入中原者的一般规律。

至于在该地区生活的胡族或胡化族群好学、重视汉文化修养，可是汉化程度低于前一批者也颇多，如：刘仁之，据《魏书》卷八一本传所云，他字山静，河南洛阳人，其祖上已经迁居洛阳，可能已经接受了汉文化。而据《北朝胡姓考》所考，他出自匈奴刘氏。① 本传还记载，他本人"少有操尚，粗涉书史。"（第 1794 页）"爱好文史，敬重人流。"（第 1794 页）其祖上迁洛的时间当是北魏孝文帝迁都之时。他又"爱好文史"。因此说他当久已汉化，对于汉族典籍有所涉及。

再看北齐皇族，北齐高祖高欢，据《北齐书》本纪记载，他"性周给，每有文教，常殷勤款悉，指事论心，不尚绮靡。"（第 24 页）"始范阳卢景裕以明经称，鲁郡韩毅以工书显，咸以谋逆见擒，并蒙恩置之第馆，教授诸子。"（第 25 页）可知他是重视汉文化教育的，因此说他也是接受了汉文化的。其子高澄，据《北齐书》卷十本传所云，他字子深，"博士韩毅教澄书，见澄笔迹未工，戏澄曰：'五郎书画如此。忽为常侍开国，今日后宜更用心。'澄正色答曰：'昔甘罗幼为秦相，未闻能书。凡人唯论才具何如，岂必动夸笔迹。博士当今能者，何为不作三公？'时年盖八岁矣。毅甚惭。"（第 133—134 页）因此说高澄虽然出身于边地胡化族群家庭，但是他汉文化水准不低。高涣，据《北齐书》卷十本传所云，他字敬寿，是高欢的第七子，"读书颇知梗概。而不甚耽习。"（第 135 页）也说明他已经接受了汉文化。高淯，据《北齐书》卷十本传所云，他是高欢的第八子，"容貌甚美，弱年有器望。"（第 136 页）"齐氏诸王选国臣府佐，多取富商群小、鹰犬少年，唯襄城（高淯）、广宁（高孝珩）、兰陵王（高长恭）等颇引文艺清识之士，当时以此称之。"（第

---

① 姚薇元：《北朝胡姓考》内篇第二《勋臣八姓·刘氏》，第 43—49 页。

136—137页）可见他接受了汉文化，而且具有一定的汉文化水准。《北齐书》卷十《高淯传》中还记载，他的继子高亮"字彦道，性恭孝，美风仪，好文学。"（第137页）也有一定的学识。高欢之孙高百年，《北齐书》卷一二本传记载，他是北齐孝昭帝高演的第二子，"会博陵人贾德胄教百年书，百年尝作数'敕'字，德胄封以奏。"（第158页）可见他已经汉化，而且颇有文化修养。高绰，《北齐书》卷一二本传虽然没有他接受汉文化的记载，但是卷四四《儒林·孙灵晖传》记载："征为国子博士，授南阳王［绰］经。王虽不好文学，亦甚相敬重。"（第596页）因此说高绰多少接受了一些汉文化。

此外，北齐皇族的其他成员也多少接受了汉文化，如高岳，《北齐书》卷一三本传记载，他字洪略，是高欢的从父弟，"岳幼时孤贫，人未之知也，长而敦直，姿貌岸然，沉深有器量。"（第174页）"岳辟引时贤，以为僚属，论者以为美。寻都监典书，复为侍学。"（第174页）"岳性至孝，尽力色养，母若有疾，衣不解带，及遭丧，哀毁骨立。"（第174页）可知高岳虽然出身于北方边地的胡化族群家庭，但是他已经接受了汉文化。其子高劢，同卷一三本传记载，他"字敬德，夙智早成，为显祖（高洋）所爱。年七岁，遣侍皇太子"。（第177页）前文所引《儒林传》云："及天保、大宁、武平之朝，亦引进名儒，授皇太子、诸王经术。"（第582页）而天保正是北齐显祖文宣帝高洋的年号，高洋既然引用名儒教授皇太子、诸王经术，高劢既遣侍皇太子，又为乐安王，可见他当然已经接受了汉文化。此外高整信，同卷《赵郡王琛附孙整信传》说他是赵郡王高琛之孙，高叡之子，也是高欢的侄孙，"好学有行检"。（第173页）可见他已汉化。高元海，是高欢的侄孙，同卷本传说他"愿处山林，修行释典"。（第183页）高伏护，同书卷一四本传说他字臣援，是高齐宗室长乐太守灵山的嗣子"粗有刀笔"。（第189页）二人也接受了汉文化。而当时在中国北方农业地区流传的佛教经典多是汉文的，因此说他接受了汉文化。

段韶，据《北齐书》卷一六《段荣传》所云，他是东魏北齐政权显贵段荣和武明皇后娄氏姐姐之子，是姑臧武威人，"字孝先，小名铁伐。少工骑射，有将领才略。高祖以武明皇后姊子，益器爱之，常置左右，以为心腹"。（第208页）"长于计略，善于御众，得将士之心，临敌之日，人人争奋。又雅性温慎，有宰相之风。教训子弟，闺门雍肃，事后母以孝闻，齐世勋贵之家罕有及者。"（第213页）可见段韶虽然出身于边地胡化族群家庭，但是他已经接受了汉文化。其父段荣，据《北齐书》卷一六本传说："字子茂，姑臧武威人也。祖信，仕沮渠氏，后入魏，以豪族徙北边，仍家于五原郡。父连，安北府司马。荣少好历术，专意星象。"（第207页）而其弟段孝言，据《北齐书》卷一六本传记载："少警发有风仪。"（第214页）"然举止风流，招致名士，美景良辰，未尝虚弃，赋诗奏伎，毕尽欢洽。"（第216页）可见段孝言虽然出身于边地胡化族群家庭，可是他也已经接受了汉文化。

任延敬，据《北齐书》卷一九本传所曰，他是广宁人也，"伯父桃，太和初为云中军将，延敬随之，因家焉。延敬少和厚，有器度。初从葛荣为贼，荣署为王，甚见委任"。（第251页）"延敬位望既重，能以宽和接物，人士称之。"（第251页）虽然说任延敬出身于边地胡化族群家庭，但是他进入中原后当也接受了汉文化。

慕容绍宗，据《北齐书》卷二十本传所云，他出自十六国时期前燕政权的王族，是慕容恪的后人。"曾祖腾，归魏，遂居于代。祖都，岐州刺史。父远，恒州刺史。绍宗容貌恢毅，少言语，深沉有胆略。"（第272页）"天平初，迁都邺，庶事未周，乃令绍宗与高隆之共知府库图籍诸事。"（第273页）"兵机武略，在世见推。"（第283页）这里虽然没有慕容绍宗接受汉文化的记载，但是从高欢令他"与高隆之共知府库图籍诸事"以及他是前燕太原王慕容恪的后人来推断，他当已接受了汉文化，否则怎么能让他来掌管府库图籍呢？

斛律孝卿，据《北齐书》卷二十《斛律羌举传》所曰，他是东魏北齐开国元勋斛律羌举之子，"太安人也。世为部落酋长"。（第266页）祖父"谨，魏龙骧将军、武川镇将"。（第266页）他本人"少聪敏机悟，有风检，频历显职"。（第267页）"自赵彦深死，朝贵典机密者，唯孝卿一人差居雅道，不至贪秽。"（第267页）可见他虽然出身于北地胡族家庭，但是也已接受汉文化。

而在北魏皇族的元氏家族成员中，元韶，据《北齐书》卷二八本传记载，他是北魏孝庄帝之侄，字世冑。"避尔朱之难，匿于嵩山。性好学，美容仪"。（第388页）"好儒学，礼致才彦，爱林泉，修第宅，华而不佟。"（第388页）颇有汉士人之风。元弼，据《北史》卷一五《常山王遵传》所云，他是北魏常山王遵的后人，元晖之子，"字宗辅，性和厚，美容仪"。（第572页）"弼妹为孝武所纳，以亲情见委，礼遇特隆。历中书监、录尚书事，位特进、宗师。齐受禅，除左光禄大夫。"（第572页）而据《常山王遵附元晖传》记载其父元晖"少沉敏，颇涉文史"。（第570页）"晖雅好文学，招集儒士崔鸿等撰录百家要事，以类相从，名为《科录》。"（第572页）说明其父汉化程度很深，因此说元弼当已接受了汉文化。元惊，据《魏书》卷一九上《京兆王子推传》所云，他是北魏京兆王元子推的后人，字魏庆。"宽和有度量，美容貌，风望俨然，得丧之间，不见于色。性清俭，不营产业，身死之日，家无余财。"（第444页）可见元惊当已接受了汉文化。元坦，据《北齐书》卷二八本传所云，他是北魏献文皇帝之孙，咸阳王元禧的第七子。"禧诛后，兄翼、树等五人相继南奔，故坦得承袭，改封敷城王。"（第383页）此外传中没有元坦接受汉文化的记载，虽然如此，可是据《魏书》记载，其父咸阳王元禧已接受汉文化，他也不可能不接受了汉文化。元斌，据《北齐书》卷二八本传所云："字善集，祖魏献文皇帝。父高阳王雍，从孝庄于河阴遇害。"（第384页）"斌美仪貌，性宽和，居官重慎，颇为齐文襄爱赏。"（第384页）可见他出身于元魏宗室，是献文帝之孙，迁洛的鲜卑贵族，当已接受汉文化。另外《汉魏南北朝墓志汇编》有《东魏·元显墓志》，说元显是河南洛阳人，北魏淮南王元万之子，他"识字通旷，智局淹融。爱始志学，游心坟典，耽道知名，淫书结誉，三冬足用，五行俱下，彼自称奇"。（第359页）"好清言，善草隶，爱篇什。"（第360页）《魏书》卷一六《阳平王熙传》只记载"子显，袭祖爵"。（第391页）并说其祖父名他，父名吐万。虽然其父名与墓志所记不同，但是元吐万确是其父。① 而据《阳平王熙传》记载元显的祖父元他已南迁洛阳，因此说至少他的子孙就已受到汉文化的影响。虽然墓志中多有溢美之词，但是这些词

---

① 按：《魏书·阳平王熙传》说其父名吐万，《元显墓志》说其父名万，两处记载不同，可是《元显墓志》称其祖为司徒，其父为并州，而《阳平王熙传》中记载元显祖父元他改封淮南王，官至司徒，其元吐万死后赠官并州刺史，因此元他就是元显的祖父，元吐万也就是元显的父亲。而元显的父亲之所以在传中名吐万，墓志中名万，当是其父南迁后觉得"吐万"不够文雅，故改名为"万"之缘故。

语至少说明墓主人及其子孙是仰慕汉文化的，结合正史所载，元显本人当已汉化。

尉瑾，据《北齐书》卷四十本传所云，他字安仁，"父庆宾，为魏肆州刺史。瑾少而敏悟，好学慕善。"（第527页）"亦能折节下士，意在引接名流，但不别之。"（第527页）可见他受到汉文化的影响，好学，并且具有汉族士人之风范。

白建，据《北齐书》卷四十本传所云，他字彦举，自云是太原阳邑人。但是据姚薇元《北朝胡姓考》考证，他出自昭武九姓，是龟兹人。① 本传还说他"初入大丞相府骑兵曹，典执文帐，明解书计，为同局所推"。（第532页）可见他已接受了汉文化。而且他还是唐代大诗人白居易的祖上，因此说他们家族进入中原后由于与汉人杂居，受到汉文化的影响而汉化。

厍狄士文，据《隋书》卷七四本传所云，他是东魏政权元从功臣厍狄干之子，还说他"性孤直，虽邻里至亲莫与通狎。少读书。在齐，袭封章武郡王，官至领军将军"。（第1692页）可知他也接受了汉文化。

作为东魏开创者之一、后战死在小关的窦泰，《北齐书》卷一五本传记载他"字世宁，大安捍殊人也。本出清河观津胄，祖罗，魏统万镇将，因居北边"。（第193页）但是据姚薇元《北朝胡姓考》考证，他是胡族，可见他自称清河灌津人完全是附会，是假冒汉人。② 《汉魏南北朝墓志汇编》中《北齐·窦泰墓志》还记载，他"历寻经史，不为章句之业，偏持三略六韬，好览《穰苴》《孙子》"。（第395页）此说是否属实尚待考证，但是从他假冒汉族后人来看，至少说明他也是仰慕汉文化的，主观上是接受汉文化的。

叔孙固，据《汉魏南北朝墓志汇编》中《东魏·叔孙固墓志》说他"字万年，是河南洛阳人"。（第365页）"祖石洛侯"，（第365页）"父俟勤"，（第365页）都是胡族名，而只有迁居洛阳者才可称河南洛阳人，因此他当出自拓跋鲜卑，后随北魏孝文帝迁都，定籍洛阳者。他"身资五才，人备百行。韫牍诗书，聊与枚贾同风；驰骋弓马，乃共管乐等桀。

---

① 姚薇元：《北朝胡姓考》外篇第九《西域诸姓·白氏》，第398—402页。
② 姚薇元：《北朝胡姓考》内篇第四《四方诸姓·窦氏》，第190—193页。

闲庭广坐，运清言于席上；烽警尘起，画战阵于指掌。闿合其书，动成礼式"。（第365页）虽说"韫椟诗书，聊与枚贾同风"当是溢美之说，但是至少也可以说他是仰慕汉文化，甚至受到汉文化影响的。

《汉魏南北朝墓志汇编》中《东魏·间仪同墓志》记载，间伯昇"字洪达，河南洛阳人也"。（第337页）"高祖即茹茹主之第二子。率部归化，锡爵高昌王，仕至司徒公。曾祖袭王爵司空公，赠司徒。祖齐州，器业渊长，郁为时望。父仪同，风德淹远，道被衣冠。"（第337页）可见他虽然是柔然人，可是至迟其祖父时已进入中原。又说"公禀灵秀气，资庆岳神，体度闲凝，识理清畅，磨道德以成行，率礼乐以田情，积和顺于胸中，发英华于身外。加之孝友淳深，温恭亮直，亭亭共白云等洁，肃肃与清松竞爽"。（第337—338页）"君文武兼资，雅于从政，爰自弹冠，任径出处，声芳藉甚，所在流誉。"（第338页）虽说墓志多有夸张，不可全信，不过至少可以说间伯昇是仰慕并接受了汉文化的。

北齐的宦官中的蛮夷之人也有仰慕并接受了汉文化的，如田敬宣，据《北齐书》卷四一《傅伏附田敬宣传》所云，他"本字鹏，蛮人也。年十四五，便好读书。既为阉寺，伺隙便周章询请，每至文林馆，气喘汗流，问书之外，不暇他语。及视古人节义事，未尝不感激沉吟。颜之推重其勤学，甚加开奖，后遂通显"。（第547页）

另外，据前文所引《北齐书·儒林传》的记载高欢、高洋、高湛、高纬等东魏北齐政权的最高统治者都重视对于子弟的汉文化教育，他们延请名儒教育子弟，这样就使得北齐皇族子孙大多受到汉文化的教育，只是他们的汉化程度或深或浅而已。因此可以说《北齐书》中有传或有记载的高淹、高谐、高湜、高济、高凝、高润、高准、高德素、高宝德、高宝严、高士义、高智、高茂德、高建德、高绍德、高绍义、高绍仁、高绍廉、高彦德、高彦基、高彦康、高彦忠、高彦理、高绰、高俨、高廓、高贞、高仁英、高仁光、高仁邕、高仁俭、高仁直、高仁谦、高瑗、高孝绪、高长弼、高显国、高思宗、高思好、高归彦、高普等高齐宗室成员必然或多或少地，或自愿或被迫地接受了一些汉文化。只是苦于史籍缺少明确的记载不得其详，虽然如此，至少可将他们41人归入儒学水准较低但也喜好儒学的这一类人群。

以上这些胡族或胡化族群虽然儒学水准较低，但也喜好儒学，主要表现为好儒学，礼致才彦、好学慕善、明解书计、好读书、秉文经武之业等方面，他们共有72人，其中刘仁之、高潋、高涣、高渚、高亮、高百年、高整信、段韶、段孝言、慕容绍宗、斛律孝卿、厍狄士文、元韶、白建、元显、元弼、元惊、元斌、元坦、高淹、高谐、高湜、高济、高凝、高润、高准、高德素、高宝德、高宝严、高士义、高智、高茂德、高建德、高绍德、高绍义、高绍仁、高绍廉、高彦德、高彦基、高彦康、高彦忠、高彦理、高绰、高俨、高廓、高贞、高仁英、高仁光、高仁邕、高仁俭、高仁直、高仁谦、高瑗、高孝绪、高长弼、高显国、高思宗、高元海、高思好、高归彦、高普等63人祖上或早年随父辈迁居北方农业地区，占87.5%。高欢、高岳、高伏护、尉瑾、任延敬、窦泰、叔孙固、闾伯昇、田敬宣9人当是随北魏末年内乱进入中国北方农业地区的，占12.5%。在这两部分人中不论从人数上还是比例上都是祖上或早年随父辈迁居北方农业地区者且占绝对优势，这也就符合早进入中原早汉化，经过一两代甚至几代人汉化的积累，汉文化的水准自然高出许多这一规律。

在该地区生活的胡族中，初学汉字者有厍狄干、王周二人，据《北齐书》卷一五《厍狄干传》所曰："［厍狄］干不知书，署名为'干'字，逆上画之，时人谓之穿锥。又有武将王周者，署名先为'吉'而后成其外，二人至子孙始并知书。"（第198页）这二人的子孙数目虽然是一个未知数，但是这也说明厍狄干、王周已开始学写汉字，接受汉文化，只是汉化程度极浅而已。他们这两人都是随北魏末年内乱进入中国北方农业地区的，因此他们的汉化程度最浅，但从"二人至子孙始并知书"看，是在他们的带动下，其子孙汉化程度也在逐渐加深，① 而前文所考的厍狄士文，正是厍狄干之子，厍狄士文的汉化程度正可作为此问题之佐证。

根据以上考述，现将东魏北齐辖区接受汉文化的胡族或胡化族群总数113人按其接受汉文化程度深浅，分为学识颇高并有著述、虽无著述但学术水准较高、儒学水准较低但也喜好儒学或汉化程度深浅不清楚、初学汉字者四类，其中颇有著述的有著述计有9人，占7%多；虽无著述但学术水准较高的共有30人，约占27%；虽然儒学水准较低但也喜好儒学的共有72人，约占64%；初学汉字者共有2人，约占2%。前两类文化水准

---

① 只是苦于史籍中没有厍狄干、王周二人子孙的人数记载，故无从考述。

较高的人有 39 人，约占 35%；反之后两类文化水准较低或汉化程度深浅不清楚的人有 74 人，占 65% 多。为了更好地说明问题，在此试做成饼图加以分析：

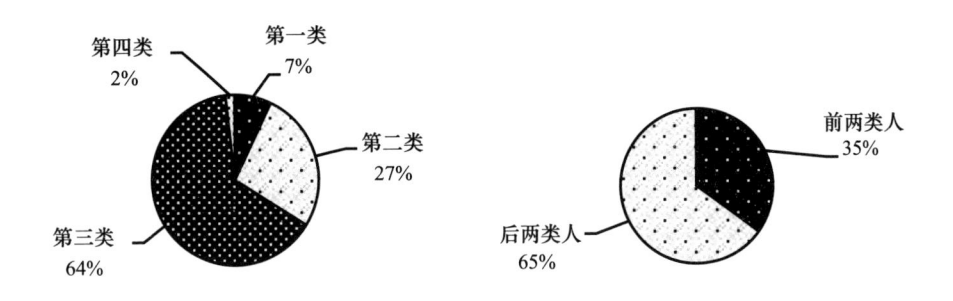

第四类 2%
第一类 7%
第二类 27%
第三类 64%

前两类人 35%
后两类人 65%

另外，据前文所考，前两类文化水准较高的人群中祖上或本人早年进入中国北方农业地区的占绝大多数，后两类文化水准较低的人群中进入中国北方农业地区大幅度地增多，特别是最后一类初学汉字者都是随北魏末年内乱进入中国北方农业地区的。这也符合早进入中国北方农业地区的胡族或胡化族群早汉化，经过一两代甚至数代人的汉化积累，汉文化水准自然高出许多，进入中国北方农业地区较晚的胡族或胡化族群则汉化程度较低的一般规律。另外作为东魏北齐实际统治者的鲜卑化的高氏家族中的大多数成员接受了汉文化，而他们的学业源于何处？据前文所说，先后有范阳卢景裕、赵郡李同轨、中山张雕、渤海李铉、刁柔、中山石曜等人被高欢父子召引为他们的师友，其中范阳、赵郡、中山属于河北地区自无问题，渤海郡的辖地虽今日分处河北、山东两省，但是在唐代隶属于河北道，因此该郡也应属于河北地区，而这几个郡都属于函谷关以东的山东地区，这就说明作为胡化族群的高氏家族成员所接受的汉文化源自山东地区。

至于东魏北齐辖区的胡族和胡化族群接受汉文化的缘故当是以下几个方面，一方面，山东地区在先秦时期就是文化最繁荣的地区，诸子百家中的儒、墨、道、法、名、兵、纵横、五行、农等学术流派皆源出于此，还有闻名一时的"稷下学派"，这些都给该地区的文化奠定了深厚的底蕴。另一方面，两汉时期特别是东汉以此地区的洛阳作为京城，成为当时的文化中心，虽经秦始皇"焚书坑儒"以及五胡十六国时期的战乱，由于地域以及士族的传袭等原因也未遭到大的破坏，特别是儒学则顽强的生存发展起来。再一方面，当时的各胡族文化相对于中国北方农业地区的汉族是落后一些，原有落后的文化传统已经不能适应他们进入中国北方农业地区，并建立割据政权这一政治形势的需要。还有一方面，即是人类总是向往文明，当这些胡族和胡化族群进入中原后，必然与该地区原有的汉族交往，在先进的汉文化影响之下，或者被动或者主动地开始接受了汉文化。基于以上几个缘由，当拓跋鲜卑入主中原以及北魏末年的战乱之时，以鲜卑族为首的各胡族涌入中原后，迅速接受了汉族先进的文化，甚至接受其思想核心的儒家文化。

（二）西魏北周统治地区

至于生活在西魏北周政权统治的关陇等地区的胡族以及胡化族群汉化的记载，在史书中的表述也是多样的，如有著述、博涉群书，博涉经史、涉猎群书、尤精《三礼》、能诵经书、招引文儒、讨论义理、笃学爱文、博览群言、通涉五经、集徒讲学、好学、好读书、好学强记、少笃学、笃志好学、善辞令、尤善谈论、略通经书大义、性爱篇章、涉猎书记、略窥经史、颇涉经史、略涉经史、颇好经史、博涉书记、颇览书记、略涉书记、曾受业于国子学等，而大致可分为汉化程度颇深且有著述、述而不作或博学或专精一经数经、好学或粗涉经史、初学后放弃者几类情况，其中汉化程度颇深且有著述为汉化程度最深者，博涉群书、博涉经史、通涉五经、尤精《三礼》、招引文儒、讨论义理、笃学爱文、集徒讲学、涉猎群书、尤善谈论、博览群言者汉化程度次之，好读书、好学强记、笃志好学、颇好经史、善辞令、好学、少笃学、善辞令、博涉书记者汉化程度又次之，略窥经史、颇涉经史、略涉经史、颇好经史、颇览书记、略涉书记、曾受业于国子者汉化程度再次之，初学后又放弃者是汉化程度最浅的一批人。

生活在西魏北周政权所统治区区域的胡族中，汉化程度颇深且有著述的有北周明帝宇文毓，据《周书》卷四本纪所云，他是后被追尊为北周文帝宇文泰的长子，小名统万突。他"宽明仁厚，敦睦九族，有君人之量。幼而好学，博览群书，善属文，词彩温丽。及即位，集公卿已下有文学者八十余人于麟趾殿，刊校经史。又捃采众书，自羲、农以来，讫于魏末，叙为《世谱》，凡五百卷云。所著文章十卷"。（第60页）可见其汉文化水准甚高，除去召集文士修撰的《世谱》之外，还撰有文章十卷。

北周武帝宇文邕，据《周书》卷五本纪所云，他是宇文泰的第四子，是北周明帝宇文毓之弟，字祢罗突。虽然本纪中没有他接受汉文化的明确记载，可是《周书》卷一二《齐王宪传》有云："少与高祖俱受《诗》《传》。"（第187页）可知他少时曾习读《诗》《传》。另据《隋书·经籍志》记载，他还撰写了《鲜卑号令》《象经》。① 可见他不仅接受了汉文化，而且汉文化程度很深，并且有著述。

齐王宇文宪，据《周书》卷一二本传所云，他是宇文泰的第五子，是北周武帝宇文邕之弟，字毗贺突，"性通敏，有度量，虽在童龀，而神彩嶷然。初封涪城县公。少与高祖（宇文邕）俱受《诗》《传》，咸综机要，得其指归"。（第187页）"建德三年，进爵为王。宪友刘休徵献《王箴》一首，宪美之。休徵后又以此箴上高祖。高祖方剪削诸弟，甚悦其文。宪常以兵书繁广，难求指要，乃自刊定为《要略》五篇，至是表陈之。"（第190页）可知他汉化程度之深，还撰有兵书《要略》五篇。

赵王宇文招，据《周书》卷一三本传所云，他是宇文泰之子，也是北周武帝宇文邕之弟，字豆卢突。"幼聪颖，博涉群书，好属文。学庾信体，词多轻艳。"（第202页）另据《隋书》卷三四《经籍志》记载有"后周《赵王集》八卷"。（第1079页）可见他学识颇深厚，并有著述。

滕王宇文逌，据《周书》卷一三本传所云，他是宇文泰之子，又是北周武帝宇文邕之弟，字尔固突。"少好经史，解属文。"（第206页）另外据《隋书》卷三四《经籍志》记载有"后周《滕简王集》八卷"。（第1079页）可见他不但接受了汉文化，而且汉化程度颇深，又有著述。

高琳，据《周书》卷二九本传所云，他字珉，是高句丽人。"文州氐酋反，诏琳率兵讨平之。师还，帝宴群公卿士，仍命赋诗言志。琳诗末章云：'寄言窦车骑，为谢霍将军。何以报天子？沙漠静妖氛。'"（第497页）可知他是接受了汉文化的胡族，亦有著述。

宇文敞，据《隋书》卷五六本传所云，他是河南洛阳人，与北周宇文氏同宗。可是从本传记载他是河南洛阳人来看，他们家族当已随北魏孝文帝迁居中原，并定籍河南洛阳，属于宇文氏中比较先进的一支。因此他

---

① 《隋书》卷三二《经籍志》，第945页；卷三四《经籍志》，第1017页。

"慷慨有大节，博学多通"。（第1389页）"奉诏修定《五礼》，书成奏之，赐公田十二顷，粟百石。"（第1389页）"为《尚书》、《孝经注》行于世。"（第1391页）可见他汉化修养颇深，并能为名列儒家经典的《尚书》《孝经》作注。

何妥，据《隋书》卷七五本传所云，他是西城胡人，字栖凤，其父经商进入蜀地，定居于郫县，并为萧梁武陵王萧纪之僚属。他本人"少机警，八岁游国子学，助教顾良戏之曰：'汝既姓何，是荷叶之荷，为是河水之河？'应声答曰：'先生姓顾，是眷顾之顾，是新故之故？'人咸异之。十七，以技巧事湘东王，后知其聪明，召为诵书左右。时兰陵萧誉亦有俊才，住青杨巷，妥住白杨头，时人为之语曰：'世有两俊，白杨何妥，青杨萧誉。'其见美如此。江陵陷，周武帝尤重之，授太学博士"。（第1709—1910页）"撰《周易讲疏》十三卷，《孝经义疏》三卷，《庄子义疏》四卷，及与沈重等撰《三十六科鬼神感应等大义》九卷，《封禅书》一卷，《乐要》一卷，文集十卷，并行于世。"（第1715页）可见他是北周以至隋代的名儒。而其文化渊源出自江左地区，虽然著述颇多，不过有些著述当撰写于隋代，因此他的著述不可尽归于西魏北周之时。

于宣敏，据《隋书》卷三九本传所云，他是西魏元从、名列八柱国的于谨之孙，于义之子，出自鲜卑万纽于氏。他字仲达。"少沉密，有才思。年十一，诣周赵王招，王命之赋诗。宣敏为诗，甚有幽贞之志。王大奇之，坐客莫不嗟赏。"（第1147页）"宣敏常以盛满之诫，昔贤所重，每怀静退，著《述志赋》以见其志焉。"（第1147页）可见他汉文化修养颇深厚，并且在北周时期就有著述。

另外据史籍记载宇文恺、于仲文亦有著述，不过根据年龄推测他们的著述当成书于隋代，因此忽略不计，只将这两人算作博学者一类，以上这些有著述的胡族中生活在西魏北周统治区域内有著述者共有九人。而且这批人的情况比较复杂，何妥来自南朝，在进入关中以前在学术上已经崭露头角，其文化渊源与关陇地区无关。宇文敩虽与宇文泰家族同源，但是从他籍贯是河南洛阳来看，他的家族应是随北魏孝文帝迁洛，并定籍河南洛阳的胡族，他的文化当也是源自山东地区。至于高琳的学识出自哪一区域，据《周书·高琳传》记载："六世祖钦，为质于慕容廆遂仕于燕。五世祖宗，率众归魏，拜第一领民酋长，赐姓羽真氏。祖明、父迁仕魏，咸亦显达。"（第495页）他"魏正光初，起家卫府都督。从元天穆讨邢杲，破梁将军陈庆之，以功转统军。又从尔朱天光破万俟丑奴，论功为最，除宁朔将军、奉车都尉。后随天光败于韩陵山，琳因留洛阳"。（第496页）由此推测，他的学识当也出自山东地区。可见他们3人在这9人中占33%多；宇文毓、宇文邕、宇文宪、宇文招、宇文逌5人皆是宇文泰的儿子，于宣敏是于谨之孙，他们6人或是早年随父辈迁居关陇这一中国北方农业地区，或是出生于关陇地区的，随即接受了汉文化，他们6人在这九人中约占67%。这9人基本上都是父祖辈已进入中国的农业地区的，因此他们的汉化程度颇深，并且有著述见于史籍记载。

生活于西魏北周统治区的胡族中，述而不作或博学或专精一经数经的有宇文震，据《周书》卷一三本传所云，他是宇文泰之子，也是北周武帝宇文邕之弟。"幼而敏达，年十岁，诵《孝经》、《论语》、《毛诗》。后与世宗俱受《礼记》、《尚书》于卢诞。"（第201页）既然他受业于当时出自北方第一流大士族的卢诞，可见他学识颇深。

贺拔胜，据《周书》卷一四本传所云，他是宇文泰的老长官贺拔岳的兄长，字破胡，是神武尖山人，还是与元魏皇族同出于阴山的鲜卑族。但是他"自居重位，始爱坟籍。乃招引文儒，讨论义理。性又通率，重义轻财，身死之日，唯有随身兵仗及书千余卷而已"。（第220页）因此从他藏有书籍千余卷来看，他虽然出生于北地，不过汉化程度仍然是颇深的。

斛斯徵，据《周书》卷二六本传所云，他字士亮，是河南洛阳人，由此推测其祖上当是随北魏孝文帝迁居中原，并定籍河南洛阳的胡族，本传还记载，他"幼聪颖，五岁诵《孝经》、《周易》，识者异之。及长，博涉群书，尤精《三礼》，兼解音律……及高祖山陵还，帝欲作乐，复令议其可不。徵曰：《孝经》云'闻乐不乐'。闻尚不乐，其况作乎"。（第432—433页）可见他的汉文化水准颇高。

而出自元魏宗室并接受汉文化且颇有学识的胡族也有多人，如：元伟，据《周书》卷三八本传所云，他"少好学，有文雅"。（第688页）"及尉迟迥伐蜀，以伟为司录。书檄文记，皆伟之所为。"（第688页）"世宗初，拜师氏中大夫。受诏于麟趾殿刊正经籍。"（第688页）"性温柔，好虚静。居家不治生业。笃学爱文，政事之暇，未尝弃书。"（第689

页)说明他的学识颇深。元子孝,据《北史》卷一七本传所云,他字季业,"早有令誉。年八岁,司徒崔光见而异之,曰:'后生领袖,必此人也。'孝武帝入关,不及从驾。后赴长安,封义阳王。子孝美容仪,善笑谑,好酒爱士,缙绅归之,宾客常满,终日无倦。性又宽慈,敦穆亲族。乃置学馆于私第,集群从子弟,昼夜讲读。并给衣食,与诸子同"。(第631页)可见他的学识非同一般。元善,据《隋书》卷七五本传所云,他是河南洛阳人,祖父元乂是北魏后期的权臣。"父罗,初为梁州刺史,及[元]乂被诛,奔于梁,官至征北大将军、青冀二州刺史。善少随父至江南,性好学,遂通涉五经,尤明《左氏传》。及侯景之乱,善归于周。武帝甚礼之,以为太子宫尹,赐爵江阳县公。每执经以授太子。"(第1707页)"善之通博,在何妥之下,然以风流酝藉,俯仰可观,音韵清朗,听者忘倦,由是为后进所归。"(第1708页)这几个元魏宗室成员的学术水平都颇高,元善甚至还名列《隋书·儒林传》之中,但他们都是祖上随北魏孝文帝迁居中原,并定籍河南洛阳的,其学术渊源多与关陇地区无涉,特别是元善年少时受业于江左,说明其学术源于江左地区。

于仲文,据《隋书》卷六十本传所云,他字次武,出自鲜卑万忸于氏,是于寔之子,也就是西魏北周八柱国之一的于谨之孙。"少聪敏,髫龀就学,耽阅不倦。其父异之曰:'此儿必兴吾宗矣。'九岁,尝于云阳宫见周太祖,太祖问曰:'闻儿好读书,书有何事?'仲文对曰:'资父事君,忠孝而已。'太祖甚嗟叹之。其后就博士李祥受《周易》、《三礼》,略通大义。"(第1450页)"撰《汉书刊繁》三十卷、《略览》三十卷。"(第1455页)但是从略通经书大义到能著述是需要一个较长过程,因此笔者怀疑于仲文撰写并完成《汉书刊繁》《略览》这两部著述之时已是隋朝,因此他不能算作在西魏北周时期有著述者,但是他在入隋前虽无著述当已具备相当的学术水准,应将其归入虽无著述却博学的这一类人之中。

为隋炀帝营建东都而闻名一时的宇文恺,据《隋书》卷六八本传所云,他字安乐,虽然姓宇文,但是他并非北周宗室。本传还记载:"诸兄并以弓马自达,恺独好学,博览书记,解属文,多伎艺,号为名父公子。"(第1587页)"撰《东都图记》二十卷、《明堂图议》二卷、《释疑》一卷,见行于世。"(第1594页)而《东都图记》的东都是指隋代的东都洛阳,因此该书是宇文恺在隋炀帝建东都时所著。《明堂图议》当也是宇文恺负责东都洛阳的明堂时所著，另外据《隋书》卷三三《经籍志》记载"《东宫典记》七十卷左庶子宇文恺撰"。（第967页）而宇文恺是在隋文帝时任太子左庶子，① 因此《东宫典记》亦是宇文恺入隋以后所作；由此推测《释疑》也成书于隋代，故此他也不能算作在西魏北周时期有著述者。而且一个人的学术水平提高需要一个循序渐进的过程，要达到有著述问世需要较长的时间，据此推测，他在入隋前虽无著述当已具备相当的学术水准，应算作虽无著述却博学一类学者。

这批居住在西魏北周统治区的胡族受儒学影响较深，颇有学术，主要表现为能诵经书、博涉群书、尤精《三礼》、招引文儒、讨论义理、笃学爱文、通涉五经、集徒讲学等方面，他们共有8人，而且这8人中宇文震、斛斯徵、元伟、元子孝、元善、于仲文、宇文恺7人祖上已迁居北方农业地区，占87.5%；只有贺拔胜1人是随北魏末年内乱进入中国北方农业地区的，占8人的12.5%。这样祖上已迁居北方农业地区者不论从人数上还是比例上都占压倒多数，这基本说明早进入中原早汉化，经过一两代甚至数代人的汉化积累，汉文化的水准自然较高。

居住在西魏北周统治区的胡族中，好学、明解书计者，出自北周宗室的有北周宣帝宇文赟，据《周书》卷七本纪记载，他是北周武帝宇文邕的长子，还说"大象元年春正月癸巳，受朝于露门，帝服通天冠、绛纱袍，群臣皆服汉魏衣冠"。（第117页）"[二年]二月丁巳，帝幸露门学，行释奠之礼。"（第122页）说明他接受了汉文化。宇文乾仁，据《周书》卷十《邵惠公颢传》所云，他是宇文胄之子，"幼好学，聪惠"。（第154页）宇文广，据《周书》卷十《邵惠公颢传》所云，他是宇文导之子，"少方严，好文学"。（第156页）宇文贵，据《周书》卷一二《齐炀王宪传》所云，他是齐王宇文宪之子，"字乾福，少聪敏，涉猎经史，尤便骑射。始读《孝经》，便谓人曰：'读此一经，足为立身之本。'"（第196页）宇文测，据《周书》卷二七本传所云，他字澄镜，是宇文泰的族子，"测性沉密，少笃学，每旬月不窥户牖"。（第453页）说明他们都已经接受了汉文化，只是学识较低而已。至于宇文神举，据《周书》卷四十本传所云，他是宇文泰的族子，"伟风仪，善辞令，博涉经史，性爱篇章，

---

① 《隋书》卷六八《宇文恺传》，第1587页。

尤工骑射"。（第716页）又说其父宇文显和"颇涉经史，膂力绝人，弯弓数百斤，能左右驰射"。（第713页）他们父子皆文武兼备，因此说他们都接受了汉文化。此外，宇文泰诸子除前文已考的外，还有北周孝闵帝宇文觉、卫王宇文直、谯王宇文俭、陈王宇文纯、越王宇文盛、代王宇文达、冀王宇文通，他们的传记中都没有汉化的记载，可是《周书》卷四五《儒林·樊逊传》却云："魏废帝二年，太祖（宇文泰）召逊教授诸子。"（第814页）可知他们也与北周明帝宇文毓、北周武帝宇文邕、宋公宇文震、齐王宇文宪、赵王宇文招、腾王宇文逌一起读书。另据《周书》卷二六《斛斯徵传》记载："后高祖以治经有师法，诏令教授皇太子。宣帝时为鲁公，与诸皇子等咸服青衿，行束修之礼，受业于徵，仍并呼徵为夫子。"（第432页）而北周武帝的诸子据《周书》卷一三《文闵明武宣诸子传》记载，有北周宣帝宇文赟、汉王宇文赞、秦王宇文贽、曹王宇文允、道王宇文充、蔡王宇文兑、荆王宇文元，可见他们也曾受业。因此说这些宇文氏家族子孙确实接受了汉文化，只不过他们之间在汉化程度上有深浅之别。

梁御，据《周书》卷一七本传所云，他字善通，"其先安定人也。后因官北边，遂家于武川，改姓为纥豆陵氏"。（第279页）由此可见，其祖上似乎是汉人迁居中国北部边地的，但是据姚薇元《北朝胡姓考》考证："观［梁］御传家世，其为胡族无疑。籍称安定，殆曹魏时来归之休奢，入北魏后，又徙居武川者。"（第65页）不过本传又记，他"少好学，进趋详雅。及长，更好弓马"。（第279页）可见他是接受汉文化的。

贺兰祥，据《周书》卷二十本传所云，他字盛乐，"其先与魏俱起，有纥伏者，为贺兰莫何弗，因以为氏。其后有以良家子镇武川者，遂家焉"。（第335—336页）其家族是长期居住在中国北部边地的胡族，由于他是宇文泰外甥，在北魏末年随同宇文泰进入关中，他"虽在戎旅，常博延儒士，教以书传"。（第336页）因此说他也接受了汉文化。

李远，据《周书》卷二五《李贤传》所云，他是李贤之弟，"其先陇西成纪人也。曾祖富，魏太武时以子都督讨两山屠各殁于阵，赠宁西将军、陇西郡守。祖斌，袭领父兵，镇于高平，因家焉"。（第413页）可是《北史》卷五九《李贤传》却记载，他们"自云陇西成纪人，汉骑都尉陵之后也。陵没匈奴，子孙因居北狄"。（第2105页）而据姚薇元《北朝胡姓考》考证，他们是高车叱李氏。① 他们出自边地胡族家庭。《周书》卷二五《李贤附弟远传》记载，李远"字万岁。幼有器局，志度恢然"。（第418页）"及长涉猎书传，略知指趣而已。"（第418页）另外还说李远子李基"字仲和。幼有声誉，美容仪，善谈论，涉猎群书，尤工骑射"。（第423页）李远、李基父子皆能涉猎书传，可见他们已受到汉文化的影响，并形成了习读书传的良好家风。

长孙绍远，据《周书》卷二六本传所云，他字师，河南洛阳人。因此说其祖上当是随北魏孝文帝迁居中原，并定籍河南洛阳的。本传还说他"性宽容，有大度，望之俨然，朋侪莫敢执狎。雅好坟籍，聪慧过人。时稚作牧寿春，绍远幼，年甫十三。稚管记王硕闻绍远强记，心以为不然，遂白稚曰：'伏承世子聪慧之姿，发于天性，目所一见，诵之于口。此既历世罕有，窃愿验之。'于是命绍远试焉。读《月令》数纸，才一遍，诵之若流。自是硕乃欢服"。（第430页）《周书》卷二六《长孙绍远传》中还说，长孙绍远之侄长孙兕"字若汗，性机辩，强记博闻，雅重宾游，尤善谈论"。（第431页）《隋书》卷五一《长孙览附从子炽传》记载，长孙炽是河南洛阳人，"字仲光，上党文宣王稚之曾孙也"。（第1328页）其曾祖长孙稚是随北魏孝文帝迁居中原，并定籍河南洛阳，与长孙绍远等人同出一门。他"性敏慧，美姿仪，颇涉群书，兼长武艺。建德初，武帝尚道法，尤好玄言，求学兼经史、善于谈论者，为通道馆学士。炽应其选，与英俊并游，通涉弥博"。（第1328页）这都说明长孙绍远、长孙兕叔侄皆已或多或少地接受了汉文化。

窦炽，据《周书》卷三十本传所云，他是"扶风平陵人也。汉大鸿胪章十一世孙。章子统，灵帝时，为雁门太守，避窦武之难，亡奔匈奴，遂为部落大人。后魏南徙，子孙因家于代，赐姓纥豆陵氏"。（第517页）但是据姚薇元《北朝胡姓考》考证，他们家族出自鲜卑纥豆陵氏。② 不过本传记载他字光成，"性严明，有谋略，美须髯，身长八尺二寸。少从范阳祁忻受《毛诗》、《左氏春秋》，略通大义"。（第517页）这些都说明他也受到了汉文化的影响，已经汉化。

---

① 姚薇元：《北朝胡姓考》外篇第二《高车诸姓·李氏》，第321—323页。
② 姚薇元：《北朝胡姓考》内篇第四《四方诸姓·窦氏》，第190—193页。

于义，据《隋书》卷三九本传所云，他字慈恭，是西魏时期八柱国之一的于谨之子，于谨是西魏政权的元从功臣，他追随魏孝武帝西入关中，历仕西魏北周两朝，官至太师。而于谨"曾祖婆，魏怀荒镇将。祖安定，平凉郡守、高平郡将。父提，陇西郡守、荏平县伯"①。祖上四代皆在边地为官，因此于谨也是北方边地的胡族，并未随北魏孝文帝迁居中原。本传又记载，于义"少矜严，有操尚，笃志好学"。（第1145页）因此说他已经接受了汉文化。

豆卢勣，据《隋书》卷三九本传所云，他是昌黎徒河人，字定东，"本姓慕容，燕北地王［慕容］精之后也。中山败，归魏，北人谓归义为'豆卢'，因氏焉。祖苌，魏柔玄镇大将。父宁，柱国、太保"。（第1155页）可见他出身于边地胡族家庭，其父豆卢宁为西魏十二大将军之一。本传又云："勣聪悟，有器局。少受业国子学，略涉文艺。"（第1155页）"明帝时，为左武伯中大夫。勣自以经业未通，请解职游露门学。帝嘉之，敕以本官就学。"（第1155页）可知他已经汉化，并先后入国子学、露门学学习汉文化。

王谊，据《隋书》卷四十本传所云，他是河南洛阳人，字宜君，"父显，周凤州刺史"。（第1168页）据姚薇元《北朝胡姓考》考证，他是出自高丽拓王氏，祖上"初自乐浪徙武川，太和中随孝文迁洛阳，改姓王氏"。（第274页）本传又记载他"少慷慨，有大志，便弓马，博览群言"。（第1168页）不管他是否出自高丽拓王氏，其家族在武川镇时已经鲜卑化，但是在进入中原后，由于与汉族杂居，他已经接受了汉文化，并有一定的学识。

元晖，据《隋书》卷四六本传所云，他字叔平，其祖上当是随北魏孝文帝迁居中原，并定籍河南洛阳的宗室。他"进止可观，颇好学，涉猎书记。少得美名于京下，周太祖见而礼之，命与诸子游处，每同席共砚，情契甚厚"。（第1256页）可见他也接受了汉文化，并且好学。

楼宝，据《北史》卷二十《楼伏连附子宝传》所云，其父是代人，世代为酋帅。他"字道成，性淳朴，好读书"。（第756页）"大统元年，诏领著作郎，监修国史事，别封平城县子。后授国子祭酒、侍中，进仪同

---

① 《周书》卷一五《于谨传》，第243页。

三司,兼太子太傅,摄东宫詹事。宝为人清简少言,颇谙旧事,位历师傅,守靖谦恭,以此为人所敬"。(第757页)因此说他已经汉化,而且喜好读书。

这些居住在关陇地区的胡族虽然受儒学影响较浅,但也喜好儒学,主要表现为好学、好学强记、笃志好学、好读书、少笃学、善辞令、涉猎群书、尤善谈论、略通经书大义、性爱篇章、博览群言、涉猎书记等方面,他们共有34人,而且这些人中北周宣帝宇文赟、宇文觉、宇文直、宇文俭、宇文纯、宇文盛、宇文达、宇文通、宇文乾仁、宇文广、宁文贵、宇文测、宇文神举、宇文赟、宇文赞、宇文贽、宇文允、宇文充、宇文兑、宇文元、长孙绍远、长孙咒、长孙炽、于义、豆卢勋、王谊、元晖27人是在北方农业地区出生的或是早年随父辈迁居北方农业地区的,占34人的79%多;宇文测、宇文显和、梁御、贺兰祥、李远、窦炽、楼宝7人当是随北魏末年内乱进入中国北方农业地区的,约占34人的21%。从这两批人的人数和百分比来看,还是早进入中原者占优,超过2/3。这也就大致符合早进入中原的胡族汉化较早,而且经过一两代或几代人的汉化积累,汉文化的水准自然高出许多的一般规律。

居住在关陇地区的胡族中,粗涉经史、崇尚儒学的则有宇文泰等人,宇文泰,据《周书》卷二本纪所云,他"知人善任使,从谏如流,崇尚儒术,明达政事,恩信被物"。(第37页)由此可见他也能接受汉文化。

念贤,据《周书》卷一四本传所云,他字盖卢,"颇涉书史。为儿童时,在学中读书,有善相者过学,诸生竞诣之,贤独不往"。(第226页)但是未记载他的祖籍及出生地,而《北史》卷四九本传记载,他是"金城枹罕人也。父求就,以大家子戍武川镇,仍家焉"。(第1805页)他虽然"颇涉书史",《周书》本传却又记他"永熙中,拜第一领民酋长"。(第226页)而任领民酋长者皆为胡族首领,再则金城枹罕地处北方边地,由此推测,他也是出自北方边地的胡族。不过根据本传记载,他已受到汉文化的影响,能够习读汉文典籍。

于谨,据《周书》卷一五本传所云,他字思敬,虽然他籍贯是河南洛阳,但是据前文考证,他祖上四代皆在边地为官,因此他也是出自北方边地的胡族,并未追随北魏孝文帝迁居中原。而本传记载他"性沉深,有识量,略窥经史,尤好《孙子兵书》"。(第243页)不过从于谨率领西魏军队平江陵所作所为的那些野蛮行动来分析，他的汉化程度较浅，虽然如此，他还是接受汉文化的。

侯莫陈凯，据《周书》卷一六《侯莫陈崇传》所云，他是西魏政权八柱国之一的侯莫陈崇之弟，是代郡武川人。"其先，魏之别部，居库斛真水。五世祖曰太骨都侯。其后，世为渠帅。祖允，以良家子镇武川，因家焉。"（第268页）可见其祖上并未随北魏孝文帝迁居中原，他出身于边地胡族家庭。但是《侯莫陈崇传》却说他"字敬乐。性刚正，颇好经史"。（第270页）这说明他多少还是汉化了。

李贤，据前文考证，他是高车叱李氏，出身于边地胡族家庭。而据《周书》卷二五本传所云，他"幼有志节，不妄举动"。（第413页）"九岁，从师受业，略观大旨而已，不寻章句。或谓之曰：'学不精勤，不如不学。'贤曰：'夫人各有志，贤岂能强学待问，领徒授业耶，唯当粗闻教义，补己不足。至如忠孝之道，实铭之于心。'"（第413页）《隋书》卷三七《李穆附兄子询传》又记载其子李询字孝询，"沉深有大略，颇涉书记"。（第1121页）可见李贤、李询父子都开始接受汉文化，其家族已经形成了仰慕汉文化的风气。

宇文孝伯，据《周书》卷四十本传所云，他字胡三，是吏部安化公宇文深之子，当也是出自边地胡族家庭，由于"其生与高祖同日，太祖甚爱之，养于第内。及长，又与高祖同学"。（第716页）当是他们一起入学，接受汉文化，而且他"性沉正謇谔，好直言。高祖即位，欲引置左右"。（第716页）并且"托言少与孝伯同业受经，思相启发。由是晋公护弗之猜也，得入为右侍上士，恒侍读书"。（第716页）可知他已经接受了汉文化。

元谐，据《隋书》卷四十本传所云，他是河南洛阳人，是北魏宗室，其祖上当是随北魏孝文帝迁居中原，并定籍河南洛阳的，他"性豪侠，有气调。少与高祖同受业于国子，甚相友爱"。（第1170页）元岩，据《隋书》卷六二本传所云，他字君山，是河南洛阳人，"父祯，魏敷州刺史"。（第1475页）其祖上当是随北魏孝文帝迁居中原，并定籍河南洛阳的北魏宗室，"岩好读书，不治章句，刚鲠有器局，以名节自许，少与渤海高颎、太原王韶同志友善。仕周，释褐宣威将军、武贲给事"。（第1475页）元寿，据《隋书》卷六三本传所云，他字长寿，是河南洛阳人，其祖上当也是随北魏孝文帝迁居中原,并定籍河南洛阳的北魏宗室。"及长,方直,颇涉经史。"(第1497页)据以上记载可知这几位元魏皇族成员都已经接受了汉文化。

长孙平,据《隋书》卷四六本传所云,他字处均,河南洛阳人,"父俭,周柱国"。(第1254页)而据《周书》卷二六《长孙俭传》记载:他们河南洛阳人,"其先,魏之枝族,姓托拔氏。孝文迁洛,改为长孙"。(第427页)当是随北魏孝文帝迁居中原,并定籍河南洛阳的。本传又记长孙平"美容仪,有器干,颇览书记。仕周,释褐卫王侍读"。(第1254页)长孙览,据《隋书》卷五一本传所云,他是河南洛阳人,字休因,"祖稚,魏太师、假黄钺、上党文宣王。父绍远,周小宗伯、上党郡公"。(第1327页)据前文考证,其父长孙绍远祖上当是随北魏孝文帝迁居中原,并定籍河南洛阳。本传还说他"性弘雅,有器量,略涉书记,尤晓钟律。魏大统中,起家东宫亲信"。(第1327页)其侄长孙晟,"字季晟,性通敏,略涉书记,善弹工射,趫捷过人。时周室尚武,贵游子弟咸以相矜,每共驰射,时辈皆出其下"。(第1329页)长孙澄,据《周书》卷二六《长孙绍远附澄传》所云,他也是长孙绍远的后人,"魏文帝尝与太祖及群公宴,从容言曰:'《孝经》一卷,人行之本,诸公宜各引要言。'澄应声曰:'夙夜匪懈,以事一人。'座中有人次曰:'匡救其恶。'既而出阁,太祖深欢澄之合机,而谴其次答者"。(第431页)据以上史料的记载可知,这几位长孙氏家族成员都多少接受了汉文化。

贺若弼,据《隋书》卷五二本传所云,他字辅伯,是河南洛阳人,"父敦,以武烈知名,仕周为金州总管"。(第1343页)据姚薇元《北朝胡姓考》考证,他们家族是由代北迁至河洛的。① 本传中又说他"少慷慨,有大志,骁勇便弓马,解属文,博涉书记,有重名于当世。周齐王宪闻而敬之,引为记室"。(第1343页)可见他在北周时期就已经汉化,并具有一定的汉文化修养。

尔朱敞,据《隋书》卷五五本传所云,他字乾罗,是秀容契胡尔朱荣的族子,而契胡尔朱氏进入中原前由于和汉族接触不多,基本上没有接受汉文化。尔朱氏败亡后,尔朱敞为避祸"遂诈为道士,变姓名,隐山,

---

① 姚薇元:《北朝胡姓考》内篇第三《内入诸姓·贺若氏》,第94—96页。

略涉经史"。(第 1375 页)可知他对于汉文化的经史典籍有所了解。

这些胡族或胡化族群虽然受儒学影响更浅,但也略知书,主要表现为略窥经史、颇涉经史、略涉经史、颇好经史、博涉书记、颇览书记、略涉书记、受业于国子学等方面,他们共有 16 人,其中李询、元谐、元岩、元寿、长孙平、长孙览、长孙晟、长孙澄、贺若弼 9 人祖上或早年随父辈迁居北方农业地区的,占 16 人的 56% 多;宇文泰、念贤、于谨、侯莫陈凯、李贤、宇文孝伯、尔朱敞 7 人当是随北魏末年内乱进入中国北方农业地区的,约占 16 人的 44%。从这两批人的人数和百分比来看,仍然可以说早进入中原早汉化,经过一两代人的在汉族地区生活,这些胡族人群已接受了汉文化,但是这一汉化程度较浅的人群仍然是早进入中国北方农业地区者占优,这说明在西魏北周地区胡族汉化进展缓慢,略逊于东魏北齐地区。

最后一类居住在关陇地区的胡族则是曾读书后又弃之者,如宇文贵、宇文庆二人。宇文贵,据《周书》卷一九本传所云,他字永贵,"其先昌黎大棘人也。徙居夏州。父莫豆干"。(第 311 页)可见他出身于边地胡族家庭。他"少从师受学,尝辍书叹曰:'男儿当提剑汗马以取公侯,何能如先生为博士也!'"(第 311 页)可见他少年之时曾从师受学,但是后来又放弃读书。

宇文庆,据《隋书》卷五十本传所云,他是河南洛阳人,字神庆。"祖金殿,魏征南大将军,仕历五州刺史、安吉侯。父显和,夏州刺史。"(第 1313 页)因此其祖上当随北魏孝文帝迁居中原,并定籍河南洛阳。他"沉深,有器局,少以聪敏见知。周初,受业东观,颇涉经史。既而谓人曰:'书足记姓名而已,安能久事笔砚,为腐儒之业!'"(第 1313 页)可知他最初接受了汉文化,不过后来又放弃学业,特别值得注意的是,宇文庆家族是随同北魏孝文帝迁居中原的,他也放弃汉文化,视其为腐儒之业,可以说是在西魏北周政权统治区域内出现的一种不良倾向。

这二人虽然曾受儒学影响,但后来基本放弃学业,汉化程度最浅,不过他们在见于记载的西魏北周辖区接受汉文化的胡族中只占极少数。虽然如此,这种始学后放弃汉文化的现象在东魏北齐统治区内是看不到的。另外,其中宇文贵是随北魏末年内乱进入中国北方农业地区的胡族,宇文庆是祖上已迁居中国北方农业地区的,所占的人数和百分比是平分秋色的,但是这一汉化程度较浅的胡族当也是早进入中国北方农业地区者文化程度略高者,从这二人的情况亦可说明在西魏北周政权统治区域内,胡族汉化进程不但缓慢,甚至出现了反复,这对于该区域汉文化的发展是会产生负面影响的。

根据以上考述,再将西魏北周辖区内接受汉文化的胡族总数69人按其接受汉文化程度不同,分为颇有著述、儒学影响较深颇有学术、受儒学影响较浅但喜好儒学、略知经史、曾受儒学影响但后来基本放弃者五类,颇有著述的共有9人,占13%多;受儒学影响较深、颇有学术的共有8人,约占12%;受儒学影响较浅但喜好儒学的共有34人,占49%多;仅略知经史的共有16人,占23%多;曾受儒学影响但后来基本放弃的共有2人,约占3%。前两类文化水准较高的人有17人,约占总数69人中的25%;而后三类文化水准较低的人却有52人,占总数69人中的75%多。并试做成饼图加以分析:

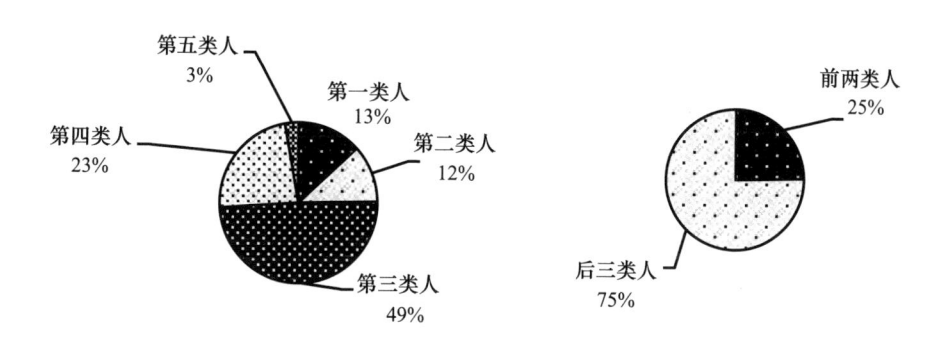

另外,据《周书》卷一三《文闵明武宣诸子传》记载宇文泰共有13子皆已接受汉文化,就人数来说少于高欢诸子,就所占比例来看二者相当,不过宇文泰诸子中有著述者有五人之多,在这方面则强于高欢诸子。而在这些接受汉文化的胡族人群中,除最后一类曾受儒学影响后来基本放弃的胡族是祖上迁居中国北方农业地区和随北魏末年内乱进入中国北方农业地区的各占一半外,仍然是早进入中国北方农业地区者占优,可见受儒学影响的深浅也与进入中国北方农业地区早晚有关。以上分析说明在西魏北周统治区域内生活的胡族接受汉文化的速度缓慢。还有像宇文贵、宇文庆这

样早年接受汉文化而后又放弃学业的现象，在东魏北齐统治区域内却未曾发生过。

总体上看，进入并居住在西魏北周统治的关陇地区的胡族以及胡化族群中有相当多的或多或少地接受了汉文化，究其原因当是该地区自先秦起法、道、兵、儒等家思想逐渐传入，特别是两汉以来黄老学说、儒家思想得到发扬光大，虽曾遭受"焚书坑儒"、五胡十六国的战乱，但是由于士族习读经史的传统，使得以儒家思想为核心的汉文化能够顽强地在该地区生存下去。另一方面则是由于不同民族在相互接触中文化适应的潜力是无法抗拒的，进入该地区的胡族以及胡化族群在与该地区原住的汉人杂居交往的过程中，受汉族先进文化的影响，接受了以儒家思想为核心的汉文化。

二 尊师礼贤

尊重师长、礼贤下士是中华民族的传统美德，在东魏北齐与西魏北周两大政权对峙分别割据山东、关陇地区的历史时期，这一传统美德在两大统治区域都有较好的表现。

（一）东魏北齐政权统治地区表现良好

东魏北齐政权统治的山东地区，自先秦以来不但是儒家思想的发源地，也一直是思想活跃、文化兴盛的地区，其间虽然经过五胡十六国时期的战乱，经济、文化遭到了一定程度的破坏，但是汉族的思想文化仍然顽强地生存了下来并且在某些方面得到发展，同时汉文化中尊重师长、礼贤下士的传统美德也传承了下来。在北朝后期具体表现见于史书记载的颇多，如《北齐书》卷二《神武帝纪》所曰：高欢"仁恕爱士。始范阳卢景裕以明经称，鲁郡韩毅以工书显，咸以谋逆见擒，并蒙恩置之第馆，教授诸子"。（第25页）可知高欢连敌对的士人都能引用，并让他们教授高齐家族成员汉文化经典及书法，可见高欢等人的器量，以及他们礼贤下士的风度。

另外，据《北齐书》卷四四《儒林传》所曰："及景裕卒，又以赵郡李同轨继之。二贤并大蒙恩遇，待以殊礼。同轨之亡，复征中山张雕、渤海李铉、刁柔、中山石曜等递为诸子师友。及天保、大宁、武平之朝，亦引进名儒，授皇太子诸王经术。"（第582页）《北齐书》卷四十《尉瑾传》又曰：他"亦能折节下士，意在引接名流，但不别之"。（第527页）

卷四四《儒林·李铉传》曰:"废帝之在东宫,显祖诏铉以经入授,甚见优礼。数年,病卒。特赠廷尉少卿。及还葬故郡,太子致祭奠之礼,并使王人将送,儒者荣之。"(第585页)同卷《儒林·冯伟传》曰:"赵郡王出镇定州,以礼迎接,命书三至,县令亲至其门,[冯伟]犹辞疾不起。王将命驾致请,佐史前后星驰报之,县令又自为其整冠履,不得已而出。王下厅事迎之,止其拜伏,分阶而上,留之宾馆,甚见礼重。"(第587—588页)同卷《儒林·马敬德传》曰:"世祖为后主择师傅,赵彦深进之,[马敬德]入为侍讲。"(第590页)"武平初,犹以师傅之恩,超拜国子祭酒,加仪同三司、金紫光禄大夫,领瀛州大中正,卒。"(第590页)同传又曰:"武平中,皇太子将讲《孝经》,有司请择师友。帝曰:'马元熙朕师之子,文学不恶,可令教儿。'于是以《孝经》入授皇太子,儒者荣其世载。性和厚,在内甚得名誉,皇太子亦亲敬之。"(第591页)同卷《儒林·张景仁传》说他"与魏郡姚元标、颍川韩毅、同郡袁买奴、荥阳李超等齐名,世宗(高澄)并引为宾客"。(第591页)"后主在东宫,世祖选善书人性行淳谨者令侍书,景仁遂被引擢。小心恭慎,后主爱之,呼为博士。"(第591页)同卷《儒林·张雕传》又曰:"魏末,以明经召入霸府,高祖令与诸子讲读。"(第594页)"琅邪王俨求博士精儒学,有司以雕应选,时号得人。"(第594页)"值帝侍讲马敬德卒,乃入授经书。帝甚重之,以为侍读,与张景仁并被尊礼,同入华光殿,共读《春秋》。加国子祭酒,假仪同三司,待诏文林馆。"(第594页)"寻除侍中,加开府,奏度支事,大被委任,言多见从。特敕奏事不趋,呼为'博士'。"(第594—595页)同卷《儒林·孙灵晖传》曰:"征[孙灵晖]为国子博士,授南阳王[高绰]经。王虽不好文学,亦甚相敬重,启除其府咨议参军。"(第596页)而东魏孝静帝、权臣高欢、高澄、北齐显祖高洋、废帝高殷、世祖高湛、南阳王高绰、尉瑾,或为东魏北齐的帝王,或为大臣,皆尊重师傅、礼贤下士,这些都说明尊重师长、礼贤下士的汉文化传统美德在东魏北齐政权统治区域内沿袭下来。

至北齐末年后主高纬还依祖珽的建议于武平四年二月设立文林馆,①引用的文士,据《北史》卷八三《文苑传》所云:

---

① 《北齐书》卷八《儒林传》,中华书局1972年版,第603页。

[武平]三年，祖珽奏立文林馆，于是更召引文学士，谓之待诏文林馆焉。珽又奏撰《御览》，诏珽及特进魏收、太子太师徐之才、中书令崔劼、散骑常侍张雕、中书监阳休之监撰。珽等奏追通直散骑侍郎韦道逊、陆乂、太子舍人王劭、卫尉丞李孝基、殿中侍御史魏澹、中散大夫刘仲威、袁奭、国子博士朱才、奉车都尉眭道闲、考功郎中崔子枢、左外兵郎薛道衡、并省主客郎中卢思道、司空东阁祭酒崔德立、太傅行参军崔儦、太学博士诸葛汉、奉朝请郑公超、殿中侍御史郑子信等入馆撰书，并敕放、悫、之推等同入撰例。复命散骑常侍封孝琰、前乐陵太守郑元礼、卫尉少卿杜台卿、通直散骑常侍杨训、前南兖州长史羊肃、通直散骑侍郎马元熙、并省三公郎中刘珉、开府行参军李师上、温君悠入馆，亦令撰书。后复命特进崔季舒、前仁州刺史刘逖、散骑常侍李孝贞、中书侍郎李德林续入待诏。寻又诏诸人各举所知，又有前济州长史李𫘤、前广武太守魏骞、前西兖州司马萧溉、前幽州长史陆仁惠、郑州司马江旰、前通直散骑侍郎辛德源、陆开明、通直郎封孝骞、太尉掾张德冲、并省右户郎元行恭、司徒户曹参军古道子、前司空功曹参军刘顗、获嘉令崔德儒、给事中李元楷、晋州中从事阳师孝、太尉中兵参军刘儒行、司空祭酒阳辟强、司空士曹参军卢公顺、司空中兵参军周子深、开府行参军王友伯、崔君洽、魏师謇并入馆待诏。又敕仆射段孝言亦入焉。①（第603—604页）

可知北齐后主高纬于武平四年采纳祖珽的建议，设立文林馆，招引文人，修撰《修文殿御览》，这说明高纬也是礼贤下士的。而且从右仆射段孝言、特进崔季舒、中书侍郎李德林等重臣入文林馆来看，文林馆不只是文人撰书的机构，也或多或少地参与政事，其中有的人甚至参与该政权的重大决策。那么这些入馆的文士出身、学识如何？下面略加考述。

韦道逊，据《北齐书》卷四五本传所云，他是京兆杜陵人，"曾祖肃，随刘义真渡江。祖儒，自宋入魏，寓居河南洛阳，官至华山太守。道

---

① 由于现存的《北齐书》卷四五《文苑传》有脱误，故采用《北史·文苑传》。

逊与兄道密、道建、道儒并早以文学知名"。（第626页）可见他虽然出身于京兆韦氏，但是其曾祖父已离开关中南迁，而且从其祖父起就寓居洛阳，其学业当源自山东地区。

陆乂，据本节第一部分所考，他是陆俟的后人，出身代北虏姓士族，聪敏博学，有文才，有着深厚的学识，精于经学，且有家学。

王劭，据《隋书》卷六九本传所云，他出身于太原王氏，字君懋。"少沉默，好读书。弱冠，齐尚书仆射魏收辟参开府军事，累迁太子舍人，待诏文林馆。时祖孝徵、魏收、阳休之等尝论古事，有所遗忘，讨阅不能得，因呼劭问之。劭具论所出，取书验之，一无舛误。自是大为时人所许，称其博物。"（第1601页）可见他才学过人，为当时中国北方的一流学者。

李孝基，据《北史》卷三三《李顺传》所曰，他出身于赵郡李氏，是李顺的后人，其兄李元操之弟有学识，他本人"亦有才学，风词甚美。以卫尉丞待诏文林馆，位仪曹郎中"。（第1219页）据《李顺传》所云，李顺亦"博涉经史，有计策"。（第1212页）可见他的学识具有家学渊源。

魏澹，据《北齐书》卷二三《魏兰根传》所云，他是魏兰根本族后辈，钜鹿下曲阳人，魏兰根就"泛览群书，诵《左氏传》、《周易》，机警有识悟。"（第329页）魏澹本人"学识有词藻。武平初，殿中御史，迁中书舍人，待诏文林馆。"（第333页）可知他出身于钜鹿魏氏，颇有学识，并有家学渊源。

刘仲威，据《陈书》卷一八本传所云，他是"南阳涅阳人也。祖虬，齐世以国子博士征，不就。父之遴，荆州治中从事史。仲威少有志气，颇涉文史。梁承圣中，为中书侍郎。萧庄伪署御史中丞，随庄入齐，终于邺中。"（第245页）《隋书》卷三三《经籍志》又记载他撰有《梁承圣中兴略》十卷。① 而南阳刘氏也是士族，祖辈南迁江左，他本人已回到山东地区，并有才学。

袁奭，据《北齐书》卷四五本传所云，他是陈郡人，"梁司空昂之孙也。父君方，梁侍中。奭，萧庄时以侍中奉使贡。庄败，除琅邪王俨大将

---

① （唐）魏徵、长孙无忌：《隋书》卷三三《经籍志》，第960页。

军咨议，入［文林］馆，迁太中大夫。"（第626页）可见他出身于陈郡袁氏，也是祖辈南迁江左，为官宦人家，也被北齐后主引入文林馆，自当有学识。

朱才，据《北齐书》卷四五本传所云，他是江左的吴都人。"萧庄在淮南，以才兼散骑常侍，副袁奭入朝。庄败，留邺。稍迁国子博士、谏议大夫。"（第627页）可见他出自吴都朱氏，是吴姓士族朱张顾陆之一，又在北齐任国子博士，自有学识。

睦道闲，据《北齐书》卷四五本传所云，他名豫，是赵郡高邑人。"父寂，梁北平太守。道闲弱冠，州举秀才。天保中，参议礼令，历晋州道行台郎、大理正、奉车都尉。入馆，迁员外散骑常侍，寻兼祠部郎中。"（第627页）可见其父曾出仕萧梁，从他本人也曾举秀才，参议礼令来看，他是有学识的。

崔子枢，据《北史》卷三二《崔鉴传》所云，他出身于博陵崔氏，是崔鉴的后人，"学涉好文词，强辩有才干。仕齐，位考功郎中，参议五礼，待诏文林馆"。（第1160页）因此他的学识当不凡。

薛道衡，据《隋书》卷五七本传所云，他出自河东薛氏，字玄卿。"六岁而孤，专精好学。年十三，讲《左氏传》，见子产相郑之功，作《国侨赞》，颇有词致，见者奇之。其后才名益著。"（第1405页）"武平初，诏与诸儒修定《五礼》，除尚书左外兵郎。陈使傅縡聘齐，以道衡兼主客郎接对之。縡赠诗五十韵，道衡和之，南北称美。魏收曰：'傅縡所谓以蚓投鱼耳。'待诏文林馆，与范阳卢思道、安平李德林齐名友善。复以本官直中书省，寻拜中书侍郎，仍参太子侍读。"（第1406页）"有集七十卷，行于世。"（第1413页）卷六六《高构传》又曰"河东薛道衡才高当世"。（第1557页）可见他出身于河东士族，极有学识，有著述，才华过人，曾出使南朝获得盛誉，是当时中国北方的一流学者。

卢思道，据《北齐书》卷四二《卢潜传》所云，他出身于范阳卢氏，是卢潜的本族兄弟，"神情俊发，少以才学有盛名。武平末，黄门侍郎，待诏文林馆"。（第557页）据《隋书》卷五七《薛道衡传》记载，他与薛道衡、李德林齐名友善。[①] 据此可知，也是当时中国北方的一流学者。

---

① 《隋书》卷五七《薛道衡传》，第1406页。

崔德立，据《北史》卷三二《崔鉴传》所云，他出身于博陵崔氏，是崔鉴之后，"好学，爱属文，预撰《御览》，位济州别驾"。（第1161页）因此说他也是出身士族，有学识。

崔儦，据《北齐书》卷二三《崔㥄传》记载，他是崔㥄从子，"学识有才思，风调甚高。武平中，琅琊王大司马中兵参军。参定五礼，待诏文林馆"。（第337页）可见他是出身于清河崔氏的大士族，也有才学。

诸葛汉，据《隋书》卷七六本传所云，他是丹阳建康人，名颖，字汉，以字行世。"祖铨，梁零陵太守。父规，义阳太守。颖年八岁，能属文，起家梁邵陵王参军事，转记室。侯景之乱，奔齐，待诏文林馆。"（第1734页）"习《周易》、图纬、《仓》、《雅》、《庄子》、《老子》，颇得其要。"（第1734页）"有集二十卷，撰《銮驾北巡记》三卷，《幸江都道里记》一卷，《洛阳古今记》一卷，《马名录》二卷，并行于世。"（第1734页）从祖上即南迁江左，他本人才回到山东地区，并有才学。

郑公超，正史中皆无传，除《北齐书》卷四五《文苑传》、《北史》卷八三《文苑传》记载他以奉朝请入文林馆外，再无其他记载，但北宋所编《文苑英华》卷二六六中收入郑公超的《送庾羽骑抱诗》一首，可知他亦有学识。

郑子信，据《北齐书》卷三四《杨愔附郑颐传》所云，他是郑颐之弟，彭城人，名抗"字子信，颇有文学。武平末，兼左右郎中，待诏文林馆"。（第461页）他也有学识。

萧放，据《北齐书》卷三三本传记载，他字希逸，是梁武帝弟南平王伟之孙，并随父萧祗一起到邺城。"武平中，待诏文林馆。放性好文咏，颇善丹青，因此在宫中披览书史及近世诗赋，监画工作屏风等杂物见知，遂被眷待。"（第443页）可见他出自萧梁皇族，也有才华。

萧悫，据《北齐书》卷四五本传所云，他是萧梁上黄侯萧晔之子，字仁祖。"天保中入国，武平中太子洗马。"（第627页）因此他当有学识。

颜之推，据《北齐书》卷四五本传所云，他是琅琊临沂人，字介，九世祖颜含随从晋元帝司马叡东渡。"世善《周官》、《左氏》。之推早传家业。年十二，值绎自讲《庄》、《老》，便预门徒。虚谈非其所好，还习《礼》、《传》，博览群书，无不该洽，词情典丽，甚为西府所称。"（第

617页)另据《隋书》卷三二《经籍志》记载:"《训俗文字略》一卷后齐黄门郎颜之推撰。"(第944页)卷三三《经籍志》记载:"《集灵记》二十卷颜之推撰。《冤魂志》三卷颜之推撰。"(第981页)"卷三五《经籍志》记载:《七悟》一卷颜之推撰。"(第1086页)可见他出身于琅琊颜氏,本传记载,他西魏平江陵后曾被掠至关中,后辗转逃到山东地区。他的学识是出自江左地区的,而学识水平却极高,著述颇多。

封孝琰,据《北齐书》卷二一《封隆之传》记载,他出身于渤海封氏,是东魏北齐政权重臣封隆之之侄,"字士光。少修饰学尚,有风仪。年十六,辟州主簿,释褐秘书郎。天保元年,为太子舍人,出入东宫,甚有令望"。(第307—308页)"祖珽辅政,又奏令入文林馆,撰《御览》。孝琰文笔不高,但以风流自立,善于谈谑,威仪闲雅,容止进退,人皆慕之。"(第308页)可见他还是有一定的学识的。

郑元礼,据《北齐书》卷二九《郑述祖传》所云,他是北魏大臣郑羲之曾孙,郑道昭之孙,出身于荥阳郑氏,"字文规,少好学,爱文藻,有名望。世宗(高澄)引为馆客,历太子舍人"。(第398页)"[崔]昂尝持元礼数篇诗示卢思道,乃谓思道云:'看元礼比来诗咏,亦当不减魏收。'"(第398页)而据《北史》卷三五《郑羲传》所云:郑羲"文学为优"(第1302页)郑道昭"少好学,综览群言"。(第1304页)可见他有着深厚的家学渊源。

杜台卿,据《隋书》卷五八本传所云,他字少山,"博陵曲阳人也。父弼,齐卫尉卿。台卿少好学,博览书记,解属文。仕齐奉朝请,历司空西阁祭酒、司徒户曹、著作郎、中书黄门侍郎。性儒素,每以雅道自居。及周武帝平齐,归于乡里,以《礼记》、《春秋》讲授子弟"。(第1421页)可见他颇有学识。

杨训,正史中皆无传,除《北史》卷八三《文苑传》记载他以通直散骑常侍入文林馆外,再无其他记载,但唐人徐坚《初学记》卷一四中收入杨训的《群公高宴诗》一首,① 可知他亦有学识。

羊肃,据《北齐书》卷四三《羊烈传》记载,他是羊烈之侄,出身于太山羊氏,"以学尚知名,世宗大将军府东阁祭酒。"(第576页)"武

---

① (唐)徐坚:《初学记》卷一四《飨宴》,中华书局1962年版,第350页。

平中，入文林馆撰书，寻出为武德郡守。"（第576页）亦可见其学识。

马元熙，据《北齐书》卷四四《儒林·马敬德传》所云，他是马敬德之子，是河间人，"字长明，少传父业，兼事文藻。以父故，自青州集曹参军超迁通直侍郎，待诏文林馆，转正员。武平中，皇太子将讲《孝经》，有司请择师友。帝曰：'马元熙朕师之子，文学不恶，可令教儿。'于是以《孝经》入授皇太子，儒者荣其世载。性和厚，在内甚得名誉，皇太子亦亲敬之"。（第590—591页）其父马敬德"少好儒术，负笈随大儒徐遵明学《诗》、《礼》略通大义而不能精。遂留意于《春秋左氏》，沉思研求，昼夜不倦，解义为诸儒所称"。（第590页）可见马元熙家学渊源及学识。

刘珉，诸史无传，据《北史》卷三十《卢玄传》所曰："[卢]昌衡与顿丘李若、彭城刘珉、河南陆彦师、陇西辛德源、王循并为后进风流之士。"（第1078页）知刘珉出身于彭城刘氏这一士族，为当时名士。

李师上，据《北史》卷一百《序传》所云，他出自陇西李氏，是十六国时期西凉武昭王李暠之后，"聪敏好学，雅有词致。外祖魏收无子，惟有一女，生帅上，甚爱重之，童龀便自教属文，有名于世。后与范阳卢公顺俱为符玺郎，待诏文林馆。与博陵崔君洽同志友善，从驾晋阳，寓居僧寺，朝士谓之'康寺三少'，为物论推许若此"。（第3319页）亦可见他颇有学识。

崔季舒，据《北齐书》卷三九本传记载，他是博陵安平人，字叔正。"少孤，性明敏，涉猎经史，长于尺牍，有当世才具。"（第511页）"加左光禄大夫，待诏文林馆，监撰《御览》。加特进、监国史。季舒素好图籍，暮年转更精勤。兼推荐人士，奖劝文学，时议翕然，远近称美。"（第512页）可见他出自博陵崔氏，并有才学。

刘逖，据《北齐书》卷四五本传所云，他出身于彭城刘氏，是北魏大臣刘芳之孙，"少而聪敏，好弋猎骑射，以行乐为事，爱交游，善戏谑"。（第615页）后"远离乡家，倦于羁旅，发愤自励，专精读书。晋阳都会之所，霸朝人士攸集，咸务于宴集。逖在游宴之中，卷不离手，值有文籍所未见者，则终日讽诵，或通夜不归，其好学如此。亦留心文藻，颇工诗咏"。（第615页）"所制诗赋及杂文文笔三十卷。"（第616页）说明他的学业得益于晋阳。本传还说他"正授中书侍郎，入典机密"。（第

615页）可见他出身士族，有才华，又曾典机密。

李孝贞，据《隋书》卷五七本传记载："少好学，能属文。在齐，释褐司徒府参军事。简静，不妄通宾客，与从兄仪曹郎中骚、太子舍人季节、博陵崔子武、范阳卢询祖为断金之契。后以射策甲科，拜给事中。"（第1404页）"所著文集二十卷，行于世。"（第1405页）另据《北史》卷三三《李顺传》记载，他是李顺的后人，字元操，是李孝基的兄长，武平中"除给事黄门侍郎，待诏文林馆，假仪同三司。以美于词令，敕与中书侍郎李若、李德林别掌宣传诏敕"。（第1218页）据《李顺传》所云，李顺亦"博涉经史"。（第1212页）其弟李孝基也有才学，说明他具有家学渊源。

李德林，据《隋书》卷四二本传所云，他字公辅，"博陵安平人。祖寿，湖州户曹从事。父敬族，历太学博士、镇远将军。魏孝静帝时，命当世通人正定文籍，以为内校书，别在直阁省。德林幼聪敏，年数岁，诵左思《蜀都赋》，十余日便度。高隆之见而嗟叹，遍告朝士。云：'若假其年，必为天下伟器。'"（第1193页）"年十五，诵《五经》及古今文集，日数千言。俄而该博坟典，阴阳纬候无不通涉。善属文，辞覈而理畅。"（第1193页）"时［杨］遵彦铨衡，深慎选举，秀才擢第，罕有甲科。德林射策五条，考皆为上，授殿中将军。"（第1194页）"乾明初，遵彦奏追德林入议曹。皇建初，下诏搜扬人物，复追赴晋阳。撰《春思赋》一篇，代称典丽。"（第1194页）"寻除中书侍郎，仍诏修国史。齐主留情文雅，召入文林馆。又令与黄门侍郎颜之推二人同判文林馆事。"（第1197页）"所撰文集，勒成八十卷，遭乱亡失，见五十卷行于世。敕撰《齐史》未成。"（第1208页）可见李德林才学过人，加之前文所述他与薛道衡、卢思道齐名友善，据此可知，是当时中国北方的一流学者。

李蒨，据《北史》卷三三本传记载，他字彦鸿，"世居柏仁，弱冠以文章知，仕齐，位东平太守。后待诏文林馆，除通直散骑常侍，聘于陈"。（第1242—1243页）可见他也有才学。

萧慨，据《北齐书》卷三三《萧退传》所云，他是萧退之子，出身于兰陵萧氏的士族，还是梁武帝弟司空鄱阳王恢之孙，"深沉有礼，乐善好学，攻草隶书。南士中称为长者。历著作佐郎，待诏文林馆"。（第443页）可见他出自萧梁皇族，后辗转来到邺城的，并且有学识。

陆仁惠，据《北史》卷二八《陆俟传》记载他是陆俟的后人，其父陆恭之"所著文章诗赋凡千余篇"。（第1011页）兄陆晔"字仁崇，笃志文学，《齐律》序则仁崇之词。位终通直散骑常侍"。（第1011—1012页）他名宽"字仁惠，太子中舍人，待诏文林馆。宽兄弟并有才品，议者称为'三武'。"（第1011页）可知他虽然出身代北虏姓士族，却家学渊源深厚。

江旰，据《北齐书》卷四五本传所云，是阳济人，"祖柔之，萧齐尚书右丞。叔父革，梁都官尚书。旰，梁末给事黄门郎，因使至淮南，为边将所执。送邺。稍迁郑州司马，入馆，除太尉从事中郎，转太子家令"。（第626页）可见江旰是来自于江左地区的士人。

辛德源，据《隋书》卷五八本传记载，他是陇西狄道人，字孝基，"祖穆，魏平原太守。父子馥，尚书右丞"。（第1422页）出于官宦之家，他"沉静好学，年十四，解属文。及长，博览书记，少有重名。齐尚书仆射杨遵彦、殿中尚书辛术皆一时名士，见德源，并虚襟礼敬，因同荐之于文宣帝"。（第1422页）"累迁比部郎中，复兼通直散骑常侍。聘于陈，及还，待诏文林馆，除尚书考功郎中，转中书舍人。"（第1422页）"有集二十卷，又撰《政训》、《内训》各二十卷。"（第1423页）辛德源虽然出自陇西辛氏，但是他长期生活在山东地区，学术渊源也来自山东，而且他的学术水平极高。

陆开明，《隋书》卷五八《陆爽传》所云，他名"爽字开明，魏郡临漳人也。祖顺宗，魏南青州刺史。父概之，齐霍州刺史。爽少聪敏，年九岁就学，日诵二千余言……齐司州牧清河王岳召为主簿。擢殿中侍御史，俄兼治书，累转中书侍郎。及齐灭，周武帝闻其名，与阳休之、袁叔德等十余人俱征入关。诸人多将辎重，爽独载书数千卷"。（第1420页）亦可见他的学识不凡。

张德冲，据《北齐书》卷四四《儒林·张雕传》所云，他是中山北平人，张雕之子，"和谨谦让，善于人伦，聪敏好学，颇涉文史。以帝师之子，早见旌擢。历员外散骑侍郎、太师府掾，入为中书舍人，随例待诏"。（第595页）可见其家学渊源。

元行恭，据《北齐书》卷三八《元文遥传》所云，他是河南洛阳人，还是元文遥之子，"美姿貌，有父风，兼俊才，位中书舍人，待诏文林馆"。(第505页)而其父元文遥聪敏过人,十余岁能将《何逊集》"一览便诵"。(第503页)而元行恭又有父风,可见他的学识来自家学,并且有才华。

古道子,《北齐书》卷四五本传记载,他是河内人,"父起,魏太中大夫。道子有干局。当官以强济知名,历检校御史、司空田曹参军。自袁奭等俱涉学有文词"。(第628页)可见他有学识。

刘颙,据《北齐书》卷四五《文苑·刘逖传》所云,他出身于彭城刘氏,是刘逖从子,字君卿。祖父刘蔚,北魏时任尚书。"颙好文学,工草书,风仪甚美。历瀛州外兵参军、司空功曹,待诏文林馆,除大理司直。"(第616页)这些亦可见其才学。

阳师孝,《北齐书》卷四二《阳斐传》记载,他是北平渔阳人,还是阳斐之子,并说阳斐"历侍御史,兼都官郎中、广平王开府中郎,修《起居注》"。(第553页)可知他亦有家学。

阳辟强,《北齐书》卷四二《阳休之传》所云,他是北齐大臣阳休之之子,"武平末尚书水部郎中。辟强性疏脱,无文艺。休之亦引入文林馆,为时人嗤鄙焉"。(第564页)虽然他"文艺"不通,但他还是受到家学熏陶。

卢公顺,据《北齐书》卷四二《卢潜传》所云,他出身于范阳卢氏,是卢思道之侄,"早以文学见知。武平中符玺郎,待诏文林馆。与博陵崔君洽、陇西李师上同志友善,从驾晋阳,寓居僧寺,朝士谓'康寺三少',为物论推许"。(第557页)可见他的学识不凡。

周子深,据《北齐书》卷四五《文苑·樊逊传》记载"诏令校定群书,供皇太子。逊与冀州秀才高乾和、瀛州秀才马敬德、许散愁、韩同宝、洛州秀才傅怀德、怀州秀才古道子、广平郡孝廉李汉子、渤海郡孝廉鲍长暄、阳平郡孝廉景孙、前梁州府主簿王九元、前开府水曹参军周子深等十一人同被尚书召共刊定"。(第614页)知周子深亦有学识。

崔君洽,据《北史》卷三二《崔挺传》所云,出身博陵崔氏,他是崔挺的后人,名液,"字君洽,颇习文藻,有学涉,风仪器局为时论所许。以奉朝请待诏文林馆"。(第1182页)亦可见其学识。

段孝言,据《北齐书》卷一六《段荣传》记载,他是东魏开国元从段荣之子，是姑臧武威人，"虽黩货无厌，恣情酒色，然举止风流，招致名士，美景良辰，未尝虚弃，赋诗奏伎，毕尽欢洽"。（第216页）可见他喜好交接名士，聚会赋诗，因此说他还是有一定学识的。

此外，据《北齐书》卷三一《王晞传》所云，王晞是北海剧人，还是苻秦丞相王猛之后，"武平初，迁大鸿胪，加仪同三司，监修起居注，待诏文林馆"。（第422页）并说他"幼而孝谨，淹雅有器度，好学不倦，美容仪，有风则"。（第417页）可见他颇有学识。

据《北齐书》卷三九《祖珽传》记载，祖珽"由是拜尚书左仆射，监国史，加特进，入文林馆，总监撰书"。（第519页）还说他是出自范阳祖氏的士族，字孝徵，"父莹，魏护军将军。珽神情机警，词藻遒逸，少驰令誉，为世所推"。（第513页）"天性聪明，事无难学，凡诸技艺，莫不措怀，文章之外，又善音律，解四夷语及阴阳占候，医药之术尤是所长。"（第516页）可见其家学渊源。

据《北齐书》卷四二《崔劼传》所云，崔劼"寻除中书令。加开府，待诏文林馆，监撰新书"。（第558页）还记载他字彦玄，本清河人，祖上迁徙至曾祖南平原贝丘，"世为三齐大族"。（第558页）"少而清虚寡欲，好学有家风。"（第558页）可知他亦有家学。

据《北齐书》卷四四《儒林·张景仁传》记载："及立文林馆，中人邓长颙希旨，奏令总制馆事，除侍中。"（第591页）传中还说他是济北人，"幼孤家贫，以学书为业，遂工草隶，选补内书生"。（第591页）可见他颇有学识。

据《北齐书》卷四四《儒林·张雕传》所云，张雕"加国子祭酒，假仪同三司，待诏文林馆"。（第594页）传中还说他是中山北平人，"家世贫贱，而慷慨有志节，雅好古学"。（第594页）"值帝侍讲马敬德卒，乃入授经书。帝甚重之，以为侍读，与张景仁并被尊礼，同入华光殿，共读《春秋》。"（第594页）可见他也有学识。

据《北史》卷二四《王宪传》记载，王伯"奉朝请，待诏文林馆"。（第891页）并说他是北海剧人，当有学识。

据《北史》卷四七《阳尼传》所云，阳俊之"后待诏文林馆"，（第1728页）说他是北平无终人，阳尼从孙阳固之子，阳休之之弟，"当文襄时，多作六言歌辞，淫荡而拙，世俗流传，名为《阳五伴侣》，写而卖之，在市不绝。俊之尝过市，取而改之，言其字误。卖书者曰：'阳五，古之贤人，作此《伴侣》，君何所知，轻敢议论！'俊之大喜"。（第1728页）"自言'有文集十卷，家兄亦不知吾是才士也。'"（第1728—1729页）而阳尼"少好学，博通群籍，与上谷侯天护、顿丘李彪同志齐名"。（第1720页）阳固"博览篇籍，有文才"。（第1720页）故阳俊之亦有家学。

魏骞，《北齐书》卷四五《文苑传》只记载他以前广武太守入文林馆，其出身学识则不详。

封孝骞，据《北齐书·文苑传》记载，他以通直郎入文林馆，其出身学识不详，可是封氏人数甚少，封孝骞又与封隆之之侄封孝琰排名，因此他当也是出身于渤海封氏这一士族家族，当有学识。

崔德儒，《北齐书·文苑传》只记载他以获嘉令入文林馆，其出身学识不详。

李元楷，《北齐书·文苑传》只记载他以给事中入文林馆，其出身学识不详。

刘儒行，《北齐书·文苑传》只记载他以太尉中兵参军入文林馆，其出身学识不详。

王友伯、魏师骞，《北齐书·文苑传》只记载他们都是以开府行参军入文林馆，其出身学识不详。

以上61人官职、地位也有较大的差异，其中崔季舒、崔劼、祖珽、段孝言、李德林、刘逖或贵为宰相，或掌机密。崔劼更是官居从一品，相反郑子信仅为从第八品的殿中侍御史。除两人所任职官品级不详外，其余59人中三品以上者共有12人，占20%多，四品至从八品者共有47人，约占80%。① 可见北齐后主选拔文林馆臣不注重职官品级、地位，可谓是唯才是举。再则这些人的任职除崔季舒、祖珽、段孝言3人已为宰辅等高官入文林馆和2人所任职官品级不详外，尚余55人中有相当多在"掌侍从左右，摈相威仪，尽规献纳，纠正违阙"② 的门下省、

---

① 黄寿成：《北齐文林馆考》，《暨南史学》第七辑，第385—396页。
② 《隋书》卷二七《百官志》，第753页。

"管司王言,及司进御之音乐"① 的中书省和"掌讽议左右,从容献纳"② 的集书省任职,还有些人是从品级较高的官职改任"掌署敕行下,宣旨劳问"③ 舍人省的中书舍人这一重要职位。此外从文林馆的馆臣们撰修了《修文殿御览》,祖珽、段孝言以宰相身份参与文林馆以及许多馆臣本馆在中书省集书省门下省和国子寺秘书省等相关官署任职的史实看,文林馆类似于李唐王朝的翰林学士院。因此说文林馆的职责除了召集一批文士修《修文殿御览》的初衷外,其馆臣多是充当皇帝的顾问、秘书职责,有点像所谓内相,进而与外朝宰相相抗衡。而据《北齐书》卷四五《文苑·颜之推传》所云:"及周兵陷晋阳,帝轻骑还邺,窘急计无所从,之推因宦者侍中邓长颙进奔陈之策,仍劝募吴士千余人以为左右,取青、徐路共投陈国。"(第618页)也说明文林馆臣是可以参与最高决策的,确实与后世李唐王朝的翰林学士有类似之处,也可以说北齐文林馆实乃开唐代翰林学士院之先河。

就其籍贯说,除温君悠、魏骞、崔德儒、李元楷、刘儒行、王友伯、魏师骞等人诸史皆无传,其出身不可考外,韦道逊虽说是关中人,但是其曾祖韦萧随刘义真渡江,从其祖父韦儒自宋入魏起,就长期寓居河南洛阳。刘仲威、袁奭、朱才、睦道闲、诸葛汉、萧放、萧悫、颜之推、萧概、江旰10人是来自江左的,占总人数55人中的18%多;其他45人或是山东士人或祖上已迁居山东地区的士人,可见他们的学识渊源应在山东地区,并约占总人数55人中的82%。而且生活在该区域的名儒王劭、薛道衡、颜之推、李德林、辛德源5人中只有颜之推是从江左辗转迁徙来的,其余四人学术渊源都是出自东魏北齐统治区域。而从姓氏来看,族属除陆乂、陆仁惠、元行恭3人属代北房姓士族外,其余52人皆为汉人。④ 下面据人群的来源和族属分做两图略加分析:

---

① 《隋书》卷二七《百官志》,第754页。
② 同上。
③ 同上。
④ 黄寿成:《北齐文林馆考》,《暨南史学》第七辑,第385—396页。

外来士人 18%
本土士人 82%

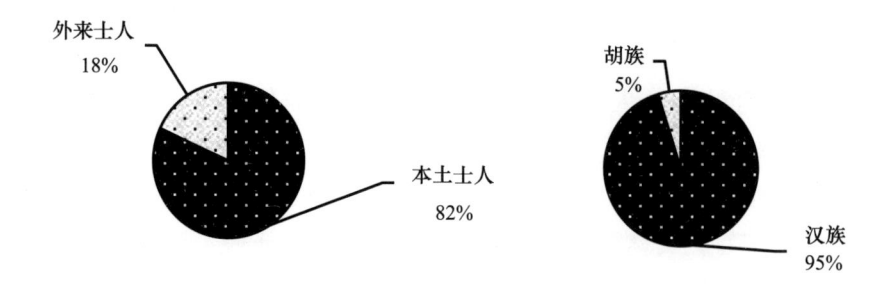

胡族 5%
汉族 95%

可见文林馆的组成人员主要来自本地区的汉族人群。另外，从文林馆中既有本土士人，又有外来士人，既有汉族，又有胡族来看，北齐后主在选择文林馆臣时不考虑他们的族属、籍贯及来自何处，只注重学识，可以说是唯才是举。另外文林馆的组成人员大多数来自东魏北齐统治地区的汉族人群，而且他们又有学识，说明该地区文化发达，这些也都为北齐后主高纬设立文林馆创造了文化基础和客观条件。这也说明在东魏北齐政权中以高氏为首的胡化族群以及胡族之所以在其统治区域内尊师礼贤，并设立文林馆招揽文士，是与在山东地区一直具有尊师礼贤的优良传统密不可分的。正因为如此，当北魏入主中原以及北魏末年以六镇鲜卑为首的各胡族以及胡化族群进入中原后，他们在与原居住在中国北方农业地区的汉人接触时，受到汉文化的影响，自然也受到了汉族尊师礼贤的传统影响，同时也与各胡族统治者自身的素质和重视教育的程度有关联。

（二）西魏北周统治地区也有较好的表现

西魏北周政权统治的关陇地区之核心区域——关中，此前曾是秦和西汉两个王朝的统治中心。在五胡十六国的战乱时期河西地区又是汉族的一个避难所，虽然其间也经历了一些战乱的侵扰，加之胡族人口众多等原因的制约，或多或少地制约了汉文化的发展。不过从总体上看，以儒家思想为代表的汉文化在这一地区还是得到了一定程度的发展，尊重师长、礼贤下士是中华民族的传统美德，在该区域也有所表现。据《周书》卷二六《斛斯徵传》记载："后高祖以徵治经有师法，诏令教授皇太子。宣帝时为鲁公，与诸皇子等咸服青衿，行束修之礼，受业于徵，仍并呼徵为夫子。儒者荣之。"（第432页）卷四五《儒林·熊安生传》又云："及高祖入邺，安生遽令扫门。家人怪而问之，安生曰：'周帝重道尊儒，必将见我矣。'俄而高祖幸其第，诏不听拜，亲执其手，引与同坐。"（第813

页）"赐帛三百匹、米三百石、宅一区,并赐象笏及九环金带,自余什物称是。又诏所司给安车驷马,随驾入朝,并敕所在供给。"(第813页)卷四五《儒林·乐逊传》又云,保定五年,"诏鲁公贇、与毕公贤等,俱以束修之礼,同受业焉"。(第817页)《周书》卷四五《儒林·卢光传》又云:"天和二年卒,时年六十二。高祖少时,尝受业于光,故赠赙有加恒典。赠少傅。"(第808页)《册府元龟》卷三八《帝王部·尊师》又云:"后周武帝少尝受业卢光。及即位,以光为陕州总管府州长史。"(第426页)《周书》卷一九《宇文贵传》又云:"然好施爱士,时人颇以此称之。"(第314页)其中礼贤下士、尊重师长的有北周武帝和宇文贵君臣,而上行下效,其下臣民必当效法,可以推测在西魏北周统治区域内这一传统美德得到了足够的重视。

另外,北周政权还曾设置麟趾学士,如《周书》卷四《明帝纪》所云:"集公卿已下有文学者八十余人于麟趾殿,刊校经史。又捃采众书,自羲、农以来,讫于魏末,叙为《世谱》,凡五百卷云。"(第60页)可知北周政权召集儒士于麟趾殿,主要是招集儒士,校刊经史。而参与其事者,另据《周书》卷三一《韦孝宽传》记载:"明帝初,参麟趾殿学士,考校图籍。"(第538页)卷三八《元伟传》又记:"世宗初,拜师氏中大夫。受诏于麟趾殿刊正经籍。"(第688页)卷四十《颜之仪传》又记:"世宗以为麟趾学士,稍迁司书上士。"(第720页)卷四二《萧㧑传》又记:"武成中,世宗令诸文儒于麟趾殿校定经史,仍撰《世谱》,㧑亦预焉。"(第752页)同卷《萧大圜传》又记:"俄而开麟趾殿,招集学士,大圜预焉。"(第757页)同卷《宗懔传》又记:"世宗即位,又与王褒等在麟趾殿刊定群书。"(第760页)卷四七《艺术·姚僧垣附子最传》又记:"世宗盛聚学徒,校书于麟趾殿,最亦预为学士。"(第844页)以上这些士人是见于记载的,在八十余人中仅占少数,当是有名望者,其中韦孝宽、元伟、颜之仪、萧㧑、萧大圜、宗懔、王褒等人皆为胡汉士族,而且多出自关陇以外地区,可见西魏北周政权的最高统治者宇文氏家族广招人才,礼贤下士。

其实早在宇文泰统治时期就尊重师长,其后北周武帝宇文邕及其子侄等胡族亦尊重师长、礼贤下士,还召集学者在麟趾殿校定经史,撰修《世谱》,不过比之东魏北齐统治区逊色一些。但是在这些为师者中斛斯徵出身于代北虏姓士族，祖上却久已随北魏孝文帝迁洛，并定籍洛阳，熊安生原为山东名儒，乐逊亦为山东儒士，卢光出身于范阳卢氏，是山东的大士族，而当时学术多在士族，因此说在关陇地区的西魏北周统治者宇文泰父子所引用为师者皆来自山东地区，而非出自关陇地区，这也从另一方面说明西魏北周统治区域内的文化当比东魏北齐统治区域逊色。

在西魏北周统治地区居于统治地位的宇文泰父子之所以尊重师长，也是由于尊重师长久已为其统治区内汉文化的优秀传统，宇文泰父子以及居统治地位的出身于武川镇的胡族以及胡化族群也仰慕汉族尊重师长的传统，于是当他们进入中原后，在与原住的汉人交往过程中逐渐接受了汉文化，也同时受到了汉族尊师礼贤的优秀传统影响等缘故。

三 重视教育

学术及思想文化的传播也是离不开教育的，早在春秋时期孔老夫子就提出了"有教无类"的教育理念，而正是这种理念使平民也得到了受教育的机会，中国古代的知识分子也就一代又一代地授业解惑。即使社会出现了战乱、动荡不安的局面，教育也从未间断。因此在北朝后期虽然在中国北方出现了东西对峙的政治局面，战乱频发，可是不论东魏北齐政权还是西魏北周政权，它们的统治者或是胡化族群或是胡族，他们都在不同程度上重视教育，兴建学校，使教育得以恢复发展。

（一）东魏北齐统治地区教育的恢复发展

东魏北齐政权统治者虽然是以高欢家族为首的胡化族群以及一部分胡族，但是他们在进入中原并控制朝政后，由于一部分汉人特别是士族加入该政权中，使得那些胡族及胡化族群受到先进的汉文化影响。高欢家族为首的统治者也重视教育，早在东魏时期已经重视儒家经典，如《魏书》卷一二《孝静帝纪》所云：

[武定四年]八月，移洛阳汉、魏《石经》于邺。（第308页）

按：这里所说的汉、魏《石经》即是东汉灵帝时所刻《熹平石经》和曹魏齐王曹芳时所刻的《正始石经》，由于在汉魏时期雕版印刷术还远未发明，因此传习儒家经典多是师生口耳相传，这就容易讹误，不利于生徒学习，也不利于儒家经典的传播，这两次石经的刊刻正是针对这一情况所作。而东魏政权的统治者将这些石经从洛阳搬迁至当时统治中心——邺城，即使这些石经避免了战乱的破坏，又方便了生徒学习，可见东魏的实际统治者高欢等人是十分重视儒家经典传播的。

至于学校的恢复，据同书卷八四《儒林传》所云：

> 暨孝昌之后，海内淆乱，四方校学所存无几。永熙中，复释奠于国学……复置生七十二人。及迁都于邺，国子置生三十六人。至于兴和、武定之世，寇难既平，儒业复光矣。（第1842页）

可见在北魏末年的战乱之中大多遭到破坏，学校所剩无几，可是早在魏孝武帝时期实际统治者高欢以及此后高澄等人就重视教育，将北魏末年由于战乱破坏的学校重新恢复，并招收国子生，到兴和、武定年间其统治区域内学校基本恢复，并有一定的发展。

进入北齐政权时期，高洋、高演等最高统治者也重视教育，如《北齐书》卷四《文宣帝纪》所云：

> [天保元年]八月，诏郡国修立黉序，广延髦俊，敦述儒风。其国子学生亦仰依旧铨补，服膺师说，研习《礼经》。往者文襄皇帝所运蔡邕石经五十二枚，即宜移置学馆，依次修立。（第53页）

同书卷六《孝昭帝纪》云：

> [皇建元年八月甲午]又诏国子寺可备立官属，依旧置生，讲习经典，岁时考试，其文襄帝所运石经，宜即施列于学馆。外州大学亦仰典司勤加督课。（第82页）

《隋书》卷二七《百官志》云：

> [北齐]国子寺，掌训教胄子。祭酒一人，亦置功曹、五官、主簿、录事员。领博士五人，助教十人，学生七十二人。太学博士十

人，助教二十人，太学生二百人。四门学博士二十人，助教二十人，学生三百人。（第757页）

《北齐书》卷四四《儒林传》云：

> 魏天平中，范阳卢景裕同从兄礼于本郡起逆，高祖免其罪，置之宾馆，以经教授太原公以下。及景裕卒，又以赵郡李同轨继之。二贤并大蒙恩遇，待以殊礼。同轨之亡，复征中山张雕、渤海李铉、刁柔、中山石曜等递为诸子师友。及天保、大宁、武平之朝，亦引进名儒，授皇太子诸王经术。（第582页）

> 幸朝章宽简，政纲疏阔，游手浮惰，十室而九。故横经受业之侣，遍于乡邑；负笈从官之徒，不远千里。伏膺无怠，善诱不倦。入闾里之内，乞食为资；憩桑梓之阴，动逾千数。燕、赵之俗，此众尤甚。齐制：诸郡并立学，置博士、助教授经，学生俱差逼充员，士流及豪富之家皆不从调。备员既非所好，坟籍固不关怀，又多被州郡官人驱使。纵有游惰，亦不检治，皆由上非所好之所致也。诸郡俱得察孝廉，其博士、助教及游学之徒通经者，推择充举。射策十条，通八以上，听九品出身，其尤异者亦蒙抽擢。（第582—583页）

《隋书》卷九《礼仪志》云：

> 后齐制，新立学，必释奠礼先圣先师，每岁春秋二仲，常行其礼。每月旦，祭酒领博士已下及国子诸学生已上，太学、四门博士升堂，助教已下、太学诸生阶下，拜孔揖颜。日出行事而不至者，记之为一负。雨沾服则止。学生每十日给假，皆以丙日放之。郡学则于坊内立孔、颜庙，博士已下，亦每月朝云。（第181页）

可知东魏时即恢复了中央和地方的学校，中央有国子学、太学、四门学，并设有祭酒、功曹、五官、主簿、录事员等职官，还引用名儒文士任国子学、太学、四门学博士、助教，在各类学校讲学，传授儒家经传，并选拔学生到国子学、太学、四门学学习。又将东汉《熹平石经》、曹魏《正始石经》这些石刻的儒家经典由洛阳搬迁至邺城国子学内，作为儒家标准经典，以供生徒、学子们习读。北齐政权建立后，又在其统治区内州郡恢复或设立学校，还制定了一套比较完备的讲学和设立新学校的礼仪制度。这都与该地区人文环境、儒家学说延续、人们尊师礼贤，特别是以高氏为首的统治者对教育的重视分不开，因此在这一历史时期该地区的教育非但没有中断，相反还有所发展。

（二）西魏北周统治地区教育的恢复

西魏北周统治者是以宇文泰家族为首的胡族以及一部分胡化族群，他们在进入关陇地区、控制西魏政权朝政后，由于受到汉文化的影响，其政权也开始重视教育，如《北史》卷八一《儒林传》所云：

> ［宇文泰］开黉舍，延学徒者，比肩；励从师之志，守专门之业，辞亲戚，甘勤苦者，成市。虽通儒盛业，不逮魏、晋之臣，而风移俗变，抑亦近代之美也。（第2706—2707页）

《周书》卷三五《薛善附弟慎传》云：

> 太祖于行台省置学，取丞郎及府佐德行明敏者充生。悉令旦理公务，晚就讲习，先六经，后子史。（第624—625页）

可见宇文泰之时就开始草创学校、收授生徒，教授经史。

而进入北周时期情况又如何呢？据《周书》卷三十《于翼传》所云：

> 世宗雅爱文史，立麟趾学，在朝有艺业者，不限贵贱，皆预听焉。乃至萧撝、王褒等与卑鄙之徒同为学士。（第523—524页）

按：北周世宗即是北周明帝。可知北周明帝又设置麟趾学，而且招集文士充任麟趾学士，据《周书》卷四《明帝纪》所云："集公卿已下有文学者八十余人于麟趾殿，刊校经史。"（第60页）卷二二《杨宽传》也云："诏宽与麟趾学士参定经籍。"（第367页）卷三一《韦孝宽传》云："参麟趾殿学士，考校图籍。"（第538页）卷三八《元伟传》云："受诏于麟趾殿刊正经籍。"（第668页）卷四十《颜之仪传》云："世宗以为麟趾学士"（第720页）卷四二《萧㧑传》云："武成中，世宗令诸文儒于麟趾殿校定经史，仍撰《世谱》，㧑亦预焉。"（第752页）同卷《萧大圜传》云："俄而开麟趾殿，招集学士。大圜预焉。"（第757页）同卷《宗懔传》云："世宗即位，又与王褒等在麟趾殿刊定群书。"（第760页）卷四七《艺术·姚僧垣附子最传》云："世宗盛聚学徒，校书于麟趾殿，最亦预为学士。"（第844页）另据《隋书》卷七八《艺术·庾季才传》所云："武成二年，与王褒、庾信同补麟趾学士。"（第1765页）由此推测北周明帝可能设立过麟趾学，并曾任命一批麟趾学士刊校经史。此后北周武帝时，又设置露门学，据《周书》卷五《武帝纪》所云："[天和二年秋七月]甲辰，立露门学，置生七十二人。"（第74页）从露门学规定了生徒的名额，可见这时的露门学当是北周中央正式设置的学校。而且周宣帝还以太上皇的身份在大象二年（580）二月丁巳，"幸露门学，行释奠之礼"。（第122页）可知西魏时宇文泰于大统五年（539）草创学馆，至北周天和二年（567）秋七月武帝宇文邕才正式设立露门学，并有生徒。北周武帝宇文邕还曾多次讲《礼记》，但是讲学时并无相关礼仪，到大象二年（580）二月北周宣帝宇文赟幸露门学时才行释奠之礼。宣政元年（578）八月举秀才、孝廉。而且从这些史籍的记载中还是可以看出，北周统治者也是比较重视教育的。

虽然西魏恢复学校教育较晚，可是实际上此前西魏皇帝已为宗室诸王专门延请师傅传授经史，据《周书》卷四五《儒林·卢诞传》所云：

> 魏帝诏曰："经师易求，人师难得。朕诸儿稍长，欲令卿为师。"于是亲幸晋王第，敕晋王以下，皆拜之于帝前。因赐名曰诞。（第807页）

《周书》卷三九《辛庆之传》所云：

> 又以其经明行修，令与卢诞等教授诸王。魏废帝二年……（第698页）

据此可知，西魏皇帝延请师傅教授元氏诸王经史是在魏废帝二年之前当是在西魏文帝大统年间。另据《周书》卷四五《儒林·乐逊传》所云：

> ［大统］九年，太尉李弼请逊教授诸子……魏废帝二年，太祖（宇文泰）召逊教授诸子。在馆六年，与诸儒分授经业。逊讲《孝经》、《论语》、《毛诗》及服虔所注《春秋左氏传》。（第814页）

可见宇文泰也延请师傅教授经传，可说明在西魏北周时期虽然学校恢复得较晚，但是一些统治者则延请儒士教授诸子。

再则，北周皇帝还时常招集群臣等讲解儒家经典，据《周书》卷五《武帝纪》所云：天和元年"五月庚辰，帝御正武殿，集群臣亲讲《礼记》"。（第72页）三年八月"癸酉，帝御大德殿，集百僚及沙门、道士等亲讲《礼记》"。（第75页）建德二年十二月癸巳，"集群臣及沙门、道士等，帝升高座，辨释三教先后，以儒教为先，道教为次，佛教为后"。（第83页）这也可以说是北周最高统治者重视教育的一个例证。

另外北周政权还有一些举措在客观上对于教育的恢复起了一定的作用，如《周书》卷七《宣帝纪》记载，大象元年（580）二月辛卯"诏徙邺城石经于洛阳"。（第119页）但只是将邺城石经搬回洛阳，并未搬到北周的京城长安，这与东魏北齐时将石经从洛阳搬至邺城不可相提并论，当如《周书·宣帝纪》下文的诏书中所云："洛阳旧都，今既修复，凡是元迁之户，并听还洛州。"（第119页）这是修复洛阳旧都的一项措施，并非一项有关教育的措施。西魏北周统治区内之所以出现教育发展缓慢的局面，当是由于在该地区以宇文氏为首的统治者对教育不很重视之缘故。而到北周武帝时露门学才作为中央所办的学校正式设立，当是由于该地区士族大量迁徙出该地区、十六国时期汉文化遭到大的破坏，以及前面所论述的诸原因所致。不过总的来说，以宇文氏家族为首的西魏北周政权统治者在关陇地区也还是比较重视教育的。

第二节　礼义习俗

礼义习俗包括孝悌以及各种习俗，这些皆是居住在中国南北方汉族的传统美德。当大批胡族及胡化族群进入汉族生活区与汉人杂居时，其本族所固有的习俗必然受到高度发达的汉文化礼义习俗的强烈冲击，二者相互碰撞、相互影响，而由于汉文化相对完善、文明程度又高，所有人类又都向往文明等缘由，胡族必然向着汉族的礼义习俗文化趋同，但是因为各地区的情况不尽相同，各地区最终糅合胡汉文明而形成的习俗也略有差异。

一 礼俗

进入中原的胡族及胡化族群由于所进入地区的自然环境、人文环境、汉族影响力的大小程度不同，以及居住在该地区的胡族及胡化族群人数的多寡，凡此种种原因，最终在各地区形成的礼俗也就必然出现了一些差异。

（一）东魏北齐统治者的重视

在东魏北齐政权统治区域内虽然是以高欢家族为首的胡化人群作为最高统治者，但是该区域的礼俗却颇多，以高欢为首的最高统治者就曾派使者巡行四方，如《北齐书》卷二一《封隆之附子绘传》所云：

> 孝静初，兼给事黄门侍郎，与太常卿李元忠等并持节出使，观省风俗，问人疾苦。（第304页）

同书卷二《神武帝纪》云：

> ［孝昌二年］九月甲寅，神武以州郡县官多乖法，请出使问人疾苦。（第19页）

早在东魏政权建立之初高欢等人就派使者巡行四方，观省风俗，问人疾苦。到北齐政权建立后高洋等最高统治者更是在即位之初，派遣使者巡行四方，如同书卷四《文宣帝纪》所云：

> ［武定八年夏五月］戊午，乃即皇帝位于南郊……改武定八年为天保元年……辛未，遣大使于四方，观察风俗，问民疾苦，严勒长吏，厉以廉平，兴利除害，务存安静。若法有不便于时，政有未尽于

事者，具条得失，还以闻奏。（第49—51页）

同书卷五《废帝纪》云：

> [天保]十年十月，文宣崩。癸卯，太子即帝位于晋阳宣德殿，大赦……[十一月]戊午，分命使者巡省四方，求政得失，省察风俗，问人疾苦。（第74页）

同书卷六《孝昭帝纪》云：

> 皇建元年八月壬午，皇帝即位于晋阳宣德殿……壬辰，诏分遣大使巡省四方，观察风俗，问人疾苦，考求得失，搜访贤良。（第81—82页）

同书卷七《武成帝纪》云：

> 大宁元年冬十一月癸丑，皇帝即位于南宫，大赦，改皇建二年为大宁……庚申，诏大使巡行天下，求政善恶，问人疾苦，擢进贤良。（第90页）

可见北齐自文宣帝、废帝、孝昭帝、武成帝这些胡化族在位时皆曾派遣使者巡省四方，求政得失，问人疾苦，观察风俗，这些多发生在国家有变，新皇帝即位之时，其中当有新皇帝安抚人心之意，成为北齐时期新皇帝即位后的惯例，并作为一种习俗，而派遣使者巡省四方，问人疾苦早在东魏高欢时就已实行。这当是他们在习俗上汉化的表现。

其次是祭祀所在地点的选择问题，据《北齐书》卷四《文宣帝纪》所云，武定八年夏五月戊午"乃即皇帝位于南郊"。（第49页）"是日，京师获赤雀，献于南郊。"（第50页）卷七《武成帝纪》又云："河清元年春正月乙亥，车驾至自晋阳。辛巳，祀南郊。壬午，享太庙。"（第90页）卷八《后主纪》又云，武平"三年春正月己巳，祀南郊"。（第105页）可知北齐皇帝即位及祭祀活动是在南郊。考其源流，据《汉书》卷二五下《郊祀志》记载：

> 成帝初即位，丞相衡、御史大夫谭奏言："帝王之事莫大乎承天之序，承天之序莫重于郊祀，故圣王尽心极虑以建其制。祭天于南郊，就阳之义也……"天子从之。（第1253—1255页）
>
> 明年，上始祀南郊，赦奉郊之县及中都官耐罪囚徒。（第1257页）

同书卷九九上《王莽传》记载：

> 居摄元年正月，莽祀上帝于南郊，迎春于东郊，行大射礼于明堂，养三老五更，成礼而去。（第4082页）

《后汉书》卷二《明帝纪》记载：

> 其以禹为太傅，苍为骠骑将军。太尉熹告谥南郊，司徒䜣奉安梓宫，司空鲂将校复土。（第96页）

《后汉书志》卷四《礼仪志》记载：

> 正月上丁，祠南郊。（第3102页）

同书卷八《郊祀志》记载：

> 明帝即位，永平二年正月辛未，初祀五帝于明堂，光武帝配。五帝坐位堂上，各处其方。黄帝在未，皆如南郊之位。（第3181页）
>
> 立夏之日，迎夏于南郊，祭赤帝祝融。车旗服饰皆赤。歌《朱明》，八佾舞《云翘》之舞。（第3182页）

可知南郊祭祀始于两汉之际，是汉族的礼仪制度。而北齐制度多有继承的北魏王朝的祭祀制度如何？据《魏书》卷一〇八《礼仪志》记载："［太祖天兴元年]以夏四月亲祀于西郊。"（第2734页）"天赐二年夏四月，复祀天于西郊。"（第2736页）可是同书卷二《道武帝纪》却记载："[太祖天兴]二年春正月甲子，初祠上帝于南郊。"（第34页）卷七上《孝文帝纪》记载："[太和五年]九月庚子，阅武于南郊，大飨群臣。"（第151页）卷七下《孝文帝纪》记载："[太和十二年]闰月甲子，帝观筑圆丘于南郊。"（第164页）"[太和十六年三月]乙亥，车驾初迎气南郊，自此为常。"（第169页）卷九《肃宗孝明帝纪》又记：正光"五年春正月辛丑，车驾有事于南郊"。（第235页）可见北魏早在复国之初的太祖道武帝拓跋珪时期，即时而西郊祭祀，时而南郊祭祀，直至孝文帝迁洛之前一年的太和十六年（492）三月才将南郊祭祀固定下来。而祭祀于南郊是两汉以来中原地区的汉族统治者沿用的习俗。这说明北魏将祭祀场所由西郊改为南郊是受汉文化影响的结果，此后不论东魏时期还是北齐政权时期都是延续北魏孝文帝改革后祭祀于南郊的习俗，因此说这也是由于受到汉文化的影响的缘故。

（二）西魏北周统治者沿用汉族旧制

在西魏北周政权统治区域内，胡族的皇帝也时常去南郊进行祭祀活动，如《北史》卷五《西魏文帝纪》所曰：

[大统]二年春正月辛亥，祀南郊，改以神元皇帝配。（第176页）

可见西魏政权建立之初，即继续沿袭北魏孝文帝改革所行的南郊祭祀故事。《周书》卷三《孝闵帝纪》又曰：

[元年春正月]辛亥，祠南郊。（第47页）

同书卷五《武帝纪》曰：

[天和元年]三月丙午，祠南郊。（第72页）
三年春正月辛丑，祠南郊。（第75页）
[建德]二年春正月辛丑，祠南郊。（第81页）

按：南郊祭祀是汉族统治者的祭祀方式，胡族则在西郊从事祭祀活动，因此西魏北周地区自宇文泰起就沿袭北魏祀南郊的习俗，这就是接受汉文化的一项重要举措。但是在该区域也有一些比较落后的现象，如《周书》卷七《宣帝纪》所云："大象元年春正月癸巳，受朝于露门，帝服通天冠、绛纱袍，群臣皆服汉魏衣冠。"（第117页）《资治通鉴》卷一七三陈宣帝太建十一年春正月癸巳条亦有相似记载，而且胡三省在此条明确注曰"以此知后周之君臣，此前盖胡服也。"（第5391—5392页）由此推测，西魏北周政权上至皇帝下至王公大臣在北周大象元年（579）春正月癸巳日之前上朝仍穿胡服，说明这一地区皇帝和群臣服汉魏衣冠是比较晚的。再则从时间上看，大象元年（579）已是北周武帝平齐统一中国北方后的三年，而在这时皇帝及王公大臣改穿戴汉魏衣冠，可能是受到北齐政权君臣穿戴之影响。

二 忠孝节义

中国北方农业地区是以汉族为主体，而汉族很早就注重忠孝节义，忠孝节义则包括热爱家国、孝敬父母、尊老爱幼、兄弟友爱等诸方面，这些都是中华民族的传统美德，这些习俗古来有之，在南北朝时期也不例外。当北朝胡族及胡化汉族的统治者进入农业地区之时受到汉族忠孝节义的影响，也不能免俗，而这些也恰恰是胡族以及胡化族群汉化的一项重要表现。

（一）东魏北齐统治地区

当胡族以及胡化族群进入东魏北齐统治的山东地区后，由于受到汉文化的影响，在忠孝节义的诸方面都有所表现，如《北齐书》卷十《任城王湝传》所云：

> 湝与广宁王孝珩于冀州召募得四万余人，拒周军。周齐王宪来伐，先遣送书并赦诏，湝并沉诸井。战败，湝、孝珩俱被擒。宪曰："任城王何苦至此？"湝曰："下官神武帝子，兄弟十五人，幸而独存，逢宗社颠覆，今日得死，无愧坟陵。"宪壮之，归其妻子。将至邺城，湝上马哭，自投于地，流血满面。（第138页）

同书卷一一《广宁王孝珩传》云：

> 齐王宪问孝珩齐亡所由，孝珩自陈国难，辞泪俱下，俯仰有节……后周武帝在云阳，宴齐君臣，自弹胡琵琶，命孝珩吹笛。辞曰："亡国之音，不足听也。"固命之，举笛裁至口，泪下呜咽，武帝乃止。（第145—146页）

同书卷一一《安德王延宗传》云：

> 及至长安，周武与齐君臣饮酒，令后主起舞，延宗悲不自持。屡欲仰药自裁，傅婢苦执谏而止。（第151页）

同书卷四一《傅伏传》云：

> 又有开府中侍中官者田敬宣，本字鹏，蛮人也……后主之奔青州，遣其西出，参伺动静，为周军所获。问齐主何在，绐云已去。殴捶服之，每折一支，辞色愈厉，竟断四体而卒。（第547页）

这些北齐君臣如此的念念不忘故国——北齐王朝，忠心不贰，热爱家国。特别是高延宗这个在北齐时期做事有点荒唐的安德王看到北齐后主为北周君臣舞蹈，竟然准备自裁，可见热爱家国的观念在该地区已是深入人心。而在其他方面的表现，据同书卷四《文宣帝纪》所云：

> ［天保九年］秋七月辛丑，给京畿老人刘奴等九百四十三人版职及杖帽各有差。（第65页）

同书卷六《孝昭帝纪》云：

> ［皇建元年八月］乙酉，诏："……诸郡国老人各授版职，赐黄帽鸠杖。"（第82页）

可见北齐政权尊重老人，并给予一些优待。

至于其统治区域内一般老百姓的孝悌情况史书缺载，但是贵族官僚在这方面的表现史籍中还是有些记载的，如《北齐书》卷一一《河间王孝琬传》所云：

> 河南王［高孝瑜］之死，诸王在宫内莫敢举声，唯［其弟高］孝琬大哭而出。（第 146 页）

同卷《安德王延宗传》云：

> 兄河间［王高孝琬］死，延宗哭之泪亦甚。（第 148 页）

同书卷一三《赵郡王琛附子叡传》云：

> 叡小名须拔，生三旬而孤，聪慧夙成，特为高祖所爱，养于宫中，令游娘母之，恩同诸子。魏兴和中，袭爵南赵郡公。至四岁，未尝识母，其母则魏华阳公主也。有郑氏者，叡母之从母姊妹之女，戏语叡曰："汝是我姨儿，何因倒亲游氏。"叡因问访，遂精神不怡。高祖甚以为怪……叡具陈本末。高祖命元夫人令就宫与叡相见，叡前跪拜，因抱头大哭……叡初读《孝经》，至"资于事父"，辄流涕歔欷。十岁丧母，高祖亲送叡至领军府，为叡发丧，举声殒绝，哀感左右，三日水浆不入口。高祖与武明娄皇后殷勤敦譬，方渐顺旨。居丧尽礼，持佛像长斋，至于骨立，杖而后起。高祖令常山王共卧起，日夜说喻之。并敕左右不听进水，虽绝清漱，午后辄不肯食……高祖崩，哭泣呕血。（第 170 页）

同书卷一三《清河王岳传》云：

> 岳性至孝，尽力色养，母若有疾，衣不解带，及遭丧，哀毁骨立。（第 174 页）

同书卷一四《平秦王归彦传》云：

> 嫡妃康及所生母王氏并为太妃。善事二母，以孝闻。（第186页）

《北史》卷五三《刘丰传》云：

> 八子俱非嫡妻所生，每一子所生丧，诸子皆为制服三年。武平中，晖所生丧，诸弟并请解官，朝廷义而不许。（第1902页）

《颜氏家训集解》卷三《勉学》云：

> 齐孝昭帝侍娄太后疾，容色憔悴，服膳减损。徐之才为灸两穴，帝握拳代痛，爪入掌心，血流满手。后既痊愈，帝寻疾崩……（第196页）

可知在东魏北齐统治地区这些胡族和胡化族群的王公大臣大多知晓孝悌并付诸行动，这表现为孝顺父母、兄弟之间友爱等方面。但是也有例外，如《北齐书》卷九《神武娄后传》记载："及［娄太］后崩，武成不改服，绯袍如故。未几，登三台，置酒作乐，宫女进白袍，帝怒，投诸台下。和士开请止乐，帝大怒，挝之。"（第124页）而这种不孝事例历朝历代皆有，就是与北齐对峙的北周统治者中亦有，如北周宣帝在其父武帝死后还有比这更严重的表现。[①] 不过从整体上看在该地区孝义仍然是主流，不然就不会出现"宫女进白袍"以及上面所叙述的那些事例。而之所以在山东地区是以孝义为主流，这是由于该地区以儒家思想为核心的汉文化始终占优势，进入该地区的胡族和胡化族群很快被汉族的先进文化所征服，接受了汉文化。再则，该地区的统治者制定了一系列制度措施，鼓励人们尊敬老者、守孝道、兄弟友爱。

---

① 《周书》卷七《宣帝纪》，中华书局1971年版，第124页。

（二）西魏北周统治地区

在西魏北周统治的关陇地区虽然建立该政权的是以宇文泰为首的一批胡族以及胡化族群，但是由于该地区还是汉族人口居多，因此他们进入该地区后受到汉文化的影响，在忠孝节义方面多有表现，如《周书》卷七《宣帝纪》所云：

> ［宣政元年八月壬申］诏制九条，宣下州郡……五曰，孝子顺孙义夫节妇，表其门闾，才堪任用者，即宜申荐。（第116页）

同书卷十《宇文广传》云：

> 初，广母李氏以广患弥年，忧而成疾，因此致没。广既居丧，更加绵笃，乃以毁薨。世称母为广病，广为母亡，慈孝之道，极于一门。高祖素服亲临，百僚毕集。（第156页）

同书卷一二《齐炀王宪传》云：

> 宪有至性，事母以孝闻。太妃旧患风热，屡经发动，宪衣不解带，扶侍左右。宪或东西从役，每心惊，其母必有疾，乃驰使参问，果如所虑。（第196页）

同书卷二五《李贤传》云：

> 年十四，遭父丧，抚训诸弟，友爱甚笃。（第413页）

同书卷二六《斛斯徵传》云：

> 有至性，居父丧，朝夕共一溢米。（第432页）

同书卷三十《窦炽传》云：

炽事亲孝，奉诸兄以悌顺闻。（第521页）

同卷《李穆传》云：

及远子植谋害晋公护，植诛死，穆亦坐除名。时植弟基任淅州刺史，例合从坐。穆频诣护，请以子惇、怡等代基死，辞理酸切，闻者莫不动容。护矜之，遂特免基死。（第528页）

《隋书》卷三九《豆卢勣传》云：

后丁父艰，毁瘠过礼。（第1156页）

同书卷四十《王谊传》云：

丁父艰，毁瘠过礼，庐于墓侧，负土成坟。岁余，起拜雍州别驾，固让，不许。（第1168页）

同书卷六三《元寿传》云：

元寿字长寿，河南洛阳人也……寿少孤，性仁孝，九岁丧父，哀毁骨立，宗族乡党咸异之。事母以孝闻。（第1497页）

可见在西魏北周统治的关陇地区这些胡族及胡化族群的王公大臣大多知忠孝节义并付诸行动，表现为褒扬孝子顺孙义夫节妇、敬老、守孝、服侍病母、兄弟友爱等方面，但是也有例外，《周书》卷七《宣帝纪》记载"嗣位之初，方逞其欲。大行在殡，曾无戚容，即阅视先帝宫人，逼为淫乱。才及逾年，便恣声乐，采择天下子女，以充后宫。"（第124页）《资治通鉴》卷一七三陈宣帝太建十年六月条甚至记载，周宣帝当时还"扪其杖痕，大骂［其父北周武帝］曰：'死晚矣！'"（第5387页）可见不只是北齐武成帝高湛有母死仍然置酒作乐、拒服白袍之举，北周宣帝宇文赟大骂刚刚死去的父亲，逼淫宫人，比之高湛有过之而无不及。不过在关陇地区孝义仍然是主流，不然就不会出现上面所叙述的那些孝义的事例，那么为何在该地区会出现这些孝义的事例？当是由于该地区儒家思想自两汉以来即在思想文化上占优势，汉文化虽然在五胡十六国时期曾遭到一些破坏，但是不久就得以恢复。再则是当以宇文泰为首的胡族以及胡化族群进入该地区后很快接受了汉族的先进文化，并鼓励人们敬老、守孝、兄弟友爱的缘故。

第三节　姓名籍贯郡望世系

由于中国北部农业地区的汉族文明程度、文化水准较高，因此进入这一地区的胡化族群首先伪托自己是汉族的世家大族之后，胡族也不甘落后，纷纷改用汉姓，改籍贯，假造郡望，伪造世系，伪托汉族的世家大族或汉族名臣、名人甚至炎帝或两周姬姓之后，这从另一个方面说明这些胡化族群或胡族进入中原地区后确实接受了汉文化。

一　东魏北齐统治地区胡族的良好表现

虽然北魏孝文帝改革明令断胡姓，改为汉姓，可是在北部边地的六镇等地区的胡族兵民中还有许多仍用胡姓，如北魏末年六镇起事中的沃野镇人破落汗拔陵、秦州城人莫折大提、莫折念生、万俟丑奴等。但是当那些边地胡族或胡化族群进入中国北方农业地区后是否改作汉姓，在东魏北齐政权统治之下的山东地区到底情况如何？据《北齐书》记载将胡姓改作汉姓的确实不少，如窦泰本姓纥窦陵氏，[1] 武明皇后娄氏本姓匹娄氏，[2] 韩轨本姓破六韩氏，[3] 王怀本姓拓王氏，[4] 薛琡本姓叱干氏，[5] 和士开本姓素和氏，[6] 他们纷纷改作汉姓。此外，据姚薇元《北朝胡姓考》所考，改作汉姓胡族甚多。

---

[1] 姚薇元：《北朝胡姓考》内篇第四《四方诸姓·窦氏》，第190—195页。
[2] 姚薇元：《北朝胡姓考》内篇第三《内入诸姓·娄氏》，第98—102页。
[3] 姚薇元：《北朝胡姓考》内篇第三《内入诸姓·韩氏》，第136—138页。
[4] 姚薇元：《北朝胡姓考》外篇第二《东夷诸姓·王氏》，第296—298页。
[5] 《北齐书》卷二六《薛琡传》，第369页。
[6] 《北齐书》卷五十《恩倖·和士开传》，第686页。

第一章　胡族的汉化　／　71

　　胡族和一些胡化的汉人进入中原，或由于北魏孝文帝改革或与汉人杂居后，不但改用汉姓，还起用汉人名字，有少数人名不仅用汉名，甚至字也改得比较文雅。以下考释这些人中有名有字者的名和字，如《魏书》卷八一《刘仁之传》所云："刘仁之，字山静。"（《魏书》卷八一《刘仁之传》，第1794页）《北齐书》卷一《神武帝纪》云："齐高祖神武皇帝，姓高名欢，字贺六浑。"（第1页）卷三《文襄帝纪》云："世宗文襄皇帝讳澄，字子惠。"（第31页）卷四《文宣帝纪》云："显祖文宣皇帝讳洋，字子进。"（第43页）卷五《废帝纪》云："废帝殷，字正道。"（第73页）卷六《孝昭帝纪》云："孝昭皇帝演，字延安。"（第79页）卷八《后主纪》云："后主讳纬，字仁纲。"（第97页）卷十《高祖十一王传》云："永安简平王浚，字定乐……平阳靖翼王淹，字子邃……彭城景思王浟，字子深……上党刚肃王涣，字敬寿……冯翊王润，字子泽……汉阳敬怀王洽，字敬延。"（第132—140页）卷一一《文襄六王河南康舒王孝瑜传》云："河南康舒王孝瑜，字正德。"（第143页）卷一二《武成十二王传》云："南阳王绰，字仁通……琅邪王俨，字仁威……齐安王廓，字仁弘……北平王贞，字仁坚。"（第159—164页）卷一三《赵郡王琛传》云："赵郡王琛，字永宝。"（第169页）同卷《清河王岳传》云："清河王岳，字洪略……父翻，字飞雀……[子]劢字敬德。"（第174—177页）卷一四《武兴王普传》云："武兴王普，字德广。"（第189页）同卷《长乐太守灵山传》云："长乐太守灵山，字景嵩……[嗣子]伏护，字臣援。"（第189页）卷一五《窦泰传》云："窦泰，字世宁。"（第193页）同卷《尉景传》云："尉景，字士真。"（第194页）同卷《娄昭传》云："[娄]叡，字佛仁。"（第197页）同卷《韩轨传》云："韩轨，字百年。"（第200页）卷一七《斛律金传》云："斛律金，字阿六敦……[子]光，字明月……[子]羡，字丰乐。"（第219—227页）卷一九《贺拔允传》云："贺拔允，字可泥。"（第245页）《王怀传》云："王怀，字怀周。"（第249页）《段琛传》云："段琛，字怀宝。"（第258页）卷二十《王则传》云："王则，字元轨。"（第271页）《叱列平传》云："叱列平。"（第278页）《慕容俨传》云："慕容俨，字恃德。"（第279页）卷二五《王纮传》云："王纮，字师罗。"（第365页）卷二六《薛琡传》云："薛琡，字昙珍。"（第369页）卷二七《万俟普传》云:"万俟普,字普拨……子洛,字受洛干。"(第375页)同卷《可朱浑元传》云:"可朱浑元,字通元。"(第376页)同卷《刘丰传》云:"刘丰,字丰生。"(第377页)同卷《破六韩常传》"破六韩常,字保年。"(第378页)卷二八《元斌传》云:"元斌,字善集。"(第384页)同卷《元晖业传》云:"元晖业,字绍远。"(第386页)同卷《元弼传》云:"元弼,字辅宗。"(第387页)同卷《元韶传》云:"元韶,字世胄。"(第388页)卷三五《陆卬传》云:"陆卬,字云驹。"(第469页)卷三八《元文遥传》云:"元文遥,字德远。"(第503页)卷四十《尉瑾传》云:"尉瑾,字安仁。"(第527页)同卷《赫连子悦传》云:"赫连子悦,字士欣。"(第529页)同卷《白建传》云:"白建,字彦举。"(第532页)卷四一《綦连猛传》云:"綦连猛,字武儿。"(第539页)同卷《独孤永业传》云:"独孤永业,字世基。"(第544页)卷四三《源彪传》云:"源彪,字文宗。"(第577页)卷五十《恩倖·和士开传》云:"和士开,字彦通。"(第688页)《北史》卷二七《陆俟传》云:"[陆]乂,字旦……[陆]卬第二弟骏,字云骧……骏弟杳,字云迈……杳弟骞,字云仪……骞弟抟,字云征……抟弟彦师,字云房……概之子爽,字开明。"(第1018—1022页)卷八六《循吏·窦瑗传》云:"窦瑗,字世珍。"(第2870页)《汉魏南北朝墓志汇编》《东魏·侯海墓志》云:"君讳海,字景海。"(第362页)《东魏·叔孙固墓志》云:"公讳固,字万年。"(第365页)《北齐·元子邃墓志》云:"君讳子邃,字德修。"(第401页)《北齐·宇文诚墓志》"君讳诚,字克明。"(第443页)这些胡族或胡化族群的名字只有高欢字"贺六浑"、娄昭字"菩萨"、娄叡字"佛仁"、斛律金字"阿六敦"、贺拔允字"可泥"、叱列平字"杀鬼"、万俟普字"普拨"、万俟洛字"受洛干"、綦连猛字"武儿",属胡族名字或不雅,共计9人,① 在所记载有字的70人中约占13%,胡族或胡化族群的名字都比较文雅的有61人,在所记载有字的63人中占87%多。据此做一饼图:

---

① 据《北周》卷二《文帝纪》、《北齐书》卷二七《万俟普传》记载,这其中万俟普和万俟洛父子原来还是西魏高官,万俟洛甚至曾为西魏政权的宰相,大统二年三月才从西魏统治区叛逃至东魏的,将他们算入东魏北齐统治区实在有些勉强。

胡人名字或不雅
13%

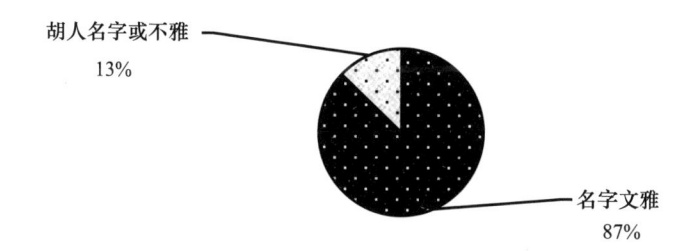

名字文雅
87%

生活在东魏北齐统治的山东地区胡族或胡化族群，名字都起得比较文雅，这一方面说明汉文化在该地区有着深厚底蕴，当这些胡族或胡化族群进入该地区后，先进的汉文化对于他们产生了巨大的影响，他们很快接受了汉文化。另一方面说明进入该地区或胡化族群自身素质较高，善于接受新事物，因此接受汉文化速度自然也就快一些。

据史料记载，在中国北方内地有许多胡族伪托汉人为祖先，在东魏北齐统治区域有东魏重臣窦泰明明出自代北鲜卑纥豆陵氏，却伪托"大安捍殊人也。本出清河观津胄，祖罗，魏统万镇将，因居北边"①。窦瑗更是"自言本出扶风平陵，汉大将军武曾孙崇为辽西太守，遂家焉"②。尉景本出自鲜卑尉迟氏，却说是"善无人也。秦、汉置尉候官，其先有居此职者，因以氏焉"③。王则"自云太原人也"④。白建明明出自昭武九姓，却说是"太原阳邑人也"⑤。綦连猛云"其先姬姓，六国末，避乱出塞，保祁连山，因以山为姓，北人语讹，故曰綦连氏"⑥。尔朱元静"北秀容人也。其先盖夏后氏之苗裔"⑦。薛广的薛氏实出自代北鲜卑叱干氏，却自言"河东人也。自王官启夏，秉王朝周。宋国出以齐盟，腾侯入而

---

① 《北齐书》卷一五《窦泰传》，第193页。
② 《魏书》卷八八《良吏·窦瑗传》，第1907页。
③ 《北齐书》卷一五《尉景传》，第194页。
④ （唐）李百药：《北齐书》卷二十《王则传》，第271页。
⑤ 《北齐书》卷四十《白建传》，第532页。
⑥ 《北齐书》卷四一《綦连猛传》，第539页。
⑦ 赵超：《汉魏南北朝墓志汇编》《北齐·叱列延庆妻阳平长郡君尔朱氏墓志》，天津古籍出版社2008年版，第417页。

共长。承家命氏，儒默分流"①。这些胡族之所以要伪托汉人为祖先，当是其自愧出自塞外茫荒之地。

至于为何在东魏北齐政权控制的山东地区，出现大量进入该地区的胡族和胡化族群改用汉族姓氏，起用汉族名字，甚至伪造郡望、伪托汉族祖先的情况，当是由于这些胡族和胡化族群大多久已离开原部落以及北方六镇，进入山东地区后，受到追随北魏孝文帝迁居中原的那批已经汉化胡族及胡化族群的影响，再则他们又与原居地的汉人杂居，在社会生活的诸多方面受到汉族先进文化的影响，很快接受了汉文化，与此同时也接受了汉族的姓氏文化，并以假冒汉族先哲后代为荣的缘故。

二　西魏北周统治区胡族的表现

西魏北周统治的关陇地区的情况与东魏北齐所控制的山东地区相仿，虽然北魏孝文帝在改革之时明令断胡姓，改汉姓，可是随同尔朱天光进入该地区原居北部边镇的胡族及胡化族群兵民中还有许多仍用胡姓，其中北魏末年起事的莫折大提、莫折念生、万俟丑奴即是沿用胡姓者。但是当那些胡族及胡化族群进入中国北方农业地区后纷纷改作汉姓，据《周书》记载的就有不少，如寇洛、寇俊本姓若口引氏，② 梁御、梁椿本姓拔列氏，③ 王德本姓乌丸氏，④ 王盟本姓拓王氏，⑤ 李贤、李远、李穆兄弟本姓叱李氏，⑥ 韩果本姓破六韩氏，⑦ 王勇本姓拓王氏，⑧ 窦炽本姓纥窦陵氏。⑨ 此外姚薇元《北朝胡姓考》中所考的此类人还有很多。

胡族进入中原后，由于北魏孝文帝改革及其与汉人杂居等缘由，不但

---

① 赵超：《汉魏南北朝墓志汇编》《北齐·薛广墓志》，第425页。而薛广看似汉人但是下文又说，其曾祖是薛野猪，祖父薛虎子，但是《魏书》卷四四《薛野猪传》说"代人也"，而且据姚薇元先生《北朝胡姓考》内篇第四《四方诸姓·薛氏》考证，薛野猪、薛虎子都是胡人，代郡薛氏本姓叱干，故此薛广也是胡人。
② 姚薇元：《北朝胡姓考》内篇第三《内入诸姓·寇氏》，第68—70页。
③ 姚薇元：《北朝胡姓考》内篇第三《内入诸姓·梁氏》，第64—66页。
④ 姚薇元：《北朝胡姓考》外篇第一《东胡诸姓·王氏》，第276—279页。
⑤ 姚薇元：《北朝胡姓考》外篇第二《东夷诸姓·王氏》，第296—298页。
⑥ 姚薇元：《北朝胡姓考》外篇第四《高车诸姓·李氏》，第321—325页。
⑦ 姚薇元：《北朝胡姓考》内篇第三《内入诸姓·韩氏》，第136—138页。
⑧ 姚薇元：《北朝胡姓考》外篇第二《东夷诸姓·王氏》，第296—298页。
⑨ 姚薇元：《北朝胡姓考》内篇第四《四方诸姓·窦氏》，第190—195页。

改用汉姓，还起用汉人名字，但是西魏北周统治的关陇地区不仅出现了赐胡姓的现象，一部分人连名字都保留着胡族文化的影响，如《周书》卷一《文帝纪》所云："太祖文皇帝姓宇文氏，讳泰，字黑獭。"（第1页）卷三《孝闵帝纪》云："孝闵皇帝讳觉，字陁罗尼。"（第45页）卷四《明帝纪》云："世宗明皇帝讳毓，小名统万突。"（第53页）卷五《武帝纪》云："高祖武皇帝讳邕，字祢罗突。"（第63页）卷七《宣帝纪》云："宣皇帝讳赟，字乾伯。"（第115页）卷十《邵惠公颢传》"导字菩萨……广字乾归……亮字乾德……翼字乾宜……椿字乾寿……众字乾道。"（第154—158页）同卷《莒庄公洛生传》云："至字乾附……宾字乾瑞……贡字乾祯。"（第159—160页）同卷《虞国公仲传》云："洛，字永洛。"（第161页）卷一一《晋荡公护传》："晋荡公护，字萨保。"（第165页）卷一二《齐炀王宪传》云："齐炀王宪，字毗贺突……[子]贵字乾福……质字乾佑……賨字乾礼。"（第187—196页）卷一三《文闵明武宣诸子传》云："文帝十三子……宋献公震，字弥俄突……卫剌王直，字豆罗突……赵僭王招，字豆卢突……谯孝王俭，字侯幼突……陈惑王纯，字堙智突……越野王盛，字立久突……代奰王达，字度斤突……冀康公通，字屈率突……滕闻王逌，字尔固突。"（第201—206页）"孝闵帝一男……纪厉王康，字乾定。"（第206页）"明帝三男……毕剌王贤，字乾阳……邦王贞，字乾雅。"（第207页）"武帝生七男……汉王赞，字乾依……秦王贽，字乾信……曹王允，字乾仕……道王充，字乾仁……蔡王兑，字乾俊……荆王元，字乾仪。"（第207—208页）卷一四《贺拔胜传》云："贺拔胜字破胡。"（第215页）卷一五《于谨传》云："于谨字思敬……小名巨弥……[子]寔字宾实。"（第243—250页）卷一六《独孤信传》云："[子]善字伏陁。"（第267页）《侯莫陈崇传》云："侯莫陈崇，字尚乐……崇弟琼，字世乐……琼弟凯，字敬乐。"（第268—270页）卷一七《王德传》云："王德，字天恩。"（第285页）卷一九《达奚武传》云："达奚武字成兴……[子]震字猛略。"（第303—306页）《豆卢宁传》云："豆卢宁字永安。"（第308页）《宇文贵传》云："宇文贵字永贵。"（第311页）《王雄传》云："王雄字胡布头。"（第319页）卷二十《王盟传》云："王盟字子仵……子励，字丑兴……励弟懋，字小兴。"（第333—334页）同卷《贺兰祥传》云："贺兰祥字盛乐。"（第335页）同卷《尉迟纲传》云："尉迟纲，字婆罗。"（第339页）同卷《叱列伏龟传》云："叱列伏龟字摩头陁……［子］椿字千年。"（第341页）卷二一《尉迟迥传》云："尉迟迥，字薄居罗。"（第349页）同卷《王谦传》云："王谦，字敕万。"（第352页）卷二五《李贤传》云："李贤字贤和……端字永贵……贤弟远，字万岁……远子植……植弟基，字仲和……威字安民。"（第413—423页）卷二六《长孙绍远传》云："长孙绍远，字师，河南洛阳人。少名仁……［弟］澄，字士亮……［兄子］兕，字若汗。"（第429—431页）同卷《斛斯徵传》云："斛斯徵，字士亮。"（第432页）卷二七《赫连达传》云："赫连达，字朔周。"（第439页）同卷《韩果传》云："韩果，字阿六拔。"（第441页）同卷《库狄昌传》云："库狄昌，字恃德。"（第448页）同卷《宇文测传》云："宇文测，字澄镜……［弟］深字奴干。"（第453—455页）卷二八《陆腾传》云："陆腾，字显圣……［子］玄弟融，字士倾。"（第469—473页）卷二九《宇文虬传》云："宇文虬，字乐仁。"（第492页）同卷《宇文盛传》云："宇文盛，字保兴……盛弟丘。丘字胡奴。"（第493页）同卷《高琳传》云："高琳，字季珉。"（第495页）同卷《伊娄穆传》云："伊娄穆，字奴干。"（第499页）同卷《达奚寔传》云："达奚寔，字什伏代。"（第502页）同卷《刘雄传》云："刘雄，字猛雀。"（第503页）卷三十《窦炽传》云："窦炽，字光成……毅字天武……贤字托贤。"（第517—522页）《于翼传》云："于翼，字文若。"（第523页）《李穆传》云："李穆，字显庆……穆长子惇，字士宇。"（第527—529页）卷三四《元定传》云："元定，字愿安。"（第588页）卷三八《元伟传》云："元伟，字猷道。"（第688页）卷四十《宇文孝伯传》云："宇文孝，伯字胡三。"（第716页）卷四四《扶猛传》云："扶猛，字宗略。"（第795页）这些名字中宇文泰的字"黑獭"，其诸子除宇文觉字"陁罗尼"外，皆为"某某突"，① 宇文护字"萨保"宇文导字"菩萨"、贺拔胜字"破胡"、独孤善字"伏陁"、达奚震字"猛略"、王雄字"胡布头"、尉迟纲字"婆罗"、叱列伏龟字"摩

---

① 《周书》、《北史》《明帝纪》皆云北周明帝宇文毓的小名叫"统万突"，但是其诸弟字除宇文觉字"陁罗尼"外，皆作"某某突"，故此"统万突"当也是宇文毓的字。

头陁"、尉迟迥字"薄居罗"、王谦字"敕万"、长孙兕字"若汗"、赫连达字"朔周"、韩果字"阿六拔"、宇文深字"奴干"、宇文丘字"胡奴"、伊娄穆字"奴干"、达奚寔字"什伏代"、刘雄字"猛雀"、宇文孝伯字"胡三"明显都是胡族的字,而这些共有33人,约占已统计的92人的36%,其他名字比较文雅的有5人,占64%多。据此再做一图示略加表述:

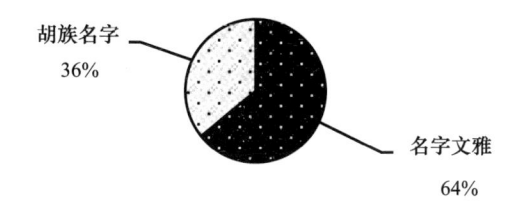

胡族名字 36%

名字文雅 64%

但是据正史记载,在西魏北周统治区域也有许多胡族伪托汉人祖先,西魏权臣后被追封为北周太祖文皇帝的宇文泰就伪托炎帝后人,说"其先出自炎帝神农氏,为黄帝所灭,子孙遁居朔野。有葛乌菟者,雄武多算略,鲜卑慕之,奉以为主,遂总十二部落,世为大人"①。另据《北朝胡姓考》所考述,窦炽出自代北鲜卑纥豆陵氏,李贤、李远、李穆兄弟出自高车泣伏利氏。《周书》卷三十本传却说窦炽是扶风平陵人,"汉大鸿胪章十一世孙。章子统,灵帝时,为雁门太守,避窦武之难,亡奔匈奴,遂为部落大人。后魏南徙,子孙因家于代,赐姓纥豆陵氏"。(第517页)《隋书》卷三七《李穆传》却记载李穆兄弟"自云陇西成纪人,汉骑都尉[李]陵之后也。陵没匈奴,子孙代居北狄,其后随魏南迁,复归汧、陇。祖斌,以都督镇高平,因家焉"②。(第1115页)这些多是靠不住的,不过从另一个侧面说明他们这些胡族是追求文明进步、接受汉文化的。

可是西魏北周统治区胡族具有一定程度的影响力,该地区的文明程度与东魏北齐统治区相比略显落后,但是从整体上看进入并在该地区生活的胡族中还是有相当多的人接受了汉文化,包括汉族的姓氏文化,这是主

---

① 《周书》卷一《文帝纪》,第1页。
② 李贤与李穆是兄弟。《汉魏南北朝墓志汇编》《北周·李贤墓志》亦言"汉将[李]陵之后也",第482页。

流。而从进入该地区的胡族和胡化族群以伪托汉族先贤之后为荣、起汉族名字来看，这些胡族和胡化族群进入该地区后，与原居地的汉人杂居，很快受到汉族先进文化的影响，接受了包括汉族的姓氏文化在内的各种文化。

第四节　文学艺术

　　胡族或胡化族群进入中国北方农业地区后，在与当地的汉族人群接触的过程中，首先接触到的是汉族相对文明的社会习俗，要学习汉族的社会习俗则出现了语言障碍，就必须学习汉族优美的语言文字，并在此基础上进而学习汉族的文学艺术。因此要考述胡族汉化在文化上的表现，也不能忽视他们在文学艺术、社会生活等方面是如何接受汉族的优秀文化的，具体到他们在这方面汉化程度到底如何？

　　胡族以及胡化族群接受汉文化的一个重要方面就是在文学艺术上的表现，而文学艺术则包括语言文学、音乐、绘画、书法等诸多方面。早在南北朝之前汉族不论在文学上还是在艺术上都有着很好的表现，既创造了诗赋、散文、骈文等优美的语言文学作品，又在绘画、书法艺术创作了一些上乘之作。因此当这些胡族进入中国北方农业地区后立即被当地汉族在文学艺术上优秀表现所吸引甚至仰慕，随之纷纷开始在文学艺术方面向汉族学习。

一　语言文学

　　汉族的语言文学可称是包罗万象，语言包括语言文字、音韵训诂，文学方面仅文学作品就包括诗赋、散文、骈文等形式，而汉族所创造的语言汉字则是被全世界公认的优美语言文字，这在唐诗宋词等文学艺术作品中表现得淋漓尽致，因此语言文学特别是文学创作是检验胡族接受汉文化的一项重要标准。

（一）东魏北齐统治区士人的先进表现

　　东魏北齐统治区域内的河洛、齐鲁等地区自先秦以来就是我国文化发达地区，那么胡族以及胡化族群进入该区域后自然会被那些优美的语言文学作品所吸引，进而仿效，至于他们在语言文学上接受以至学习汉文化的状况，如《魏书》卷一九上《元晖业传》所云：

> 齐文襄尝问之曰："比何所披览？"对曰："数寻伊、霍之《传》，不读曹、马之书。"晖业以时运渐谢，不复图全，唯事饮啖，一日三羊，三日一犊。又尝赋诗云："昔居王道泰，济济富群英；今逢世路阻，狐兔郁纵横。"（第447—448页）

同书卷八一《刘仁之传》云：

> 性好文字，吏书失礼，便加鞭挞，言韵微讹，亦见捶楚，吏民苦之。（第1795页）

《北齐书》卷四《文宣帝纪》云：

> 十一月甲午，帝至自晋阳，登三台，御乾象殿，朝宴群臣，并命赋诗。（第65页）

同书卷三五《陆卬传》云：

> 好学不倦，博览群书，五经多通大义。善属文，甚为河间邢邵所赏……自梁、魏通和，岁有交聘。卬每兼官燕接，在帝席赋诗，卬必先成，虽未能尽工，以敏速见美……所著文章十四卷，行于世。齐之郊庙诸歌，多卬所制。（第469—470页）

同书卷四五《文苑传》云：

> 后主虽溺于群小，然颇好讽咏，幼稚时，曾读诗赋，语人云："终有解作此理不？"及长亦少留意。初因画屏风，敕通直郎兰陵萧放及晋陵王孝式录古名贤烈士及近代轻艳诸诗以充图画，帝弥重之。后复追齐州录事参军萧悫、赵州功曹参军颜之推同入撰次，犹依霸朝，谓之馆客。放及之推意欲更广其事，又祖珽辅政，爱重之推，又

托邓长颙渐说后主，属意斯文。（第603页）

据前文所引，安德王高延宗追念其兄兰陵王高长恭的《经墓兴感诗》有云："夜台长自寂。泉门无复明。独有鱼山树。郁郁向西倾。睹物令人感。目极使魂惊。望碑遥堕泪。轼墓转伤情。轩丘终见毁。千秋空建名。"① 此外还有东魏孝静帝，据本章第一节第一部分考证，他当也著有诗赋文章。另据《魏书》卷一二《孝静帝纪》记载"帝好文学……帝不堪忧辱，咏谢灵运诗曰：'韩亡子房奋，秦帝鲁连耻；本自江海人，忠义动君子。'"（第313页）可见其文学造诣非同一般。

以上在语言文学方面有所造诣的胡族或胡化族群共7人，其中有著述的有4人，占有文学造诣人总数的57%多；其他几位分别表现为性好文字、命群臣赋诗、颇好讽咏有文学诸方面，有3人，约占有语言文学造诣人总数的43%。由此可做一饼图，更清楚地加以分析。

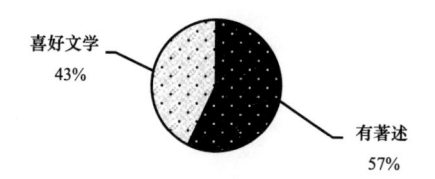

喜好文学 43%

有著述 57%

这6人中元晖业、陆卬、东魏孝静帝、刘仁之是祖上就随北魏孝文帝进入中国北方农业地区的，北齐后主高纬、安德王高延宗的祖父高欢虽然是在北魏末年战乱时进入中原的，可是到高纬、高延宗已是第三代，北齐文宣帝高洋当是在幼年随其父高欢进入中原的，这也基本上证明进入中原越久远汉化程度越深，反之则汉化程度略浅的一般规律。

（二）西魏北周统治地区士人表现不俗

西魏北周统治区域内胡族在语言文学上接受汉文化的状况如何？据《周书》卷四《明帝纪》记载：

[九月]丁未，幸同州。过故宅，赋诗曰："玉烛调秋气，金舆

---

① 逯钦立：《先秦汉魏晋南北朝诗·北齐诗》卷二安德王高延宗《经墓兴感诗》，中华书局1983年版，第2274页。

历旧宫。还如过白水,更似入新丰。霜潭渍晚菊,寒井落疏桐。举杯延故老,令闻歌《大风》。"(第 56 页)

卷三一《韦琼传》记载:

> 明帝即位,礼敬逾厚。乃为诗以贻之曰:"六爻贞遁世,三辰光少微。颍阳让逾远,沧州去不归。香动秋兰佩,风飘莲叶衣。坐石窥仙洞,乘槎下钓矶。岭松千仞直,岩泉百丈飞。聊登平乐观,远望首阳薇。岂能同四隐,来参余万机。"(第 545 页)

《艺文类聚》卷八八《木部·木》记载:

> 周明帝《和王褒咏摘花诗》曰:"玉碗承花落,花落碗中芳。酒浮花不没,花含酒更香。"(第 1509 页)

《周书》卷一三《赵僭王招传》记载:

> [赵僭王招]学庾信体,词多轻艳……招所著文集十卷,行于世。(第 202—203 页)

《文苑英华》卷一九九载有赵王宇文招《从军行》一首:

> 辽东烽火照甘泉,蓟北亭障接燕然。水冻菖蒲生未节,关寒榆荚不成钱。(第 2344 页)

《周书》卷二九《高琳传》记载:

> 文州氐酋反,诏琳率兵讨平之。师还,帝宴群公卿士,仍命赋诗言志。琳诗末章云:"寄言窦车骑,为谢霍将军。何以报天子?沙漠静妖氛。"(第 497 页)

《隋书》卷三九《于义附子宣敏传》记载:

> 宣敏字仲达,少沉密,有才思。年十一,诣周赵王招,王命之赋诗。宣敏为诗,甚有幽贞之志。王大奇之,坐客莫不嗟赏。……宣敏常以盛满之诫,昔贤所重,每怀静退,著《述志赋》以见其志焉。(第1147页)

《初学记》卷六《地部·渭水》记载:

> 后周宇文迥《至渭源诗》:源渭奔鸟穴,轻澜起客亭。浅浅满涧响,荡荡竟川鸣。潘生称运石,冯子听波声。斜去临天半,横来对始平。合流应不杂,方知性本清。(第136页)

以上五位皆有文学造诣,且有文学作品传世。此外,《周书》卷十《宇文广传》记载:

> 广字乾归。少方严,好文学。(第156页)

可见他喜好文学,加上前面有文学造诣者共6人,其中有著述传世的有5人,占有文学造诣喜好文学的6人的83%多;剩下1人表现为喜好文学,约占有文学造诣人总数的17%。

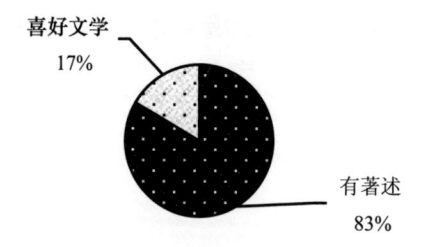

由此可见西魏北周地区在文学上有造诣的胡族大多喜好赋诗,并有诗作流传下来。而这些胡族大多是北魏末年战乱时进入关中的那批胡族的第二代甚至第三、四代,这也印证了进入中国北部农业地区时间越久远汉化

程度越深，反之则汉化程度略浅的说法。

二 艺术

艺术也是文化的重要组成部分，早在南北朝之前居住在中国北方农业地区的汉族已经创造了优美的绘画和书法艺术，特别是书法先后创造了秦小篆、汉隶、章草，到这一时期隶书已经开始向楷书过渡，并出现了楷书的雏形——所谓的"魏碑体"。当胡族大量进入中原后，与汉族杂居，胡族必然向汉族学习，学习他们具有高度文明程度的艺术，因此在这一时期胡族受到汉文化的影响，逐渐接受汉文化是时代的主流。

（一）东魏北齐统治区较为先进

在东魏北齐统治地区胡族以及胡化族群中接受汉族文化艺术的情况如下：

书法方面，据《魏书》卷八一《刘仁之传》记载："其先代人，徙于洛。"（第1794页）他"真草书迹，颇号工便"。（第1794页）《北齐书》卷四三《源彪传》说他是西平乐都人。"从父兄楷，字那延，有器干，善草隶书。"（第578页）而源氏出自五胡十六国中的南凉秃发氏，南凉败亡后投奔北魏，北魏太武帝以其与拓跋氏同源，故赐姓源氏。① 而在北魏孝文帝迁都洛阳后，源氏当亦改籍河南洛阳。《汉魏南北朝墓志汇编》中《东魏·元显墓志》说他"字显，河南洛阳人也"。（第359页）"善草隶，爱篇什。"（第360页）《汉魏南北朝墓志汇编》中《东魏·穆子岩墓志》说他是"姓穆氏，河南洛阳人"。（第381页）"正始之风弗坠，建安之体真存。蔡邕可以致书，卫瓘宜其命子。"（第381页）穆子岩是出自鲜卑丘穆陵氏。以上几人皆是祖上随北魏孝文帝迁居洛阳者，久已受到汉文化的影响，而中国古代书法经历了篆、隶、楷几个发展阶段，魏晋南北朝时期正处在隶书向楷书过渡阶段，人们多习草隶，故此说他们都喜好并擅长书法。

绘画方面，据《北齐书》卷一一《广宁王孝珩传》说高孝珩在绘画方面有技艺，"尝于厅事壁自画一苍鹰，见者皆以为真，又作朝士图，亦当时之妙绝"。（第144—145页）另外同卷《河间王孝琬传》记载："帝

---

① 《魏书》卷四一《源贺传》，第919页。

闻之，以为反。讯其诸姬，有陈氏者无宠，诬对曰'孝琬画作陛下形哭之。'然实是文襄［帝高澄］像，孝琬时时对之泣。"（第146页）既然高孝琬能准确绘出其父高澄画像，可见其绘画水平颇高。而东魏北齐地区胡族及胡化族群中虽然仅有高澄之子广宁王高孝珩、河间王高孝琬两人传中有记载，但是他们的绘画水准非同一般，特别是高孝珩的画作堪称绝妙。此外，还有一个值得注意的问题，即是高孝珩、高孝琬皆是后被追奉为文襄帝的高澄之子，二人是亲兄弟，由此推测，他们兄弟中当还有擅长绘画者，只是史籍缺载而已。

有关音乐方面，首先从东魏北齐政权的郊祭宗庙音乐来看，据《隋书》卷一四《音乐志》所云：

> 齐神武霸迹肇创，迁都于邺，犹曰人臣，故咸遵魏典。及文宣初禅，尚未改旧章。宫悬各设十二镈钟，于其辰位，四面并设编钟磬各一簨簴，合二十架。设建鼓于四隅。郊庙朝会同用之。其后将有创革，尚药典御祖珽自言。旧在洛下，晓知旧乐。（第313页）

> 武成之时，始定四郊、宗庙、三朝之乐。群臣入出，奏《肆夏》。牲入出，荐毛血，并奏《昭夏》。迎送神及皇帝初献、礼五方上帝，并奏《高明》之乐，为《覆焘》之舞。皇帝入坛门及升坛饮福酒，就燎位，还便殿，并奏《皇夏》。以高祖配飨，奏《武德》之乐，为《昭烈》之舞。祼地，奏登歌。其四时祭庙及禘祫皇六世祖司空、五世祖吏部尚书、高祖秦州刺史、曾祖太尉武贞公、祖文穆皇帝诸神室，并奏《始基》之乐，为《恢祚》之舞。高祖神武皇帝神室，奏《武德》之乐，为《昭烈》之舞。文襄皇帝神室，奏《文德》之乐，为《宣政》之舞。显祖文宣皇帝神室，奏《文正》之乐为《光大》之舞。肃宗孝昭皇帝神室，奏《文明》之乐，为《休德》之舞。其入出之仪，同四郊之礼。（第314页）

可知东魏北齐政权的郊祭宗庙音乐皆是沿用汉晋以至北魏孝文帝改革推行汉化以来的旧制，也就是说是沿袭汉文化中的郊祭宗庙音乐。其原因在于胡族进入中原后，一方面为了巩固其统治，与汉族世家大族合流，接受了先进的汉文化；另一方面这些胡族的社会制度也逐渐进入封建社会，为了适应其封建统治的需要，自然接受了汉族的郊祭宗庙音乐。

这也就使得一部分胡族和胡化族群喜好并擅长汉族的音乐以及乐器，据《北齐书》卷十《高阳王湜传》记载："文宣崩，兼司徒，导引梓宫，吹笛，云：'至尊颇知臣不'，又击胡鼓为乐。"（第138页）卷一一《广宁王孝珩传》记载："后周武帝在云阳，宴齐君臣，自弹胡琵琶，命孝珩吹笛。"（第145页）卷四八《外戚·尔朱文畅附弟文略传》记载："文略弹琵琶，吹横笛，谣咏，倦极使卧唱挽歌。"（第667页）可见高湜、高孝珩、尔朱文略皆擅长音乐，并且特别擅长中原汉人的乐器——笛子。另外，其余文体活动史籍中也有记载，据《北齐书》卷一一《河南王孝瑜传》有云："孝瑜容貌魁伟，精彩雄毅，谦慎宽厚，兼爱文学，读书敏速，十行俱下，覆棋不失一道。"（第144页）此棋为何棋？据《隋书》卷三四《经籍志》记载：

> 《棋势》四卷梁有《术艺略序》五卷，孙畅之撰；《围棋势》七卷，湘东太守徐泓撰；《齐高棋图》二卷；《围棋九品序录》五卷，范汪等撰；《围棋势》二十九卷，晋赵王伦舍人马朗等撰；《棋品叙略》三卷；建元、永明《棋品》二卷，宋员外殿中将军褚思庄撰；天监《棋品》一卷，梁尚书仆射柳恽撰。亡。（第1016页）

可知此时所说的棋当是围棋，而下围棋则是汉族久已擅长的文娱活动，因此说生活在山东地区的胡族或胡化族群喜好擅长这些文娱活动也是受到汉文化影响的表现。

（二）西魏北周统治区也受到汉文化的影响

在西魏北周统治地区胡族接受汉族艺术文化表现在书法、绘画方面，《隋书》卷三九《窦荣定传》说他是扶风平陵人，这也是靠不住的，他实际上是出自代北鲜卑的纥豆陵氏。① 可是其传中却说，其子"庆亦有姿容。性和厚，颇工草隶"。（第1151页）"庆弟璡，亦工草隶，颇解钟律。"（第1152页）卷六八《阎毗传》说他"能篆书，工草隶，尤善画，为当时之妙。周武帝见而悦之，命尚清都公主"。（第1594页）而草隶是

---

① 姚薇元：《北朝胡姓考》内篇第四《四方诸姓·窦氏》，第190—193页。

当时流行的书法体,因此说在西魏北周地区的胡族中窦庆、窦琎、阎毗擅长书法,其中阎毗还特别擅长绘画,其子阎立德、阎立本则继承父业,成为初唐时期的名画家。

在西魏北周地区宇文氏制定国家正式郊祭庆典的音乐的过程,如《隋书》卷十四《音乐志》所云:

> 周太祖迎魏武入关,乐声皆阙。恭帝元年,平荆州,大获梁氏乐器,以属有司……及闵帝受禅,居位日浅。明帝践阼,虽革魏氏之乐,而未臻雅正。天和元年,武帝初造《山云舞》,以备六代。南北郊、雩坛、太庙、禘祫,俱用六舞。南郊则《大夏》降神,《大护》献熟,次作《大武》、《正德》、《武德》、《山云之舞》。北郊则《大护》降神,《大夏》献熟,次作《大武》、《正德》、《武德》、《山云之舞》。雩坛以《大武》降神,《正德》献熟,次作《大夏》、《大护》、《武德》、《山云之舞》。太庙禘祫,则《大武》降神,《山云》献熟,次作《正德》、《大夏》、《大护》、《武德之舞》。时享太庙,以《山云》降神,《大夏》献熟,次作《武德之舞》。拜社,以《大护》降神,《大武》献熟,次作《正德之舞》。五郊朝日,以《大夏》降神,《大护》献熟。神州、夕月、籍田,以《正德》降神,《大护》献熟。(第331—332页)

> 建德二年十月甲辰,六代乐成,奏于崇信殿。群臣咸观。其宫悬,依梁三十六架。朝会则皇帝出入,奏《皇夏》。皇太子出入,奏《肆夏》。王公出入,奏《骜夏》。五等诸侯正日献玉帛,奏《纳夏》。宴族人,奏《族夏》。大会至尊执爵,奏登歌十八曲。食举,奏《深夏》,舞六代《大夏》、《大护》、《大武》、《正德》、《武德》、《山云》之舞。于是正定雅音,为郊庙乐。创造钟律,颇得其宜。宣帝嗣位,郊庙皆循用之,无所改作。(第332—333页)

《周书》卷二六《斛斯徵传》云:

> 斛斯徵,字士亮,河南洛阳人。父椿,太傅,尚书令。幼聪颖,五岁诵《孝经》、《周易》、识者异之。及长,博涉群书,尤精《三

礼》，兼解音律……以父勋累迁太常卿。自魏孝武西迁，雅乐废缺，徵博采遗逸，稽诸典故，创新改旧，方始备焉。又乐有錞于者，近代绝无此器，或有自蜀得之，皆莫之识，徵见之曰："此錞于也。"众弗之信。徵遂依干宝《周礼注》以芒筒拊之，其声极振，众乃叹服。徵乃取以合乐焉。（第433页）

斛斯徵籍贯为河南洛阳，祖、父又在孝文帝迁都后任中央高官，他自是随北魏孝文帝迁洛的胡族后人，他所熟悉的音律当是北魏孝文帝改革以后吸收汉晋以来汉文化所制定的音律，说明宇文氏在西魏北周政权中制定国家正式郊祭庆典的音乐，既继承了北魏孝文帝汉化后的雅乐，又吸收了在平江陵的过程中所获得的萧梁继承发展汉晋以来的汉族郊祭宗庙音乐。

由此就使得一些进入关陇地区的胡族开始喜好汉族的文娱体育，有关擅长音乐者，据《周书》卷十九《宇文贵传》记载："贵好音乐，耽弈棋，留连不倦。"（第314页）由此推测，他喜好音乐是受到汉文化影响。另外《宇文贵传》还说宇文贵也擅长弈棋，他所迷恋的棋当是中国北方农业地区汉族擅长的围棋，这当然是受到汉文化影响的结果。因此说不论西魏北周政权的国家正式郊祭庆典音乐，还是个别胡族对音乐的喜好，都说明在关陇地区建立政权并生活于此的胡族受到汉文化的影响，也必然会接受优雅的汉族音乐艺术。同时由于他们与居住在该地区的汉族人群杂居，与汉人交往，在此过程中自然也会效法汉族喜好的包括围棋在内的文娱活动。

第五节　社会风尚及生活

自魏晋南北朝以来，先后有大量胡族涌入中国北方农业地区，在与汉族杂居的过程中，他们相互接触、相互影响，而由于当时汉族的文明程度较高，人类又总是向往文明的，于是胡族就开始向汉人学习，他们首先在社会生活上向汉族学习，也就是说这些进入中国北方农业地区的胡族首先在社会生活方面接受了汉文化。

一　宗教

在中国北方农业地区汉族所信奉的本土宗教就是道教，据吕诚之（即吕思勉）先生所考，作为一种宗教信仰的道教大致形成于三国两晋时期，道教来源于东汉末年张角的太平教和张鲁的五斗米教，至两晋时称为天师道。① 可是这个道教和春秋战国时期诸子百家中的道家却完全是两回事。而胡族以及胡化族群在接受汉文化的同时，也就自然而然地接受了汉族的宗教信仰，开始信奉道教这一产生于汉族地区的宗教信仰，因此说他们信奉道教也就是胡族汉化的一种表现形式。

（一）东魏北齐统治地区重视道教方术

在史书中有关东魏北齐地区的胡族以及胡化族群信奉汉族宗教文化的记载也颇多，这中间当然也包括道教，见于记载的有《魏书》卷一一四《释老志》，云：

> 迁洛移邺，踵如故事。其道坛在南郊，方二百步，以正月七日、七月七日、十月十五日，坛主、道士、哥人一百六人，以行拜祠之礼。诸道士罕能精至，又无才术可高。武定六年，有司执奏罢之。其有道术，如河东张远游、河间赵静通等，齐文襄王别置馆京师而礼接焉。（第3055页）

《隋书》卷三五《经籍志》又云：

> 迁洛已后，置道场于南郊之傍，方二百步。正月、十月之十五日，并有道士哥人百六人，拜而祠焉。后齐［神］武帝迁邺，遂罢之。文襄之世，更置馆宇，选其精至者使居焉。（第1094页）

按：这两条记载中有关东魏废除道坛在南郊及其行拜祠之礼一事的时间记载略有不同，《魏志》记为武定六年（548），《隋志》却说"后齐［神］武帝迁邺，遂罢之"。而《魏书》卷十二《孝静帝纪》记载，天平元年十

---

① 吕思勉：《两晋南北朝史》，上海古籍出版社1983年版，第1518—1533页。

月"丙子,车驾北迁于邺"。(第298页)也就是说《隋志》所说的时间是此后不久,但是天平元年是公元534年,武定六年是公元548年,相差十四年之久。二者孰是孰非?《魏书》是北齐大臣魏收所撰,此事为他耳闻目睹,在时间叙述上当无误;相反《隋志》修撰于唐贞观年间,距此事发生的时间较久远,当有差误。另外武定六年高欢已经死去,此事自与他无关联。

此外,还有一些生活在山东地区信奉道教的胡族,《魏书》卷四十《陆俟传》曰:"子彰崇好道术,曾婴重疾,药中须桑螵蛸,子彰不忍害物,遂不服焉。"(第910页)而陆子彰是北魏大臣陆俟的后人,出自鲜卑步六孤氏,是随孝文帝迁洛的家族。《北齐书》卷四九《方伎·綦母怀文传》又云:

> 綦母怀文,不知何郡人。以道术事高祖。武定初,官军与周文战于邙山。是时官军旗帜尽赤,西军尽黑。怀文言于高祖曰:"赤火色,黑水色,水能灭火,不宜以赤对黑。土胜水,宜改为黄。"高祖遂改为赭黄,所谓河阳幡者。(第679页)

可知胡化族群高欢、高澄、高洋父子以及陆子彰等胡族也对中原汉族所信奉的道教感兴趣。另外魏收《魏书》卷一〇四《序传》记载"《释老》当今之重。"(第2331页)既然《释老志》在当时如此重要,可见道教在东魏北齐统治区内不仅受到以胡化族群高氏为首的统治者的重视,而且其他民众也信奉道教,这中间当然也包括一些进入中原的胡族。说明东魏北齐地区道教对胡族的影响,也可以说这是汉文化对胡族的影响。

还有方士卜筮也是汉族文化的一种表现,与道教有着千丝万缕的联系,而高欢这个胡化的汉人也引用方士,信奉卜筮,据《北齐书》卷四九《方技传》记载:

> 王春,河东人。少好易占,明风角,游于赵、魏之间,飞符上天。高祖起于信都,引为馆客。(第674页)
>
> 许遵,高阳人。明《易》,善筮,兼晓天文、风角、占相、逆刺,其验若神。高祖引为馆客……(第676页)

>赵辅和,清都人。少以明《易》善筮为馆客。(第677页)

王春、许遵、赵辅和因好易占、明风角、明《易》、善筮、晓天文、风角、占相、逆刺,而被高欢所引为馆客,这说明高欢必定也相信这些,这当然是高欢接受汉文化的表现。

另外,在东魏北齐统治区内的一些胡族由于受中原汉文化的影响,对谶纬也感兴趣,如《北齐书》卷二八《元坦传》所云:"坐子世宝与通直散骑侍郎彭贵平因酒醉诽谤,妄说图谶,有司奏当死,诏并宥之。"(第384页)这说明北齐的统治者也效法中原的汉族统治者对谶纬颇为忌讳,这也是受到汉文化的影响。

此外汉族所尊奉的城隍神也受到了胡族的尊奉,如《北齐书》卷二十《慕容俨传》记载:"天保初,除开府仪同三司。三年,梁司徒陆法和、仪同宋茞等率其部下以郢州城内附。"(第280页)"众咸共推俨。岳以为然。遂遣镇郢城。始入,便为梁大都督侯瑱、任约率水陆军奄至城下。俨随方御备,瑱等不能克。又于上流鹦鹉洲上造荻洪竟数里,以塞船路。人信阻绝,城守孤悬,众情危惧,俨导以忠义,又悦以安之。城中先有神祠一所,俗号城隍神,公私每有祈祷。于是顺士卒之心,乃相率祈请,冀获冥佑。须臾,冲风歘起,惊涛涌激,漂断荻洪。约复以铁锁连治,防御弥切。俨还共祈请,风浪夜惊,复以断绝,如此者再三。"(第280—281页)慕容俨出身于鲜卑慕容氏,其祖上当是五胡十六国时期进入中原地区的,而城隍神又是汉族所尊奉的神灵,因此说慕容俨当然已经接受了汉文化。

以上所说胡族和胡化族群在宗教上的种种表现,皆是他们进入中原后与居住在农业地区的汉人杂居交往,胡汉文化互相影响、互相交流,在宗教方面自然也受到汉文化影响的结果。

(二) 西魏北周统治地区也受到道教的影响

史书中有关西魏北周地区的胡族信奉汉族宗教信仰的记载也有一些,如道教的记载有《隋书》卷三五《经籍志》记载:

>后周承魏,崇奉道法,每帝受箓,如魏之旧……(第1094页)

可见北周皇帝还是崇尚道教的，就连后来废弃佛道等宗教的北周武帝也曾经信奉道教，如《周书》卷五《武帝纪》所云：

> ［天和四年二月］戊辰，帝御大德殿，集百僚、道士、沙门等讨论释老义。（第76页）
> 建德元年春正月戊午，帝幸玄都观，亲御法座讲说，公卿道俗论难，事毕还宫。（第79页）
> ［建德二年］十二月癸巳，集群臣及沙门、道士等，帝升高座，辨释三教先后，以儒教为先，道教为次，佛教为后。（第83页）

《隋书》卷五一《长孙览附从子炽传》云：

> 建德初，武帝尚道法，尤好玄言，求学兼经史、善于谈论者，为通道馆学士。（第1328页）

北周武帝最初信奉中原汉族所信仰的道教，其后不知出于何种考虑，"初断佛、道二教，经像悉毁，罢沙门、道士，并令还民"①。将道教与佛教一并废除。

另外，据《隋书》卷三五《经籍志》记载：道教洁斋之法"夜中，于星辰之下，陈设酒脯饼饵币物，历祀天皇太一，祀五星列宿，为书如上章之仪以奏之，名之为醮"。（第1092—1093页）而行这种仪式的记载《周书》中颇多，如卷六《武帝纪》记：

> ［建德五年］九月丁丑，大醮于正武殿，以祈东伐。（第95页）
> ［六年五月］辛巳，大醮于正武殿，以报功也。（第102页）

同书卷七《宣帝纪》又记：

> ［大象元年夏四月］壬午，大醮于正武殿。（第119页）

---

① 《周书》卷五《武帝纪》，第85页。

[八月]甲戌……初，高祖作刑书要制，用法严重。及帝即位，以海内初平，恐物情未附，乃除之。至是大醮于正武殿，告天而行焉。（第120—121页）

冬十月壬戌……帝幸道会苑大醮，以高祖武皇帝配。醮讫，论议于行殿。（第121页）

这说明不仅北周武帝一度信奉道教，其继承者北周宣帝也信奉这个中原汉族所信仰的传统宗教，这些也是他们这些胡族进入中原后与原居住在该地区的汉人交往，各种文化相互碰撞、相互交流，以及胡族受到汉文化影响所出现的变化。

二 婚姻及女学

胡族或胡化族群与汉人长期交错杂居局面的形成，使各族之间的婚姻交往成为可能，他们与中国北方农业地区的汉人特别是与士族高门缔结婚姻，也是其接受汉文化的一种表现，而一些汉士族家庭的妇女一旦嫁给胡族或胡化族群，则将汉族文化一并带入胡族或胡化族群家庭。另外胡族或胡化族群妇女中的一部分人在与中国北方农业地区的汉人杂居，在和汉族妇女的接触中，特别是一部分胡族妇女嫁入汉士族家庭，也开始接受汉文化，其主要表现在女学方面。

（一）汉文化对于东魏北齐统治区胡族的影响

由于胡汉杂居，生活上互相交往，这种交往就必然影响到婚姻生活，胡汉各族相互通婚，在东魏北齐统治地区这种通婚现象屡见于史籍，如《魏书》卷八三下《李延寔传》说他是陇西人，"长子彧，字子文。尚庄帝姊丰亭公主"。（第1837页）《北齐书》卷一二《文宣诸子传》云："李后生废帝及太原王绍德……裴嫔生西河王绍仁，颜嫔生陇西王绍廉。"（第156页）可见李后出自赵郡李氏，裴嫔出自河东裴氏，颜嫔当出自琅琊颜氏。《武成诸子传》云："李夫人生南阳王绰。"（第159页）"南阳王绰，字仁通，武成长子也。以五月五日丙时生，至午时，后主乃生。武成以绰母李夫人非正嫡，故意贬为第二。"（第159页）从其父武成帝高湛故意将其贬为老二，可以推测，李夫人当出自赵郡李氏或陇西李氏的汉士族，故此不被高湛所宠。卷三十《高德政传》记载：东魏静帝"入与夫人嫔御以下诀别，莫不歔欷掩涕。嫔赵国李氏口诵陈思王诗云……"（第409页）卷三三《徐之才传》说他是丹阳人，"妻魏广阳王妹，之才从文襄求得为妻"。（第448页）卷四十《尉瑾传》说他字安仁，"司马子如执政，瑾取其外生皮氏女"。（第527页）卷四八《外戚·郑仲礼传》说："少轻险，有膂力。高祖嬖宠其（荥阳郑仲礼）姊，以亲戚被昵，擢帐内都督。"（第667页）同卷《外戚·李祖昇传》说他是"赵国平棘人，显祖李皇后之长兄"。（第667页）《北史》卷五五《房谟传》说"谟与子结婚卢氏"。（第1993页）《汉魏南北朝墓志汇编》中有关胡汉联姻的记载也颇多，如《东魏·祖子硕妻元氏墓志》说"夫人姓元，字阿耶，河南洛阳人也。恭宗景穆皇帝之玄孙，济阴靖王之长女"。（第339页）"年十二乃适范阳祖氏。"（第339页）《东魏·李挺墓志》说他"字神俊，陇西狄道人也"。（第350页）"又娶丞相江阳王继第三女，字阿[妙]，薨于穰城。又娶太傅清河文献王第三女，字季聪。"（第350页）《东魏·元均墓志》说他"字世平，河南洛阳人也。太祖道武皇帝之玄孙，凉州使君淮南□王之次子"。（第360页）"夫人京兆杜氏，汉御史大大周之后。"（第361页）《东魏·章武王妃卢氏墓志》说"太妃姓卢，讳贵兰，范阳涿县人也。魏司空毓之九世孙"。（第371页）《北齐·是连公妻邢夫人墓志》说"夫人讳阿光，河间郑人也"。（第411页）这些仅是记载了是时社会上层胡汉通婚现象，而社会下层这种现象当更为普遍。

而在汉族妇女将汉文化带入胡族及胡化族群家庭，并影响着胡族家庭的同时，一些嫁入汉族家庭的胡族或胡化族群妇女也受到汉文化的影响，她们在诸多方面接受汉文化，可是由于中国古代妇女大多不见于史传，要考述她们的表现只能参考墓志等石刻文献，而北朝时期有关记载可见于《汉魏南北朝墓志汇编》，如《东魏·祖子硕妻元氏墓志》所说"加以留心女史，存意典图，亦既教成，言归异室"。（第339页）"肃奉慈姑，敦穆娣侄。曲尽欢心，特留顾盼。彤管有辉，白圭无玷。夫人率下行己，非礼不动。虽冀妇相敬如宾，□曜齐眉举食，不能过也。"（第339—340页）可见胡族妇女进入汉族家庭后，由于受到汉文化的影响，逐渐学会了汉族留心女史、相夫教子、孝敬公婆、讲求礼仪等传统美德。同时由于胡汉通婚特别是胡族与汉士族通婚，进一步促进了胡汉文化交流，加快了胡族接受汉文化的步伐和民族融合的进程。另外还有一些胡族妇女虽然没有嫁入汉族家庭，但是由于生活在中原地区，也受到汉文化的影响，如《北齐书》卷三五《陆卬传》所说"卬母魏上庸公主，初封蓝田，高明妇人也，甚有志操。卬昆季六人，并主所生"。（第469页）"主教训诸子，皆禀义方，虽创巨痛深，出于天性，然动依礼度，亦母氏之训焉。"（第469—470页）《汉魏南北朝墓志汇编》中《东魏·东安王太妃墓志》说"太妃姓陆，讳顺华，河南洛阳人也"。（第375页）"容止闲华，识悟柔婉，照梁未可为并，委衣不足为俦。亦既言筓，来从百两，四德本循，六行弥著，室中生光，事高蕃邸，家内之肥，名逾列国。及东安诏赴，鱼山告窀，训抚咳幼，克绍家业。朝旨褒其风德，物议重其高顺。"（第376页）《北齐·叱列延庆妻尔朱元静墓志》也说"郡君讳元静，北秀容人也"。（第417页）"郡君处长，鞠养于家，恩同母爱，义似君严。至于崇姻结好，不假问礼而知；敦亲缉睦，岂待师范方解。教弟光德，授妹令仪。"（第418页）虽然墓志中多溢美之词，但是其中"容止闲华，识悟柔婉""克绍家业""鞠养于家，恩同母爱""敦亲缉睦""教弟光德，授妹令仪"的词句，这些记载至少也说明他们是仰慕汉文化的。而之所以发生这些变化也都与胡族汉化密切相关，也显示出以鲜卑族为首的各胡族不断与汉族融合，胡族及胡化族群接受汉文化已成为一种历史发展的趋势。

（二）汉文化亦影响着西魏北周统治区

在西魏北周统治区的关陇地区自两汉特别是五胡十六国时期以来以氐羌为主的胡族就大量涌入定居，和原居住在该区域的汉人杂居，生活上互相交往，这种交往就必然影响到婚姻生活，胡汉通婚在该地区屡见不鲜，而且社会上层的通婚现象屡见于史籍，如《周书》卷七《宣帝纪》记载："宣皇帝讳赟，字乾伯，高祖长子也。母曰李太后。"（第115页）卷九《皇后传》"武帝李皇后名娥姿，楚人也。于谨平江陵，后家被籍没。至长安，太祖以后赐高祖，后稍得亲幸"。（第144页）"宣帝杨皇后名丽华，隋文帝长女。"（第145页）"宣帝朱皇后名满月，吴人也。其家坐事，没入东宫。"（第146页）"静帝司马皇后名令姬，柱国、荥阳公消难之女。大象元年二月，宣帝传位于帝，七月，为帝纳为皇后。"（第148页）卷二三《苏绰传》说其子苏威"少有父风，袭爵美阳伯，娶晋公护女新兴公主"。（第395页）卷二六《长孙绍远传》说，长孙澄"字士亮。

年十岁，司徒李琰之见而奇之，遂以女妻焉"。（第431页）而《魏书》卷八二《李琰之传》说李琰之"陇西狄道人"，（第1797页）是汉士族。《周书》卷二八《史宁传》说他是"建康袁氏人也。曾祖豫，仕沮渠氏为临松令。魏平凉州，祖灌随例迁于抚宁镇，因家焉"。（第465页）其子史雄"年十四，从宁于牵屯山奉迎太祖。仍从校猎，弓无虚发。太祖欢异之。寻尚太祖女永富公主"。（第469页）卷三一《韦孝宽传》说"长子谌年已十岁，魏文帝欲以女妻之。孝宽辞以兄子世康年长。帝嘉之，遂以妻世康"。（第544页）《新出魏晋南北朝墓志疏证》中也有这方面的记载，见《西魏北周·郑术墓志》"第二女适皇宗宇文谐……第三女适皇宗宇文谈……第五女适皇宗宇文弘"。（第262页）而郑术则出自荥阳郑氏，是汉士族。《西魏北周·徒何伦墓志》"妻，广业郎君宇文。"（第266页）而"志主徒何伦即李弼之子李伦"①。《西魏北周·韦孝宽墓志》"长女普安郡公主，适开府、少保、新蔡郡开国公斛斯恢。"（第315页）《汉魏南北朝墓志汇编》还有《西魏·故平西将军汾州刺史华阴伯杨保元妻华山郡主元氏志铭》，②从元氏丈夫杨保元受封华阴伯，可知他出自弘农华阴杨氏的汉士族。据以上记载可知这中间既有汉族妇女嫁给胡族，也有胡族妇女嫁给汉人，在通婚的过程中双方必然相互影响，而且主要表现在文化上。同时由于胡汉通婚特别是胡族与诸如陇西李氏、京兆韦氏这些汉士族通婚，促进了胡汉文化交流，这种联姻活动无疑大大地加快了胡族接受汉文化的步伐，加速了民族融合的进程。

另外，还有一些胡族妇女虽然没有嫁入汉族家庭，但是由于生活在中原地区，也受到汉文化的影响，其表现如《汉魏南北朝墓志汇编》中《北周·匹娄欢墓志》所说"夫人文城县君尉迟氏，武威人，世传令德，家擅清徽，性识柔明，音仪昭著"。（第486页）这至少表明这些胡族妇女以至她们家族当是仰慕汉文化的。而且也说明胡族妇女的这些变化是与各胡族的男子在与汉族交往时接受相对文明的汉文化，与汉民族逐渐融合密切相关的。

---

① 罗新、叶炜：《新出魏晋南北朝墓志疏证》，《西魏北周·徒何伦墓志》，中华书局2005年版，第267页。
② 赵超：《汉魏南北朝墓志汇编》，第385页。

三 社会风气及生活

社会风气是该时期主体文化在社会方方面面的表现。而进入南北朝时期特别是经过北魏孝文帝改革，汉文化对于进入中原的胡族以及胡化族群影响越来越大，这就使得这些胡族及胡化族群在社会的表现逐渐与汉人趋同，并开始融入中国北方的汉族社会之中。但是由于以正史为主的史籍多记载政治、军事、经济等方面的重大事件、重要制度，而对于人们的生活记载多见于笔记小说，可是魏晋南北朝时期的笔记小说传世的极少，特别是关于北朝习俗的记载更少。

（一）东魏北齐统治区好尚儒学

东魏北齐统治地区胡族的习俗有何改变史书记载不够明确，但是《隋书志》（又称《五代史志》），所叙述的内容包括北齐、北周两个割据中国北方的政权，其中《隋书·地理志》所论述的各地风俗文化当然也是指这两个王朝所割据的山东、关陇地区的，并且效法《汉书》在《地理志》中专门用一定的篇幅叙述各州的风土人情，如说豫州"重于礼文，其风皆变于古"（卷三十《地理志》，第843页），兖州"有周孔遗风""人尚多好儒学"（卷三十《地理志》，第846页），冀州"好尚儒学""俗重气侠"（卷三十《地理志》，第859页），青州"阔达多智""崇尚学业"（卷三十《地理志》，第862页），徐州则有的郡"挟任节气，好尚宾游"（卷三一《地理志》，第872页），有的郡"尊儒慕学"（卷三一《地理志》，第873页）。虽然在北魏末年有大批胡族以及胡化族群涌入该区域，《隋志》中却对胡文化及其风俗只字未提，因此说在北齐时期该地区的胡族当受汉文化的影响，习俗与汉人趋同。究其原因，当是进入该地区的胡族以及胡化族群在与原居住地的汉人共同生活的过程中，受到汉族先进文化影响的缘故。

（二）西魏北周统治区的变化

有关西魏北周统治区胡族习俗改变的记载亦不多，而历史是具有延续性的，五胡十六国时期，河西地区曾建立过西秦、南凉两个鲜卑族政权，后凉氐族政权，北凉卢水胡政权，只有前凉、西凉是汉族政权，还有统治该地区或部分地区的前秦、后秦氐、羌族政权，再加上东汉以来羌族等胡族大量涌入该地区，因此说河西地区确实一度具有一定的胡化倾向。《北史》卷二二《长孙道生附绍远传》也说长孙绍远"出为河州刺史。河右戎落,向化日近,同姓婚姻,因以成俗。绍远导之以礼,大革弊风"。(第826页)长孙绍远虽为鲜卑人,出任河州刺史却要改变当地胡族习俗,并取得成效,这一方面说明他本人汉化程度较深,对于这一地区胡族接受汉文化起了相当重要的作用。另一方面说明河西地区原来居住的胡族部落中是具有落后习俗的,后经他的引导风俗大变,这也是受到汉文化影响的结果。另外《隋书》卷二九《地理志》也说"安定、北地、上郡、陇西、天水、金城,于古为六郡之地,其人性犹质直。然尚俭约,习仁义,勤于稼穑,多畜牧,无复寇盗矣"。(第817页)蜀郡一带"颇慕文学"(第830页)。这些都说明西魏北周统治区域汉文化还是颇有影响力的。

本章小结

在冷兵器时代往往是文明程度相对落后的民族打败文明的民族,可是反过来这些文明程度相对落后的民族在文化上则又被文明民族的先进文化所征服,在南北朝后期随着六镇起事及其此后的移民浪潮内迁的胡族也不能免俗,这些内迁胡族进入中国北方农业地区后与当地的汉族人群杂居,在文化上相互碰撞、相互交流、相互影响,随之接受先进的汉文化,并不断提高自己的汉文化水准。而就胡族个体来说汉化最主要表现在习读经传、尊师礼贤、重视教育等对于汉文化核心——儒学的认同方面,东魏北齐辖区接受汉文化的胡族或胡化族群总数113人中,颇有著述的有8人,占7%多;虽无著述但学术水准较高的共有30人,约占27%;虽然儒学水准较低但也喜好儒学的共有72人,约占64%;初学汉字者共有2人,约占2%。前两类文化水准较高的人有39人,约占35%;反之后两类文化水准较低或汉化程度深浅不清楚的人有74人,占65%多。而且前两类文化水准较高的人群中祖上或本人早年进入中国北方农业地区的占绝大多数,后两类文化水准较低的人群中进入中国北方农业地区大幅度地增多,特别是最后一类初学汉字者都是随北魏末年内乱进入中国北方农业地区的。而在西魏北周辖区内接受汉文化的胡族总数69人,按其接受汉文化程度不同,分为颇有著述、儒学影响较深颇有学术、受儒学影响较浅但喜好儒学、略知经史、曾受儒学影响但后来基本放弃者 5 类，颇有著述的共有 9 人，占 13% 多；受儒学影响较深、颇有学术的共有 8 人，约占 12%；受儒学影响较浅但喜好儒学的共有 34 人，占 49% 多；仅略知经史的共有 16 人，占 23% 多；曾受儒学影响但后来基本放弃的共有 2 人，约占 3%。前两类文化水准较高的人有 17 人，约占总数 69 人中的 25%；而后三类文化水准较低的人却有 52 人，占总数 69 人中的 75% 多。可见前两类文化水准较高的人群中祖上或本人早年进入中国北方农业地区的占绝大多数，后三类类文化水准较低的人群大多是随北魏末年内乱进入中国北方农业地区的。这也符合早进入中国北方农业地区早汉化，经过一两代甚至数代人的汉化积累，汉文化的水准自然高出许多，相反进入北方农业地区晚的胡族汉化程度较低的一般规律。

另外胡族汉化还表现在热爱家国、忠心不贰、敬老、守孝、服侍病母、兄弟友爱等礼义习俗方面，可见不论是东魏北齐政权控制的山东地区还是西魏北周政权控制的关陇地区礼义习俗还是深入人心的。此外胡族汉化在姓氏名字、籍贯、郡望、世系等诸方面也有所表现，这些在北魏末年战乱中涌入中国北方农业地区的胡族人群多将自己的多字姓氏改为单字汉姓，如匹娄氏改作娄氏，纥窦陵氏改作窦氏，破六韩氏改作韩氏，拓王氏改作王氏，乌丸氏改作王氏，叱干氏改作薛氏，素和氏改作和氏，若口引氏改作寇氏，拔列氏改作梁氏，叱李氏改作李氏等。还有一些胡族甚至在籍贯上依附汉族郡望，北周大臣窦炽家族假冒扶风窦氏，诡称他们是东汉外戚窦武之后。宇文泰甚至伪托其家族出自炎帝神农氏，这更是无稽之谈，不过这从另一个方面也说明他们这些原居住在北方边地的胡族对汉文化还是仰慕的。

在语言文学方面有所造诣的胡族，在东魏北齐统治区域内共有 6 人，其中当有著述的有 3 人，占有语言文学造诣人总数的 50%；其他人分别表现为性好文字、命群臣赋诗、颇好讽咏有文学诸方面，计有 3 人，亦占有文学造诣人总数的 50%。其中元晖业、东魏孝静帝、刘仁之是祖上就随北魏孝文帝进入中国北方农业地区的，北齐后主高纬、安德王高延宗的祖父高欢虽然是在北魏末年战乱时进入中原的，可是到高纬、高延宗已是第三代，北齐文宣帝高洋当是在幼年随其父高欢进入中原的。而在西魏北周统治区域内也有 6 人，其中有著述传世的有 5 人，占有文学造诣人总数的83%多；其他人分别表现为好文字计有1人，约占有文学造诣人总数的17%，他们大多是北魏末年战乱时进入关中的那批胡族的第二代甚至第三、四代，这都说明进入中原越久远汉化程度越深，反之则汉化程度略浅。还有东魏北齐政权的郊祭宗庙音乐皆是沿用汉晋以至北魏孝文帝改革推行汉化以来的旧制，也就是沿袭汉文化中的郊祭宗庙音乐。

而之所以如此，则是因为中国北方农业地区虽经五胡十六国时期的战乱、胡族的袭扰以及汉族特别是士族的迁徙，汉文化受到一些摧残，但是由于农业地区以儒家思想为核心的汉文化深入人心，底蕴深厚，却非几场战乱即能造成毁灭性打击的，并且很快得以恢复甚至继续发展。当周边特别北边、西边的胡族及胡化族群涌入之后，与汉族农业人口杂居，各种文化相互碰撞，相互影响，而当时的汉文化文明程度远高于其他民族文化，由于人类都是向往文明的，于是那些进入中国北方农业地区的胡族及胡化族群纷纷接受文明程度较高的汉文化，其中有的人的文化程度甚至远超过许多汉人。这大概就是胡族及胡化族群习读儒家经典、博览群书，研习汉字、改习汉族礼仪风俗、改汉姓，使用汉族名字、委托汉族后人之缘由。

再则，当胡族或胡化族群进入中原后，一方面为了巩固其统治，与汉族世家大族合流，接受了先进的汉文化；另一方面这些胡族的社会制度也逐渐进入封建社会，为了适应其封建统治的需要，自然接受了汉族的郊祭宗庙音乐。由此使得一部分胡族和胡化族群喜好并擅长汉族的乐器、音乐，在西魏北周地区宇文氏制定国家正式郊祭庆典的音乐的过程中，既继承了北魏孝文帝汉化后的雅乐，又吸收了在平江陵的过程中获得了萧梁继承发展的汉晋以来的汉族郊祭宗庙音乐。也有胡族或胡化族群擅长书法及汉族绘画艺术的。在宗教信仰方面，两大区域都有一些胡族或胡化族群信奉汉族所创造的道教及其他信仰。在社会风气方面，胡族也受到汉族风俗文化的影响。另外，胡族或胡化族群的妇女也通过通婚进入汉族家庭以及其他交流方式，受到汉族妇女的影响，逐渐学会了汉族留心女史、相夫教子、孝敬公婆、讲求礼仪等传统美德。凡此种种都说明进入中国北方农业地区的胡族或胡化族群在与汉族的交流过程中被汉族的先进文化所影响，逐渐汉化。

第二章

各政权制度方面的汉化

众所周知，陈寅恪先生在《隋唐制度渊源略论稿》中提出了隋唐制度的渊源"三源"学说，认为"隋唐之虽极广博纷复，然究析其原因，不出三源：一曰（北）魏、（北）齐，二曰梁、陈，三曰（西）魏、周"。（第1页）"在三源之中，此（西）魏、周之源远不如其他二源之重要。"（第2页）此说十分精辟，并被研究魏晋南北朝隋唐史的学者所叹服。那么"三源"中的北齐以及西魏北周的制度到底如何？是源自哪个王朝哪个时期的制度？则是值得注意的问题。而任何一项制度的形成都与该政权统治者，特别是最高统治者的思维、人文素质及其所统治的区域的历史人文环境有着非常密切的关联，在北朝后期进入中国北方农业地区的那些胡族以及胡化族群也不能例外。当他们进入中原后在政治、经济、军事、文化诸方面都受到了居住在这一地区的汉族先进文化的影响，而且这种影响不仅仅局限于接受汉族的礼仪风俗和生活方式，还有在更深层次的学习汉族的各项典章制度方面。于是这些胡族以及胡化族群在建立政权后，原有的落后的统治方式已经不能适应其统治及社会发展的需要，加上要想在中国北方农业地区封建的生产方式基础上建立巩固的政权，就必须效法汉族的政治、经济、军事等各项制度，这当然也是胡族汉化以及胡化族群重新回归汉化的一种重要的表现。

第一节 职官制度

职官制度是政治制度中最重要的组成部分之一，在北朝后期分别进入山东和关陇两大区域的胡族以及胡化族群，建立了东魏北齐与西魏北周两大对峙政权，他们在接受汉文化的同时，职官制度也必然受到了自先秦以至两晋以来制度的影响，但是由于两大区域的自然环境和人文历史的不同，所效法职官制度自然有所差异，这也就是研究该时期职官制度值得重视的问题。

一　北齐政权基本沿袭北魏制度

统治山东地区的东魏北齐政权的职官制度如何呢？可是记载东魏北齐政权历史的《北齐书》没有记载典章制度的志，要了解北齐的典章制度包括职官制度只能依赖于《五代史志》，即《隋书志》。有关北齐政权的职官制度，据《隋书》卷二七《百官志》所云：

> 后齐制官，多循后魏，置太师、太傅、太保，是为三师，拟古上公，非勋德崇者不居。次有大司马、大将军，是为二大，并典司武事。次置太尉、司徒、司空，是为三公。三师、二大、三公府，三门，当中开黄阁，设内屏。各置长史，司马，谘议参军，从事中郎，掾属、主簿，录事，功曹、记室、户曹、金曹、中兵、外兵、骑兵、长流、城局，刑狱等参军事，东西阁祭酒及参军事，法、墨、田、水、铠、集、士等曹行参军，兼左户右户行参军，长兼行参军，参军，督护等员。司徒则加有左右长史。三公下次有仪同三司，加开府者，亦置长史已下官属，而减记室、仓、城局、田、水、铠、士等七曹，各一人。其品亦每官下三府一阶。三师、二大置佐史，则同太尉府。乾明中，又置丞相。河清中，分为左右，亦各置府僚云。
>
> ……
>
> 尚书省，置令、仆射，吏部、殿中、祠部、五兵、都官、度支等六尚书。又有录尚书一人，位在令上，掌与令同，但不纠察。令则弹纠见事，与御史中丞更相廉察，仆射职为执法，置二则为左、右仆射，皆与令同。左纠弹，而右不纠弹。录、令、仆射，总理六尚书事，谓之都省……
>
> 门下省，掌献纳谏正，及司进御之职。侍中、给事黄门侍郎各六人，录事四人，通事令史、主事令史八人。统局六……
>
> 中书省，管司王言，及司进御之音乐。监、令各一人，侍郎四

人……

秘书省,典司经籍。监、丞各一人,郎中四人,校书郎十二人,正字四人,又领著作省,郎二人,佐郎八人,校书郎二人。

集书省,掌讽议左右,从容献纳。散骑常侍、通直散骑常侍各六人,谏议大夫七人,散骑侍郎六人,员外散骑常侍二十人,通直散骑侍郎六人,给事中六人,员外散骑侍郎一百二十人,奉朝请二百四十人。又领起居省、散骑常侍、通直散骑常侍,散骑侍郎、通直散骑侍郎各一人,校书郎二人。

中侍中省,掌出入门阁。中侍中二人,中常侍中、给事中各四人。又有中尚药典御及丞,并中谒者仆射,各二人,中尚食局,典御、丞各二人,监四人。内谒者局,统、丞各一人。

御史台,掌察纠弹劾。中丞一人,治书侍御史二人,侍御史八人,殿中侍御史、检校御史各十二人,录事四人,领符节署,令一人,符玺郎中四人。

都水台,管诸津桥。使者二人,参事十人,又领都尉、合昌、坊城等三局,尉皆分司诸津桥。

谒者台,掌凡诸吉凶公事,导相礼仪事。仆射二人,谒者三十人,录事一人。

太常、光禄、卫尉、宗正、太仆、大理、鸿胪、司农、太府、是为九寺。置卿、少卿、丞各一人。各有功曹、五官、主簿、录事等员。

……

国子寺,掌训教胄子。祭酒一人,亦置功曹、五官、主簿、录事员。领博士五人,助教十人,学生七十二人。太学博士十人,助教二十人,太学生二百人。四门学博士二十人,助教二十人,学生三百人。

长秋寺,掌诸宫阁。卿、中尹各一人,并用宦者。丞二人。亦有功曹、五官、主簿、录事员,领中黄门、掖庭、晋阳宫、中山宫、园池、中宫仆、奚官等署令,丞……

将作寺,掌诸营建。大匠一人,丞四人。亦有功曹、主簿、录事员。若有营作,则立将、副将、长史、司马、主簿、录事各一人。又领军主，副、幢主、副等。

昭玄寺，掌诸佛教、置大统一人，统一人，都维那三人。亦置功曹、主簿员，以管诸州郡县沙门曹。

领军府，将军一人，掌禁卫官披。朱华阁外，凡禁卫官，皆主之。舆驾出入，督摄仗卫。中领军亦同。有长史、司马、功曹、五官、主簿、录事，厘其府事。又领左右卫，领左右等府。

左右卫府，将军各一人，掌左右厢。所主朱华阁以外，各武卫将军二人贰之。皆有司马、功曹、主簿、录事，厘其府事。其御仗属官，有御仗正副都督、御仗五职、御仗等员。其直荡属官，有直荡正副都督、直入正副都督、勋武前锋正副都督、勋武前锋五藏等员。直卫属官，有直卫正副都督，翊卫正副都督，前锋正副都督等员……

领左右府，有领左右将军、领千牛备身。又有左右备身正副都督、左右备身五职、左右备身员、又有刀剑备身正副都督、刀剑备身五职、刀剑备身员。又有备身正副督、备身五职员。

护军府，将军一人，掌四中关津。舆驾出则护驾，中护军亦同。有长史，司马、功曹、五官、主簿、录事，厘其府事。其属官，东西南北中府皆统之。四府各中郎将一人。长史、司马、录事参军、统府录事各一人。又有统府直兵及功曹、仓曹、中兵、外兵、骑兵、长流、城局等参军各一人，法、田、铠等曹行参军各一人。又领诸关尉、津尉。

行台，在令无文、其官置令，仆射、其尚书丞郎，皆随权制而置员焉……（第751—759页）

既然北齐政权职官制度遵循北魏政权，那么东魏政权也应是如此，该政权中央既有三师、三公，又有尚书、门下、中书三省和吏部、殿中、祠部、五兵、都官、度支等六曹尚书，并有秘书省、集书省、中侍中省、御史台、都水台、谒者台、太常、光禄、卫尉、宗正、太仆、大理、鸿胪、司农、太府九寺、国子寺、长秋寺、将作寺、昭玄寺和领军府、护军府、行台等权力机构，而且官员配备完备，如尚书省有录尚书事、尚书令、尚书仆射，由这些官员共同组成了尚书省的首脑机关——都省，这可以说是继承发展的汉魏旧制，并且为隋唐三省六部制以及其他制度的最终确立奠定了基础。而且北齐政权各级官员的品级也十分明确，这见于《隋书》卷二七《百官志》记载：

> 三师、王、二大、大司马、大将军。三公，为第一品。
> 开府仪同三司、开国郡公，为从一品。
> 仪同三司，太子三师，特进，尚书令，骠骑、车骑将军，二将军加大者，在开国郡公下。卫将军，加大者，在太子太师上。四征将军，加大者，次卫大将军。左右光禄大夫，散郡公，开国县公，为第二品。
> 尚书仆射，置二，左居右上。中书监，四镇，加大者，次四征。中、镇、抚军将军，三将军，武职罢任者为之。领军、加大者，在尚书令下。护军、翊军将军，金紫光禄大夫，散县公，开国县侯，为从二品。
> 吏部尚书，四安将军，中领、护，太常，光禄、卫尉卿，太子三少，中书令，太子詹事，侍中，列曹尚书，四平将军，太宗正、太仆、大理、鸿胪、司农、太府卿，清都尹，三等上州刺史，左右卫将军，秘书监，银青光禄大夫，散县侯，开国县伯，为第三品。
> 散骑常侍、三等中州刺史、司徒左长史、四方中郎将、四护匈奴、羌戎、夷、蛮越。中郎将、国子祭酒、御史中丞、中侍中、长秋卿、将作大匠、冠军将军、太尉长史、领左右将军、武卫将军、太子左右卫率、辅国将军、四护校尉、太中大夫、龙骧将军、三等上郡太守、散县伯，为从第三品。
> 镇远、安远将军，太常，光禄、卫尉少卿，尚书，吏部郎中，给事黄门侍郎，太子中庶子，司徒右长史，司空长史，太宗正、太仆、大理、鸿胪、司农、太府少卿，三公府司马，中常侍，中尹，城门校尉，武骑、云骑、骁骑、游击将军，已前上阶。建忠、建节将军，通直散骑常侍，诸开府长史、中大夫，三等下州刺史，三等镇将，诸开府司马，开国县子，为第四品。
> 中坚、中垒将军，尚书左丞，三公府谘议参军事，司州别驾从事史，三等上州长史，太子三卿，前、左、右、后军将军，中书侍郎，太子庶子，三等中郡太守，左右备身、刀剑备身、备身、卫仗、直荡

等正都督，三等上州司马，已前上阶。振威、奋武将军，谏议大夫，尚书右丞，诸开府谘议参军，司州治中从事史，左右中郎将，步兵、越骑、射声、屯骑、长水校尉，朱衣直阁，直阁将军，太子骑官备身、内直备身等正都督，三等镇副将，散县子，为从第四品。

广德、弘义将军，太子备身、直入、直卫等正都督，领左右、三等中州长史，三公府从事中郎，秘书丞，皇子友，国子博士，散骑侍郎，太子中舍人，员外散骑常侍，三等中州司马，已前上阶。折冲、制胜将军，主衣都统，尚食、尚药二典御，太子旅骑、屯卫、典军校尉，领护府长史司马，诸开府从事中郎，开国县男，为第五品。

伏波、陵江将军，三等下州长史，三公府掾属，著作郎，通直散骑侍郎，太子洗马，左右备身，刀剑备身，御使、直荡等副都督，左右直长，中尚食、中尚药典御，三等下州司马，已前上阶。轻车、楼船将军，驸马都尉，诩卫正都督，直寝，直斋，奉车都尉，都水使者，诸开府掾属，崇圣、归义、归正、归命、归德侯，清都郡丞，治书侍御史，邺、临漳、成安三县令，中给事中，三等下郡太守，大理司直，太子直阁、二卫队主，太子骑官、内直备身副都督，开国乡男，散县男，为从第五品。

劲武、昭勇将军，尚书诸曹郎中，中书舍人，三公府主簿，三等上州别驾从事史，四中府三等镇守长史，三公府录事参军事，皇子郎中令，三公府功曹、记室、户、仓、中兵参军事，皇子文学，谒者仆射，已前上阶。明威、显信将军，太子备身副都督，四中府司马，武贲中郎将，羽林监，冗从仆射，直入副都督，千牛备身，大理正、监、评，侍御师诸开府录事，功曹、记室、仓、中兵等曹参军事，三等上州录事参军事，治中从事史，三等上郡丞，三等上县令，太子内直监，平准署令，为第六品。

度辽、横海将军，直突都督，三等中州别驾从事史，三公府列曹参军事，给事中，太子门大夫，三等上州功、仓、中兵等参军事，皇子大农，骑都尉，直后，符玺郎中，三等中州录事参军事，已前上阶。逾岷、越嶂将军，直卫副都督，三等中州从事史，诸开府主簿、列曹参军事，三等中州功、仓、中兵等参军事，太子舍人，三寺丞，太子直前，太子副直监，太子诸队主，为从第六品。

戎昭、武毅将军，勋武前锋正都督，三公府东西阁祭酒，三等下州别驾从事史，三等上州府主簿、列曹参军事，三等下州录事参军事，四中府录事参军事，王公国郎中令，积弩、积射将军，员外散骑侍郎，皇子中尉，三公府参军事、列曹行参军，已前上阶。雄烈、恢猛将军，翊卫副都督，诸开府东西阁祭酒参军事、列曹行参军，三等下州功、仓，中兵参军事，四中府功、仓、中兵参军事，三等中州府主簿、列曹参军事，二卫府司马，詹事府丞，左右备身五职，三等镇录事参军事，六寺丞，秘书郎中，著作佐郎，太子侍医，太子骑尉，太子骑官备身五职，三等中郡丞，三等中县令，为第七品。

扬麾、曜锋将军，勋武前锋副都督，强弩将军，三公府行参军，三等上州参军事，列曹行参军，三等下州府主簿、列曹参军事，四中府列曹参军事，王公国大农，长秋、将作寺丞，太子二率坊司马，三等镇仓、中兵参军事，已前上阶。荡边、开域将军，勋武前锋散都督，太学博士，皇子常侍，太常博士，武骑常侍，左右备身，刀剑备身五职都将、别、统、军主、幢主。三等中州参军事、列曹行参军，诸开府行参军，奉朝请，国子助教，公车、京邑二市署令，三等镇列曹参军事，三县丞，侍御史，尚食、尚药丞，斋帅，中尚食、中尚药丞，太子直后、二卫队副，前锋正都督，太子骑官备身，太子内直备身五职，诸戍主、军主，为从第七品。

静漠、绥戎将军，协律郎，三等上州行参军，三等下州参军事、列曹参军事，四中府列曹行参军，侯、伯国郎中令，殿中将军，皇子侍郎，已前上阶。平越、殄夷将军，刀剑备身五职，前锋副都督，太子内直备身，主书，殿中侍御史，太子典膳、药藏丞，太子斋帅，三等中州行参军，王、公国中尉，三等镇铠曹行参军，三等下郡丞，三等下县令，为第八品。

飞骑、隼击将军，三公府长兼左右户行参军、长兼行参军，门下录事，尚书都令史，检校御史，诸署令，诸开府典签，中谒者仆射，中黄门冗从仆射，已前上阶。武牙、武奋将军，备身御仗五职，宫门署仆射，太子备身五职，侯、伯国大农，皇子上、中、下将军，皇子上、中大夫，王、公国常侍，诸开府长兼左右户行参军，诸开府长兼行参军，员外将军，勋武前锋五职，司州及三等上州典签，太子诸队副，诸戍诸军副，清都郡丞，为从第八品。

清野将军，子、男国郎中令，诸署内谒者局统，三等上州长兼行参军，中黄门、太子内坊令，公主家令，皇子防阁、典书令，四门博士，大理律博士，校书郎，三公府参军督护，都水参军事，七部尉，诸郡尉，已前上阶。横野将军，王、公国侍郎，侯、伯国中尉、谒者，太子三寺丞，诸开府参军督护，殿中司马督，御仗，太子食官、中省、典仓等令，太子备身，平准、公车丞，三等中州典签，为第九品。

偏将军，诸官教博士，太子司藏、厩牧令，太子校书，诸署别局都尉，诸尉，诸关津尉，三等上州参军督护，三等中州长兼行参军，秘书省正字，皇太子三令，王、公国上中下将军及上中大夫，诸署令，诸县丞，已前上阶。裨将军，领军护军府、太常光禄卫尉寺，詹事府等功曹、五官、奉礼郎，子、男国大农，小黄门，员外司马督，太学助教，诸幢主、遥途尉，中侍中，省录事，三等下州典签，尚书、门下，中书等省医师，为从第九品。

流内比视官十三等。第一领人酋长视从第三品。第一不领人酋长，视从第四品。第二领人酋长，第一领人庶长，视从第四品。诸州大中正，第二不领人酋长，第一不领人庶长，视第五品。诸州中正，畿郡邑中正，第三领人酋长，第二领人庶长，视从第五品。第三不领人酋长，第二不领人庶长，视第六品。第三领人庶长，视从第六品。第三不领人庶长，视第七品。司州州都主簿，国子学生，视从第七品。诸州州都督簿，司州西曹书佐，清都郡中正、功曹，视第八品。司州列曹从事，诸州西曹书佐，诸郡中正、功曹，清都郡主簿，视从第八品。司州部郡从事，诸州祭酒从事史，视第九品。诸州部郡从事，司州守从事，诸郡主簿，司州武猛从事，视从第九品。① （第765—770页）

这几条记载不仅详细列举哪些职官所欲哪一品，还记载了领民酋长等胡族

---

① 这段记载中的"领人酋长""领人庶长"，应为"领民酋长""领民庶长"，而《隋书》如此，是因为要避唐太宗李世民名讳之缘故。

官称，可知该政权的职官制度考虑到那些胡族的利益。另外以上记载中还明确规定国子学生被视为从七品，高于功曹、书佐、从事、主簿从事史等许多地方上的僚佐，并高于最低的从九品四个品级，作为国子学生当享受如此品级，这从另一个方面说明北齐政权对于教育的重视程度。

此外，各级官员的俸禄也有记载，据《隋书》卷二七《百官志》记载：“官一品，每岁禄八百匹，二百匹为一秩。从一品，七百匹，一百七十五匹为一秩……九品，二十八匹，七匹为一秩。从九品，二十四匹，六匹为一秩。禄率一分以帛，一分以粟，一分以钱。事繁者优一秩，平者守本秩。闲者降一秩。长兼、试守者，亦降一秩。官非执事、不朝拜者，皆不给禄。又自一品已下，至于流外勋品，各给事力。一品至三十人，下至于流外勋品，或以五人为等，或以四人、三人、二人、一人为等。繁者加一等，平者守本力，闲者降一等焉。州、郡、县制禄之法，刺史、守、令下车，各前取一时之秩。”（763—764）北齐政权不仅有一整套比较完备的职官俸禄制度，并附有一些罚俸的具体规定和官员上任时领取俸禄时间的规定。

那么这些制度是否如《隋书·百官志》所云"多循后魏"，还是如《通典》卷一九《职官·历代官制总序》所云："北齐创业，亦遵后魏，台省位号，多类江东。"（第470页）而据《魏书》卷一一三《官氏志》记载："太和十八年十二月，降车、骠将军，侍中，黄门秩，依魏晋旧事。十九年八月，初置直齐、御仗左右武官。二十三年，高祖复次职令，及帝崩，世宗初班行之，以为永制。"（第2993页）以太师、太傅、太保、王、大司马、大将军、太尉、司徒、司空、开国郡公为第一品；仪同三司、开国县公、都督中外诸军事、诸开府、散公为从第一品；太子太师、太子太傅、太子太保、特进、尚书令、骠骑将军、车骑将军（二将军加大者，位在都督中外之下）、卫将军（加大者，位在太子太师之上）、四征将军（加大者，位次卫大将军）、诸将军加大者、左右光禄大夫、开国县侯为第二品；尚书仆射（若并置左右，则左居其上，右居其下）、中书监、司州牧、四镇将军（加大者，次卫将军）、中军将军、镇军将军、抚军将军、金紫光禄大夫、散侯为从第二品；吏部尚书、四安将军、中领军、中护军（二军加将军，则去中，位次抚军）、太常、光禄、卫尉、太子少师、太子少傅、太子少保、中书令、太子詹事、侍中、列曹尚书、四平将军、太仆、廷尉、大鸿胪、宗正、大司农、太府六卿、河南尹、上州刺史、秘书监、诸王师、左右卫将军、前左右后将军、光禄大夫、开国县伯为第三品；散骑常侍、四方郎将、护匈奴、羌、戎、夷、蛮、越中郎将、国子祭酒、御史中尉、大长秋卿、将作大匠、征虏将军、大司马、大将军、太尉、司徒长史（若司徒置二长史，左在散骑常侍下，右在中庶子下）、太子左右卫率、武卫将军、冠军将军、护羌、戎、夷、蛮、越校尉、太中大夫、辅国将军、中州刺史、龙骧将军、散伯为从第三品；大司马、大将军、太尉、司徒司马、太常少卿、光禄少卿、卫尉少卿、尚书吏部侍郎、给事黄门侍郎、太子中庶子、司空、皇子长史、太仆少卿、廷尉少卿、大鸿胪少卿、宗正少卿、大司农少卿、太府少卿、中常侍、中尹、城门校尉、司空、皇子司马、从第一品将军开府长史、骁骑将军、游击将军、镇远将军、安远将军、平远将军、建义将军、建忠将军、建节将军、立义将军、立忠将军、立节将军、恢武将军、勇武将军、曜武将军、昭武将军、显武将军、从第一品将军开府司马、通直散骑常侍、司徒谘议参军事、中散大夫、下州刺史、上郡太守、内史、相、开国县子为第四品；中垒将军、尚书左丞、大司马、大将军、太尉、司徒谘议参军事、司州别驾从事史、第二品将军、始蕃王长太子家令史、太子率更令、太子仆、中书侍郎、太子庶子、第二品将军、始蕃王司马、前、左、右、军将军、宁朔将军、建威将军、振威将军、奋威将军、扬威将军、广威将军、谏议大夫、尚书右丞、司空、皇子谘议参军事、司州治中从事史、左、右中郎将、建武将军、振武将军、奋武将军、扬武将军、广武将军、从第一品将军开府谘议参军事、散子为从第四品；宁远将军、鹰扬将军、折冲将军、扬烈将军、从第二品将军、二蕃王长史、大司马、大将军、太尉、司徒从事中郎秘书丞、皇子友、国子博士、散骑侍郎、太子中舍人、员外散骑常侍、从第二品将军、二蕃王司马、射声校尉、越骑校尉、屯骑校尉、步军校尉、长水校尉、司空、皇子之开府从事中郎、第二品将军、始蕃王谘议参军事、开府从事中郎、中郡太守、内史、相、开国县男为第五品；伏波将军、陵江将军、平汉将军、第三品将军、三蕃王长史、大司马、大将军、太尉、司徒掾属、著作郎、通直散骑侍郎、太子洗马、从第二品将军、二蕃王谘议参军事、第三品将军、三蕃王司马、奉车都尉、太子屯骑校尉、太子步兵校尉、太子翊军校尉、都水使者、司空、皇子之开府掾属、领、护长史、司马、归义侯、率义侯、顺义侯、朝服侯、轻车将军、威远将军、开府掾属、虎威将军、洛阳令、中给事中、散男为从第五品；下至从九品的偏将军、裨将军、太子厩长、监淮海津都尉、诸局都尉、皇子典祠令、皇子学官令、皇子典卫令、王公国上中下将军、王公国中大夫、诸署令（不满六百石者）、第二品将军、始蕃王参军督护、从第二品将军、二蕃王长兼行参军、太常、光禄、卫尉、领、治礼郎护詹事功曹、五官、子、男国太农、小黄门、员外司马督。① 将北魏孝文帝改革后的职官与北齐职官相比对可看出二者台省官大致相同，至于北魏孝文帝改革后的职官与汉晋时期职官制度有无变化，据《晋书》卷二四《职官志》记载，两晋政权设置的职官有丞相、相国、太宰、太傅、太保、太尉、司徒、司空、大司马、大将军、开府仪同三司、骠骑、车骑、卫将军、伏波、抚军、都护、镇军、中军、四征、四镇、龙骧、典军、上军、辅国等大将军，左右光禄、光禄三大夫、特进、录尚书事、尚书令、仆射、尚书、左右丞、尚书郎、侍中、给事黄门侍郎、散骑常侍、给事中、通直散骑常侍、员外散骑常侍、散骑侍郎、通直散骑侍郎、员外散骑侍郎、奉朝请、中书监、中书令、中书侍郎、中书舍人、秘书监、秘书郎、著作郎、太常、光禄勋、卫尉、太仆、廷尉、大鸿胪、宗正、大司农、少府、将作大匠、太后三卿、大长秋、太常博士、协律校尉、博士、国子祭酒、博士、助教、太史令、太庙令、太乐令、鼓吹令、陵令、灵台丞、御史中丞、治书侍御史、侍御史、殿中侍御史、符节御史、司隶校尉、谒者仆射、都水使者、中领军将军、护军将军、左右卫将军、骁骑将军、游击将军、左右前后军将军、屯骑、步兵、越骑、长水、射声等校尉、四中郎将、护羌校尉、护夷校尉、护蛮校尉，太子属官有太傅、傅、中庶子、中舍人、食官令、庶子、舍人、洗马、率更令、家令、仆、左右卫率，王的属官有师、友、文学、内史、郎中令、中尉、大农、左右常侍、侍郎、典书丞、典祠丞、典卫丞、学官令丞、典书丞、治书、中尉司马、世子庶子、陵庙牧长、谒者、中大夫、舍人、典府，诸公及开府属官有长史、司马、祭酒、曹掾、曹令史、记室省事令史、阁下记室书令史、曹学事、从事中郎、主簿、记室督、舍人、帐下都督、外都督、令史、太常、光禄

---

① 《魏书》卷一一三《官氏志》，第2993—3003页。

勋、卫尉、太仆、廷尉、大鸿胪、宗正、大司农、少府、将作大匠、太后三卿、大长秋等卿，各置丞、功曹、主簿、五官等员，州置刺史、别驾、治中从事、诸曹从事，郡置太守、主簿、主记室、门下贼曹、议生、门下史、记室史、录事史、书佐、循行、干、小史、五官掾、功曹史、功曹书佐、循行小史、五官掾，县置令、长。① 另据《晋书·职官志》记载，这些职官大多沿袭汉魏旧制。② 由此可见，北魏孝文帝改革所制定的职官制度基本沿用汉晋的职官制度。因此说北齐职官除领民酋长、不领民酋长等北魏为胡族酋长特设的官职外，基本上是沿用汉晋旧制以及北魏孝文帝改革以后的所采用的汉化制度，而且这些省、寺、台、府以及职官的名称多与汉晋旧制相仿，当是北魏入主中原以及北魏孝文帝改革后仿效汉晋旧制所制定的，当多与江左无关。不过官员的俸禄、罚俸的具体规定和官员上任时领取俸禄时间等规定则是北魏没有的，当是北齐效法汉晋制度所制定的，因此可以说北齐的职官制度是接受汉文化特别是汉晋以来的制度文化所制定的。究其原因，当是以高氏为首的胡化族群以及胡族进入中原并割据山东地区以后，为了维护其封建统治，得到汉族地主阶级的拥护，必然与汉族地主特别是士族联合，继续沿用北魏入主中原以及北魏孝文帝改革后仿效汉晋旧制所制定的职官制度的需要，同时也是由于汉族文明程度较高，而由汉族建立的汉晋政权职官制度比较完备的缘故。

二 北周政权实行周六官制

西魏的职官制度据《通典》卷一九《职官·历代官制总序》记载沿袭北魏政权旧制，可是有关西魏政权的职官制度的记载较少，不过有关人物任职的记载在《周书》中却颇多，如：卷二十《贺兰祥传》记载"魏废帝二年，行华州事。后改华州为同州，仍以祥为刺史。寻拜尚书左仆射"。（第337页）卷二二《周惠达传》记载，大统四年"兼尚书右仆射"。（第363页）"拜吏部尚书。久之，复为右仆射。"（第363页）同卷《杨宽传》记载"从孝武入关，兼吏部尚书"。（第367页）"魏废帝初，入为尚书左仆射、将作大监，坐事免。魏恭帝二年，除廷尉卿。"（第367

---

① 《晋书》卷二四《职官志》，第724—747页。
② 同上。

页）卷二三《苏绰传》记载，大统十年"授大行台度支尚书，领著作，兼司农卿"。（第382页）卷二六《长孙绍远传》记载"及齐神武称兵而帝西迁，绍远随稚奔赴。又累迁殿中尚书、录尚书事"。（第430页）卷二九《伊娄穆传》记载"累迁帅都督、平东将军、中散大夫，历中书舍人、尚书驾部郎中、抚军将军、大都督、通直散骑常侍"。（第499页）"于是拜车骑大将军、仪同三司，赐安阳县伯，邑五百户。转大丞相府掾，迁从事中郎，除给事黄门侍郎。"（第499页）卷三九《皇甫璠传》"大统四年，引为丞相府行参军。寻转田曹参军、东阁祭酒，加散骑侍郎。稍迁兼太常少卿、都水使者，历蕃部、兵部、虞部、民部、吏部等诸曹郎中。"（第696页）以上仅是少量的记载，有关西魏时期人物任职的记载实在太多，无法一一列举，不过据此可见，西魏政权的职官制度应是如同《通典》所云，是沿用北魏旧制的。

至于西魏末年的职官制度，《周书》中的一条记载不容忽视。即卷二《文帝纪》所云："[西魏恭帝]三年春正月丁丑，初行《周礼》，建六官。以太祖为太师、大冢宰，柱国李弼为太傅、大司徒，赵贵为太保、大宗伯，独孤信为大司马，于谨为大司寇，侯莫陈崇为大司空。初，太祖以汉魏官繁，思革前弊。大统中，乃命苏绰、卢辩依周制改创其事，寻亦置六卿官，然为撰次未成，众务独归台阁。至是始毕，乃命行之。"（第36页）《通典》卷一九《职官·历代官制总序》又云"及平江陵之后，别立宪章，酌《周礼》之文，建六官之职，其他官亦兼用秦汉"。（第470页）这说明西魏末年已经逐步改易北魏孝文帝改革后形成的制度。而北周的具体职官制度当是沿用宇文泰在西魏末年改易的制度，并有所变化，如《隋书》卷二七《百官志》所云：

> 周太祖初据关内，官名未改魏号。及方隅粗定，改创章程，命尚书令卢辩，远师周之建职，置三公三孤，以为论道之官。次置六卿，以分司庶务。其所制班序：
>
> 内命，谓王朝之臣。三公九命，三孤八命，六卿七命，上大夫六命，中大夫五命，下大夫四命，上士三命，中士再命，下士一命。
>
> 外命，谓诸侯及其臣。诸公九命，诸侯八命，诸伯七命，诸子六命，诸男五命，诸公之孤卿四命，侯之孤卿、公之大夫三命，子男之

孤卿，侯伯之大夫、公之上士再命，子男之大夫、公之中士、侯伯之上士一命，公之下士、侯伯之中士下士、子男之士不命。

其制禄秩，下士一百二十五石，中士已上，至于上大夫，各倍之。上大夫是为四千石。卿二分，孤三分，公四分，各益其一。公因盈数为一万石。其九秩一百二十石，八秩至于七秩，每二秩六分而下各去其一，二秩一秩俱为四十石。凡颁禄，视年之上下。亩至四釜为上年，上年颁其正。三釜为中年，中年颁其半。二釜为下年，下年颁其一。无年为凶荒，不颁禄。六官所制如此。

制度既毕，太祖以魏恭帝三年，始命行之。所设官名，讫于周末，多有改更。并具《卢传》，不复重序云。（第770—771页）

按：《卢传》即《周书·卢辩传》，而《周书》卷二四《卢辩传》又云：

初，太祖欲行《周官》，命苏绰专掌其事。未几而绰卒，乃令辩成之。于是依《周礼》建六官，置公、卿、大夫、士，并撰次朝仪，车服器用，多依古礼，革汉、魏之法。事并施行。今录辩所述六官著之于篇。天官府管冢宰等众职，地官府领司徒等众职，春官府领宗伯等众职，夏官府领司马等众职，秋官府领司寇等众职，冬官府领司空等众职。史虽具载，文多不录。

辩所述六官，太祖以魏恭帝三年始命行之。自兹厥后，世有损益。宣帝嗣位，事不师古，官员班品，随意变革。至如初置四辅官，及六府诸司复置中大夫，并御正、内史增置上大夫等，则载于外史。余则朝出夕改，莫能详录。于时虽行《周礼》，其内外众职，又兼用秦汉等官。今略举其名号及命数，附之于左。其纪传内更有余官而于此不载者，亦史阙文也。

柱国大将军，大将军。右正九命。

骠骑、车骑等大将军，开府、仪同三司，雍州牧。右九命。

骠骑、车骑等将军，左、右光禄大夫，户三万以上州刺史。右正八命。

征东、征西、征南、征北、中军、镇军、抚军等将军。左右金紫光禄大夫，大都督，户二万以上州刺史，京兆尹。右八命。

平东、平西、平南、平北、前、后将军，左、右将军，左、右银青光禄大夫，帅都督，户一万以上刺史，柱国大将军府长史、司马、司录。右正七命。

冠军、辅国等将军，太中、中散等大夫，都督，户五千以上州刺史，户一万五千以上郡守。右七命。

镇远、建中等将军，谏议、诚议等大夫，别将，开府长史、司马、司录，户不满五千以下州刺史，户一万以上郡守，大呼药。右正六命。

中坚，宁朔等将军；左、右中郎将；仪同府、正八命州长史，司马，司录；户五千以上郡守；小呼药。右六命。

宁远、扬烈等将军；左、右员外常侍；统军；骠骑车骑府、八命州长史，司马，司录；柱国大将军府中郎掾属；户一千以上郡守；长安、万年县令。右正五命。

伏波、轻车等将军；奉车、奉骑等都尉；四征中镇抚军府、正七命州长史，司马、司录；开府府中郎掾属；户不满千以下郡守；户七千以上县令；正八命州呼药。右五命。

宣威、明威等将军；武贲、冗从等给事；仪同府中郎掾属；柱国大将军府列曹参军；四平前后左右将军府，七命州长史，司马，司录；正八命州别驾；户四千以上县令；八命州呼药。右正四命。

襄威、厉威将军；给事中；奉朝请；军主；开府府列曹参军；冠军辅国府、正六命州长史，司马、司录；正七命州别驾；正八命州治中；七命郡丞；户二千以上县令；正七命州呼药。右四命。

威烈、讨寇将军，左、右员外侍郎，幢主，仪同府、正八命州列曹参军，柱国府参军，镇远建忠中坚宁朔府长史、司马，正六命州别驾，正七命州治中，正六命郡丞，户五百以上县令，七命州呼药。右正三命。

荡寇、荡难将军，武骑常侍、侍郎，开府府参军，骠骑车骑府、八命州列曹参军，宁远扬烈伏波轻车府长史，正六命州治中，六命郡丞，户不满百以下县令，戍主，正六命州呼药。右三命。

殄寇、殄难将军，强弩、积弩司马，四征中镇抚府、正七命州列曹参军，正五命郡丞。右正二命。

扫寇、扫难将军，武骑、武威司马，四平前后左右府、七命州列曹参军，戍副，五命郡丞。右二命。

旷野、横野将军，殿中、员外二司马，冠军辅国府、正六命州列曹参军。右正一命。

武威、武牙将军，淮海、山林二都尉，镇远建忠中坚宁朔宁远扬烈伏波轻车府列曹参军。右一命。

周制：封郡县五等爵者，皆加开国；授柱国大将军、开府、仪同者，并加使持节、大都督；其开府又加［骠骑大将军、侍中；其仪同又加］车骑大将军、散骑常侍；其授总管刺史，则加使持节、诸军事。以此为常。大象元年，诏总管刺史及行兵者，加持节、余悉罢之。建德四年，增置上柱国大将军，改仪同三司为仪同大将军。（第404—407页）

西魏恭帝三年（556）宇文泰改变职官制度直至北周灭亡，西魏北周政权中央再没有设置尚书、中书、门下、秘书、集书等省、御史、都水、谒者等台和太常、光禄、卫尉、宗正、太仆、大理、鸿胪、司农、太府九寺，正如《周书·卢辩传》所云"多依古礼，革汉、魏之法"。这基本上放弃了北魏所采用的台省制度，而采用周六官制度，主要设天、地、春、夏、秋、冬六官，分别行使北魏的吏部、殿中、祠部、五兵、都官、度支六尚书之执掌，但是其武官制度还是参用了一些汉晋的旧制。总的来说西魏北周所设的官职也比较少，还将所有官员分为内外命官，以九命制度替代品官制度，并辅以相应的俸禄制度，由于这一制度还是依据汉族政权的旧制，这也就可以视为接受汉文化的表现。另外《卢辩传》所记载的职官名称中的文官很少，而柱国大将军特别是最初的所谓"八柱国家"在该政权中地位显赫，这当与宇文泰所纠合的关陇集团的治国理念有关。至于而关陇集团的组成，陈寅恪先生归纳为二：①此集团是"融冶关陇胡汉民族之有武力才智者"；②此集团中人"入则为相，出则为将，自无文武分途之事"①。这些正说明宇文泰所实行的职官制度是与其所纠合的关陇

---

① 陈寅恪：《唐代政治史述论稿》上篇"统治阶级之氏族及其升降"，上海古籍出版社1982年版，第48页。

集团成员文武不分有着很紧密的关系。不过从西魏北周自我标榜所实行的职官制度"多依古礼,革汉、魏之法"来看,其职官制度还是受到汉文化影响的。究其缘由,是由于宇文泰为首的胡族和胡化族群割据关陇地区后受到当地先进的汉文化影响,加之其为了巩固封建统治的需要。

第二节　选举制度

这里所说的选举制度是专指中国古代选官制度,在两汉时期实行的是察举制度,至曹魏时,文帝曹丕就采纳时任吏部尚书的颍川士族陈群的建议,实行九品中正制,即称为九品官人法的选官制度,而以往史家多以为九品中正制从魏晋起至南北朝时期各政权一直以此作为选举制度,直至隋文帝时才彻底废除九品中正制、实行科举制度为止。至于九品中正制向科举制度的过渡阶段从时间上看当是在南北朝时期,特别是南北朝后期,这正是一个胡汉文化相互整合期的历史时期。而本书正是要探讨这一时期的文化,只不过仅局限于北朝后期,因此对于当时分别割据山东、关陇两大区域的东魏北齐和西魏北周政权所实施的选举制度逐一分析探讨。

一　北齐政权沿用九品中正制并有所发展

至于东魏政权仍然实行九品中正制作为选官制度是毫无疑问的,但是北齐政权实施的何种选举制度?是否继续实行九品中正制?其中有无变化?有无变革?都需要做些探讨。而北齐的选官制度,据《隋书》卷九《礼仪志》记载:

> 后齐每策秀孝,中书策秀才,集书策考贡士,考功郎中策廉良,皇帝常服,乘舆出,坐于朝堂中楹。秀孝各以班草对。其有脱误、书滥、孟浪者,起立席后,饮墨水,脱容刀。(第188页)

《通典》卷一四《选举·历代制》记载:

> 北齐选举,多沿后魏之制,凡州县皆置中正。其课试之法,中书策秀才,集书策贡士,考功郎中策廉良。天子常服,乘舆出,坐于朝

堂中楹，秀孝各以班草对。字有脱误者，呼起立席后；书有滥劣者，饮墨水一升；文理孟浪者，夺席脱容刀。

初，东魏元象中，文襄王高澄秉政，摄吏部尚书，乃革后魏崔亮年劳之制，务求才实。自迁邺以后，掌大选知名者，不过数四。文襄年少高朗，其弊也疏；袁聿脩沉密谨厚，所伤者细；杨遵彦风流辩给，所取失于浮华；唯辛术贞明简实，新旧参举，管库必擢，门阀不遗，衡鉴之美，一人而已。（第340页）

同书卷三二《职官·州郡·总论州佐》记载：

中正……魏司空陈群以天台选用，不尽人才，择州之才优有昭鉴者，除为中正，自拔人才，铨定九品，州郡皆置……晋宣帝加置大中正，故有大小中正，其用人甚重……齐、梁亦重焉。后魏有之。北齐郡县皆有，其本州中正以京官为之。（第891—892页）

《隋书》卷二七《职官志》记载：

考功掌考第及秀孝贡士等事。……（第752页）

《通典》卷二三《职官·尚书·吏部尚书》记载：

北齐考功郎中亦掌考第及孝秀贡士。（第634页）

东魏北齐沿袭北魏的选举制度，州县都设有中正，由京官充任。被举荐者名为秀才、贡士、廉良，还要经过一定的考试程序，在朝堂分别由中书、集书、考功郎中当场考核，有时皇帝亲临朝堂策试，如河清"二年春正月乙亥，帝诏临朝堂策试秀才"[①]，对于字有脱误者、书有滥劣者、文理孟浪者，分别给予呼起立席后、饮墨水一升、夺席脱容刀的惩罚。另外除各州县中正举荐人才外，还要求官员等举荐，据《北齐书》卷六《孝昭

---

① 《北齐书》卷七《武成帝纪》，第91页。

帝纪》记载，皇建二年"二月丁丑，诏内外执事之官从五品已上及三府主簿录事参军、诸王文学、侍御史、廷尉三官、尚书郎中、中书舍人，每二年之内各举一人"。（第83页）《北齐书》卷四四《儒林传》曰："诸郡俱得察孝廉，其博士、助教及游学之徒通经者，推择充举。射策十条，通八以上，听九品出身，其尤异者亦蒙抽擢。"（第583页）这说明东魏北齐的选官制度由于受到了魏晋以来汉文化的影响，制定得相当完备，并有所修正发展。

究其原因，是由于当时在东魏北齐统治区域的社会各阶层中有许多人习读儒家经典，进而要求仕进，同时一些已进入统治核心的非士族出身的高官们又与之相呼应，为他们争取更多的仕进机会，进而改革为门阀政治服务的选官制度。反观士族方面由于各种原因他们在统治核心中的势力逐渐削弱，变得有些无力反抗非士族阶层的联合进攻。另外，高欢等胡化族群中和胡族进入中原后受到汉文化的影响，在选官制度上自然要采用汉士族独占的并且被北魏所沿用的九品中正制，而该制度在当时已变成"上品无寒门，下品无士族"腐朽的门阀统治的基础，高齐的统治者为了巩固其统治，争取各阶层人士支持，让他们参与到该政权中去，以便与北周政权抗衡，就必然要对原有的选官制度——九品中正制进行改革。从客观上看，这种选官制度的变革不但为废除九品中正制奠定了基础，也开了隋唐科举制度之先河。

二　北周政权恢复察举制度

至于西魏继续沿用九品中正制作为选官制度并无问题，可是北周到底采取了什么选举制度？是继续实行九品中正制，还是其他制度，学术界看法颇多，并有分歧。那么情况到底如何？据《通典》卷一四《选举·历代制》所云：

> 后周以吏部中大夫一人掌选举，吏部下大夫一人以贰之。初霸府时，苏绰为六条诏书，其四曰"擢贤良"。绰深思本始，惩魏、齐之失，罢门资之制。其所察举，颇加精慎。及武帝平齐，广收遗逸，乃诏山东诸州举明经干理者，上县六人，中县五人，下县四人。至宣帝大成元年，诏州举高才博学者为秀才，郡举经明行修者为孝廉，上

州、上郡岁一人。其刺史僚佐州吏则自署，府官则命于朝廷。（第341—342页）

《周书》卷六《武帝纪》云：

> [建德六年]三月壬午，诏山东诸州，各举明经干治者二人。若奇才异术，卓尔不群者，弗拘多少。（第102页）

同书卷七《宣帝纪》云：

> [宣政元年八月壬申]遣大使巡察诸州。诏制九条，宣下州郡……八日，州举高才博学者为秀才，郡举经明行修者为孝廉，上州、上郡岁一人，下州、下郡三岁一人。（第116页）

西魏时即擢贤良，北周时以吏部掌选举，但是被举者名称初无记载，至宣帝大成元年（579）始有秀才、孝廉之名，因此说西魏北周的选官制度也是受到两汉制度的影响。而据《通典》卷三二《职官·州郡》记载，北周在州郡并未设中正掌选举，虽然《周书》中任中正者却颇多，如叱罗协任恒州大中正（卷一一本传，第178页）、豆卢宁任显州大中正（卷一九本传，第309页）、阎庆任云州大中正（卷二十本传，第342页）、李远任原州大中正（卷二五本传，第419页）、权景宣任秦州大中正（卷二八本传，第477页）、宇文盛任西安州大中正（卷二九本传，第493页）、杨绍任朔州大中正（卷二九本传，第500页）、申徽任夏州大中正（卷三二本传，第555—556页）、王悦任雍州大中正（卷三三本传，第579页）、崔谦任定州大中正（卷三五本传，第613页）、崔说任定州大中正（卷三五本传，第614页）、崔猷任定州大中正（卷三五本传，第616页）、薛端任秦州大中正（卷三五本传，第621页）、崔彦穆任颍川邑中正（卷三六本传，第640页）、司马裔任河内郡中正（卷三六本传，第646页）、张轨任济州大中正（卷三七本传，第664页）、苏亮任岐州大中正（卷三八本传，第677页）、李昶任相州大中正（卷三八本传，第686页）、韩雄任河南邑中正（卷四三本传，第777页）、陈忻任宜阳邑大中正（卷四三本传，第778页）、泉元礼任洛州大中正（卷四四本传，第787页）、泉仲遵任洛州大中正（卷四四本传，第789页）、冀俊任华州中正（卷四七本传，第838页），但是据他们的本传细究之，叱罗协任恒州大中正是在大统九年（543），豆卢宁任显州大中正是在大统元年（535），阎庆任云州大中正是在北周取代西魏之前，李远任原州大中正是在尔朱天光西伐时，权景宣任秦州大中正是在大统初年，宇文盛任西安州大中正是在大统三年（537），杨绍任朔州大中正是在大统四年（538），申徽任夏州大中正是在大统元年（535）之前，王悦任雍州大中正是在大统十四年（548），崔谦任定州大中正是在大统四年（538），崔说任定州大中正是在大统年间，崔献任定州大中正是大统十七年（551）至魏恭帝元年（554）之间，薛端任泰州大中正是在大统年间，崔彦穆任颍川邑中正是在大统四年（538），司马裔任河内郡中正是在大统年间，张轨任济州大中正是在魏孝武西迁之后，苏亮任岐州大中正是在尔朱天光进入关中时，李昶任相州大中正是在大统年间，韩雄任河南邑中正是在北周取代西魏之前，陈忻任宜阳邑大中正是在西魏恭帝二年（555），泉元礼任洛州大中正是在大统年间，泉仲遵任洛州大中正也是在大统年间，冀俊任华州中正是在大统三年（537）沙苑之战时，任该州大中正是在大统十三年（547），皆是在北周政权建立之前。① 此外，《隋书》卷二七《百官志》以及《周书》卷二四《卢辩传》所记载北周政权职官制度中都没有中正这一职官，可是据《北齐书》《北史》记载在北齐政权中曾任中正者可称是不可胜数，而且《隋志》有关北齐政权职官制度中却明确有中正的记载，并且不但在州郡设置有中正，甚至县一级行政机构都设置有中正这一职官。② 这说明北周政权确实没有在州郡设大中正、中正掌选举，大概采取了类似两汉时期察举的选官制度，而这种选官制度的实施也只是在北周后期，因此说北周政权所采取的选官制度的名称不得而知。究其缘由，是因为北周政权没有实行汉魏的职官制度，而是实行周六官的职官制度，周六官的职官制度中绝不会设置曹魏时期才实行的九品中正制度中的中正这一职官。再加上由于关陇地区在东汉时期就有大批西北的羌族涌入，对于该地区的汉文化

---

① 黄寿成：《北周政权是否实行九品中正制》，《文史哲》2014年第4期。
② 《隋书》卷二七《百官志》，第751—770页。

造成了相当大的负面影响。此后又由于"永嘉之乱",匈奴、羯、氐、羌、鲜卑等胡族进入这一地区,有的胡族甚至在该地区建立割据政权,虽然说这些胡族或多或少或快或慢地接受了汉文化,但是进入该地区胡族所带来的胡族文化在该地区还是具有一定影响的,并且对于该地区汉文化正常的发展的影响还是负面的。另外,在"永嘉之乱"后居住在该地区的汉士族大批逃亡,离开了该地区,这又严重地影响了该地区汉文化的正常发展,使得该地区的文化相对于山东、江左两大地区来说确实是落后了些。正是因为该地区汉文化的落后,加之胡文化的影响,使得北周政权在汉化的道路上误入歧途。再通过对于士族任官情况考释,又可以看出这些士族很少有进入中枢核心的,他们在北周政权中少有发言权,而且北周政权的权力核心基本上是由宇文氏及其一些胡族或胡化族群中人所控制,可以说汉士族基本上不具有决策权。凡此种种原因,最终使得宇文氏在取代西魏王朝建立北周王朝后放弃了门阀政治赖以生存的选官制度——九品中正制。另外,通过对于北齐、陈这两个当时与北周并立的政权实行九品中正制的考述,也从另一个方面说明北周政权可能没有继续实行九品中正制这一选官制度,而采取其他方法选拔官吏。

虽然《周书》《北史》等史书中有贤良、明经、秀才的记载,似乎北周政权还实行了九品中正制,可是在北周政权统治时期从来没有任命过一个中正官,而中正则是九品中正制实施过程中至关重要的职官,没有任命中正,即使有贤良、明经、秀才这些选官科目,也不能说北周政权继续实行了九品中正制。再则北周政权所实施的选官制度既然不是九品中正制,那么会是什么选官制度?通过与此后的科举制度相比较,也完全不是一回事。可是与两汉时期实行的察举制度相比较,却有诸多相似之处,不论是北周政权所发布选官的诏令,还是史籍中都出现某人"举贤良""举明经""举秀才"之类的字句,特别值得注意的是史籍中有关两汉时期实施察举制度的记载也有"举孝廉""举贤良方正"甚至有"举秀才"的词语,据此推测北周政权是效法两汉政权,以察举制度作为该政权的选官制度。再通过对于"举贤良""举明经""举秀才"的那些人的分析可以看出北周政权所实施的察举制度确实打破了九品中正制对于选官束缚。不过这项选官制度并不是北周政权的主要选官途径。同时指出北周政权所实施这种察举制度确实存在诸多缺陷,使一些学识平平甚至毫无学识者却滥竽充数。至于北周政权为什么要废弃九品中正制而实行察举制度,当然与九品中正制已经走向没落有关,更主要的缘由是北周政权中枢权力核心的组成人员皆不是被中正选拔来的以及与生活在该地区士族实力较弱、地位不太显赫不无关系,也与该地区文化在当时与其他地区相比较落后,实在想不出更好的取代九品中正制的选官制度有着相当大的关联。①

第三节 礼仪制度

自先秦以来汉族的礼仪制度不断完备,大致分为吉礼、凶礼、军礼、宾礼、嘉礼五类,并成为汉族高度文明的重要表现。因此胡族及胡化族群进入中原,与汉族杂居,必然会受到汉族先进文化的影响,于是在建立政权后,自然要向汉族学习,制定一套礼仪制度。虽然东魏、西魏两大政权仍然基本上沿用北魏政权旧制,但是进入北齐、北周东西对峙时期,由于各政权所处的地区不同、各地区的环境不同、文化水准不同,各政权分别遵循了不同时期的汉族礼仪制度,并有所发展变化。

一 北齐政权继承发展汉魏以来礼仪

北齐政权在文明程度较高的汉文化的影响下,沿袭并发展了汉晋及北魏的礼仪制度,并有所创新。如圆丘祭祀上帝礼仪,据《隋书》卷六《礼仪志》所云:

> 后齐制,圆丘方泽,并三年一祭,谓之禘祀。圆丘在国南郊。(第113页)

按:《周礼注疏》卷六《天官冢宰》曰:"大旅上帝,祭天于圆丘,知者,见下经别云祀五帝,则知此是昊天上帝,即与《司服》及《宗伯》昊天上帝一也,即是《大司乐》冬至祭天于圆丘之事也。"(《十三经注疏》,中华书局1980年版,第676页)《晋书》卷一九《礼志》又曰:曹魏"有司又议奏,古者丘郊不异,宜并圆丘方丘于南北郊,更修立坛兆,其

---

① 黄寿成:《北周政权察举制度考释》,《北京师范大学学报》2016年第5期。

二至之祀合于二郊。帝又从之，一如宣帝所用王肃议也。是月庚寅冬至，帝亲祠圆丘于南郊。自是后，圆丘方泽不别立。［晋］太康三年正月，帝亲郊祀，皇太子、皇子悉侍祠"。（第583—584页）《魏书》卷一〇八之一《礼志》亦作，太祖天兴"二年正月，帝亲祀上帝于南郊，以始祖神元皇帝配"。（第2734页）"其后，冬至祭上帝于圆丘，夏至祭地于方泽，用牲币之属，与二郊同。"（第2735页）而太和"十二年闰九月，帝亲筑圆丘于南郊"。（第2741页）"十三年正月，帝以大驾有事于圆丘。"（第2741页）到十五年十一月"癸亥冬至，将祭圆丘，帝衮冕剑舄，侍臣朝服。辞太和庙，之圆丘，升祭柴燎，遂祀明堂"。（第2749页）这说明北魏圆丘祭祀上帝礼仪是其接受汉文化时沿用曹魏旧制，而北齐筑圆丘于京城南郊并三年一祭则是在其基础上制定的礼仪制度之一。

有关郊祀等祭祀制度，据《隋书》卷七《礼仪志》记载：

> 后齐以孟夏龙见而雩，祭太微五精帝于夏郊之东。为圆坛，广四十五尺，高九尺，四面各一陛。为三壝外营，相去深浅，并燎坛，一如南郊。于其上祈谷实，以显宗文宣帝配。青帝在甲寅之地，赤帝在丙巳之地，黄帝在己未之地，白帝在庚申之地，黑帝在壬亥之地。面皆内向，藉以藁秸。配帝在青帝之南，小退，藉以莞席，牲以骍。其仪同南郊。又祈祷者有九焉：一曰雩，二曰南郊，三曰尧庙，四曰孔、颜庙，五曰社稷，六曰五岳，七曰四渎，八曰滏口，九曰豹祠。水旱疠疫，皆有事焉。无牲，皆以酒脯枣栗之馔。若建午、建未、建申之月不雨，则使三公祈五帝于雩坛。礼用玉币，有燎，不设金石之乐，选伎工端洁善讴咏者，使歌《云汉》诗于坛南。自余同正雩。南郊则使三公祈五天帝于郊坛，有燎，座位如雩。五人帝各在天帝之左。其仪如郊礼。尧庙，则遣使祈于平阳。孔、颜庙，则遣使祈于国学，如尧庙。社稷如正祭。五岳，遣使祈于岳所。四渎如祈五岳，滏口如祈尧庙，豹祠如祈滏口。（第127页）

按：《孝经注疏》卷五《圣治章》曰："昔者周公郊祀后稷以配天，宗祀文王于明堂，以配上帝。"（《十三经注疏》，第2553页）而《汉书》则有《郊祀志》，并曰："［汉文帝］下诏曰：'有异物之神见于成纪，毋害于民，岁以有年。朕几郊祀上帝诸神，礼官议，毋讳以朕劳。'有司皆曰：'古者天子夏亲郊祀上帝于郊，故曰郊。'于是夏四月，文帝始幸雍郊见五畤，祠衣皆上赤。"（卷二五上《郊祀志》，第1213页）汉宣帝"幸河东，祠后土，有神爵集，改元为神爵。制诏太常：'夫江海，百川之大者也，今阙焉无祠。其令祠官以礼为岁事，以四时祠江海雒水，祈为天下丰年焉。'自是五岳、四渎皆有常礼。东岳泰山于博，中岳泰室于嵩高，南岳灊山于灊，西岳华山于华阴，北岳常山于上曲阳，河于临晋，江于江都，淮于平氏，济于临邑界中，皆使者持节侍祠。唯泰山与河岁五祠，江水四，余皆一祷而三祠云"。（卷二五下《郊祀志》，第1249页）《晋书》卷一九《礼志》又曰："汉仪，自立春至立夏，尽立秋，郡国尚旱，郡县各扫除社稷。其旱也，公卿官长以次行雩礼求雨，闭诸阳，衣皂，兴土龙，立土人，舞僮二佾，七日一变，如故事。武帝咸宁二年，春久旱。四月丁巳，诏曰'诸旱处广加祈请'。五月庚午，始祈雨于社稷山川。六月戊子，获澍雨。此雩之旧典也。太康三年四月，十年二月，又如之。其雨多则崇祭，赤帻朱衣，闭诸阴，朱索萦社，伐朱鼓焉。"（中华书局1974年版，第597页）《魏书》卷一〇八之一《礼志》作，北魏太祖天兴"二年正月，帝亲祀上帝于南郊，以始祖神元皇帝配。为坛通四陛，为壝埒三重。天位在其上，南面，神元西面。五精帝在坛内，壝内四帝，各于其方，一帝在未。日月五星、二十八宿、天一、太一、北斗、司中、司命、司禄、司民在中壝内，各因其方。其余从食者合一千余神，酸在外壝内。藉用藁秸，玉用四珪，币用束帛，牲用黝犊，器用陶匏。上帝、神元用犊各一，五方帝共用犊一，日月等共用牛一。祭毕，燎牲体左于坛南巳地，从阳之义。其瘗地坛兆，制同南郊。明年正月辛酉，郊天。癸亥，瘗地于北郊，以神元窦皇后配。五岳名山在中壝内，四渎大川于外壝内。后土、神元后，牲共用玄牡一，玉用两珪，币用束帛，五岳等用牛一。祭毕，瘗牲体右于坛之北亥地，从阴也。乙丑，赦京师畿内五岁刑以下。其后，冬至祭上帝于圆丘，夏至祭地于方泽，用牲币之属，与二郊同"。（第2734—2735页）北魏太宗"泰常三年，为五精帝兆于四郊，远近依五行数。各为方坛四陛，埒壝三重，通四门。以大皞等及诸佐随配。侑祭黄帝，常以立秋前十八日。余四帝，各以四立之日。牲各用牛一，有司主之。又六宗、灵星、风伯、雨师、司民、司禄、先农之坛，皆有别兆,祭有常日,牲用少牢。立春之日,遣有司迎春于东郊,祭用酒、脯、枣、栗,无牲币。又立五岳四渎庙于桑乾水之阴,春秋遣有司祭,有牲及币。四渎唯以牲牢,准古望秩云。其余山川及海若诸神在州郡者,合三百二十四所,每岁十月,遣祀官诣州镇遍祀。有水旱灾厉,则牧守各随其界内祈谒,其祭皆用牲。王畿内诸山川,皆列祀次祭,若有水旱则祷之"。(第2737页)由此可知郊祀等祭祀制度始于先秦,至汉代已趋于完备,而北魏则是沿袭汉晋以来的旧制。因此说北齐当在沿用汉晋旧制的基础上进一步完善郊祭制度。

而五郊迎气礼仪,据《隋书》卷七《礼仪志》所云:

> 后齐五郊迎气,为坛各于四郊,又为黄坛于未地。所祀天帝及配帝五官之神同梁。其玉帛牲各以其方色。其仪与南郊同。帝及后各以夕牲日之旦,太尉陈币,告请其庙,以就配焉。其从祀之官,位皆南陛之东,西向。坛上设馔毕,太宰丞设馔于其座。亚献毕,太常少卿乃于其所献。事毕,皆撤。又云,立春前五日,于州大门外之东,造青土牛两头,耕夫犁具。立春,有司迎春于东郊,竖青幡于青牛之傍焉。(第129—130页)

按:《后汉书志》卷八《祭祀志》曰:"迎时气,五郊之兆。自永平中,以《礼谶》及《月令》有五郊迎气服色,因采元始中故事,兆五郊于雒阳四方。中兆在未,坛皆三尺,阶无等。"(第3181页)《后汉书志》卷五《礼仪志》又曰:"立夏之日,夜漏未尽五刻,京都百官皆衣赤,至季夏衣黄,郊。"(第3117页)"先立秋十八日,郊黄帝。是日夜漏未尽五刻,京都百官皆衣黄。至立秋,迎气于黄郊,乐奏黄钟之宫,歌《帝临》,冕而执干戚,舞《云翘》、《育命》,所以养时训也。"(第3123页)"立秋之日,夜漏未尽五刻,京都百官皆衣白,施皂领缘中衣,迎气[于]白郊。礼毕,皆衣绛,至立冬。"(第3123页)"立冬之日,夜漏未尽五刻,京都百官皆衣皂,迎气于黑郊。礼毕,皆衣绛,至冬至绝事。"(第3125页)"冬至前后,君子安身静体,百官绝事,不听政,择吉辰而后省事。绝事之日,夜漏未尽五刻,京都百官皆衣绛,至立春。诸五时变服,执事者先后其时皆一日。"(第3125页)可知五郊迎气礼仪自东汉已趋于完备。《魏书》卷一〇八之四《礼志》又曰："太学博士崔瓒议云：'《周礼》及《礼记》，三冠六冕，承用区分，琐玉五彩，配饰亦别，都无随气春夏之异。唯《月令》有青旗、赤玉、黑衣、白辂，随四时而变，复不列弁冕改用之玄黄。以此而推，五时之冠，《礼》既无文；若求诸正典，难以经证。案司马彪《续汉书·舆服》及《祭祀志》云：迎气五郊，自永平中以《礼谶》并《月令》迎气服色，因采元始故事，兆五郊于洛阳。又云：五郊衣帻，各如方色。又《续汉·礼仪志》：立春，京都百官，皆着青衣，服青帻。秋夏悉如其色。自汉逮于魏晋，迎气五郊，用帻从服，改色随气……'灵太后令曰：'太傅博学洽通，多识前载，既综朝仪，弥悉其事。便可谘访，以决所疑。'"（第2817页）因此说自两汉至魏晋皆有五郊迎气的礼仪制度，北魏后期亦沿用，北齐当是继承发展了汉晋以及北魏后期的五郊迎气制度。

有关天子宗庙制度，据《隋书》卷七《礼仪志》记载：

> 后齐文襄嗣位，犹为魏臣，置王高祖秦州使君、王曾祖太尉武贞公、王祖太师文穆公、王考相国献武王，凡四庙。文宣帝受禅，置六庙：曰皇祖司空公庙、皇祖吏部尚书庙、皇祖秦州使君庙、皇祖文穆皇帝庙、太祖献武皇帝庙、世宗文襄皇帝庙，为六庙。献武已下不毁，已上则递毁。并同庙而别室。既而迁神主于太庙。文襄、文宣，并太祖之子，文宣初疑其昭穆之次，欲别立庙。众议不同。至二年秋，始祔太庙。春祠、夏礿、秋尝、冬烝，皆以孟月，并腊，凡五祭。禘祫如梁之制。每祭，室一太牢，始以皇后预祭。河清定令，四时祭庙禘祭及元日庙庭，并设庭燎二所。（第135页）

按：《礼记正义》卷一二《王制》疏曰："《礼纬稽命徵》云：'唐虞五庙，亲庙四，始祖庙一。夏四庙，至子孙五。殷五庙，至子孙六。'《钩命决》云：'唐尧五庙，亲庙四，与始祖五。禹四庙，至子孙五。殷五庙，至子孙六。周六庙，至子孙七。'郑据此为说，故谓七庙，周制也。周所以七者，以文王武王受命，其庙不毁，以为二祧，并始祖后稷，及高祖以下亲庙四，故为七也。若王肃则以为天子七庙者，谓高祖之父，及高祖之祖庙为二祧，并始祖及亲庙四为七。"（《十三经注疏》，第1335页）

《汉书》卷四三《郦陆朱刘叔孙传》曰："高帝崩，孝惠即位，乃谓通曰：'先帝园陵寝庙，群臣莫习。'徙通为奉常，定宗庙仪法。及稍定汉诸仪法，皆通所论著也。"（第2129页）《后汉书·志》卷九《祭祀志》曰："光武帝建武二年正月，立高庙于雒阳。四时祫祀，高帝为太祖，文帝为太宗，武帝为世宗，如旧。余帝四时春以正月，夏以四月，秋以七月，冬以十月及腊，一岁五祀。三年正月，立亲庙雒阳，祀父南顿君以上至舂陵节侯。"（第3193页）《晋书》卷一九《礼志》又曰："王制，天子七庙，诸侯以下各有等差，礼文详矣。汉献帝建安十八年五月，以河北十二郡封魏武帝为魏公。是年七月，始建宗庙于邺，自以诸侯礼立五庙也。后虽进爵为王，无所改易。延康元年，［曹魏］文帝继王位，七月，追尊皇祖为大王，丁夫人曰大王后。黄初元年十一月受禅，又追尊大王曰大皇帝，皇考武王曰武皇帝。"（第601页）"明帝太和三年六月，又追尊高祖大长秋曰高皇，夫人吴氏曰高皇后，并在邺庙。庙所祠，则文帝之高祖处士、曾祖高皇、祖大皇帝共一庙，考太祖武皇帝特一庙，百世不毁，然则所祠止于亲庙四室也。"（第601页）"武帝泰始元年十二月丙寅，受禅。丁卯，追尊皇祖宣王为宣皇帝，伯考景王为景皇帝，考文王为文皇帝，宣王妃张氏为宣穆皇后，景王夫人羊氏为景皇后。"（第602页）"于是追祭征西将军、豫章府君、颍川府君、京兆府君，与宣皇帝、景皇帝、文皇帝为三昭三穆。是时宣皇未升，太祖虚位，所以祠六世，与景帝为七庙，其礼则据王肃说也。"（第603页）《魏书》卷一〇八之一《礼志》云：

　　［太和十五年］四月，经始明堂，改营太庙。诏曰："祖有功，宗有德，自非功德厚者，不得擅祖宗之名，居二祧之庙。仰惟先朝旧事，舛驳不同，难以取准。今将述遵先志，具详礼典，宜制祖宗之号，定将来之法。烈祖有创基之功，世祖有开拓之德，宜为祖宗，百世不迁。而远祖平文功未多于昭成，然庙号为太祖；道武建业之勋，高于平文，庙号为烈祖。比功校德，以为未允。朕今奉尊道武为太祖，与显祖为二祧，余者以次而迁。平文既迁，庙唯有六，始今七庙，一则无主。唯当朕躬此事，亦臣子所难言。夫生必有终，人之常理。朕以不德，忝承洪绪，若宗庙之灵，获全首领以没于地，为昭穆之次，心愿毕矣。必不可豫，设可垂之文，示后必令迁之。"司空公

长乐王穆亮等奏言："升平之会，事在于今。推功考德，实如明旨。但七庙之祀，备行日久，无宜阙一，虚有所待。臣等愚谓，依先尊祀，可垂文示后。理衷如此，不敢不言。"诏曰："理或如此。比有间隙，当为文相示"。（第2747—2748页）

《魏书》卷一〇八之二《礼志》又云：

侍中太傅清河王怿议：

太学博士王延业及卢观等，各率异见。案《礼记·王制》："天子七庙，三昭三穆，与太祖之庙而七；诸侯五庙，二昭二穆，与太祖之庙而五。"并是后世追论备庙之文，皆非当时据立神位之事也。良由去圣久远，经礼残缺，诸儒注记，典制无因。虽稽考异闻，引证古谊，然用舍从世，通塞有时，折衷取正，固难详矣。今相国、秦公初构国庙，追立神位，唯当仰祀二昭二穆，上极高曾，四世而已。何者？秦公身是始封之君，将为不迁之祖。若以功业隆重，越居正室，恐以卑临尊，乱昭穆也。如其权立始祖，以备五庙，恐数满便毁，非礼意也。昔司马懿立功于魏，为晋太祖，及至子晋公昭，乃立五庙，亦祀四世，止于高曾。太祖之位，虚俟宣、文；待其后裔，数满乃止。此亦前代之成事，方今所殷鉴也。又《礼纬》云："夏四庙，至子孙五；殷五庙，至子孙六；周六庙，至子孙七。"明知当时太祖之神，仍依昭穆之序，要待子孙，世世相推，然后太祖出居正位耳。远稽《礼纬》诸儒所说，近循晋公之庙故事，宜依博士王延业议，定立四主，亲止高曾，且虚太祖之位，以待子孙而备五庙焉。（第2770—2771页）

怿又议曰："古者七庙，庙堂皆别。光武已来，异室同堂。故先朝《祀堂令》云：'庙皆四袱五架，北厢设坐，东昭西穆。'是以相国构庙，唯制一室，同祭祖考。比来诸王立庙者，自任私造，不依公令，或五或一，参差无准。要须议行新令，然后定其法制。相国之庙，已造一室，实合朝令。宜即依此，展其享祀。"诏依怿议。（第2771—2772页）

可见北魏政权曾一度实行六庙制，后改为七庙。而北齐文宣帝高洋建立北齐政权，随即恢复了六庙制，沿用天子宗庙制度的旧制。因此可以说北齐的天子宗庙制度大致是沿用先秦以来至两汉时趋于完备的旧制。

至于王公臣僚宗庙制度，据《隋书》卷七《礼仪志》记载：

> 王及五等开国，执事官、散官从三品已上，皆祀五世。五等散品及执事官、散官正三品已下从五品已上，祭三世。三品已上，牲用一太牢，五品已下，少牢。执事官正六品已下，从七品已上，祭二世。用特牲。正八品已下，达于庶人，祭于寝，牲用特肫，或亦祭祖蜡。诸庙悉依其宅堂之制，其间数各依庙多少为限。其牲皆子孙见官之牲。（第135页）

可知北齐政权的王公及散官、执事官可以按一定品级设立若干个祭祀祖先的宗庙，而据《礼记正义》卷一二《王制》所云："诸侯五庙。二昭二穆。与大祖之庙而五。大夫三庙。一昭一穆。与大祖之庙而三。士一庙。庶人祭于寝。"（《十三经注疏》，第1335页）《祭法》云："适士二庙一坛。曰考庙。曰王考庙。享尝乃止。显考无庙。有祷焉。为坛祭之。去坛为鬼。官师一庙。曰考庙。王考无庙。而祭之。去王考为鬼。庶士庶人无庙。死曰鬼。"（第1589页）这说明北齐政权的王公臣僚宗庙制度是随着封建地主制的进一步完善，继承发展了西周诸侯、卿大夫、士各级封建主的宗庙制度所制定的。

关于社稷礼仪制度，据《隋书》卷七《礼仪志》所云：

> 后齐立太社、帝社、太稷三坛于国右。每仲春仲秋月之元辰及腊，各以一太牢祭焉。皇帝亲祭，则司农卿省牲进熟，司空亚献，司农终献。（第142页）

按：《周礼注疏》卷一二《地官司徒》曰："凡封国，设其社稷之壝，封其四疆。"（《十三经注疏》，第720页）疏曰："大祭祀谓州社稷。"（第717页）"王者封五色土为社，建诸侯则各割其方色土与之，使立社。焘以黄土，苴以白茅，茅取其洁，黄取王者覆四方。"（第720页）"血祭，祭社稷五祀。"（第720页）《晋书》卷一九《礼仪志》曰："前汉但置官社而无官稷，王莽置官稷，后复省。故汉至魏但太社有稷，而官社无稷，故常二社一稷也。晋初仍魏，无所增损。至太康九年，改建宗庙，而社稷坛与庙俱徙。"（第591页）"《周礼》封人掌设社壝，无稷字。今帝社无稷，盖出于此。然国主社稷，故经传动称社稷。《周礼》王祭社稷则絺冕，此王社有稷之文也。封人所掌社壝之无稷字，说者以为略文，从可知也。谓宜仍旧立二社，而加立帝社之稷。"（第592页）《宋书》卷一四《礼志》"祠太社、帝社、太稷，常以岁二月八月二社日祠之。"（第350页）而《魏书》卷一〇八之一《礼志》也说："冬十月，平文、昭成、献明庙成。岁五祭，用二至、二分、腊，牲用太牢，常遣宗正兼太尉率祀官侍祀。置太社、太稷、帝社于宗庙之右，为方坛四陛。祀以二月、八月，用戊，皆太牢。句龙配社，周弃配稷，皆有司侍祀。"（第2735页）北齐的社稷礼仪制度与北魏相似，皆立太社、帝社、太稷三坛，而北魏的此项制度则当是其接受汉文化之后受南朝刘宋之影响，因此说北齐社稷礼仪制度源出于南朝之刘宋。

有关籍田制度，如《隋书》卷七《礼仪志》所云：

> 北齐籍于帝城东南千亩内，种赤粱、白谷、大豆、赤黍、小豆、黑穄、麻子、小麦，色别一顷。自余一顷，地中通阡陌，作祠坛于陌南阡西，广轮三十六尺，高九尺，四陛三壝四门。又为大营于外，又设御耕坛于阡东陌北。每岁正月上辛后吉亥，使公卿以一太牢祠先农神农氏于坛上，无配飨。祭讫，亲耕。先祠，司农进穜稑之种，六官主之。行事之官并斋，设斋省。于坛所列宫悬。又置先农坐于坛上。众官朝服，司空一献，不燎。祠讫，皇帝乃服通天冠、青纱袍、黑介帻，佩苍玉，黄绶，青带、袜、舄，备法驾，乘木辂。耕官具朝服从。殿中监进御耒于坛南，百官定列。帝出便殿，升耕坛南陛，即御座。应耕者各进于列。帝降自南陛，至耕位，释剑执耒，三推三反，升坛即坐。耕，官一品五推五反，二品七推七反，三品九推九反。籍田令帅其属以牛耕，终千亩。以青箱奉穜稑种，跪呈司农，诣耕所洒之。穮讫，司农省功，奏事毕。皇帝降之便殿，更衣飨宴。礼毕，班赉而还。（第144页）

按：《通典》卷四六《礼·吉礼·籍田》记载，周、两汉、曹魏、两晋、宋、齐、梁、北魏几朝皆有籍田制度，《宋书》卷一四《礼志》曰："元嘉二十年，太祖将亲耕，以其久废，使何承天撰定仪注。"（第354页）"先立春九日，尚书宣摄内外，各使随局从事。司空、大农、京尹、令、尉，度宫之辰地八里之外，整制千亩，开阡陌。立先农坛于中阡西陌南，御耕坛于中阡东陌北。将耕，宿设青幕于耕坛之上。皇后帅六宫之人出穜稑之种，付籍田令。耕日，太祝以一太牢告祠先农，悉如祠帝社之仪。孟春之月，择上辛后吉亥日，御乘耕根三盖车，驾苍驷，青旂，着通天冠，青帻，朝服青衮，带佩苍玉。蕃王以下至六百石皆衣青。唯三台武卫不耕，不改服章。车驾出，众事如郊庙之仪。车驾至籍田，侍中跪奏：'尊降车。'临坛，大司农跪奏：'先农已享，请皇帝亲耕。'太史令赞曰：'皇帝亲耕。'三推三反。于是群臣以次耕，王公五等开国诸侯五推五反，孤卿大夫七推七反，士九推九反。籍田令率其属耕，竟亩，洒种，即耰，礼毕。"（第354—355页）而《魏书》卷一〇八之一《礼志》也说："帝始躬耕籍田，祭先农，用羊一。祀日于东郊，用骍牛一。秋分祭月于西郊，用白羊一。"（第2735—2736页）"泰常三年，……以大皞等及诸佐随配。侑祭黄帝，常以立秋前十八日。余四帝，各以四立之日。牲各用牛一，有司主之。又六宗、灵星、风伯、雨师、司民、司禄、先农之坛，皆有别兆，祭有常日，牲用少牢。"（第2737页）可见北魏籍田制度远不如刘宋完备，而北齐的籍田制度则更加完备。可见北齐的该项制度是继承发展了南朝刘宋的籍田制度。

至于高禖制度，据《隋书》卷七《礼仪志》所云：

> 后齐高禖，为坛于南郊傍，广轮二十六尺，高九尺，四陛墠三。（第146页）

按：《魏书》卷五五《刘芳传》记载刘芳奏曰："《礼仪志》云'立高禖祠于城南。'"（第1224页）孝文帝诏曰："所上乃有明据，但先朝置立已久，且可从旧。"（第1225页）而其旧制是指何时制度？据《通典》卷五五《礼·沿革·吉礼·高禖》的记载此前西周、西汉、后汉、曹魏、西晋皆有高禖制度，并曰："汉武帝年二十九乃得太子，甚喜，始立为高禖之祠于城南，祭以特牲。"（第1551页）《后汉书志》卷四《礼仪志》："仲春之月，立高禖祠于城南，祀以特牲。"（第3107页）据可知北魏立高禖于城南的制度是沿用两汉的旧制，至北齐政权时期继续沿用此项制度，并进一步趋于完善。

而荐车马明器及饰棺，据《隋书》卷八《礼仪志》所曰：

> 后齐定令，亲王、公主、太妃、妃及从三品已上丧者，借白鼓一面，丧毕进输。王、郡公主、太妃、仪同三司已上及令仆，皆听立凶门柏历。三品已上及五等开国，通用方相。四品已下，达于庶人，以魌头。旌则一品九旒，二品、三品七旒，四品、五品五旒，六品、七品三旒，八品已下，达于庶人，唯旐而已。其建旐，三品已上及开国子、男，其长至轸，四品、五品至轮，六品至于九品，至较。勋品达于庶人，不过七尺。（第155页）

按：《通典》卷八六《礼·丧礼·荐车马明器及饰棺》中有关王公贵族官僚荐车马明器及饰棺礼仪的记载在北齐之前的有周、东汉、晋三个朝代，而《后汉书志》卷六《礼仪志》云："诸侯王、列侯、始封贵人、公主薨，皆令赠印玺、玉柙银缕；大贵人、长公主铜缕。诸侯王、贵人、公主、公、将军、特进皆赐器，官中二十四物。使者治丧，穿作，柏椁，百官会送，如故事。诸侯王、公主、贵人皆樟棺，洞朱，云气画。公、特进樟棺黑漆。中二千石以下坎侯漆。朝臣中二千石、将军，使者吊祭，郡国二千石、六百石以至黄绶，皆赐常车驿牛赠祭。宜自佐史以上达，大敛皆以朝服。君临吊若遣使者，主人免绖去杖望马首如礼。免绖去杖，不敢以戚凶服当尊者。自王、主、贵人以下至佐史，送车骑导从吏卒，各如其官府。载饰以盖，龙首鱼尾，华布墙，纁上周，交络前后，云气画帷裳。中二千石以上有辀，左龙右虎，朱鸟玄武；公侯以上加倚鹿伏熊。千石以下，缁布盖墙，鱼龙首尾而已。二百石黄绶以下至于处士，皆以簟席为墙盖。其正妃、夫人、妻皆如之。诸侯王，傅、相、中尉、内史典丧事，大鸿胪奏谥，天子使者赠璧帛，载日命谥如礼。"（第3152页）由此可以推测有关王公贵族官僚荐车马明器及饰棺礼仪，当是北齐政权在东汉旧制的基础上有所发展的一项礼仪。

至于天子诸侯将出征类宜造祃并祭所过山川礼仪，如《隋书》卷八《礼仪志》所云：

> 后齐天子亲征纂严，则服通天冠，文物充庭。有司奏更衣，乃入，冠武弁，弁左貂附蝉以出。誓讫，择日备法驾，乘木辂，以造于庙。载迁庙主于斋车，以俟行。次宜于社，有司以毛血衅军鼓，载帝社石主于车，以俟行。次择日陈六军，备大驾，类于上帝。次择日祈后土、神州、岳镇、海渎、源川等。乃为坎盟，督将列牲于坎南，北首。有司坎前读盟文，割牲耳，承血。皇帝受牲耳，遍授大将，乃置于坎。又歃血，歃遍，又以置坎。礼毕，埋牲及盟书。又卜日，建牙旗于墠，祭以太牢，及所过名山大川，使有司致祭。将届战所，卜刚日，备玄牲，列军容，设柴于辰地，为墠而祃祭。大司马奠矢，有司奠毛血，乐奏《大护》之音。礼毕，彻牲，柴燎。战前一日，皇帝祷祖，司空祷社。战胜则各报以太牢。又以太牢赏用命战士于祖，引功臣入旌门，即神庭而授版焉。又罚不用命于社，即神庭行戮讫，振旅而还。格庙诣社讫，择日行饮至礼，文物充庭。有司执简，纪年号月朔，陈六师凯入格庙之事，饮至策勋之美，因述其功，不替赏典焉。（第159页）

按：《通典》卷七六《礼·军礼·天子诸侯将出征类宜造祃并祭所过山川》中有关天子诸侯将出征类宜造祃并祭所过山川礼仪的记载在北齐之前的有周、萧梁两朝，不过周、萧梁天子诸侯将出征类宜造祃并祭所过山川礼仪极为简单，因此可以说这项礼仪制度基本上是北齐政权所创。

北齐命将出征的礼仪，据《隋书》卷八《礼仪志》所云：

> 后齐命将出征，则太卜诣太庙，灼灵龟，授鼓旗于庙。皇帝陈法驾，服衮冕，至庙，拜于太祖。遍告讫，降就中阶，引上将，操钺授柯，曰："从此上至天，将军制之。"又操斧授柯，曰："从此下至泉，将军制之。"将军既受斧钺，对曰："国不可从外理，军不可从中制。臣既受命，有鼓旗斧钺之威，愿假一言之命于臣。"帝曰：

"苟利社稷，将军裁之。"将军就车，载斧钺而出。皇帝推毂度闑，曰："从此以外，将军制之。"（第163页）

按：《通典》卷七六《礼·军礼·天子诸侯将出征类宜造祃并祭所过山川》中有关命将出征礼仪的记载虽然西汉、曹魏已开始有，但是记载仅有寥寥数语，根本不能算作一项礼仪制度。大致同时的还有北周政权的命将出征礼仪，而据《隋书·礼仪志》说"周大将出征，遣太祝，以羊一，祭所过名山大川。明帝武成元年，吐谷浑寇边。帝常服乘马，遣大司马贺兰祥于太祖之庙，司宪奉钺，进授大将。大将拜受，以授从者。礼毕，出受甲兵。"（第163页）可见北齐政权所制定的命将出征礼仪制度与北周政权不同，可见这两个相互对峙的政权所创制的命将出征礼仪制度是各自创制，不存在谁沿用谁的问题。

关于讲武制度，如《隋书》卷八《礼仪志》所云：

> 后齐常以季秋，皇帝讲武于都外。有司先莱野为场，为二军进止之节。又别埒于北场，舆驾停观。遂命将简士教众，为战阵之法……（第164页）

而此前王朝的讲武制度，据《汉书》卷二三《刑法志》有云："春秋之后，灭弱吞小，并为战国，稍增讲武之礼，以为戏乐，用相夸视。"（第1085页）《魏书》卷一《序纪》云："[昭成皇帝建国]五年夏五月，幸参合陂。秋七月七日，诸部毕集，设坛埒，讲武驰射，因以为常。"（第12页）卷二《太祖道武帝纪》云："[登国六年]秋七月壬申，讲武于牛川，行还纽垤川。"（第24页）卷七下《高祖孝文帝纪》又云："[太和十六年八月]癸丑，诏曰：'文武之道，自古并行，威福之施，必也相藉。故三、五至仁，尚有征伐之事；夏殷明叡，未舍兵甲之行。然则天下虽平，忘战者殆，不教民战，可谓弃之。是以周立司马之官，汉置将军之职，皆所以辅文强武，威肃四方者矣。国家虽崇文以怀九服，修武以宁八荒，然于习武之方，犹为未尽。今则训文有典，教武阙然。将于马射之前，先行讲武之式，可敕有司豫修场埒。其列阵之仪，五戎之数，别俟后敕。'"（第170页）可见北齐的讲武制度是沿用春秋至北魏孝文帝改革后的制度，而非北魏建国之初游牧民族的骑射旧制。

有关蒐礼制度，据《隋书》卷八《礼仪志》记载：

> 后齐春蒐礼，有司规大防，建获旗，以表获车。搜前一日，命布围。领军将军一人，督左甄，护军将军一人，督右甄。大司马一人，居中，节制诸军。天子陈小驾，服通天冠，乘木辂，诣行宫。将亲禽，服戎服，钑戟者皆严。武卫张甄围，旗鼓相望，衔枚而进。甄常开一方，以令三驱……礼毕，改服，钑者韬刃而还。夏苗、秋狝、冬狩，礼皆同。（第164—165页）

据《通典》卷七六《礼·军礼·天子诸侯四时田猎》的记载，周、宋、梁有蒐礼制度，北魏并无此制度，另据《宋书》卷八《礼仪志》所云："太祖在位，依故事肄习众军，兼用汉、魏之礼。其后以时讲武于宣武堂。元嘉二十五年闰二月，大蒐于宣武场，主司奉诏列奏申摄，克日校猎，百官备办。设行宫殿便坐武帐于幕府山南冈，设王公百官便坐幔省如常仪，设南北左右四行旌门。"（第369页）"帝若躬亲射禽，变御戎服，内外从官以及虎贲悉变服，如校猎仪。钑戟抽鞘，以备武卫。黄麾内官，从入围里，列置部曲，广张甄围，旗鼓相望，衔枚而进。"（第370页）"乘舆降入，正直次直侍中、散骑常侍、给事黄门侍郎、散骑侍郎、军校从至閤，亦如常仪。正直侍中奏：'解严。'内外百官拜表问讯如常仪，讫，罢。"（第371页）可见北齐的蒐礼制度当是效法刘宋政权的，说明北齐的某些制度是向南朝学习的。

至于大射乡射制度，据《隋书》卷八《礼仪志》所曰：

> 后齐三月三日，皇帝常服乘舆，诣射所，升堂即坐，皇太子及群官坐定，登歌，进酒行爵。皇帝入便殿，更衣以出，骅骝令进御马，有司进弓矢，帝射讫，还御坐，射悬侯，又毕，群官乃射五埒。（第165页）

据《通典》卷七七《礼·军礼·天子诸侯大射乡射》的记载，北魏并无大射乡射制度，周、西汉、两晋皆有此制度，并曰："晋咸康五年春，征西庾亮行乡射之礼，依古周制，亲执其事，洋洋然有洙泗之风。"（第2105页）"宋武帝为宋公，在彭城，九月九日，出项羽戏马台射，其后相承，以为旧准。"（第2105页）因此北齐的大射乡射制度当是继承发展了周、西汉、两晋的旧制。

有关傩子制度，如《隋书》卷八《礼仪志》所云：

> 齐制，季冬晦，选乐人子弟十岁以上，十二以下为傩子，合二百四十人。一百二十人，赤帻、皂褠衣，执鼗。一百二十人，赤布裤褶，执鞞角。方相氏黄金四目，熊皮蒙首，玄衣朱裳，执戈扬楯。又作穷奇、神明之类，凡十二兽，皆有毛角。鼓吹令率之，中黄门行之，冗从仆射将之，以逐恶鬼于禁中。其日戌夜三唱，开诸里门，傩者各集，被服器仗以待事。戌夜四唱，开诸城门，二衛皆严。上水一刻，皇帝常服，即御座。王公执事官第一品已下、从六品已上，陪列预观。傩者鼓噪，入殿西门，遍于禁内。分出二上阁，作方相与十二兽舞戏，喧呼周遍，前后鼓噪。出殿南门，分为六道，出于郭外。（第168—169页）

按：《后汉书志》卷五《礼仪志》有云："其仪：选中黄门子弟年十岁以上，十二以下，百二十人为傩子，皆赤帻皂制，执大鼗。方相氏黄金四目，蒙熊皮，玄衣朱裳，执戈扬盾。十二兽有衣毛角。中黄门行之，冗从仆射将之，以逐恶鬼于禁中。夜漏上水，朝臣会，侍中、尚书、御史、谒者、虎贲、羽林郎将执事，皆赤帻陛卫。乘舆御前殿。黄门令奏曰：'傩子备，请逐疫。'于是中黄门倡，傩子和，曰：'甲作食殃，胇胃食虎，雄伯食魅，腾简食不祥，揽诸食咎，伯奇食梦，强梁、祖明共食磔死寄生，委随食观，错断食巨，穷奇、腾根共食蛊。凡使十二神追恶凶，赫女躯，拉女干，节解女肉，抽女肺肠。女不急去，后者为粮！'因作方相与十二兽舞。欢呼，周遍前后省三过，持炬火，送疫出端门；门外驺骑传炬出宫，司马阙门外五营骑士传火弃雒水中。"（第3127—3128页）尽管北齐政权与东汉政权皆有傩子制度，不过两个时期的傩子制度除所选傩子人数不同、出身不同外，还有一些差异。不过可以说是大同小异，因此北齐的傩子制度大多是效法东汉的旧制。

关于天子合朔伐鼓制度，据《隋书》卷八《礼仪志》所云：

> 后齐制，日蚀，则太极殿西厢东向，东堂东厢西向，各设御座。群官公服。昼漏上水一刻，内外皆严。三门者闭中门，单门者掩之。蚀前三刻，皇帝服通天冠，即御座，直卫如常，不省事。有变，闻鼓音，则避正殿，就东堂，服白袷单衣。侍臣皆赤帻，带剑，升殿侍。诸司各于其所，赤帻，持剑，出户向日立。有司各率官属，并行宫内诸门、掖门，屯卫太社。邺令以官属围社，守四门，以朱丝绳绕系社坛三匝。太祝令陈辞责社。太史令二人，走马露版上尚书，门司疾上之。又告清都尹鸣鼓，如严鼓法。日光复，乃止，奏解严。（第169—170页）

而据《通典》卷七八《礼·军礼·天子合朔伐鼓》的记载，北魏并无天子合朔伐鼓制度，周、西汉、东汉、曹魏、两晋则有此制度，另《晋书》卷一九《礼志》记载：

> 汉仪，每月旦，太史上其月历，有司侍郎尚书见读其令，奉行其正。朔前后二日，牵牛酒至社下以祭日。日有变，割羊以祠社，用救日变。执事者长冠，衣绛领袖缘中衣、绛裤袜以行礼，如故事。自晋受命，日月将交会，太史乃上合朔，尚书先事三日，宣摄内外戒严。挚虞《决疑》曰："凡救日蚀者，著赤帻，以助阳也。日将蚀，天子素服避正殿，内外严警。太史登灵台，伺候日变，便伐鼓于门。闻鼓音，侍臣皆著赤帻，带剑入侍。三台令史以上皆各持剑，立其户前。卫尉卿驱驰绕宫，伺察守备，周而复始。亦伐鼓于社，用《周礼》也。又以赤丝为绳以系社，祝史陈辞以责之。社，勾龙之神，天子之上公，故陈辞以责之。日复常，乃罢。"（第594页）

可知汉代的天子合朔伐鼓制度是沿用周礼的，而东汉据《后汉书志》卷四《礼仪志》记载：

> 朔前后各二日，皆牵羊酒至社下以祭日。日有变，割羊以祠社，

用救日变。执事者冠长冠，衣皂单衣，绛领袖缘中衣，绛裤袜，以行礼，如故事。（第 3101 页）

此故制当是西汉制度。而曹魏、两晋如何？《晋书》卷一九《礼志》记载：

> 至武帝咸宁三年、四年，并以正旦合朔却元会，改魏故事也。元帝太兴元年四月，合朔，中书侍郎孔愉奏曰："《春秋》，日有蚀之，天子伐鼓于社，攻诸阴也；诸侯伐鼓于朝，臣自攻也。案尚书符，若日有变，便击鼓于诸门，有违旧典。"诏曰："所陈有正义，辄敕外改之。"（第 594—595 页）

《宋书》卷一四《礼志》记载：

> 魏高贵乡公正元二年三月朔，太史奏日蚀而不蚀。晋文王时为大将军，大推史官不验之负。史官答曰："合朔之时，或有日掩月，或有月掩日。月掩日，则蔽障日体，使光景有亏，故谓之日蚀。日掩月，则日于月上过，谓之阴不侵阳，虽交无变。日月相掩必食之理，无术以知，是以尝禘郊社，日蚀则接祭，是亦前代史官不能审蚀也。自汉故事，以为日蚀必当于交。每至其时，申警百官，以备日变。故甲寅诏有备蚀之制，无考负之法。古来黄帝、颛顼、夏、殷、周、鲁六历，皆无推日蚀法，但有考课疏密而已。负坐之条，由本无术可课，非司事之罪。"乃止。（第 351—352 页）

曹魏虽在高贵乡公时废除了此项礼制，但是却说明此前是采用该礼制的，而且可能就是沿用东汉旧制。因此说北齐当是继承发展了汉晋南朝的旧制。

至于崇皇太后、册皇后的礼仪制度，据《隋书》卷九《礼仪志》记载：

> 后齐将崇皇太后，则太尉以玉帛告圆丘方泽，以币告庙。皇帝乃

临轩，命太保持节，太尉副之。设九傧，命使者受玺绶册及节，诣西上阁。其日，昭阳殿文物具陈，临轩讫，使者就位，持节及玺绶称诏。二侍中拜进，受节及册玺绶，以付小黄门。黄门以诣阁。皇太后服袆衣，处昭阳殿，公主及命妇陪列于殿，皆拜。小黄门以节绶入，女侍中受，以进皇太后。皇太后兴，受，以授左右。复坐，反节于使者，使者受节出。

册皇后，如太后之礼。（第 174 页）

按：《通典》卷一二五《礼·嘉礼》中就没有崇皇太后礼仪，仅有临轩册命皇后礼的记载，而这项礼仪还是唐代的，因此说崇皇太后、册皇后的礼仪制度当是北齐政权所自创。

至于策拜皇太子礼仪的制度，如《隋书》卷九《礼仪志》所云：

后齐册皇太子，则皇帝临轩，司徒为使，司空副之。太子服远游冠，入至位。使者入，奉册读讫，皇太子跪受册于使，以授中庶子。又受玺绶于尚书，以授庶子。稽首以出。就册，则使者持节至东宫，宫臣内外官定列。皇太子阶东，西面。若幼，则太师抱之，主衣二人奉空顶帻服从，以受册。明日，拜章表于东宫殿庭，中庶子、中舍人乘轺车，奉章诣朝堂谢。择日斋于崇正殿，服冕，乘石山安车谒庙。择日群臣上礼，又择日会。明日，三品以上笺贺。（第 174—175 页）

据《通典》卷七十《礼·沿革·嘉礼·策拜皇太子》的记载，东汉、东晋两朝有策拜皇太子制度，北魏政权则无此制度，《后汉书志》卷五《礼仪志》曰："拜皇太子之仪：百官会，位定，谒者引皇太子当御坐殿下，北面；司空当太子西北，东面立。读策书毕，中常侍持皇太子玺绶东向授太子。太子再拜，三稽首。谒者赞皇太子臣某，中谒者称制曰'可'。三公升阶上殿，贺寿万岁。因大赦天下。供赐礼毕，罢。"（第 3120 页）《晋书》卷一九《礼志》曰："太元十二年，台符问'皇太子既拜庙，朝臣奉贺，应上礼与不？'国子博士车胤云：'百辟卿士，咸预盛礼，展敬拜伏，不须复上礼。惟方伯牧守，不睹大礼，自非酒牢贡羞，无以表其乃诚，故宜有上礼。犹如元正大庆，方伯莫不上礼，朝臣奉璧而已。'太学博士庾弘之议:'案咸宁三年始平、濮阳诸王新拜,有司奏依故事,听京城近臣诸王公主应朝贺者复上礼。今皇太子国之储副,既已崇建,普天同庆。谓应上礼奉贺。'"(第669页)所以北齐的策拜皇太子礼仪的制度是在东汉、东晋的旧制的基础上有了许多创新。

而册封王公贵族的礼仪制度,据《隋书》卷九《礼仪志》所云:

> 册诸王,以临轩日上水一刻,吏部令史乘马,赍召版,诣王第。王乘高车,卤簿至东掖门止,乘轺车。既入,至席。尚书读册讫,以授王,又授章绶。事毕,乘轺车,入卤簿,乘高车,诣阊阖门,伏阙表谢。报讫,拜庙还第。就第,则鸿胪卿持节,吏部尚书授册,侍御史授节。使者受而出,乘轺车,持节,诣王第。入就西阶,东面。王入,立于东阶,西面。使者读册,博士读版,王俯伏。兴,进受册章绶茅土,俯伏三稽首,还本位,谢如上仪。在州镇,则使者受节册,乘轺车至州,如王第。
>
> 诸王、三公、仪同、尚书令、五等开国、太妃、妃、公主恭拜册,轴一枚,长二尺,以白练衣之。用竹简十二枚,六枚与轴等,六枚长尺二寸。文出集书,书皆篆字。哀册,赠册亦同。
>
> 诸王、五等开国及乡男恭拜,以其封国所在,方取社坛方面土,包以白茅,内青箱中。函方五寸,以青涂饰,封授之,以为社。(第175页)

按:《通典》中有关册封王公贵族礼仪制度的记载甚少,更没有比北齐时期早的,因此北齐册封王公贵族的礼仪制度亦当是其所自创的。

有关天子加元服的礼仪制度,据《隋书》卷九《礼仪志》记载:

> 后齐皇帝加元服,以玉帛告圆丘方泽,以币告庙,择日临轩。中严,群官位定,皇帝著空顶介帻以出。太尉盥讫,升,脱空顶帻,以黑介帻奉加讫,太尉进太保之右,北面读祝讫,太保加冕,侍中系玄纮,脱绛纱袍,加衮服。事毕,太保上寿,群官三称万岁。皇帝入温室,移御坐,会而不上寿。后日,文武群官朝服,上礼酒十二钟,米十二囊,牛十二头。又择日,亲拜圆丘方泽,谒庙。(第176页)

据《通典》卷五六《礼·嘉礼·天子加元服》的记载，周、西汉、东汉、曹魏、东晋、北魏皆有此礼仪制度，故此北齐天子加元服礼仪当是继承发展了周、西汉、东汉、曹魏、东晋、北魏的旧制，虽然其源头为周礼，不过据《后汉书志》卷四《礼志》记载："正月甲子若丙子为吉日，可加元服，仪从冠礼。乘舆初缁布进贤，次爵弁，次武弁，次通天。以据，皆于高祖庙如礼谒。"（第3105页）《晋书》卷二一《礼志》记载："江左诸帝将冠，金石宿设，百僚陪位。又豫于殿上铺大床，御府令奉冕、帻、簪导、衮服以授侍中常侍，太尉加帻，太保加冕。将加冕，太尉跪读祝文曰：'令月吉日，始加元服。皇帝穆穆，思弘衮职。钦若昊天，六合是式。率遵祖考，永永无极。眉寿惟祺，介兹景福。'加冕讫，侍中系玄紞，侍中脱帝绛纱服，加衮服冕冠。事毕，太保率群臣奉觞上寿，王公以下三称万岁乃退。"（第663—664页）因此说北齐的天子加元服的制度是在汉晋制度基础之上发展演变而产生的。

有关于皇太子冠的礼仪制度，如《隋书》卷九《礼仪志》所云：

> 皇太子冠，则太尉以制币告七庙，择日临轩。有司供帐于崇正殿。中严，皇太子空顶帻公服出，立东阶之南，西面。使者入，立西阶之南，东面。皇太子受诏讫，入室盥栉，出，南面。使者进揖，诣冠席，西面坐。光禄卿盥讫，诣太子前疏栉。使者又盥，奉进贤三梁冠，至太子前，东面祝，脱空顶帻，加冠。太子兴，入室更衣，出，又南面就席。光禄卿盥栉。使者又盥祝，脱三梁冠，加远游冠。太子又入室更衣。设席中楹之西，使者揖就席，南面。光禄卿洗爵酌醴，使者诣席前，北面祝。太子拜受醴，即席坐，祭之，啐之，奠爵，降阶，复本位，西面。三师、三少及在位群官拜事讫。又择日会宫臣，又择日谒庙。（第176页）

据《通典》卷五六《礼·嘉礼·皇太子冠》所云，最早的皇太子冠的记载是西汉宣帝时，此后曹魏、西晋、北魏皆有类似的制度。据史籍记载，较为详细的记载见于《南齐书》卷九《礼志》：

永明五年十月，有司奏："南郡王昭业冠，求仪注未有前准。"尚书令王俭议："皇孙冠事，历代所无，礼虽有嫡子无嫡孙，然而地居正体，下及五世……至于国之长孙，遣使惟允。宜使太常持节加冠，大鸿胪为赞，醮酒之仪，亦归二卿，祝醮之辞，附准经记，别更撰立，不依蕃国常体。国官陪位拜贺，自依旧章。其日内外二品清官以上，诣止车集贺，并诣东宫南门通牋。别日上礼，宫臣亦诣门称贺，如上台之仪。既冠之后，克日谒庙，以弘尊祖之义。此既大典，宜通关八座丞郎并下二学详议。"仆射王奂等十四人议并同，并撰立赞冠醮酒二辞。诏"可"。（第145—146页）

《魏书》卷一〇八之四《礼志》又云：

高祖太和十九年五月甲午，冠皇太子恂于庙。丙申，高祖临光极堂，太子入见，帝亲诏之，事在《恂传》。六月，高祖临光极堂，引见群官。诏曰……（第2810页）

按：《魏志》"诏曰"之下是北魏孝文帝的一段诏书，与皇太子冠的礼仪制度具体实施并无直接关系，倒是《南齐书志》有关记载相比较略微详细一些，包括尚书令王俭议还有一些具体实施的记载，不过还是不如《隋志》记载的北齐制度详尽。由此推测，北齐皇太子冠的礼仪制度则是继承南齐、北魏的旧制，并加以发展完备。

而天子纳后的礼仪制度，据《隋书》卷九《礼仪志》记载：

后齐皇帝纳后之礼，纳采、问名、纳征讫，告圆丘方泽及庙，如加元服。是日，皇帝临轩，命太尉为使，司徒副之。持节诣皇后行宫，东向，奉玺绶册，以授中常侍。皇后受册于行殿。使者出，与公卿以下皆拜。有司备迎礼。太保太尉，受诏而行。主人公服，迎拜于门。使者入，升自宾阶，东面。主人升自阼阶，西面。礼物陈于庭。设席于两楹间，童子以玺书版升，主人跪受。送使者，拜于大门之外。（第177页）

据《通典》卷五八《礼·嘉礼·天子纳后》的记载，两汉、曹魏、两晋几朝有天子纳后制度，北魏却无此制度，因此北齐天子纳后的礼仪制度当是继承发展了两汉、曹魏、两晋的旧制。

有关皇太子纳妃的礼仪制度，据《隋书》卷九《礼仪志》所云：

> 皇太子纳妃礼，皇帝遣使纳采，有司备礼物。会毕，使者受诏而行。主人迎于大门外。礼毕，会于听事。其次问名、纳吉，并如纳采。纳征，则使司徒及尚书令为使，备礼物而行。请期，则以太常宗正卿为使，如纳采。亲迎，则太尉为使。三日，妃朝皇帝于昭阳殿，又朝皇后于宣光殿。择日，群官上礼。他日，妃还。又他日，皇太子拜阁。（第178页）

据《通典》卷五八《礼·嘉礼·皇太子纳妃》的记载，北魏并无皇太子纳妃制度，而西汉、两晋、刘宋、萧齐却有，相对比较完备的是刘宋制度，而据《宋书》卷一四《礼志》记载："宋文帝元嘉十五年四月，皇太子纳妃，六礼文与纳后不异。百官上礼。"（第340页）"明帝泰始五年十一月，有司奏：'按晋江左以来，太子昏，纳征，礼用玉一，虎皮二，未详何所准况。或者虎取其威猛有彬炳，玉以象德而有温润。寻珪璋既玉之美者，豹皮义兼炳蔚，熊罴亦昏礼吉征，以类取象，亦宜并用，未详何以遗文。晋氏江左，礼物多阙，后代因袭，未遑研考。今法章徽仪，方将大备。宜宪范经籍，稽诸旧典。今皇太子昏，纳征，礼合用珪璋、豹皮、熊罴皮与不？下礼官详依经记更正……今加珪、璋各一，豹、熊罴皮各二，以［虞］龢议为允。'诏可。"（第340—341页）可见，刘宋的皇太子纳妃仍不如北齐制度，因此北齐皇太子纳妃的礼仪制度当是继承发展了汉晋以来特别是刘宋的皇太子纳妃的礼仪制度，并进一步加以完善。

关于贵族大臣婚礼制度，据《隋书》卷九《礼仪志》所曰：

> 后齐娉礼，一曰纳采，二曰问名，三曰纳吉，四曰纳征，五曰请期，六曰亲迎。皆用羔羊一口，雁一只，酒黍稷稻米面各一斛。自皇子王已下，至于九品，皆同。流外及庶人，则减其半。（第179页）

据《通典》卷五八《礼·嘉礼》的记载，北魏并无贵族大臣婚礼制度，周、两汉、曹魏、两晋、萧齐、萧梁皆有贵族大臣婚礼制度，而《仪礼·士婚礼》记载颇为详尽，因此说北齐皇太子婚礼制度当是继承发展了周代的六礼以及汉晋以来的天子纳后的六礼，并扩展到天子以外的王公大臣婚礼。

至于释奠的制度，据《隋书》卷九《礼仪志》所云：

> 后齐将讲于天子，先定经于孔父庙，置执经一人，侍讲二人，执读一人，摘句二人，录义六人，奉经二人。讲之旦，皇帝服通天冠、玄纱袍，乘象辂，至学，坐庙堂上。讲讫，还便殿，改服绛纱袍，乘象辂，还宫。讲毕，以一太牢释奠孔父，配以颜回，列轩悬乐，六佾舞。行三献礼毕，皇帝服通天冠、绛纱袍，升阼，即坐。宴毕，还宫。皇太子每通一经，亦释奠，乘石山安车，三师乘车在前，三少从后而至学焉。（第180页）

> 后齐制，新立学，必释奠礼先圣先师，每岁春秋二仲，常行其礼。每月旦，祭酒领博士已下及国子诸学生已上，太学、四门博士升堂，助教已下、太学诸生阶下，拜孔揖颜。日出行事而不至者，记之为一负。雨霑服则止。学生每十日给假，皆以丙日放之。郡学则于坊内立孔、颜庙，博士已下，亦每月朝云。（第181页）

据《通典》卷五三《礼·吉礼·释奠》的记载，北魏并无释奠制度，而周代即有释奠的制度，但是两汉时期却无释奠制度，至曹魏时有恢复了此项制度，此后两晋、刘宋、萧齐、萧梁皆有释奠制度。因此北齐释奠的制度当是继承发展了周、魏、晋以来的旧制，并有所发展创新。

关于元正冬至受朝贺的礼仪制度，如《隋书》卷九《礼仪志》所云：

> 后齐正日，侍中宣诏慰劳州郡国使。诏牍长一尺三寸，广一尺，雌黄涂饰，上写诏书三。计会日，侍中依仪劳郡国计吏，问刺史太守安不，及谷价麦苗善恶，人间疾苦。又班五条诏书于诸州郡国使人，写以诏牍一枚，长二尺五寸，广一尺三寸，亦以雌黄涂饰，上写诏书。正会日，依仪宣示使人，归以告刺史二千石。一曰，政在正身，

在爱人，去残贼，择良吏，正决狱，平徭赋。二曰，人生在勤，勤则不匮，其劝率田桑，无或烦扰。三曰，六极之人，务加宽养，必使生有以自救，没有以自给。四曰，长吏华浮，奉客以求小誉，逐末舍本，政之所疾，宜谨察之。五曰，人事意气，干乱奉公，外内浑淆，纲纪不设，所宜纠劾……

元正大飨，百官一品已下，流外九品已上预会。一品已下、正三品已上、开国公侯伯、散品公侯及特命之官、下代刺史，并升殿。从三品已下、从九品以上及奉正使人比流官者，在阶下。勋品已下端门外。（第183—184页）

据《通典》卷七十《礼·嘉礼·元正冬至受朝贺》的记载，北魏并无元正冬至受朝贺制度，而两汉、曹魏、两晋、刘宋、萧齐、萧梁、陈朝则有此制度，其中西晋武帝即制定了比较详备的元正冬至受朝贺制度。此后刘宋、萧齐、萧梁、陈朝即被沿袭晋制。因此说北齐元正冬至受朝贺的礼仪制度主要是继承发展了西晋武帝时制定的旧制。

有关中宫朝会礼仪，如《隋书》卷九《礼仪志》所云：

后齐元日，中宫朝会，陈乐，皇后衣袆乘舆，以出于昭阳殿。坐定，内外命妇拜，皇后兴，妃主皆跪。皇后坐，妃主皆起，长公主一人，前跪拜贺。礼毕，皇后入室，乃移幄坐于西厢。皇后改服褕狄以出。坐定，公主一人上寿讫，就坐。御酒食，赐爵，并如外朝会。（第184—185页）

按：《通典》中无中宫朝会礼仪的记载，因此中宫朝会礼仪当是北齐政权所创制的。

有关皇太子朝会礼仪，据《隋书》卷九《礼仪志》所云：

后齐皇太子月五朝。未明二刻，乘小舆出，为三师降。至承华门，升石山安车，三师辂车在前，三少在后，自云龙门入。皇帝御殿前，设拜席位，至柏阁，斋帅引，洗马、中庶子从。至殿前席南，北面再拜。（第185页）

按：《通典》中无皇太子朝会礼仪的记载，而据《隋书·礼仪志》说"后周制，正之二日，皇太子南面，列轩悬，宫官朝贺。"（第188页）可见大致与北齐政权同时的北周政权也有皇太子朝会礼仪，但是北齐政权与北周政权所制定的皇太子朝会礼仪不同，而且详细得多。因此北齐政权的皇太子朝会礼仪当是自创，与北周政权的皇太子朝会礼仪无涉。

至于皇太子监国礼仪制度，如《隋书》卷九《礼仪志》所云：

> 天保元年，皇太子监国，在西林园冬会。群议，皆东面。二年，于北城第内冬会，又议东面。吏部郎陆卬疑非礼，魏收改为西面。（第185页）

据《通典》卷七一《礼·沿革·嘉礼·皇太子监国及会宫臣议》的记载，皇太子监国礼仪制度当是北齐政权自创的。

关于读时令的礼仪制度，据《隋书》卷九《礼仪志》所云：

> 后齐立春日，皇帝服通天冠、青介帻、青纱袍，佩苍玉，青带、青裤、青袜舄，而受朝于太极殿。尚书令等坐定，三公郎中诣席，跪读时令讫，典御酌酒后，置郎中前，郎中拜，还席伏饮，礼成而出。立夏、季夏、立秋读令，则施御座于中楹，南向。立冬如立春，于西厢东向。各以其时之色服，仪并如春礼。（第188页）

据《通典》卷七十《礼·嘉礼·读时令》的记载，北魏并无读时令制度，而东汉、曹魏、东晋、刘宋却有，《晋书》卷一九《礼志》记载："汉仪，太史每岁上其年历，先立春、立夏、大暑、立秋、立冬常读五时令，皇帝所服，各随五时之色。帝升御坐，尚书令以下就席位，尚书三公郎以令置案上，奉以入，就席伏读讫，赐酒一卮。魏氏常行其礼。"（第587—588页）可见北齐政权读时令这项礼仪制度主要是继承东汉的旧制，并加以完善。

有关宴宗室礼仪制度，据《隋书》卷九《礼仪志》所云：

第二章 各政权制度方面的汉化 / 147

> 后齐宴宗室礼,皇帝常服,别殿西厢东向。七庙子孙皆公服,无官者,单衣介帻,集神武门。宗室尊卑,次于殿庭。七十者二人扶拜,八十者扶而不拜。升殿就位,皇帝兴,宗室伏。皇帝坐,乃兴拜而坐。尊者南面,卑者北面,皆以西为上。八十者一坐。再至,进丝竹之乐。三爵毕,宗室避席,待诏而后复位。乃行无算爵。(第188—189页)

按:《通典》中此前无宴宗室礼仪制度的记载,因此这项礼仪当是北齐政权所自创的。

至于养老礼,如《隋书》卷九《礼仪志》所云:

> 仲春令辰,陈养老礼。先一日,三老五更斋于国学。皇帝进贤冠、玄纱袍,至璧雍,入总章堂。列宫悬。王公已下及国老庶老各定位。司徒以羽仪武贲安车,迎三老五更于国学。并进贤冠、玄服、黑舄、素带。国子生黑介帻、青衿、单衣,乘马从以至。皇帝释剑,执珽,迎于门内。三老至门,五更去门十步,则降车以入。皇帝拜,三老五更摄齐答拜。皇帝揖进,三老在前,五更在后,升自右阶,就筵。三老坐,五更立。皇帝升堂,北面。公卿升自左阶,北面。三公授几杖,卿正履,国老庶老各就位。皇帝拜三老,群臣皆拜。不拜五更。乃坐,皇帝西向,肃拜五更。进珍羞酒食,亲袒割,执酱以馈,搢爵以酳。以次进五更。又设酒酺于国老庶老。皇帝升御坐,三老乃论五孝六顺,典训大纲。皇帝虚躬请受,礼毕而还。又都下及外州人年七十已上,赐鸠杖黄帽。(第189页)

据《通典》卷六七《礼·嘉礼·养老》记载,早在先秦就有养老的一些礼仪,此后一些王朝则无此礼仪,东汉、曹魏、北魏则有养老制度,据《后汉书·志》卷四《礼仪志》记载:

> 明帝永平二年三月,上始帅群臣躬养三老、五更于辟雍。行大射之礼。郡、县、道行乡饮酒于学校,皆祀圣师周公、孔子,牲以犬。于是七郊礼乐三雍之义备矣。养三老、五更之仪,先吉日,司徒上太傅若讲

师故三公人名，用其德行年者者一人为老，次一人更也。皆服都纻大袍单衣，皂缘领袖中衣，冠进贤，扶玉杖。五更亦如之，不杖。皆斋于太学讲堂。其日，乘舆先到辟雍礼殿，御坐东厢，遣使者安车迎三老、五更。天子迎于门屏，交礼、道自阼阶，三老升自宾阶。至阶，天子揖如礼。三老升，东面，三公设几，九卿正履，天子亲袒割牲，执酱而馈，执爵而酳，祝鲠在前，祝饐在后。五更南面，公进供礼，亦如之。明日皆诣阙谢恩，以见礼遇大尊显故也。（第3108—3109页）

《魏书》卷七下《孝文帝纪》记载：

[太和十六年八月]己酉，以尉元为三老，游明根为五更。又养国老、庶老。（第170页）

卷五十《尉元传》记载：

[太和十六年]元诣阙谢老，引见于庭，命升殿劳宴，赐玄冠素服……于是养三老五更于明堂，国老庶老于阶下。高祖再拜三老，亲袒割牲，执爵而馈；于五更行肃拜之礼，赐国老、庶老衣服有差……礼毕，乃赐步挽一乘。诏曰："夫尊老尚更，列圣同致；钦年敬德，绵哲齐轨。朕虽道谢玄风，识昧叡则，仰禀先诲，企遵猷旨。故推老以德，立更以元，父焉斯彰，兄焉斯显矣。前司徒公元、前鸿胪卿明根，并以冲德悬车，懿量归老，故尊公以三，事更以五。虽更、老非官，耄耋罔禄，然况事既高，宜加殊养。三老可给上公之禄，五更可食元卿之俸。供食之味，亦同其例。"（第1114—1115页）

可见北魏的养老礼仪不够详尽，也不见于《魏书志》，因此说北齐养老礼当与北魏的养老礼仪关联甚少。另外，《隋书》卷九《礼仪志》记载："后周保定三年，陈养老之礼。以太傅、燕国公于谨为三老。有司具礼择日，高祖幸太学以食之。"（第189页）而据《周书》卷一五《于谨传》，北周政权也有养老礼仪比较详细的记载，不过北齐的养老礼仪当与北周无关联。因此说北齐政权的养老礼仪主要是源自东汉明帝时所制定的制度，并且在此基础上继承发展而来的。

有关车服礼仪制度，据《隋书》卷十《礼仪志》所云：

> 后魏天兴初，诏仪曹郎董谧撰朝飨仪，始制轩冕，未知古式，多违旧章。孝文帝时，仪曹令李韶，更奏详定，讨论经籍，议改正之。唯备五辂，各依方色，其余车辇，犹未能具。至熙平九年，明帝又诏侍中崔光与安丰王延明、博士崔瓒采其议，大造车服。定制，五辂并驾五马。皇太子乘金辂，朱盖赤质，四马。三公及王，朱屋青表，制同于辂，名曰高车，驾三马。庶姓王、侯及尚书令、仆已下，列卿已上，并给轺车，驾用一马。或乘四望通幰车，驾一牛。自斯以后，条章粗备，北齐咸取用焉。其后因而著令，并无增损。（第195页）

正如《通典》卷六四《礼·嘉礼·五辂》所云"北齐车服制度，多因后魏。"（第1793页）因此说北齐政权的车服礼仪制度基本上是沿用北魏的。

有关君臣服章制度，据《隋书》卷一一《礼仪志》所云：

> 自晋左迁，中原礼仪多缺。后魏天兴六年，诏有司始制冠冕，各依品秩，以示等差，然未能皆得旧制。至太和中，方考故实，正定前谬，更造衣冠，尚不能周洽。及至熙平二年，太傅清河王怿、黄门侍郎韦廷祥等，奏定五时朝服，准汉故事，五郊衣帻，各如方色焉。及后齐因之。河清中，改易旧物，著令定制云。（第238页）

可见北齐政权的服章制度是沿用北魏末年依据汉代所制定的制度，但是至河清年间有所变化。

而宫禁礼仪制度，如《隋书》卷一二《礼仪志》所云：

> 齐文宣受禅之后，警卫多循后魏之仪。及河清中定令，宫卫之制，左右各有羽林郎十二队。又有持鈒队、鋋槊队、长刀队、细仗队，楯铩队、雄戟队、格兽队、赤氅队、角抵队、羽林队、步游荡队、马游荡队。又左右各武贲十队，左右翊各四队，又步游荡、马游荡左右各三队，是为武贲。又有直从武贲，左右各六队，在左者为前

驱队，在右者为后拒队。又有募员武贲队、强弩队，左右各一队，在左者皆左卫将军总之，在右者皆右卫将军总之，以备警卫。其领军、中领将军，侍从出入，则着两裆甲，执手棨杖。左右卫将军、将军则两裆甲，手执檀杖。侍从左右，则有千牛备身、左右备身、刀剑备身之属。兼有武威、熊渠、鹰扬等备身三队，皆领左右将军主之，宿卫左右，而戎服执仗。兵有斧钺弓箭刀稍，旌旗皆囊首，五色节文，斾悉赭黄。天子御正殿，唯大臣夹侍，兵仗悉在殿下。郊祭卤簿，则督将平巾帻，绯衫甲，大口裤。（第280—281页）

可知北齐政权的宫禁礼仪制度最初是沿用北魏礼仪，但是到北齐武成帝河清年间则当是在北魏制度基础之上有所变革。

有关举哀，服缌缞，凶礼，如《北齐书》卷二《神武帝纪》所云：

六月壬午，魏帝于东堂举哀，三日，制缌衰。诏凶礼依汉大将军霍光、东平王苍故事；赠假黄钺、使持节、相国、都督中外诸军事、齐王玺绂，辒辌车、黄屋、左纛、前后羽葆、鼓吹、轻车、介士，兼备九锡殊礼，谥献武王。（第24页）

可知北齐政权的举哀，服缌缞，凶礼，皆依西汉旧制。

北齐巡狩、登封礼仪，据《隋书》卷七《礼仪志》记载：

后齐有巡狩之礼，并登封之仪，竟不之行也。（第140页）

可见北齐政权虽然有巡狩、登封之仪，却未具体实行，而据《通典》卷五四《礼·吉礼·巡狩》记载，北齐政权巡狩、登封之礼仪是依据汉魏的制度发展而来的。

据以上所考，可知北齐礼仪制度渊源颇多，以上关于北齐礼仪制度的记载一共有36条之多，比较完备。这其中依据古礼即周礼的仅3条，占9%；与汉晋礼仪有关的有17条，约占47%；与南朝刘宋、萧梁礼仪有关的有4条，占11%；与北魏礼仪有关的有4条，占11%；北齐自创的礼仪有8条，占22%。特做一饼形图分析北齐礼仪制度的渊源：

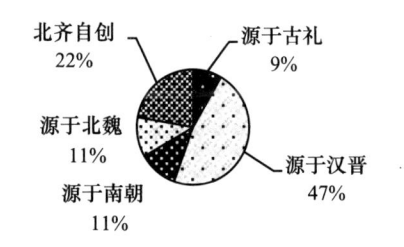

北齐自创 22%　源于古礼 9%
源于北魏 11%
源于南朝 11%
源于汉晋 47%

可见北齐礼仪制度多受汉晋制度影响，而沿用北魏及南朝礼仪数目相当，北齐的礼仪制度毕竟有五分之一多是北齐自创的。另外，不论南朝刘宋、萧齐、萧梁还是北魏的一些礼仪制度都是依据汉晋制度而来的，而依据古礼制定的最少，因此说北齐的礼仪制度基本上是源自比较先进文明的汉晋制度，并有所创新发展，是比较完备的。而东魏北齐统治区域内之所以如此，是因为东魏北齐统治者的高氏家族以及其他的一些胡族和胡化族群，进入中原后立即受到先进的汉文化的影响，迅速接受了汉文化。同时也接受了汉族的礼仪文化，其中也包括北魏孝文帝改革后依据汉晋制度而制定的一些汉化的礼仪制度。

二　北周政权多追循周礼

北周统治区域特别是其统治中心关中地区也是农业地区，该地区仍然是以儒家思想为核心的汉文化居于主导地位，因此宇文氏等胡族进入该地区后也受到汉文化的影响，虽然在礼仪制度上与东魏北齐政权有诸多不同，但是也是接受汉化，只不过与东魏北齐政权、南朝各政权的礼仪制度有些差异，他们遵循周礼，采取所谓西周的礼仪制度。如圆丘制度，据《隋书》卷六《礼仪志》所云：

> 后周宪章姬周，祭祀之式，多依《仪礼》。司量掌为坛之制，圆丘三成，成崇一丈二尺，深二丈。上径六丈，十有二阶，每等十有二节。在国阳七里之郊。圆墙径三百步，内墙半之……其祭圆丘及南郊，并正月上辛。圆丘则以其先炎帝神农氏配昊天上帝于其上。五方上帝、日月、内官、中官、外官、众星，并从祀。皇帝乘苍辂，载玄冕，备大驾而行。预祭者皆苍服。南郊，以始祖献侯莫那配所感帝灵

威仰于其上。北郊方丘，则以神农配后地之祇。神州则以献侯莫那配焉。（第115—116页）

可见北周政权的圆丘制度当是遵循《仪礼》中记载的周礼所制定的。

有关郊祀制度，如《隋书》卷七《礼仪志》所云：

后周五郊坛，其崇及去国，如其行之数。其广皆四丈，其方具百二十步。内壝皆半之。祭配皆同后齐。星辰、七宿、岳镇、海渎、山林、川泽、丘陵、坟衍，亦各于其方配郊而祀之。其星辰为坛，崇五尺，方二丈。岳镇为坎，方二丈，深二尺。山林已下，亦为坎。坛，崇三尺，坎深一尺，俱方一丈。其仪颇同南郊。冢宰亚献，宗伯终献，礼毕。（第130页）

据前文所引《隋志》云："后周宪章姬周，祭祀之式，多依《仪礼》。"因此说北周政权的郊祀制度当也是遵循周礼所制定的。

而宗庙制度，如《隋书》卷七《礼仪志》所云：

后周之制，思复古之道，乃右宗庙而左社稷。置太祖之庙，并高祖已下二昭二穆，凡五。亲尽则迁。其有德者谓之祧，庙亦不毁。闵帝受禅，追尊皇祖为德皇帝，文王为文皇帝，庙号太祖。拟已上三庙递迁，至太祖不毁。其下相承置二昭二穆为五焉。明帝崩，庙号世宗，武帝崩，庙号高祖，并为祧庙而不毁。其时祭，各于其庙，袷禘则于太祖庙，亦以皇后预祭。其仪与后齐同。所异者，皇后亚献讫，后又荐加豆之笾，其实菱芡芹菹兔醢。冢宰终献讫，皇后亲撤豆，降还板位。然后太祝撤焉。（第135—136页）

可见北周的天子宗庙制度明确记载是遵循古制所制定的，而北周政权所"思复古之道"，当是周代的天子宗庙制度。

至于朝日夕月制度，据《隋书》卷七《礼仪志》所云：

后周以春分朝日于国东门外，为坛，如其郊。用特牲青币，青圭有邸。皇帝乘青辂，及祀官俱青冕，执事者青弁。司徒亚献，宗伯终献。燔燎如圆丘。秋分夕月于国西门外，为坛，于坎中，方四丈，深四尺，燔燎礼如朝日。（第141页）

据《通典》卷四四《礼·嘉礼·朝日夕月》的记载，周、两汉、魏晋、南齐、北魏皆有朝日夕月制度，因此北周政权的朝日夕月制度当是在周礼的基础上发展而来的。

有关社稷礼仪，如《隋书》卷七《礼仪志》所曰：

> 后周社稷，皇帝亲祀，则冢宰亚献，宗伯终献。（第143页）

据《通典》卷四五《礼·吉礼·社稷》的记载，此前的朝代大多行社稷之礼，而《周礼注疏》卷一二《地官司徒》曰："凡封国，设其社稷之壝，封其四疆。"（《十三经注疏》，第720页）疏曰："大祭祀谓州社稷。"（第717页）"王者封五色土为社，建诸侯则各割其方色土与之，使立社。燾以黄土，苴以白茅，茅取其洁，黄取王者覆四方。"（第720页）"血祭，祭社稷五祀。"（第720页）故此，北周政权所实行社稷礼仪当是沿袭周礼。

关于大蜡制度，如《隋书》卷七《礼仪志》所云：

> 后周亦存其典，常以十一月，祭神农氏、伊耆氏、后稷氏、田畯、鳞、羽、臝、毛、介、水、墉、坊、邮、表、畷、兽、猫之神于五郊。五方上帝、地祇、五星、列宿、苍龙、朱雀、白兽、玄武、五人帝、五官之神、岳镇海渎、山林川泽、丘陵坟衍原隰，各分其方，合祭之。日月，五方皆祭之。上帝、地祇、神农、伊耆、人帝于坛上，南郊则以神农，既蜡，无其祀。三辰七宿则为小坛于其侧，岳镇海渎、山林川泽、丘陵坟衍原隰，则各为坎，余则于平地。皇帝初献上帝、地祇、神农、伊耆及人帝，冢宰亚献，宗伯终献。上大夫献三辰、五官、后稷、田畯、岳镇海渎，中大夫献七宿、山林川泽已下。自天帝、人帝、田畯、羽、毛之类，牲币玉帛皆从燎；地祇、邮、表、畷之类，皆从埋。祭毕，皇帝如南郊便殿致斋，明日乃蜡祭于南

郊，如东郊仪。祭讫，又如黄郊便殿致斋，明日乃祭。祭讫，又如西郊便殿，明日乃祭。祭讫，又如北郊便殿，明日蜡祭讫，还宫。（第148页）

据《礼记正义》卷二六《郊特牲》记载："天子大蜡八。伊耆氏始为蜡……岁十二月，合聚万物而索飨之也。蜡之祭也，主先啬而祭司啬也，祭百种以报啬也。飨农及邮表畷，禽兽，仁之至，义之尽也。古之君子，使之必报之。迎猫，为其食田鼠也。迎虎，为其食田豕也。迎而祭之也。祭坊与水庸，事也。曰：土反其宅，水归其壑。昆虫毋作，草木归其泽。皮弁素服而祭。素服，以送终也。葛带榛杖，丧杀也。蜡之祭，仁之至，义之尽也。黄衣黄冠而祭，息田夫也。野夫黄冠。黄冠，草服也。"（《十三经注疏》，第1453—1454页）而据《通典》卷四四《礼·沿革·吉礼·大蜡》的记载，此前周、秦、汉、曹魏、东晋、刘宋有此大蜡制度，根据记载来看，秦、汉、曹魏、东晋、刘宋皆是沿袭周礼，因此说北周政权大蜡制度当是发展了西周的大蜡制度。

至于命将出征的礼仪，据《隋书》卷八《礼仪志》所云：

> 周大将出征，遣太祝，以羊一，祭所过名山大川。明帝武成元年，吐谷浑寇边。帝常服乘马，遣大司马贺兰祥于太祖之庙，司宪奉钺，进授大将。大将拜受，以授从者。礼毕，出受甲兵。（第163页）

按：杜佑《通典》卷七六《礼·军礼·天子诸侯将出征类宜造祃并祭所过山川》中有关命将出征礼仪有关记载是北齐的最早，而北周与北齐是同时并立的，可是据前文所考，北周政权与北齐政权所制定的命将出征礼仪不同，因此说北周的命将出征礼仪当是自创的。

有关天子田猎的礼仪，如《隋书》卷八《礼仪志》所云：

> 后周仲春教振旅，大司马建大麾于莱田之所。乡稍之官，以旗物鼓铎钲铙，各帅其人而致。诛其后至者。建麾于后表之中，以集众庶。质明，偃麾，诛其不及者。乃陈徒骑，如战之阵。大司马北面誓

之。军中皆听鼓角，以为进止之节……（第166—167页）

据《礼记正义》卷一七《月令》记载："是月也，天子乃教于田猎，以习五戎，班马政。命仆及七驺咸驾，载旌旐，授车以级，整设于屏外。司徒搢扑，北面誓之。天子乃厉饰，执弓挟矢以猎，命主祠祭禽于四方。"（《十三经注疏》，第1379—1380页）而《宋书》卷一四《礼志》记载："元嘉二十五年闰二月，大蒐于宣武场，主司奉诏列奏申摄，克日校猎，百官备办。设行宫殿便坐武帐于幕府山南冈，设王公百官便坐幔省如常仪，设南北左右四行旌门。建获旗以表获车，殿中郎一人典获车，主者二人收禽，吏二十四人配获车，备获车十二两。校猎之官着裤褶，有带武冠者，脱冠者上缨。二品以上拥刀、备槊、麾幡，三品以下带刀，皆骑乘。将领部曲先猎一日，遣屯布围。领军将军一人督右甄，护军一人督左甄，大司马一人居中，董正诸军，悉受节度。殿中郎率获车部曲，在司马之后。尚书仆射、都官尚书、五兵尚书、左右丞、都官诸曹郎、都令史、都官诸曹令史干、兰台治书侍御史令史、诸曹令史干，督摄纠司，校猎非违。至日，会于宣武场，列为重围。设留守填街位于云龙门外内官道北，外官道南，以西为上。设从官位于云龙门内大官阶北，小官阶南，以西为上。设先置官位于行止车门外内官道西，外官道东，以北为上。设先置官还位于广莫门外道之东西，以南为上。校猎日平旦，正直侍中严。上水一刻，奏：'搥一鼓。'为一严。上水二刻，奏：'搥二鼓。'为再严。殿中侍御史奏开东中华、云龙门，引仗为小驾卤簿。百官非校猎之官，著朱服，集列广莫门外。应还省者还省。留守填街后部从官就位，前部从官依卤簿，先置官先行。上水三刻，奏：'搥三鼓。'为三严。上水四刻，奏：'外办。'正次直侍中、散骑常侍、给事黄门侍郎、军校剑履进夹上阁。正直侍郎负玺，通事令史带龟印中书之印。上水五刻，皇帝出。着黑介帻单衣，乘辇。正直侍中负玺陪乘，不带剑。殿中侍御史督摄黄麾以内。次直侍中、次直黄门侍郎护驾在前。又次直侍中佩信玺、行玺，与正直黄门侍郎从护驾在后。不鸣鼓角，不得喧哗，以次引出，警跸如常仪。车驾出，驺赞，陛者再拜。皇太子入守。车驾将至，威仪唱：'引先置前部从官就位。'再拜。车驾至行殿前回辇，正直侍中跪奏：'降辇。'次直侍中称制曰：'可'。正直侍中俯伏起。皇帝降辇登御坐，侍臣升殿。直卫皷戟虎贲，旄头文衣，鹖尾，以次列阶。正直侍中奏：'解严。'先置从驾百官还便坐幔省。"（第369—370页）可见刘宋天子田猎礼仪制度远比北周详尽完备，因此说北周天子田猎礼仪当与刘宋的制度无关联，是继承发展了周的天子诸侯四时田猎制度。

而軷祭制度的记载则见《隋书》卷八《礼仪志》记载：

> 孟秋迎太白，候太白夕见于西方。先见三日，大司马戒期，遂建旗于阳武门外。司空除坛兆，有司荐毛血，登歌奏《昭夏》。在位者拜，事毕出。其日中后十刻，六军士马，俱介胄集旗下。左右武伯督十二帅严街，侍臣文武，俱介胄奉迎。乐师撞黄钟，右五钟皆应。皇帝介胄，警跸以出，如常仪而无鼓角，出国门而軷祭。至则舍于次。太白未见五刻，中外皆严，皇帝就位，六军鼓噪，行三献之礼。每献，鼓噪如初献。事讫，燔燎赐胙，毕，鼓噪而还。（第167页）

按：《周礼注疏》卷三三《夏官司马》曰："大驭掌驭玉路以祀。及犯軷，王自左驭，驭下祝，登，受辔，犯軷，遂驱之。及祭，酌仆。仆左执辔，右祭两轵，祭轨，乃饮。凡驭路，行以肆夏，趋以采荠。凡驭路仪，以鸾和为节。"（《十三经注疏》，第857—858页）因此说北周政权的軷祭制度当是继承发展了西周制度。

关于皇太子朝会礼仪，如《隋书》卷九《礼仪志》所曰：

> 后周制，正之二日，皇太子南面，列轩悬，宫官朝贺。（第188页）

按：见于史籍最早的皇太子朝会礼仪的记载是北齐政权所制定的，而北周与北齐是同时并立的。再则，据《隋书·礼仪志》说："后齐皇太子月五朝。未明二刻，乘小舆出，为三师降。至承华门，升石山安车，三师轺车在前，三少在后，自云龙门入。皇帝御殿前，设拜席位，至柏阁，斋帅引，洗马、中庶子从。至殿前席南，北面再拜。"（第185页）可见北周政权与北齐政权所制定的皇太子朝会礼仪不同，因此北周的皇太子朝会礼仪当也是自创的。

至于养老礼，据《隋书》卷九《礼仪志》记载：

> 后周保定三年，陈养老之礼。以太傅、燕国公于谨为三老。有司具礼择日，高祖幸太学以食之。（第189页）

《隋志》中并无北周的养老礼具体记载，可是《周书》卷一五《于谨传》却云：

> ［保定］三年四月，诏曰："树以元首，主乎教化，率民孝悌，置之仁寿。是以古先明后，咸若斯典，立三老五更，躬自袒割。朕以眇身，处兹南面，何敢遗此黄发，不加尊敬。太傅、燕国公谨，执德淳固，为国元老，馈以乞言，朝野所属。可为三老，有司具礼，择日以闻。"谨上表固辞，诏答不许。又赐延年杖。高祖幸太学以食之。三老入门，皇帝迎拜门屏之间，三老答拜。有司设三老席于中楹，南向。太师、晋国公护升阶，设几于席。三老升席，南面凭几而坐，以师道自居。大司寇、楚国公宁升阶，正舄。皇帝升阶，立于斧扆之前，西面。有司进馔，皇帝跪设酱豆，亲自袒割。三老食讫，皇帝又亲跪授爵以酳。有司撤讫。皇帝北面立而访道。三老乃起立于席后。皇帝曰："猥当天下重任，自惟不才，不知政治之要，公其诲之。"三老答曰："木受绳则正，后从谏则圣。自古明王圣主，皆虚心纳谏，以知得失，天下乃安。唯陛下念之。"又曰："为国之本，在乎忠信。是以古人云去食去兵，信不可失。国家兴废，莫不由之。愿陛下守而勿失。"又曰："治国之道，必须有法。法者，国之纲纪。纲纪不可不正，所正在于赏罚。若有功必赏，有罪必罚，则有善者日益，为恶者日止。若有功不赏，有罪不罚，则天下善恶不分，下民无所措其手足矣。"又曰："言行者立身之基，言出行随，诚宜相顾。愿陛下三思而言，九虑而行。若不思不虑，必有过失。天子之过，事无大小，如日月之蚀，莫不知者。愿陛下慎之。"三老言毕，皇帝再拜受之，三老答拜焉。礼成而出。（第249—250页）

根据这段记载可知北周的养老礼还是比较具体的，而据《通典》卷六七

《礼·嘉礼·养老》的记载，早在先秦时期就有了养老礼，据《礼记正义》卷一三《王制》记载：

> 有虞氏皇而祭。深衣而养老。夏后氏收而祭，燕衣而养老。殷人冔而祭，缟衣而养老。周人冕而祭，玄衣而养老。凡三王养老皆引年，八十者，一子不从政。九十者，其家不从政。废疾非人不养者，一人不从政。父母之丧，三年不从政。齐衰大功之丧，三月不从政。将徙于诸侯，三月不从政。自诸侯来徙家，期不从政。（《十三经注疏》，第1346页）

另外，据前文所引《魏书》卷五十《尉元传》记载：

> [太和十六年]元诣阙谢老，引见于庭，命升殿劳宴，赐玄冠素服……于是养三老五更于明堂，国老庶老于阶下。高祖再拜三老，亲袒割牲，执爵而馈；于五更行肃拜之礼，赐国老、庶老衣服有差……礼毕，乃赐步挽一乘。（第1114—1115页）

可知北周政权制定的养老礼侧重于这项礼仪实施过程，而《礼记·王制》则是着重记载养老的具体规定，《尉元传》却侧重于北魏养老礼实施过程，因此说北周政权的养老礼当是继承北魏的养老制度。

有关司辂礼仪，据《隋书》卷十《礼仪志》记载：

> 周氏设六官，置司辂之职，以掌公车之政，辩其名品，与其物色。
>
> 皇帝之辂，十有二等：一曰苍辂，以祀昊天上帝。二曰青辂，以祀东方上帝。三曰朱辂，以祀南方上帝及朝日。四曰黄辂，以祭地祇中央上帝。五曰白辂，以祀西方上帝及夕月。六曰玄辂，以祀北方上帝及感帝，祭神州。此六辂，通漆之而已，不用他物为饰。皆疏面，旗就以方色，俱十有二。七曰玉辂，以享先皇，加元服，纳后。八曰碧辂。以祭社稷，享诸先帝，大贞于龟，食三老五更，享食诸侯及耕籍。九曰金辂，以祀星辰，祭四望，视朔，大射，宾射，飨群臣，巡

牺牲，养国老。十曰象辂，以望秩群祀，视朝，燕诸侯及群臣，燕射，养庶老，适诸侯家，巡省，临太学，幸道法门。十一曰革辂，以巡兵即戎。十二曰木辂，以田猎，行乡遂。此六辂，又以六色漆而画之，用玉碧金象革物，以饰诸末。皆锡面、金钩，就以五采，俱十有二。（第196页）

按：《周礼注疏》卷二七《春官宗伯》有云："王之五路：一曰玉路，锡樊缨，十有再就，建大常，十有二斿，以祀。金路，钩，樊缨九就，建大旂以宾，同姓以封。象路，朱，樊缨七就，建大赤以朝，异姓以封。革路，龙勒，条缨五就，建大白，以即戎，以封四卫。木路，前樊鹄缨，建大麾，以田，以封蕃国。"（《十三经注疏》，第822—823页）另据《通典》卷六七《礼·嘉礼·五辂》的记载，此前虞、夏、殷、周、秦、两汉、曹魏、两晋、刘宋、萧齐、梁、陈、北魏有五辂制度，不过直至北魏孝文帝之时仍然是五辂，可见北周所制定的司辂礼仪当源自西周的五路制度而设置，进而发展十二辂制度。

关于君臣服章制度，如《隋书》卷一一《礼仪志》所云：

后周设司服之官，掌皇帝十二服。（第244页）

保定四年，百官始执笏，常服上焉。宇文护始命袍加下栏。（第250页）

宣帝即位，受朝于路门，初服通天冠，绛纱袍。群臣皆服汉、魏衣冠。大象元年，制冕二十四旒，衣服以二十四章为准。二年下诏，天台近侍及宿卫之官，皆著五色衣，以锦绮缋绣为缘，名曰品色衣。有大礼则服冕。内外命妇皆执笏，其拜俯伏方兴。（第250—251页）

据《通典》卷六一《礼·军礼·君臣服章制度》的记载，北周政权的君臣服章制度当是继承发展了周、秦、东汉、曹魏、西晋的君臣服章制度。

至于宫禁制度，据《隋书》卷一二《礼仪志》记载：

后周警卫之制，置左右宫伯，掌侍卫之禁，各更直于内。小宫伯贰之。临朝则分在前侍之首，并金甲，各执龙环金饰长刀。行则夹路车左右。中侍，掌御寝之禁，皆金甲，左执龙环，右执兽环长刀，并饰以金。次左右侍，陪中侍之后，并银甲，左执凤环，右执麟环长刀。次左右前侍，掌御寝南门之左右，并银甲，左执师子环，右执象环长刀。次左右后侍，掌御寝北门之左右，并银甲，左执犀环，右执兕环长刀。左右骑侍，立于寝之东西阶，并银甲，左执罴环，右执熊环长刀，十二人，兼执师子彤楯，列左右侍之外。自左右侍以下，刀并以银饰。左右宗侍，陪左右前侍之后，夜则卫于寝庭之中，皆服金涂甲，左执豹环，右执貔环长刀，并金涂饰，十二人，兼执师子彤楯，列于左右骑侍之外。自左右中侍已下，皆行则兼带黄弓矢，巡田则常服，带短刀，如其长刀之饰。左右庶侍，掌非皇帝所御门阁之禁，并服金涂甲，左执解豸环，右执獬环长剑，并金饰，十二人，兼执师子彤楯，列于左右宗侍之外。行则兼带皓弓矢。左右勋侍，掌陪左右庶侍而守出入，则服金涂甲，左执吉良环，右执狰环长剑，十二人，兼执师子彤楯，列于左右庶侍之外。行则兼带卢弓矢，巡田则与左右庶侍，俱常服，佩短剑，如其长剑之饰。诸侍官，大驾则俱侍，中驾及露寝半之，小驾三分之一。

左右武伯，掌内外卫之禁令，兼六率之士。皇帝临轩，则备三仗于庭，服金甲，执金钑杖，立于殿上东西阶之侧。行则列兵于帝之左右，从则服金甲，被绣袍。左右小武伯各二人，贰之，服执同于武伯，分立于大武伯下及露门之左右塾。行幸则加锦袍。左右武贲，率掌武贲之士，其队器服皆玄，以四色饰之，各总左右持钑之队。皇帝临露寝，则立于左右三仗第一行之南北。出则分在队之先后。其副率贰之。左右旅贲，率掌旅贲士，其队器服皆青，以朱为饰，立于三仗第二行之南北。其副率贰之。左右射声，率掌射声之士，其器服皆朱，以黄为饰，立于三仗第三行之南北。其副率贰之。左右骁骑，率掌骁骑之士，器服皆黄，以皓为饰，立于三仗第四行之南北。其副率贰之。左右羽林，率掌羽林之士，其队器服皆皓，以玄为饰，立于三仗第五行之南北。其副率贰之。左右游击，率掌游击之士，其器服皆玄，以青为饰。其副率贰之。武贲已下六率，通服金甲师子文袍，执银钑檀杖。副率通服金甲兽文袍。各有倅长、帅长，相次陪列。行则引前。倅长通服银甲鹖文袍，帅长通服银甲鹖文袍。自副率已下，通

执兽环银饰长刀。凡大驾则尽行，中驾及露寝则半之，小驾半中驾。常行军旅，则衣色尚乌。（第281—282页）

据前文记载，北齐的宫禁制度是继承了北魏的宫禁制度，由此推测北周的宫禁制度当也是继承发展了北魏的旧制。

据以上考据北周礼仪制度的记载共有14条，其中依据周礼的所制定有10条，约占72%；沿用北魏的有2条，占14%；西魏北周政权自创的有2条，占14%。据此制一饼图：

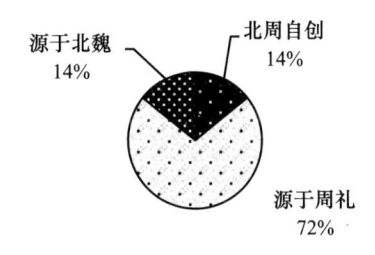

（饼图：源于北魏 14%，北周自创 14%，源于周礼 72%）

结合《隋志》所云："后周宪章姬周，祭祀之式，多依《仪礼》。"（第115页）可见北周礼仪制度多依据周礼，虽说是有些简单，又不如北齐所实行的礼仪制度那么完备详尽，但是这毕竟是受到汉文化影响的结果。而之所以西魏北周政权也能遵循西周以来汉族的礼仪制度，这当是因为关陇地区经"焚书坑儒"事件以及五胡十六国时期的战乱，汉文化受到了一定程度的破坏。但是由于西汉王朝以这一地区的关中作为统治中心，叔孙通为汉高祖制定礼仪，该地区文化一度出现了繁荣的局面。在五胡十六国时期又由于该地区仍有一部分士族的留居，继续传承着汉文化。加之一些外来士族由于种种原因迁徙到该地区，带来了其他地区的较为先进的文化。另一方面宇文泰父子等胡族统治者进入并割据关陇地区后也在一定程度上接受了汉文化。由此他们也效法汉族统治者制定了一些礼仪制度，形成了北周政权所特有的礼仪制度。

第四节　法律制度

众所周知中国北边的胡族一般是不制定法律制度的，至少说是没有成文的法律制度的。但是这些胡族包括一些胡化汉人进入中原后，由于受到中原先进文明的汉文化的影响，纷纷向汉族学习，效法汉族的法律制度，但是因为各种原因造成了东魏北齐和西魏北周两大统治区域所实行的法律制度有所差异。

一　北齐政权法律制度多有创新

东魏时期法律制度基本沿用北魏旧制，而北齐政权所遵循制定的法律制度则有所变化，如《隋书》卷二五《刑法志》所云：

> 齐神武、文襄，并由魏相，尚用旧法。及文宣天保元年，始命群官刊定魏朝《麟趾格》。是时军国多事，政刑不一，决狱定罪，罕依律文。相承谓之变法从事……于是始命群官，议造《齐律》，积年不成。其决狱犹依魏旧。是时刑政尚新，吏皆奉法。（第704页）
>
> 孝昭在藩，已知其失，即位之后，将加惩革。未几而崩。武成即位，思存轻典，大宁元年，乃下诏曰："王者所用，唯在赏罚，赏贵适理，罚在得情。然理容进退，事涉疑似，盟府司勋，或有开塞之路，三尺律令，未穷画一之道。想文王之官人，念宣尼之止讼，刑赏之宜，思获其所。自今诸应赏罚，皆赏疑从重，罚疑从轻。"又以律令不成，频加催督。河清三年，尚书令赵郡王叡等，奏上《齐律》十二篇：一曰名例，二曰禁卫，三曰婚户，四曰擅兴，五曰违制，六曰诈伪，七曰斗讼，八曰贼盗，九曰捕断，十曰毁损，十一曰厩牧，十二曰杂。其定罪九百四十九条。又上《新令》四十卷，大抵采魏、晋故事。其制，刑名五：一曰死，重者轘之，其次枭首，并陈尸三日；无市者，列于乡亭显处。其次斩刑，殊身首。其次绞刑，死而不殊。凡四等。二曰流刑，谓论犯可死，原情可降，鞭笞各一百，髡之，投于边裔，以为兵卒。未有道里之差。其不合远配者，男子长徒，女子配舂，并六年。三曰刑罪，即耐罪也。有五岁、四岁、三岁、二岁、一岁之差。凡五等。各加鞭一百。其五岁者，又加笞八十，四岁者六十，三岁者四十，二岁者二十，一岁者无笞。并锁输左校而不髡。无保者钳之。妇人配舂及掖庭织。四曰鞭，有一百、八十、六十、五十、四十之差，凡五等。五曰杖，有三十、二十、十之

差，凡三等。大凡为十五等。当加者上就次，当减者下就次。赎罪旧以金，皆代以中绢。死一百匹，流九十二匹，刑五岁七十八匹，四岁六十四匹，三岁五十匹，二岁三十六匹。各通鞭笞论。一岁无笞，则通鞭二十四匹。鞭杖每十，赎绢一匹。至鞭百，则绢十匹。无绢之乡，皆准绢收钱。自赎笞十已上至死，又为十五等之差。当加减次，如正决法。合赎者，谓流内官及爵秩比视、老小阉凝并过失之属。犯罚绢一匹及杖十已上，皆名为罪人。盗及杀人而亡者，即悬名注籍，甄其一房配驿户。宗室则不注盗，及不入奚官，不加宫刑。自犯流罪已下合赎者，及妇人犯刑已下，侏儒、笃疾、癃残非犯死罪，皆颂系之。罪刑年者锁，无锁以枷。流罪已上加杻械。死罪者桁之。决流刑鞭笞者，鞭其背。五十，一易执鞭人。鞭鞘皆用熟皮，削去廉棱。鞭疮长一尺。笞者笞臀，而不中易人。杖长三尺五寸，大头径二分半，小头径一分半。决三十已下杖者，长四尺，大头径三分，小头径二分。在官犯罪，鞭杖十为一负。闲局六负为一殿，平局八负为一殿。繁局十负为一殿。加于殿者，复计为负焉。赦日，则武库令设金鸡及鼓于阊阖门外之右。勒集囚徒于阙前，挝鼓千声，释枷锁焉。又列重罪十条：一曰反逆，二曰大逆，三曰叛，四曰降，五曰恶逆，六曰不道，七曰不敬，八曰不孝，九曰不义，十曰内乱。其犯此十者，不在八议论赎之限。是后法令明审，科条简要，又敕仕门之子弟，常讲习之。齐人多晓法律，盖由此也。（第705—706页）

其不可为定法者，别制《权令》二卷，与之并行。后平秦王高归彦谋反，须有约罪，律无正条，于是遂有《别条权格》，与律并行。（第706—707页）

可知东魏北齐前期沿用北魏律令，至孝昭帝高演即开始依据北魏《麟趾格》修订北齐律，后在武成帝高湛时修撰完成北齐律令，于河清三年（564）三月辛酉在其统治区内颁行。另外《隋书》卷二五《刑法志》还说"齐人多晓法律"（第706页），亦可作为北齐法律完备的佐证。另外《齐律》分名例、禁卫、婚户、擅兴、违制、诈伪、斗讼、贼盗、捕断、毁损、厩牧、杂十二篇，又有死、流、刑、鞭、杖五刑，究其源流，据《晋书》卷三十《刑法志》所云："改旧律为《刑名》、《法例》，辨《囚律》为《告劾》、《系讯》、《断狱》，分《盗律》为《请赇》、《诈伪》、《水火》、《毁亡》，因事类为《卫宫》、《违制》，撰《周官》为《诸侯律》，合二十篇"；（第927页）又云"死刑不过三，徒加不过六，囚加不过五，累作不过十一岁，累笞不过千二百，刑等不过一岁，金等不过四两"。（第929页）从这些法律的篇目、刑名来看，正如《隋志》所云"大抵采魏、晋故事"。（第705页）其法律确实是源自魏晋法律，也是受到汉文化的影响，而且正如众所周知的，《北齐律》此后成为隋代《开皇律》蓝本，此后"唐因于隋，相承不改"①。这些就可以说明隋唐律是源自《北齐律》。另外北齐政权还有《新令》四十卷、《权令》二卷、《别条权格》，与律并行，说明北齐政权的已经具备了法律制度律、令、格、式中的律、令、格三类，这些也必然会对于隋唐的令、格制定产生相当大的影响，开隋唐法律之先河。

二 北周政权法律制度较为落后

西魏政权也是沿用北魏旧制，而北周政权所遵循制定的法律，据《隋书》卷二五《刑法志》记载：

> 周文帝之有关中也，霸业初基，典章多阙。大统元年，命有司斟酌今古通变，可以益时者，为二十四条之制，奏之。七年，又下十二条制。十年，魏帝命尚书苏绰，总三十六条，更损益为五卷，班于天下。其后以河南赵肃为廷尉卿，撰定法律。肃积思累年，遂感心疾而死。乃命司宪大夫托拔迪掌之。至保定三年三月庚子乃就，谓之《大律》，凡二十五篇：一曰刑名，二曰法例，三曰祀享，四曰朝会，五曰婚姻，六曰户禁，七曰水火，八曰兴缮，九曰卫宫，十曰市廛，十一曰斗竞，十二曰劫盗，十三曰贼叛，十四曰毁亡，十五曰违制，十六曰关津，十七曰诸侯，十八曰厩牧，十九曰杂犯，二十曰诈伪，二十一曰请求，二十二曰告言，二十三曰逃亡，二十四曰系讯，二十五曰断狱。大凡定罪一千五百三十七条。其制罪：一曰杖刑五，自十至五十。二曰鞭刑五，自六十至于百。三曰徒刑五，徒一年者，鞭六

---

① （唐）长孙无忌：《唐律疏议》卷一《名例》，中华书局1983年版，第2页。

十,笞十。徒二年者,鞭七十,笞二十。徒三年者,鞭八十,笞三十。徒四年者,鞭九十,笞四十。徒五年者,鞭一百,笞五十。四曰流刑五,流卫服,去皇畿二千五百里者,鞭一百,笞六十。流要服,去皇畿三千里者,鞭一百,笞七十。流荒服,去皇畿三千五百里者,鞭一百,笞八十。流镇服,去皇畿四千里者,鞭一百,笞九十。流蕃服,去皇畿四千五百里者,鞭一百,笞一百。五曰死刑五,一曰罄,二曰绞,三曰斩,四曰枭,五曰裂。五刑之属各有五,合二十五等。不立十恶之目,而重恶逆、不道、大不敬、不孝、不义、内乱之罪。凡恶逆,肆之三日。盗贼群攻乡邑及入人家者,杀之无罪。若报仇者、告于法而自杀之,不坐。经为盗者,注其籍。唯皇宗则否。凡死罪枷而拲,流罪枷而桎,徒罪枷,鞭罪桎,杖罪散以待断。皇族及有爵者,死罪已下锁之,徒已下散之。狱成将杀者,书其姓名及其罪于拲,而杀之市。唯皇族与有爵者隐狱。(第707—708页)

宣帝性残忍暴戾,自在储贰,恶其叔父齐王宪及王轨、宇文孝伯等。及即位,并先诛戮,由是内外不安,俱怀危惧。帝又恐失众望,乃行宽法,以取众心,宣政元年八月,诏制九条,宣下州郡。大象元年,又下诏曰:"高祖所立《刑书要制》,用法深重,其一切除之。"然帝荒淫日甚,恶闻其过,诛杀无度,疏斥大臣。又数行肆赦,为奸者皆轻犯刑法,政令不一,下无适从。于是又广《刑书要制》,而更峻其法,谓之《刑经圣制》。宿卫之官,一日不直,罪至削除。逃亡者皆死,而家口籍没。上书字误者,科其罪。鞭杖皆百二十为度,名曰天杖。其后又加至二百四十。又作礔砺车,以威妇人。其决人罪,云与杖者,即一百二十,多打者,即二百四十。(第709—710页)

《周书》卷六《武帝纪》记载:

初行《刑书要制》。持杖群强盗一匹以上,不持杖群强盗五匹以上,监临主掌自盗二十匹以上,小盗及诈伪请官物三十匹以上,正长隐五户及十丁以上、隐地三顷以上者,至死。刑书所不载者,自依律科。(第105页)

《通鉴》卷一七三陈宣帝太建十一年（579）正月：

> 周主之初立也，以高祖《刑书要制》为太重而除之，又数行赦宥……既而民轻犯法，又自以奢淫多过失，恶人规谏，欲为威虐，慑服群下。乃更为《刑经圣制》，用法益深，大醮于正武殿，告天而行之。（第5392页）

按：陈宣帝太建十一年（579）即北周宣帝大象元年。可知宇文泰在西魏大统十年（544）令苏绰等修撰三十六条制，此后又增订为五卷，颁布于西魏统治区域内，其后又有赵肃、托拔迪订法律，至北周武帝保定三年（563）三月庚子完成，名为《大律》共二十五篇。此外北周武帝时还颁布《刑书要制》，至周宣帝时则增广《刑书要制》为《刑经圣制》。因此说西魏北周统治区内的法律最终完成得较晚，亦不如北齐政权法律制度完善。当然从苏绰、赵肃等汉人作为法律的主要制定者来看，不论《大律》《刑书要制》还是《刑经圣制》，这些法律文书当都受到汉文化的影响。

第五节 经济制度及措施

自北魏孝文帝改革以来在中原地区广泛实施均田制度，但是当时对于北边六镇的兵民并未实施均田制，其兵士当是职业兵，是由国家供养的，而对于居住在这一地区的一般民众实施何种经济政策不得而知。可是北魏末年的战乱使大批六镇兵民涌入中国北方内地的农业地区，再加上战乱造成北魏原来实行的均田制遭到破坏，故此中国北方进入东西对峙时期，东魏北齐政权与西魏北周政权为了恢复社会经济、稳定他们所建立的政权，则分别实施着各自的经济政策。

一 北齐政权行均田租调等制度措施

东魏时期基本沿用北魏均田制，征收租调，至北齐河清三年（564）中央政权再次颁布均田令，在其统治区域内继续推行均田制度，具体规定详见于《隋书》卷二四《食货志》：

至河清三年定令，乃命人居十家为比邻，五十家为闾里，百家为族党。男子十八以上，六十五已下为丁；十六已上，十七已下为中；六十六已上为老；十五已下为小。率以十八受田，输租调，二十充兵，六十免力役，六十六退田，免租调。

京城四面，诸坊之外三十里内为公田。受公田者，三县代迁户执事官一品已下，逮于羽林武贲，各有差。其外畿郡，华人官第一品已下，羽林武贲已上，各有差。

职事及百姓请垦田者，名为永业田。奴婢受田者，亲王止三百人；嗣王止二百人；第二品嗣王已下及庶姓王，止一百五十人；正三品已上及皇宗，止一百人；七品已上，限止八十人；八品已下至庶人，限止六十人。奴婢限外不给田者，皆不输。其方百里外及州人，一夫受露田八十亩，妇四十亩。奴婢依良人，限数与在京百官同。丁牛一头，受田六十亩，限止四牛。又每丁给永业二十亩，为桑田。其中种桑五十根，榆三根，枣五根。不在还受之限。非此田者，悉入还受之分。土不宜桑者，给麻田，如桑田法。

率人一床，调绢一疋，绵八两，凡十斤绵中，折一斤作丝，垦租二石，义租五斗。奴婢各准良人之半。牛调二尺，垦租一斗，义租五升。垦租送台，义租纳郡，以备水旱。垦租皆依贫富为三梟。其赋税常调，则少者直出上户，中者及中户，多者及下户。上梟输远处，中梟输次远，下梟输当州仓。三年一校焉。租入台者，五百里内输粟。五百里外输米。入州镇者，输粟。人欲输钱者，准上绢收钱。诸州郡皆别置富人仓。初立之日，准所领中下户口数，得支一年之粮，逐当州谷价贱时，斟量割当年义租充入。谷贵，下价粜之；贱则还用所粜之物，依价籴贮。

每岁春月，各依乡土早晚，课入农桑。自春及秋，男十五已上，皆布田亩。桑蚕之月，妇女十五已上，皆营蚕桑。孟冬，刺史听审邦教之优劣，定殿最之科品。人有人力无牛，或有牛无力者，须令相便，皆得纳种。使地无遗利，人无游手焉。

缘边城守之地，堪垦食者，皆营屯田，置都使子使以统之。一子使当田五十顷，岁终考其所入，以论褒贬。（第677—678页）

而这些授田制度、赋税制度与北魏均田制的具体规定有无变化，据《魏书》卷一一〇《食货志》所云：

> 九年，下诏均给天下民田：
>
> 诸男夫十五以上，受露田四十亩，妇人二十亩，奴婢依良，丁牛一头受田三十亩，限四牛。所授之田率倍之，三易之田再倍之，以供耕作及还受之盈缩。
>
> 诸民年及课则受田，老免及身没则还田。奴婢、牛随有无以还受。
>
> 诸桑田不在还受之限，但通入倍田分。于分虽盈，没则还田，不得以充露田之数。不足者以露田充倍。
>
> 诸初受田者，男夫一人给田二十亩，课莳余，种桑五十树，枣五株，榆三根。非桑之土，夫给一亩，依法课莳榆、枣。奴各依良。限三年种毕，不毕，夺其不毕之地。于桑榆地分杂莳余果及多种桑榆者不禁。
>
> 诸应还之田，不得种桑榆枣果，种者以违令论，地入还分。
>
> 诸桑田皆为世业，身终不还，恒从见口。有盈者无受无还，不足者受种如法。盈者得卖其盈，不足者得买所不足。不得卖其分，亦不得买过所足。
>
> 诸麻布之土，男夫及课，别给麻田十亩，妇人五亩，奴婢依良。皆从还受之法。
>
> 诸有举户老小癃残无授田者，年十一已上及癃者各授以半夫田，年逾七十者不还所受，寡妇守志者虽免课亦授妇田。
>
> 诸还受民田，恒以正月。若始受田而身亡，及卖买奴婢牛者，皆至明年正月乃得还受。
>
> ……
>
> 诸宰民之官，各随地给公田，刺史十五顷，太守十顷，治中别驾各八顷，县令、郡丞六顷。更代相付。卖者坐如律。（第2853—2855页）
>
> 其民调，一夫一妇帛一匹，粟二石。民年十年五以上未聚者，四人出一夫一妇之调。奴任耕，婢任绩者，八口当未娶者四，耕牛二十

头，当奴婢八。其麻布之乡，一夫一妇布一匹，下至牛，以此为降。大率十匹为公调，二匹为调外费，三匹为内外百官俸，此外杂调。民年八十已上，听一子不从役。孤独癃老笃疾贫穷不能自存者，三长内迭养食之。（第2853—2855页）

可知北齐政权于河清三年（564）所颁布实施的均田制及赋税制度基本上沿袭北魏孝文帝推行的均田、赋税制度，并有所变化，内容详备。不仅规定男丁授田数字，还具体规定了妇女、奴婢、耕牛的应授田亩数字。同时还颁布了与之相配套的赋税制度，以一床（即一夫一妻）为单位征收租调。而北齐武成帝在这时实施均田制的原因正是由于北魏末年以及此后东西对峙的长期战乱，人们大量逃亡，于是出现了大量无主的荒地，并且这些荒地又被国家所掌握，这样国家实行均田成为可能；而且北齐的兵民中有相当一部分出自北方六镇，北魏孝文帝改革时没有涉及这部分六镇兵民，也未实施均田制，因此可以说河清均田是给六镇兵民补课。同时还因为高欢等胡化族群以及胡族进入中原时，该地区实行的是北魏孝文帝改革时的土地所有制和与之相配合的赋税制度，东魏北齐政权为巩固其统治的需要，只能继续沿用这样的土地所有制和与之相配合的赋税制度之缘故。当然还有为争取中原地区的汉族世家大族拥护，维护其统治，各族地主阶级在利益上取得一致的缘由。另外从北齐的均田令中可看出其境内各州都有粮仓，均田令中还有各州郡都必须设富人仓的记载。有关北齐杂税的记载有文宣帝天保八年八月"辛巳，制権酤"[①]。后主武平六年闰月辛巳，"以军国资用不足，税关市、舟车、山泽、盐铁、店肆，轻重各有差，开酒禁"[②]。

另外，由于自北魏孝明帝时的六镇起兵以及其后的战乱山东地区的经济遭到了很大的破坏，人口大量逃亡，正如《通鉴》卷一五八梁武帝大同十年九月条所云"东魏以丧乱之后，户口失实，徭赋不均"。（第4924页）于是在东魏武定二年"冬十月丁巳，太保孙腾、大司马高隆之各为

---

① 《北史》卷七《齐显祖文宣帝纪》，第254页。
② 《北齐书》卷八《后主纪》，第108页。

括户大使，凡获逃户六十余万"①。宋世良"寻为殿中侍御史，诣河北括户，大获浮惰"②。在北齐境内还实行了和籴，如《北齐书》卷二《神武帝纪》所云："于白沟虏船不听向洛，诸州和籴粟运入邺城。"（第16页）以此满足东魏北齐统治中心的粮食需求。

北齐还改铸新钱，《北齐书》卷四《文宣帝纪》记载，天保四年春正月"己丑，改铸新钱，文曰'常平五铢'"。（第57页）究其缘由，如《隋书》卷二四《食货志》所云："齐神武霸政之初，承魏犹用永安五铢。迁邺已后，百姓私铸，体制渐别，遂各以为名。有雍州青赤，梁州生厚、紧钱、吉钱，河阳生涩、天柱、赤牵之称。冀州之北，钱皆不行，交贸者皆以绢布。神武帝乃收境内之铜及钱，仍依旧文更铸，流之四境。未几之间，渐复细薄，奸伪竞起。文宣受禅，除永安之钱，改铸常平五铢，重如其文。其钱甚贵，且制造甚精。"（第690—691页）主要是高欢统一了山东地区及高洋建立北齐政权后为杜绝民间私铸货币的现象，提高其统治区域内流通货币的质量等缘故。

北齐有对遭受自然灾害的州郡和大兴土木的州郡实现免税政策，如《北齐书》卷四《文宣帝纪》记载，天保九年七月"戊申，诏赵、燕、瀛、定、南营五州及司州广平、清河二郡去年蝱涝损田，兼春夏少雨，苗稼薄者，免今年租赋"。（第65页）《北齐书》卷八《后主纪》记载，天统三年十一月丙午，"以晋阳大明殿成故，大赦，文武百官进二级，免并州居城、太原一郡来年租赋"。（第100页）这也是为了稳定其统治而实施的策略。

东魏北齐政权的统治者在其统治的山东地区兴修水利设施，据《北齐书》卷二四《杜弼传》记载："敕行海州事，即所徙之州。在州奏通陵道并韩信故道。又于州东带海而起长堰，外遏咸潮，内引淡水。"（第353页）以保证当地农业生产顺利进行。

以上这些当都是东魏北齐地区的统治者以高欢父子为首的胡化族群以及一些胡族由于受到汉族的影响，为了适应中国北方农业地区封建生产方式、恢复长期战乱所破坏的经济所需要采取的政策和措施。

---

① 《魏书》卷一一二《孝静帝纪》，第307页。
② 《北齐书》卷四六《循吏·宋世良传》，第639页。

二　西魏北周政权此类制度的演变

有关西魏北周地区自宇文泰掌权以来施行的土地制度略见于《隋志》，据《隋书》卷二四《食货志》记载：

> 后周太祖作相，创制六官。载师掌任土之法，辨夫家田里之数，会六畜车乘之稽，审赋役敛弛之节，制畿疆修广之域，颁施惠之要，审牧产之政。司均掌田里之政令。凡人口十已上，宅五亩；口九已上，宅四亩；口五已下，宅三亩。有室者，田百四十亩，丁者田百亩。司赋掌功赋之政令。凡人自十八以至六十有四，与轻癃者，皆赋之。其赋之法，有室者，岁不过绢一匹，绵八两，粟五斛；丁者半之。其非桑土，有室者，布一匹，麻十斤；丁者又半之。丰年则全赋，中年半之，下年一之，皆以时征焉。若艰凶札，则不征其赋。司役掌力役之政令。凡人自十八以至五十有九，皆任于役。丰年不过三旬，中年则二旬，下年则一旬，凡起徒役，无过家一人。其人有年八十者，一子不从役，百年者，家不从役。废疾非人不养者，一人不从役。若凶札，又无力征……司仓掌辨九谷之物，以量国用。国用足，即蓄其余，以待凶荒；不足则止。余用足，则以粟贷人。春颁之，秋敛之。（第679—680页）

西魏政权在被宇文泰实际控制后即开始实现了一套与北魏均田制略有不同的土地制度和赋税制度。其中明显的特征是所分土地无露田、桑田之别，但是也是由国家来授田。这大概也是由于自北魏末年以来长期的战乱造成了大量土地荒芜，国家掌握了大量的无主荒地；同时还因为宇文泰等胡族进入关陇地区后为其封建统治的需要，只能采取封建的生产方式；为争取关陇地区的汉族世家大族支持，各族地主阶级在利益上取得一致的缘故。

进入北周后该地区还制定了其他的税收政策，如《隋志》记载："掌盐掌四盐之政令。一曰散盐，煮海以成之；二曰盬盐，引池以化之；三曰形盐，物地以出之；四曰饴盐，于戎以取之。凡盬盐形盐，每地为之禁，百姓取之，皆税焉。"（第679页）"闵帝元年，初除市门税。及宣帝即位，复兴入市之税。"（第680页）北周武帝又在其统治区内统一度量衡，

《周书》卷六《武帝纪》记载，建德六年八月壬寅，"议定权衡度量，颁于天下。其不依新式者，悉追停"。（第103页）这样既保证了国家税收，又稳定了其统治区域内经济的发展。

西魏北周统治者也在其统治的关陇地区兴修水利设施，据《周书》卷二十《贺兰祥传》记载："太祖以泾渭溉灌之处，渠堰废毁，乃命祥修造富平堰，开渠引水，东注于洛。功用既毕，民获其利。"（第337页）《隋书》卷二四《食货志》记载"武帝保定二年正月，初于蒲州开河渠，同州开龙首渠，以广溉灌"。（第680页）以保证该地区的农业生产的恢复发展。

此外北周货币流通及铸币情况，《隋书》卷二四《食货志》云：

> 后周之初，尚用魏钱，及武帝保定元年七月，乃更铸布泉之钱，以一当五，与五铢并行。时梁、益之境，又杂用古钱交易。河西诸郡，或用西域金银之钱，而官不禁。建德三年六月，更铸五行大布钱，以一当十，大收商估之利，与布泉钱并行，四年七月，又以边境之上，人多盗铸，乃禁五行大布，不得出入四关，布泉之钱，听入而不听出。五年正月，以布泉渐贱而人不用，遂废之。初令私铸者绞，从者远配为户。齐平已后，山东之人，犹杂用齐氏旧钱。至宣帝大象元年十一月，又铸永通万国钱。以一当十，与五行大布及五铢，凡三品并用。（第691页）

北周最初是使用北魏的钱币，到武帝保定元年（561）七月铸布泉钱，建德三年（574）六月铸五行大布钱，最后至宣帝大象元年（579）十一月铸永通万国钱，在中国北方与五行大布及五铢并用，而永通万国钱当是中国历史上继王莽改制中改革货币后的又一次铸造不标明重量货币的尝试。至于为什么北周统治者要铸造不标明重量的货币，有人考证认为当是缘于北周统治区内铸造货币原材料铜的资源不足以及货币上不标明重量在当时已成为货币经济的发展趋势等原因，也可以说北周后期铸造不标明重量的货币当是初唐时期铸造不标明重量的货币——开元通宝之前的一次尝试。①

这些政策和措施当是西魏北周地区以宇文泰父子为首的胡族统治者由于受到汉族的影响,为了适应中国北方农业地区封建的生产方式,以及恢复以农业为主的经济、加强国力的需要。

第六节 军事制度

自先秦以来中国北边的胡族所采取的军事制度一般都是平时从事游牧生产、战时出征的亦牧亦兵制度,进入中原后实行军事占领,由于中原地区不适应畜牧生产,而胡族又大多不善于从事农业生产,再加上中原地区的汉族正规军队已出现了兵民分离的倾向,于是胡族中的一部分人开始脱离生产成为职业兵,在魏晋南北朝时期胡族入主中原后这种现象屡有发生。

一 东魏北齐政权继承发展北魏制度

东魏北齐的创立者中既有胡族又有其他胡化族群,这些带有胡文化的人群进入中原建立政权后在军事制度方面也必然受到汉文化的影响,至于该政权军队的构成,据《隋书》卷二四《食货志》记载:

> 及文宣受禅,多所创革。六坊之内徙者,更加简练,每一人必当百人,任其临阵必死,然后取之,谓之百保鲜卑。又简华人之勇力绝伦者,谓之勇夫,以备边要。(第676页)

《北齐书》卷四《文宣帝纪》记载:

> 又以三方鼎峙,诸夷未宾,修缮甲兵,简练士卒,左右宿卫置百保军士。(第67页)

---

① 黄若琰:《北周后期为何货币不标明重量》,《陕西师范大学继续教育学院学报》2007年第2期。

同书卷二四《孙搴传》记载：

> 时又大括燕、恒、云、朔、显、蔚、二夏州、高平、平凉之民以为军士，逃隐者身及主人、三长、守令罪以大辟，没入其家。于是所获甚众，搴之计也。（第342页）

可知东魏北齐的统治者是采取选择胡族的六镇兵民为百保鲜卑，挑选汉人中勇力绝伦者为勇夫，由实行由这些职业兵组建军队的制度，以对付当时的三方鼎峙的局面，以及驻守边地，以防柔然等胡族内犯的军事制度。

那么该政权军队的指挥系统又如何呢？最初的情况当如《北齐书》卷四十《唐邕传》所云：

> 齐朝因高祖作，丞相府外兵曹、骑兵曹分掌兵马。及天保受禅，诸司监咸归尚书，唯此二曹不废，令唐邕、白建主治，谓之外兵省。其后邕、建位望转隆，各为省主，令中书舍人分判二省事。（第532页）

《北史》卷五五《张亮附赵起传》云：

> 起，广平人，性沉谨。神武频以为相府骑兵二局，典兵马十余载。（第1996页）

《周书》卷三六《王士良传》云：

> 东魏徙邺之后，置京畿府，专典兵马。时齐文襄为大都督，以士良为司马，领外兵参军。（第638页）

可见东魏北齐的军事指挥系统最初是设立丞相府外兵曹、骑兵曹分别掌握步兵、骑兵，北齐政权建立之初继续沿用外兵曹、骑兵曹，被称为外兵省，由中书舍人这一文职官员来掌握控制军队。另外，在东魏时期还设置京畿府来掌握兵马，由高欢选定的继承人高澄为大都督，这当又是东魏北齐的一个军事指挥系统。这样外兵曹、骑兵曹与京畿府这两套军事系统互相牵制，互相制约，便于最高统治者能够更好地控制军队，不至于大权旁落。同时也不会让一些大臣、将领控制军权，进而产生不臣之心。

而进入北齐政权时期，其军事制度进一步完善起来，据《隋书》卷二七《百官志》记载：

> 领军府，将军一人，掌禁卫宫掖。朱华阁外，凡禁卫官，皆主之。舆驾出入，督摄仗卫。中领军亦同。有长史、司马、功曹、五官、主簿、录事，厘其府事。又领左右卫，领左右等府。
>
> 左右卫府，将军各一人，掌左右厢。所主朱华阁以外，各武卫将军二人贰之。皆有司马、功曹、主簿、录事，厘其府事。其御仗属官，有御仗正副都督、御仗五职、御仗等员。其直荡属官，有直荡正副都督、直入正副都督、勋武前锋正副都督、勋武前锋五藏等员。直卫属官，有直卫正副都督，翊卫正副都督，前锋正副都督等员。直突属官，有直突都督，勋武前锋散都督等员。直阁属官，有朱衣直阁、直阁将军、直寝，直斋，直后之属。又有武骑、云骑将军各一人，骁骑、游击、前后左右等四军将军，左右中郎将，各五人，步兵、越骑、射声、屯骑、长水等校尉、奉车都尉等，各十人，武贲中郎将、羽林监各十五人，冗从仆射三十人，骑都尉六十人，积弩、积射、强弩等将军及武骑常侍，各二十五人，殿中将军五十人，员外将军一百人，殿中司马督五十人，员外司马督一百人。
>
> 领左右府，有领左右将军、领千牛备身。又有左右备身正副都督、左右备身五职、左右备身员、又有刀剑备身正副都督、刀剑备身五职、刀剑备身员。又有备身正副督、备身五职员。
>
> 护军府，将军一人，掌四中关津。舆驾出则护驾，中护军亦同。有长史，司马、功曹、五官、主簿、录事，厘其府事。其属官，东西南北中府皆统之。四府各中郎将一人。长史、司马、录事参军、统府录事各一人。又有统府直兵及功曹、仓曹、中兵、外兵、骑兵、长流、城局等参军各一人，法、田、铠等曹行参军各一人。又领诸关

尉、津尉。

……

左右卫坊率，各领骑官备身正副都督、骑官备身五职、骑官备身员。又有内直备身正副都督、内直备身五职、内直备身员、又有备身正副都督、备身五职员。又有直阁、直前、直后员。又有旅骑、屯卫、典军等校尉各二人，骑尉三十人。（第758—760页）

可知北齐政权设立了诸多领军府、将军府，由各自的将军分别统领军队，加上东魏政权草创之初设立的外兵曹、骑兵曹，当起到了互相牵制、互相制约的作用。这就不至于使一些大臣、将领完全控制军队，势力过大，颠覆朝政。这些都说明东魏北齐政权建立的军事制度相对完善，当是受到汉晋以及北魏孝文帝改革以来的军事制度的影响，其中参与该政权的汉人特别是汉族的士大夫当也起了一定的制衡作用。

二　西魏北周政权实行府兵制

西魏北周政权的创立者多是胡族，当然也包括诸如八柱国中的李弼、赵贵、李虎、十二大将军中杨忠等胡化族群中人，这些胡族以及胡化族群中人进入关陇地区建立政权之后，在军事制度方面实行的是府兵制，但是这时府兵制的兵士性质与隋开皇九年（589）杨坚改革后的截然不同，西魏北周政权府兵制的兵士是职业兵。据《周书》卷一六《赵贵独孤信侯莫陈崇传》中的史臣曰：

初，魏孝庄帝以尔朱荣有翊戴之功，拜荣柱国大将军，位在丞相上。荣败后，此官遂废。大统三年，魏文帝复以太祖建中兴之业，始命为之……自大统十六年以前，任者凡有八人。太祖位总百揆，督中外军。魏广陵王欣，元氏懿戚，从容禁闱而已。此外六人，各督二大将军，分掌禁旅，当爪牙御侮之寄……

十二大将军，又各统开府二人。每一开府领一军兵，是为二十四军。（第271—273页）

《北史》卷六十《李弼宇文贵侯莫陈崇王雄传论》又曰：

> 每大将军督二开府，凡为二十四员，分团统领，是二十四军。每一团，仪同二人，自相督率，不编户贯。都十二大将军。十五日上，则门栏陛戟，警昼巡夜；十五日下，则教旗习战。无他赋役。每兵唯办弓刀一具，月简阅之。甲槊戈弩，并资官给。（第2155页）

这种制度是放弃了胡族的亦兵亦民制，建立了以职业兵为主力的军队，以开府为基本单位的军事制度。这样一方面加强了军队的战斗力，以至最终超越了北齐的军队。另一方面，又使得最高统治者一旦是一个弱势者，或大臣中出现一个强势者，就将对于军队失控，北周政权最终被杨坚篡夺而灭亡即是佐证。不过这种军事制度确立当是受到汉文化的影响，效法汉晋以来汉族的职业兵制度的缘故，当然这似乎与北魏孝文帝改革以后所实行的军事制度关系不大。

第七节 都城制度

都城是每一个政权的统治中心所在地，当北魏末年大批胡族或胡化族群涌入中国北方的农业地区后，大多接受了汉文化，与此同时他们也放弃了游牧生活，效仿汉族开始定居。此后高欢家族和宇文泰家族分别占据山东、关陇两大区域，先后建立了东魏北齐政权与西魏北周政权。而都城建设则成为他们建都后的首要任务，于是他们分别在邺城、长安建设都城。这也是他们汉化的一种表现形式。那么这两座都城遵循什么模式所建，也是我们需要探讨的问题。

一 东魏北齐的洛阳模式

邺城在三国时期即是曹魏政权的统治中心，此处虽然西晋王朝改迁洛阳，作为都城，不过这里仍保留了原有城市规模，而此这正是一个都城的规模，加之北魏孝文帝迁洛后的都城——洛阳有距离西魏北周政权的辖区太近，洛阳时常遭受战乱的侵袭，不利于作为东魏北齐政权的都城，于是东魏北齐政权就以邺城作为都城。至于其建设规模如何，遗憾地说，当时的地面建筑早已荡然无存，好在中国社会科学院考古研究所、河北省文物研究所邺城考古队的各位考古工作者经过几十年的不懈努力，经过勘探发掘，已经在河北临漳展现出北朝后期的邺城，并根据考古成果绘制了一幅东魏北齐邺城平面复原示意图。① 在此借助此图对于当时的邺城规模、形制略加考述。

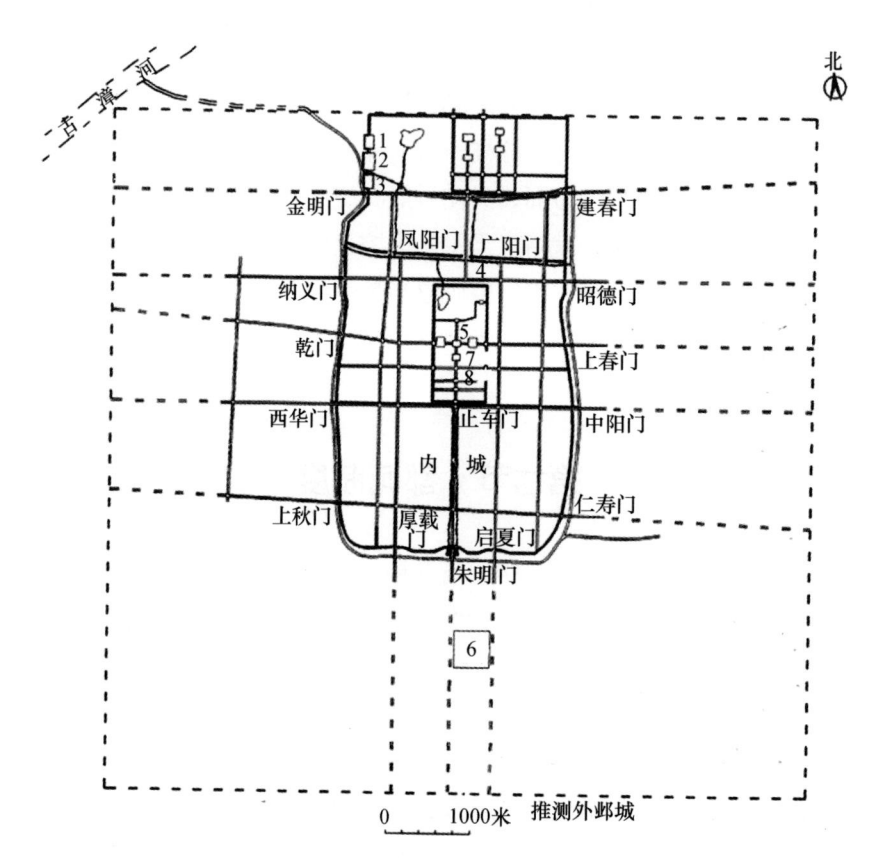

东魏北齐邺城平面复原示意图

1. 冰井台；2. 铜雀台；3. 金凤台；4. 永阳门；5. 宫城；6. 赵彭城佛寺；7. 太极殿；8. 阊阖门。

据考古工作者确认曹魏邺城即是邺北城，并经过后赵、冉魏、前燕等割据政权沿用、改造，现存城墙、城门、道路、主要宫殿特别是著名的三台遗址。这部分城池东西2400—2620米，南北1700米，呈长方形。东魏

---

① 中国社会科学院考古研究所等：《邺城文物菁华》，文物出版社2014年版，第10页。

北齐的邺城北邻曹魏时期的邺城，被称为邺南城，这是一座东西 2800 米、南北 3460 米的长方形城池，在该城池弯曲的城墙、均匀地分布着的"马面"、弧形城墙拐角、宽阔的护城河构成独特的防御体系，城中央偏北坐落着纵长方形的宫城，宫城内有太极殿和若干座城门。至 20 世纪末，考古工作者通过持续的勘探、发掘及综合研究，初步判断在更大的范围还存在有东魏北齐的外郭城或外郭区，近年发现的赵彭城北朝佛寺、北吴庄佛教埋藏坑等一批重要遗迹、遗物，为此问题的最终解决提供了重要资料。[1] 结合东魏北齐邺城平面复原示意图，可见邺城分为南北两座大城，其中东魏北齐的邺南城就包括宫城、内城、外郭城三部分，图中还可以清晰地看到内城南面自东向西有启夏、朱明、厚载三座城门，东面自北向南有建春、昭德、上春、中阳、仁寿五座城门，西面自北向南有金明、纳义、乾、西华、上秋五座城门，北面自东向西有广阳、永阳、凤阳三座城门，共计十六座城门。

至于这种都城结构是北魏北齐政权独创，还是有所依据，笔者以为这需要对于此前主要是魏晋南北朝时期重要北方政权的都城加以比较，而东汉洛阳城属于内城性质，有南宫和北宫，这两宫城面积很大，占据城中主要部位，宫殿、仓库、官署，和西汉长安城一样，布满整个都城。因此洛阳整个城属于"皇城"（内城）性质。[2] 这与邺南城的模式完全不同，另据上图即可知曹魏的邺北城也不是这种三重结构的城池，后赵、冉魏、前燕基本沿用曹魏的邺北城。曾一度统一中国北方的前秦政权都城长安则是宫城结构，无内城、外郭城，[3] 与东魏北齐的邺南城结构完全不同。那么北魏孝文帝迁都所建的洛阳城的结构如何呢？自 20 世纪 70 年代以来，中国社会科学院考古研究所洛阳汉魏故城队及洛阳市的考古工作者做了大量的考古发掘工作，绘制了汉魏洛阳城平面实测图（见下页）：[4]

---

[1] 中国社会科学院考古研究所等：《邺城文物菁华》，文物出版社 2014 年版，第 9—11 页。
[2] 杨宽：《中国古代都城制度史研究》序言，上海古籍出版社 1993 年版，第 138 页。
[3] 中国社会科学院考古研究所汉长安城工作队：《西安市十六国至北朝时期长安城宫城遗址的钻探与试掘》，《考古》2008 年第 9 期。
[4] 中国社会科学院考古研究所洛阳工作队：《汉魏洛阳城初步勘查》，《考古》1973 年第 4 期，第 199 页。

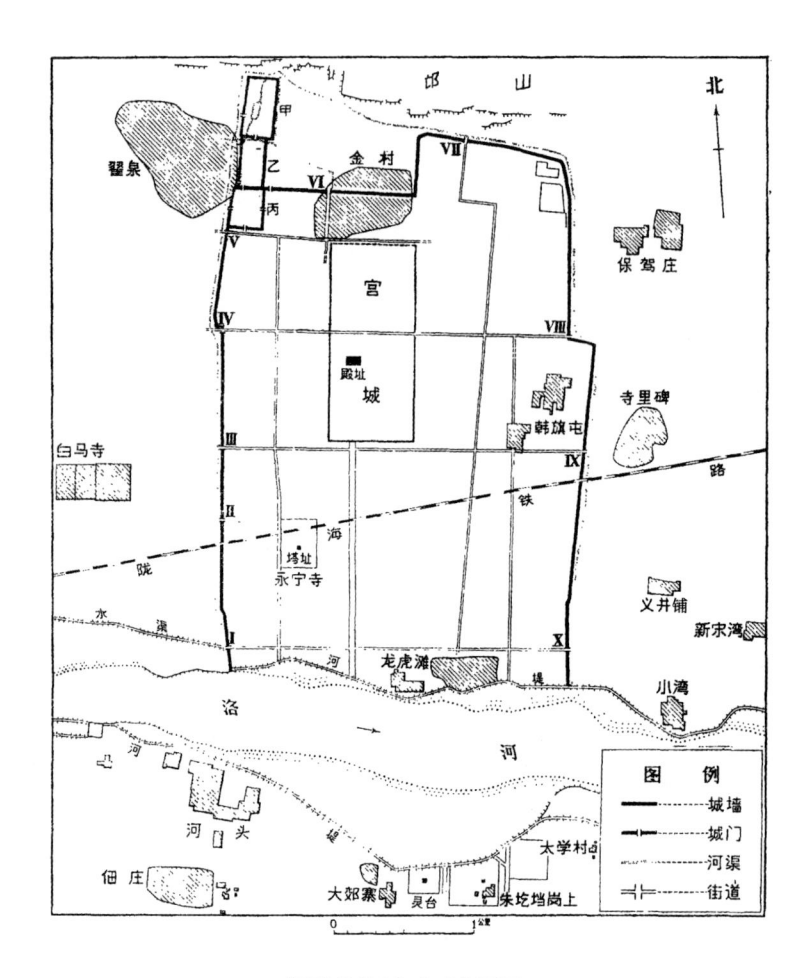

汉魏洛阳城平面实测图

这幅洛阳平面实测图实际上只有宫城和大城两部分，宫城在大城的中北部。考古工作者还指出，魏晋洛阳城有十二座城门，城门皆为双阙。北魏洛阳城基本沿用东汉魏晋旧城，并对汉晋的旧城门进行了修缮和改造，在大城西北新开辟了承明门，合为十三座城门。① 到 20 世纪末，有学者根据已有的考古成果，绘制出北魏洛阳规划概貌图，② 在此结合此图对于

---

① 中国科学院考古研究所洛阳工作队：《汉魏洛阳城初步勘查》，《考古》1973 年第 4 期。
② 王翠萍：《北魏洛阳城的空间形态结构及布局艺术》，《西北建筑工程学院学报》1998 年第 9 期，第 40 页。

北魏洛阳城做点考述。

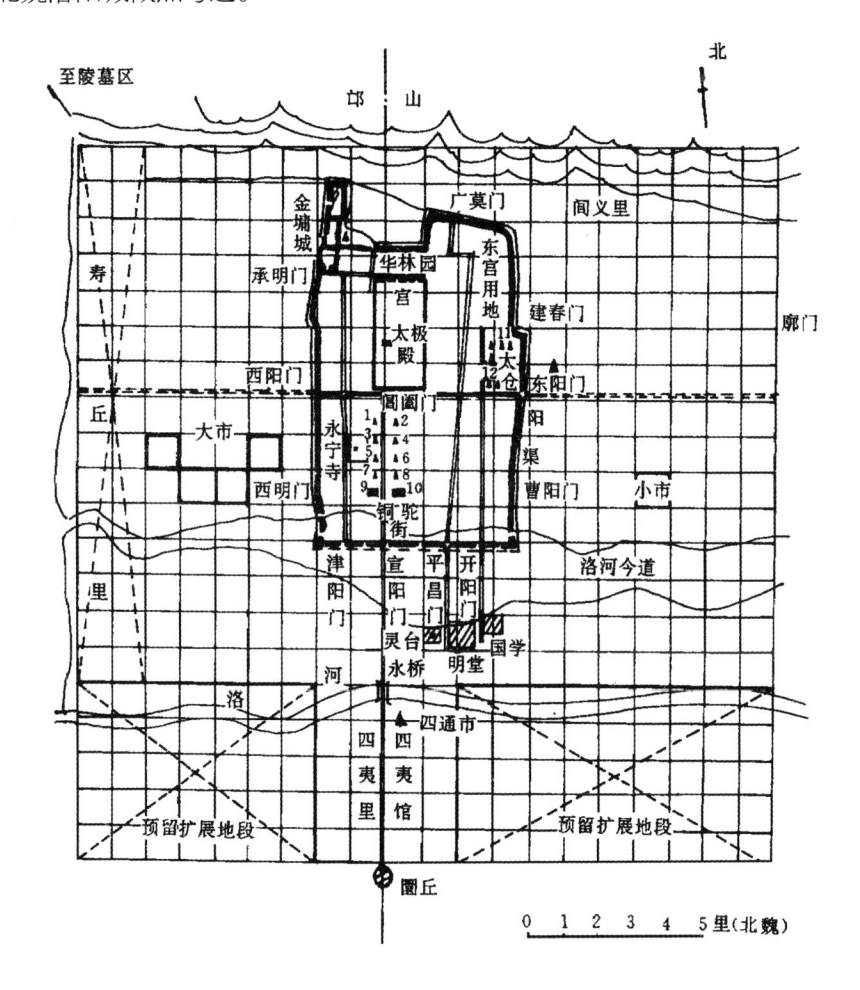

北魏洛阳规划概貌图

有学者认为，北魏洛阳城从总体上看，由内向外分别是宫城、大城、外郭城，为三重结构。外郭城是因为城镇发展而扩建的。① 因此说东魏北齐的邺南城确实是仿效东汉以至北魏的洛阳城的模式建造的。究其缘由，据《北齐书》卷一八《高隆之传》所云："又领营构大将军，京邑制造，

---

① 王翠萍：《北魏洛阳城的空间形态结构及布局艺术》，刊于《西北建筑工程学院学报》1998 年第 9 期。

莫不由之，增筑南城，周回二十五里。"（第236页）传记还记载高隆之在北魏时期已出仕，曾任魏汝南王司州牧元悦的户曹从事。《北齐书》卷二二《李元忠传》又云："［魏清河王］怿后为太傅，寻被诏为营构明堂大都督，又引为主簿。"（第313页）可见李元忠曾参与北魏洛阳城明堂的建造。这些人士的经历必然对于东魏北齐政权都城——邺南城的建造产生影响，而北魏洛阳城基本上又是沿用东汉的洛阳城，并加以修复，略加改造而成，也就是说东魏北齐邺南城的建造间接地受到东汉洛阳城的影响。因此说东魏北齐邺南城的建造是也是该政权接受汉文化的表现之一。不过北魏的都城建设或许杂糅进了草原习俗，例如像宫城后部华林园的设计，可能就是以元氏家族为首的鲜卑族仍然保留一点草原习俗的表现。

二 西魏北周的长安模式

至于西魏北周政权都城——长安城的建造，史籍中缺少记载，不过考古工作者也为这方面的研究提供了一些考古发掘成果，以便学者对长安城的建造问题做进一步的探讨。下面就根据从事考古工作的学者长安宫城遗址钻探平面图，① 略作分析。

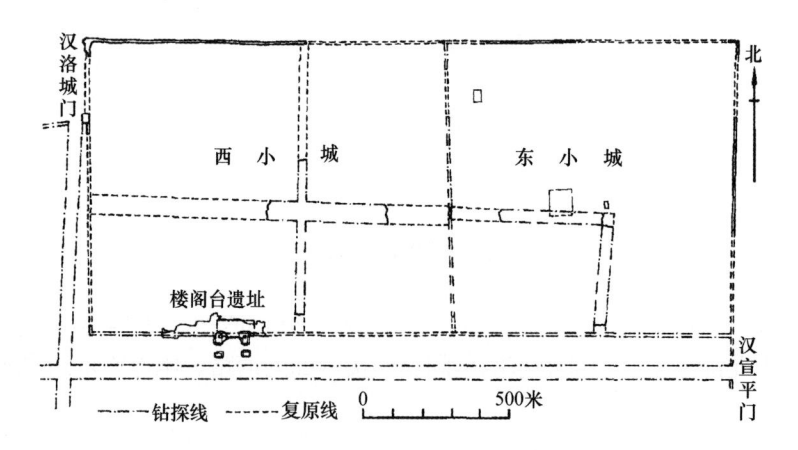

长安宫城遗址钻探平面图

---

① 中国社会科学院考古研究所汉长安城工作队：《西安市十六国至北朝时期长安城宫城遗址的钻探与试掘》，《考古》2008年第9期，第26页。

据中国社会科学院考古研究所汉长安城工作队的学者勘探研究，东西两座小城相连，东小城西墙与西小城东墙为一墙，两座小城的东西向道路相互连通。西小城，东西长 1214—1236 米，南北长 972—974 米。东小城，东西长 944—988 米，南北长 972—990 米。而十六国时期前赵、前秦、后秦各割据政权长安城中心的宫城没有沿用汉代旧宫城，西魏北周时期的长安城是以十六国时期的长安城为基础的。此外，十六国至北朝时期长安城的宫城位于城的东北部，与十六国时期的邺北城、东魏北齐时期的的邺南城宫城位于城北中部，曹魏、西晋北魏洛阳城宫城位于城北偏西不同，不过这一时期的宫城都符合位于都城北部的规律。① 另外汉长安城工作队的学者们还根据考古发掘成果，绘制了位于西小城西北部的楼台阁遗址钻探平面图：②

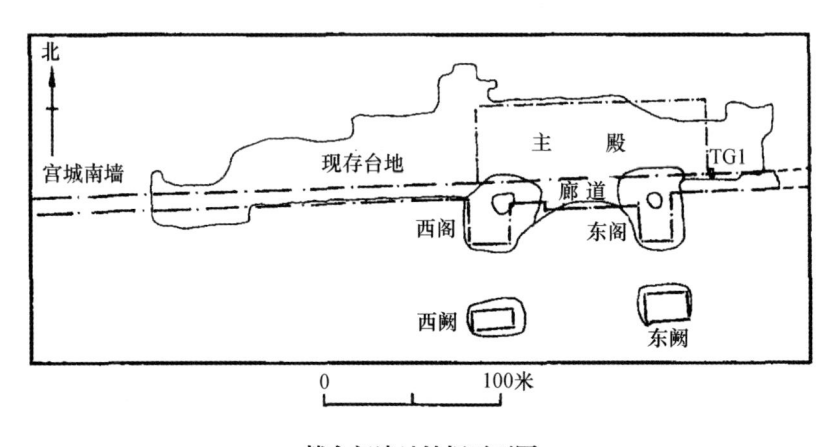

楼台阁遗址钻探平面图

并对于楼台阁遗址做了一些考述，认为楼台阁为一组建筑的夯土基址，由北部主殿、中部的东西两阁及连接两阁的道路、南部的东西两阙组成，规模宏大，保存较好。

---

① 中国社会科学院考古研究所汉长安城工作队：《西安市十六国至北朝时期长安城宫城遗址的钻探与试掘》，《考古》2008 年第 9 期。

② 同上。

另外，李毓芳根据考古发掘成果，绘制了研究的汉长安城平面图，①依据此图可见汉长安城大概况：

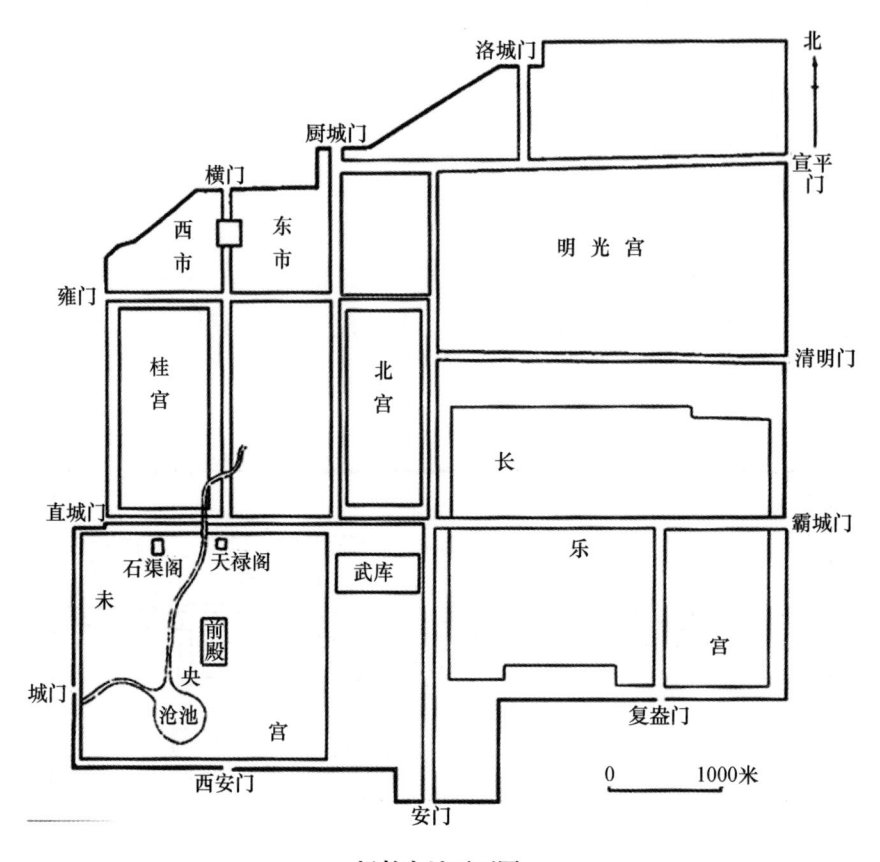

汉长安城平面图

可见汉代长安城基本上是一个宫城结构，除了东市、西市、武库外，有明光宫、长乐宫、未央宫、北宫、桂宫，其中在未央宫遗址，还发现了前殿、石渠阁、天禄阁、沧池遗址。此外，明光宫以西以北、长乐宫西北、武库以北几处，做何用途不详。整个城池有城墙，每面隔开三座城门，共计十二座城门。据李毓芳考述，根据已发掘的宣平、霸城、西安、直城四座城门，每座城门都有三个门道，各宽8米，进深16米，可通行

---

① 李毓芳：《汉长安城的布局与结构》，《考古与文物》1997年第5期，第72页。

四辆车。① 这不仅与北魏的洛阳城、东魏北齐的邺南城结构不同，也与十六国北朝时期的长安城结构大相径庭。不过西魏北周政权的都城——长安城与汉代长安城的结构上倒有一点相似之处，即是都是宫城结构，没有内城（或称为大城）、外郭城。而此后隋文帝杨坚在长安所建的大兴城，却不是沿用西魏北周政权都城的宫城结构，却是仿效北魏洛阳城、东魏北齐邺南城的都城模式，见于隋代大兴城图：②

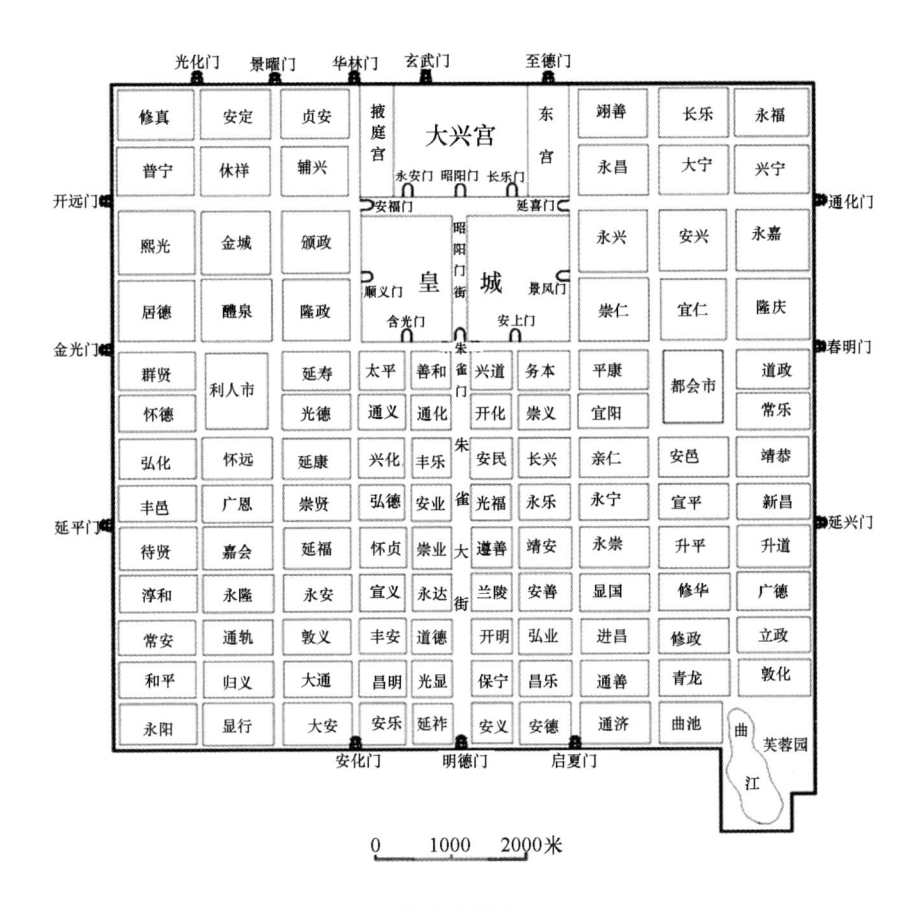

隋代大兴城图

---

① 李毓芳：《汉长安城的布局与结构》，《考古与文物》1997 年第 5 期，第 71—74、54 页。
② 肖爱玲：《隋唐长安城》，西安出版社 2008 年版，第 40 页。

据这幅隋代大兴城图，可见此后唐代继续沿用隋代大兴城，只不过后来在此基础上，在宫城外的东北面紧接处又修建了大明宫，在外郭城中的皇城东南处修建了兴庆宫而已，在整体结构上没有太大的变化。

总的来说，东魏北齐的邺南城，皆为宫城、内城、外郭城的三重建筑模式，与汉魏至北朝长安城仅有宫城的建筑模式完全不同，基本是依据北魏洛阳城的宫城、大城、外郭城的三重建筑模式，宫城为皇帝家族成员居住，内城为办事衙署，外郭城为居民居住的生活区，有利于皇帝家族成员安全，衙门集中，办事方便，官民互不干扰，在封建社会相对合理一些。不过邺南城的结构与北魏洛阳城相比，也有所变化，如宫城后部没有了华林园之类的宫苑，消除了残余的草原习俗。而西魏北周的长安城则主要是宫城结构，所依据的西汉长安城的宫城模式，这与邺南城相比则相对落后一些。另外，隋代大兴城的建设当依据东魏北齐的邺南城，此后唐代的长安城则是沿用了隋代大兴城，并有所发展的，这亦可作为东魏北齐的邺南城结构更加合理的佐证。

本章小结

作为陈寅恪先生所说的隋唐制度"三源"中两源的北齐以及西魏北周的制度，从总体上看，既沿用汉魏以至前秦旧制，又有采纳南朝梁陈制度，更是有所创新。就其职官制度来看，北齐职官大致除领民酋长、不领民酋长等北魏为胡族酋长特设的官职外，基本上是沿用汉晋旧制以及北魏孝文帝改革以后的所采用的汉化制度，其中省、寺、台、府职官的名称多与汉晋旧制相仿，当是北魏孝文帝改革后仿效汉晋旧制所制定，进而为东魏北齐政权所沿袭，不过官员的俸禄、罚俸的具体规定则是北魏没有的，当是北齐效法汉晋旧制所制定的。而西魏政权最初是沿用北魏职官制度，可是西魏恭帝三年（556），宇文泰"多依古礼，革汉、魏之法"[①]。废除了尚书、中书、门下、秘书、集书等省、御史、都水、谒者等台和太常、光禄、卫尉、宗正、太仆、大理、鸿胪、司农、太府九寺，这基本上放弃了北魏所采用的台省制度，实行周六官制度，中央主要设天、地、春、

---

① 《周书》卷二四《卢辩传》，第404页。

夏、秋、冬六官，分别行使北魏的吏部、殿中、祠部、五兵、都官、度支六尚书之执掌，但是其武官制度还是参用了一些汉晋的旧制。总的来说西魏北周所设的官职也比较少，还将所有官员分为内外命官，以九命制度替代品官制度，并辅以相应的俸禄制度。至于选官制度，自曹魏文帝曹丕采纳陈群的建议实行"九品中正制"起，此后的各个封建王朝多沿用此项选官制度，东魏西魏政权也是采用此制度选拔官员。其中东魏北齐沿袭北魏的选举制度，州县都设有中正，由京官充任。被举荐者虽然名为秀才、贡士、廉良，但是还要经过一定的考试程序，在朝堂分别由中书、集书、考功郎中当场考核，有时皇帝亲临朝堂策试。对于字有脱误者、书有滥劣者、文理孟浪者，分别给予呼起立席后、饮墨水一升、夺席脱容刀的惩罚。另外除各州县中正举荐人才外，还要求官员等举荐。这说明东魏北齐的选官制度由于受到了魏晋以来汉文化的影响，制定得相当完备，并有所修正发展，甚至可以说是开隋代科举制度之先河。而北周政权则放弃了九品中正制，部分地采用了察举制度来选拔官员。就礼仪制度来说，北齐制度的记载一共有37条之多，比较完备，以上关于北齐礼仪制度的记载一共有36条之多，比较完备。这其中依据古礼即周礼的仅3条，占8%多；与汉晋礼仪有关的有17条，约占48%；与南朝刘宋、萧梁礼仪有关的有4条，占11%多。与北魏礼仪有关的有4条，占11%多；北齐自创的礼仪有8条，占22%多。这说明北齐礼仪制度受汉晋制度影响、延用北魏旧制的占绝大多数，而且北魏的一些礼仪制度也是依据汉晋制度所制定的，但是还有五分之一多的礼仪制度是北齐自创的，因此说北齐的礼仪制度基本上是比较先进文明的。相比较而言，北周政权的礼仪制度只有14条，其中依据周礼的所制定有10条，约占72%；沿用北魏的有2条，占14%多；西魏北周政权自创的有2条，占14%多。虽说是过于简单，并且形成得也较晚，特别是礼乐制度直至西魏文帝大统五年（549）十二月才稍具规模，但是北周的礼仪制度多依据周礼，而且军礼制度则是独树一帜的。就法律制度而言，虽然北周政权有制定了相当完备的法律，但是比较完备的法律文书《大律》直至北周武帝保定三年（563）三月庚子日才完成，与北齐相比较还是略逊一筹，北齐前期沿用北魏律令，至孝昭帝高演即开始依据北魏《麟趾格》修订《北齐律》，后由武成帝高湛时修撰完成北齐律令，分名例、禁卫、婚户、擅兴、违制、诈伪、斗讼、贼盗、捕断、毁损、厩牧、杂十二篇，有死、流、刑、鞭、杖五刑，并于河清三年（564）三月辛酉在其统治区内颁行。此外北齐政权还制定了令、格两类法律文书，对于隋唐的令、格制定产生了巨大的影响，为隋唐时期法律制度的健全奠定了基础。有关经济制度，由于北魏末年以及此后东西对峙的长期战乱，人口大量逃亡，于是出现大量无主的荒地，并且这些荒地又被国家所掌握，这样国家实行均田制成为可能；而北齐的兵民中有相当一部分出自六镇，北魏孝文帝改革时却未对这部分六镇兵民实施均田制，中央需要给六镇兵民补课。同时还因为高欢等胡化族群以及胡族进入中原时，该地区实行的是北魏孝文帝改革所实行的封建土地所有制和与之相配合的赋税制度，东魏北齐政权为巩固其统治的需要，只能继续沿用封建的土地所有制和与之相配合的赋税制度。当然还有为争取中原地区的汉族世家大族拥护，维护其统治，各族地主阶级在利益上取得一致的缘由。因此北齐武成帝高湛在河清三年（564）实施均田制，其内容详备，同时还颁布了与之相配合的赋税制度，以一床（即一夫一妻）为单位征收租调，这基本上沿袭北魏孝文帝推行的均田制度和赋税制度。而西魏北周政权在宇文泰实际控制政权后即开始实现了一套与北魏均田制略有不同的土地制度和赋税制度，其中明显的特征是所分土地无露田、桑田之分，由国家来授田。不过北周的经济制度也有其过人之处，如北周武帝、宣帝先后铸布泉钱、五行大布钱、永通万国钱，在中国北方与五行大布及五铢并用，这些钱币的铸造当是中国历史上继王莽改制中改革货币后又一次铸造不标明重量货币的尝试。至于北齐政权的军事制度也相当完备，设置了诸多将军府，由各自的将军分别统领军队，加上东魏政权草创之初设立的兵曹、骑兵曹，当起到了互相牵制、互相制约的作用，这还可以防止大臣、将领势力过大，对中央政权构成威胁。而西魏北周政权所实行的府兵制度是以职业兵为主的军队和与之相配合的军事制度，放弃了胡族亦兵亦民的制度，实际上这项制度也对于西魏北周政权的巩固有着积极作用。另外，有关都城的建筑模式，东魏北齐政权的都城——邺南城是仿效北魏洛阳城的宫城、大城、外郭城三重结构所建造得，此城规模颇大，其结构也比较合理，并且为隋唐都城所继承。而西魏北周政权的都城并没有仿效北魏洛阳城的三重结构，而是沿用十六国时期遗留下来的长安城，这座城只有东、西两座小宫城，没有大城、外郭城。不论城池的大小，还是建筑结构，与东魏北齐的邺南城相比，都略显逊色。

那么为何在政治、经济、军事等诸项制度上东魏北齐政权与西魏北周政权既存在相同之处，又存在诸多差异？究其缘由，当是以高欢父子为首的东魏北齐政权所控制的山东地区早在先秦时期就产生了儒家、道家、法家、兵家、纵横家等诸子百家中的众多学术宗派，还形成了"稷下学派""百家争鸣"的良好学风，此后虽经"焚书坑儒"事件以及五胡十六国时期的战乱，但是由于两汉时期学术的恢复以及"永嘉之乱"后该地区的河北等地的士族仍然留居故乡，使该地区的文化得以保存并继续发展。当以高欢为首的胡化族群以及胡族进入中原并割据山东地区以后，接受了汉文化，而且为了维护其封建统治，必然与汉族地主特别是士族联合，继续沿用北魏入主中原以及北魏孝文帝改革后仿效汉晋旧制所制定的各项制度的需要。可是关陇地区因为秦始皇"焚书坑儒"，文化受到了一定程度的破坏，其间虽然西汉王朝以关中作为统治中心，该地区文化一度出现繁荣的局面，但是在五胡十六国时期，由于战乱以及士族的迁徙，该地区的文化又遭到一次破坏，幸而到北朝时期由于该地区一部分士族返回故土，还有一些其他地区的士族来到这里定居，使得该地区文化得以继续传承。而北周政权的职官制度之所以"多依古礼"，当是受到卢辩、苏绰等汉士族的影响。不过总的来说，北齐政权的各项制度比之北周政权更加完备，隋唐的一些制度特别是选官制度、法律制度已有明确记载是沿袭北齐制度，无怪乎陈寅恪先生感叹道："在三源之中，此（西）魏、周之源远不如其他二源之重要。"①

---

① 陈寅恪：《隋唐制度渊源略论稿》，上海古籍出版社1982年版，第2页。

第三章

外来文化对汉族的影响

自东汉起,中经五胡十六国时期,直至北魏末年,大批胡族以及一些边地的胡化族群涌入中国北方的农业地区,他们与当地汉人杂居,胡汉各族在共同的生活中各自的文化相互碰撞、相互影响,并趋于融合。由于汉族文明程度较高,因此在此次文化融合的过程中主要是胡族受到汉文化的影响,逐渐接受了汉文化,这是这次文化融合的主流。但是由于胡文化之中也有一些优秀的因素,具有很强的生命力,因此胡文化也对生活在中国北方农业地区的汉族产生了一定的影响,对这一时期全新汉文化的形成起了一定的作用,也为博大精深的华夏文化的最终形成输入一部分优秀的因素,当然这只不过是这场文化融合的支流而已。

第一节 外来文化对于儒学的影响

西汉初年刘邦遵循"黄老之学",休养生息,至汉武帝时期国力大为强盛,"罢黜百家,独尊儒术",自此儒学成为生活在中国农业地区汉族的主流学术思想,到魏晋时期融合《周易》《老子》《庄子》思想,形成了"三玄"学说,并一直影响到南北朝时期。虽说胡族在这一时期大量涌入中国北方农业地区,可是在史籍中却少有他们在思想上对于汉族文化产生影响的记载,不过佛教这一外来宗教却对于魏晋社会还是产生了一定的影响,甚至影响到儒家学说这一汉文化的思想核心。那么佛教到底当时对于儒家思想产生了什么影响?可是据《晋书》卷九一《儒林传》所云:"武帝受终,忧劳军国,时既初并庸蜀,方事江湖,训卒厉兵,务农积谷,犹复修立学校,临幸辟雍。而荀𫖮以制度赞惟新,郑冲以儒宗登保傅，茂先以博物参朝政，子真以好礼居秩宗，虽愧明扬，亦非遐弃。既而荆、扬底定，区寓乂安，群公草封禅之仪，天子发谦冲之诏，未足比隆三代，固亦擅美一时。惠帝缵戎，朝昏政弛，衅起宫掖，祸成藩翰。惟怀逮愍，丧乱弘多，衣冠礼乐，扫地俱尽。元帝运钟百六，光启中兴，贺、荀、刁、杜诸贤并稽古博文，财成礼度。虽尊儒劝学亟降于纶言，东序西胶未闻于弦诵。明皇聪叡，雅爱流略；简文玄嘿，敦悦丘坟，乃召集学徒，弘奖风烈，并时艰祚促，未能详备。有晋始自中朝，迄于江左，莫不崇饰华竞，祖述虚玄，摈阙里之典经，习正始之余论，指礼法为流俗，目纵诞以清高，遂使宪章弛废，名教颓毁，五胡乘间而竞逐，二京继踵以沦胥，运极道消，可为长叹息者矣。"（第2346页）具体见于《儒林传》者有范平、文立、陈邵、虞喜、刘兆、氾毓、徐苗、崔游、范隆、杜夷、董景道、续咸、徐邈、孔衍、范宣、韦謏、范弘之、王欢等人，传中皆无他们受到佛教影响的记载，因此说至少到两晋时期外来文化对于儒学还没有产生太大的影响。但是进入南北朝时期由于胡族大量涌入中国北方的农业地区，许多外来文化也随之而来，由此影响着汉族原有汉文化的诸多方面，而儒学也必然或多或少地受到外来文化特别是佛教文化的影响。

一 对于东魏北齐统治区多方面的影响

在这一时期由于大批胡族和胡化族群的涌入东魏北齐政权统治的山东地区，与汉人杂居，这样原居住在该地区的汉人就必然受到这批胡族和胡化族群带来的外来文化的影响，而作为汉文化核心思想的儒学也受到了外来文化的渗透，这首先表现为一些汉人甚至汉士族也或多或少地受到了来自印度的佛教之影响，如《魏书》卷八四《儒林·卢景裕传》所云：

> 景裕虽不聚徒教授，所注《易》大行于世。又好释氏，通其大义。天笠胡沙门道悕每论诸经论，辄托景裕为之序。（第1860页）

同卷《儒林·李同轨传》云：

> 学综诸经，多所治诵，兼读释氏。（第1860页）

而卢景裕出自范阳卢氏，① 李同轨出自赵郡李氏，② 他们都出身于当时中国北方农业地区一流大士族的家族，连他们这些大士族都受到了佛教的影响，可见在当时佛教对于汉文化渗透影响之一斑。此外，据《北齐书》卷二四《杜弼传》记载：

> 魏帝集名僧于显阳殿讲说佛理，弼与吏部尚书杨愔、中书令邢邵，秘书监魏收等并侍法筵。敕弼升师子座，当众敷演。（第350页）

同书卷三十《崔㥄传》记载：

> 子达拏年十三，㥄命儒者权会教其说《周易》两字，乃集朝贵名流，令达拏升高座开讲。（第405页）

至于"升高座""升师子座"久已是佛教讲经的记载中所用之词，可是汉代以来也有"登堂"一词，如《汉书》卷六七《朱云传》有云："自宣帝时善梁丘氏说，元帝好之，欲考其异同，令充宗与诸《易》家论。充宗乘贵辩口，诸儒莫能与抗，皆称疾不敢会。有荐云者，召入，摄齐登堂，抗首而请，音动左右。"（第2913页）同卷《隽不疑传》云："[暴]胜之开阁延请，望见不疑容貌尊严，衣冠甚伟，胜之躧履起迎。登堂坐定，不疑据地。"（第3035页）卷七六《王尊传》云："后尊朝王，王复延请登堂。"（第3230页）卷八八《儒林·王式传》"唐生、褚生应博士弟子选，诣博士，抠衣登堂，颂礼甚严，试诵说，有法，疑者丘盖不言。"（第3610页）《后汉书》卷七九上《儒林·戴凭传》有云："时诏公卿大会，群臣皆就席，凭独立。光武问其意。凭对曰：'博士说经皆不如臣，而坐居臣上，是以不得就席。'帝即召上殿，令与诸儒难说，凭多所解释。"（第2553页）可见西汉时期及东汉初年讲学、论争时有"登堂"一词，而这一时期佛教尚未传入中原地区，所以这个"登堂"与北

---

① 《魏书》卷八四《儒林·卢景裕传》，第1859页。
② 《北齐书》卷四四《儒林传》，第582页。

朝时期的升高座、升师子座完全不是一回事。另外，两汉至两晋以来汉儒讲经不是升高座、升师子座，却是席地而坐，只有僧人讲论佛经才"自升高座，躬为导首"①。因此说北朝时期出现升高座、升师子座讲授儒家经典的做法是受到佛教影响的。由此可知，在东魏北齐地区有的汉族士人既精通儒家经传又兼读佛教经典，有的讲论儒家经传采用佛教徒升高座、升师子座之类的形式，这些不能不说是儒学不仅在讲学形式上甚至内容上都或多或少地受到佛教这一外来文化影响。

二 西魏北周统治地区亦不能免俗

生活在西魏北周政权统治的关陇地区的汉人，由于与来自北方和来自西方的胡族以及胡化族群的交往，自然而然地受到外来文化的影响，而儒学思想也必然受到了佛教等外来文化的渗透，据《周书》卷三五《薛善附弟慎传》所云：

> 太祖于行台省置学，取丞郎及府佐德行明敏者充生。悉令旦理公务，晚就讲习，先《六经》，后子史。又于诸生中简德行淳懿者，侍太祖读书。慎与李璨及陇西李伯良、辛韶，武功苏衡，谯郡夏侯裕，安定梁旷、梁礼，河南长孙璋，河东裴举、薛同，荥阳郑朝等十二人，并应其选。又以慎为学师，以知诸生课业。太祖雅好谈论，并简名僧深识玄宗者一百人，于第内讲说。又命慎等十二人兼学佛义，使内外俱通。由是四方竞为大乘之学。（第624—625页）

可见在宇文泰的倡导下关陇地区的学者开始兼学佛教理论，使之内外具同，甚至影响到该地区的人们竞相学习大乘佛教学说，这中间当然也包括生活在该地区的一些汉人。而具体的事例较少，仅见于《周书》卷四五《儒林·沈重传》：

> ［沈重］学业该博，为当世儒宗。至于阴阳图纬、道经、释典，靡不毕综。又多所撰述，咸得其指要。（第810页）

---

① （梁）释慧皎：《高僧传》卷一三《唱导》，中华书局1992年版，第521页。

而且沈重又是从江左地区迁徙来的学者，并且他南朝时已是名儒，他的学术思想早在那时已经形成，与西魏北周统治政权的关陇地区本无瓜葛，但是据《周书·沈重传》记载："天和中，复于紫极殿讲三教义。朝士、儒生、桑门、道士至者二千余人。重辞义优洽，枢机明辩，凡所解释，咸为诸儒所推。"（第810页）既然诸儒推崇沈重的讲说，那么必然受到他的思想的影响，而这些受到沈重思想影响的儒生中当然也包括大量的汉族儒生。

由此可见，西魏北周政权统治的关陇地区的汉族人群所受到佛教的影响不仅仅在形式上，甚至在思想上也受到佛教的影响，特别是该地区佛教思想已经渗透到汉族文化的主导思想儒学中，这点可以从宇文泰命令经师薛慎等人既习读儒家经典又兼学佛经，名儒沈重也通涉佛经即可证明。

第二节　宗教

据吕诚之（思勉）先生所考，作为中国本土宗教的道教大致产生于东汉末年三国时期。[①] 并且在此后的一段时期居于宗教的主体地位。可是自中国北方进入五胡十六国以至南北朝时期，由于战乱不断，人们为了寻求新的精神寄托，加之佛教思想乘虚而入，不断渗透，道教的主体宗教地位开始发生动摇，佛教在汉族及其他民族中的影响越来越大，甚至影响了一些汉族士人，他们最初只是研究佛教理论，但是此后却开始信奉佛教，南朝梁武帝萧衍就是一个典型的事例。那么此时在中国北方的情况到底如何呢？

一　佛教在东魏北齐统治区影响很大

当时在中国北方的山东地区和关陇地区分别由高欢家族、宇文泰家族建立了东魏北齐与西魏北周两大割据政权，东西对峙。而在东魏北齐政权统治的山东地区也受到胡族文化的影响，其中佛教对于汉族及其文化的影

---

① 吕思勉：《秦汉史》第二十章"秦汉宗教"第六节"道教之原"，上海古籍出版社1983年版，第827—832页。

响尤为突出，一些汉族士人、妇女受到佛教的影响，不仅对佛教颇有研究，甚至削发为僧尼，这中间不乏出自汉族的士家大族，如《魏书》卷八四《儒林·卢景裕传》所云：

> 景裕虽不聚徒教授，所注《易》大行于世。又好释氏，通其大义。天笁胡沙门道晞每论诸经论，辄托景裕为之序。景裕之败也，系晋阳狱，至心诵经，枷锁自脱……此经遂行于世，号曰《高王观世音》。（第1860页）

同卷《儒林·李同轨传》云：

> 使萧衍。衍深耽释学，遂集名僧于其爱敬、同泰二寺，讲《涅盘大品经》，引同轨预席。衍兼遣其朝臣并共观听。同轨论难久之，道俗咸以为善。（第1860—1861页）

《北齐书》卷九《皇后传》云：

> 文宣皇后李氏，讳祖娥，赵郡李希宗女也……后性爱佛法，因此为尼。（第125—126页）

同书卷二四《杜弼传》云：

> 魏帝见之于九龙殿，曰："朕始读《庄子》，便值秦名，定是体道得真，玄同齐物。闻卿精学，聊有所问。经中佛性、法性为一为异？"弼对曰："佛性、法性，止是一理。"诏又问曰："佛性既非法性，何得为一？"对曰："性无不在，故不说二。"诏又问曰："说者皆言法性宽，佛性狭，宽狭既别，非二如何？"弼又对曰："在宽成宽，在狭成狭，若论性体，非宽非狭。"诏问曰："既言成宽成狭，何得非宽非狭？若定是狭，亦不能成宽。"对曰："以非宽狭，故能成宽狭，宽狭所成虽异，能成恒一。"上悦称善。乃引入经书库，赐《地持经》一部，帛一百匹。（第348页）

同书卷三十《崔暹传》云：

> 魏、梁通和，要贵皆遣人随聘使交易，暹惟寄求佛经。梁武帝闻之，为缮写，以幡花赞呗送至馆焉。然而好大言，调戏无节。密令沙门明藏著《佛性论》而署己名，传诸江表。（第405页）

卷四二《卢潜传》云：

> 扬州吏民以潜戒断酒肉，笃信释氏，大设僧会，以香华缘道，流涕送之。（第556页）

此外，还有一些汉族士人皈依佛教，出家为僧，如《续高僧传》卷二《隋东都上林园翻经馆沙门释彦琮传》所记载：

> 释彦琮，俗缘李氏，赵郡柏人人也。世号衣冠，门称甲族。少而聪敏，才藻清新，识洞幽微，情符水镜，遇物斯览，事罕再详。初投信都僧边法师，因试令诵《须大拏经》，减七千言，一日便了。更诵《大方等经》，数日亦度。边异之也，至于十岁，方许出家，改名道江，以慧声洋溢如江河之望也……十二在罄嶅山诵《法华经》，不久寻究，便游邺下，因循讲席，乃返乡寺，讲《无量寿经》。时太原王邵任赵郡佐，寓居寺宇，听而仰之，友敬弥至。齐武平之初，年十有四，西入晋阳，且讲且听。当尔道张汾朔，名布道儒，尚书敬长瑜及朝秀卢思道、元行恭、邢恕等，并高齐荣望，钦揖风猷，同为建斋，讲《大智论》，亲受披导，叹所未闻。（中华书局2014年版，第48页）

同书卷七《魏邺下沙门释道宠传》记载：

> 释道宠，姓张，俗名为宾。高齐元魏之际，国学大儒熊安生者，连邦所重。时有李范、张宾、齐鳢安席，才艺所指，莫不归宗，后俱

任安下为嗣。年将壮室，领徒千余，至赵州元氏县堰角寺侧，即今所谓应觉是也。（第245页）

同书卷八《齐邺东大觉寺释僧范传》记载：

释僧范，姓李氏，平乡人也。幼游学群书，年二十三，备通流略，至于七曜、《九章》、天文、筮术，谙无再悟。（第253页）

同卷《齐邺下总持寺释慧顺传》记载：

释慧顺，姓崔，齐人，侍中崔光之弟也。少爱儒宗，统知雅趣，长厌尘网，为居士焉。初听《涅槃》，略无遗义，因讲而睡，闻有言曰："此解乃明，犹未为极。"心遂迟疑，伺决其病。承都下有光律师者，广涉大乘，文无不晓，因往洛阳，时年二十有五，即投光而出家焉。（第257页）

同卷《齐大统合水寺释法上传》记载：

释法上，姓刘氏，朝歌人也。五岁入学，七日通章。六岁随叔寺中观戏，情无鼓舞，但礼佛赞经，而声气爽拔，众人奔绕，倾渴观听。年登八岁，略览经诰，薄尽其理。九岁得《涅槃经》，披而诵之，即生厌世。至于十二，投禅师道药而出家焉。（第260页）

同卷《齐洺州沙门释昙衍传》记载：

释昙衍，姓夏侯氏，南兖州人。初生之时，牙齿具焉，世俗异之。七岁从学，聪敏绝伦。十五擢为州都，公事有隙，便听释讲。十八举秀才，贡上邺都。过听光公法席，即禀归戒，弃舍俗务，专功佛理，学流三载，绩邻前达。年二十三投光出家，即为受戒，听涉无暇，乃捐食息……赵郡王高叡、上洛王高元海、胶州刺史杜弼，并齐朝懿戚重臣，留情敬奉。（第270—271页）

同卷《隋京师净影寺释慧远传》记载：

> 释慧远，姓李氏，敦煌人也，后居上党之高都焉。天纵疏朗，仪止冲和，局度通简，崇覆高邈……年止三岁，心乐出家，每见沙门，爱重崇敬。七岁在学，功逾常百，神志峻爽，见称明智。十三辞叔，往泽州东山古贤谷寺。时有华阴沙门僧思禅师，见而度之……乃携诸学侣，返就高都之清化寺焉。（第280—281页）

同书卷九《隋相州演空寺释灵裕传》记载：

> 释灵裕，俗姓赵，定州钜鹿曲阳人也。年居童幼，异行感人，每见仪像、沙门，必形心随敬……至于《孝经》、《论语》，才读文词，兼明注解……遂通览群籍，资於父兄，并包括异同，深契幽赜，唯《老》、《庄》及《易》，未预承传。年十五潜欲逃世……嘿往赵郡应觉寺，投明宝二禅师而出家焉……齐安东王娄叡致敬诸僧，次至裕前，不觉怖而流汗，退问知其异度，即奉为戒师。（第310—312页）

同书卷一六《齐邺中释僧可传》记载：

> 释僧可，一名慧可，俗姓姬氏，虎牢人。外览坟索，内通藏典……年登四十，遇天竺沙门菩提达摩游化嵩洛，可怀宝知道，一见悦之，奉以为师，毕命承旨。从学六载，精究一乘，理事兼融，苦乐无滞……后以天平之初北就观邺，盛开秘苑……于天保之初道味相师，致书通好……（第567—568页）

同卷《齐邺西龙山云门寺释僧稠传》记载：

> 释僧稠，姓孙，元出昌黎，末居钜鹿之瘿陶焉。性度纯懿，孝信知名，而勤学世典，备通经史。征为太学博士，讲解坟索，声盖朝

廷。将处器观国,羽仪廊庙,而道机潜扣,欻厌世烦,一览佛经,涣然神解。时年二十有八,投钜鹿景明寺僧寔法师而出家……天保三年下敕于邺城西南八十里龙山之阳为构精舍,名云门寺,请以居之,兼为石窟大寺主。(第573—576页)

同书卷一八《隋西京禅定道场释昙迁传》记载:

> 释昙迁,俗姓王氏,博陵饶阳人。近祖太原历宦而后居焉。少而俊朗,爽异常伦。年十三,父母嘉其远悟,令舅氏传授,即齐中散大夫国子祭酒博士权会也。会备练六经,偏究易道,剖卦析爻,妙穷象系,奇迁精采,乃先授以《周易》……当有齐之盛,释教大兴,至于官观法祀,皆锋芒驰骛。(第659—660页)

以上记载中所叙述的僧人都是汉人,并且都有汉文化的功底,释僧范"幼游学群书",释慧顺"少爱儒宗,统知雅趣",释法上"五岁入学,七日通章",释灵裕"至于《孝经》、《论语》,才读文词,兼明注解",释僧可"外览坟索,内通藏典",释僧稠"勤学世典,备通经史",释昙迁,其舅权会"授以《周易》"。特别是释慧顺还是侍中崔光之弟,而崔光是出自清河崔氏的东清河崔氏,因此释慧顺还出身于中国北方的汉士族。这些都说明以佛教为代表的外来宗教文化对汉族的影响越来越大,同时由于胡汉文化的相互碰撞交流,为隋唐时期佛教在中国最终实现本土化奠定了坚实的基础。

二 佛教对于西魏北周统治区的影响亦不可轻视

西魏北周政权统治的关陇地区胡族文化对于汉文化的影响如何呢?据前文所考,这些外来文化已经对于汉文化的思想核心儒家思想进行渗透,胡族文化对汉族本土文化的其他方面也必然产生影响,其中佛教对于生活在该地区的汉族及其文化的影响尤为突出,已经有一些汉族知识分子受到佛教的影响,据《周书》卷四五《儒林·卢光传》所云:"光性崇佛道,至诚信敬。尝从太祖狩于檀台山。时猎围既合,太祖遥指山上谓群公等曰:'公等有所见不?'咸曰:'无所见。'光独曰:'见一桑门。'太祖曰：'是也。'既解围而还。令光于桑门立处造浮图，掘基一丈，得瓦钵、锡杖各一。太祖称叹，因立寺焉。"（第 808 页）同卷《儒林·沈重传》曰："天和中，复于紫极殿讲三教义。朝士、儒生、桑门、道士至者二千余人。重辞义优洽，枢机明辩，凡所解释，咸为诸儒所推。"（第 810 页）同卷《儒林传》又曰："史臣每闻故老，称沈重所学，非止'六经'而已。至于天官、律历、阴阳、纬候，流略所载，释老之典，靡不博综，穷其幽赜。"（第 819 页）而且卢光出身于范阳卢氏，沈重是出身于江南的吴兴沈氏，都是汉士族，而且卢光、沈重二人颇有汉文化功底，特别是沈重，其学杂糅儒、释、道三教，可见外来文化对于汉族本土宗教影响之一斑。

还有一些汉族士人甚至出家为僧，如《续高僧传》卷八《隋京师延兴寺释昙延传》记载：

> 释昙延，俗缘王氏，蒲州桑泉人也。世家豪族，官历齐周。而性协书籍，乡邦称叙。年十六，因游寺，听妙法师讲《涅盘》，探悟其旨，遂舍俗服膺，幽讨深致，出言清越，厉然不群。时在弱冠，便就讲说，词辩优赡，弘裕方雅……乃更听《华严》、《大论》、《十地》、《地持》、《佛性》、《宝性》等诸部，皆超略前导，统津准的……遂隐于南部太行山百梯寺，即所谓中朝山是也……周太祖素揖道声，尤相钦敬，躬事讲主，亲听清言……太祖以百梯太远，咨省路艰，遂于中朝西岭形胜之所为之立寺……（第 273—275 页）

同书卷一一《隋西京静法道场释慧海传》记载：

> 释慧海，姓张氏，河东虞乡人。久积闻熏，早成慧力，年在童龀，德类老成。所以涉猎儒门，历览玄肆，虽未穷其章句，略以得其指归。乃曰："可以栖心养志者，其惟佛法乎！"年至十四，遂落发染衣，为沙门大昭玄统昙延法师弟子也。流心宗匠，观化群师。十八便讲《涅盘》，至于五行十德二净三点，文旨洞晓，词采丰赡……会周武肆勃，仁祠废毁，乃窜身避难……（第 376 页）

同书卷一一《隋终南山至相道场释彭渊传》记载：

> 释彭渊，姓赵氏，京兆武功人也。家世荣茂，冠盖相承，厌此浮假，希闻贞素。十三出家，道务宏举，定慧攸远。属周武凌法，而戒足无毁，慨佛日潜沦，拟抉目余烈，乃剜眼奉养，用表慧灯之光华也。（第383页）

同书卷一八《隋西京慈门道场释本济传》记载：

> 释本济，宋氏，西河介休人也。父祖不事王侯，遁世无闷，逼以僚省，挂冠而返。济年爱童卯，智若成人，韶龀之初，横经就业，故于六经三史，皆所留心。虽云小道，略通大义，故庠塾伦侣，重席请言。后披析既淹，豁然大悟……乃归仰释氏，辞亲出家……（第686页）

同书卷二二《隋京师大兴善寺释灵藏传》记载：

> 释灵藏，俗姓王氏，雍州新丰人也。年未登学，志慕清远，依随和上颖律师而出家焉。藏承遵出要，善达持犯，《僧祇》一部，世称冠冕，于《智度论》讲解无遗，妙尚冲虚，兼崇纲务。时属周初，佛法全盛，国家年别大度僧尼。以藏识解淹明，铨品行业，若讲若诵，卷部众多，随有文义，莫不周镜，时共测量，通经了意，最为第一。（第835页）

同书卷二四《周京师大中兴寺释道安传》记载：

> 释道安，俗姓姚，冯翊胡城人也。识悟玄理，早附法门，性无常师，闻道而至。兼以恬虚静泊，凝心胜境，谦肃为用，动止施度，凡厥禅侣，莫不推服。后隐于太白山，栖遁林泉，拥志经论，思拔深定，慧业斯举，旁观子史，粗涉大纲，而神气高朗，挟操清远。进具已后，崇尚《涅盘》，以为遗诀之教，博通《智论》，用资弘道之基。

故周世渭滨盛扬二部，更互谈诲，无替四时。住大陟岵寺，常以弘法为任，京师士子咸附清尘。（第913页）

同卷《周京师云花寺释僧猛传》记载：

释僧猛，俗姓段氏，京兆泾阳人。姿荫都雅，神情俊拔。童孺出家，素知希奉，聪慧利根，幽思通远。数十年间躬事讲说，凡有解悟，靡不通练。昔魏文西征，敕猛在寝殿阐扬《般若》，贵宰咸仰，味其道训。周明嗣历，诏下屈住天宫，永弘《十地》，又敕于紫极、文昌二殿更互说法。（第924—925页）

同书卷二九《隋京师郊南逸僧释普安传》记载：

释普安，姓郭氏，京兆泾阳人。小年依圆禅师出家，苦节头陀，捐削世务。而性在和忍，不歆怨酷，或代执劳役，受诸勤苦，情甘如荠，恐其事尽。晚投蔼法师，通明三藏，常业《华严》，读诵禅思，准为标拟。周氏灭法，栖隐于终南山之梗梓谷西坡，深林自庇，廓居世表，洁操泉石，连踪禽鱼。又引静渊法师同止林野，披释幽奥，资承玄理。（第1152页）

同书卷二九《周鄜州大像寺释僧明传》记载：

释僧明，俗姓姜，鄜州内部人。住既山栖，立性淳素，言令质朴，叙悟非任，而能守禁自修，不随鄙俗。虽不闲明经诰，然履操贞梗，有声时俗……时周武已崩，天元嗣历……又寻下敕，以其所住为大像寺，今所谓显际寺是也，在坊州西南六十余里。时值阴暗，更放神光，明重出家，即依此寺，尽报修奉，大感物心。（第1201—1202页）

以上这些记载中也出现习读经史后遁入山门者，都说明以佛教为主体的外来宗教文化对关陇地区的汉族产生了较大的影响，甚至由于胡汉文化的相互碰撞交流，佛教思想文化为了在中国的土地上站住脚，必然吸收一些汉文化特别是儒家思想的内涵，这些都为日后佛教在中国实现本土化奠定了坚实的基础。

第三节　文学艺术

在中国古代不同民族都有其文学艺术，在魏晋南北朝时期汉族有《文选》《古今诗苑英华》《玉台新咏》《古乐府》以及别集等众多的文学作品，有四郊、宗庙、三朝之乐等音乐作品以及书法绘画作品。其他民族的文学作品有《鲜卑语》《国语真歌》《国语杂文》，艺术作品有敕勒歌、西凉鼙舞、龟兹乐、天竺乐、高丽乐等。这些各民族的文学艺术作品必然会相互交流，相互影响。

一　语言文学

语言是人们进行交流的必不可缺的工具之一，当不同种族的人们杂居在一起，进行沟通首先面临着语言障碍。在魏晋南北朝时期由于大批胡族进入中原与汉人杂居，特别是南北朝时期鲜卑或鲜卑化汉人统治着中国北方地区，不同种族的人们主要是汉人和鲜卑人之间为了进行交流就必须相互学习对方的语言，当然由于汉族文化文明程度高于鲜卑人，因此学习汉语成为主流。不过也有一些汉人为了与那些进入中国北方农业地区的鲜卑化族群交流，有的甚至为加入到这些胡族或其他胡化族群建立的政权中，学习鲜卑语。由此汉族文化也就受到胡族文化影响。

（一）对于东魏北齐统治区的影响

由于大批胡族进入中国北方农业地区与汉人杂居，再加上南北朝时期中国北方地区大多是由鲜卑或鲜卑化汉人统治着，因此生活在东魏北齐统治地区的一些汉人在语言上也受到鲜卑文化的影响，出于政治、经济等方面的考虑，或自愿或是被迫学习鲜卑语言，如《北齐书》卷二四《孙搴传》记载：

> 孙搴，字彦举，乐安人也。少励志勤学，自检校御史再迁国子助教。太保崔光引修国史，频历行台郎，以文才著称……其文甚美。高

祖大悦，即署相府主簿，专典文笔。又能通鲜卑语，兼宣传号令，当烦剧之任，大见赏重。（第341页）

同书卷三九《祖珽传》记载：

祖珽，字孝徵，范阳狄道人也……珽神情机警，词藻遒逸，少驰令誉，为世所推。起家秘书郎，对策高第，为尚书仪曹郎中，典仪注……元康因荐珽才学，并解鲜卑语。（第513—515页）

《颜氏家训集解》卷一《教子》记载：

齐朝有一士大夫，尝谓吾曰："我有一儿，年已十七，颇晓书疏，教其鲜卑语及弹琵琶，稍欲通解，以此伏事公卿，无不宠爱，亦要事也。"（第21页）

其中孙搴、祖珽皆以文才著称，特别是祖珽又出身于范阳祖氏这样的大士族，他们又能通解鲜卑语，说明个别汉族文士为了进入政权的权力核心学习并通解鲜卑语。另外生活在该地区的汉人为了便于和鲜卑人及鲜卑化的其他族群交流，或多或少地会一些鲜卑语。这些都说明自五胡十六国以来，由于胡族包括一些胡化族群从北部边地不断涌入中国北方农业地区，胡汉各族在这一地区杂居，他们为了便于生活，更好地进行各种交流，必然相互学习对方的语言，这就使得外来民族特别是鲜卑族的语言文化或多或少地对汉族人群产生了一定的影响。

（二）在西魏北周统治地区所产生的影响

自东汉以来羌族大量涌入关陇地区，进入十六国以至南北朝时期，又先后有氐、羌、鲜卑、匈奴等民族在此建立政权，原居于该地区的汉族就必然受到多种外来文化特别是南北朝时期鲜卑文化的影响，西魏北周统治的关陇地区汉族文化在语言上也就受到外来的胡族文化的影响，如《隋书》卷二九《地理志》所云：

京兆王都所在，俗具五方，人物混淆，华戎杂错。（第817页）

同书卷四十《虞庆则传》云：

> 虞庆则，京兆栎阳人也。本姓鱼。其先仕于赫连氏，遂家灵武，代为北边豪杰。父祥，周灵武太守。庆则幼雄毅，性倜傥，身长八尺，有胆气，善鲜卑语。（第1174页）

虽然虞庆则精通鲜卑语只是个别事例，可是《地理志》所说的"华戎杂错"则是一种严重的现象，这不仅表现在服饰上，也还一定会表现在语言文字等方面。据《隋书》卷三二《经籍志》记载："《鲜卑号令》一卷周武帝撰。"（第945页）周武帝统治时期已到了北朝末年，到那时还要修撰《鲜卑号令》，这从另一个方面说明自五胡十六国以来由于胡族从北部边地以及西北边地不断涌入关陇地区，胡汉各族在此杂居，各种语言相互影响，胡族的语言文化在西魏北周地区对于汉族人群所产生的影响之大。

二 艺术

艺术是文化的一个重要方面，在五胡十六国以至南北朝时期，战乱不断，大批胡族涌入中国北方，这些胡族开始与汉人杂居，各种不同的文化相互影响，表现在艺术上既有胡族接受汉族的各种艺术形式，也有汉族接受胡族的艺术形式，由此产生了一些新的艺术形式。可是由于各区域历史人文环境以及自然环境的不同，在各区域产生的新艺术形式也是有所差异的。

（一）对于东魏北齐统治地区的影响

至于艺术则包括音乐、美术，这两方面胡汉文化的相互影响在中国北方的不同地区存在着差异，而在东魏北齐统治山东地区的表现到底如何？据《隋书》卷一四《音乐志》所云：

> 尚药典御祖珽自言，旧在洛下，晓知旧乐。上书曰："魏氏来自云、朔，肇有诸华，乐操土风，未移其俗……盖苻坚之末，吕光出平西域，得胡戎之乐，因又改变，杂以秦声，所谓《秦汉乐》也。至

永熙中，录尚书长孙承业，共臣先人太常卿莹等，斟酌缮修，戎华兼采，至于钟律，焕然大备。自古相袭，损益可知，今之创制，请以为准。"珽因采魏安丰王延明及信都芳等所著《乐说》，而定正声。始具宫悬之器，仍杂西凉之曲，乐名《广成》，而舞不立号，所谓"洛阳旧乐"者也。（第 313—314 页）

杂乐有西凉鼙舞，清乐、龟兹等。然吹笛、弹琵琶、五弦及歌舞之伎，自文襄以来，皆所爱好。至河清以后，传习尤盛。后主唯赏胡戎乐，耽爱无已。于是繁手淫声，争新哀怨。故曹妙达、安未弱、安马驹之徒，至有封王开府者，遂服簪缨而为伶人之事。后主亦自能度曲。亲执乐器，悦玩无倦，倚弦而歌。别采新声，为《无愁曲》，音韵窈窕，极于哀思，使胡儿阉官之辈，齐唱和之，曲终乐阕，莫不殒涕。虽行幸道路，或时马上奏之，乐往哀来，竟以亡国。（第 331 页）

可见所谓胡戎之乐、西凉之曲、西凉鼙舞、龟兹乐以及琵琶等乐器，或来自北方边地，或来自西域，而身为汉士族的祖珽为东魏北齐政权制定的宫廷音乐所谓"正声"里也混杂着西凉乐曲，他所采用的北魏孝文帝改革以后的乐舞本身就是"戎华兼采"的，这其中就包含了各种胡族乐舞。正是这些掺杂有胡族乐舞的宫廷乐舞，也自然会影响到民间，说明在东魏北齐统治的山东地区的音乐舞蹈乐器等方面不但受到来自西域的影响，也得益于其他地域的外来文化。

（二）在西魏北周统治地区所产生的影响

在统治关陇地区的西魏北周政权更是借助与西域交通的便利，其音乐舞蹈乐器得益于西域各国处则更多，如《隋书》卷一四《音乐志》所云：

太祖辅魏之时，高昌款附，乃得其伎，教习以备飨宴之礼。及天和六年，武帝罢掖庭四夷乐。其后帝娉皇后于北狄，得其所获康国、龟兹等乐，更杂以高昌之旧，并于大司乐习焉。采用其声，被于钟石，取《周官》制以陈之。（第 342 页）

同书卷一五《音乐志》云：

> 西凉者，起苻氏之末，吕光、沮渠蒙逊等，据有凉州，变龟兹声为之，号为秦汉伎。魏太武既平河西得之，谓之《西凉乐》。至魏、周之际，遂谓之《国伎》。今曲项琵琶、竖头箜篌之徒，并出自西域，非华夏旧器。《杨泽新声》、《神白马》之类，生于胡戎。胡戎歌非汉魏遗曲，故其乐器声调，悉与书史不同。其歌曲有《永世乐》，解曲有《万世丰》，舞曲有《于阗佛曲》。其乐器有钟、磬、弹筝、搊筝、卧箜篌、竖空篌、琵琶、五弦、笙、萧、大筚篥、长笛、小筚篥、横笛、腰鼓、齐鼓、担鼓、铜拔、贝等十九种，为一部。工二十七人。（第378页）
>
> 康国，起自周代帝娉北狄为后，得其所获西戎伎，因其声。歌曲有《戢殿农和正》，舞曲有《贺兰钵鼻始》、《末奚波地》、《农惠钵鼻始》、《前拔地惠地》等四曲。乐器有笛、正鼓、加鼓、铜拔等四种，为一部。工七人。（第379—380页）

可见西魏北周政权的乐曲杂糅康国、龟兹、高昌西戎等伎乐，而且早在十六国时期的前秦、后凉、北凉等割据政权的正乐即受到西域乐曲的影响。国家的宫廷乐曲尚且如此，民间乐曲更不能免俗，由于胡汉杂居，汉族乐舞必然也掺杂进一些胡族乐舞，因此说在西魏北周统治区的乐舞当然是受到胡文化的影响的。

第四节　风尚习俗

由于自十六国至北朝时期匈奴、鲜卑、羯、氐、羌等胡族大量涌入中国北方内地的农业地区，他们本身所固有的习俗必然与当地的汉族习俗相互碰撞，相互融合，特别是由于这些胡族中的一些杰出人物占据一方，建立割据政权之时，他们的统治策略及其思想必然在一定时间内对该地区产生一定的影响，他们的习俗进而也会对于他们统治区域内的汉族人群产生一定程度的影响，这就使得中国北方内地农业地区一些汉族人群在一定程度上吸收了一些胡族风土习俗的因素，这主要表现在社会风气、胡姓胡名的使用、妇女的两性观念的变化、服饰器物诸方面。

一　社会风俗的变化

自东汉以来世家大族即注重门第，以注重儒学为荣，名门大族多以传授习读儒家经典为业，甚至出现了许多世代传习儒家经典的家族。但是进入魏晋南北朝以来由于胡族的内侵，世家大族或为逃避战乱迁居江左、河西，或举族聚坞堡自保，社会风气为之一变，一些世家大族喜好交游豪杰，甚至这些家族的一些成员也是具有豪侠之气。

（一）东魏北齐统治地区士人游侠等风气

在外来文化的影响之下，东魏北齐统治地区社会风气如何变化？首先世家大族与游侠豪杰交结，据《北齐书》卷二十《薛脩义传》所云：

> 薛脩义，字公让，河东汾阴人也……脩义少而奸侠，轻财重气，招召豪猾，时有急难相奔投者，多能容匿之。（第275页）

同书卷二一《高乾传》云：

> 高乾，字乾邕，渤海蓨人也。父翼，字次同，豪侠有风神，为州里所宗敬……乾性明悟，俊伟有知略，美音容，进止都雅。少时轻侠，数犯公法，长而修改，轻财重义，多所交结。（第289—290页）
>
> 昂，字敖曹，乾第三弟。幼稚时，便有壮气。长而俶傥，胆力过人，龙眉豹颈，姿体雄异。其父为求严师，令加捶挞。昂不遵师训，专事驰骋，每言男儿当横行天下，自取富贵，谁能端坐读书，作老博士也。与兄乾数为劫掠，州县莫能穷治。招聚剑客，家资倾尽，乡闾畏之，无敢违迕，父翼常谓人曰："此儿不灭我族，当大吾门，不宜为州豪也。"（第293页）

同卷《封隆之传》云：

> ［子］子绣外貌儒雅，而侠气难忤。（第306页）

同书卷二二《李元忠传》云：

李元忠，赵郡柏人也。曾祖灵，魏定州刺史、钜鹿公。祖恢，镇西将军。父显甫，安州刺史。元忠少励志操，居丧以孝闻。袭爵平棘子……元忠粗览史书及阴阳数术，解鼓筝，兼好射弹，有巧思。遭母忧，去任……清河有五百人西戍，还经南赵郡。以路梗共投元忠。奉绢千匹，元忠唯受一匹，杀五羊以食之，遣奴为导，曰："若逢贼，但道李元忠遣送。"奴如其言，贼皆舍避。（第313—314页）

元忠宗人愍，字魔怜，形貌魁杰，见异于时。少有大志，年四十，犹不仕州郡，唯招致奸侠，以为徒侣。（第317页）

元忠族叔景遗，少雄武，有胆力，好结聚亡命，共为劫盗，乡里每患之。（第318页）

同书卷二二《卢文伟传》云：

［卢］怀道弟宗道，性粗率，重任侠。（第322页）

同书卷四二《卢叔武传》云：

卢叔武，范阳涿人，青州刺史文伟从子也。父光宗，有志尚……叔武少机悟，豪率轻侠，好奇策，慕诸葛亮之为人。（第559页）

可见薛脩义出自河东薛氏，高乾、高敖曹兄弟出自渤海高氏，封子绣出自渤海封氏，李元忠、李愍、李景遗出自赵郡李氏，卢文伟、卢叔武出自范阳卢氏，皆是中国北方的大士族。他们或"少时轻侠"，或"少时轻侠"，或"幼稚时，便有壮气"，"招聚剑客"，或"侠气难忤"，或"兼好射弹"，或"招致奸侠"，或"少雄武，有胆力，好结聚亡命"，或"重任侠"，或"豪率轻侠"。

其次，是表现在喜交游、轻率好酒等方面，如《北齐书》卷二二《卢文伟传》所云：

卢文伟，字休族，范阳涿人也。为北州冠族。父敞，出后伯假。

> 文伟少孤，有志尚，颇涉经史，笃于交游，少为乡间所敬。州辟主簿。年三十八，始举秀才……文伟性轻财，爱宾客，善于抚接，好行小惠，是以所在颇得人情，虽有受纳，吏民不甚苦之。经纪生资，常若不足，致财积聚，承候宠要，饷遗不绝。（第319—320页）
>
> 恭道弟怀道，性轻率好酒，颇有慕尚。（第322页）
>
> 怀道弟宗道……尝于晋阳置酒，宾游满坐。中书舍人马士达目其弹筝筷女妓云："手甚纤素。"宗道即以此婢遗士达，士达固辞，宗道便命家人将解其腕，士达不得已而受之。将赴营州，于督亢陂大集乡人，杀牛聚会。有一旧门生酒醉，言辞之间，微有疏失，宗道遂令沉于水。后坐酷滥除名。（第322页）

同书卷二一《封隆之附弟子孝琰传》云：

> 和士开母丧，托附者咸往奔哭。邺中富商丁邹、严兴等并为义孝，有一士人，亦哭在限。孝琰入吊，出谓人曰："严兴之南，丁邹之北，有一朝士，号叫甚哀。"（第308页）

同书卷二九《李玙传》云：

> 李玙，字道璠，陇西成纪人，凉武昭王暠之五世孙。父韶，并有重名于魏代。玙温雅有识量……子诠、韫。诵、韫无行。诵以妻穆提婆子怀庞，超迁临漳令、仪同三司。韫与陆令萱女弟私通，令萱奏授太子舍人。（第396—397页）

可知卢文伟、卢怀道、卢宗道出自范阳卢氏，封孝琰出自渤海封氏，李玙出自陇西李氏，也都是北方大士族，他们都喜欢交游、轻率好酒，喜好交接显贵。

再次，一些汉族的士族、官僚不重视汉文化，如《北齐书》卷三六《邢邵传》所云：

> 邢邵，字子才。河间郑人……孽子大德、大道，略不识字焉。

（第 475—479 页）

《颜氏家训集解》卷四《文章》云：

> 齐世有席毗者，清干之士，官至行台尚书，嗤鄙文学，嘲刘逖云："君辈辞藻，譬若荣华，须臾之玩，非宏才也；岂比吾徒千丈松树，常有风霜，不可凋悴矣！"刘应之曰："既有寒木，又发春华，何如也？"（第 265 页）

同书卷四《名实》云：

> 有一士族，读书不过二三百卷，天才钝拙，而家世殷厚，雅自矜持，多以酒犊珍玩，交诸名士，甘其饵者，递共吹嘘。朝廷以为文华，亦尝出境聘。东莱王韩晋明笃好文学，疑彼制作，多非机杼，遂设讌言，面相讨试。竟日欢谐，辞人满席，属音赋韵，命笔为诗，彼造次即成，了非向韵。众客各自沉吟，遂无觉者。韩退叹曰："果如所量！"韩又尝问曰："玉珽杼上终葵首，当作何形？"乃答云："斑头曲圜，势如葵叶耳。"韩既有学，忍笑为吾说之。（第 285 页）

以上这些士族、官僚不重视汉文化，汉文化水平低下，甚至士族中出现"略不识字"的现象。

最后，在男女关系及婚姻习俗方面也变化颇大，据《北史》卷三一《高乾附弟昂传》记载：

> 兄乾求博陵崔圣念女为婚，崔氏不许。昂与兄往劫之，置女村外，谓兄曰："何不行礼？"于是野合而归。（第 1145 页）

同书卷一四《后妃传》记载：

> ［司马］子如曰："消难亦奸子如妾，如此事，正可覆盖。"（第 519 页）

而渤海高氏是中国北方的汉族大士族，司马消难当时也是重臣子弟，在男女关系上如此混乱，至少说这不是偶然现象。婚姻习俗方面该地区盛行大办婚礼之风，高齐之世"婚姻丧葬之费，车服饮食之华，动竭岁资，以营日富"①。颜之推曰："近世嫁娶，遂有卖女纳财，买妇输绢，比量父祖，计较锱铢，责多还少，市井无异。或猥婿在门，或傲妇擅室，贪荣求利，反招羞耻，可不慎欤！"② 此前高澄于武定五年（547）九月己亥就下令"其第宇车服婚姻送葬奢僭无限者，并令禁断"③。到文宣帝时情况如旧。

还有一些胡族习俗对于社会风俗的影响，如《隋书》卷七《礼仪志》所云："后主末年，祭非其鬼，至于躬自鼓舞，以事胡天。邺中遂多淫祀，兹风至今不绝。"（第149页）

可见东魏北齐统治区域内社会风气出现的这些变化，当与胡族大量涌入中原，胡汉民族杂居，相互影响有关。但是该地区文化的主流并非如此，汉族特别是那些受到胡文化影响的士族，仍然如李元忠"少励志操，居丧以孝闻"。"粗览史书及阴阳数术"④，卢文伟"颇涉经史"⑤，李玙"温雅有识量"⑥，保持原有汉文化的主要因素。

（二）西魏北周统治区游侠之风兴盛及婚姻习俗的变化

随着大批胡族及胡化族群融入西魏北周统治的关陇地区，该区域的社会风气变化表现在哪些方面？首先士家大族喜好游侠豪杰，如《周书》卷三五《薛善传》所云：

> 薛善字仲良，淮东汾阴人也。祖瑚，魏河东郡守。父和，南青州刺史。善少为司空府参军事，迁傥城郡守，转盐池都将……善家素

---

① 《北齐书》卷四《文宣帝纪》，第51页。
② （北齐）颜之推、今人王利器：《颜氏家训集解》卷一《治家》，中华书局1993年版，第53页。
③ 《北史》卷六《齐世宗文襄帝纪》，第234页。
④ 《北齐书》卷二二《李元忠传》，第313页。
⑤ 同上书，第319页。
⑥ 《北齐书》卷二九《李玙传》，第396页。

富,童仆数百人。兄元信,仗气豪侈,每食方丈,坐客恒满,弦歌不绝。而善独供己率素,爱乐闲静。(第623页)

同书卷四三《韦祐传》云:

韦祐字法保,京兆山北人也。少以字行于世。世为州郡著姓……法保少好游侠,而质直少言。所与交游,皆轻猾亡命。人有急难投之者,多保存之。虽屡避追捕,终不改其操。(第774—775页)

《艺文类聚》卷三三《游侠》云:

周王褒《游侠篇》曰:京洛出名讴,豪侠竞交游。河南朝四姓,关西谒五侯。斗鸡横大道,走马出长楸。桑阴徒将夕,槐路转淹留。

周庾信诗曰:侠客重连镳,金鞍被桂条。细尘障路起,惊花乱眼飘。酒酣人半醉,汗湿马全骄。归鞍畏日晚,争路上河桥。

陈沈炯《长安少年诗》曰:长安好少年,骢马铁连钱。陈王装脑勒,晋后铸金鞭。步摇如飞燕,宝剑似舒莲。去来新市侧,遨游大道边。

陈阴铿《西游咸阳中诗》曰:上林春色满,咸阳游侠多。城斗疑连汉,桥星像跨河。影里看飞毂,尘前听远珂。还家何意晚,无处不经过。(第581页)

可见,在关陇地区游侠成风,就连王褒、庾信等著名文士也为这种社会风气的变化作诗。究其原因,既与自先秦以来形成的"关西出将"社会风气有关,也与这时大批胡族及胡化族群进入该地区后,所带来的胡文化以及战乱等诸因素有关。

其次,有的汉士族在与胡族杂居时,由于诸多缘由甚至受到胡族的影响,改随胡族风俗,如《周书》卷四二《刘璠传》所云:

刘璠字宝义,沛国沛人也……璠九岁而孤,居丧合礼。少好读书,兼善文笔……左迁同和郡守。璠善于抚御,莅职未期,生羌降附者五百余家。前后郡守多经营以致资产,唯璠秋毫无所取,妻子并随羌俗,食麦衣皮,始终不改。洮阳、洪和二郡羌民,常越境诣璠讼理焉。(第760—764页)

另外,赵向群先生也说:"魏晋时期,河西民族大融合主流趋势是羌化趋势"①,但是在这一时期河西地区胡汉各族建立过诸多割据政权,如前凉、后凉、南凉、西秦、西凉、北凉六个政权,还有统治该地区或部分地区的前秦、后秦等政权,其中前凉、西凉是汉族政权,西秦、南凉是鲜卑族政权,北凉是卢水胡政权,前秦、后凉是氐族政权,真正是羌族建立的政权只有后秦,统治中心又不在河西地区,虽然说前秦、后凉统治者的族属氐族,与羌族族源相近,可是前秦统治中心也不在河西地区,只有后凉是建立在河西地区的政权,因此赵向群先生所言过于偏激。虽然如此,从当时在河西地区建立割据政权者的族属来看,这一地区还是具有一定的胡化倾向,而且历史是具有延续性的。另外第一章第五节所引《北史·长孙绍远传》也说长孙绍远"出为河州刺史。河右戎落,向化日近,同姓婚姻,因以成俗。绍远导之以礼,大革弊风"。(第826页)这也说明河西地区原来居住的胡族部落中所具有的落后习俗势必影响了居住在这一地区的汉族人群,这也进一步印证了河西地区确实一度存在着胡化倾向。

再次,在男女关系、婚姻及其习俗方面也变化颇大,据《周书》卷三三《王悦传》所云:

悦既久居显职,及此之还,私怀怏怏。犹陵驾乡里,失宗党之情。其长子康,恃旧望,遂自骄纵。所部军人,将有婚礼,康乃非理凌辱。(第580页)

至于婚姻及其习俗方面的变化虽无明确记载,但是《北史》卷五《西魏文帝纪》却云:

---

① 赵向群:《魏晋五凉时期河西民族融合中的羌化趋势》,《西北师大学报》1996年第1期,第81页。

> ［大统］九年春正月，降罪人。禁中外及从母兄弟姊妹为婚。（第178页）

《周书》卷五《武帝纪》云：

> ［建德二年九月戊寅］诏曰："政在节财，礼唯宁俭。而顷者婚嫁竞为奢靡，牢羞之费，罄竭资财，甚乖典训之理。有司宜加宣勒，使咸遵礼制。"（第82页）
>
> ［三年春正月］癸酉，诏："自今已后，男年十五，女年十三已上，爰及鳏寡，所在军民，以时嫁娶，务从节俭，勿为财币稽留。"（第83页）

同书卷六《武帝纪》云：

> ［建德六年六月］丁卯，诏曰："同姓百世，婚姻不通，盖惟重别，周道然也。而娶妻买妾，有纳母氏之族，虽曰异宗，犹为混杂。自今以后，悉不得娶母同姓，以为妻妾。其已定未成者，即令改聘。"（第103页）

以上诸诏书明确禁止中外及从母兄弟姊妹为婚、娶母同姓、婚嫁奢靡，说明这些现象在西魏北周统治区域内是相当严重的，否则大可不必以皇帝诏书的形式加以禁止。

最后，在该地区还有因降被灭族之事，如《北齐书》卷二七《韦子粲传》所云：

> 韦子粲，字晖茂，京兆人。曾祖阆，魏咸阳守。父俊，都水使者。子粲仕郡功曹史，累迁为大行台郎中，从尔朱天光平关右。孝武入关，以为南汾州刺史。神武命将出讨，城陷，子弟俱破获，送晋阳，蒙放免。以粲为并州长史，累迁豫州刺史，卒。初子粲兄弟十三人，子侄亲属，阖门百口悉在西魏。以子粲陷城不能死难，多致诛

灭，归国获存，唯与弟道谐二人而已。（第379—380页）

仅因韦子粲兄弟数人战败被俘，并出仕东魏政权，而举家百口几乎皆被诛杀，可见其惨烈。

而西魏北周统治区域内社会风气之所以出现这些变化，甚至生活在该地区的汉人特别是有的士族丧失了原有文化的习俗而改随胡俗，当与胡族及胡化族群大量涌入中原，胡汉民族杂居、相互影响以及该地区的一些士族本身就是以武力起家有关，因此说明进入该地区胡族的文化对该地区文化影响颇大。

二 尚武之风

自汉武帝"罢黜百家，独尊儒术"以来，中国北方农业地区的汉族士庶大多崇尚儒家学说，原有的尚武之风渐失，并以饱读诗书为荣，特别是士族屡代传习儒术。但是"永嘉之乱"后，匈奴、鲜卑、羯、氐、羌等胡族相继进入中国北部农业地区，建立割据政权，使得一部分汉人背井离乡、流离失所，迁居江南、河西等地，而留居在中国北方的汉人由于为了生存以及和胡族杂居等原因，受到胡族文化的影响，逐渐沾染上胡族善骑射的尚武之风，时人颜之推在《颜氏家训》中所云："今世士大夫，但不读书，即称武夫儿，乃饭囊酒瓮也。"[①] 即是在说当时的这种社会风气。

（一）尚武之风对东魏北齐统治区的影响

山东地区由于地理形势多平原，少地理屏障，特别是在五胡十六国时期在该地区先后建立过汉、后赵、冉魏、前燕、后燕、南燕、北燕等割据政权，甚至还同时出现过两个割据政权相互争夺的局面，这就决定了这一区域多战乱，而这一地区的汉人则由于战乱以及胡文化的影响，习武之风一时兴起，以至影响到北朝后期以高欢为首的高氏家族建立东魏北齐政权之时，据《北齐书》卷二十《尧雄传》记载：

尧雄，字休武，上党长子人也。祖暄，魏司农卿，父荣，员外侍郎。雄少骁果，善骑射，轻财重气，为时辈所重……雄虽武将，而性

---

① （北齐）颜之推、今人王利器：《颜氏家训集解》卷五《诫兵》，第355页。

质宽厚，治民颇有诚信，为政去烦碎，举大纲而已。抚养兵民，得其力用，在边十年，屡有功绩，豫人于今怀之。又爱人物，多所施与，宾客往来，礼遗甚厚，亦以此见称。（第267—269页）

雄从父兄杰，字寿。性轻率，嗜酒，颇有武用。（第270页）

同卷《宋显传》记载：

宋显，字仲华，敦煌效谷人也……普泰初，迁使持节、征北将军、晋州刺史。后归高祖，以为行台右丞。樊子鹄据兖州反，前西兖州刺史乙瑗、谯郡太守辛景威屯据五梁，以应子鹄。高祖以显行西兖州事，率众讨破之，斩瑗，景威遁走。拜西兖州刺史。时梁州刺史鹿永吉据州外叛，西魏遣博陵王元约、赵郡王元景神率众迎接。显勒当州士马邀破之，斩约等，仍与左卫将军斛律平共会大梁。拜仪同三司。在州多所受纳，然勇决有气干，检御左右，咸能得其心力。（第270页）

同卷《薛脩义传》记载：

薛脩义，字公让，河东汾阴人也。曾祖绍，魏七兵尚书、太子太保。祖寿仁，河东、河北二郡守、秦州刺史、汾阴公。父宝集，定阳太守……以脩义为统军……合得七千余人，即假安北将军、西道别将。俄而东西二夏、南北两华及豳州等反叛，[元]颢进讨之。脩义率所部，颇有功。绛蜀贼陈双炽等聚汾曲，诏脩义为大都督，与行台长孙权共讨之……元象初，拜仪同。沙苑之役，从诸军退。还，行晋州事封祖业弃城走，脩义追至洪洞，说祖业还守，而祖业不从。脩义还据晋州，安集固守。西魏仪同长孙子彦围逼城下，脩义开门伏甲以待之，子彦不测虚实，于是遁去。（第275—277页）

同书卷二一《高乾附弟昂传》记载：

昂，字敖曹，乾第三弟。幼稚时，便有壮气。长而俶傥，胆力过人，龙眉豹颈，姿体雄异。其父为求严师，令加捶挞。昂不遵师训，专事驰骋，每言男儿当横行天下，自取富贵，谁能端坐读书，作老博士也。与兄乾数为劫掠，州县莫能穷治。招聚剑客，家资倾尽，乡闾畏之，无敢违迕。（第293页）

季式，字子通，乾第四弟也。亦有胆气……季式豪率好酒，又恃举家勋功，不拘检节。（第296—297页）

同卷《刘孟和传》记载：

孟和名协，浮阳饶安人也。孟和少好弓马，率性豪侠。（第299页）

同卷《刘叔宗传》记载：

叔宗字元纂，乐陵平昌人……兄海宝，少轻侠，然为州里所爱。昂之起义也，海宝率乡闾袭沧州以应昂，昂以海宝行沧州事。（第299页）

同书卷二二《李元忠传》记载：

元忠宗人愍，字魔怜，形貌魁杰，见异于时。少有大志，年四十，犹不仕州郡，唯招致奸侠，以为徒侣。（第317页）

元忠族叔景遗，少雄武，有胆力，好结聚亡命，共为劫盗，乡里每患之。（第318页）

特别值得注意的是渤海高氏、赵郡李氏、河东薛氏皆是当时中国北方的大士族，而其族的高昂、高季式、李景遗、李愍、薛脩义等人却一改习读经史的传统，崇尚武力。此外尧雄、尧杰、宋显、刘孟和、刘叔宗等汉人亦是如此，这当与是时战乱环境以及胡文化的影响有关。另外一些汉族军人也骁勇异常，不弱于高欢的精锐部队"百保鲜卑"，如《北齐书》卷二一《高乾附弟昂传》所云：

> 又随高祖讨尔朱兆于韩陵，昂自领乡人部曲王桃汤、东方老、呼延族等三千人。高祖曰："高都督纯将汉儿，恐不济事，今当割鲜卑兵千余人共相参杂，于意如何？"昂对曰："敖曹所将部曲，练习已久，前后战斗，不减鲜卑，今若杂之，情不相合，胜则争功，退则推罪，愿自领汉军，不烦更配。"高祖然之。及战，高祖不利，军小却，兆等方乘之。高岳、韩匈奴等以五百骑冲其前，斛律敦收散卒蹑其后，昂与蔡俊以千骑自栗园出，横击兆军，兆众由是大败。（第294页）

这一地区之所以出现崇尚武力的社会风气，当是由于该地区自东汉末年以来长期处在战乱之中，特别是五胡十六国以来，胡族的大量涌入，甚至建立了许多割据政权，战乱愈演愈烈，同时胡汉各族在相互碰撞的过程中，汉族人口特别是一些世家大族为了在本地区生存下去，开始效法胡族骑射，并建立坞堡自卫的缘故。这样长此以往汉族特别是一些士族受到胡族尚武之风的影响，进而影响到其他汉族人群，由此崇尚武力在该地区逐渐形成一种社会风气。

（二）西魏北周统治地区崇尚武力

西魏北周政权割据的关陇地区，由于具有函谷关等地理屏障，战乱较少，虽然如此，自东汉以来由于西边的羌族大量涌入该地区，特别是五胡十六国时期各胡族曾经在该地区先后建立过后赵、前秦、后秦、夏、后凉、西秦、南凉、北凉、西凉等割据政权，这就又使得一些汉族人群也受到这些胡族的影响，同时也是为了自身的安危考虑，习武之风兴盛，这种习俗一直影响到了北朝后期以宇文泰为首的宇文氏家族建立西魏北周政权之时，据《周书》卷二九《王杰传》所云：

> 王杰，金城直城人也，本名文达。高祖万国，魏伏波将军、燕州刺史。父巢，龙骧将军、榆中镇将。杰少有壮志，每以功名自许，善骑射，有膂力。（第489页）

同卷《耿豪传》云：

耿豪，钜鹿人也。本名令贵。其先避刘、石之乱，居辽东，因仕于燕。曾祖超，率众归魏，遂魏家于神武川。豪少粗犷，有武艺，好以气凌人。贺拔岳西征，引为帐内。岳被害，归太祖，以武勇见知。（第494页）

同卷《王雅传》云：

王雅字度容，阐熙新国人也。少而沈毅，木讷寡言，有胆勇，善骑射。（第501页）

同卷《侯植传》云：

侯植字仁干，上谷人也。燕散骑常侍龛之八世孙。高祖恕，魏北地郡守。子孙因家于北地之三水，遂为州郡冠族。父欣，泰州刺史、奉义县公。植少倜傥，有大节，容貌奇伟，武艺绝伦。（第505页）

同书卷三三《王庆传》云：

王庆字兴庆，太原祁人也。父因，魏灵州刺史、怀德县公。庆少开悟，有才略。初从文帝征伐，复弘农，破沙苑，并有战功，每获殊赏。（第575页）

同书卷三四《杨㯹传》云：

杨㯹字显进……保定四年，迁少帅。其年，大军围洛阳，诏㯹率义兵万余人出轵关。然㯹自镇东境二十余年，数与齐人战，每常克获，以此遂有轻敌之心。时洛阳未下，而㯹深入敌境，又不设备。齐人奄至，大破㯹军。㯹以众败，遂降于齐。㯹之立勋也，有慷慨壮烈之志，及军败，遂就房以求苟免。时论以此鄙之。（第590—593页）

同书卷三五《敬珍传》云：

> 敬珍字国宝，河东蒲坂人也……珍伟容仪，有气侠，学业骑射，俱为当时所称。祥即珍从祖兄也，亦慷慨有大志，唯以交结英豪为务。珍与之深相友爱，每同游处。（第626页）

同书卷三六《郑伟传》云：

> 郑伟字子直，荥阳开封人也，小名阇提，魏将作大匠浑之十一世孙。祖思明，少勇悍，仕魏至直阁将军，赠济州刺史。父先护，亦以武勇闻……伟少倜傥有大志，每以功名自许，善骑射，胆力过人。（第633—634页）

同卷《杨纂传》云：

> 杨纂，广宁人也。父安仁，魏北道都督、朔州镇将。纂少习军旅，慷慨有志略，尤工骑射，勇力兼人。（第635页）

同卷《裴果传》云：

> 裴果字戎昭，河东闻喜人也。祖思贤，魏青州刺史。父遵，齐州刺史。果少慷慨，有志略。魏太昌初，起家前将军、乾河军主，除阳平郡丞。太祖曾使并州，与果相遇。果知非常人，密托附焉。永安末，盗贼蜂起。果从军征讨，乘黄骢马，衣青袍，每先登陷阵，时人号为"黄骢年少"。（第647页）

同书卷四三《李延孙传》云：

> 李延孙，伊川人也。祖伯扶，魏太和末，从征悬瓠有功，为汝南郡守。父长寿，性雄豪，有武艺。少与蛮酋结托，屡相招引，侵灭关

南。孝昌中，朝议恐其为乱，乃以长寿为防蛮都督，给其鼓节，以慰其意。长寿冀因此遂得任用，亦尽其智力，防遏群蛮……延孙亦雄武，有将帅才略。少从长寿征讨，以勇敢闻。（第 773—774 页）

同卷《韩雄传》云：

韩雄字木兰，河南东垣人也。祖景，魏孝文时为赭阳郡守。雄少敢勇，膂力绝人，工骑射，有将率材略。及魏孝武西迁，雄便慷慨有立功之志。（第 776 页）

同卷《陈忻传》云：

陈忻字永怡，宜阳人也。少骁勇，有气侠，姿貌魁岸，同类咸敬惮之。魏孝武西迁之后，忻乃于辟恶山招集勇敢少年数十人，寇掠东魏，仍密遣使归附。（第 777—778 页）

其中太原王氏、荥阳郑氏、河东裴氏皆是当时中国北方的大士族，而出自士族家庭的王庆、郑伟、裴果等人却一改习读经史的传统，崇尚武力，王杰、耿豪、王雅、侯植、杨㩃、敬珍、杨篡、李延孙、韩雄、陈忻等汉人亦是如此。这当与该地区自东汉末年特别是五胡十六国以来，战乱不断，胡族的大量涌入，甚至建立了许多割据政权，汉族特别是一些世家大族为了在本地区生存下去，开始效法胡族善骑射，习弓马之习俗，建立坞堡以自卫。这当亦与该地区早在两汉时期就被誉为"关西出将"等人文历史原因有关。

三　使用胡姓胡名

自五胡十六国时期起由于大批胡族涌入中国北方的农业地区，与汉人杂居，他们的文化或多或少地影响着当地的汉族人口，特别是他们在这些地区建立政权，甚至入主中原，他们通过赐姓改姓等手段，将汉族的姓氏改为胡族姓氏。另外一些汉人在与胡族杂居交往的过程中，不仅姓氏受到胡族的影响，发生了改胡姓的现象，就连名字也受到了胡族的影响，不过这种影响在不同地区是不同的。

（一）东魏北齐统治地区较为少见

在史书中有关东魏北齐统治地区汉人使用胡族姓氏名字的仅见于《北齐书》卷二二《李元忠传》有出自赵郡李氏的"宗人愍，字魔怜"的记载，（第317页）因此说在该地区人们的姓氏名字基本上没有受到胡文化的影响，这当与这一地区的最高统治者高氏以汉族的渤海高氏自居不无关系，也说明在姓氏文化方面东魏北齐统治区域内受到胡文化的影响极少。

北齐也曾赐胡姓，据《北齐书》卷四八《外戚·元蛮传》记载：元蛮"赐姓步六孤氏"。（第668页）但这是因为"天保十年，大诛元氏，肃宗为蛮苦请，因是追原之"的缘故，① 完全是出于避免被诛杀不得已的权宜之计，并非王朝主动赐给的，这正如同《北齐书》卷四一《元景安传》所云"天保时，诸元帝室亲近者多被诛戮。疏宗如景安之徒议欲请姓高氏"，（第544页）是因避祸之缘故。还有北齐文宣帝高洋曾下诏"诸军民或有父祖改姓冒入元氏，或假托攀认，妄称姓元者，不问世数远近，悉听改复本姓"②。这是针对前朝——元魏所采取的一项措施，当与复胡姓无关，因为诏书中只说"复本姓"并未说复胡姓，而且元蛮本身就是拓跋鲜卑人。

（二）西魏北周统治地区比较常见

在西魏北周统治地区人们的姓氏名字受到胡文化影响，首先表现为西魏北周政权统治者给臣僚赐胡姓的现象，考诸正史，被赐胡姓的胡汉臣僚颇多，如《周书》卷一五《李弼传》所云：李弼"辽东襄平人也……赐姓徒河氏"。（第239—240页）卷一六《赵贵传》云：赵贵"天水南安人也。曾祖达，魏库部尚书、临晋子。祖仁，以良家子镇武川，因家焉……赐姓乙弗氏"。（第261—262页）卷一七《刘亮传》云：刘亮"中山人也，本名道德……乃赐名亮，并赐姓侯莫陈氏"。（第284—285页）同卷《王德传》云：王德"代郡武川人也……赐姓乌丸氏"。（第285—286页）卷一九《杨忠传》云：杨忠"弘农华阴人也。小名奴奴。高祖元寿，魏

---

① 《北齐书》卷四八《外戚·元蛮传》，第668页。
② 《北齐书》卷四《文宣帝纪》，第66—67页。

初,为武川镇司马,因家于神武树颓焉……赐姓普六茹氏"。(第314—317页)同卷《王雄传》云:王雄"字胡布头,太原人也……魏恭帝元年,赐姓可频氏"。(第319—320页)卷二十《王盟传》云:王盟"字子仵,明德皇后之兄也。其先乐浪人……赐姓拓王氏"。(第333—334页)同卷《阎庆传》云:阎庆"字仁庆,河南河阴人也。曾祖善,仕魏,历龙骧将军、云州镇将,因家于云州之盛乐郡……赐姓大野氏"。(第342页)卷二二《柳庆传》云:柳庆"字更兴,解人也。五世祖恭,仕后赵,为河东郡守。后以秦、赵丧乱,乃率民南徙,居于汝、颍之间,故世仕江表……赐姓宇文氏"。(第369—372页)卷二三《苏绰附弟椿传》云:苏椿"武功人……赐姓贺兰氏"。(第395页)卷二五《李贤传》云:"赐[李]贤妻吴姓宇文氏"。(第417页)卷二七《蔡佑传》云:蔡佑"其先陈留圉人也。曾祖绍为夏州镇将,徙居高平,因家焉……赐姓大利稽氏"。(第442—444页)同卷《田弘传》云:田弘"高平人也……赐姓纥干氏"。(第449页)同卷《梁台传》云:梁台"长池人也……赐姓贺兰氏"。(第452—453页)卷二九《王杰传》云:王杰"金城直城人也,本名文达……赐姓宇文氏"。(第489页)同卷《王勇传》云:王勇"代武川人也,本名胡仁……仍赐姓库汗氏"。(第490—491页)同卷《耿豪传》云:耿豪"巨鹿人也。本名令贵。其先避刘、石之乱,居辽东,因仕于燕……赐姓和稽氏"。(第494—495页)同卷《李和传》云:李和"庆和,其先陇西狄道人也。后徙居朔方……赐姓宇文氏"。(第497—498页)同卷《杨绍传》云:杨绍"弘农华阴人也……赐姓叱利氏"。(第500—501页)同卷《刘雄传》云:刘雄"临洮子城人也……赐姓宇文氏"。(第503页)同卷《侯植传》云:侯植"上谷人也。燕散骑常侍龛之八世孙。高祖恕,魏北地郡守。子孙因家于北地之三水,遂为州郡冠族……赐姓侯伏侯氏……又赐姓贺屯"。(第505—506页)卷三十《李穆传》云:李穆"寻进位大将军,赐姓拓跋氏"。(第528页)卷三一《韦孝宽传》云:韦叔裕"字孝宽,京兆杜陵人也,少以字行。世为三辅著姓……赐姓宇文氏"。(第535—538页)卷三二《申徽传》云:申徽"魏郡人也……赐姓宇文氏"。(第555—556页)同卷《陆通传》云:陆通"吴郡人也。曾祖载,从宋武帝平关中,军还,留载随其子义真镇长安,遂没赫连氏……赐姓步六孤氏"。(第557—559页)同卷《柳敏传》云:

柳敏"河东解县人……赐姓宇文氏"。（第560—561页）同卷《唐瑾传》云：唐瑾"赐姓宇文氏……时燕公于谨勋高望重，朝野所属。白文帝，言瑾学行兼修，愿与之同姓，结为兄弟……更赐瑾姓万纽于氏"。（第564页）卷三三《赵昶传》云：赵昶"天水南安人也。曾祖襄，仕魏至中山郡守，因家于代……赐姓宇文氏"。（第576—578页）同卷《王悦传》云：王悦"京兆蓝田人也……赐姓宇文氏"。（第578—581页）卷三五《郑孝穆传》云：郑孝穆"荥阳开封人，魏将作大匠浑之十一世孙……赐姓宇文氏"。（第609—610页）同卷《崔谦传》云：崔谦"博陵安平人也……赐姓宇文氏"。（第611—613页）同传云：其弟崔说亦"赐姓宇文氏"。（第614页）同卷《崔猷传》云：崔猷"博陵安平人，汉尚书实之十二世孙也……赐姓宇文氏"。（第616页）同卷《薛端传》云：薛端"字仁直，河东汾阴人也，本名沙陁。魏雍州刺史、汾阴侯辨之六世孙。代为河东著姓……进授吏部尚书，赐姓宇文氏"。（第620—622页）同卷《薛善传》云：薛善"淮东汾阴人也……赐姓宇文氏"。（第623—624页）卷三六《杨纂传》云：杨纂"广宁人也……赐姓莫胡卢氏"。（第635—636页）同卷《段永传》云：段永"字永宾，其先辽西石城人，晋幽州刺史匹䃿之后也。曾祖悢，仕魏，黄龙镇将，因徙高陆之河阳焉……赐姓尔绵氏"。（第636—637页）同卷《令狐整传》云：令狐整"敦煌人也，本名延世，为西土冠冕……赐姓宇文氏"。（第641—643页）同卷《裴果附刘志传》云：刘志"弘农华阴人，本名思，汉太尉宽之十世孙也……赐姓宇文氏"。（第648—649页）卷三七《寇俊传》云：寇俊"上谷昌平人也……赐姓若口引氏"。（第657—659页）同卷《韩褒传》云：韩褒"其先颍川颍阳人也，徙居昌黎……赐姓侯吕陵氏"。（第660页）同卷《赵肃传》云：赵肃"河南洛阳人也，世居河西……赐姓乙弗氏"。（第662—663页）同卷《张轨传》云：张轨"济北临邑人也……赐姓宇文氏"。（第664—665页）同卷《李彦传》云：李彦"梁郡下邑人也……赐姓宇文氏"。（第665—666页）同卷《裴文举传》云：裴文举"河东闻喜人也……赐姓贺兰氏"。（第668—669页）同卷《裴文举附高宾传》云：高宾"渤海修人也。其先因官北边，遂没于辽左……赐姓独孤氏"。（第670页）同卷《裴文举传附寮允》云："又有安定寮允，本姓牛氏……赐姓宇文氏"。（第671页）卷三八《李昶传》云：李昶"顿丘临黄人也……赐姓宇文氏"。（第 686 页）卷三九《韦瑱传》云：韦瑱"京兆杜陵人也。世为三辅著姓……赐姓宇文氏"。（第 693—694 页）卷四三《韩雄传》云：韩雄"河南东垣人也……赐姓宇文氏。"（第 776—777 页）同卷《陈忻传》云：陈忻"宜阳人也……赐姓尉迟氏"。（第 777—778 页）卷四五《樊深传》云：樊深"河东猗氏人也……赐姓万纽于氏"。（第 811—812 页）《隋书》卷四六《杨尚希传》云：杨尚希"弘农人也……[周]太祖奇之，赐姓普六茹氏"。（第 1252 页）卷五五《独孤楷传》云：独孤楷"字修则，不知何许人也，本姓李氏。父屯，从齐神武帝与周师战于沙苑，齐师败绩，因柱国独孤信所擒，配为士伍，给使信家，渐得亲近，因赐姓独孤氏"。（第 1377 页）卷六一《郭衍传》云：郭衍"自云太原介休人也。父以舍人从魏武帝入关，其后官至侍中……赐姓叱罗氏"。（第 1468—1469 页）《北史》卷六二《王思政传》云：说他是"太原祁人，汉司徒允之后也"。（第 2205 页）其子王康"赐姓拓王氏"。（第 2209 页）卷六五《辛威传》云：辛威"陇西人也……赐姓普屯氏"。（第 2311 页）《旧唐书》卷一《高祖纪》云：李虎"赐姓大野氏"。（第 1 页）其中赐姓宇文氏者二十五人，徒河氏一人，乙弗氏二人，侯莫陈氏一人，乌丸氏一人，普六如氏二人，可频氏一人，拓王氏二人，大野氏二人，贺兰氏三人，大利稽氏一人，普屯氏一人，纥干氏一人，和稽氏一人，库汗氏一人，叱利氏一人，侯伏侯氏一人，贺屯一人，拓跋氏一人，步六孤氏一人，万纽于氏二人，莫胡卢氏一人，尔绵氏一人，若口引氏一人，侯吕陵氏一人，尉迟氏一人，拓王氏一人，乙弗氏一人，独孤氏二人，叱罗氏一人，共计 62 人，在这些赐的胡姓中有 25 人是被赐为宇文氏的，占赐姓人总数的 40% 多。笔者以为被赐为宇文氏不能算作赐胡姓，因为宇文氏是北周皇室的姓氏，北周皇帝给臣属们赐以宇文氏如同西汉王朝给臣僚赐以刘氏、李唐王朝给臣僚赐以李氏、明朝给臣僚赐以朱氏，这种赐以臣僚皇家姓氏是一种政治待遇。反过来说，如果北周皇帝给臣属们赐以宇文氏也算作赐胡姓，那么由一个胡姓赐为另一个胡姓就无从解释，也毫无意义。除此以外，被赐为胡姓的大臣涉及 29 个胡族姓氏，共有 37 人次，约占赐姓人总数的 60%。而且据史书记载，这些大臣一旦被赐姓其子嗣也要改为所赐的胡姓,并且其后代继续沿用,① 这充分表明该地区胡文化的影响之大,已经渗透到社会文化的许多方面,甚至包括人们的姓氏名字。其原因当是自五胡十六国以来胡族大量进入该地区,他们与原来居住在该地区的汉人杂居,胡汉各族相互影响,特别是进入北朝后期该地区的统治者就是以宇文氏为首的、以武川镇军人为核心的一批胡族以及胡化族群,这些人必然会将他们的胡族文化的因素以各种手段甚至政治手段渗透到汉文化中,而赐胡姓当是其中的表现之一。

四 妇女两性观念的变化

汉族十分重视妇女的贞洁,妇女也素以守节为重,叙述历朝历史的正史中多有《列女传》,而有关《列女传》的总述,如《后汉书》卷八四《列女传》所云:

> 《诗》、《书》之言女德尚矣。若夫贤妃助国君之政,哲妇隆家人之道,高士弘清淳之风,贞女亮明白之节,则其徽美未殊也,而世典咸漏焉。故自中兴以后,综其成事,述为《列女篇》……余但探次才行尤高秀者,不必专在一操而已。(第2781页)

《晋书》卷九六《列女传》云:

> 夫三才分位,室家之道克隆;二族交欢,贞烈之风斯著。振高情而独秀,鲁册于是飞华;挺峻节而孤标,周篇于焉腾茂。徽烈兼劭,柔顺无怼,隔代相望,谅非一绪。然则虞兴妫讷,夏盛涂山,有娀、有㜪广隆殷之业,大妊、大姒衍昌姬之化,马、邓恭俭,汉朝推德;宣、昭懿淑,魏代扬芬,斯皆礼极中闱,义殊月室者矣。至若恭姜誓节,孟母求仁,华率傅而经齐,樊授规而霸楚,讥文伯于奉剑,让子

---

① 《隋书》卷一《高祖纪》记载,杨坚曾随其父为普六茹氏。《旧唐书》卷一《高祖纪》记载,李渊亦"至隋文帝作相,还复本姓",而这时姓大野氏的当是李渊或其父,因为李虎已死。另外《汉魏南北朝墓志汇编》《北周·谯国夫人故步六孤氏墓志铭》说"夫人讳须蜜多,本姓陆,吴郡吴人也"。是陆通之女,均说明臣僚一旦被赐姓其子嗣也要改为所赐的胡姓,并且其后代继续沿用。

发于分菽，少君之从约礼，孟光之符隐志，既昭妇则，且擅母仪。子政缉之于前，元凯编之于后，具宣闺范，有裨阴训。故上从泰始，下迄恭、安，一操可称，一艺可纪，咸皆撰录，为之传云。（第2507页）

《隋书》卷八十《列女传》云：

> 自昔贞专淑媛，布在方策者多矣。妇人之德，虽在于温柔，立节垂名，咸资于贞烈。温柔，仁之本也；贞烈，义之资也。非温柔无以成其仁，非贞烈无以显其义。是以诗书所记，风俗所在，图像丹青，流声竹素，莫不守约以居正，杀身以成仁者也。若文伯、王陵之母，白公、杞植之妻，鲁之义姑，梁之高行，卫君灵主之妾，夏侯文宁之女，或抱信以含贞，或蹈忠而践义，不以存亡易心，不以盛衰改节，其修名彰于既往，徽音传于不朽，不亦休乎！或有王公大人之妃偶，肆情于淫僻之俗，虽衣绣衣，食珍膳，坐金屋，乘玉辇，不入彤管之书，不沾良史之笔，将草木以俱落，与麋鹿而同死，可胜道哉！永言载思，实庶姬之耻也。观夫今之静女，各励松筠之操，甘于玉折兰摧，足以无绝今古。故述其雅志，以纂前代之列女云。（第1797页）

就连叙述鲜卑拓跋氏所建立的北魏政权的《魏书》也有《列女传》，总述曰：

> 夫妇人之事，存于织纴组紃、酒浆醯醢而已。至如嫫训轩官，娥成舜业，涂山三母，克昌二邦，殆非匹妇之谓也。若乃明识列操，文辩兼该，声自闺庭，号显列国，子政集之于前，元凯编之于后，随时缀录，代不乏人。（第1977—1978页）

这都说明这些历史时期是重视妇女贞节、贞烈观念的。但是奇怪的是叙述北朝后期东魏北齐政权和西魏北周政权的《北齐书》《周书》竟然皆无《列女传》，这亦可见南北朝后期妇女两性观念、贞洁观念之淡薄，正如《隋书·列女传》所云："或有王公大人之妃偶，肆情于淫僻之俗，虽衣绣衣，食珍膳，坐金屋，乘玉辇，不入彤管之书，不沾良史之笔，将草木以俱落，与麋鹿而同死，可胜道哉！永言载思，实庶姬之耻也。"而之所以出现这种现象，当自"永嘉之乱"后胡族大量涌入中国北方农业地区，胡族相对落后的婚姻及两性文化的影响不无关系。

（一）东魏北齐统治地区婚姻关系两性关系混乱

生活在东魏北齐统治区域内的汉族妇女的再婚、淫乱，如《北齐书》卷九《武成胡后传》记载：

> 武成皇后胡氏，安定胡延之女。其母范阳卢道约女……武成宠幸和士开，每与后握槊，因此与后奸通。自武成崩后，数出诣佛寺，又与沙门昙献通……齐亡入周，恣行奸秽。（第126—127页）

同卷《后主胡后传》记载：

> 后主皇后胡氏，陇东王长仁女也……数日而邺不守。后亦改嫁。（第127页）

《北史》卷一四《后妃传》记载：

> 冯翊太妃郑氏，名大车，严祖妹也。初为魏广平王妃。迁邺后，神武纳之，宠冠后庭，生冯翊王润。神武之征刘蠡升，文襄烝于大车。神武还，一婢告之，二婢为证。（第519页）

同卷《后妃传》记载：

> 弘德夫人李氏，赵郡李叔让女也。初为魏静帝嫔，武成纳焉。（第523页）

《新出魏晋南北朝墓志疏证》中《隋封子绘妻王楚英墓志》记载：

> 夫人姓王，讳楚英，小字僧婢，太原晋阳人……长女字宝首，适

陇西李桃枝，清渊县侯。次适范阳卢公令，尚书郎。后适陇西李子亢……次女字宝艳，小字徵男，适代郡娄定远，即齐武明皇太后之弟子，司空公、尚书令、青瀛二州刺史、临淮郡王。后适京兆韦艺，上大将军、齐州刺史、魏兴郡开国公……第三女字宝华，小字男弟，适斛律须达，开府仪同三司、护军将军、钜鹿郡开国公。后适范阳卢叔粲，汾州治中。（第336页）

按：王楚英出自太原王氏，其夫出自渤海封氏，他们和荥阳郑氏、赵郡李氏皆为中国北方的大士族，安定胡氏起码也是郡姓士族，其女或二嫁三嫁，或淫乱，这些皆与汉族的传统文化相违背，可见当时外来文化对中国北方汉族妇女两性习俗影响之一斑。

（二）西魏北周统治地区婚姻关系复杂

在西魏北周统治区域内生活的汉族妇女的事情，如《周书》卷九《皇后传》记载："静帝司马皇后名令姬，柱国、荥阳公消难之女。大象元年二月，宣帝传位于帝，七月，为帝纳为皇后。"（第148页）"二年九月，隋文帝以后父拥众奔陈，废后为庶人。后嫁为隋司隶刺史李丹妻，于今尚存。"（第149页）出身大官僚家庭的司马氏的家族女子都出现再婚现象，由此可以推测在该区域其他汉族妇女中还有这种情况，这又说明胡文化对该地区汉族妇女两性习俗产生了相当的影响。而出现这种变化的原因当与东汉时期汉羌战争起边地的羌、氐、匈奴、羯、鲜卑等胡族大量涌入关陇地区，随之这些进入该地区的胡族原有的部落解体，胡族开始与汉人杂居，在文化上与汉族相互碰撞、相互影响，一部分汉族妇女在两性观念上受到胡族的影响，采取了一些过于开放的两性观念不无关系。

五 生活器物及服饰

在中国古代社会服饰器物也受到外来文化的影响，早在战国时期就有赵武灵王胡服骑射，各国纷纷效法，可见胡文化在当时的影响之大。进入魏晋南北朝时期，胡族的生活器物及服饰再一次影响着中国北方农业地区的汉族人口。其中床这一坐具的变化值得重视，而古代器物中的床与现代床的含义有所不同，古人所指的床既包括现在作为卧具的床，还包括现在的坐具，在魏晋南北朝时期出现了称为胡床的坐具，此胡床类似于今天人们仍在使用的靠背折叠椅,这本是游牧民族为了便于携带的一种坐具,随着北边胡族大量涌入被一并带入中原的农业地区,中原甚至江南的汉人也开始使用这种轻便的坐具。

(一) 东魏北齐统治地区所受的胡族影响

在东魏北齐统治地区汉人穿着胡族服饰的记载未见于传世史书,但是汉人使用胡床的记载倒有几条,见《北齐书》卷九《武成胡后传》:"武成皇后胡氏,安定胡延之女。其母范阳卢道约女……布金钱于献席下,又挂宝装胡床于献屋壁,武成平生之所御也。"(第126页)《北史》卷四五《裴叔业传》:"属时亢旱,土人劝令祷于海神。[裴]粲惮违众人,乃为祈请,直据胡床。"(第1651页)而北齐武成皇后胡氏出身于安定胡氏,其母出身于范阳卢氏,亦为士族。裴粲也出身于河东裴氏,是北方的士族。这说明东魏北齐统治地区汉人包括一些士族也受到胡族器物文化的影响。东魏北齐统治区内的汉人之所以使用胡床,是由于自五胡十六国及北朝以来原居住在中国北方边地的胡族不断涌入,他们在将胡文化带进中原的同时,也将他们日常生活中所使用的各种器物诸如胡床这个胡族常用的坐具也一并带进中原地区,而且胡床又便于携带,使用方便等缘故,导致中原地区原来居住的汉人在受到胡文化因素影响时接受了胡床这一胡族常用的坐具,最终使胡床这一坐具逐渐演变为我们现在常用的坐具——椅子,进而在整个中国都普遍使用起来。另外《后汉书》卷一〇三《五行志》云:"灵帝好胡服、胡帐、胡床、胡坐、胡饭、胡空侯、胡笛、胡舞,京都贵戚皆竞为之。"(第3272页)此后《三国志》《晋书》以及南朝各史中也有一些汉人使用胡床的记载,甚至在这些正史中还出现了东晋名臣庾亮、名相王导之子王恬等汉族的大士族也使用胡床的记载,①《晋书》卷二七《五行志》中还曰:"泰始之后,中国相尚用胡床貊槃,及为羌煮貊炙,贵人富室,必畜其器,吉享嘉会,皆以为先。"(第823页)这个泰始是晋武帝的年号,可见汉族使用胡床早在东汉时期,至迟也在晋

---

① 按:《晋书》卷六五《王导附子恬传》云:"恬久之乃沐头散发而出,据胡床于庭中晒发,神气傲迈,竟无宾主之礼。"卷七三《庾亮传》云:"亮在武昌,诸佐吏殷浩之徒,乘秋夜往共登南楼,俄而不觉亮至,诸人将起避之。亮徐曰:'诸君少住,老子于此处兴复不浅。'便据胡床与浩等谈咏竟坐。"

武帝泰始年间，并且已经成为一种时尚。因此说汉族使用胡床固然是受到胡文化的影响，但是这也不好完全归结于东魏北齐政权的统治者。

(二) 西魏北周统治地区亦有影响

在西魏北周统治地区虽然没有汉人穿着胡族服饰、使用胡床的记载，可是据《周书》卷七《宣帝纪》所云："大象元年春正月癸巳，受朝于露门，帝服通天冠、绛纱袍，群臣皆服汉魏衣冠。"（第117页）《通鉴》卷一七三陈宣帝太建十一年春正胡三省的注则更明确地说："以此知后周之君臣，前此盖胡服也。"（第5391—5392页）而陈宣帝太建十一年（579）即是北周宣帝大象元年，这说明西魏北周政权中的官僚此前一直以胡族服饰为朝服。《隋书》卷一二《礼仪志》又曰："后周之时，咸着突骑帽，如今胡帽，垂裙覆带，盖索发之遗象也。又文帝项有瘤疾，不欲人见，每常着焉。相魏之时，着而谒帝，故后周一代，将为雅服，小朝公宴，咸许戴之。"（第266—267页）北周君臣穿着胡族服饰必然影响着生活在这一地区的各族，也包括原来生活在这里的汉族，这也就是说西魏北周统治区域内的汉族也受到了胡族服饰文化的影响。出现这种现象的原因是由于自东汉以来特别是五胡十六国及北朝时期原居住在中国北方边地的许多胡族涌入，胡汉各族在一起杂居，各种文化相互碰撞、相互影响，再加上西魏北周时期该地区的统治者又多为胡族或胡化族群，他们的生活习俗还或多或少地保留着许多胡族文化的因素，特别是据上文记载保留了一些胡族的服饰穿着，这样胡族的服饰文化必然影响到居住在该地区的汉人。

本章小结

就汉文化的思想核心儒学来说，不论在东魏北齐政权所统治的山东地区还是西魏北周政权所统治的关陇地区，都出现了汉族士人既精通儒家经传又兼读佛教经典的现象，有的汉族士人在讲论儒家经传时，还采用佛教的升高座、升师子座之类形式。特别是在关陇地区佛教思想已经渗透到汉族文化的主导思想儒学中，这点从宇文泰命令经师薛慎等人既习读儒家经典又兼学佛经，名儒沈重也通涉佛经亦可证明。这些都说明作为汉文化主体的儒学不仅在讲学形式上，甚至内容上都受到佛教这一外来文化影响。再则，在东魏北齐政权统治区和西魏北周政权统治区都受到胡文化中的宗教等方面的影响，其中佛教对于汉族及其文化的影响尤为突出，一些汉族知识分子不仅对佛教颇有研究，在思想上也受到佛教的影响，其间不乏汉族的世家大族，甚至还有一些汉族学人出家为僧。在语言文化艺术方面，在这两大地区生活的汉族人群或是为了进入高氏、宇文氏家族所统治的政权中，或者是为了便于和鲜卑人交流，当或多或少地会一些鲜卑语，这说明自五胡十六国以来由于胡族从北部边地不断涌入中原地区，胡汉各族在中原地区杂居，胡汉各族为了相互交流，在语言上必然相互学习，这样胡族的语言文化对汉族及其语言或多或少产生了一定影响。此外，汉族还受到了胡族文学艺术的影响，这在艺术上表现得尤为突出，如东魏北齐政权制定的宫廷音乐，即所谓"正声"里也混杂着西凉等外来乐曲，西魏北周政权的乐曲杂糅康国、龟兹、高昌、西戎等伎乐，国家的宫廷乐曲尚且如此，而民间由于胡汉杂居，民间的汉族乐舞必然也掺杂进一些胡族乐舞，因此说在西魏北周统治区的乐舞当然是受到胡文化影响的。

在社会习俗方面，东魏北齐政权统治区和西魏北周政权统治区生活的一些汉族，包括个别汉士族，一改汉晋时期世家大族注重门第、以儒学为荣、多以传授习读儒家经典为业的风俗，而喜好交游豪杰，崇尚武力，习武之风兴盛。甚至在西魏北周政权所统治河西地区曾一度出现了胡化倾向。还出现了汉族所起的名字也受胡族影响的情况，甚至发生了汉族改胡姓这种与社会发展背道而驰的现象。还有在两性观念上，一部分汉族妇女受到胡族的影响，采取了一些过于开放的性观念，在性生活上过于放肆。另外，在服饰器物上也受到胡文化的影响，一些汉人穿着胡族服饰，特别是胡床这一胡族的坐具逐渐演变为我们现在常用的坐具——椅子，进而在整个中国都普遍使用起来。

至于为什么在这一时期中国北方农业地区生活的汉族民众会在社会风俗、姓名文化、妇女的两性观念、服饰器物等方面出现这些变化，这主要从几方面来看，一方面，与当时中国北方自五胡十六国时期起中国北方胡族包括个别的汉人建立了许多割据政权，这些割据政权之间不断发生战争，导致该地区战乱不断，士族或避地江左、河西，或在原居地聚族建坞堡以自卫，由此一改习读经史、崇尚儒学的传统，转而崇尚武力。另一方面，还有一部分士族本来就是以武力起家，特别是关陇地区自两汉以来就以"关西出将"而闻名，因此该地区以武力起家的士族当甚众。再加上胡族大量涌入，特别是关中及河西地区胡族从西、北、东三个方向大量涌入，胡汉各族在该地区杂居、各种文化相互碰撞、相互影响，特别是外来的胡族及胡化族群带来粗犷开放的草原文化因素所致。这也从另一个方面佐证了进入关陇地区胡族的文化对该地区汉文化影响力超过山东地区这一事实。

下 编

区域文化之比较

通过上编的考释，认识到这一时期整个中国北方民族认同，文化趋同，最终形成了全新的以儒家思想为核心的汉文化，这是当时社会文化变革发展的大趋势。虽然如此，由于诸多因素的影响，东魏北齐政权所控制的山东地区与西魏北周政权所控制的关陇地区，在文化上还是存在一些差异的，下面就此问题加以探讨，并分析其缘由。

第一章

胡汉文化之整合趋同及区域差异

在中国的历史上,魏晋南北朝时期就是一个各种文化相互碰撞、相互影响、整合趋同的时代,这个文化的整合趋同过程也就是胡汉文化相互融合的过程。而北朝后期恰好是这次文化整合趋同的最后阶段,在此基础上形成了全新的以儒家思想为核心的汉文化,这为隋唐时期的文化盛世奠定了基础。但是在中国北方这片广阔的大地上,各区域之间文化的发展难免存在着差异,在东魏北齐政权统治区域与西魏北周政权统治区域之间由于历史、人文以及自然环境等方面的原因,自然存在着一些差异,而这种差异又表现在儒学教育、礼仪习俗、政治经济军事制度、文学艺术、社会生活等文化的诸方面,下面就对这两大区域在文化上的诸多异同略加考述。

第一节 儒学教育之趋同及其差异

在北朝后期中国北方形成了东魏北齐和西魏北周两大政权对峙的形势,由此导致文化上出现了诸多差异,在这些差异中儒学教育显得尤为明显,并且格外引人注意。而北朝时期儒学概况如《隋书》卷七五《儒林传》所云:"自晋室分崩,中原丧乱,五胡交争,经籍道尽。魏氏发迹代阴,经营河朔,得之马上,兹道未弘。暨夫太和之后,盛修文教,搢绅硕学,济济盈朝,缝掖巨儒,往往杰出,其雅诰奥义,宋及齐、梁不能尚也。南北所治,章句好尚,互有不同。江左《周易》则王辅嗣,《尚书》则孔安国,《左传》则杜元凯。河、洛《左传》则服子慎,《尚书》、《周易》则郑康成。《诗》则并主于毛公,《礼》则同遵于郑氏。大抵南人约简,得其英华,北学深芜,穷其枝叶。考其终始,要其会归,其立身成名,殊方同致矣。"(第 1705—1706 页)这虽然对于"永嘉之乱"后的儒学做了一个总体上的叙述,但是这中间只是说南北方儒学的差异,却没有对于同处中国北方由东魏北齐政权所控制的山东地区及由西魏北周政权所控制的山东关陇的文化差异作出表述分析,因此有必要对于这两大区域在儒学方面的异同加以分析。

一 东魏北齐统治区儒学教育发达

据上编第一章第一节第一部分所考,在东魏北齐辖区见于记载接受汉文化的胡族及胡化族群中,受到儒学影响者总计 113 人,由于他们自身的素质不同、受到儒学的影响不同,其水准也各有差异,史家对其表述也就不同,分别叙述为有著述、学涉经史、遍览典坟、解悟捷疾、能诵经书、颇有学问、背诵文集、游心坟典、读书敏速、明辨有识悟、兼爱文学、颇学缀文、好学慕善、从师游学、爱始志学、精于一经或数经、幼而聪慧、幼聪颖、少好学、无所不览、求天下书、逢即写录、工名理、好清言、善草隶、爱篇什、好儒学、好学慕善、明解书计、好读书、秉文经武之业等。东魏北齐辖区接受汉文化的胡族或胡化族群总数 113 人中,颇有著述的有 9 人,占 7% 多;虽无著述但学术水准较高的共有 30 人,约占 27%;虽然儒学水准较低但也喜好儒学的共有 72 人,约占 64%;初学汉字者共有 2 人,约占 2%。前两类文化水准较高的人有 39 名,约占 35%;后两类文化水准较低或汉化程度不清楚的人有 74 名,占 65% 多。另外作为东魏北齐实际统治者的鲜卑化的高氏家族中的大多数成员接受了汉文化,而他们的学业源于何处?据前文所云,先后有范阳卢景裕、赵郡李同轨、中山张雕、渤海李铉、刁柔、中山石曜等人被高欢父子召引为高氏家族子侄们的师友,其中范阳、赵郡、中山属于河北地区自无问题,渤海郡的辖地今虽分处河北、山东两省,但是在唐代隶属于河北道,因此该郡也应属于河北地区,这就说明胡化族群的高氏家族成员接受的汉文化源自河北地区,都属于函谷关以东的山东地区。而且前两类文化水准较高的人群中祖上或本人早年进入中国北方农业地区的占绝大多数,后两类文化水准较低的人群中进入中国北方农业地区较晚,特别是最后一类初学汉字者都是随北魏末年内乱进入中国北方农业地区的。这也符合越早进入中国北方农业地区的胡族及胡化族群汉化越早,再经过一两代甚至数代人的汉文化积累,汉文化的水准自然高出许多,相反进入中国北方农业地区较晚的胡族及胡化族群的汉化程度较低的一般规律。

而且在东魏北齐时期最高统治者东魏孝静帝、权臣高欢、高澄、北齐文宣帝高洋、废帝高殷、孝昭帝高演、武成帝高湛、后主高纬皆尊重师傅、礼贤下士,后主高纬还依祖珽的建议于武平四年(573)二月设立具有后世翰林院性质的文林馆,引用了一批饱学之士,修撰了《圣寿堂御览》(后改为《修文殿御览》)这部多达三百六十卷之多的类书。东魏时期还沿袭了北魏的国子学,引用名儒讲学传授经传,还将东汉、曹魏所刻儒家经典的《熹平石经》《正始石经》由洛阳搬迁至他们的统治中心邺城,以此作为学子习读之标准读本。北齐建立后又在其统治区域内的郡国设立学校,把搬迁至邺城的石经移至学馆即国子学内,并且还制定了一套比较完备的讲学和设立新学校的礼仪制度。

另外,《北齐书》中有传记记载在东魏北齐统治区的胡族或胡化族群大约有171人,根据前文所定的标准,其中接受汉文化的有94人,约占总数的55%;未接受汉文化的有65人,占总数的38%多;情况不详的有12人,占总数的7%多。这样已考知是否接受汉文化的共有159人,接受汉文化的有94人,约占149人的59%,未接受汉文化的有65人,约占159人的41%。据此统计做图加以分析:

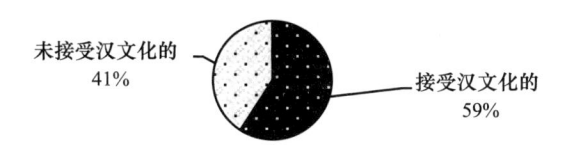

未接受汉文化的 41%
接受汉文化的 59%

由此可见《北齐书》中记载在山东地区接受汉文化的胡族或胡化族群在人数和所占比例上都多于未接受汉文化的胡族或胡化族群,说明该地区的胡族或胡化族群中大多数是接受了汉文化的,这当然与以高欢家族为首的东魏北齐最高统治者大力提倡汉化是分不开的。

而在东魏北齐统治区域内汉族中儒家学术水准到底如何?《北齐书》《北史》的《儒林传》则分别对于这一时期的儒家发展演变情况有一个比较详细的叙述,据《北齐书》卷四四《儒林传》所云:

> 凡是经学诸生，多出自魏末大儒徐遵明门下。河北讲郑康成所注《周易》。遵明以传卢景裕及清河崔瑾，景裕传权会，权会传郭茂。权会早入京都，郭茂恒在门下教授，其后能言《易》者多出郭茂之门。河南及青、齐之间，儒生多讲王辅嗣所注《周易》，师训盖寡。齐时儒士，罕传《尚书》之业，徐遵明兼通之。遵明受业于屯留王总，传授浮阳李周仁及渤海张文敬及李铉、权会，并郑康成所注，非古文也。下里诸生，略不见孔氏注解。武平末，河间刘光伯、信都刘士元始得费甝《义疏》，乃留意焉。其《诗》、《礼》、《春秋》尤为当时所尚，诸生多兼通之。《三礼》并出遵明之门。徐传业于李铉、沮俊、田元凤、冯伟、纪显敬、吕黄龙、夏怀敬。李铉又传授刁柔、张买奴、鲍季详、邢峙、刘昼、熊安生。安生又传孙灵晖、郭仲坚、丁恃德。其后生能通《礼经》者，多是安生门人。诸生尽通《小戴礼》，于《周》、《仪礼》兼通者十二三焉。通《毛诗》者多出于魏朝博陵刘献之。献之传李周仁，周仁传董令度、程归则，归则传刘敬和、张思伯、刘轨思。其后能言《诗》者多出二刘之门。河北诸儒能通《春秋》者，并服子慎所注，亦出徐生之门。张买奴、马敬德、邢峙、张思伯、张雕、刘昼、鲍长暄、王元则并得服氏之精微。又有卫觊、陈达、潘叔度虽不传徐氏之门，亦为通解。又有姚文安、秦道静初亦学服氏，后更兼杜元凯所注。其河外儒生俱伏膺杜氏。其《公羊》、《穀梁》二传，儒者多不措怀。《论语》、《孝经》，诸学徒莫不通讲。诸儒如权会、李铉、刁柔、熊安生、刘轨思、马敬德之徒多自出义疏。虽曰专门，亦皆粗习也。（第583—584页）

可见在东魏北齐统治区域内儒学兴盛，涉及《周易》《尚书》《毛诗》《周礼》《仪礼》《礼记》《春秋》《公羊传》《穀梁传》《论语》《孝经》等儒家经典，诸儒多自出义疏，并出现了卢景裕、权会、郭茂、李铉、刘焯、刘炫、刁柔、刘昼、熊安生、孙灵晖等名儒。《北史》卷八一《儒林传》亦云：

> 齐神武（高欢）生于边朔，长于戎马，杖义建旗，扫清区县。因魏氏丧乱，属尔朱残酷，文章咸荡，礼乐同奔，弦歌之音且绝，俎

第一章　胡汉文化之整合趋同及区域差异 / 241

豆之容将尽。永熙中,孝武复释奠于国学,又于显阳殿诏祭酒刘廞讲《孝经》,黄门李郁说《礼记》,中书舍人卢景宣讲《大戴礼·夏小正》篇,复置生七十二人。及永熙西迁,天平北徙,虽庠序之制,有所未遑,而儒雅之道,遽形心虑。时初迁都于邺,国子置生三十六人。至兴和、武定之间,儒业复盛矣。始天平中,范阳卢景裕同从兄仲礼于本郡起逆,齐神武免其罪,置之宾馆,以经教授太原公以下。及景裕卒,又以赵郡李同轨继之。二贤并大蒙恩遇,待以殊礼。同轨云亡,复征中山张雕武、勃海李铉、刁柔、中山石曜等递为诸子师友。及天保、大宁、武平之朝,亦引进名儒,授皇太子、诸王经术。然爱自始基,暨于季世,唯济南之在储宫,性识聪敏,颇自砥砺,以成其美。自馀多骄恣傲狠,动违礼度,日就月将,无闻焉尔,镂冰雕朽,迄用无成。盖有由焉。夫帝王子孙,习性骄逸,况义方之情不笃,邪僻之路竞开,自非得自生知,体包上智,而内纵声色之娱,外多犬马之好,安能入则笃行,出则友贤者也?徒有师傅之资,终无琢磨之实。贵游之辈,饰以明经,可谓稽山竹箭,加之括羽,俯拾青紫,断可知焉。而齐氏司存,或失其守,师保疑丞,皆赏勋旧,国学博士,徒有虚名。唯国子一学,生徒数十人耳。胄子以通经进仕者,唯博陵崔子发、广平宋游卿而已。自外莫见其人。幸朝章宽简,政纲疏阔,游手浮惰,十室而九。故横经受业之侣,遍于乡邑;负笈从宦之徒,不远千里。入闾里之内,乞食为资,憩桑梓之阴,动逾十数。燕、赵之俗,此众尤甚焉。齐制,诸郡并立学,置博士、助教授经。学生俱差逼充员,士流及豪富之家,皆不从调。备员既非所好,坟籍固不关怀。又多被州郡官人驱使,纵有游惰,亦不检察。皆由上非所好之所致也。诸郡俱得察孝廉,其博士、助教及游学之徒通经者,推择充举。射策十条,通八以上,听九品出身;其尤异者,亦蒙抽擢。(第2705—2706页)

在这段记载中有褒有贬,不过高欢以卢景裕、李同轨、张雕、李铉、刁柔、石曜等儒士为诸子师友,讲授儒学,北齐文宣帝高洋、武成帝高湛、后主高纬武平时期,"亦引进名儒,授皇太子、诸王经术"。"横经受业之侣,遍于乡邑;负笈从宦之徒,不远千里。"并且在制度上规定诸郡设置学校，由博士、助教授经。还通过考试选拔人才，这些则都是不争事实，也说明在东魏北齐统治区域内儒学兴盛的状况。另据《颜氏家训集解》卷三《勉学》记载：

> 俗间儒士，不涉群书，经纬之外，义疏而已。吾初入邺，与博陵崔文彦交游，尝说《王粲集》中难郑玄《尚书》事。崔转为诸儒道之，始将发口，悬见排蹙，云："文集只有诗赋铭诔，岂当论经书事乎？且先儒之中，未闻有王粲也。"崔笑而退，竟不以《粲集》示之。魏收之在议曹，与诸博士议宗庙事，引据《汉书》，博士笑曰："未闻《汉书》得证经术。"收便忿怒，都不复言，取《韦玄成传》，掷之而起。博士一夜共披寻之，达明，乃来谢曰："不谓玄成如此学也。"（第183—184页）

这条记载虽然是讥笑博士学识肤浅的，但是这又反证魏收、崔文彦、颜之推学术水平之高，实在让那些博士们望尘莫及。东魏北齐统治区域内之所以出现儒学兴盛的局面，当然与其实际统治者高氏家族有关，也是由于该地区自先秦以来文化底蕴深厚的缘故。

另外再看东魏北齐统治区内官府收藏图书的情况，据《隋书》卷四九《牛弘传》记载："高氏据有山东，初亦采访，验其本目，残缺犹多。及东夏初平，获其经史，四部重杂，三万余卷。所益旧书，五千而已。"（第1299页）可见东魏北齐政权始终重视图书的收集，并依新出的四部分类加以整理，并且收藏颇具规模。

以上这些既说明在东魏北齐政权统治的山东地区生活的胡族及胡化族群由于受到汉人的影响，汉文化的程度颇深。又说明该地区虽然受到外来文化的影响，但是由于汉士族大多并未迁徙到其他地区，使得该地区汉文化仍然延续发展，汉族特别是汉士族的文化仍然保持着较高的水平。但是由于大批胡族和胡化族群的涌入山东地区，原居住在这一地区的汉族在与这批胡族和胡化族群的交往过程中，胡化文化互相交流、互相影响，使得一些士大夫既精通儒经，又习读佛经，这也就会将外来文化主要是佛教思想渗透到儒家学说中来。

二 西魏北周统治区儒学教育发展稍慢

据上编第一章第一节第一部分所考,在西魏北周辖区内接受汉文化的胡族总数有69人,按其接受汉文化程度不同,分为颇有著述、儒学影响较深颇有学术、受儒学影响较浅但喜好儒学、略知经史、曾受儒学影响但后来基本放弃者五类,颇有著述的共有9人,占13%多;受儒学影响较深、颇有学术的共有8人,约占12%;受儒学影响较浅但喜好儒学的共有34人,占49%多;仅略知经史的共有16人,占23%多;曾受儒学影响但后来基本放弃的共有2人,约占3%。前两类文化水准较高的人有17人,约占总数的25%;而后三类文化水准较低的人却有52人,占总数的75%多。另外,西魏北周统治地区自宇文泰统治时期就尊重师长,其后北周武帝宇文邕及其子亦尊重师长、礼贤下士,不过比之东魏北齐统治区逊色一些。在教育上西魏时宇文泰于大统五年(539)草创学馆,至北周天和二年(567)秋七月武帝宇文邕才正式设立露门学,并有生徒。北周武帝宇文邕还曾多次讲《礼记》,但是讲学时并无相关礼仪,到大象二年(580)二月北周宣帝宇文赟幸露门学时才行释奠之礼。宣政元年八月举秀才、孝廉。

另外,《周书》中有传记记载在西魏北周统治区的胡族或胡化族群大致有224人,其中接受汉文化的有48人,约占总数的21%;未接受汉文化的有73人,约占总数的33%;情况不详的有103人,约占总数的46%。这样,已考知是否接受汉文化的共有121人,其中接受汉文化的有48人,约占40%,未接受汉文化的有73人,约占60%。据此略做一图:

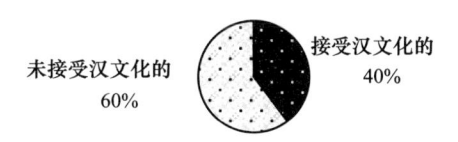

可见《周书》中记载在该地区生活的胡族中未接受汉文化的人数和所占比例都多于接受汉文化的,而且二者之间的差距较大,接受汉文化的胡族只占2/5不到,未接受汉文化的胡族占3/5多,但是这还是说明该地区的胡族中有相当多的人接受了汉文化。

而在西魏北周统治区域内汉族人群的儒学水准到底如何？这可见于《周书》《北史》的《儒林传》开头那段比较具体的记载，据《周书》卷四五《儒林传》所云：

> 及太祖受命，雅好经术。求阙文于三古，得至理于千载，黜魏、晋之制度，复姬旦之茂典。卢景宣学通群艺，修五礼之缺；长孙绍远才称洽闻，正六乐之坏。由是朝章渐备，学者向风。世宗纂历，敦尚学艺。内有崇文之观，外重成均之职。握素怀铅重席解颐之士，间出于朝廷；圆冠方领执经负笈之生，著录于京邑。济济焉足以逾于向时矣。洎高祖保定三年，乃下诏尊太傅燕公为三老。帝于是服衮冕，乘碧辂，陈文物，备礼容，清跸而临太学。袒割以食之，奉觞以酳之。斯固一世之盛事也。其后命轺轩而致玉帛，征沈重于南荆。及定山东，降至尊而劳万乘，待熊生以殊礼。是以天下慕响，文教远覃。衣儒者之服，挟先王之道，开黉舍延学徒者比肩；励从师之志，守专门之业，辞亲戚甘勤苦者成市。虽遗风盛业，不逮魏、晋之辰，而风移俗变，抑亦近代之美也。（第806页）

《北史》卷八一《儒林传》亦云：

> 周文（宇文泰）受命，雅重经典。于时西都板荡，戎马生郊，先王之旧章，往圣之遗训，扫地尽矣。于是求阙文于三古，得至理于千载，黜魏、晋之制度，复姬旦之茂典。卢景宣学通群艺，修五礼之缺；长孙绍远才称洽闻，正六乐之壤。由是朝章渐备，学者向风。明帝纂历，敦尚学艺，内有崇文之观，外重成均之职。握素怀铅，重席解颐之士，间出于朝廷；员冠方领，执经负笈之生，著录于京邑。济济焉，足以逾于向时矣。洎保定三年，帝乃下诏尊太保燕公为三老。帝于是服衮冕，乘碧辂，陈文物，备礼容，清跸而临太学，袒割以食之，奉觞以酳之，斯固一世之盛事也。其后命轺轩而致玉帛，征沈重于南荆。及定山东，降至尊而劳万乘，待熊安生以殊礼。是以天下慕向，文教远覃。衣儒者之服，挟先王之道，开黉舍，延学徒者比肩；励从师之志，守专门之业，辞亲戚，甘勤苦者成市。虽通儒盛业，不

逮魏、晋之臣，而风移俗变，抑亦近代之美也。（第 2706—2707 页）

按：这两段记载大致相同。可见在西魏北周统治区内名儒只有卢辩一人，再加上汉化胡族长孙绍远和《周书·儒林传》中所记载的卢诞、卢光也仅有数人，涉及的门类也只有卢辩"学通群艺，修五礼之缺"，其他几位仅涉及礼乐方面，而且卢辩、卢诞、卢光、长孙绍远皆是外来的士人，他们的学业源流都不在关陇地区。究其原因，是由于该地区的关中虽然在西汉时期作为政治、文化中心，黄老思想、儒家思想等各个流派的思想不断传入，但是到东汉时期关中失去了政治、文化中心的地位，加上汉羌战争，羌族等胡族不断涌入关陇地区，使这一地区的思想文化发展减慢，到五胡十六国时期因为胡族进入，并建立政权，思想文化基本没有发展等缘故。这种情况到西魏平江陵以后略有改观，这是由于西魏平江陵以后先将王褒、庾信、颜之仪等学者虏至关中，此后名儒沈重也辗转来到关中，这些学者将南朝的先进汉文化带入关中，或多或少地刺激了该地区的汉文化发展。而熊安生则是北齐灭亡后才被征入关中的，但是不久杨坚即篡周建隋，该地区汉文化的发展演变也就与北周政权无甚关联了。

西魏北周统治区域内官府藏书情况，如《隋书》卷四九《牛弘传》所曰："周氏创基关右，戎车未息。保定之始，书止八千，后加收集，方盈万卷。"（第 1299 页）可见该区域收藏图书数量只有万卷，而且收集的时间也较晚，分类情况亦不详。

以上这些说明在该地区生活的胡族及胡化族群也受到汉文化的影响，汉人的文化水平也颇高。但是该地区不论名儒学者数量、涉及门类还是收藏图书的数量质量都远不如东魏北齐统治区，只有名儒学者的学术水准与东魏北齐统治区大体相当。另外，在西魏北周地区生活的汉人由于受到来自北方和西方的胡族文化的影响，官僚士族中一些人既继承发展了儒家学说又喜好佛教，这也自然会使得佛教等外来文化的思想渗透到儒家学说中来。

三 两大区域的差异

总体上说，儒学仍然对东魏北齐和西魏北周两大统治区域内的文化起着主导作用，但是由于多种原因使得两大区域的儒学传播等方面存在着一些差异。据上编第一章第一节第一部分所考，各部分汉化的胡族及胡化族群的人数比例，颇有著述的有著述者共有 18 人，东魏北齐辖区有 9 人，西魏北周辖区有 9 人，各占一半。虽无著述但学术水准较高者共有 38 人，东魏北齐辖区有 30 人，约占 79%；西魏北周辖区有 8 人，占 21% 多。虽然儒学水准较低但也喜好儒学者共有 106 人，东魏北齐辖区共有 72 人，约占 68%；西魏北周辖区有 34 人，占 32% 多。初学汉字者共有 18 人，东魏北齐辖区有 2 人，占 11% 多；西魏北周辖区有 16 人，约占 89%。曾受儒学影响但后来基本放弃的共有 2 人，皆生活在西魏北周辖区。前两类文化水准较高者共有 62 人，东魏北齐辖区有 39 人，约占 70%；西魏北周辖区有 17 人，占 30% 多。反之，后三类文化水准较低或汉化程度深浅不清楚、受儒学影响较浅者共有 126 人，东魏北齐辖区有 74 人，约占 59%；西魏北周辖区有 52 人，占 41% 多。下面再根据以上考述所得出的数据，将胡族及胡化族群受儒学影响的五类情况分做若干柱形图对这两大区域的儒学加以分析，考其差异。

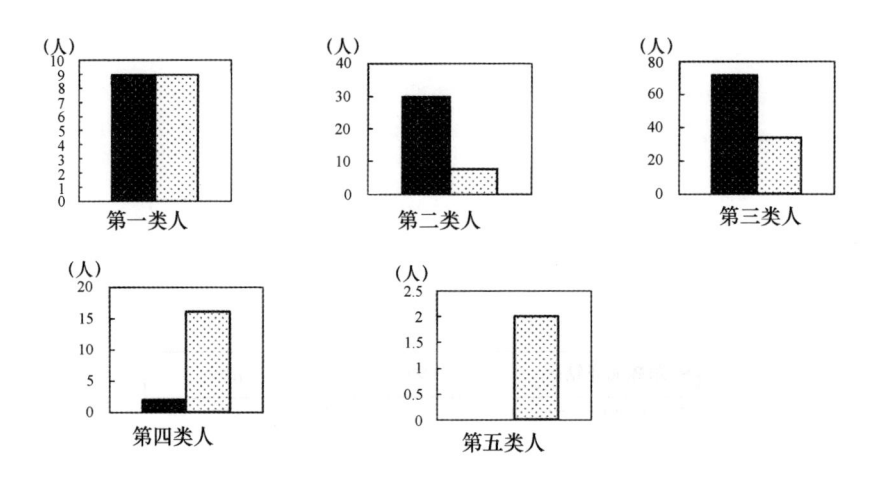

注：深色柱表示东魏北齐区域内的情况，浅色柱表示西魏北周区域内的情况。

由此可见，西魏北周政权所统治的关陇地区接受汉文化的胡族中第一类有著述者不论人数还是在该地区胡族学者中所占的比例都超过东魏北齐政权所统治的山东地区，当然其原因是多方面的，这当与北齐灭亡时图籍毁于兵火、东魏北齐统治区文武分途、汉族学者水准太高使得胡族学者难以超过而著述不传等缘由有关。第二类不论人数还是在所在地区胡族学者中所占的比例关陇地区都比山东地区逊色许多，而且前两类文化水准较高的人群也是东魏北齐多于关陇地区。相反，文化水准较低后三类则是关陇地区所占比例大幅度提高。这说明接受汉文化的那部分胡族及胡化族群中生活在东魏北齐政权辖区的比生活在西魏北周政权辖区的儒学水准高。

另外据前文考证《北齐书》《周书》中有大量胡族或胡化族群接受汉文化的记载，其中《北齐书》中有传记记载在东魏北齐统治区的胡族或胡化族群大约有172人，除去情况不详的有12人外，可考知是否接受汉文化的共有160人，接受汉文化的有95人，占160人的59%多；未接受汉文化的有65人，约占160人的41%。《周书》中有传记记载在西魏北周统治区的胡族或胡化族群大致有224人，除去情况不详的有103人，可考知是否接受汉文化的共有121人，其中接受汉文化的有48人，约占40%，未接受汉文化的有73人，占60%多。在此将《北齐书》《周书》中有传记记载的东魏北齐所统治的山东地区和西魏北周所统治的关陇地区已确定汉化与否的胡族或胡化族群情况按人数做成柱形图：

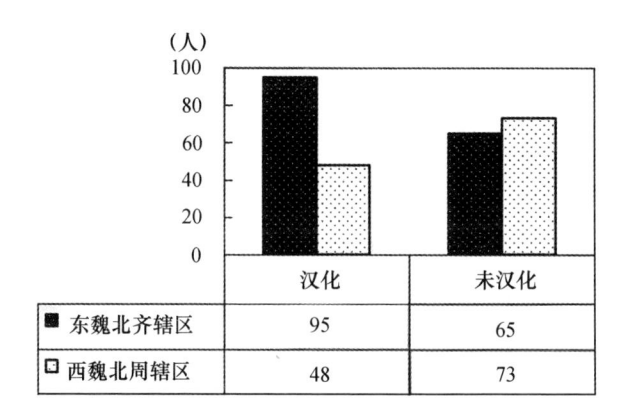

	汉化	未汉化
■ 东魏北齐辖区	95	65
□ 西魏北周辖区	48	73

可见，在东魏北齐统治区内胡族或胡化族群中汉化的人数比西魏北周统治区多47人，未接受汉文化的胡族或胡化族群人数却少于西魏北周统治区地区，这又从一个方面说明东魏北齐辖区的胡族或胡化族群整体文化水平比西魏北周辖区的胡族或胡化族群高。

再有，生活在东魏北齐统治区的名儒知名学者有卢景裕、权会、郭茂、李铉、刘焯、刘炫、刁柔、刘昼、熊安生、孙灵晖、邢邵、魏收、卢元明、魏季景、崔㥄、邢昕、祖珽、孙搴、杜辅玄、阳休之、祖鸿勋、陆卬、李广、樊逊、颜之推、李德林、薛道衡、卢询祖、卢思道、王晞30人，涉及经学的《周易》《尚书》《毛诗》《周礼》《仪礼》《礼记》《春秋》《公羊传》《谷梁传》《论语》《孝经》等儒家经典以及史学、文学等方面。反观生活在西魏北周统治区的名儒学者只有卢诞、卢光、长孙绍远、王褒、庾信、何妥、颜之仪、沈重8人。最初涉及的门类也只有卢辩通五礼，其他几位仅涉及礼乐，直到西魏平江陵以后，由于王褒、庾信、颜之仪、沈重迁居关中，该地区的学术水准迅速提高。可是他们的学术范围仍然没有涉及史学，更没有学者撰写出《魏书》这类正史。下面将两大区域学者人数做一柱形图：

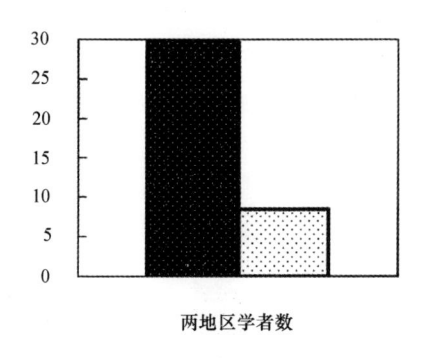

两地区学者数

注：深色表示东魏北齐统治区的学者数，浅色表示西魏北周统治区学者数。

可见生活在西魏北周统治区的名儒学者不论人数还是涉及的范围都远不如生活在东魏北齐统治地区，当然也应当承认在当时代表中国北方最高文学水平的庾信、经学水平的沈重都生活在西魏北周统治区，不过庾信、沈重二人皆是由江左地区辗转来到关中的，而且他们的学术也来自于江左地区。还有仅北周灭北齐时就获得北齐藏书达三万余卷，西魏北周政权在统一中国北方之前虽经收集也才有万卷。这也说明了东魏北齐统治区比西魏北周统治区文化程度高。

另外，在教育方面，东魏北齐很早就设置了学校，选拔人才，并且对于九品中正制的选官制度进行了改革，而西魏北周却到了北周武帝时即北周末年才在中央正式设置学校，这也说明了两大区域之间的文化差异。

第二节　文化机构设置之异同

东魏北齐政权统治区域和西魏北周政权统治区域文化的发展、水准的高低以及该政权对于文化的重视程度与否，也既表现对于儒学的重视程度上，也表现在对于文化机构的建设上，在北朝后期北齐政权和北周政权分别在他们的统治中心邺城、长安设立了文林馆和麟趾学这两大文化机构，下面就这两大文化机构的设置及其异同略作考述。

一　北齐文林馆的设置

据上编第一章第一节第二部分所考，文林馆是北齐后主高纬采纳的祖珽建议，于武平三年（572）设置的，而文林馆馆臣的组成，有王劭、颜之推、李德林、辛德源、陆乂、李孝基、魏澹、刘仲威、卢思道、韦道逊、朱才、睦道闲、崔子枢、崔德立、崔儦、郑公超、诸葛汉、郑子信、萧放、萧悫、封孝琰、郑元礼、杜台卿、杨训、羊肃、马元熙、刘珉、李师上、温君悠、崔季舒、祖珽、刘逖、李孝贞、李元楷、李骞、萧概、陆仁惠、卢公顺、江旰、陆开明、张德冲、元行恭、崔劼、古道子、刘顗、阳师孝、阳辟强、周子深、崔君洽、段孝言、王晞、张景仁、张雕、王伯、阳俊之、魏骞、封孝骞、崔德儒、刘儒行、王友伯、魏师骞61人，这61人地位也有较大的差异，李德林、崔季舒、祖珽、段孝言、刘逖等人位至宰相，崔劼则更是官居从一品，相反郑子信仅为从第八品的殿中侍御史。除两人任官品及不详外，其余59人中三品以上者共有12人，占20%多，四品至从八品者共有47人，约占80%。可知北齐后主选拔文林馆臣不注重职官品级、地位，可谓是唯才是举。再则这些人的任职除李德林、崔季舒、崔劼、祖珽、段孝言、刘逖6人已为宰辅等高官入文林馆和还有三人任职不详外，尚余52人中有相当多在"管司王言，及司进御之音乐"的中书省、"掌讽议左右，从容献纳"的集书省、"掌侍从左右，摈相威仪，尽规献纳，纠正违阙"的门下省，还有些人是从品级较高的官职改任"掌署敕行下，宣旨劳问"的舍人省中书舍人这一重要职位。

这中间王劭、魏澹、薛道衡、颜之推、李德林、辛德源皆为当时名儒,并以颜之推、李德林负责文林馆事务,可见北齐后主高纬对于这些名儒的重视。此外从文林馆的馆臣们撰修了《修文殿御览》,祖珽、段孝言以宰相身份参与文林馆以及许多馆臣本馆在中书省集书省门下省和国子寺秘书省等相关官署任职的史实看,文林馆类似于李唐王朝的翰林学士院。因此说文林馆的职责除了召集一批文士修《修文殿御览》的初衷外,其馆臣多是充当皇帝的顾问、秘书职责,有点像所谓内相,进而与外朝宰相相抗衡。而据《北齐书》卷四五《文苑·颜之推传》所云:"及周兵陷晋阳,帝轻骑还邺,窘急计无所从,之推因宦者侍中邓长颙进奔陈之策,仍劝募吴士千余人以为左右,取青、徐路共投陈国。"(第618页)也说明文林馆臣是可以参与最高决策的,确实与后世李唐王朝的翰林学士有相类之处。

就学术渊源来看,萧放、萧悫、颜之推、萧概、刘仲威、袁奭、朱才、眭道闲、诸葛汉、江旰10人是来自江左的,其学识源自江左地区,他们占总人数55人中的18%多;其他45人中辛德源、韦道逊虽说是关陇人,但是其祖上已迁居山东地区,其他人都是山东士人,其学识渊源应在山东地区,他们约占文林馆臣总数55人中的82%。而且生活在该区域的名儒王劭、薛道衡、颜之推、李德林、辛德源5人中,只有颜之推是从江左辗转迁徙来的,其余4人学术渊源都是出自东魏北齐统治区域。究其族属,只有陆乂、陆仁惠、元行恭3人属于代北房姓士族,可是祖上却早已随北魏孝文帝迁至洛阳,已经汉化,即使除去这3个汉化胡人,还有52个汉人,仍然占绝大多数。这样既是汉人又是出自本地区者计有42人,仍然占可考的55人中的76%多,可见北齐后主在选择文林馆臣时不考虑他们的族属、籍贯及来自何处,只注重学识,可以说是唯才是举。另外文林馆的组成人员大多数来自东魏北齐统治地区的汉族人群,而且他们又有学识,说明该地区文化发达,这些也都为北齐后主高纬设立文林馆创造了文化基础和客观条件。

二 北周麟趾学的设置

有关麟趾学的设立,《周书》卷四《明帝纪》虽然说:"集公卿已下有文学者八十余人于麟趾殿,刊校经史。又捃采众书,自羲、农以来,讫于魏末,叙为《世谱》,凡五百卷云。"(第60页)可知北周政权召集儒士于麟趾殿,主要是校刊经史,撰写《世谱》,并没有明确记载北周明帝宇文毓设立麟趾学,可是据《周书》卷三十《于翼传》所云:"世宗(北周明帝宇文毓)雅爱文史,立麟趾学,在朝有艺业者,不限贵贱,皆预听焉。"(第523页)《北史》卷二三《于翼传》也有相同的记载,《册府元龟》卷四九《帝王部·崇儒术》也有相似的记载,由此可证北周明帝确实设立了麟趾学这一文化机构。其组成人员,据上编第一章第一节第三部分所考知的麟趾学士有于翼、韦孝宽、元伟、颜之仪、萧㧑、萧大圜、宗懔、姚最、庾季才、王褒、庾信11人,虽然这11人在《周书·明帝纪》中所记载的80多位麟趾学士中仅占极少数,不过据他们的本传记载,他们皆为南北士族,除于翼、元伟两位虏姓士族外,都是汉士族,而且在他们中只有韦孝宽1人是西魏北周统治区域内土生土长的关中士族,其余8位都是从其他地区辗转迁徙到关中地区来的外来士族,他们在当时多是有名望者,其中大多数亦有学识,特别是王褒、庾信两位从江左地区辗转迁徙关中的学者又极有才华,为一时之选。不过麟趾学士中当也有一些非士族出身的汉族文士。再则麟趾学士中于翼、韦孝宽虽然曾一度拜相,但是时间都不长。① 而王褒则在"建德以后,颇参朝议。凡大诏册,皆令褒具草"②。虽然"世宗、高祖并雅好文学,[庾]信特蒙恩礼。至于赵、滕诸王,周旋款至,有若布衣之交。群公碑志,多相请托"③。可是他们却没有真正受到重用,更未委以高官。

三 两大机构的异同

北齐与北周设立这两大机构的初衷相同,北齐后主设置文林馆的初衷是修撰《修文殿御览》;北周明帝设置麟趾学士是为了刊校经史,修撰

---

① 据《周书》卷四一《韦孝宽传》所云:"恭帝元年,以大将军与燕国公于谨伐江陵,平之,以功封穰县公。还,拜尚书右仆射,赐姓宇文氏。""周孝闵帝践祚,拜小司徒。""保定初,以孝宽立勋玉壁,遂于玉壁置勋州,仍授勋州刺史。"可见韦孝宽任宰相的时间不长;据卷三十《于翼传》所云:"大象初,征拜大司徒。诏翼巡长城,立亭鄣。西自雁门,东至碣石,创新改旧,咸得其要害云。仍除幽定七州六镇诸军事、幽州总管。"可见于翼才拜相即奉诏巡视长城,出任幽州总管,恐怕就没有真正行使宰相职责。
② 《周书》卷四一《王褒传》,第731页。
③ 《周书》卷四一《庾信传》,第734页。

《世谱》。该机构组成大致相同，北齐后主召集一批文士设立文林馆，馆臣中以汉族为主体，大多是汉士族，其中王劭、薛道衡、颜之推、李德林、辛德源5人皆是名儒，极有才华；胡族虽有3人，但都是虏姓士族，并且汉化程度较深。北周麟趾学士仅考出只有11人，基本都是士族，其中王褒、庾信极有才华；于翼、元伟也是虏姓士族。不过麟趾学士中当也有一些非士族出身的汉族文士。

  所不同之处：一是两大机构成员地位不同，文林馆馆臣中有崔季舒、崔劼、祖珽、段孝言、李德林、刘逖6人为宰相，约占61位馆臣的十分之一，崔劼更是官居从一品。可是郑子信仅为从第八品的殿中侍御史。其他人中有相当多在中书省、集书省和门下省，官品不高，因此说文林馆臣中既有宰相之类高官，又有大批中书省、集书省、门下省品级较低的官员。而北周麟趾学士中虽有于翼、韦孝宽二人曾为宰相，却拜相时间不太长，也仅占80多人的3%左右，其他人地位官品也不太高。二是职责也不完全相同，虽然两大机构中任宰相者职责相似，但是文林馆馆臣中有相当多的人是在"管司王言，及司进御之音乐"的中书省、"掌讽议左右，从容献纳"的集书省和"掌侍从左右，摈相威仪，尽规献纳，纠正违阙"的门下省任职，官品不高，有些人甚至是从品级较高的官职改任"掌署敕行下，宣旨劳问"的舍人省中书舍人这一重要职位的，可见其馆臣多是充当皇帝的顾问、秘书，特别是主持文林馆的李德林就是宰相，颜之推参与最高决策，是有实权的，有点像所谓内相，这点从他入隋后撰写《颜氏家训》时仍然要在书中署"北齐黄门侍郎颜之推"即可证明。可是周麟趾学士中于翼、韦孝宽任宰相的时间不长，于翼可能就没有真正行使宰相职责，倒是王褒在北周武帝建德年间曾一度参与朝议，其他人则没有充当皇帝的顾问、秘书，庾信虽然得到北周明帝、武帝以及赵王宇文招等帝王的赏识，但是并没有真正受到重用。三是成员的来源也不相同，文林馆臣大多是东魏北齐政权统治的山东地区士人，他们大致占80%。可是见于记载的麟趾学士中出自西魏北周政权统治的关陇地区的士人只有韦孝宽1人，再加上在宇文泰建立西魏政权之初即来到该地区的人士以及他们的后人元伟、于翼，一共只有3人，占可考的11位麟趾学士的27%多，相反从江左进入该地区的士人中任麟趾学士的却有8人，约占可考的11位麟趾学士的73%。可知北周麟趾学性质与北齐的文林馆大相径庭，而麟趾学士的地位与文林馆臣更是不可相提并论，从中亦可看出北齐、北周两大政权对文士的重视程度的差异。

第三节　各项制度及其异同①

看一个政权的文化特别是胡族政权的汉化程度如何，很重要的一个方面就是看该政权包括胡族所建立的政权在政治、经济、军事等方面是否吸收了此前的一些汉族所建立的政权的有关制度，也就是该政权在制度上是否接受了汉文化。因此在北朝后期中国北方农业地区的山东、关陇两大区域所建立的东魏北齐政权和西魏北周政权的汉化程度也要在他们所制定的各项制度上做些考述。

一　东魏北齐政权制度沿袭演变

据上编第二章所考，东魏北齐职官制度大致是沿用北魏孝文帝改革以后的汉化制度，中央有三师、三公，还有尚书、门下、中书三省和吏部、殿中、祠部、五兵、都官、度支六曹尚书，还有秘书省、集书省、中侍中省、御史台、都水台、谒者台、太常、光禄、卫尉、宗正、太仆、大理、鸿胪、司农、太府九寺、国子寺、长秋寺、将作寺、昭玄寺和领军府、护军府、行台等，而且官员配备完备，如尚书省有录尚书事、尚书令、尚书仆射，称为都省，地方上设置刺史、太守、县令等职官，这些省、寺、台、府以及地方衙署、职官的名称多与汉晋旧制相仿。并且各级官员的品级明确。当与江左无太多的关联。不过官员的俸禄、罚俸的具体规定和官员上任时领取俸禄时间等规定则是北魏没有的，当是北齐因袭并发展汉晋制度所制定的。因此可以说北齐的职官制度是沿袭汉晋旧制，接受汉文化所制定的。

东魏北齐沿袭北魏的选举制度，州县都设有中正，由京官充任。被举荐者名为秀才、贡士、廉良，被举荐者还要经过比较严格的考试程序，在朝堂分别由中书、集书、考功郎中当场笔试考核，有时皇帝还亲临朝堂策

---

① 以下有关东魏北齐政权和西魏北周政权的各项制度及其渊源，在本文第二章中已详加考述，在此不再一一考辨，只是叙述，并加以比较。

试，对于字有脱误者、书有滥劣者、文理孟浪者，分别给予呼起立席后、饮墨水一升、夺席脱容刀等惩罚。另外除各州县中正举荐人才外，还要求其他官员举荐。这说明西魏北齐的选官制度由于受到了魏晋以来汉文化的影响，进一步严格了九品中正制这一选官制度，制度相当完备，为隋唐科举制度最终形成奠定了基础。

东魏政权沿用北魏律令，至北齐孝昭帝高演即开始依据北魏《麟趾格》修订《北齐律》，后由武成帝高湛时修撰完成《北齐律》，于河清三年（564）三月辛酉在其统治区内颁行，这部法律虽然未能传世，但是隋代的《开皇律》就是以此为蓝本的，由此可以进一步推测唐代的法律也是受到北齐律的影响的，《唐律疏议》中当保存了《北齐律》的一些条文。另外北齐政权还有《新令》《权令》《别条权格》，与律并行，可见北齐政权的法律制度中已经有了律、令、格，这些也必然会影响到隋唐的令、格等法律制度文本的制定。

东魏政权基本上沿袭北魏孝文帝推行的均田制度以及与之相配合的租调制，北齐于河清年间再次实施均田制，而且比之北魏旧制有所发展，内容更加详备，从北齐的均田令中可看出北齐境内各州都有粮仓，均田令中还有各州郡都必须设富人仓的记载。而北齐实施均田制的真正目的是给六镇兵民补课。另外，北齐还征收杂税，又根据战乱人口大量逃亡的实际情况检括户口，实行和籴制度，改铸新钱，另外北齐政权还对遭受自然灾害的州郡和大兴土木的州郡实现免税政策，以减轻百姓的负担。

东魏北齐的军队由百保鲜卑和勇夫组成，实行的是职业兵制度。其指挥系统最初是设立丞相府外兵曹、骑兵曹分别掌握步兵、骑兵，此后称为外兵省，由中书舍人掌握。还设置京畿府作为另一军事指挥系统。另外北齐政权设立了诸多将军府，由这些将军分别统领军队。但是早在东魏政权草创之初就设立的兵曹、骑兵曹、京畿府，分别统领军队，起到了相互牵制、相互制衡的作用，使得那些大将也不能通过控制军队，形成尾大不掉的局面，对于中央王朝构成威胁。这些都说明东魏北齐政权建立的军事制度相对完善，这当是受到汉晋以来的军事制度的影响，特别值得注意的是一些文人包括一部分士大夫也在军事指挥系统中起了相当的作用，这在同时期的各割据政权中也是很少见的。

至于东魏北齐的都城——邺南城，北邻曹魏时期的邺城。这是一座东西2800米、南北3460米的长方形城池，在该城池弯曲的城墙、均匀地分布着的"马面"、弧形城墙拐角、宽阔的护城河构成独特的防御体系，城中央偏北坐落着纵长方形的宫城，宫城内有太极殿和若干座城门。这座邺南城包括宫城、内城、外郭城三部分组成，内城共计十六座城门，东面自北向南有建春、昭德、上春、中阳、仁寿五座城门，西面自北向南有金明、纳义、乾、西华、上秋五座城门，南面自东向西有启夏、朱明、厚载三座城门，北面自东向西有广阳、永阳、凤阳三座城门。

二 西魏北周统治区制度之变化

据上编第二章所考，西魏职官制度在宇文泰平江陵后直至北周时期中央无尚书、中书、门下、秘书、集书等省、御史、都水、谒者等台和太常、光禄、卫尉、宗正、太仆、大理、鸿胪、司农、太府九寺，基本上放弃了北魏所采用的台省制度，而采用周六官制度，主要设天、地、春、夏、秋、冬六官，分别行使北魏的吏部、殿中、祠部、五兵、都官、度支六尚书之执掌，所设的其他官职也比较少，还将所有官员分为内外命官，以九命制度替代品官制度，并辅以相应的俸禄制度，这也是接受汉文化的表现。另外《卢辩传》所记载的职官名称中文官很少，当与宇文泰所纠合的关陇集团组成有关，而该集团的组成，陈寅恪先生归纳为二：（1）此集团是"融冶关陇胡汉民族之有武力才智者"；（2）此集团中人"入则为相，出则为将，自无文武分途之事"①。这正说明宇文泰所实行的职官制度与其所纠合的关陇集团成员的文武不分有着很大的关系。

西魏时即以九品中正制选拔人才，北周时以吏部掌选举，但是不论《周书》还是《隋书》《北史》中都没有北周政权任命过中正这一掌握选举的最重要职官的记载。此外，《隋书》卷二七《百官志》以及《周书》卷二四《卢辩传》所记载北周政权职官制度中都没有中正这一职官，虽然《周书》《北史》等史书中有贤良、明经、秀才的记载，似乎北周政权还实行了九品中正制，可是在北周政权统治时期从来没有任命过一个中正官，而中正则是九品中正制实施过程中至关重要的职官，没有任命中正，即使有贤良、明经、秀才这些选官科目，也不能说北周政权继续实行了九

---

① 陈寅恪：《唐代政治史述论稿》上篇"统治阶级之氏族及其升降"，第48页。

品中正制。由于北周政权采用的制度与此后的科举制度完全不是一回事。可是却与两汉时期实行的察举制度有诸多相似之处，不论是北周政权所发布选官的诏令，还是史籍中都出现某人"举贤良""举明经""举秀才"之类的字句，特别值得注意的是史籍中有关两汉时期实施察举制度的记载也有"举孝廉""举贤良方正"甚至有"举秀才"的词语，据此可以推测北周政权是效法两汉政权，以察举制度作为该政权的选官制度。因此说西魏北周的选官制度也受到两汉制度的影响。

在法律方面，西魏宇文泰在大统年令苏绰等修撰三十六条制，颁布于西魏统治区域内，其后又有赵肃、托拔迪修订法律，至北周武帝保定三年（563）三月庚子完成，名为《大律》共二十五篇，是比较完备的法律。此外武帝时还颁布《刑书要制》，至周宣帝时则增广《刑书要制》的内容，名为《刑经圣制》，西魏北周政权虽然也制定了法律，出现得比较晚，对后世几乎没有产生什么影响，但是这毕竟是一部比较完整的法律，当是受到汉文化影响而产生的。

经济制度上，在宇文泰实际控制西魏政权后即开始实现了一套与北魏均田制略有不同的土地制度和赋税制度，其中明显的特征是所分土地无露田、桑田之别。北周武帝还在其统治区内统一度量衡，西魏北周最初是使用北魏的钱币，到武帝时开始铸钱，而其所铸的永通万国钱当是中国历史上又一次不在货币上标明重量的尝试。

众所周知西魏北周政权实行的是府兵制，但是西魏北周时期的府兵与隋开皇九年（589）杨坚改革后的府兵截然不同，是职业兵，并且建立了由柱国、大将军、开府、都督等各级军官共同组成的府兵指挥系统，当然这个指挥系统的最高统帅是西魏的权臣宇文泰以及后继的北周政权的最高统治者。

至于西魏北周政权的都城结构，长安城由东西两座小宫城相连，东小城西墙与西小城东墙为一墙，两座小城的东西向道路相互连通。西小城，东西长1214—1236米，南北长972—974米。东小城，东西长944—988米，南北长972—990米。基本沿用十六国时期前赵、前秦、后秦各割据政权长安城中心的宫城，位于城的东北部，与十六国时期的邺北城、东魏北齐时期的邺南城宫城位于城北中部，曹魏、西晋、北魏洛阳城宫城位于城北偏西不同。而且这一时期长安城的结构与汉代旧宫城关系不大，唯一有点关联与汉代长安城一致，即都是只有宫城，没有内城（或称为大城）、外郭城，不是三重结构的都城。

三　两大区域之异同

虽然东魏北齐政权和西魏北周政权典章制度都是受到了汉文化的影响，可是二者受到汉文化影响的程度不同，如职官制度，东魏最初当沿用北魏孝文帝改革后的制度，北齐政权则既沿用又发展了北魏旧制，中央设有三师、三公，还有尚书、门下、中书等省、寺、台、府以及职官的名称多与汉晋旧制相仿，应当是受到汉晋旧制影响。西魏在宇文泰平江陵后直至北周时期基本上放弃了北魏所采用的台省制度，而采用周六官制度，主要设天、地、春、夏、秋、冬六官，并且职官中文官很少，当与宇文泰所纠合的关陇集团文武合一相关。周六官制度加上文武合一正与采用周六官制度的西周春秋时期文武不分大体相同。历史是不断发展的，到魏晋南北朝时期封建领主制早已崩溃，其残余门阀制度到北朝后期也处于风雨飘摇之中，这时还要推行与封建领主制相适应的周六官制度显然不太合时宜，因此就职官制度来说东魏北齐比西魏北周进步。

选官制度，东魏北齐虽然一直实行着九品中正制，但是北齐政权对此有所发展，对于中正推举的秀才、贡士、廉良要集中到中央再予以考核，考试不合格者不但不授官还要给予各种惩罚，这样或多或少地杜绝了一些营私舞弊行为，这也可以说是为隋唐科举制度的确立开了先河。而西魏政权虽然也采取了九品中正制，可是到北周时期则放弃了九品中正制的选官制度，采取了类似于两汉的察举制度，具体名称不可考。这两个政权所采取的选官制度北齐的当是发展趋势，优于北周。

法律方面，东魏北齐最初沿用北魏律令，到北齐武成帝时最后完成依据北魏《麟趾格》修撰北齐律令。而北周武帝保定三年（563年）最后完成了名为《大律》的比较完备法律。此外武帝时还颁布《刑书要制》，至周宣帝时则增广为《刑经圣制》，西魏北周政权虽然也制定了法律，出现得比较晚，对后世几乎没有产生什么影响。

经济制度及措施方面，北齐于河清年再次颁布了均田制度和租调制度。还征收杂税，检括户口，实行和籴制度，改铸新钱，以及免税政策。而在西魏北周政权实现了一套与北魏均田制略有不同的土地制度和赋税制度，北周武帝还在其统治区内统一度量衡，西魏北周最初是使用北魏的钱币，后来自铸钱币，特别是永通万国钱当是中国历史上第一次不在货币上标明重量的尝试。因此说北齐的均田制度和租调制度优于北周所实行的土地制度和赋税制度，可是北周所铸的不标明重量永通万国钱则代表了货币发展的趋势。

军事制度，东魏北齐的百保鲜卑和勇夫都是职业兵，其军事指挥系统最初是设立丞相府外兵曹、骑兵曹，此后还设置京畿府作为又一指挥系统。此外还设制了一些将军府，由这些将军分别统领军队，加上东魏政权草创之初即设立的兵曹、骑兵曹、京畿府，起到了互相牵制、互相制衡的作用，不会对中央王朝构成威胁。而西魏北周政权实行的是府兵制，其府兵是职业兵，还建立了由柱国、大将军、开府、都督等组成的指挥系统，可是这项军事制度在北周末年并没有遏制住杨坚篡夺北周政权的步伐。因此就这两项军事制度对于政权内部的巩固来说，东魏北齐政权所建立的军事制度相对完善。

都城制度东魏北齐的邺南城，是沿用北魏洛阳城的都城结构，东西2800米，南北3460米，为长方形城池，在该城池弯曲的城墙均匀地分布着用于防御外敌的"马面"，而弧形城墙拐角、宽阔的护城河，则又增强了这座城池的防御能力。城中央偏北坐落着纵长方形的宫城，宫城内有太极殿和若干座城门。这座邺南城包括宫城、内城、外郭城三部分，内城共计十六座城门，东面、西面各有五座城门，南面、北面各有三座城门。而西魏北周政权的都城长安城，基本沿用十六国时期前赵、前秦、后秦各割据政权长安城中心的宫城，有东西两座小城相连，东小城西墙与西小城东墙为一墙，两座小城的东西向道路相互连通。西小城，东西长1214—1236米，南北长972—974米。东小城，东西长944—988米，南北长972—990米。与汉长安城一致，都是只有宫城，没有内城（或称为大城）、外郭城，不是三重结构的都城。因此说不论城市的大小，还是城市结构方面，长安城比之邺南城差之远矣。以至隋朝建立后，杨坚并没有利用原有的长安宫城，而是将其彻底废弃，选择了北魏的洛阳城。东魏北齐的邺南城的都城结构，在长安修建了大兴城，并为此后的唐王朝沿用。当然在唐代对于隋代的大兴城还是有所改造的，特别是先后修建了大明宫、兴庆宫。

第四节　学者著述

著述是考核某一时期、某一区域文化水准的一项重要指标,一般说某一区域文人的著述多,该区域的文化水准就比较高,反之那一区域的文化水平就比较低。而当时汉文化水准高于其他文化,因此文人学者的著述多寡,则反映了该地区汉文化水准的高低。虽然南北朝时期在中国北方农业地区所建立的北魏、东魏、西魏、北齐、北周诸政权皆是鲜卑族或鲜卑化的人群所建立的,但是这些胡族或胡化族群所建立的政权对于其统治区域内汉文化并没有造成太大的破坏,相反由于当时中国北方农业地区汉族人口占绝大多数,他们在与涌入农业地区的胡族及胡化族群的交往过程中,非但没有受到胡族文化的干扰,对汉文化产生负面的影响,相反这些地区的汉文化还有所发展。下面就考述东魏北齐统治的山东地区与西魏北周统治关陇地区学者著述的情况,以此对于这两大区域文化水准的高下略加考述。

一　东魏北齐政权统治区著述颇丰

有关东魏北齐政权统治的山东地区学者的著述情况,据《隋书》卷三二《经籍志》记载:

> 《乐书》七卷后魏丞相士曹行参军信都芳撰。
> 《春秋经合三传》十卷潘叔度撰。
> 《春秋成夺》十卷潘叔度撰。
> 《训俗文字略》一卷后齐黄门郎颜之推撰。(第926—944页)

同书卷三三《经籍志》记载:

> 《后魏书》一百三十卷后齐仆射魏收撰。
> 《齐纪》三十卷纪后齐事。崔子发撰。
> 《高才不遇传》四卷后齐刘昼撰。
> 《知己传》一卷卢思道撰。

《集灵记》二十卷颜之推撰。

《冤魂志》三卷颜之推撰。

《魏永安记》三卷温子昇撰。

《后魏辩宗录》二卷元晖业撰。（第956—989页）

同书卷三四《经籍志》记载：

《典言》四卷后魏人李穆叔撰。①

《典言》四卷后齐中书郎荀士逊等撰。

《器准图》三卷后魏丞相士曹行参军信都芳撰。

《神龟壬子元历》一卷后魏护军将军祖莹撰。

《壬子元历》一卷后魏校书郎李业兴撰。

《宋景业历》一卷景业，后齐散骑常侍。

《甲子元历》一卷李业兴撰。

《七曜历疏》一卷李业兴撰。

《七曜义疏》一卷李业兴撰。（第1008—1024页）

同书卷三五《经籍志》记载：

后魏散骑常侍《温子昇集》三十九卷。

北齐特进《邢子才集》三十一卷。

北齐尚书仆射《魏收集》六十八卷。

北齐仪同《刘逖集》二十六卷。

武阳太守《卢思道集》三十卷。

金州刺史《李元操集》十卷。

蜀王府记室《辛德源集》三十卷。

怀州刺史《李德林集》十卷。

---

① 据《北齐书》卷二九《李浑附族子公绪传》记载："公绪，字穆叔，浑族兄藉之子。"另外，传中云"撰《典言》十卷"，而此处记载"《典言》四卷"，孰是孰非，不得而知，而且此问题不在本书研究范围，故此不再赘述。

第一章 胡汉文化之整合趋同及区域差异 / 261

> 司隶大夫《薛道衡集》三十卷。
> 《文林馆诗府》八卷后齐文林馆作。
> 《七悟》一卷颜之推撰。
> 《高澄与侯景书》一卷。(第1079—1089页)

《魏书》卷八四《卢景裕传》记载:

> 景裕注《周易》、《尚书》、《孝经》、《论语》、《礼记》、《老子》,其《毛诗》、《春秋左氏》未讫。(第1859页)

《北齐书》卷一三《高叡传》记载:

> 叡久典朝政,清真自守,誉望日隆,渐被疏忌,乃撰古之忠臣义士,号曰《要言》,以致其意。(第172页)

同书卷一八《司马子如传》记载:

> [从子]世云弟膺之……注扬雄《蜀都赋》。(第241页)

同书卷二十《斛律羌举传》记载:

> 代人刘世清……能通四夷语,为当时第一。后主命世清作突厥语翻《涅盘经》,以遗突厥可汗,敕中书侍郎李德林为其序。(第267页)

同卷《宋显传》记载:

> 显从祖弟绘……注王隐及《中兴书》。又撰《中朝多士传》十卷,《姓系谱录》五十篇。(第271页)

同书卷二二《卢文伟传》记载:

[孙]询祖……有文集十卷,皆致遗逸。(第 320—321 页)

同卷《李义深传》记载:

义深族弟神威……撰集《乐书》,近于百卷。(第 324 页)

同书卷二四《杜弼传》记载:

又注《庄子惠施篇》、《易上下系》,名《新注义苑》,并行于世。(第 353 页)

同书卷二五《王纮传》记载:

纮好著述,作《鉴诫》二十四篇,颇有文义。(第 367 页)

同书卷二九《李浑附族子公绪传》记载:

公绪潜居自待,雅好著书,撰《典言》十卷,又撰《质疑》五卷,《丧服章句》一卷,《古今略记》二十卷,《玄子》五卷,《赵语》十三卷,并行于世。(第 396 页)

同卷《郑述祖传》记载:

述祖能鼓琴,自造《龙吟十弄》,云尝梦人弹琴,寤而写得。当时以为绝妙。(第 398 页)

同书卷三一《王昕传》记载:

有文集二十卷。(第 417 页)

同书卷四二《卢潜传》记载：

> 潜从祖兄怀仁，字子友……所著诗赋铭颂二万余言，又撰《中表实录》二十卷。（第556页）

同卷《阳休之传》记载：

> 所著文集三十卷，又撰《幽州人物志》，并行于世。（第564页）

同书卷四四《儒林·李铉传》记载：

> 撰定《孝经》、《论语》、《毛诗》、《三礼义疏》及《三传异同》、《周易义例》合三十余卷。（第584页）

同卷《儒林·石曜传》记载：

> 著《石子》十卷……（第597页）

同书卷四六《循吏·宋世良传》记载：

> 宋世良……撰《字略》五篇、《宋氏别录》十卷。（第639页）
> 世良从子孝王……撰《别录》二十卷，会平齐，改为《关东风俗传》。（第640页）

《周书》卷四五《儒林·熊安生传》记载：

> 所撰《周礼义疏》二十卷、《礼记义疏》四十卷、《孝经义疏》一卷，并行于世。（第813页）

《隋书》卷七六《文学·刘善经传》记载：

著《酬德传》三十卷,《诸刘谱》三十卷,《四声指归》一卷,行于世。(第1748页)

以上这些著述共计76部,按《隋书·经籍志》的四部划分,经部有信都芳《乐书》、潘叔度《春秋经合三传》《春秋成夺》、颜之推《训俗文字略》,加上卢景裕注《周易》《尚书》《孝经》《论语》《礼记》,李神威《乐书》,杜弼注《易上下系》,李公绪《丧服章句》,李铉撰定《孝经》《论语》《毛诗》《三礼义疏》及《三传异同》《周易义例》,宋世良撰《字略》五篇,熊安生撰《周礼义疏》《礼记义疏》《孝经义疏》,刘善经《四声指归》,合计23部,占30%多;史部有魏收《后魏书》、崔子发《齐纪》、刘昼《高才不遇传》、卢思道《知己传》、颜之推《集灵记》《冤魂志》,加上高叡《要言》,宋绘注王隐及《中兴书》、撰《中朝多士传》《姓系谱录》,王纮《鉴诫》,李公绪《古今略记》《赵语》,卢怀仁《中表实录》,阳休之《幽州人物志》,宋世良《宋氏别录》,宋孝王撰《关东风俗传》,刘善经《酬德传》《诸刘谱》,合计21部,约占28%;子部有李穆叔(即李公绪)《典言》、荀士逊等《典言》、信都芳《器准图》、祖莹《神龟壬子元历》、李业兴《壬子元历》《甲子元历》《七曜历疏》《七曜义疏》、宋景业《宋景业历》,加上卢景裕注《老子》,刘世清译《涅盘经》,杜弼注《庄子惠施篇》,李公绪《质疑》《玄子》,郑述祖《龙吟十弄》,石曜《石子》,合计16部,占21%多;集部有《温子昇集》《邢子才集》《魏收集》《刘逖集》《卢思道集》《李元操集》《辛德源集》《李德林集》《薛道衡集》《文林馆诗府》,颜之推《七悟》《高澄与侯景书》,加上司马膺之注扬雄《蜀都赋》,还有《卢询祖文集》《王昕文集》《阳休之文集》,合计16部,占21%多。其中经部最多,史部次之,集部、子部相同,数量最少。特别是经史两部分图书加到一起有44部,约占总数的58%;而子集两部分图书相加有32部,占总数的42%多。如下图所示:

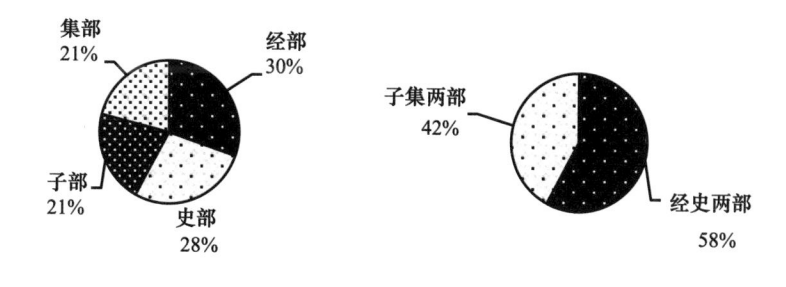

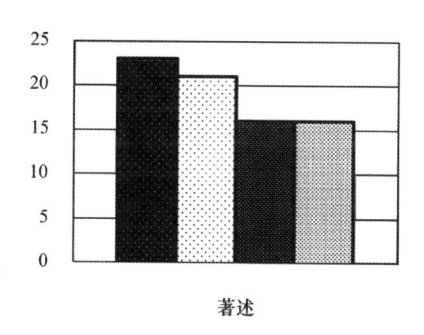

第一章　胡汉文化之整合趋同及区域差异 / 265

注：此柱形图自左向右依次为经、史、子、集四部。

这些都说明在东魏北齐统治区学者们最重视经部，史部次之，集部再次，子部又次之，众所周知，在中国古代将图书按经史子集四部划分的，东魏北齐地区的学者对各类图书的重视程度也是经史两部排在前两位，只是在子集的数量顺序上有点不同。可是从史部书籍的数量仅次于经部处在四部书籍中的第二位，该区域士人魏收还修撰完成《魏书》这部正史，可见在东魏北齐统治区的学者重视史籍的修撰。而自西晋时期史学从经部中独立出来，史学的地位正不断提高，这完全符合学者的治学传统以及这一时期学术发展的趋势。另外有关注重士人家世背景和血缘关系的谱牒著述有元晖业《后魏辩宗录》、宋绘《姓系谱录》、宋世良《宋氏别录》、刘善经《诸刘谱》四部，占史部20部著述的20%，这也说明是时士族在东魏北齐政权统治区域内的政治生活中还是具有一定影响的。

二　西魏北周政权统治区著述甚多

西魏北周统治区域内著述的情况，据《隋书》卷三二《经籍志》

记载：

《毛诗笺传是非》二卷并魏秘书郎刘璠撰。
《乐府声调》六卷岐州刺史、沛国公郑译撰。
《乐府声调》三卷郑译撰。
《乐律义》四卷沈重撰。
《五经大义》十卷后周县伯中大夫樊文深撰。
《鲜卑号令》一卷周武帝撰。（第912—945页）

同书卷三三《经籍志》记载：

《后周太祖号令》三卷。（第965页）

同书卷三四《经籍志》记载：

《称谓》五卷后周大将军卢辩撰。
《坟典》三十卷卢辩撰。
《琼林》七卷周兽门学士阴颢撰。
《兵书要略》五卷后周齐王宇文宪撰。
《金海》三十卷萧吉撰。
《象经》一卷周武帝撰。
《集验方》十卷姚僧垣撰。（第1007—1046页）

同书卷三五《经籍志》记载：

后周《明帝集》九卷。
后周《赵王集》八卷。
后周《滕简王集》八卷。
后周仪同《宗懔集》十二卷并录。
后周沙门《释忘名集》十卷。
后周小司空《王褒集》二十一卷并录。

后周少傅《萧㧑集》十卷。
后周开府仪同《庾信集》二十一卷并录。
吏部尚书《牛弘集》十二卷。
《诏集区分》四十一卷后周兽门学士宗幹撰。
《后周杂诏》八卷。
《后周与齐军国书》二卷。（第1079—1089页）

《周书》卷四《明帝纪》记载：

集公卿已下有文学者八十余人于麟趾殿……又捃采众书，自羲、农以来，讫于魏末，叙为《世谱》，凡五百卷云。（第60页）

同书卷二三《苏绰传》记载：

绰又著《佛性论》、《七经论》，并行于世。（第395页）

同书卷三五《裴侠传》记载：

侠又撰九世伯祖贞侯传，以为裴氏清公，自此始也，欲使后生奉而行之，宗室中知名者，咸付一通。（第619页）

同书卷三八《苏亮传》记载：

所著文笔数十篇，颇行于世。（第678页）

同卷《薛寘传》记载：

所著文笔二十余卷，行于世。又撰《西京记》三卷，引据该洽，世称其博闻焉。（第685页）

同书卷四十《颜之仪传》记载：

有文集十卷行于世。(第 721 页)

同卷《颜之仪附乐运传》记载：

录夏殷以来谏诤事，集而部之，凡六百三十九条，合四十一卷，名曰《谏苑》。(第 725 页)

同书卷四二《萧㧑传》记载：

世宗令诸文儒于麟趾殿校定经史，仍撰《世谱》，㧑亦预焉。(第 752 页)

同卷《萧圆肃传》记载：

有文集十卷，又撰时人诗笔为《文海》四十卷，《广堪》十卷，《淮海乱离志》四卷，行于世。(第 756 页)

同卷《萧大圜传》记载：

大圜性好学，务于著述。撰《梁旧事》三十卷、《寓记》三卷、《士丧仪注》五卷、《要决》两卷，并文集二十卷。(第 759 页)

同卷《刘璠传》记载：

著《梁典》三十卷，有集二十卷，行于世。(第 765 页)

同书卷四七《艺术姚僧垣传》记载：

僧垣乃搜采奇异，参校征效者，为《集验方》十二卷，又撰《行记》三卷，行于世。(第 844 页)

［子姚最］撰《梁后略》十卷，行于世。（第845页）

《隋书》卷五六《宇文弢传》记载：

奉诏修定《五礼》，书成奏之，赐公田十二顷，粟百石……为《尚书》、《孝经》注，行于世。（第1389—1391页）

同书卷六六《鲍宏传》记载：

周武帝敕宏修《皇室谱》一部，分为《帝绪》、《疏属》、《赐姓》三篇。（第1548页）

同书卷七五《儒林·辛彦之传》记载：

彦之撰《坟典》一部，《六官》一部，《祝文》一部，《礼要》一部，《新礼》一部，《五经异义》一部，并行于世。（第1709页）

同卷《儒林·何妥传》记载：

及与沈重等撰《三十六科鬼神感应等大义》九卷……（第1715页）

以上这些完成的著述共计65部，按《隋书·经籍志》的四部划分，经部有刘璠《毛诗笺传是非》、郑译《乐府声调》二部、沈重《乐律义》、樊文深《五经大义》、周武帝《鲜卑号令》，加上辛彦之撰《六官》《礼要》《新礼》《五经异义》，宇文弢修定《五礼》，注《尚书》《孝经》，合计十三部，占22%多。史部有《后周太祖号令》，加上裴侠撰《贞侯潜传》，薛寘撰《西京记》，乐运撰《谏苑》，萧㧑参与撰写《世谱》，萧圆肃撰《淮海乱离志》，萧大圜撰《梁旧事》《寓记》，刘璠撰《梁典》，姚僧垣撰《行记》，姚最撰《梁后略》，鲍宏撰《皇室谱》，合计十二部，占20%多。子部有卢辩《称谓》《坟典》、阴颢《琼林》、宇文宪《兵书要略》、萧吉《金海》、周武帝《象经》、姚僧垣《集验方》，加上辛彦之撰《坟典》，苏绰撰《佛性论》《七经论》，萧圆肃撰《广堪》，萧大圜撰《要决》，姚僧垣撰《集验方》，沈重等撰《三十六科鬼神感应等大义》，合计十四部，约占24%。集部有后周《明帝集》、后周《赵王集》、后周《滕简王集》《宗懔集》《释亡名集》《王褒集》《萧扔集》《庾信集》《牛弘集》、宗幹《诏集区分》《后周杂诏》《后周与齐军国书》，加上萧圆肃撰集《文海》，辛彦之撰《祝文》，还有《苏亮文》《薛寘文》《颜之仪文集》《萧圆肃文集》《萧大圜文集》《刘璠集》，合计二十部，约占34%。其中集部书籍最多，子部次之，经部再次之，史部最少，其中是经史两部分图书合计有二十五部，占总数的42%多，子集两部分图书合计有三十四部，约占总数的58%。如图所示：

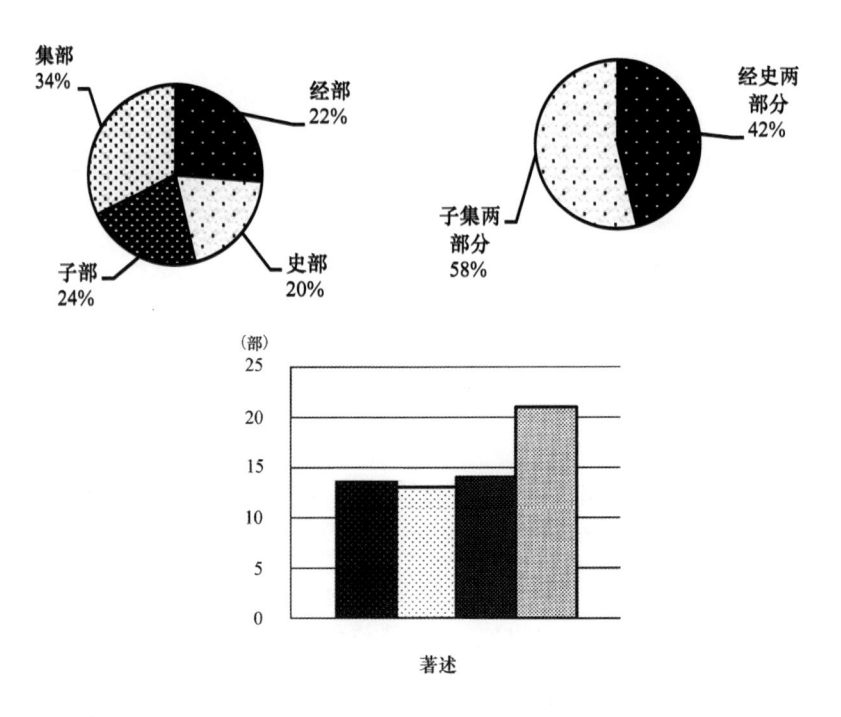

注：此柱形图自左向右依次为经、史、子、集四部。

众所周知，在中国古代将图书按四部划分时，人们对各类图书的重视程度也是按经史子集的顺序递减，但是在西魏北周统治区著述的多寡顺序为集部、子部、经部、史部，史部著述最少，这与中国北方学者的治学传统不太相符，还有北周武帝撰《鲜卑号令》属于经部著作，《后周太祖号令》属于史部著作，这两部著作当不能归入汉籍著述，相反东魏北齐统治区学者著述中无此类书籍，因此说不论著述的数量还是对经史重视程度西魏北周统治区的学者远不如东魏北齐统治区学者。该区域史学书籍数量虽然最少，但只比经部少一部，说明在该区域史籍也从经部中分离出来，史籍的修撰也呈现出不断发展的趋势，因此，此后该区域出现史学家令狐德棻以及他修撰的《周书》也就不足为奇了。另外，该地区的著述中有两部谱牒著作，占史部书籍总数的五分之一，而且这两部谱牒著作都成书在北周时期，即西魏平江陵之后，撰写者中萧㧑出自萧梁宗室，平江陵后来到关中的，鲍宏也是平江陵后来到关中的，① 这一方面说明该地区已经受到南朝注重谱牒风气的影响，特别是西魏平江陵后一批江左的学者将南朝的学风带到了关中地区；另一方面说明虽然关陇地区的士族受到了一定的打击，并有一些流亡到其他地区，但是该地区的士族在政治生活中仍然有相当的影响。

三　两大区域之比较

据以上考述，东魏北齐政权统治的山东地区的学者等人共有著述七十六部，西魏北周政权统治关陇地区的学者等人共有著述五十九部，在数量上山东地区多于关陇地区。再按《隋书·经籍志》经史子集四部分类看两大区域的著述情况，经部，山东地区学者著述有二十三部，占七十六部著述的30%多；关陇地区学者著述有十三部，占五十九部著述的22%多，不仅数量少于山东地区，所占的百分比也低于山东地区。史部，山东地区学者著述有二十一部，约占七十六部著述的28%；关陇地区学者著述有十二部，占五十九部著述的20%多，也是不仅数量少于山东地区，所占的百分比也低于山东地区。子部，山东地区学者著述有十六部，占七十六部著述的21%多；关陇地区学者著述有十四部，约占五十九部著述的22%，在数量上山东地区占优，在百分比上山东地区低于关陇地区一个百

---

① 《隋书》卷六六《鲍宏传》，第1547页。

分点。集部，山东地区学者著述有十六部，占七十六部著述的 21% 多；关陇地区学者著述有二十部，占五十九部著述的 34% 多，不论数量还是百分比都是关陇地区占优。另外，山东地区的著述中经史两部分图书加到一起有四十四部，约占该地区七十六部著述的 58%；在关陇地区经史两部分图书合计有二十五部，占该地区五十九部著述的 42% 多，不仅在数量上关陇地区远少于山东地区，在百分比上也低于山东地区，山东地区的著述中子集两部分图书相加有三十二部，占该地区七十六部著述的 42% 多；在关陇地区子集两部分图书合计有三十四部，约占该地区五十九部著述的 58%，可见子集这两部分图书关陇地区多于山东两大地区，百分比也高于山东地区。再从经史子集四部分别看关陇、山东两大地区数量和所占的百分比，经部共有著述三十六部，其中山东地区学者著述有二十三部，约占 64%；关陇地区学者著述有十三部，占 36% 多。史部共有著述三十三部，其中山东地区学者著述有二十一部，约占 64%；关陇地区学者著述有十二部，占 36% 多。子部共有著述三十部，山东地区学者著述有十六部，占二十八部的 53% 多；关陇地区学者著述有十四部，约占二十八部的 47%。集部共有著述三十六部，山东地区学者著述有十六部，占三十五部的 44% 多；关陇地区学者著述有二十部，约占三十五部的 56%。总的来看，在山东地区的著述中经部最多，有二十三部，史部次之，有二十一部，集部、子部再次之，均有十六部。可是在关陇地区的著述中集部书籍最多，子部次之，经部再次之，史部最少。据以上考述可知，东魏北齐政权所统治的山东地区学者对于经学以及才从经学中分出的史学最为重视，不仅著述数量多，所占的比例也高于西魏北周政权所控制的关陇地区，在子部杂学方面山东地区也略占优，但是在集部著述方面却是关陇地区学者著述不论数量，还是百分比都多于山东地区。因此说从学者著述上分析山东地区文化水准是高于关陇地区的。

第五节　文学艺术表现及其异同

由于居住在中国北方农业地区的汉族本来就具有很高的文学艺术修养，再加上进入这些地区的胡族及胡化族群大多接受了汉文化，他们在文学艺术也是有诸多表现的。从整体上看，由于各地区人文因素、自然环境

第一章　胡汉文化之整合趋同及区域差异

的不同，因此在文学艺术方面受到汉文化的影响及其程度也就有所差异，水准也有所不同，进而在文学艺术上也就表现出了一些差异。

一　东魏北齐统治区文学艺术得到长足发展

文学艺术不仅指文学，还包括艺术，不过在这两方面胡汉文化的影响不同，发展进步程度也有所差异。首先对于这一区域文学发展的方面加以考述：

（一）文学

有关东魏北齐政权所统治的山东地区在文学艺术上的表现如何？《北齐书》卷四五《文苑传》对于该地区文学方面的状况有一段明确的记载：

> 有齐自霸图云启，广延髦俊，开四门以纳之，举八纮以掩之，邺京之下，烟霏雾集，河间邢子才、钜鹿魏伯起、范阳卢元明、钜鹿魏季景、清河崔长儒、河间邢子明、范阳祖孝徵、乐安孙彦举、中山杜辅玄、北平阳子烈并其流也。复有范阳祖鸿勋亦参文士之列。天保中，李愔、陆卬、崔瞻、陆元规并在中书，参掌纶诰。其李广、樊逊、李德林、卢询祖、卢思道始以文章著名。皇建之朝，常侍王晞独擅其美。河清、天统之辰，杜台卿、刘逖、魏骞亦参知诏敕。自愔以下，在省唯撰述除官诏旨，其关涉军国文翰，多是魏收作之。及在武平，李若、荀士逊、李德林、薛道衡为中书侍郎，诸军国文书及大诏诰俱是德林之笔，道衡诸人皆不预也。
>
> 后主虽溺于群小，然颇好讽咏，幼稚时，曾读诗赋，语人云："终有解作此理不？"及长亦少留意。初因画屏风，敕通直郎兰陵萧放及晋陵王孝式录古名贤烈士及近代轻艳诸诗以充图画，帝弥重之。后复追齐州录事参军萧悫、赵州功曹参军颜之推同入撰次，犹依霸朝，谓之馆客。放及之推意欲更广其事，又祖珽辅政，爱重之推，又托邓长颙渐说后主，属意斯文。三年，祖珽奏立文林馆，于是更召引学士，谓之待诏文林馆焉。珽又奏撰《御览》……（第602—603页）

可知该地区文学方面涌现出邢邵、魏收、卢元明、魏季景、崔㥄、邢昕、祖珽、孙搴、杜辅玄、阳休之、祖鸿勋、陆卬、李广、樊逊、李德林、卢询祖、卢思道、王晞等有建树的学者，此外还有前文所考证是从其他地区辗转来到北齐统治区的颜之推等著名学者，在这些学者中邢邵、魏收、李德林、卢思道、颜之推又是当时生活在中国北方的学识广博的一流学者。

另据前文考证，胡族或胡化族群中在文学方面有所造诣的共六人，其中有著述传世的有三人，占有文学造诣人总数的50%；其他人分别表现为性好文字、命群臣赋诗、颇好讽咏有文学诸方面，计有三人，占有文学造诣人总数的50%。

又据逯钦立辑校《先秦汉魏晋南北朝诗》中所收的诗作及作者，属于东魏北齐统治区域的有济阴王元晖业《感遇诗》、斛律丰乐《歌》、高昂《征行诗》《从军与相州刺史孙腾作行路难》《赠弟季式诗》、萧祇《香茅诗》《和回文诗》、萧放《咏竹诗》《冬夜咏妓诗》、陆法和《谶诗》二首、卢询祖《赵郡王配郑氏挽词》《中妇织流黄》、裴让之《从北征诗》《有所思》《公馆燕酬南使徐陵诗》、裴讷之《邺馆公燕诗》、邢邵《思公子》《七夕诗》《冬夜酬魏少傅直史馆诗》《冬日伤志篇》《齐韦道逊晚春宴诗》《应召甘露诗》《贺老人星诗》《诗》、郑公超《送庾羽骑抱诗》、杨训《群公高宴诗》、袁奭《从驾游山诗》、荀仲举《铜雀台》、魏收《美女篇》二首、《永世乐》《棹歌行》《挟琴歌》《后园宴乐诗》《喜雨诗》《看柳上鹊诗》《晦日泛舟应诏诗》《月下秋宴诗》《五日诗》《庭柏诗》《蜡节诗》《七月七日登舜山诗》《论叙裴伯茂诗》《大射赋诗》、刘逖《对雨诗》《秋朝野望诗》《浴温汤泉诗》《清歌发诗》、祖珽《从北征诗》《望海诗》《挽歌》、安德王高延宗《经墓兴感诗》、萧悫《临高台》《上之回》《飞龙引》《奉和济黄河应教诗》《和崔侍中从驾经山寺诗》《奉和悲秋应令诗》《屏风诗》《奉和元日诗》《奉和初秋西园应教诗》《奉和冬至应教诗》《奉和望山应教诗》《奉和咏龙门桃花诗》《春庭晚望诗》《秋思诗》《听琴诗》《和司徒铠曹阳辟疆秋晚诗》《春日曲水诗》、萧毂《野田黄雀行》、马元熙《日晚弹琴诗》、阳休之《春日诗》《咏萱草诗》《正月七日登高侍宴诗》《秋诗》《赠马子结兄弟诗》、颜之推《神仙诗》《古意诗》二首、《从周入齐夜度砥柱》《和阳纳言听鸣蝉篇》《诗》、赵儒宗《咏龟诗》、甄彬《诗》、杨子华

《诗》、冯淑妃《感琵琶弦诗》、崔氏《鼆面辞》、陆卬等人《大禘圜丘及北郊歌辞》十三首、《五郊乐歌》五首、《祀五帝于明堂乐歌》十一首、《享庙乐辞》十八首、《元会大飨歌》十首、《食举乐》十曲、《皇夏》、《文武舞歌》四首、《吴猛赠庐山神徐君诗》《武阳山遗咏》、褚士达《梦人倚户授其诗》《徐铁臼怨歌》,① 还有王晞《诣晋祠赋诗》,② 而这些诗歌的作者籍贯、原居住地分布如何?

元晖业,据上编第一章第一节第一部分所考,另外,元晖业祖上已随北魏孝文帝内迁,进入中原较早,而且定籍河南洛阳。

斛律丰乐,据上编第一章第一节第一部分所考,他是斛律金的第二子,即是北齐重臣斛律光之弟,镇守北齐北部边境的大将斛律羡,只不过他是以字行。而其父斛律金是朔州敕勒部人,因此其祖籍亦应如此,但是他们父子早已迁居中原,落籍邺城。

高昂,《北齐书》卷二一《高乾传》说他是高乾的三弟,是北方士族渤海高氏的成员。

萧祇,《北齐书》卷三三本传说他是梁武弟南平王伟之子,虽然郡望是兰陵,但是长期在江左生活,甚至可能就出生于江左地区。还说"太清二年,侯景围建邺。祇闻台城失守,遂来奔。以武定七年至邺"。(第443页)

萧放,《北齐书》卷三三本传说他是萧祇之子,当然即是兰陵人。而且随父萧祇迁至邺城。

陆法和,《北齐书》卷三二本传说他"不知何许人也。隐于江陵百里洲"。(第427页)由此推测,他当非出自朱、张、顾、陆的江左士族。

卢询祖,《北齐书》卷二二《卢文伟传》说他是卢文伟之孙,出自中国北方第一流大士族范阳卢氏。

裴让之,《魏书》卷三八《裴佗传》说他是裴佗之子,是河东闻喜人,"其先因晋乱,避地凉州。苻坚平河西,东归桑梓,因居解县焉"。

---

① 逯钦立:《先秦汉魏晋南北朝诗》,《北魏诗》卷二第2223页,《北齐诗》卷一第2257—2272页,卷二第2273—2287页,卷四第2303—2322页,中华书局1983年版。

② 逯钦立《先秦汉魏晋南北朝诗》将王晞《诣晋祠赋诗》归入北周诗作中。但是该诗作出自《北齐书》,故此笔者以为该诗作应归入北齐的诗作中。

（第1907页）可知他是出自河东裴氏的大士族。

裴讷之，《北史》卷三八《裴佗传》说他也是裴佗之子，是裴让之之弟，因此他也是出自河东裴氏的大士族。

邢邵，即邢子才，《北齐书》卷三六本传说他是出自河间邢氏的士族。

袁奭，《北齐书》卷四五本传说他是陈郡人，"萧庄时以侍中奉使贡。庄败，除琅邪王俨大将军谘议"。（第636页）他是南朝出使北方后留居的。

荀仲举，《北齐书》卷四五本传说他是颍川人，世居江南。"从萧明于寒山被执"。（第637页）可知他是俘掠至北方的。

魏收，《北齐书》卷三七本传说他是钜鹿下曲阳人，曾"随父赴边"（第483页），"及尔朱荣于河阴滥害朝士，收亦在围中，以日晏获免"。（第483页）可见北魏末年他在洛阳，而且是出自钜鹿魏氏的士族。

刘逖，据上编第一章第一节第二部分所考，他虽然出自彭城刘氏，但是他的学业得益于在晋阳的交游。

祖珽，《北齐书》卷三九本传说他是祖莹之子，出自北方士族范阳祖氏家族。

高延宗，据上编第一章第一节第一部分所考，他是高澄之子，高欢之孙，高齐皇族自言渤海蓨人，实际上是靠不住的。

萧悫，《北齐书》卷四五本传说他是梁上黄侯萧晔之子，他虽然郡望是兰陵，可是他可能就出生于江左地区，并在该地区长期生活。"天保中，入国（北齐）。"（第627页）他也是从南朝投奔来的。

萧毅，正史无传，也是萧梁宗室，并长期在江左地区生活。

马元熙，《北齐书》卷四四《儒林·马敬德传》说他是马敬德之子，是祖籍河间的汉人。

阳休之，《北齐书》卷四二本传说他是右北平无终人，"魏孝昌中，杜洛周破城，休之与宗室及乡人数千家南奔章武，转至青州"。（第560页）"寻属［贺拔］胜南奔，仍随至建业。休之闻高祖推奉静帝，乃白胜启梁武求还，以天平二年达邺，仍奉高祖命赴晋阳。"（第561页）可见他是居住于山东地区的汉族士人。

颜之推，据上编第一章第一节第二部分所考，他是琅琊临沂人，"永嘉之乱"后他的九世祖颜含追随晋元弟南渡，江陵陷落后他被俘掠到关中，曾得到李远重用。后乘黄河水暴涨，经三门峡之险，辗转来到北周统治区。

甄彬，据《南史》卷七十《甄法崇传》记载，他是甄法崇之孙，并说他是中山人，梁武帝"以西昌侯藻为益州刺史，乃以彬为府录事参军，带郫县令"。（中华书局1975年版，第1705页）可知他曾出仕江左的梁朝，当是后来辗转迁徙到北齐统治区的。

冯淑妃，《北史》卷一四本传未记载她的籍贯，当是出自长乐信都冯氏，也出自东魏北齐政权所统治的山东地区。

崔氏，据《太平御览》卷二十《时序部》所引虞世南《史略》云："北齐卢士深妻，崔林义之女，有才学。春日以桃花靥儿面，咒曰：'取红花，取白雪，与儿洗面作光悦。取白雪，取红花，与儿洗面作光华。取雪白，取花红，与儿洗面作华容。'"（第97页）另据《魏书》卷四七《卢玄传》记载，卢士深是卢玄的后人。《北齐书》卷三四《杨愔传》还说杨愔"又令吏唱人名，语以卢士深为士琛，士深自言。愔曰：'卢郎玉润，所以从玉。'"（第457页）既然卢士深生活在东魏北齐政权所统治山东地区，卢士深的妻子崔氏也就理所当然地生活在该地区。另外，崔氏与卢氏又皆为北方著姓，在婚姻注重阀阅的北朝时期崔氏当出自与范阳卢氏这一高门士族相当的大士族家族，因此她或是出自清河崔氏，或是出自博陵崔氏。

陆卬，据上编第一章第一节第一部分所考，他是陆俟的后人，出自鲜卑步六孤氏，北魏孝文帝改革后当亦改籍河南洛阳，并生活在山东地区。

褚士达，正史中未记载其籍贯，当是出自吴郡褚氏，并且是从江左地区辗转来到山东地区的。

王晞，《北齐书》卷三一《王昕传》说他是王昕之弟，北海剧人，六世祖王猛是前秦丞相。"齐神武访朝廷子弟忠孝谨密者，令与诸子游。晞与清河崔瞻、顿丘李度、范阳卢正通首应此选。"（第418页）可知王晞长期生活在东魏北齐统治区域内。

郑公超、杨训、赵儒宗、杨子华四人籍贯及居住地亦不可考。除此以外，籍贯及原居住地可考的有27人，籍贯或原居住地在东魏北齐统治区的有元晖业、斛律丰乐、高昂、卢询祖、裴让之、裴讷之、邢邵、魏收、刘逊、祖珽、高延宗、马元熙、阳休之、冯淑妃、崔氏、陆卬、王晞 17 人，约占可考的 27 人的 63%；原居住地在江左后迁徙至的东魏北齐统治区的有萧祇、萧放、陆法和、袁奭、荀仲举、萧悫、萧㲄、颜之推、甄彬、褚士达 10 人，占可考的 28 人的 37% 多。考其族属，除了郑公超等 4 人外，还有陆法和一人族属不详，而族属可考的共有 26 人，其中汉人有高昂、萧祇、萧放、卢询祖、裴让之、裴讷之、邢邵、袁奭、荀仲举、魏收、刘逊、祖珽、萧悫、萧㲄、马元熙、阳休之、颜之推、甄彬、冯淑妃、崔氏、褚士达、王晞 22 人，约占可考者的 85%；出自汉化的胡族等族群只有元晖业、斛律丰乐、高延宗、陆卬 4 人，占可考者的 15% 多。据此将按文学之士的籍贯居住地和族属做两图略加分析：

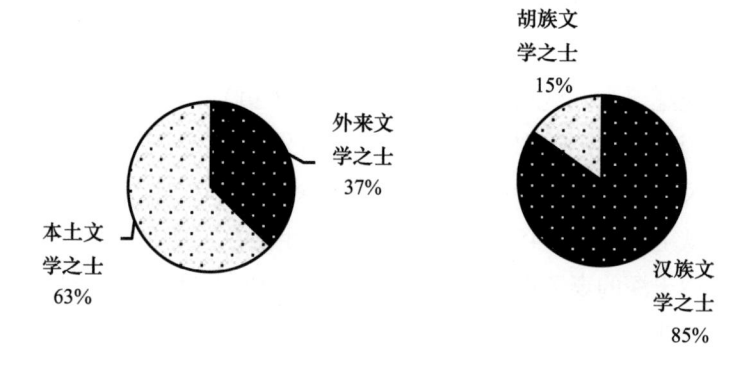

可见东魏北齐统治区域内的文学之士大多为土生土长的，外来的仅占少数，并且绝大多数是汉人，这说明东魏北齐统治区域内的文学确实是建立在本区域汉族文化基础之上的，但是也不排除受到其他地区的汉族文化的影响。

另外，据前文所考，由于大批胡族及胡化族群进入东魏北齐政权统治的山东地区与汉人杂居，加上南北朝后期鲜卑或鲜卑化人群统治着中国北方地区，生活的该区域一些汉人在语言上也受到鲜卑文化的影响，孙搴、祖珽皆以文才著称，却又能通解鲜卑语，这说明个别汉族文士为了进入政权中通解鲜卑语。另外，生活在该地区的汉人为了便于和鲜卑人交流，也或多或少地会一些鲜卑语，这样鲜卑等族的胡文化就自然对当地的汉文化产生了一些影响。

（二）艺术

艺术涵盖面则比文学多一些，至少既包括美术、书法，又包括音乐、舞蹈。下面从这几个方面略加考述：

1. 美术

美术则包括绘画、雕塑、书法等诸多方面，首先看该地区绘画艺术的发展演变情况：在绘画方面。高澄之子高孝琬、高孝珩两人绘画见于传记，并且他们的绘画水准又非同一般，特别是高孝珩的画作堪称精妙。另外胡族还见于《历代名画记》卷八记载："曹仲达，本曹国人也。北齐最称工，能画梵像，官至朝散大夫。国朝宣律师撰《三宝感通记》俱载仲达画像之妙，颇有灵感。僧惊云：'曹师于袁，冰寒于水，外国佛像，亡竞于时。'卢思道、斛律明月、慕容绍宗等像、弋猎图、齐武临轩对武骑名马图，传于代。"（第157页）可见曹仲达的绘画造诣极高，他"曹衣出水"的画风与唐代著名画家吴道子的"吴带当风"齐名，在我国古代绘画史上占有极高的地位。同卷还记载："刘杀鬼，① 与杨子华同时，世祖俱重之。画斗雀于壁间，帝见之为生，狒之方觉。帝在禁中，锡巨万，任梁州刺史。"（第157页）从刘杀鬼在墙壁上画的斗雀北齐武成帝高湛甚至以为是活生生的斗雀，即可看出他的绘画技艺之高超。

而汉族的绘画也代表山东地区的绘画艺术的另一部分，见于史籍的记载颇多，如《北齐书》卷三三《萧放传》有云：

> 放性好文咏，颇善丹青，因此在宫中披览书史及近世诗赋，监画工作屏风等杂物见知，遂被眷待。（第443页）

同书卷三七《魏收传》云：

> 帝于华林别起玄洲苑，备山水台观之丽，诏于阁上画收，其见重如此。（第491页）

萧放虽是外来士族，进入东魏北齐政权统治的山东地区，自然该地区绘画水准有所影响。而《魏收传》中虽然看不出是何人为他所绘画像，不过既然有人能奉诏在殿阁当场为魏收画像，说明绘画者水平非同一般。此外

---

① 从其名推测刘杀鬼当是胡族画家。

《历代名画记》卷八介绍了北齐时期绘画名家，除了前文已经叙述的高孝珩、曹仲达、萧放外，还云：

> 杨子华，中品上。世祖时任直阁将军、员外散骑常侍。尝画马于壁，夜听蹄啮长鸣，如索水草。画龙于素，舒卷辄云气萦集。世祖重之，使居禁中，天下号为"画圣"，非有诏不得与外人画。时有王子冲善棋通神，号为"二绝"。见《北齐史》。阎立本云："自像人已来，曲尽其妙，简易标美，多不可减，少不可逾，其唯子华乎！"僧悰云："裁在孙下、田上。"李云："在上品，张下、郑上。"《斛律金像》、《北齐贵戚游苑图》、《宫苑人物屏风》、《邺中百戏》、《狮猛图》，并传于代。（第156页）
>
> 田僧亮，下品。官至三公中郎将，入周为常侍。当时之名，高于董、展。僧悰云："挺特生知，不由师授，田家一种，古今独绝。在杨子华下。"窦蒙云："非独田家，众艺皆妙，杨、孙之次，董、展其流。"彦远以僧亮画，意类于展而不如展之精密也。李云："田、杨声实与董、展相侔，备通形似，田氏野服柴车，名为绝笔。与杨契丹同在上品，董、展之下。"（第157页）
>
> 殷英童，善画，兼楷隶。（第158页）
>
> 高尚士，中品。徐德祖、下品。曹仲璞，以上三人，并是当时名手。（第158页）

可见北齐时期绘画名家颇多，加上那些胡族或胡化族群共有十数人。另外，同卷介绍隋代绘画名家又云：

> 展子虔，中品下。历北齐、周、隋，在隋为朝散大夫、帐内都督。僧悰云："触物留情，备皆妙绝，尤善台阁、人马、山川。迟尺千里。"李云："董、展同品，董有展之车马，展亡董之台阁。"《法华变白麻纸》、《长安车马人物图》、《弋猎图》、《杂宫图》、《南郊白画》、《王世充像》、《北齐后主幸晋阳图》、《朱买臣覆水图》，并传于代。（第159页）

以《游春图》知名的展子虔的画作中有北齐后主幸晋阳图,可知他是生活在山东地区的士人,又说明他在北齐时期已成为知名画家,绘画技艺已经达到了很高超的水平,画面布局巧妙,运笔流畅,笔墨有浓淡之别,这些都充分地表现在他的传世之作《游春图》中。①

展子虔《游春图》

以上皆是见于传世文献记载的东魏北齐时期绘画名家的记载,而他们的画作却基本没有传世。好在自20世纪80年代以来考古工作者在河北、山西发掘了一些东魏北齐时期的墓葬,为我们从事这方面的学术研究提供的一些画作的实物。其中有河北磁县湾漳北朝墓,以及磁县及其周围的东魏皇族元祐墓、东魏茹茹公主墓、北齐高润墓、北齐尧峻墓,皆发现壁画,其中有的墓葬壁画规模宏大。这些墓葬壁画面世,进一步显示当时山东地区的绘画水准,并为此提供了大量的实物。如在20世纪80年代末发现并进行考古发掘的河北磁县湾漳北朝壁画墓,墓道东西两侧发现了大规模的壁画:②

---

① 按:既然展子虔绘有《北齐后主幸晋阳图》,当在北齐后主时期已经入仕,并已为知名画家,其绘画技艺已达到较高的水准,否则北齐后主也不会让他为自己绘画。

② 壁画见于中国社会科学院考古研究所、河北省文物研究所《磁县湾漳北朝壁画墓》,科学出版社2003年版,彩版第52、53页。

湾漳墓道壁画局部（一）

湾漳墓道壁画人物（一）　　**湾漳墓道壁画人物（二）**

　　以下选取上图的几个人物的面部表情，进而分析这幅壁画的艺术水准。湾漳北朝墓的墓道东西两壁不仅气势宏大，现场创作与粉本相结合，先用淡墨勾线，草成各种形象的位置、轮廓、某些细部，然后以浓墨线、朱红线定稿，进一步把握画面的整体布局及形象的具体位置。绘画技巧也十分细腻，敷色与定稿相得益彰，平涂与晕染兼用，色彩种类丰富。人物形象层次分明,气韵生动。① 属于这一时期壁画的上乘之作。

而在山西省境内也发现了一些壁画墓,如娄叡墓、徐显秀墓、朔州水泉梁壁画墓,其中娄叡墓、徐显秀墓的壁画构图气势之壮观,绘画之精美,也让人瞠目结舌,而娄叡墓道、甬道、天井、墓门、墓室等处皆有壁画,仅墓道东西两侧就各有三层壁画,仅残存壁画总面积约 220 平方米。② 下面仅展示娄叡墓中的大型仪卫出行图的局部:③

娄叡墓大型仪卫出行图局部

这幅壁画是中骑马者衣绣纹让人感到迎风飘扬,整幅画也是动感十足,构图紧凑,人物表现得极为生动,表情逼真。鞍马动态多样,神态栩栩如生,活灵活现。而仅从墓道的每一层壁画整体上看人物鞍马,布局紧凑,造型准确,既分组清楚,又互相呼应。人物生动,表情逼真。绘画用笔十分流畅,技巧娴熟,技艺达到了很高的水平,反映出当时流行的所谓"齐梁画风",属于当时画作中的精品。此外,徐显秀墓中的壁画也极为

---

① 中国社会科学院考古研究所、河北省文物研究所:《磁县湾漳北朝壁画墓》,第186页。
② 山西省考古研究所、太原市文物考古研究所:《北齐东安王娄睿墓》,文物出版社2006年版,第216—217页。
③ 这幅壁画见于山西古代壁画艺术博物馆《山西古代壁画精品图说》,山西人民出版社2008年版,第30—31页。

壮观，在此仅展示一个出行图的画面：①

徐里秀墓壁画出行图局部

可见这幅壁画保存十分完整，色彩鲜艳，气势恢宏，人物形象生动逼真。画中人物大小相当，人物的面部表情生动，不论正面画像还是侧面画像，运用富有变化的轮廓线条，准确地表达面部表情神态，画面虽然没有使用跌宕起伏的线条描绘人物，可是简介平实的线条中的微妙变化使得人物栩栩如生。人物关系虽然复杂，但是画面布局和谐，使得人物脉络十分清楚。在绘画技巧方面，用笔简洁，描绘出人物鲜活的生命力，独具特色。

近年在山西省忻州市九原岗又发现了一座东魏北齐时期的大型壁画墓，墓道、墓门壁画保存较好，规模超过了此前在山西省发现的娄叡墓中的壁画，其中墓道两壁各绘制了三层半壁画，西壁第一层壁画长27.7—30.7米，最宽处2.12米。主要内容是古代传说和神话故事，画面在流云间分布着各种奇禽神兽和仙人。第二层壁画长20.5—27.7米，最宽处1.5米，画面上有六组共18个人物，描绘的活动场景，大致分为"马匹

---

① 这幅壁画见于金维诺主编《中国墓室壁画全集》（汉魏晋南北朝），河北教育出版社2011年版，第139页。

贸易"与"狩猎"两类题材。第三层壁画长 12.1—20.5 米,最宽处 1.7 米,画面共有 18 个人物,可按具体活动场景分为两组。第二组为"出行图"。第四层壁画长 3.05—12.1 米,最宽处 1.7 米,画面共有 8 个人物和 1 个神兽,描绘的场景可称"回归图"。东壁第一层壁画长 27.7—31 米,最宽处 1.67 米。画面中可辨认仙人和奇禽神兽共 22 个,分布于不同形状的流云间,多朝向墓道口作飞腾状。第二层壁画长 20.5—27.7 米,最宽处 1.35 米,画面上有七组共 19 个人物,描绘的活动场景。大致分为"马匹贸易"与"狩猎"两类题材。第三层壁画长 12.1—20.5 米,最宽处 1.65 米,主要内容包括"山林图""出行图"。第四层壁画长 4—12.1 米,最高处 1.65 米。画面内容可分两部分,描绘的场景可称"回归图"。在东西两侧壁画中第二层的"出猎图"最为壮观,[①]可是由于画面过于宏大,在此仅显示局部:

忻州市九原岗东魏北齐墓西壁"狩猎图"局部

这是西壁第二层"狩猎图"中的一个局部,从这幅画看,不论从壁画的构思,还是从技法上看,图中人物的表情、动作、马匹的奔跑,以及那只老虎毛皮的描绘之细腻,在当时已达到很高的水平,这充分表现出东魏北齐统治区域内绘画水准之高。特别值得注意的是这批壁画不再将山石、树木仅仅作为背景,而是充分利用山石、树木,使人和物穿行于山谷之中,这可以说

[①] 山西省考古研究所等:《山西忻州市九原岗北朝壁画墓》,《考古》2015 年第 7 期,第 65 页图局部。

是中国绘画史上的一个重大创新。可是同时的江左、关陇两大区域所出土发现的壁画则达不到这种水平。另外，九原岗大墓的这批壁画也充分显示出多种风格、多种元素，甚至可以说是多种文化，是胡汉文化相互影响的杰作，其中这一整幅狩猎画也使墓道的壁画墙面产生了强烈的飞动感。

除了这些壁画之外，还有许多石刻造像也在另一方面展示了山东地区的雕塑造像艺术水平，如众所周知的山东青州龙兴寺造像：

青州龙兴寺造像（一） 　　**青州龙兴寺造像（二）** 　　**青州龙兴寺造像（三）**

青州龙兴寺造像（四） 　　**青州龙兴寺造像（五）**

从以上兴寺佛教造像的照片，可以看出这些佛教造像制作之精美、细腻，并保留着原有的色彩，说明其艺术水准之高。其中，前两尊造像缺少头部，可是服饰线条流畅，如曹衣出水。第三尊造像的佛教袈裟上以彩色绘制成田垄状长方格图案，以世俗田地表示对于佛的供养，被称为"福田衣""田像衣"。而这种佛教造像在西魏北周统治的关陇地区到目前为止还没有见到。最后两尊造像虽然仅存头部，后一尊佛头还残缺不全，但是从前一尊可见菩萨之安详，后一尊可见佛之凝思、智慧，从艺术角度可以看出雕刻之精美。

此外，还有山东、山西、河北、上海等省市博物馆、博物院所收藏展出的佛教造像，如山东省博物馆所藏：

东魏造像，出土于济南市县西巷　　北齐造像，出土于济南市县西巷

这两尊造像服饰属于典型的曹衣带水，线条流畅，其中前一尊造像背光上部还雕刻有衣袂飞舞的飞天，后一尊菩萨像还装饰有璎珞，可见其精美。

山西省也是文物大省，省博物院也收藏了许多佛教造像，[①] 下面就挑选一些有代表性的造像：

---

① 见于山西博物院所编《山西博物院》，山西人民出版社2005年版。

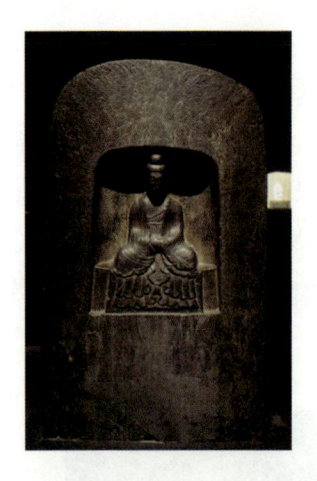

东魏程哲造像，征集于长治市袁家漏村 　　北齐释迦头像，太原市华塔村出土

北齐释迦像造，太原市华塔村出土 　　北齐五尊菩萨造像，太原市华塔村出土

　　这几尊造像及释迦头像所采用的工艺皆是深浮雕，立体感很强，其中第一幅图是一尊菩萨像造型复杂，可是佛龛内有阴刻菩萨像，下部有护法狮子、供养人，上部有衣袂飞舞的飞天。第二幅图是释迦汉白玉头像，螺发高耸，面部优雅圆润，双目微合，嘴唇柔美，嘴角稍微内敛。第三、第四幅图是两尊造像，雕刻精细，皆有背光，主像皆为贴金彩绘，上部雕有宝塔、飞天，下部雕刻有狮子和供养人，是北齐佛教造像中的精品。此外，第三幅图的佛造像为端坐莲花宝座之上，两侧各有三位侍立者，底座莲花生手托博山炉供养，佛龛背面彩绘佛像。第四幅图的菩萨造像为镂空

第一章　胡汉文化之整合趋同及区域差异　/　289

造像，左右各有两位侍立者，上部为高浮雕伎乐飞天和二龙奉塔。

另外，中国社会科学院考古研究所河北省文物研究所邺城考古队长期在河北临漳、磁县一带从事考古发掘工作，也发现了一些佛教造像，其中不乏精品，如近年在北吴庄发现的佛教造像：①

北吴庄佛教造像（一） 　　**北吴庄佛教造像（二）**

北吴庄佛教造像（三） 　　**北吴庄佛教造像（四）**

---

① 造像照片见于中国社会科学院考古研究所、河北省文物研究所、河北省临漳县文物旅游局编著《邺城文物精华》，文物出版社 2014 年版。

这四幅图片中第三、第四幅是一尊佛像的正反两面。这三尊造像皆是东魏时期用汉白玉雕刻而成的，所采用的是深浮雕工艺，雕刻精细，皆有背光，有很强的立体感，其中第一尊造像为一菩萨，两弟子，背光上部都雕有精美的飞天，底座有双狮香炉浮雕，背部有彩绘的痕迹。第二尊造像为是一座菩萨，上身半裸，下身着裙，左手握桃形香囊，右手持莲蕾，背光为精美的彩色浅浮雕火焰纹，背面墨绘太子树下思维像。第三尊造像为正反两面深浮雕，正面主像为太子思维像，上身半裸，下身着裙，左手撑腮，右手扶膝盖，半伽半坐，脚踏莲座，两侧有侍者。背光雕有四身童子飞天，顶部一莲花化生童子，底座雕有双狮香炉。背面雕有一菩萨二弟子，两侧浮雕三身供养菩萨。这几尊造像也是东魏佛教造像中的精品，亦可见在这一时期山东地区雕刻工艺之高超。

2. 书法

此部分对东魏北齐统治区域内书法艺术的情况加以考述，据前文考证，可知该地区喜好并擅长书法的胡族或属于胡化族群的有刘仁之、源楷、元显、穆子岩等人，至于该区域书法艺术的整体情况仅仅看这些胡族或属于胡化族群还是不够的，因为最擅长书法者一般情况当属于居住在这一地区的汉族，在此首先看传世文献中的记载，据《北齐书》卷三八《赵彦深传》所云：

> ［子仲将］学涉群书，善草隶，虽与弟书，书字楷正，云草不可不解，若施之于人，即似相轻易，若与当家中卑幼，又恐其疑所在宜尔，是以必须隶笔。（第507页）

同书卷四四《儒林·张景仁传》云：

> 张景仁者，济北人也。幼孤家贫，以学书为业，遂工草隶，选补内书生。（第591页）

同书卷四五《文苑·刘逖传》云：

> ［从子］颙好文学，工草书，风仪甚美。（第616页）

《隋书》卷六六《房彦谦传》云：

第一章 胡汉文化之整合趋同及区域差异 / 291

> 解属文，工草隶，雅有词辩，风概高人。年十八，属广宁王［高］孝珩为齐州刺史，辟为主簿……所有文笔，恢廓闲雅，有古人之深致。又善草隶，人有得其尺牍者，皆宝玩之。（第1561—1566页）

可见居住生活在该区域的还有赵仲将、张景仁、刘顗、房彦谦善草隶、工草隶，在书法上还是有相当高的造诣，其中房彦谦的尺牍甚至被人们所收藏欣赏，他还出自清河房氏的士族，因此说他们的书法当影响了该地区的士人，特别是一些外来的士族，如《北齐书》卷三三《萧退传》记载："子慨，深沉有礼，乐善好学，攻草隶书。"（第443页）可知他的书法源自江左地区，而当时江左正流行所谓《兰亭序》的行书书体，这种书体必然也会影响到山东地区。卷四五《文苑·颜之推传》记载："博识有才辩，工尺牍，应对闲明，大为祖珽所重，令掌知馆事，判署文书。"（第617—618页）虽然颜之推是入北齐统治区时受到大臣祖珽的重用，但是他在萧梁时期即被萧绎、萧方诸父子引用，先后任左常侍、掌书记这些与文笔、书法有关的职官，因此说他的书法风格当在江左时已形成。不过史籍中有关东魏北齐统治区内士人书法的记载不太多，幸而有一些出土的碑志可作佐证，具有代表性的石刻，如经国学大师罗振玉所藏、今存于辽宁省博物馆的北齐乐陵王《高百年墓志》，以及民国初年出土于河北省磁县的北齐《徐之才墓志》：

高百年墓志[①]　　　　　　徐之才墓志[②]

从《高百年墓志》可以看出，虽然还残存有八分书体的挑，但是已经有了楷书的钩，属隶书开始向楷书过渡时期的作品，书法结字方正宽绰，骨力健劲，气势瑰玮，书体秀美，用笔方齐质拙，体势能寓飘然于挺劲之中。而《徐之才墓志》有类于隋代《龙藏寺碑》，书法以方笔为主，兼施圆笔，结字中宫紧收，四面开张呈放射状。线条变化多端，用笔忱挚，给人以古拙幽深之感，书法则属于比较成熟的楷体，比之魏碑体更接近楷书中的北齐一派虚和空灵的书体，有很高的书法价值。

3. 音乐、舞蹈

据前文所考，东魏北齐政权的郊祭宗庙音乐皆是沿用汉晋以至北魏孝文帝改革推行汉化以来的旧制，也就是说是沿袭汉文化中的郊祭宗庙音乐。由此胡族及胡化族群就有人喜好音乐、乐器，如高湛、高孝珩、尔朱文略就特别擅长中原汉人的乐器——笛子。

在舞蹈技艺上，山西博物院所收藏的陶俑很能说明问题：

北齐胡人舞俑，厍狄回洛墓出土　　　北齐胡人杂技俑，贺拔昌墓出土

---

① 辽宁省博物馆藏。

② 上海博古斋拍卖有限公司：《上海博古斋 2014 年季拍第一期古籍善本专场》，765 号拍品局部。

可见上图这两个舞技俑则表现为山东区域的乐舞杂技也吸收了一些胡文化的成分，说明该区域音乐舞蹈乐器不但受到来自西方的影响，也得益于其他胡族。另外，据前文所考，北齐时期高澄之子高孝瑜则擅长下围棋。

二 西魏北周统治区文学艺术也颇有声势

西魏北周政权统治的关陇地区自"永嘉之乱"以来，虽然遭受到一些战乱的侵袭，但由于该地区的地理环境，外部很难打入，使得这一地区文化受到负面的影响较少。而考述其文学艺术的状况，不仅要看文学，还要了解艺术，不过在这两方面胡汉文化的影响不同，有所差异。下面首先考述这一区域文学发展。

（一）文学

据前文考证，生活在西魏北周统治区的胡族或胡化族群中在文学方面有所造诣的共6人，其中有著述传世的有5人，占有文学造诣人总数的83%多；表现为喜好文学的计有1人，约占有文学造诣人总数的17%。

此外，据《先秦汉魏晋南北朝诗》中所收的诗作及作者，属于西魏北周统治区域的有周明帝宇文毓《贻韦居士诗》《过旧宫诗》《和王褒咏摘花》、李昶《陪驾幸终南山诗》《奉和重适阳关》、高琳《宴诗》、宗懔《和岁首寒望诗》《早春诗》《春望诗》《麟趾殿咏新井诗》、宗羁《登渭桥诗》、萧撝《孀妇吟》《日出行》《劳歌》《和梁武陵王遥望道馆诗》《上莲山诗》、王褒《关山篇》《从军行》二首、《长安有狭邪行》《饮马长城窟》《轻举篇》《凌云台》《出塞》《入塞》《关山月》《长安道》《明君词》《游侠篇》《古曲》《高句丽》《燕歌行》《日出东南隅行》《墙上难为趋》《九日从驾诗》《入朝守门开诗》《赠周处士诗》《别陆子云诗》《和张侍中看猎诗》《和庾司水修渭桥诗》《玄圃浚池临泛奉和诗》《和从弟祐山家诗》二首、《咏雁诗》《送观宁侯葬诗》《送刘中书葬诗》《别王都官诗》《送别裴仪同诗》《渡河北诗》《咏月赠人诗》《和殷廷尉岁暮诗》《看斗鸡诗》《弹棋诗》《从驾北郊诗》《奉和赵王隐士诗》《始发宿亭诗》《山池落照诗》《咏雾应诏诗》《入关故人别诗》《过藏矜道馆诗》《明庆寺石壁诗》《云居寺高顶诗》《咏定林寺桂树》、杨文祐《为周宣帝歌》、周宣帝宇文赟《歌》、赵王宇文招《从军行》、滕王宇文逌《至渭源诗》、庾信《对酒歌》《王昭君》《昭君辞应诏》《出自蓟北门行》《结客少年场行》《道士步虚词》十首、《乌夜啼》《怨歌行》《舞媚娘》《乌夜啼》《燕歌行》《杨柳歌》《奉和泛江诗》《奉和山池诗》《陪驾幸终南山和宇文内史诗》《和宇文内史春日游山诗》《游山诗》《和宇文京兆游田诗》《奉报寄洛州诗》《奉服穷秋寄隐士诗》《上益州上柱国赵王诗》二首、《谨赠司寇淮南公诗》《正旦上司宪府诗》《任洛州》《将命至邺酬祖正员诗》《将命至邺诗》《入彭城馆诗》《同州还诗》《从驾观讲》《奉报赵王出师在道赐诗》《和赵王送峡中军诗》《奉和赵王途中五韵诗》《侍从徐国公殿下军行诗》《同卢记室从军诗》《伏闻游猎诗》《见征客始还遇猎诗》《奉和阐弘二教应诏诗》《至老子庙应诏诗》《奉和赵王游仙诗》《奉和同泰寺浮图诗》《奉和法筵应诏诗》《和从驾登云居寺塔》《和何仪同讲竟述怀诗》《奉和赵王隐士诗》《经陈思王墓诗》《拟咏怀诗》二十七首、《和张侍中述怀诗》《奉和示内人诗》《奉和赵王美人春日诗》《奉和赵王春日诗》《梦入堂内诗》《和咏舞诗》《夜听捣衣诗》《预麟趾殿校书和刘仪同诗》《和宇文内史入重阳阁诗》《忝在司水看治渭桥诗》《北园新齐成应赵王教诗》《同会河阳公新造山池聊得寓目诗》《登州中新阁诗》《岁晚出横门诗》《北园射堂新成诗》《七夕诗》《园庭诗》《归田诗》《寒园即目诗》《幽居值春诗》《卧疾穷愁诗》《山斋诗》《望野诗》《蒙赐酒诗》《奉报赵王惠酒诗》《有喜致醉诗》《高晴应诏敕自疏韵诗》《同颜大夫初晴诗》《奉和赵王喜雨诗》《和李司录喜雨诗》《郊行值雪诗》《奉和赵王西京路春旦诗》《奉和夏日应令诗》《和乐仪同苦热诗》《和裴仪同秋日诗》《咏园花诗》《西门豹庙诗》《和王少保遥伤周处士诗》《伤王司徒褒诗》《仰和何仆射还宅怀故诗》《送炅法师葬诗》《和人日晚景宴昆明池诗》《对宴齐使诗》《聘齐秋晚馆中饮酒诗》《奉和浚池初成清晨临泛诗》《和炅法师游昆明池诗二首》《见游春人诗》《别周尚书弘正诗》《别张洗马枢诗》《别庾七入蜀诗》《将命使北始渡瓜步江诗》《反命河朔始入武州诗》《冬狩行四韵连句应诏诗》《和王内史从驾狩诗》《入道士馆诗》《奉和永丰殿下言志诗》十首、《率尔成咏诗》《慨然成咏诗》《奉和赐曹美人诗》《和赵王看伎诗》《奉答赐酒诗》《奉答赐酒鹅诗》《正旦蒙赵王赉酒诗》《卫王赠桑落酒奉答诗》《就蒲州使君乞酒诗》《蒲州刺史中山公许乞酒一车未送诗》《答王司空饷酒诗》《舟中望月诗》《望月诗》《对雨诗》《喜晴诗》《咏春近余雪应诏诗》《奉和初秋诗》

《晚秋诗》《和颍川公秋夜诗》《咏画屏风诗》二十五首、《镜诗》《梅花诗》《咏树诗》《斗鸡诗》《应令诗》《杏花诗》《赠周处士诗》《寻周处士弘让诗》《集周公处连句诗》《寄徐陵诗》《寄王琳诗》《奉和赵王诗》《和刘仪同臻诗》《和庾四诗》《和侃法师三绝诗》《送周尚书弘正诗》《重别周尚书诗》二首、《赠别诗》《徐报使来止得一相见诗》《行途赋得四更应诏诗》《和江中贾客诗》《奉和平邺应诏诗》《送卫王南征诗》《仙山诗》二首、《山斋诗》《野步诗》《山中诗》《闺怨诗》《和赵王看妓诗》《看舞诗》《听歌一绝寺》《暮秋野兴赋得倾壶酒诗》《对酒诗》《春日极饮诗》《春望诗》《新月诗》《秋日诗》《望渭水诗》《尘镜诗》《和淮南公听琴闻弦断诗》《弄琴诗》二首、《咏羽扇诗》《题结线袋子诗》《赋得鸢台诗》《赋得集池雁诗》《咏雁诗》《忽见槟榔诗》《赋得荷诗》《移树诗》《奉梨诗》《伤往诗》二首、《春日离合诗》二首、《和回文诗》《问疾封中录诗》《示封中录诗》二首、《秋夜望单飞雁诗》《代人伤往诗》二首、孟康《咏日应赵王教诗》、徐谦《短歌行》二首、佚名《周祀圜丘歌》十二首、《周祀方泽歌》四首、《周祀五帝歌》十二首、《周宗庙歌》十二首、《周大袷歌》二首、《周五声调曲》二十四首、释亡名《五苦诗》、无名法师《过徐君墓诗》、尚法师《饮马长城窟》、无名氏《青帝歌》《白帝歌》《赤帝歌》《黑帝歌》《黄帝歌》《金章太守章》《步虚辞》十首、《三徒五苦辞》《碧落空歌》《魔王歌章》《第一欲界飞空之音》《第二色界魔王之章》《第三无色界魔王歌》，① 而这些诗歌的作者籍贯、原居住地分布如何？

周明帝宇文毓，《周书》卷四本纪说他是宇文泰之子，原籍武川镇，"母曰姚夫人。永熙三年，太祖临夏州，生帝于统万城。"（第53页）可知他出生于关陇地区。

李昶，《周书》卷三八本传说他是顿丘临黄人，"幼年已解属文，有声洛下。时洛阳并置明堂，昶年十数岁，为《明堂赋》……初谒太祖，太祖深奇之，厚加资给，令入太学"。（第686页）故此，他当是自山东进入关中者。

高琳，《周书》卷二九本传说其先是高句丽人，"又从尔朱天光破万

---

① 逯钦立：《先秦汉魏晋南北朝诗》《北周诗》卷一第2323—2345页，卷二第2347—2365页，卷三第2367—2384页，卷四第2385—232411页，卷五第2415—2432页，卷六第2433—2442页。

俟丑奴，论功为最，除宁朔将军、奉车都尉。后随天光败于韩陵山，琳因留洛阳。魏孝武西迁，从入关"。（第496页）可知他是西魏政权建立之前就来到关陇地区的。

宗懔，《周书》卷四二本传说他是南阳涅阳人，祖上"讨陈敏有功，封柴桑县侯，除宜都郡守。卒于官，子孙因居江陵"。（第759页）"梁元帝重牧荆州，以懔为别驾、江陵令……及江陵平，[他]与王褒等入关。"（760页）可见他是西魏平江陵之后来到关中的。

萧㧑，《周书》卷四二本传说他是兰陵人也。梁武帝弟安成王萧委之子。"太祖知蜀兵寡弱，遣大将军尉迟迥总众讨之……㧑遂请降，迥许之。㧑于是率文武于益州城北，共迥升坛，歃血立盟，以城归国（西魏）……及㧑入朝，属置露门学。高祖以㧑与唐瑾、元伟、王褒等四人俱为文学博士。"（第752页）可知他是尉迟迥攻占蜀地后进入关中的。

王褒，《周书》卷四一本传说他是琅琊临沂人，"曾祖俭，齐侍中、太尉、南昌文宪公。祖骞，梁侍中、金紫光禄大夫、南昌安侯。父规，梁侍中、左民尚书、南昌章侯。并有重名于江左"。（第729页）平江陵后"褒与王克、刘谷、宗懔、殷不害等数十人，俱至长安"。（第731页）可知他是西魏平江陵之后来到关中的。

杨文祐，正史无传，仅在《隋书》卷二五《刑法志》有"有下士杨文祐白宫伯长孙览"记载，（第710页）而其籍贯、原居住地皆不可考，从其官职看他当在长安周围居住。

周宣帝宇文赟，《周书》卷本纪说他是周武帝宇文邕之子，"武成元年，生于同州"。（第115页）可见他的出生地就在关中。

赵王宇文招，《周书》卷一三《文闵明武宣诸子传》说他是宇文泰之子，原籍武川镇，而据《文闵明武宣诸子传》所云："王姬生赵僭王招。"（第201页）他当出生在长安及其周围地区。

滕王宇文逌，《周书》卷一三本传说他是宇文泰之子，原籍武川镇，后宫所生，因此说他的出生地也是在长安及其周围地区。

庾信，《周书》卷四一本传说他是南阳新野人，"祖易，齐征士。父肩吾，梁散骑常侍、中书令"。（第733页）"起家湘东国常侍，转安南府参军。"（第733页）"加散骑常侍，来聘于我。属大军南讨，遂留长安。江陵平，拜使持节、抚军将军、右金紫光禄大夫、大都督，寻进车骑大将军、仪同三司。"（第734页）因此说他是西魏平江陵后，从江南辗转来到关中的汉士族。

孟康，正史无传，仅在《隋书》卷三三《经籍志》有"梁有《汉书》孟康音九卷"，（第954页）因此说他当是南朝来的士人。

宗羁、徐谦、尚法师共三人籍贯亦不可考。除此以外，籍贯或原居住地可考的有12人，籍贯或原居住地在西魏北周统治区有7人，占可考的12人的58%多；原居住地在江左等地后迁徙至的西魏北周统治区也有5人，约占可考的12人的42%。另外可考的12人中汉人有7人，占可考的12人的58%多；汉化的胡族有5人，约占可考的12人的42%。据此将文学之士的籍贯居住地和族属分别做两图并加以分析：

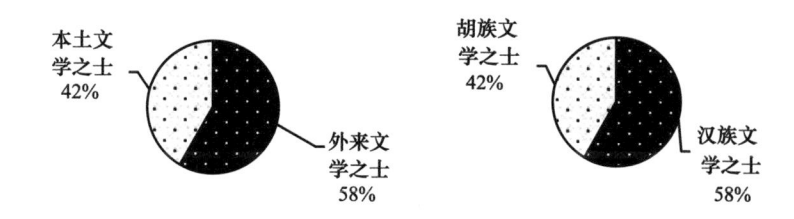

由图示可知，虽然在西魏北周统治区域内本土的文学之士略多于外来的文学之士，而且王褒、庾信两位文学巨匠皆是平江陵时来到西魏统治区的，不过汉族文学之士仅略多于胡族，这说明西魏北周统治区域内外来的文学之士对于该区域的文学产生着巨大的影响，特别是平江陵后，俘掠来的文人使该地区的文学有了较大程度的提高，此外，胡族对于该区域的文学产生的影响亦不可轻视。

（二）艺术

既然艺术包括美术、书法、音乐、舞蹈等方面，对于西魏北周政权统治区域内艺术的考述也从这几个方面进行。

1. 美术

绘画方面，阎毗还擅长绘画，堪称绝妙。而汉族的绘画水准如何？据《周书》卷三二《申徽传》所云：

> 徽性廉慎，乃画杨震像于寝室以自戒。（第557页）

《历代名画记》卷八云:

> 冯提伽,北平人也。官至散骑常侍兼礼部侍郎。志尚清远,后避周末之乱,佣画于并汾之间。窦蒙云:"寺壁皆有合作,风格精密,动若神契。"彦远案:提伽之迹,未甚精密。山川草树,宛然塞北,车马为得意,人物非所长。(第158页)

> 郑法士,中品上。在周为大都督左员外侍郎、建中将军,长社县子。入隋,授中散大夫。僧悰云:"取法张公,备该万物,后来冠冕,获擅名家,在孙尚子上。"李云:"伏道张门,谓之高足,邻几睹奥,具体而微,气韵标举,风格遒俊。丽组长缨,的威仪之樽节;柔姿绰态,尽幽闲之雅蓉。……江左字僧繇已降,郑君是称独步。在上品杨子华下,孙尚子上。"(第160页)

可见在西魏北周政权统治的关陇地区除了有阎毗等胡族绘画名家,还有冯提伽、郑法士等汉族名家,此外像申徽这个身居显位的高官也能绘画。

以上是些见于传世文献记载的记载,此外,近些年考古工作者在陕西、宁夏等地也发现了西魏北周时期的墓葬,也发现了壁画,这对于进一步了解当时关陇地区的绘画情况提供了实物证据。如宁夏固原西魏北周大臣李贤以及田弘墓中就发现了一些壁画,遗憾的是据田弘墓考古报告,壁画模糊不清,只有李贤墓的壁画有几幅尚可一观,① 下面就几幅李贤墓的壁画略加分析:

---

① 三幅壁画分别见于宁夏固原博物馆编《固原文物精品图集》,宁夏人民出版社2012年版,第216、217、219页。

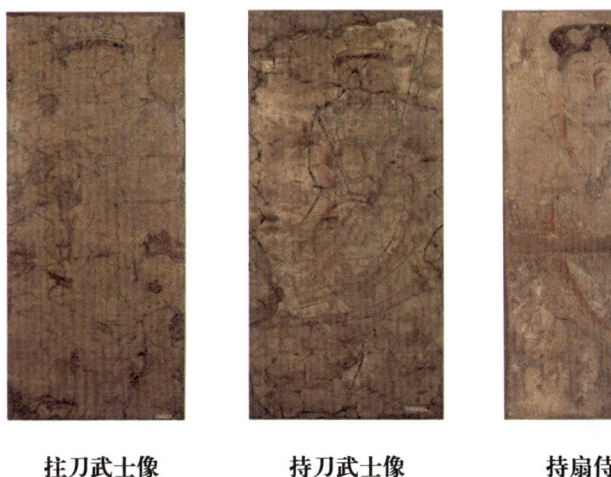

挂刀武士像　　　　**持刀武士像** 　　　　**持扇侍女像**

  这几张壁画虽然不是很清晰,但是还能看出,前两张武士像头戴高冠,面相丰满,眉目端正,身材矫健,仪态肃穆。侍女像面相亦丰满,眉目清秀,大耳下垂,体态丰腴、端庄。这些壁画线条简练遒劲,少变化,除勾线外,人物面部的两鬓及眉宇脸颊采用朱红晕染,使得人物有立体感。在绘画风格上,继承了汉代粗放生动的传统画风,又不同于魏晋时期带有装饰性的人物处理,表现出北方民族融合的绘画风格。此外,敦煌壁画则表现出较高的艺术水准,特别是二八五窟的飞天图色彩鲜艳,线条流畅,富有动感,更是不凡。

敦煌二八五窟西壁飞天[①]

---

① 段文杰:《中国敦煌壁画全集》(2)西魏卷,天津人民美术出版社2002年版,第95页。

此外，还有许多石刻造像雕塑艺术品，这又可以展现关陇地区的艺术水平。在一些博物馆中造像等雕塑艺术品多有展现，如西安碑林博物馆就有一些艺术水平颇高的造像：

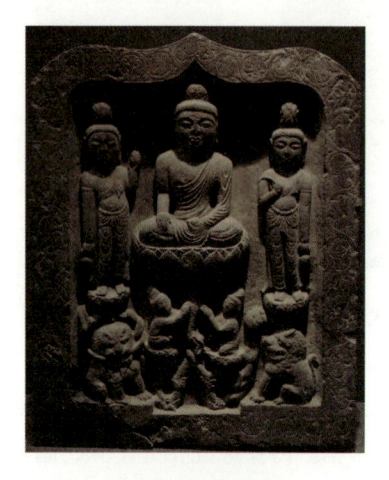

北周杨连熙佛造像

西魏释迦多宝千佛造像

北周菩萨造像

北周佛立像

第一尊是北周天和二年《杨连熙佛造像》，造像中的佛与两位菩萨都站在莲花上，下有两只狮子。其造型头大、脚短、身体壮硕，在北周的佛

第一章　胡汉文化之整合趋同及区域差异　/　301

像较少见，已透露出一点隋唐造像的风格。第二尊是西魏释迦多宝千佛造像碑，将多宝、释迦并坐，这种造型是北魏冯太后时期最流行的题材。因为释迦说要让多宝佛显身，需将十方世界的佛化身全部召唤到宝塔四周，所以二佛并坐造型周围都有千佛碑，形成诸佛拱卫二佛相见的场面。第三尊为北周菩萨造像，虽然头部遗失，但是身躯装饰有璎珞，雕刻极为精美，衣纹"曹衣出水"的风格，是受到山东地区造像的影响。第四尊为西安市灞桥区湾子村出土的五尊北周释迦牟尼佛立像之一，整体趋于健拔，头部丰厚壮实，面部方圆特征减弱，下巴略收。袈裟紧贴身躯，衣纹富有弹性，有"曹衣出水"之感。基座的雕刻、造型也非常精美，并且整个佛像极为高大。

另外，在西魏北周政权统治的关陇地区的核心区域——关中地区自20世纪以来，还发现了史君、安伽等粟特人的墓藏，在这些墓葬中出土的石质棺椁，发现了一些精美的雕像，下面就展现几幅浮雕：①

| 史君墓石棺椁浮雕 | 史君墓石棺椁浮雕 | 安伽墓石棺椁浮雕 |
| 局部（一） | 局部（二） | 局部（三） |

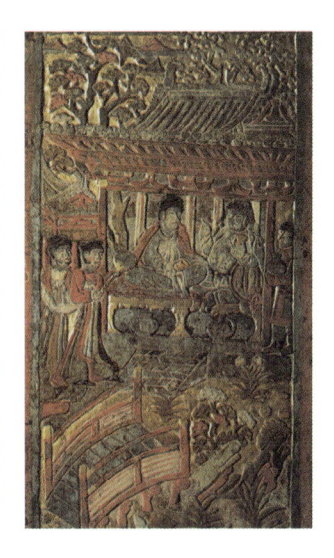

---

①　浮雕分别见于杨军凯《北周史君墓》，文物出版社 2014 年版，第 354、330 页；陕西省考古研究所《西安北周安伽墓》，文物出版社 2003 年版，图版五一。

前两幅图片显示的是史君墓中石棺椁的局部浮雕,虽然用色较少,可是雕刻精美,特别是第二幅浮雕采用高浮雕的手法分别雕刻出脚踏小鬼的四臂守护神,而且与另一尊对应的四臂守护神的神态各异,雕刻艺术水平颇高。最后一幅图片是居家宴饮图,图中是一座传统的中国式样歇山顶挑檐亭式建筑,斗拱结构,雕梁画栋,色彩鲜艳。亭内榻上贴金,上铺红色波斯毯,毯上坐有一男一女,当时墓主夫妇,一侧为一男仆,一侧为两女仆,在听候主人吩咐。亭前有拱桥一座,亭前桥旁花草丛生。这幅浮雕经过减地、线刻、彩绘、贴金等石刻工艺,其中彩绘作为线刻的补充,使得浮雕更加真实。贴金使整个浮雕更加富丽堂皇,更加精美,达到很高的艺术水准。①

2. 书法

而书法方面,据前文考证,在西魏北周统治地区胡族接受汉族艺术文化,而尤以书法见长者有窦庆、窦瑾、宇文贵、阎毗,但是要考述该区域书法艺术的整体情况还要注重生活居住于此的汉族书法家,据《周书》卷二二《柳机传》所云:

> 机弟弘,字匡道,少聪颖,亦善草隶,博涉群书,辞彩雅赡。(第373页)

同书卷四四《泉企传》云:

> [子]元礼少有志气,好弓马,颇闲草隶,有士君之风。(第787页)

同书卷四七《艺术·冀俊传》云:

> 性沉谨,善录书,特工模写……寻征教世宗及宋献公等隶书。时俗入书学者,亦行束脩之礼,谓之谢章。俊以书字所兴,起自苍颉,若同常俗,未为合礼。(第837—838页)

---

① 尹申平:《西安发现的北周安伽墓》,《文物》2001年第1期。

同卷《艺术·赵文深传》云：①

> 文深少学楷隶，年十一，献书于魏帝……文深雅有钟、王之则，笔势可观。当时碑榜，唯文深及冀俊而已……及平江陵之后，王褒入关，贵游等翕然并学褒书。文深之书，遂被遐弃。文深惭恨，形于言色……至于碑榜，余人犹莫之逮。王褒亦每推先之。宫殿楼阁，皆其迹也。（第849页）

《隋书》卷四八《杨素传》云：

> 善属文，工草隶，颇留意于风角。（第1281页）

可知见于史籍记载的居住生活在该地区的汉族书家有柳弘、泉元礼、冀俊、赵文渊、杨素，皆擅长书法，还有一些人更追随于冀俊、赵文深学习书法。而柳弘、杨素还是出身于河东、弘农的郡姓士族，他们善草隶必然会影响到家族的其他成员。而他们在社会上又有着相当的影响力，当亦有其书法弟子。另外，一些江左士族后来也辗转迁徙至关陇地区，他们也擅长书法，如《周书》卷四一《王褒传》所云：

> 梁国子祭酒萧子云，褒之姑夫也，特善草隶。褒少以姻戚，去来其家，遂相模范。俄而名亚子云，并见重于世。梁武帝喜其才艺，遂以弟鄱阳王恢之女妻之。（第729页）

同书卷四二《萧㧑传》云：

> 善草隶，名亚于王褒。（第753页）

不过王褒、萧㧑的书法源自江左地区，其渊源与关陇地区无涉，但是他们

---

① 即赵文渊。由于《周书》修撰于唐初，避唐高祖李渊讳之缘故，因此改作"赵文深"，以下正文中除引文外均回改作"赵文渊"。

来到关陇地区后则影响该地区的书风,如"贵游等翕然并学褒书"。

另外,由于西魏北周时期的法帖至今也没有传世的,考述这一时期的书法除了利用传世文献,只能运用石刻,好在除自古以来保存下来的,还有一些出土墓志之类的石刻,在这里选几种比较有代表性的石刻拓本图片为例:

豆卢恩墓志① 　　　　　　**华岳颂②**

其中《豆卢恩碑》碑文为隶书,隶法纯熟,敦厚有力,点画工整,平正淳古,加之刻工较精细,属于北朝书法中少见的隶书精品之一。此碑的隶体介于汉隶和唐隶之间,为隶书在有唐一代的弘扬和发展奠定了基础。《华岳颂》是北周时期书法家赵文渊的作品,是用楷书的笔法来代替隶书的用笔,表现出篆书的结体,让人感到有点怪。但起笔、收笔的健壮,横广的结构,又使横画具有强劲弯曲的波法,保留着隶书波磔遗迹的隶楷过渡姿态。后人对于对此碑褒贬不一,清末杨守敬折中地以为:"文渊在周甚有书名,是碑前人嗤为恶札,为分书罪人,余谓以分书论之诚不佳,若以其

---

① 友人所藏拓片局部。
② 王靖宪:《中国碑刻全集》,人民美术出版社 2010 年版,第 166 页。

意作真书殊峭拔。"① 可以说是评论此碑的一种较为贴切的评述。

3. 音乐、舞蹈

至于西魏北周的宇文氏政权制定国家正式郊祭庆典的音乐的过程，是以平江陵的过程中获得了萧梁继承发展的汉晋以来的汉族郊祭宗庙音乐为基础，继承了北魏孝文帝汉化后的雅乐所制定的。而出身胡族的宇文贵不仅擅长音乐、绘画，当还爱好中原汉族擅长的围棋。据考古发掘中也发现了有关音乐舞蹈的实物资料，如安伽墓葬的棺椁石床上的乐舞石雕：②

这幅乐舞图为浅着色浮雕。其中上半部为奏乐合唱图，四坡顶帐篷占满图画，帐篷顶为红色，装饰有日月和莲花图案，帐篷内共有十人，前排左侧第二人当是主人，披发中分，身穿红色翻领窄袖紧身袍，其中六人随节奏合唱。帐篷内铺有红色边饰波斯地毯。下半部是舞蹈图，中有一人身穿褐色紧身对襟翻领长袍，正在跳胡旋舞。③ 这正表现出关陇地区音乐舞蹈也颇具规模，而且明显地受到外来文化的影响。另外，该地区自东汉以来由于羌族的涌入，进入魏晋南北朝时期又先后有氐、羌、鲜卑、匈奴在此建立政权，必然受到多种胡族文化的影响，特别是南北朝时期鲜卑语言文化的影响。另外，在艺术上西魏北周政权更是借助于西域交通的便利，其音乐舞蹈乐器得益于西域各国处颇多。

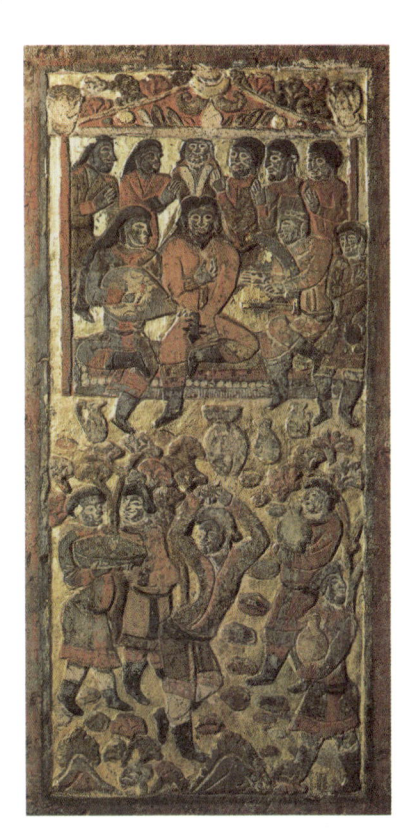

---

① 杨守敬：《激素飞清阁评碑记》卷二《华岳颂》，湖北人民出版社、湖北教育出版社1988年版。
② 两张图片分别见于陕西省考古研究所《西安北周安伽墓》，图版三八，图版四二。
③ 参见尹申平《西安发现的北周安伽墓》，《文物》2001年第1期。

三　两大区域之异同

既然将文学艺术置于此标题之下考述，而文学艺术则再分为文学、艺术两部分，因此也将这两大部分的异同分别考述。

（一）文学

在东魏北齐统治区域内中有文学造诣并有诗赋传世的胡族或胡化族群共4人。而在西魏北周统治区域内胡族或胡化族群中在文学方面有所造诣并有诗赋传世的共5人，这方面西魏北周统治区占优。但是从胡汉各族总体来看，东魏北齐地区籍贯、族属及原居住地可考有著述的有26人，籍贯或原居住地在东魏北齐统治区的有17人，占65%多；原居住地在江左后迁徙至的东魏北齐统治区的有9人，约占35%。而且其中汉人有22人，约占可考者的85%；出自汉化的胡族只有元晖业、斛律丰乐、高延宗、陆卬4人，占可考者的15%多。反观西魏北周地区籍贯、族属及原居住地可考的有13人，籍贯或原居住地在西魏北周统治区的有8人，约占62%；原居住地在江左等地后迁徙至的西魏北周统治区的也5人，占38%多。而可考的13人中汉人有7人，约占54%；汉化的胡族有6人，占46%多。据两大区域文学之士的整体情况做几个柱形图，再加上这些百分比的数值略加分析。

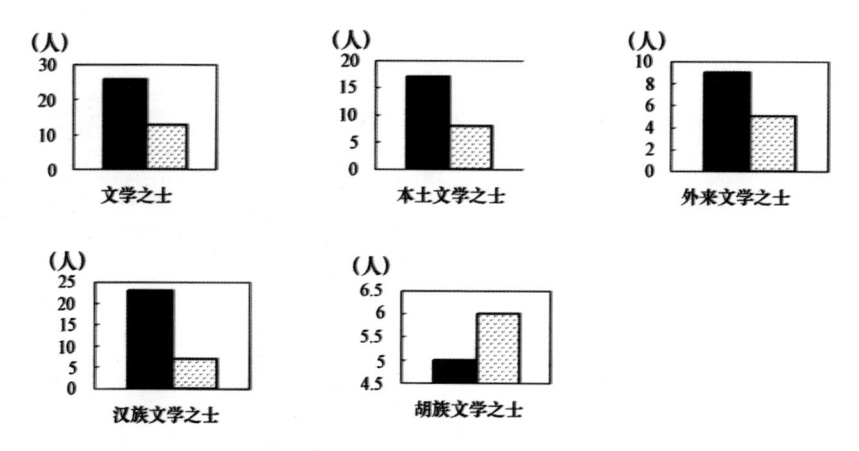

注：深色表示东魏北齐统治区文学之士，浅色表示西魏北周统治区文学之士。

如图可见，东魏北齐统治区域内的文学之士总数超过西魏北周区域一倍，本土文学之士和外来文学之士都是东魏北齐统治区占多数。而且东魏北齐地区土生土长的文学之士几乎超过外来的一倍，西魏北周地区本土的文学之士略多于外来的文学之士。汉族文学之士中东魏北齐地区又远超过西魏北周地区，可是胡族的文学之士却是西魏北周地区反超过东魏北齐地区一倍。这说明东魏北齐统治区域内的文学确实是建立在本区域汉族文化基础之上的，当然也不排除受到其他地区的汉族文化影响的因素。而西魏北周统治区域内虽然也是本土的文学之士超过了外来的文学之士，但是王褒、庾信两位文学巨匠皆是平江陵后来到西魏统治区的，汉族文学之士仅略多于胡族，这说明西魏北周统治区域内外来的文学之士对于该区域的文学产生着巨大的影响，特别是平江陵后，俘掠来的文人使该地区的文学有了较大程度的提高。此外，西魏北周地区文学之士中汉人仅比胡族多1人，二者之间的百分比差距也不大，因此说胡族对于该区域的文学产生的影响亦不可轻视。

（二）艺术

另外，在艺术方面东魏北齐和西魏北周两大区域都有发展，值得注意的是一些胡族及胡化族群在绘画、书法、音乐等艺术门类中都接受了汉文化，在学习中国北方农业地区汉人的绘画、书法、音乐等艺术上颇有造诣，这些艺术方面当是东魏北齐地区优于西魏北周地区。

1. 美术

首先从绘画方面来加以分析，由于隋之前的纸本或绢本画作存世极少，甚至有人说所谓展子虔的游春图也是后人临本，因此在这里还是以经过考古发掘出土的那些壁画为研究对象为妥。下面分别展示东魏北齐政权统治的山东地区和西魏北周政权统治的关陇地区的墓葬壁画，并加以比较。

北齐徐显秀墓葬壁画①

山西忻州北朝后期墓葬壁画②

---

① 金维诺:《中国墓室壁画全集》(汉魏南北朝),河北教育出版社2011年版,第136页。
② 山西省考古研究所等:《山西忻州市九原岗北朝壁画墓》,《考古》2015年第7期,第66页。

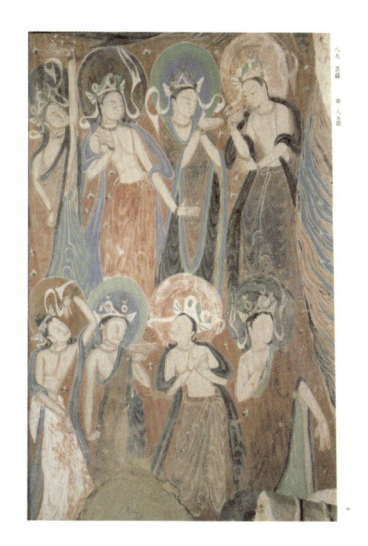

敦煌二八五窟西壁菩萨像①

敦煌二八五窟南壁狩猎图②

---

① 《中国敦煌壁画全集》(2) 西魏卷,第 94 页。
② 《中国敦煌壁画全集》(2) 西魏卷,第 124 页。

以上这几幅壁画中,徐显秀墓壁画的画面还打破了以往天上、人间、仙境的划分布局,改变了此前流行的多层次画面相对独立的结构模式,展现出新的布局结构。敦煌菩萨像虽然也表现出较高的艺术水准,但是不论构图、图画场面,还是绘画技巧都略逊于徐显秀墓壁画。至于两幅狩猎图,虽然都巧妙地利用了山石对于人物、马匹、猎物的遮挡,景物的大小显示远近,增强了画面的立体感,使人感到狩猎者、马匹、猎物都穿行奔跑在山谷之间。可是忻州北朝墓壁画不仅巧妙地利用了山石,还利用树木对于人物、马匹、猎物的遮挡,使人们感觉到人与物穿行于山谷之中,还运用色彩的浓淡显示景物远近。而且人与猎物的比例处理得也比较好,绘画技艺也略高于敦煌狩猎图。不过敦煌狩猎图也有它的长处,即色彩鲜艳,并利用不同的色彩显示景物远近。

至于石刻雕像,佛教造像最为大宗,在上海博物馆既收藏有东魏北齐政权所控制山东地区的,又有西魏北周政权所控制关陇地区的佛教造像,下面就对这两大区域的佛教雕像略作比较。

北齐造像 　　　　　　　　北周造像

就这两尊佛像相比较,从雕刻技艺来看,北齐造像显得比北周造像精美细腻一些。而河北省博物院所收藏佛教造像除了与山东博物馆相同的佛

教造像外，还有其特色，如该馆所收藏展示的一座双面镂空造像。

河北省博物院藏佛教造像（一）　　**河北省博物院藏佛教造像（二）**

这尊造像为释迦牟尼说法造像，正面佛像端坐莲花宝座之上，有背光，上部雕有飞天，下部雕刻有狮子和供养人，两侧各有三位侍立者，站立在莲花宝座上。背面上部雕刻有端坐莲花宝座的佛像九尊，下部雕有数人，当也是供养人。而且就雕刻技艺来说双面镂空雕刻的佛教造像必须具备很高超的雕刻水准，可见这尊造像雕刻精细，制作精美，表现出很高的艺术水准。另外这种双面镂空雕刻的佛教造像目前在中国北方仅出现在东魏北齐政权控制区，西魏北周政权控制的关陇地区至今尚未发现。

如前所考，西魏北周政权统治的关陇地区出土发现的佛教造像虽然从雕刻技艺水准上略逊于东魏北齐政权控制区的佛教造像，特别是那种双面镂空雕刻技艺。可是就佛像的高度来说，目前在西安市灞桥区湾子村发现的北周佛立像最高的一尊除去底座高达 2.16 米，高度超过了在东魏北齐控制区发现的佛教造像。另外，一些墓葬石棺椁、石床的浮雕却很精美，如史君墓、安伽墓的浮雕：①

---

① 浮雕分别见于陕西省考古研究所《西安北周安伽墓》，文物出版社 2003 年版，图版五七；杨军凯《北周史君墓》，文物出版社 2014 年版，第 90 页。

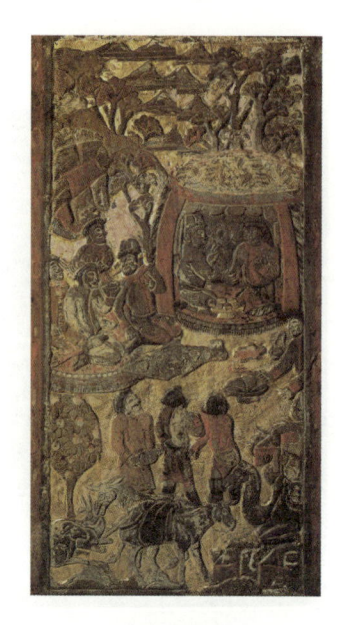

安伽墓浮雕　　　　　　　　史君墓浮雕

从这两图来看，西魏北周政权所控制关陇地区的石刻造像，不论就雕刻工艺还是精美程度确实不如东魏北齐政权所控制的山东地区，特别是双面雕刻技艺所雕刻的佛教造像至今关陇地区没有发现过，而四面雕刻的佛教造像，西安碑林博物馆收藏有一尊北周天和年间（566—571）的释迦弥勒造像，上海博物馆也藏有一尊东魏武定元年（543）佛造像，从时间上来看，东魏武定元年早于北周天和年间；可是从雕刻技艺来看，实在难以分出高下。不过安伽石棺床的浮雕虽然雕刻得比较浅，可是所采用的彩绘、贴金技艺水准还是高于山东地区的。

2. 书法

要论述北朝后期东西对峙时期山东与关陇两大区域的书法，还是要看实物，而这一时期的书帖至今没有存世的，这就只能看一些石刻文字的图像，下面就书体加以比较，而这一时期书法正处于一个从隶书向楷书过渡阶段，因此在这里就分别比较隶书和楷书这两种书体，首先看隶书：

东魏《窦泰墓志》①　　**北齐《娄黑女墓志》②**　　**北周《豆卢恩碑》③**

列举的这三种碑志的笔画都是既保留了隶书八分的挑，又有所变化，出现了钩，字体都处于由隶书向楷书过渡的早期书法。其中北齐《娄黑女墓志》写得最好，方正宽绰，用笔方齐，笔力健劲秀美，体势情趣，寓飘然于挺劲。东魏《窦泰墓志》、北周《豆卢恩碑》差别不大，东魏《窦泰墓志》隶法纯熟，气势瑰玮，飘然挺劲。北周《豆卢恩碑》敦厚有力，点画工整，平正淳古。再看这一时期两大区域的楷书发展变化情况：

东魏《敬史君碑》④　　**北齐《徐之才墓志》⑤**　　**北周《华岳颂》⑥**

---

① 李仁清：《中国北朝石刻拓片精选集》，大象出版社2008年版，第112页，局部图。
② 李仁清：《中国北朝石刻拓片精选集》，第114页，局部图。
③ 此拓片为友人所藏。
④ 王靖宪：《中国碑刻全集》，第136页。
⑤ 上海博古斋拍卖有限公司：《上海博古斋2014年季拍第一期古籍善本专场》，765号拍品局部。
⑥ 王靖宪：《中国碑刻全集》，第168页。

在这三种碑志中，东魏《敬史君碑》也与《华岳颂》相似，只是书法上，笔力略逊于前者。北周《华岳颂》起笔、收笔健壮，结构横广，用楷书笔法来代替隶书的用笔，不过还保留有隶书的味道，两块碑相比较，《敬史君碑》略显自然，而《华岳颂》让人感到有点怪癖。至于北齐《徐之才墓志》最接近隋唐的楷书，用笔以方笔为主，兼施圆笔，多变化，让人感到幽深古拙，且接近隋代《龙藏寺碑》，正符合虚和空灵的北齐书体。因此从这一时期书法发展来看，东魏北齐统治的山东地区士人书体也是写得更好一些，而且隶法纯熟，瑰玮飘然。楷体也比西魏北周统治的关陇地区变化得早一些，在北齐时期已经比较成熟，基本上形成了虚和空灵的书体。表现为圆笔趋于楷化，并对传统的隶法时有流露。至于关陇地区特别是西魏北周政权统治中心的长安一带，则无疑受到北碑深刻影响，因此表现为以方笔趋于楷化，将隶书的笔法写得棱角峻峭，更趋于方正，所以向此后点画方严的楷书过渡，进入隋代则进步更快。最终形成了两种楷书风格，一为北齐的虚和空灵书体，一为点画方严的书体。①

3. 音乐、舞蹈

据前文所考，东魏北齐政权的国家郊祭宗庙音乐沿袭汉文化中的郊祭宗庙音乐，即继续沿用汉晋以来的旧制。胡族及胡化族群就有人喜好音乐，会演奏笛子等汉族乐器，而西魏北周的宇文氏政权平江陵时获得了萧梁继承发展的汉晋以来的汉族郊祭宗庙音乐，并继承了北魏孝文帝汉化后的雅乐。一些出身胡族的人也擅长音乐。不过在考古研究者发现的一些陶俑石刻雕像中，既说明东魏北齐政权统治的山东地区和西魏北周政权控制的关陇地区音乐舞蹈仍然得到发展，又可看出这两大区域的音乐、舞蹈都受到胡族文化的影响。

第六节 礼仪习俗社会生活之趋同及其差异

中国自古以来就是礼仪之邦，这不仅表现在历朝历代都制定了礼仪制度，在民间也有许多约定俗成的社会礼仪习俗，这些对于中国社会长期正常地发展进步以及社会文明程度的不断提高都起了积极作用。而自"永

---

① 黄永年：《黄永年谈艺录》，中华书局2014年版，第135页。

嘉之乱"起周边特别是中国北部边地的胡族大量涌入中国北方农业地区，他们本民族的礼仪习俗必然和当地原居民——汉族所固有的礼仪习俗相互碰撞，在这个过程中由于汉族的礼仪习俗相对文明，也适应当地的地理环境，故此进入中国北方农业地区各胡族在不同程度上接受了文明程度较高的汉族礼仪习俗。另外，值得注意的是社会生活，这既包括人们的衣食住行，也包括游艺等文体活动。

当胡族进入中国北方农业地区，与汉族人群杂居后，这些胡族人群首先接触到的就是汉族的社会习俗，而当时汉族的文明程度是高于这些胡族人群的，人类又无一例外地是向往文明，仰慕较高的文明，因此他们就首先在社会习俗诸方面开始向汉族学习，逐渐接受了汉文化。北朝后期在东魏北齐政权统治的山东地区和西魏北周政权统治的关陇地区居住生活的胡族也不能例外，纷纷接受汉族的一些礼仪习俗。但是由于山东地区与关陇地区的自然地理环境、人文历史发展过程的不同，导致了进入这两大区域的胡族所接受的汉族礼仪习俗的程度有所差异，在社会习俗方面接受汉文化的程度有所差异。

一 东魏北齐统治区较为文明

在礼仪方面，《隋书·礼仪志》等诸史中有关北齐礼仪制度的记载一共有三十六条之多，而且比较完备，这其中与北魏礼仪有关的有十四条，与汉晋有关的有十七条，北齐自创的有八条，与南朝刘宋、萧梁有关的有四条，依据周礼的有三条，说明北齐礼仪制度受汉晋制度的影响居多，而且北魏的一些礼仪制度也是依据汉晋制度而来的，北齐自创的礼仪制度中许多是依据古礼制定的，因此说北齐的礼仪制度基本上是比较先进文明的。

东魏北齐统治地区这些胡族和胡化族群王公大臣大多知晓忠孝节义并付诸行动，表现为敬老、守孝、兄弟友爱、热爱家国、忠心不贰、服侍病母等方面。但是也有例外，如《北齐书》卷九《神武娄后传》记载："及[娄太]后崩，武成不改服，绯袍如故。未几，登三台，置酒作乐，宫女进白袍，帝怒，投诸台下。和士开请止乐，帝大怒，挞之。"（第124页）而这种情况历朝历代皆有，就是与北齐对峙的北周也有，如北周宣帝在其父武帝死后还有比这更严重的表现。

在礼俗方面，北齐自文宣帝、废帝、孝昭帝、武成帝即位后皆命使者巡省四方，求政得失，观察风俗，问人疾苦，已成为一种习俗。其实问人疾苦的习俗在东魏时高欢就已实行。北齐还延续北魏祀南郊的习俗。

东魏北齐统治区，在宗教信仰上，胡化族群高欢、高澄、高洋父子以及一些胡族由于受中原汉文化的影响，也对中原汉族所信奉的道教、谶纬感兴趣。在婚姻及女学方面，由于胡汉杂居，生活上互相交往，这种交往就必然影响到婚姻生活，胡汉各族相互通婚，在东魏北齐统治地区这种通婚现象屡见于史籍，而在汉族妇女将汉文化带入胡族家庭，并影响着胡族家庭的同时，一些嫁入汉族家庭的胡族妇女也受到汉文化的影响，在诸多方面接受汉文化，逐渐学会了汉族留心女史、相夫教子、孝敬公婆、讲求礼仪等传统美德。生活习俗上由于受到汉族文化的影响，胡族在生活习俗上逐渐与汉族趋同。

另外，在东魏北齐地区由于大批胡族和胡化族群的涌入，这一地区的汉人在与这批胡族和胡化族群的交往过程中，必然受到外来文化的影响，以佛教为主体的胡族宗教文化对汉族产生了较大的影响，同时由于胡汉文化的碰撞交流，这些都为后来佛教在中国实现本土化创造了条件。该区域内的社会风气的变化表现为士家大族与游侠豪杰交结喜交游、轻率好酒、交结权贵，一些汉族的士族官僚不重视汉文化，甚至出现汉文化水平低下"略不识字"的现象，在男女关系及婚姻习俗方面也变化颇大，并且大办婚礼之风盛行，高齐之世"婚姻丧葬之费，车服饮食之华，动竭岁资以营日富"①。这些变化当与胡族大量涌入中原，胡汉民族杂居相互影响有关。但是该地区的汉人特别是那些受到胡文化影响的士族以及其他人群仍然保持原有汉文化因素，如李元忠"少励志操，居丧以孝闻"。"粗览史书及阴阳数术"②，卢文伟"颇涉经史"③，李玙"温雅有识量"④，就连非士族的平鉴也曾"受学于徐遵明"，有"崇儒业"之记载。⑤

---

① 《北齐书》卷四《文宣帝纪》，第51页。
② 《北齐书》卷二二《李元忠传》，第313页。
③ 同上书，第319页。
④ 《北齐书》卷二九《李玙传》，第396页。
⑤ 《北齐书》卷二六《平鉴传》，第319页。

二 西魏北周统治区较为落后

在礼仪方面,《隋书·礼仪志》等诸史中有关北周礼仪制度的记载合计有十条,而且多依据西周的礼仪制度,这说明北周礼仪制度过于简单,远不能与北齐的礼仪制度相比。

西魏北周统治地区的胡族王公大臣大多知晓忠孝节义并付诸行动,表现为褒扬孝子顺孙义夫节妇、敬老、守孝、服侍病母、兄弟友爱等方面,但是也有例外,如前文所引《周书·宣帝纪》记载"嗣位之初,方逞其欲。大行在殡,曾无戚容,即阅视先帝宫人,逼为淫乱。才及逾年,便恣声乐,采择天下子女,以充后宫"。(第124页)《资治通鉴》还记载,周宣帝当时还大骂其父北周武帝:"死晚矣!"(第5387页)

在礼俗方面,西魏北周地区自西魏文帝时就沿袭北魏祀南郊的习俗,有的地方官员也修明礼,缉熙风俗。但是据第一章第四节考证,西魏北周地区自皇帝起下至王公大臣在周宣帝大象元年(579)春正月癸巳日之前上朝仍穿胡服,因此这一地区皇帝和群臣服汉、魏衣冠是比较晚的。另外,从时间上看大象元年已是北周武帝平齐统一中国北方的三年之后,这当是受到北齐政权服饰制度之影响。

西魏北周统治区,在宗教信仰上胡族北周武帝、北周宣帝由于受到汉文化的影响,也信奉中原汉族所信仰的传统宗教——道教。在婚姻及女学方面,由于西魏北周统治区的关陇地区自两汉特别是五胡十六国时期以来以氐羌为主的胡族就大量涌入定居,和原居住在该区域的汉人杂居,生活上互相交往,这种交往就必然影响到婚姻生活,胡汉通婚在该地区屡见不鲜,这中间既有汉族妇女嫁给胡族,也有胡族妇女嫁给汉人,在通婚的过程中双方必然相互影响,而且主要表现在文化上。生活习俗上由于受到汉族文化的影响,胡族在生活习俗上逐渐与汉族趋同。

相反以佛教为主体的胡族宗教文化对汉族产生了较大的影响,同时由于胡汉文化的碰撞交流,特别是该地区以后成为隋唐时期的政治、文化中心,这些都为后来佛教在中国实现本土化创造了条件。该区域内的社会风气的变化表现为士家大族喜好游侠豪杰,有的汉士族在与胡族杂居时甚至由于受到胡族的影响改随胡族风俗,在男女关系、婚姻及其习俗方面也变化颇大,而社会风气出现的这些变化当与胡族大量涌入中原,胡汉民族杂居相互影响有关，并且说明胡文化对该地区文化产生了一定的影响。

三　两大区域之异同

在忠孝节义方面，东魏北齐和西魏北周两大统治区胡汉各族都有良好的表现，诸如敬老、守孝、兄弟友爱、热爱家国、忠心不贰、服侍病母等方面。就考证的胡族及胡化族群的事例来看，生活在东魏北齐地区的人数不如西魏北周地区的多。其原因是多方面的，如北齐后来被北周灭亡了，历史都是由胜利者写的，此后撰写这两大区域政权历史的史书又都是在唐初完成的，而隋唐皇族及其大臣中许多人祖上即是西魏北周政权的大臣，修史者自然会为那些人祖上说好话等。可是从礼仪制度上看北齐制定得比较完善，相反北周礼仪制度过于简单，这也说明进入两大地区的胡族及胡化族群在礼仪习俗方面都接受了汉文化。但是由于胡族及边地的胡化族群进入这两大区域，原来居住在这些地区的汉人也或多或少地在习俗方面受到了胡族习俗文化因素的影响，一改习读经史、崇尚儒学的传统，转而崇尚武力。妇女在两性观念上也变得过于开放。

在社会生活方面，进入并生活在这两大区域的胡族及胡化族群由于和汉人杂居，都或多或少地受到汉族的各种习俗以及生活方式的影响，在这些方面向着汉族文化趋同，如信奉中原汉族所信仰的传统宗教——道教，也对汉族的谶纬文化感兴趣，还有胡汉通婚，使得一些嫁入汉族家庭的胡族妇女逐渐学会了汉族相夫教子、孝敬公婆、讲求礼仪等传统美德。另外，一些居住在中国北方农业地区的汉人在与进入该地区的胡族交往的过程中，或多或少地受到了胡族文化的某些因素的影响，再加上自五胡十六国以来匈奴、鲜卑、羯、氐、羌等胡族不断割据甚至入主中国北方农业地区的社会大环境，以佛教为主体的外来宗教文化对汉族产生了较大的影响，士家大族与游侠豪杰交结喜交游、轻率好酒、交结权贵，一些汉族的士族官僚不重视汉文化，在男女关系及婚姻习俗方面也变化颇大，并且大办婚礼之风盛行。在西魏北周统治区甚至出现了有的汉士族在与胡族杂居时由于受到胡族的影响改随胡族风俗的情况，这方面东魏北齐统治区内似乎没有发生。

第七节　北朝后期最高统治者家族汉化及比较

北朝后期在中国北方出现了东西对峙的政治格局，东魏北齐政权与西魏北周政权分别割据着山东、关陇这两大区域，而它们的最高统治者分别是以高欢为首的高氏家族和以宇文泰为首的宇文氏家族。由于他们割据的主要是中国北方的农业地区，长期以来这一广大地区汉文化相当发达，当高氏家族和宇文氏家族的胡族或胡化族群进入中国北方农业地区以后，必然与该地区所固有的汉文化发生冲突，相互碰撞、相互影响，但是由于汉文化的文明程度远高于北部边地的以鲜卑文化为核心的胡文化，因此这些胡族或多或少、或快或慢地接受了汉文化。

一　高氏家族的汉化

由于高欢"累世北边，故习其俗，遂同鲜卑"[①]。其时高氏家族明显地鲜卑化，因此鲜卑化的高欢家族进入中原地区后也和众多进入中国北方农业地区的北方边地胡族相同，即与汉民族发生交往，在交往的过程中他们本身所具有的胡文化与汉文化发生冲突，相互碰撞、相互影响，他们中的一些人逐渐开始接受汉文化，而当时他们家族的首领高欢对于汉文化的态度如何在很大程度上影响着进入该地区的胡族以及胡化族群汉化的进程。那么他们对于汉文化采取了什么态度呢？据《北齐书》卷二《神武帝纪》所云：

> 始范阳卢景裕以明经称，鲁郡韩毅以工书显，咸以谋逆见擒，并蒙恩置之第馆，教授诸子。（第25页）[①]

同书卷四四《儒林传》云：

> 魏天平中，范阳卢景裕同从兄礼于本郡起逆，高祖免其罪，置之

[①]　《北齐书》卷一《神武帝纪》，第1页。

宾馆，以经教授太原公以下。及景裕卒，又以赵郡李同轨继之。二贤并大蒙恩遇，待以殊礼。同轨之亡，复征中山张雕、渤海李铉、刁柔、中山石曜等递为诸子师友。及天保、大宁、武平之朝，亦引进名儒，授皇太子诸王经术。（第582页）

高欢，据前文所引诸前辈学者考证，非出自渤海高氏。在文化上他已经鲜卑化，但是他进入中原后始崇尚儒术，接受汉文化的影响，这当然与他本人的向往文明的素质有很大的关系。而且高欢还下令先后以卢景裕、韩毅、李同轨等名儒教授诸公子，这种传统当在东魏北齐统治区内发扬光大。另外，据卷六《孝昭帝纪》所云：皇建元年八月甲午"又诏国子寺可备立官属，依旧置生，讲习经典，岁时考试，其文襄帝所运石经，宜即施列于学馆。外州大学亦仰典司勤加督课"。（第82页）可知北齐孝昭帝高演也重视汉文化的教育。再从东魏北齐时恢复沿袭了北魏的国子学、太学、四门学，并设有祭酒、功曹、五官、主簿、录事员，引用名儒任国子学博士、助教，太学博士、助教，四门学博士、助教，讲学传授经传，还有高氏诸王以及许多学生在国子学、太学、四门学中学习。高澄又将东汉、曹魏所刻的《熹平石经》《正始石经》由洛阳搬迁至作为统治中心邺城的国子学内，以供学子传抄习读之用。北齐建立后还在其统治区内郡国设立学校，并且制定了一套比较完备的讲学和设立新学校的礼仪制度，说明从高欢、高湛父子起下至北齐诸帝都重视以儒家思想为核心的汉文化教育，当然也就会重视其高氏家族本身的汉化教育。

据上编第一章第一节第一部分所考，高欢家族成员接受汉文化者颇多，可是他们的汉文化修养却有差异，其中不仅文化底蕴深厚并有著述的有后被追奉为北齐文襄帝的高澄、安德王高延宗、赵郡王高叡，皆有著述，但是《隋书·经籍志》多缺载，当或是在北齐灭亡时被毁，或毁于武德五年（622）三门峡翻船事件。

博学或专精一经或数经但述而不作者有北齐文宣帝高洋，北齐废帝高殷，北齐孝昭帝高演，北齐武成帝高湛，北齐后主高纬、高浚、高孝瑜、高孝珩、高正礼、高孝琬、高长恭、高绍信，这批出自鲜卑化族群者受到儒学影响较深，颇有学术，主要表现为读书敏速、学涉经史、颇有学问、精于一经或数经、背诵文集、遍览《典坟》，明辨有识悟、无所不览、工名理，以读书为务，好清言、善草隶，爱篇什等方面。特别是高澄、高洋、高殷、高演、高湛、高纬这些东魏北齐的最高统治者汉化程度都不浅，这对于其家族的汉化进程都起着重大的推进作用。此外，他们共有十二人，其中高殷、高演、高湛、高纬、高浚、高孝瑜、高孝珩、高正礼、高孝琬、高长恭、高绍信十一人祖上已迁居北方农业地区的，约占92%；而早年随父辈进入中原的有高洋一人，占8%多。

还有一部分高氏家族成员，他们汉文化修养低于前两类，但他们也喜好儒学，主要表现为好儒学、好学慕善、明解书计、好读书、秉文经武之业等方面，其中有后被尊奉为北齐神武帝的高欢、高澈、高涣、高淯、高亮、高百年、高绰、高岳、高劢、高整信、高伏护、高元海、高淹、高谐、高湜、高济、高凝、高润、高准、高德素、高宝德、高宝严、高士义、高智、高茂德、高建德、高绍德、高绍义、高绍仁、高绍廉、高彦德、高彦基、高彦康、高彦忠、高彦理、高绰、高俨、高廓、高贞、高仁英、高仁光、高仁邕、高仁俭、高仁直、高仁谦、高瑗、高孝绪、高长弼、高显国、高思宗、高思好、高归彦、高普等高齐宗室成员，必然或多或少地、或自愿或被迫地接受了一些汉文化。在这53人中，出生于中国北方农业地区的有高澈、高涣、高淯、高亮、高百年、高绰、高劢、高整信、高元海、高淹、高谐、高湜、高济、高凝、高润、高准、高德素、高宝德、高宝严、高士义、高智、高茂德、高建德、高绍德、高绍义、高绍仁、高绍廉、高彦德、高彦基、高彦康、高彦忠、高彦理、高绰、高俨、高廓、高贞、高仁英、高仁光、高仁邕、高仁俭、高仁直、高仁谦、高瑗、高孝绪、高长弼、高显国、高思宗、高思好、高归彦、高普共50人，占94%多；出生于北方边地在北魏末年进入中原地区者仅有高欢、高岳、高伏护3人，约占6%。这正符合在中国北方农业地区出生者很早即接受汉文化的熏陶教育，汉文化修养颇深厚，虽然出生在北方边地却在成年之前已进入中国北方农业地区者次之，成年以后进入中原地区者虽然他们中的一些人接受了汉文化，可是相比较而言他们的汉文化修养又逊于前两类人这一自然规律。

当然他们中的个别高欢长辈、平辈的本家兄弟及其个别子弟没有接受汉文化，如赵郡王高琛、广平公高盛、阳州公高永乐、长乐太守高灵山、高懿化。① 高恪、高善德、高买德、高质钱在北齐灭亡之时年幼，当没受到汉文化的教育。② 此外高湛之子高仁几、高仁雅因身体原因，当没有受到汉文化的教育。③

据以上所考，高欢的家族成员共有 79 人，其中接受汉文化的有 68 人，占 86% 多；没有接受汉文化的有 11 人，约占 14%。而在接受汉文化者中，有著述的计有 3 人，占 4% 多；博学或专精一经乃至数经却无著述者有 12 人，约占 18%；汉文化修养较低者有 53 人，约占 78%。可见高齐宗室成员绝大多数接受了汉文化，虽然有的人汉文化水准还颇高，不过他们人数较少，共计 15 人，所占比例为 22% 多。为了进一步说明问题，在此将他们的汉化程度做两个饼图：

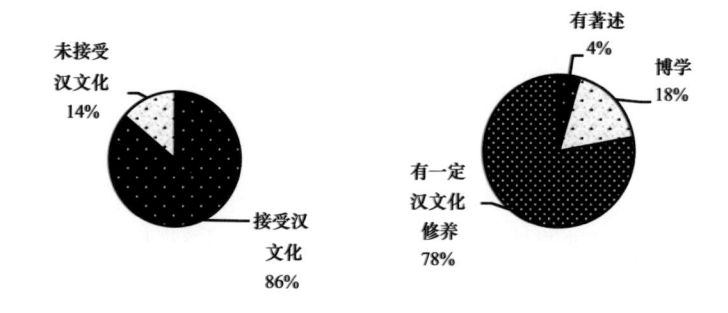

这说明当时在东魏北齐统治区胡族以及鲜卑化的其他民族接受汉文化已成为不可阻挡的历史潮流，但是他们的汉文化修养仍然有深浅之别，亦可作为当时在东魏北齐统治区胡族以及鲜卑化的其他民族接受汉文化已成为不可阻挡的历史潮流之佐证。

二 宇文氏家族的汉化

以宇文泰为首的宇文氏家族虽然伪托"其先出自炎帝神农氏，为黄

---

① 《北齐书》卷一三《赵郡王高琛传》第 169—170 页、卷一四《广平公盛传》第 181 页、《阳州公高永乐传》第 181—182 页、《长乐太守高灵山传》第 189 页。
② 《北齐书》卷一二《后主五男传》，第 165 页。
③ 《北齐书》卷一二《武成十二王传》，第 164 页。

第一章　胡汉文化之整合趋同及区域差异 / 323

帝所灭，子孙遁居朔野"①。而根据史籍记载其家族却是一个鲜卑化的边地胡族家族，他们在血缘上本与汉族毫无瓜葛。但是当该家族进入关陇地区后，② 也和众多进入中国北方农业地区的北方边地胡族一样，即与当地的汉民族发生交往，其本身所具有的胡文化与汉文化发生冲突，他们不仅在血缘上与汉民族相互融合，而且其中的一些人逐渐开始接受汉文化。据《周书》卷四五《儒林·乐逊传》所云：

> 魏废帝二年，太祖（宇文泰）召逊教授诸子。在馆六年，与诸儒分授经业。逊讲《孝经》、《论语》、《毛诗》及服虔所注《春秋左氏传》。（第 814 页）

可见宇文泰也延请师傅给诸子教授经传。

那么宇文氏家族成员中具体都有哪些人接受了汉文化？他们每个人对于汉文化的态度如何？据上编第一章第一节第一部分所考，居住在西魏北周统治区的宇文氏家族成员中有许多人接受了汉文化，不过他们的汉文化修养却有所不同，其中汉化程度颇深且有著述的有北周明帝宇文毓、北周武帝宇文邕、齐王宇文宪、赵王宇文招、滕王宇文逌、宇文敳，博学述而不作者有宇文震，他们属于汉文化底蕴深厚者，共计有 7 人。好学、明解书计者，出自北周宗室的有北周孝闵帝宇文觉、北周宣帝宇文赟、卫王宇文直、谯王宇文俭、陈王宇文纯、越王宇文盛、代王宇文达、冀王宇文通、汉王宇文赞、秦王宇文贽、曹王宇文允、道王宇文充、蔡王宇文兑、荆王宇文元、宇文乾仁、宇文广、宇文贵、宇文测、宇文神举、宇文显和20 人。因此说这些宇文氏家族成员确实有一些人接受了汉文化，只不过他们之间在汉文化修养方面有深浅之别。

至于宇文氏家族成员没有接受汉文化的具体情况如下：

北周静帝宇文阐，《周书》卷八本纪记载，他是北周宣帝宇文赟的长子，史臣曰："静帝越自幼冲，绍兹衰绪。内相挟孙、刘之诈，戚藩无

---

① 《周书》卷一《文帝纪》，第 1 页。
② 因这部分内容所涉及的是西魏北周时期宇文氏家族成员是否汉化的问题，所以凡是明确记载未进入中国北方农业地区者不加以考述。

齐、代之强。隋氏因之，遂迁龟鼎。虽复岷峨投袂，翻成陵夺之威；漳滏勤王，无救宗同之殒。呜呼，以太祖之克隆景业，未逾二纪，不祀忽诸。斯盖宣帝之余殃，非孺子之罪戾也。"（第136页）而与文化有关的记载只有大象二年五月乙未"宣帝寝疾，诏帝入宿于露门学"。（第131页）可是这只是说他住在露门学，并不能表明他是在那里就学，因此也不能说他接受了汉文化。

宇文什肥，据《周书》卷十本传所云，他是宇文泰之侄，还说"年十五而惠公没，自伤早孤，事母以孝闻"。（第153页）可是连他是否进入中原地区都缺载，因此他不大可能接受汉文化。

宇文胄，《周书》卷十本传记载，他是宇文什肥之子，还说"少而孤贫，颇有干略。景公之见害也，以年幼下蚕室"。（第154页）这也看不出他接受了汉文化。

宇文导，《周书》卷十本传记载，他是宇文颢之子，只说"导性宽明，善于抚御，凡所引接，人皆尽诚。临事敬慎，常若弗及"。（第155页）没有他接受汉文化的记载。

宇文亮、宇文翼、宇文椿，《周书》卷十本传只说他们是宇文导之子，却没有他们接受汉文化的记载。另外，宇文众，《周书》卷十本传记载，他也是宇文导之子，"少而不惠，语默不常，人莫能测"。（第158页）也没有接受汉文化。他的两个儿子宇文仲和、宇文孰伦则只有名，没有接受汉文化的记载。

宇文至，《周书》卷十本传只说他是宇文护之子，作为宇文洛生之子宇文菩提的后嗣，没有他接受汉文化的记载。

宇文宾，《周书》卷十本传记载，他是卫王宇文直之子，作为宇文护的后嗣，却没有他接受汉文化的记载。

宇文兴，《周书》卷十本传记载，他是虞国公宇文仲之子，"兴性弘厚，有志度，虽流离世故，而风范可观"。（第160页）却没有他接受汉文化的明确记载。

宇文洛，《周书》卷十本传记载，他是宇文兴之子，也没有他接受汉文化的记载。

宇文护，《周书》卷一一本传只说他是宇文泰的长兄邵惠公宇文颢的少子，此人从政能力颇强，在宇文泰死后曾专制西魏北周政权朝政，但是却没有他接受汉文化的明确记载。

宇文训、宇文深，《周书》卷一一本传只说他是宇文护之子，与其父一起被害，都没有接受汉文化的记载。

宇文质、宇文宾、宇文贡、宇文乾禧、宇文乾洽，据《周书》卷一一《齐炀王宪传》记载，他们都是宇文宪之子，与其父一起被害。虽然其父宇文宪汉文化修养颇深厚，对他们可能会有一定的影响。可是苦于传世文献中缺载，至今也没有发现他们的考古资料，因此是否接受汉文化只能存疑。

宇文寔，《周书》卷一三《文闵明武宣诸子传》只说他是北周明帝宇文毓之子，过继给宇文震，周隋政权更替时被杨坚所杀，是否接受汉文化不详。

宇文贺、宇文塞、宇文响、宇文贾、宇文秘、宇文津、宇文乾理、宇文乾璪、宇文乾悰，据《周书》卷一三《文闵明武宣诸子传》记载，他们都是宇文直之子，因为其父谋反被杀，也都没有接受汉文化的记载。

宇文员、宇文贯、宇文乾铣、宇文乾钤、宇文乾铿，据《周书》卷一三《文闵明武宣诸子传》记载，他们都是宇文招之子，后因其父谋反受株连被杀。他们的情况与宇文宪诸子相似，对于他们是否接受汉文化亦只能存疑。

宇文乾恽，据《周书》卷一三《文闵明武宣诸子传》记载，他是宇文俭之子，周隋政权更迭之时被杨坚所杀，没有他接受汉文化的记载。

宇文谦、宇文让、宇文议，据《周书》卷一三《文闵明武宣诸子传》记载，他是宇文纯之子，北周末年与其父一同被杨坚所杀，都没有接受汉文化的记载。

宇文忱、宇文悰、宇文恢、宇文懫、宇文忻，据《周书》卷一三《文闵明武宣诸子传》记载，他们是宇文盛之子，北周末年与其父一起被杨坚所杀，都没有接受汉文化的记载。

宇文执、宇文转，据《周书》卷一三《文闵明武宣诸子传》记载，他是宇文达之子，大象二年冬与其父一起被杨坚所杀，没有他们接受他汉文化的记载。

宇文绚，据《周书》卷一三《文闵明武宣诸子传》记载，他是宇文通之子，北周末年被杨坚所杀，也没有他接受汉文化的记载。

宇文佑、宇文裕、宇文礼禧，据《周书》卷一三《宇文逌传》记载，他们是宇文逌之子，在北周末年被杨坚所杀，是否接受汉文化不详。

宇文康，《周书》卷一三《文闵明武宣诸子传》只说他是北周孝闵帝宇文觉之子，建德五年被杀，却没有他接受汉文化的记载。其子宇文湜在北周末年被杨坚所杀，也没有他接受汉文化的记载。

宇文贤，《周书》卷一三《文闵明武宣诸子传》只说他是北周明帝宇文毓之子，大象二年冬被杨坚所杀，其子宇文弘义、宇文恭道、宇文树霱也一同被杀，是否接受汉文化存疑。

宇文贞，据《周书》卷一三《文闵明武宣诸子传》记载，他是北周明帝宇文毓之子，北周末年被杨坚所杀，其子宇文德文也一同被杀，他们父子是否接受汉文化则不得而知。

宇文道德、宇文道智、宇文道义，据《周书》卷一三《文闵明武宣诸子传》记载，他们是北周武帝宇文邕之孙，汉王宇文赞之子，大象年间与其父一同被杨坚所杀，是否接受汉文化则存疑。

宇文靖智、宇文靖仁，据《周书》卷一三《文闵明武宣诸子传》记载，他们是北周武帝宇文邕之孙，秦王宇文赞之子，北周末年与其父一起被杨坚所杀，是否接受汉文化则不详。

宇文衍、宇文术，据《周书》卷一三《文闵明武宣诸子传》记载，他们都是北周宣帝宇文赟之子，北周末年一起被杨坚所杀，也都没有接受汉文化的记载。他们的情况与宇文宪诸子相似，至于他们是否接受汉文化亦只能存疑。

据以上所考，宇文泰的家族成员共有 93 人，其中明确记载接受汉文化的有 28 人，占 30% 多；没有接受汉文化的有 38 人，约占 41%；是否接受汉文化不详者有 27 人，占 29% 多。接受汉文化 28 人中，有著述的有 6 人，占 21% 多；博学却无著述者 1 人，约占 4%；或多或少接受汉文化者有 20 人，占 75%。如果除去是否接受汉文化不详者还有 66 人，明确记载接受汉文化的有 28 人，占 42% 多；没有接受汉文化的有 38 人，约占 58%。为了清晰的说明问题，在此略做饼图表述：

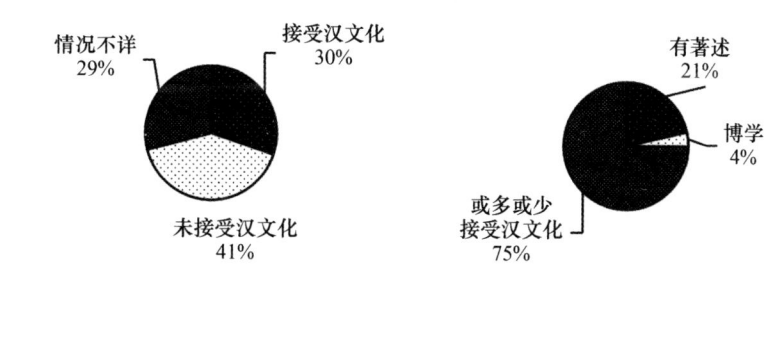

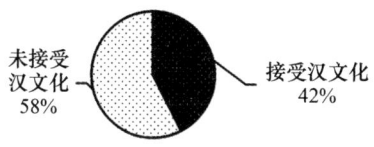

[图:三个饼图]
- 情况不详 29%；接受汉文化 30%；未接受汉文化 41%
- 有著述 21%；博学 4%；或多或少接受汉文化 75%
- 未接受汉文化 58%；接受汉文化 42%

因此说以宇文泰为首的宇文氏家族虽然进入中国北方农业地区，并割据关陇地区，最后还统一了中国北方，但是他们家族中仍有一部分人没有接受汉文化。这一方面说明该家族在文化上不够先进，另一方面说明出现这种情况当与那时关陇地区文化相对落后不无关系。

三 高氏家族与宇文氏家族汉化之比较

高欢家族成员见于记载的共有 79 人，其中接受汉文化的有 68 人，占 86% 多；没有接受汉文化的有 11 人，约占 14%。宇文泰家族成员见于记载的共有 94 人，除去是否接受汉文化不详的 27 人，还有 67 人，明确记载接受汉文化的有 28 人，约占 42%；没有接受汉文化的有 41 人，占 58% 多。高欢家族成员虽然见于记载的人数只有 79 人，少于宇文泰家族成员的 94 人，可是在接受汉文化的人数方面高欢家族成员远多于宇文泰的家族成员，在百分比上也是高欢家族成员占优。

再将高氏、宇文氏家族是否接受汉文化者按类加以分析，居住在东魏北齐政权统治区汉化的高欢家族成员共有 68 人，其中颇有著述的计有 3 人，占 4% 多；虽无著述但学术水准较高的共有 12 人，约占 18%；虽然儒学水准较低但也喜好儒学的共有 53 人，约占 78%；汉学最低者高氏家族无一人。前两类文化水准较高的人有 15 人，占 22% 多，反之后一类文化水准较低或汉化程度深浅不清楚的人有 53 人，约占 78%。而居住在西魏北周政权统治区汉化的宇文泰家族成员共有 28 人，其中颇有著述的共有 6 人，占 21% 多；受儒学影响较深、颇有学术的共有 1 人，约占 4%；这样前两类文化水准较高者共有 7 人，占 1/4。而受儒学影响较浅但喜好儒学的共有 21 人，占 3/4。由此可知不论是受儒学影响较深、颇有学术的还是受儒学影响较浅但喜好儒学的人数都是高氏家族远远超过宇文泰家族。只是有著述的人数例外，宇文泰家族成员多于高氏家族，这是一个非常奇怪的现象。可是如果前两类文化水准较高的人数相加则是高氏家族多于宇文泰家族一倍多。高氏家族成员中第三类人数也远超过宇文泰家族后两类人数的总和。还有一个值得注意的问题，即是前两类文化水准较高的人群中祖上或本人早年进入中国北方农业地区的占绝大多数，后两类文化水准较低的人群中进入中国北方农业地区较晚的则略有增多。这也符合进入中国北方农业地区越早汉化也就早，经过一两代的汉化积累，汉文化的水准自然高出许多，相反进入中国北方农业地区晚的胡族汉化程度较低的一般规律。就两大区域相比较而言，高氏家族成员汉化程度高于宇文氏家族成员。

要说明这个问题，再看一下这两个家族的家长高欢、宇文泰的汉化程度。据前文所引史籍云，高欢"性周给，每有文教，常殷勤款悉，指事论心，不尚绮靡"①。"始范阳卢景裕以明经称，鲁郡韩毅以工书显，咸以谋逆见擒，并蒙恩置之第馆，教授诸子"②。而宇文泰"知人善任，使从谏如流，崇尚儒术，明达政事，恩信被物"③。可见高欢和宇文泰都重视儒学，不过高欢还付诸具体行动，他尊重儒士，甚至包括卢景裕、韩毅这些因反抗自己而被俘的士族名儒，并且让他的儿子都跟随这些名儒习读儒学经典、练习书法，在这点上宇文泰则明显不如高欢。因此说高氏家族成员汉化程度高于宇文氏家族成员与高欢不无关系。

---

① 《北齐书》卷二《神武帝纪》，第 24 页。
② 同上书，第 25 页。
③ 《周书》卷二《文帝纪》，第 37 页。

本章小结

总体上说，在魏晋南北朝时期，以儒学思想为核心的汉文化仍然对东魏北齐和西魏北周两大统治区域内的文化起着主导作用。但是由于东魏北齐所统治的山东地区和西魏北周所统治关陇地区人文历史以及自然环境的不同，这两大区域的文化也存在着一些差异，如在儒学方面，除有著述的胡族或胡化族群的人数是关陇地区多于山东地区，其他各类接受汉文化的胡族或胡化族群的人数都是山东地区远多于关陇地区，而且接受汉文化的胡族或胡化族群的总人数也是山东地区占优势。再据前文考证《北齐书》《周书》中有大量胡族或胡化族群接受汉文化的记载，虽然《北齐书》中有传记记载在东魏北齐统治区的胡族或胡化族群只有大约171人，少于《周书》中有传记记载在西魏北周统治区的胡族或胡化族群大致有224人，可是除去是否汉化不可考者外，接受汉文化者不论人数还是在其生活的地区胡族或胡化族群中所占的比例都是东魏北齐统治区占优。在教育方面，东魏北齐很早就设置了学校，选拔人才，并且对九品中正制的选官制度进行了改革，而西魏北周却到了北周武帝时，即北周末年才在中央正式设置学校。再则，东魏北齐政权统治的山东地区的学者等人共有著述76部，西魏北周政权统治关陇地区的学者等人共有著述64部，在数量上山东地区多于关陇地区。再按《隋书·经籍志》经、史、子、集四部分类看两大区域的著述情况，经部，山东地区学者著述有23部，关陇地区学者著述有17部，不仅数量少于山东地区，所占的百分比也低于山东地区。史部，山东地区学者著述有21部，关陇地区学者著述有13部，也是不仅数量少于山东地区，所占的百分比低于山东地区。子部，山东地区学者著述有16部，关陇地区学者著述有14部，在数量上山东地区占优，在百分比上山东地区低于关陇地区一个百分点。集部，山东地区学者著述有16部，关陇地区学者著述有20部，不论数量还是百分比都是关陇地区占优。总的来看，东魏北齐政权所统治的山东地区学者对于历来被世人所重视的经学以及才从经学中分出的史学最为重视，不仅著述数量多，所占的比例也高于西魏北周政权所控制的关陇地区，在子部杂学方面山东地区也略占优，但是在集部著述方面却是关陇地区学者著述不仅数量上，而且百分比都多于山东地区。因此说从学者著述上分析山东地区文化水准是高于关陇地区的。另外，东魏北齐政权统治区域内的文学之士总数超过西魏北周政权统治区域一倍，而且该地区土生土长的文学之士几乎超过外来的一倍。可是西魏北周地区本土的文学之士略多于外来的文学之士。在汉族文学之士中，东魏北齐地区又远超过西魏北周地区，但是胡族的文学之士，却是西魏北周地区反超过东魏北齐地区一倍。这说明东魏北齐统治区域内的文学确实是建立在本区域汉族文化基础之上的，当然也不排除受到其他地区的汉族文化因素的影响。而西魏北周统治区域内的文学受到外来文学之士的巨大影响，特别是平江陵后，俘掠关中地区的文人使该地区的文学有了较大程度的提高。

就这两大区域文化机构的设置来说，北齐文林馆与北周设立麟趾学这两大文化机构的初衷相同，北齐后主设置文林馆的初衷是修撰《修文殿御览》；北周明帝设置麟趾学，招纳麟趾学士，是为了刊校经史，修撰《世谱》。机构组成大致相同，都是召集胡汉各族文士所设置。所不同之处：一是两大机构成员地位不同，文林馆臣中既有宰相之类高官，又有大批中书省、集书省、门下省品级较低的官员。而北周麟趾学士中虽有于翼、韦孝宽二人为宰相，仅占 80 多人的 3% 左右，其他人地位官品也不低。二是职责也不完全相同，虽然两大机构中任宰相者职责相似，但是文林馆馆臣多是充当皇帝的顾问、秘书，特别是主持文林馆的李德林就是宰相，颜之推也参与最高决策，有实权，有点像所谓内相，甚至可以说是开了唐代翰林院、翰林学士之先河。可是周麟趾学士中于翼、韦孝宽任宰相的时间不长，于翼可能就没有真正行使宰相职责，倒是王褒在北周武帝建德年间曾一度参与朝议，其他人则没有充当皇帝的顾问、秘书。三是成员的来源也不相同，文林馆臣绝大多数是东魏北齐政权统治的山东地区士人，可是见于记载的麟趾学士中出自西魏北周政权统治的关陇地区的士人只有韦孝宽一人，再加上在宇文泰建立西魏政权之初即来到该地区的人士以及他们的后人元伟、于翼，一共只有三人，仅占少数，所占的比例也很低。

就典章制度来看，虽然东魏北齐政权和西魏北周政权都是受到了汉文化的影响，可是二者受到汉文化影响的程度不同，如职官制度，东魏北齐政权既沿用北魏孝文帝改革后的制度，又受到汉晋旧制影响，西魏在宇文泰平江陵后直至北周时期基本上放弃了北魏所采用的台省制度，而采用与时代发展不太符合的周六官制度。再看选官制度，东魏北齐政权虽然一直实行着九品中正制，但是有所发展，对于中正推举的秀才、贡士、廉良要集中到中央，再进行书面考试，如果考试不合格者不但不授官还要给予各种惩罚，这也可以说是为隋唐科举制度的确立开了先河。而西魏政权虽然也采取了九品中正制，可是到北周时期则放弃了九品中正制的选官制度，采取了类似于两汉的察举制度。法律方面，东魏北齐最初沿用北魏律令，到北齐武成帝时最后完成依据北魏《麟趾格》修撰北齐律令，并制定了令、格。而北周政权虽然也制定了《大律》《刑书要制》《刑经圣制》等法律文书，可是却制定颁布得很晚，再造的法律文书《大律》是北周武帝保定三年（563）才最后完成的，对后世几乎没有产生什么影响。经济制度及措施方面，北齐于河清年再次颁布了均田制度和租调制度，给没有享受到北魏孝文帝改革的六镇兵民补课。还实行一些相关的经济政策及措施。而在西魏北周政权实现了一套与北魏均田制略有不同的土地制度和赋税制度，北周武帝还在其统治区内统一度量衡，北周还铸造了永通万国钱等不标明重量的货币，为唐代以后铸造不标明重量货币开了先河。军事制度，东魏北齐的百保鲜卑和勇夫都是职业兵，其军事指挥系统最初是设立丞相府外兵曹、骑兵曹，此后还设置京畿府作为又一指挥系统。此外还设置了一些将军府，由这些将军分别统领军队。而西魏北周实行的是府兵制，其府兵是职业兵，还建立了由柱国、大将军、开府等组成的指挥系统。这些都说明东魏北齐政权所设置的各项制度相对于西魏北周政权来说确实更加完备，但是北周武帝、宣帝所铸的不标明重量货币则代表了货币发展的趋势，这一点则是北周政权比东魏北齐政权高明一些。此外，在都城结构方面，东魏北齐政权的都城——邺南城由宫城、内城、外郭城三部分组成，可是西魏北周政权的都城——长安城仅有宫城一部分，而且不论城池结构，还是建设规模，长安城都逊色于邺南城。这点从杨坚篡周建隋后，彻底放弃原有宫城结构的长安城，效仿北魏洛阳城、东魏北齐的邺南城来看，亦可说明问题。

在忠孝节义方面，东魏北齐和西魏北周两大统治区胡汉各族都有良好的表现，诸如敬老、守孝、兄弟友爱、热爱家国、忠心不贰、服侍病母等方面。也说明进入两大地区的胡族及胡化族群在礼仪习俗方面都接受了汉文化。但是由于胡族及边地的胡化族群进入这两大区域，原来居住在这些地区的汉人也或多或少地在习俗方面受到了胡族习俗文化因素的影响，一改习读经史、崇尚儒学的传统，转而崇尚武力。妇女在两性观念上也变得过于开放。在社会生活方面，进入并生活在这两大区域的胡族及胡化族群由于和汉人杂居，都或多或少地受到汉族的各种习俗以及生活方式的影响，向着汉族文化趋同，如信奉中原汉族所信仰的传统宗教——道教，也对汉族的谶纬文化感兴趣，还有胡汉通婚，由此使得一些嫁入汉族家庭的胡族妇女逐渐学会了汉族相夫教子、孝敬公婆、讲求礼仪等传统美德。另外，一些居住在中国北方农业地区的汉人在与进入该地区的胡族交往的过程中也或多或少地受到了胡族文化某些因素的影响，特别是在男女关系及婚姻习俗方面变化颇大，并且大办婚礼之风盛行。在西魏北周统治区甚至出现了有的汉士族在与胡族杂居时，由于受到胡族的影响改随胡族风俗的情况，这方面东魏北齐统治区内似乎没有发生。至于生活在东魏北齐政权统治区的高欢家族成员共有68人，而生活在西魏北周政权统治区的宇文泰家族成员共有13人，经考述可知不论是受儒学影响较深、颇有学术的还是受儒学影响较浅但喜好儒学的人数都是高氏家族远远超过宇文泰家族。只是有著述的人数例外，宇文泰家族成员多于高氏家族。可是如果前两类文化水准较高的人数相加则是高氏家族多于宇文泰家族一倍多。高氏家族成员中第三类人数也远超过宇文泰家族后两类人数的总和。

第 二 章

胡汉文化整合趋同及地域差异之缘由

魏晋南北朝时期，由于胡族大批进入中原与汉族杂居，胡汉文化相互碰撞、整合、趋同，这种胡汉文化整合趋同过程在这一历史时期始终进行着，其中一些重大历史事件刺激着整合趋同过程加速进行，如北魏孝文帝改革、北齐河清均田、北周统一中国北方、隋朝的建立等事件。在这些重大事件中，统治者通过均田制、三长制、迁都中原、禁胡服、断胡语、统一战争等政治、经济、文化、军事措施及行动，最终达到了胡汉文化整合趋同的目的，正是由于胡汉各族融合以及文化的整合趋同，使得中国的统一成为可能，也为此后隋唐帝国的形成奠定了基础。同时我们也应当看到在胡汉文化整合趋同过程中，虽然形成的新文化中包含着胡族文化的因素，但是汉文化占绝对优势，仍然是以儒家思想为核心的新的汉文化，只不过其中吸收了一些胡族文化的优秀成分。因此说这一时期中国北方文化表现为多元化文化的融合、各区域文化的差异性、文化的双向交流、文化的开放性，由此新形成的以儒家思想为核心的新的汉文化对后世产生了巨大影响。

第一节　胡汉文化之整合趋同

任何一个民族都是向往文明、仰慕先进文化的。当一个文明程度相对落后的民族进入一个文明程度很高的地区时，与居住在那个地区文化水准高的民族接触，不同的文化不断碰撞、相互影响，在此过程中文明程度相对落后的民族被先进文明的文化所吸引，逐渐放弃自己原有的相对落后的文化，最终被征服，转而接受先进的文化。而在魏晋南北朝时期特别是五胡十六国至北朝时期虽然有大批胡族人群涌入中国北方农业地区，并建立了以这些胡族及胡化族群为最高统治者的割据王朝，但是他们在与当地原居民——汉族接触交往的过程中，逐渐被汉族先进的文化所征服，转而接受汉文化，并且不断提高他们的汉文化水准。

一 文化整合趋同的主流

在魏晋南北朝时期特别是北魏孝文帝改革以后，胡汉文化整合趋同明显地表现出以汉文化为主流，由此形成了以汉文化为主体的新文化，在南北朝以至隋唐时期表现得尤为显著。就其制度来说，正如陈寅恪先生《隋唐制度渊源略论稿》中所论述的隋唐政治、经济、军事等制度来源于南朝梁陈、北魏北齐以及西魏北周三源，而且主要来源于前两源，也就是说来源于汉族自汉晋以至南北朝以来形成的制度文化，如职官制度的三省六部制来源于梁陈及北魏北齐制度，经济上的均田制亦来源于北魏北齐制度，军事上的府兵制则来源于西魏北周等，其缘由陈先生已详细论述，故不再赘述，在此仅就文化的若干方面略作叙述。

首先看著名学者文士，隋唐时期有薛道衡、李百药、令狐德棻、姚思廉、李延寿、王勃、杨炯、卢照邻、骆宾王、刘知幾、李白、杜甫、元稹、白居易等人，他们大多是汉人，即使是胡族也只能从其姓氏可看出原本是胡族，正如《太平广记》中所言"五百年狐，姓白姓康"①。除姓氏外其思想文化、意识形态、风俗习惯已完全与汉族相同，融入汉族社会。此前的南北朝后期中国北方的情况如何？名儒学者据《魏书》卷八四《儒林传》、卷八五《文苑传》、《北齐书》卷四四《儒林传》、卷四五《文苑传》、《周书》卷四五《儒林传》、《隋书》卷七五《儒林传》、卷七六《文学传》记载的有卢景裕、李同轨、李业兴、裴伯茂、邢昕、温子昇、李铉、刁柔、冯伟、张买奴、刘轨思、鲍季详、鲍长暄、邢峙、刘昼、马敬德、张景仁、权会、张思伯、张雕、孙灵晖、石曜、祖鸿勋、李广、樊逊、刘逖、荀士逊、颜之推、袁奭、韦道逊、韦道密、韦道建、韦道儒、江旰、睦豫、朱才、荀仲举、萧慤、古道子、卢诞、卢光、沈重、樊深、熊安生、乐逊、元善、辛彦之、何妥、萧该、房晖远、马光、刘

---

① （北宋）李昉：《太平广记》卷四五〇《唐参军》，中华书局1961年版，第3678页。

焯、刘炫、王孝籍、刘臻、王頍、崔儦、诸葛颍、孙万寿，另外还有被称为山东"六儒"的张仲让、孔笼、窦士荣、张黑奴、刘祖仁等，① 这些学者大多是汉人，只有元善、何妥二人出身胡族，仅占总数 64 人的 3%，而且元善虽出自鲜卑拓跋氏，但祖上久已随北魏孝文帝迁居洛阳，并改汉姓，定籍河南洛阳，他又"少随父至江南，性好学，遂通涉五经，尤明《左氏传》"②。何妥虽然是西城人也，但是"父细胡，通商入蜀，遂家郫县，事梁武陵王纪"。"妥少机警，八岁游国子学。""撰《周易讲疏》十三卷，《孝经义疏》三卷，《庄子义疏》四卷，及与沈重等撰《三十六科鬼神感应等大义》九卷，《封禅书》一卷，《乐要》一卷，文集十卷，并行于世。"③ 他二人都曾在南朝生活学习，并在学术上有一定造诣之后才来到北方的，如果从文化上看他们当属于南朝人。还有这批学者中学术水准最高的一流学者有卢景裕、李同轨、李业兴、温子昇、颜之推、沈重、元善、何妥、刘焯、刘炫等人，再加上修撰《魏书》的魏收和邢子才、阳休之、李德林、王劭、薛道衡、庾信等人，大致有 17 人，其中胡族仅有 2 人，只约占 12%，相反汉族有 15 人，占 88% 还多，不论人数还是百分比汉族都居于压倒多数，而且这两个胡族学者还都是在南朝打下了学术基础。由此可看出，魏晋南北朝时期著名学者群体的构成是以汉族为主体，个别胡族也是汉化程度极深的儒者，而且北朝的文化特别是儒学等方面受到南朝文化影响。

儒学在北朝后期对其他胡族的影响如何？前文中已列举了一百多人，其表现为知书、好学强记、留心学问、博涉经史、少好经史、好儒学、尤好经传、通涉五经、尤明经传、读书敏速、略涉文艺、涉猎文史、颇有文义、颇有学问、博极古今、博涉群书、博览群书、博学多通、雅洞篇章、好文学、颇有笔札、善草隶、性爱篇章、善辞令、词彩温丽、受学名儒、解音律、尊重儒师，重视教育等多个方面。说明汉文化的高度文明对胡族影响之深。

---

① 按：《隋书》卷七五《儒林·马光传》，六儒中还有马光，但是马光已在前文中列出，故在此只列五人。
② 《隋书》卷七五《儒林·元善传》，第 1707—1708 页。
③ 《隋书》卷七五《儒林·何妥传》，第 1709—1715 页。

社会习俗方面，隋唐时期虽然出现了一些受到胡文化影响的现象，如一些唐代妇女特别是贵族妇女淫乱、二嫁三嫁以至四五嫁，这些都被认为是魏晋南北朝以来汉族胡化的影响。但是社会的风俗仍然以汉魏以来的汉族风俗为主流，不然在这一时期修撰的《隋书》《北史》就不会设有《列女传》这类传，来宣传妇女的贞洁现象。

服饰上自北魏孝文帝改革推行汉化政策禁胡服以来，进入中原的胡族大多改穿汉族服饰，但是也有个别人、个别时期例外，如《魏书》卷一一《武卫将军谓传》记载："［新兴公元］丕雅爱本风，不达新式，至于变俗迁洛，改官制服，禁绝旧言，皆所不愿。高祖知其如此，亦不逼之，但诱示大理，令其不生同异。至于衣冕已行，朱服列位，而丕犹常服列在坐隅。晚乃稍加弁带，而不能修饰容仪。"（第360页）《魏书》卷一〇四《序传》曰："［孝武］帝与从官皆胡服而骑，宫人及诸妃主杂其间，奇伎异饰，多非礼度。"（第2324页）《北齐书》卷四《文宣帝纪》记载，北齐文宣帝高洋"或袒露形体，涂傅粉黛，散发胡服，杂衣锦彩。拔刀张弓，游于市肆，勋戚之第，朝夕临幸"。（第68页）就某个时期来说，西魏北周统治区据上编第三章第四节第五部分所考，到宣帝大象元年（579）北周政权官员上朝穿着服饰、所戴冠帽才规定依汉魏衣冠，此前皆戴一种名为"突骑帽"的胡帽，当也是穿着胡服。另外，这也只是一个不很长的时期，而且与其同时的东魏北齐统治区内仍服汉魏衣冠，这也会对关陇地区的广大汉族民众产生相当大的影响，因此说北朝后期人们多穿戴汉魏衣冠。此外，北齐文宣帝高洋只是个案，且其人神经有时不太健全。①

总之，魏晋南北朝时期特别是北朝后期胡族以及胡化族群与原居于中国北方农业地区的汉族人口在政治、经济、军事、思想、意识形态、社会风俗等方面，各种文化相互碰撞、相互影响，最终形成了以儒家思想为核心的新的汉文化。

---

① （清）赵翼：《廿二史劄记校注》卷一五《齐文宣帝能预知》，中华书局1984年版，第321页。

二　文化整合趋同的缘由

要弄清新出现文化仍然是以汉文化为主体文化的原因，还要看中国北方即东魏北齐政权所统治的山东地区与西魏北周所统治的关陇地区的风俗及胡汉各族的大致分布情况，而这方面的记载详见于《隋书》卷二九《地理志》记载：

> ［雍州］京兆王都所在，俗具五方，人物混淆，华戎杂错。去农从商，争朝夕之利，游手为事，竞锥刀之末。贵者崇侈靡，贱者薄仁义，豪强者纵横，贫窭者窘蹙。桴鼓屡惊，盗贼不禁，此乃古今之所同焉。自京城至于外郡，得冯翊、扶风，是汉之三辅。其风大抵与京师不异。安定、北地、上郡、陇西、天水、金城，于古为六郡之地，其人性犹质直。然尚俭约，习仁义，勤于稼穑，多畜牧，无复寇盗矣。雕阴、延安、弘化，连接山胡，性多木强，皆女淫而妇贞，盖俗然也。平凉、朔方、盐川、灵武、榆林、五原，地接边荒，多尚武节，亦习俗然焉。河西诸郡，其风颇同，并有金方之气矣。（第817页）

> ［梁州］汉中之人，质朴无文，不甚趋利，性嗜口腹，多事田渔，虽蓬室柴门，食必兼肉。好祀鬼神，尤多忌讳，家人有死，辄离其故宅。崇重道教，犹有张鲁之风焉。每至五月十五日，必以酒食相馈，宾旅聚会，有甚于三元。傍南山杂有獠户，富室者颇参夏人为婚，衣服居处言语，殆与华不别……皆连杂氐羌。人尤劲悍，性多质直。皆务于农事，工习猎射、于书计非其长矣。（第829—830页）

同书卷三十《地理志》又记：

> ［豫州］洛阳得土之中，赋贡所均，故周公作洛，此焉攸在。其俗尚商贾，机巧成俗。故《汉志》云"周人之失，巧伪趋利，贱义贵财"此亦自古然矣。荥阳古之郑地，梁郡梁孝故都，邪僻傲荡，旧传其俗。今则好尚稼穑。重于礼文，其风皆变于古，谯郡、济阴、襄城、颍川、汝南、淮阳、汝阴，其风颇同。南阳古帝乡，缙绅所

出,自三方鼎立,地处边疆,戎马所萃,失其旧俗。上洛、弘农,本与三辅同俗。自汉高发巴、蜀之人,定三秦,迁巴之渠率七姓,居于商、洛之地,由是风俗不改其壤。其人自巴来者,风俗犹同巴郡。淅阳、淯阳,亦颇同其俗云。(第843页)

[兖州] 旧传太公唐叔之教,亦有周孔遗风。今此数郡。其人尚多好儒学,性质直怀义,有古之风烈矣。(第846页)

[冀州] 信都、清河、河间、博陵、恒山、赵郡、武安、襄国,其俗颇同。人性多敦厚,务在农桑,好尚儒学,而伤于迟重。前代称冀、幽之士钝如椎,盖取此焉。俗重气侠,好结朋党,其相赴死生,亦出于仁义。故《班志》述其土风,悲歌慷慨,椎剽掘冢,亦自古之所患焉。前谚云"仕官不偶遇冀部",实弊此也。魏郡,邺都所在,浮巧成俗,雕刻之工,特云精妙,士女被服,咸以奢丽相高,其性所尚习,得京、洛之风矣。语曰:"魏郡、清河,天公无奈何!"斯皆轻狡所致。汲郡、河内,得殷之故壤,考之旧说,有纣之余教。汲又卫地,习仲由之勇,故汉之官人,得以便宜从事,其多行杀戮,本以此焉。今风俗颇移,皆向于礼矣。长平、上党,人多重农桑,性尤朴直,盖少轻诈。河东、绛郡、文城、临汾、龙泉、西河,土地沃少瘠多,是以伤于俭啬。其俗刚强,亦风气然乎?太原山川重复,实一都之会,本虽后齐别都,人物殷阜,然不甚机巧。俗与上党颇同,人性劲悍,习于戎马。离石、雁门、马邑、定襄、楼烦、涿郡、上谷、渔阳、北平、安乐、辽西,皆连接边郡,习尚与太原同俗,故自古言勇侠者,皆推幽、并云。然涿郡、太原,自前代已来,皆多文雅之士,虽俱曰边郡,然风教不为比也。(第859—860页)

[青州] 在汉之时,俗弥侈泰,织作冰纨绮绣纯丽之物,号为冠带衣履天下。始太公以尊贤尚智为教。故士庶传习其风,莫不矜于功名,依于经术,阔达多智,志度舒缓。其为失也。夸奢朋党,言与行谬。齐郡旧曰济南,其俗好教饰子女淫哇之音,能使骨腾肉飞,倾诡人目。俗云"齐倡"本出此也。祝阿县俗,宾婚大会,肴馔虽丰,至于蒸脍,尝之而已。多则谓之不敬,共相诮责,此其异也。大抵数郡风俗,与古不殊,男子多务农桑,崇尚学业,其归于俭约,则颇变旧风。东莱人尤朴鲁,故特少文义。(第862—863页)

同书卷三一《地理志》又记：

> ［徐州］考其旧俗。人颇劲悍轻剽，其士子则挟任节气，好尚宾游，此盖楚之风焉。大抵徐、兖同俗，故其余诸郡，皆得齐、鲁之所尚。莫不贱商贾，务稼穑，尊儒慕学，得洙泗之俗焉。（第872—873页）

可见当时中国北方除雍、梁二州和个别州的边地出现了"华戎杂错""连接山胡""杂有獠户""连杂氐羌"的现象以及"俗具五方，人物混淆""去农从商，争朝夕之利，游手为事""女淫而妇贞""多尚武节""好祀鬼神""人尤劲悍""工习猎射"之俗外，其他地区多是"好尚稼穑。重于礼文""人性多敦厚，务在农桑，好尚儒学""崇尚学业""挟任节气""莫不贱商贾"，而且胡汉杂居的记载较少，仅出现在雍、梁二州。特别是豫州、冀州、青州、徐州的一些地区一改"邪僻傲荡""多行杀戮""好教饰子女淫哇之音""挟任节气，好尚宾游"之风，变得"好尚稼穑。重于礼文""崇尚学业""尊儒慕学"，这些变化都说明虽然由于胡族的大举进入中原等中国北方的农业地区，出现了胡汉文化相互碰撞、相互交流、相互影响的局面，但是并没有从根本上对汉族文化造成巨大的影响。诚然这些胡族文化在个别方面是产生了一定的影响，否则隋唐时期的文化就不会是一种新的文化。可是这种新的文化仍然以儒家思想为核心的汉文化，可以说是一种全新的汉文化，这是一个不争的事实。

第二节　区域文化差异之缘由

在中国自汉武帝"罢黜百家，独尊儒术"以来，以儒家思想为核心的汉文化就基本形成并延续下来，而在中国古代相当长的一个时期汉文化代表着先进文化，因此一个地区文化是否发达主要看汉文化的发达程度，那么汉文化发达的原因是什么？下面就从中国北方的自然环境、人文环境、学者构成、士族的存在、中枢权力核心中的胡汉比例及战乱的影响等方面，来分析关陇和山东两大区域文化差异之缘由。

一　自然环境

自古以来就有"山东出相，山西出将"的说法，① 这当然与各地的自然环境有关，因此要搞清出现区域文化差异的原因也要考虑到东魏北齐与西魏北周两大区域的自然地理环境。

（一）东魏北齐统治区宜于农耕

东魏北齐统治区大致包括两汉时期的豫州、青州、兖州、幽州、冀州、并州、徐州，该区域的地理环境，如《汉书》卷二八上《地理志》所云：

> 河南曰豫州：其山曰华，薮曰圃田，川曰荥、雒，浸曰波、溠；其利林、漆、丝枲；民二男三女；畜宜六扰，其谷宜五种。（第1539—1540页）
>
> 正东曰青州：其山曰沂，薮曰孟诸，川曰淮、泗，浸曰沂、沭；其利蒲、鱼；民二男三女；其畜宜鸡、狗，谷宜稻、麦。（第1540页）
>
> 河东曰兖州：其山曰岱，薮曰泰野，其川曰河、沸，浸曰卢、潍，其利蒲、鱼；民二男三女，其畜宜六扰，谷宜四种。（第1540页）
>
> 东北曰幽州：其山曰医无闾，薮曰貕养，川曰河、沸，浸曰菑、时；其利鱼、盐；民一男三女；畜宜四扰，谷宜三种。（第1541页）
>
> 河内曰冀州：山曰霍，薮曰扬纡，川曰漳，浸曰汾、潞；其利松、柏；民五男三女；畜宜牛、羊，谷宜黍、稷。（第1541页）
>
> 正北曰并州：其山曰恒山，薮曰昭余祁，川曰滹池、呕夷，浸曰涞、易；其利布、帛；民二男三女；畜宜五扰，谷宜五种。（第1542页）

按：《汉志》又曰"周既克殷，监于二代而损益之，定官分职，改禹徐、梁二州合之于雍、青"，（第1539页）徐州在《汉志》中已并入青州、梁

---

① 《汉书》卷六九《赵充国辛庆忌传赞》，中华书局1962年版，第2998页。

州亦并入雍州叙述。据《汉志》所云,豫州、青州、兖州、幽州、冀州、并州、徐州的地理环境比较好,除个别地方外,地势相对平坦,这样便于从事农业生产,由此生活在该区域内的人们多务在农桑,由此便会出现重于礼文、好尚儒学之风,从而有利于汉文化的发展。

(二) 西魏北周统治区农牧兼宜

西魏北周统治区大致包括两汉时期的雍州、梁州,该区域的地理环境,如《汉书》卷二八上《地理志》所云:

> 正西曰雍州:其山曰岳,薮曰弦蒲,川曰泾、汭,其浸曰渭、洛;其利玉、石;其民三男二女;畜宜牛、马,谷宜黍、稷。(第1540—1541页)

同书卷二八下《地理志》云:

> 故秦地于《禹贡》时跨雍、梁二州……其民有先王遗风,好稼穑,务本业,故《豳诗》言农桑衣食之本甚备。有鄠、杜竹林,南山檀柘,号称陆海,为九州膏腴。始皇之初,郑国穿渠,引泾水溉田,沃野千里,民以富饶……濒南山,近夏阳,多阻险轻薄,易为盗贼,常为天下剧。(第1642页)

> 天水、陇西,山多林木,民以板为室屋。及安定、北地、上郡、西河,皆迫近戎狄,修习战备,高上气力,以射猎为先。(第1644页)

> 自武威以西,本匈奴昆邪王、休屠王地,习俗颇殊,地广民稀,水草宜畜牧,故凉州之畜为天下饶。(第1644—1645页)

按:雍州、梁州两州基本上就是西魏北周控制的区域,虽说关中地区地理环境为"被山带河,四塞以为固,卒然有急,百万之众可具也。因秦之故,资甚美膏腴之地,此所谓天府者也"①。但是据上文记载雍、梁二州的其他地方多山,地势高,起伏较大,"山多林木""地广民稀",多不太

---

① 《史记》卷九九《刘敬传》,中华书局1959年版,第2716页。

利于农业生产；一些地方又接近胡戎，农牧文化时常会产生冲突，对农业生产造成不利的影响，因此许多生活在该区域内的人崇尚武功，相比较而言这些也是不利于汉文化发展的。

二 人文环境

文化的发展进程也是弄清楚出现东魏北齐于西魏北周两大区域文化差异的一个重要原因，而文化的发展包括学术、宗教信仰、风俗等方面，由于各区域的文化发展及胡汉分布在一定程度上对于该区域文化发展起着促进或制约作用，各区域的文化的发展及胡汉分布不同最终形成的文化也必将有所差异。

（一）东魏北齐统治区文化源远流长

东魏北齐统治区大致包括两汉时期的豫州、并州、青州、兖州、冀州、幽州、徐州，该区域汉晋时期的历史人文状况，如卢云在《汉晋文化地理》一书中所说："西汉各地区大多具有独特的文化构成与文化特色。齐鲁尚经学，但两地所持经又有一定的差异。此外，齐地的黄老之学、纵横家学在西汉前期也较为流行。三晋一带法术律令之学与纵横家学最为发达，经学也有了很大发展。淮南吴越地区以文学、黄老学最盛。"① 东汉时期"与西汉时相比，东汉时齐鲁一带的文化略有衰退，但与此毗连的汝南、颍川、南阳一带，文化迅速发展起来，使得这一文化发达区域进一步扩大。"② "西晋时期，豫兖青徐司雍六州之地文化仍然比较发达，尤其是洛阳周围的颍川、汝南、南阳、陈留、河内、河东一带，文化发展水平最高。"③ 而有关人文历史的论述除了前文已引用的《隋书·地理志》之外，还有唐人杜佑所撰写的《通典》，据此书卷一七七《州郡·风俗篇》所云：

> ［古荆河州］荆河之间，四方辐辏，故周人善贾，趋利而纤啬。韩国分野，亦有险阻。自东汉、魏、晋宅于洛阳，永嘉以后，战争不

---

① 卢云：《汉晋文化地理》，陕西人民教育出版社1991年版，第50页。
② 同上书，第66页。
③ 同上书，第114页。

息。元魏徙居，才过三纪。逮乎二魏，爰及齐、周、河、洛、汝、颍，迭为攻守。夫土中，风雨所交，宜乎建都立社，均天下之漕输，便万国之享献。不恃隘害，务修德刑，则卜代之期可延久也。（第4678页）

同书卷一七九《州郡·风俗篇》又云：

冀州，尧都所在，疆域尤广。山东之人，性缓尚儒，仗气任侠，而邺郡，高齐国都，浮巧成俗。山西土瘠，其人勤俭，而河东，魏晋以降，文学盛兴，闾井之间，习于程法。并州近狄，俗尚武艺，左右山河，古称重镇，寄任之者，必文武兼资焉。（第4745页）

同书卷一八〇《州郡·风俗篇》又云：

兖州旧疆界于河济，地非险固，风杂数国。秦汉以降，政理混同，人情朴厚，俗有儒学。及西晋之末，为战争之地，三百年间，伤夷偏甚。自宇内平一，又如近古之风焉。（第4768页）

青州古齐，号称强国，凭负山海，擅利盐铁。太公用之而富人，管仲资之而兴霸。人情变诈，好行机术，岂因轻重而为弊乎！固知导人之方，先务推以诚信。逮于汉氏，封立近戚。武帝临极，儒雅盛兴。晋惠之后，沦没僭伪。慕容建国，二代而亡。今古风俗颇革，亦有文学。自国初立都督府，命亲王镇之。汉氏之制，信可取也。（第4777页）

[徐州]徐方邹鲁旧国，汉兴犹有儒风。自五胡乱华，天下分裂，分居二境，尤被伤残。彭城要害，藩捍南国，必争之地，常置重兵。数百年中，无复讲诵。况今去圣久远，人情迁荡。大抵徐兖，其俗略同。（第4785页）

按：《通典》所记的古荆河州即豫州，古冀州包括冀州、幽州、并州三州。《通典》虽然成书于唐中叶，可是书中基本记述时间起自西周终至唐开元天宝年间，对于南北朝时期的史事多有叙述。而卢云所作论述多与

《通典》相吻合，可见山东地区虽然经过五胡十六国以至南北朝时期胡族不断涌入，甚至入主中原，但是所受到的胡族文化影响不大，而胡文化之所以没有对该区域产生大的影响，当是由于该区域雄厚的汉文化沉淀，先秦诸子百家中的儒、道、墨、法、兵、纵横、五行等家学说都产生于此，后虽经秦始皇"焚书坑儒"各家学说大多仍能传袭下来，表现出顽强的生命力。在南北朝时期该区域在除个别地区如《通典》所说，有"仗气任侠""浮巧成俗""俗尚武艺"的现象外，其他地区多是"性缓尚儒"，"文学盛兴，闾井之间，习于程法""人情朴厚，俗有儒学""儒雅盛兴"，而且无胡汉杂居的记载。这些都说明当时虽然在北朝时期由于以鲜卑族为首的胡族大量涌入该区域，出现了胡汉文化相互碰撞、相互交流、相互影响的局面，但是由于该区域雄厚的汉文化底蕴，胡文化在这一地区并没有对原有的汉文化造成大的影响，因此说新形成的文化内涵仍然以汉文化为主，是以汉文化为主体的新文化。

（二）西魏北周统治区文化发展滞后

西魏北周统治区大致包括两汉时期的雍州、梁州，该区域的历史人文状况亦如卢云在《汉晋文化地理》一书中所说，西汉时期"关中一带汇聚了各家学说，经学、黄老学、文字学、文学都有一定程度的发展"①。东汉时期"与西汉时期相比，三辅文化发达区在地域上没有出现重大变动。长安虽然失去了国都的地位，但三辅一带，特别是右扶风与京兆尹，文化继续着发达的状态"②。西晋时期"雍州素有发达的学术文化传统，虽然在东汉和安之后，因长期的汉羌战争而有所衰落；但经三国直至西晋，由于许多世家大族的存在，文化仍保持着较为发达的状态"③。而据《通典》卷一七四《州郡·风俗篇》所云：

> 雍州之地，厥田上上，鄠杜之饶，号称"陆海"，四塞为固，被山带河。秦氏资之，遂平海内。汉初，高帝纳娄敬说而都焉。又徙齐诸田，楚昭、屈、景，燕、赵、韩、魏之后及豪族名家于关中，强本

---

① 卢云：《汉晋文化地理》，第50页。
② 同上书，第69页。
③ 同上书，第116页。

弱末，以制天下。自是每因诸帝山陵，则迁户立县，率以为常。故五方错杂，风俗不一。汉朝京辅，称为难理。其安定、彭原之北，汧阳、天水之西，接近胡戎，多尚武节。自东汉、魏晋，羌氐屡扰，旋则苻、姚迭据，五凉更乱，三百余祀，战争方息。帝都所在，是曰浩穰。其余郡县，习俗如旧。（第 4560 页）

可见《通典》叙述的与卢云所论述的西晋时期雍州文化存在相当的差异，要搞清这个问题必须接着卢云所论述的加以考述，卢云认为西晋时期雍州文化保持着较为发达的状态是"由于许多世家大族的存在"，是由于有杜预、挚虞等学者文士的存在。① 但是据《晋书》卷三四《杜预传》记载，杜预父祖及本人皆在关中以外的地区做官，② 当与关中本土联系不多，所以其学术也当与关中无太大关联。至于挚虞，据《晋书》卷五一《挚虞传》说他是"京兆长安人也。父模，魏太仆卿。虞少事皇甫谧"。（第1419 页）可是同卷《皇甫谧传》却说皇甫谧虽然是安定朝那人，但是"出后叔父，徙居新安"。（第 1409 页）又"就乡人席坦受书，勤力不怠"。（第 1409 页）既然挚虞父辈已在洛阳任北魏政权高官，他所师从的皇甫谧也定居河南，且就学于此。而且据《挚虞传》记载挚虞入仕后一直山东地区任职，③ 因此他的学术源自山东地区，与关中本土无关联。诚然关陇区域由于有一些世家大族的存在，在西晋时期汉文化仍然在持续发展，但是由于该区域没有产生像杜预、挚虞这样的大儒文士，因此说在西晋时期雍州文化保持着较为发达的状态就成问题。而且出现这种情况的缘由当与杜佑所说的长期的汉羌战争以及随之而来的氐羌进入关陇地区不无关系。此后五胡十六国时期氐羌割据关陇，并在该地区与汉人杂居。虽然其间五胡十六国时期张轨建立了前凉政权，使得河西地区成为以儒家思想为主体的汉文化在中国北方的一个重要的传播地，使汉文化能够传习并得到发展。可是由于前凉政权短命、此后河西地区又多为胡族政权所割据，关陇地区也多为胡族政权所控制，加上北魏统一中国北方后还将河西地区

---

① 卢云：《汉晋文化地理》，第 116 页。
② 《晋书》卷三四《杜预传》，中华书局 1974 年版，第 1025—1033 页。
③ 《晋书》卷五一《挚虞传》，第 1419 页。

特别是敦煌等地的学者大多征召至平城等山东地区,如《魏书》卷五二《胡方回传》说他是安定临泾人,"赫连屈丐中书侍郎。涉猎史籍,辞彩可观。为屈丐《统万城铭》、《蛇祠碑》诸文,颇行于世。世祖破赫连昌,方回入国"。(第1149页)同卷《宋繇传》说他是敦煌人,"追师就学,闭室诵书,昼夜不倦。博通经史,诸子群言,靡不览综"。(第1152页)"世祖并凉州,从牧键至京师"。(第1153页)同卷《张湛传》说他是"敦煌人,魏执金吾恭九世孙也。湛弱冠知名凉土,好学能属文,冲素有大志"。(第1153—1154页)"凉州平,入国"。(第1154页)同卷《宋钦传》说他是金城人,"少而好学,有儒者之风,博综群言,声著河右"。(第1154页)"世祖平凉州,入国",(第1155页)同卷《段承根传》说他是武威姑臧人,"父晖,字长祚,身长八尺余。师事欧阳汤,汤甚器爱之"。(第1158页)"承根好学,机辩有文思,而生行疏薄,有始无终,司徒崔浩见而奇之,以为才堪注述"。(第1158页)"晖与承根归国。"(第1158页)同卷《赵柔传》说他是"金城人也。少以德行才学知名河右。沮渠牧键时,为金部郎。世祖平凉州,内徙京师"。(第1162页)同卷《索敞传》说他是"敦煌人。为刘昞助教,专心经籍,尽能传昞之业。凉州平,入国,以儒学见拔,为中书博士"。(第1162页)同卷《阴仲达传》说他是武威姑臧人,"少以文学知名。世祖平凉州,内徙代都"。(第1163页)这样内忧外患使关陇地区的汉文化元气大伤,由此造成了《隋书》卷二九《地理志》所说的西魏北周统治的雍、梁二州出现了"华戎杂错""连接山胡""杂有獠户""连杂氐羌"的现象,以及"俗具五方,人物混淆""去农从商,争朝夕之利,游手为事""女淫而妇贞""多尚武节""好祀鬼神""人尤劲悍""工习猎射"之俗,但是该区域许多地区仍然行"尚俭约,习仁义,勤于稼穑""皆务于农事""崇重道教"之风,再加上前文所说的胡族大量汉化,以及汉族先进文化的引导,因此说该区域居主导地位的文化仍然是以儒家思想为主体的汉文化。

三 学者的构成

一种新文化的形成与当时学者构成有着密不可分的关系,而这种构成主要包括这些学者的族属、社会阶层的分布、学术成果、整体的知识水平以及历史文化背景等方面。本书已经将人文环境、士族的存在专门分成几部分考述，原本似乎不需要将学者的构成专列出来，但是由于有些学者述而不作或者著述失载，因此有必要将这部分专门列出，主要分析学者的族属、社会阶层的分布、籍贯的分布。在南北朝时期，分析族属主要看胡汉的比例，社会阶层主要看士庶的比例，也就是说要看士族地主与其他社会成员各自分别所占的比例。由于正史中对学者的记述相当集中，主要分布在《儒林传》《文苑传》等传中，故此笔者就先从这些传记入手，分别对东魏北齐与西魏北周两大统治区域的学者略做考述。

（一）东魏北齐统治地区学者众多

在东魏北齐统治区内，由于有一些学者生活在东魏时期，所以不但要看《北齐书》的《儒林传》《文苑传》等传，还要看《魏书》的《儒林传》《文苑传》等传，另外由于《北齐书》原书有残缺，今本已非原书，还有一些原生活在该区域的学者北齐亡后入北周以至有入隋后才故去者，因此还要参用《周书》《隋书》有关的传。先看生活在东魏北齐统治区内的学者，据《魏书》《儒林传》《文苑传》记载有卢景裕、李同轨、邢昕、温子昇4人，《北齐书》《儒林传》《文苑传》等传所记载的有司马膺之、宋绘、卢询祖、李神威、崔儦、杜弼、李公绪、郑述祖、郑元礼、王昕、邢邵、魏收、祖珽、卢怀仁、阳休之、李铉、刁柔、冯伟、张买奴、刘轨思、鲍季详、邢峙、刘昼、马敬德、张景仁、权会、张思伯、张雕、孙灵晖、孙万寿、马子结、石曜、祖鸿勋、李广、樊逊、刘逖、荀士逊、颜之推、袁奭、韦道逊、江旰、睦豫、朱才、荀仲举、萧悫、古道子、宋孝王47人，《周书》有关的传中记载的有熊安生1人，《隋书》有关的传记载的有薛道衡、刘善经、房晖远、马光、刘焯、刘炫6人，另外据下编第一章第四节所述，有著述的学者还有信都芳、潘叔度、颜之推、魏收、崔子发、刘昼、卢思道、温子昇、元晖业、荀士逊、祖莹、李业兴、宋景业、邢子才、刘逖、李元操、辛德源、李德林、薛道衡、高澄、卢景裕、司马膺之、宋绘、卢询祖、李神威、杜弼、王纮、李公绪、刘世清、郑述祖、王昕、卢怀仁、阳休之、李铉、石曜、宋世良、宋孝王、刘善经38人，《先秦汉魏晋南北朝诗·全北齐诗》的作者有斛律丰乐、高昂、萧祗、陆法和、裴让之、裴讷之、邢邵、郑公超、杨训、袁奭、荀仲举、魏收、刘逖、祖珽、高延宗、萧悫、萧毂、马元熙、阳休之、颜之推、赵儒宗、甄彬、杨子华、王晞、冯淑妃、崔氏、陆印，共28人。下面去其重复将他们的籍贯、族属、学识逐一考述：

卢景裕，《魏书》卷八四本传说他字仲儒，小字白头，是出自范阳卢氏的汉士族，"景裕注《周易》、《尚书》、《孝经》、《论语》、《礼记》、《老子》，其《毛诗》、《春秋左氏》未讫"。（第1859页）可见他学识甚高。著述颇多。

李同轨，《魏书》卷八四本传说他是出自赵郡李氏的汉士族，"学综诸经，多所治诵，兼读释氏，又好医术"。（第1860页）"领国子助教。转著作郎，典仪注，修国史，迁国子博士"。（第1860页）其学识非同一般。

邢昕，《魏书》卷八五本传说他字子明，是出自河间邢氏的汉士族，"既有才藻，兼长几案"。（第1874页）"所著文章，自有集录。"（第1874页）颇有学识。

温子昇，字鹏举，《魏书》卷八五本传说他"自云太原人，晋大将军峤之后也。世居江左。祖恭之，刘义隆彭城王义康户曹，避难归国，家于济阴冤句，因为其郡县人焉"。（第1874页）"子昇初受学于崔灵恩、刘兰，精勤，以夜继昼，昼夜不倦。长乃博览百家，文章清婉。"（第1875页）"又为集其文笔为三十五卷。子昇外恬静，与物无竞，言有准的，不妄毁誉，而内深险，事故之际，好预其间，所以终祸败。又撰《永安记》三卷。"（第1877页）他虽然自言出自太原温氏，但是自言是靠不住的，因此他当是汉族中的庶族。

司马膺之，《北齐书》卷一八《司马子如传》说他是司马子如之侄，"字仲庆。少好学，美风仪"。（第241页）"好读《太玄经》，注扬雄《蜀都赋》。每云：'我欲与扬子云周旋。'"（第241页）虽然司马子如自言出自河内司马氏，但是这未必靠得住，因此姑且不将他算作士族。

宋绘，《北齐书》卷二十《宋显传》说他是宋显从祖弟，而宋显起家就追随尔朱荣，在投靠高欢之前一直在并州任职。① 由此推测他们家族当在北魏占领河西地区时即已迁至并州地区。宋绘本人"少勤学，多所博览，好撰述"。（第271页）"依准裴松之注《国志》体，注王隐及《中兴书》。又撰《中朝多士传》十卷，《姓系谱录》五十篇。以诸家年历不

---

① 《北齐书》卷二十《宋显传》，第270页。

同,多有纰缪,乃刊正异同,撰《年谱录》,未成。"(第271页)可见他的学术水准甚高,不过他虽然是汉人,但不是士族。

卢询祖,据《北齐书》卷二二本传所云,他是卢文伟之孙,出自大士族的范阳卢氏。他"有术学,文章华靡,为后生之俊"。(第320页)"有文集十卷,皆致遗逸。尝为赵郡王妃郑氏制挽歌词,其一篇云:'君王盛海内,伉俪尽寰中,女仪掩郑国,嫔容映赵宫,春艳桃花水,秋度桂枝风。遂使丛台夜,明月满床空。'"(第321页)说明他有很深的文学造诣。

李神威,据《北齐书》卷二二《李义深传》所云,他是李义深族弟,是出自赵郡李氏的大士族,"幼有风裁,传其家业,礼学粗通义训。又好音乐,撰集《乐书》,近于百卷"。(第324页)颇有学识。

崔儦,据上编第一章第一节第二部分所考,他字岐叔,是出自清河崔氏的大士族,"少与范阳卢思道、陇西辛德源同志友善。每以读书为务,负恃才地,忽略世人。大署其户曰:'不读五千卷书者,无得入此室。'数年之间,遂博览群言,多所通涉。解属文,在齐举秀才,为员外散骑侍郎,迁殿中侍御史。寻与熊安生、马敬德等议《五礼》,兼修律令"①。可见他的学术水准甚高。

杜弼,《北齐书》卷二四本传说他字辅玄,是"中山曲阳人也,小字辅国。自序云,本京兆杜陵人,九世祖鷔,晋散骑常侍,因使没赵,遂家焉"。(第346页)"寄郡学受业,讲授之际,师每奇之。"(第346页)"耽好玄理,老而愈笃。又注《庄子惠施篇》、《易上下系》,名《新注义苑》,并行于世。"(第353页)可见他喜好"三玄",颇有著述,至于他自言"本京兆杜陵人"是靠不住的,而且他九世祖已定居于赵地,所以他当是汉族,但不一定是士族。

李公绪,《北齐书》卷二九本传说他是李浑族子,"性聪敏,博通经传"。(第396页)"尤善阴阳图纬之学。"(第396页)"潜居自待,雅好著书,撰《典言》十卷,又撰《质疑》五卷,《丧服章句》一卷,《古今略记》二十卷,《玄子》五卷,《赵语》十三卷,并行于世。"(第396页)可见他著述颇多,并且出身于赵郡李氏的大士族。

---

① 《隋书》卷二二《文学·崔儦传》,第1733页。

刘世清，据上编第一章第一节第一部分所考，他祖上是代人，可是他到隋开皇年间仍健在，从其父祖的仕宦经历来看，他祖上已迁至河北地区，他又"能通四夷语，为当时第一。后主命世清作突厥语翻《涅盘经》，以遗突厥可汗，敕中书侍郎李德林为其序"①。说明他颇有学识。

郑述祖，《北齐书》卷二九本传说他字恭文，是出自荥阳郑氏的大士族，"祖羲，魏中书令。父道昭，魏秘书监。述祖少聪敏，好属文，有风检，为先达所称誉"。（第397页）"初述祖父为光州，于城南小山起斋亭，刻石为记。述祖时年九岁。及为刺史，往寻旧迹，得一破石，有铭云：'中岳先生郑道昭之白云堂。'述祖对之鸣咽，悲动群僚。"（第397—398页）"述祖能鼓琴，自造《龙吟十弄》，云尝梦人弹琴，寤而写得。当时以为绝妙。"（第398页）可见他家学底蕴深厚。

郑元礼，据上编第一章第一节第二部分所考，他字文规，是出自荥阳郑氏的大士族，是郑述祖从侄"少好学，爱文藻，名望。世宗引为馆客，历太子舍人。崔昂妻，即元礼之姊也，魏收又昂之妹夫。尝持元礼数篇诗示卢思道，乃谓思道云：'看元礼比来诗咏，亦当不减魏收。'答云：'未觉元礼贤于魏收，但知妹夫疏于妇弟。'"②能被当时著名士人卢思道所赏识，学术水平一定不低。

王昕，字元景，《北齐书》卷三一本传说他是"北海剧人。六世祖猛，秦苻坚丞相，家于华山之鄘城"。（第415页）"昕少笃学读书"（第415页），"雅好清言，词无浅俗。"（第416页）"有文集二十卷。"（第417页）可见他当不是士族，但是汉人。

邢邵，《北齐书》卷三六本传说他字子才，据《北齐书》卷三六本传所云，他字子才，"魏太常贞之后。父虬，魏光禄卿"。（第475页），"十岁，便能属文，雅有才思，聪明强记，日诵万余言。"（第475页）"方广寻经史，五行俱下，一览便记，无所遣忘。文章典丽，既赡且速。年未二十，名动衣冠。尝与右北平阳固、河东裴伯茂、从兄罘、河南陆道晖等至北海王昕舍宿饮。相与赋诗，凡数十首。皆在主人奴处。旦日奴行，诸人求诗不得，邵皆为诵之，诸人有不认诗者，奴还得本，不误一字。"（第

---

① 《北齐书》卷二十《斛律羌举传》，第267页。
② 《北齐书》卷二九《郑述祖传》，第398页。

475 页）"率情简素，内行修谨，兄弟亲姻之间，称为雍睦。博览坟籍，无不通晓，晚年尤以《五经》章句为意，穷其指要。吉凶礼仪，公私谘禀，质疑去惑，为世指南。每公卿会议，事关典故，邵援笔立成，证引该洽，帝命朝章，取定俄顷。词致宏远，独步当时，与济阴温子昇为文士之冠，世论谓之温、邢。"（第 478 页）"有集三十卷，见行于世。"（第 479 页）可见他学术水平极高。

魏收，《北齐书》卷三七本传说他字伯起，是源自钜鹿魏氏的汉士族，"年十五，颇已属文"。（第 483 页）"遂折节读书。夏月，坐板床，随树阴讽诵，积年，板床为之锐减，而精力不辍。以文华显。"（第 483 页）"诏试收为《封禅书》，收下笔便就，不立稿草，文将千言，所改无几。时黄门郎贾思同侍立，深奇之，帝曰：'虽七步之才，无以过此。'迁散骑侍郎，寻敕典起居注，并修国史。"（第 483 页）"与济阴温子昇、河间邢子才齐誉，世号三才。"（第 484 页）"魏帝曾季秋大射，普令赋诗，收诗末云：'尺书征建邺，折简召长安。'文襄壮之。"（第 487 页）有文集七十卷，并撰写《魏书》，① 可见他学术水平极高。

祖珽，据上编第一章第一节第二部分所考，他是祖莹之子，才华出众，辞藻遒逸，学术颇高，而且是出自山东地区的汉士族。

卢怀仁，《北齐书》卷四二《卢潜传》说他字子友，是出自范阳卢氏的大士族，是卢潜的从祖兄，"怀仁涉学有文辞，情性恬靖，常萧然有闲放之致"。（第 556 页）"所著诗赋铭颂二万余言，又撰《中表实录》二十卷。"（第 556 页）说明他甚有学识。

阳休之，《北齐书》卷四二本传说他字子烈，是出自山东地区的汉士族，他"俊爽有风概，少勤学，爱文藻，弱冠擅声，为后来之秀"。（第 560 页）"好学不倦，博综经史，文章虽不华靡，亦为典正。邢、魏殂后，以先达见推。位望虽高，虚怀接物，为搢绅所爱重。"（第 563 页）"所著文集三十卷，又撰《幽州人物志》，并行于世。"（第 564 页）可见他学术水平极高，并颇有著述。

李铉，《北齐书》卷四四本传说他字宝鼎，是渤海南皮人。"九岁入学，书《急就篇》，月余便通。"（第 584 页）"从浮阳李周仁受《毛诗》、

---

① 《北齐书》卷三七《魏收传》，第 487—495 页。

《尚书》，章武刘子猛受《礼记》，常山房虬受《周官》、《仪礼》，渔阳鲜于灵馥受《左氏春秋》。"（第584页）"撰定《孝经》、《论语》、《毛诗》、《三礼义疏》及《三传异同》、《周易义例》合三十余卷。"（第584页）可见他儒学造诣深厚，不过他虽然是汉人，但不是士族。

刁柔，《北齐书》卷四四本传说他字子温，是源自山东地区的汉士族，"少好学。综习经史，尤留心礼仪。性强记，至于氏族内外，多所谙悉。初为世宗挽郎，出身司空行参军。丧母，居丧以孝闻"。（第585—586页）"元象中，随例到晋阳，高祖以为永安公府长流参军，又令教授诸子。"（第586页）因此说他颇有学识。而从他曾为北魏宣武帝的挽郎看，他长期生活在河洛地区。

冯伟，《北齐书》卷四四本传说他字伟节，是中山安喜人，"少从李宝鼎游学，李重其聪敏，恒别意试问之。多所通解，尤明《礼传》"。（第587页）"专精覃思，无所不通"。（第587页）他虽然不是士族，但是汉人。

张买奴，《北齐书》卷四四本传说他是"平原人也。经义该博，门徒千余人。诸儒咸推重之。名声甚盛"。（第588页）可见他是汉人，但不是士族。

刘轨思，《北齐书》卷四四本传说他是"渤海人也。说《诗》甚精。少事同郡刘敬和，敬和事同郡程归则，故其乡曲多为《诗》者"。（第588页）可知虽然不是士族，但是汉人。

鲍季详，《北齐书》卷四四本传说他是"渤海人也。甚明《礼》，听其离文析句，自然大略可解。兼通《左氏春秋》，少时恒为李宝鼎都讲，后亦自有徒众，诸儒称之"。（第588页）他虽然是汉人，但不是士族。

邢峙，《北齐书》卷四四本传说他字士峻，是出自山东地区的汉士族，他"少好学，耽玩坟典，游学燕、赵之间，通《三礼》、《左氏春秋》。天保初，郡举孝廉，授四门博士，迁国子助教，以经入授皇太子。峙方正纯厚，有儒者之风"。（第589页）可知他精于儒学。

刘昼，字孔昭，《北齐书》卷四四本传说他是"渤海阜城人也。少孤贫，爱学，负笈从师，伏膺无倦。与儒者李宝鼎同乡里，甚相亲爱，受其《三礼》。又就马敬德习《服氏春秋》，俱通大义"。（第589页）"又撰

《高才不遇传》三篇。"（第589页）① 可见他虽然是汉人，但不是士族。

马敬德，《北齐书》卷四四本传说他是"河间人也。少好儒术，负笈随大儒徐遵明学《诗》、《礼》，略通大义而不能精。遂留意于《春秋左氏》，沉思研求，昼夜不倦，解义为诸儒所称。教授于燕、赵间，生徒随之者众"。（第590页）他也不是士族，但是汉人。

马元熙，据上编第一章第一节第二部分考证，他是马敬德之子，少传父业，为皇太子传授《孝经》。

张景仁，据上编第一章第一节第二部分考证，他以学书为业，并擅长书法，与魏郡姚元标、颍川韩毅、同郡袁买奴、荥阳李超等齐名，虽然是汉人，但不是士族。

权会，字正理，《北齐书》卷四四本传说他是"河间郑人也。志尚沉雅，动遵礼则。少受《郑易》，探颐索隐，妙尽幽微，《诗》、《书》、《三礼》，文义该洽，兼明风角，妙识玄象"。（第592页）"注《易》一部，行于世。"（第593页）可见他虽然不是士族，但是汉人。

张思伯，《北齐书》卷四四本传说他是"河间乐城人也。善说《左氏传》，为马敬德之次。撰《刊例》十卷，行于时。亦治《毛诗》章句，以二经教齐安王廓"。（第594页）可见他不是汉士族。

张雕，据上编第一章第一节第二部分考证，说他通《五经》，尤明《三传》，善于强辨。但是他也不是汉士族。

孙灵晖，《北齐书》卷四四本传说他是"长乐武强人也。魏大儒秘书监惠蔚，灵晖之族曾王父也。灵晖少明敏，有器度"。（第596页）"年七岁，便好学，日诵数千言，唯寻讨惠蔚手录章疏，不求师友。《三礼》及《三传》皆通宗旨，然始就鲍季详、熊安生质问疑滞，其所发明，熊、鲍无以异也。"（第596页）他虽然是汉人，但不是士族。

孙万寿，《北齐书》卷四四《儒林·孙灵晖传》说他是孙灵晖之子，"聪识机警，博涉群书，《礼》《传》俱通大义，有辞藻，尤甚诗咏"。（第596页）当然他也随其父不是士族。

马子结，《北齐书》卷四四本传说"其先扶风人也。世居凉土，太和中入洛"。（第596页）"子结兄弟三人，皆涉文学。"（第596页）"子

---

① 《北齐书》卷四四《儒林·刘昼传》，第589页。

廉、子尚、子结与诸朝士各有诗言赠，阳总为一篇酬答，即诗云'三马俱白眉'者也。"（第596—597页）可见他不是士族，是汉人。

石曜，字白曜，《北齐书》卷四四本传说他是"中山安喜人，亦以儒学进"。（第597页）"著《石子》十卷，言甚浅俗。"（第597页）可知他当是汉人。

祖鸿勋，《北齐书》卷四五本传说他是"涿郡范阳人也。父慎，仕魏历雁门、咸阳太守，治有能名"。（第605页）"仆射临淮王彧表荐鸿勋有文学"（第605页），"梁使将至，敕鸿勋对客。高祖曾征至并州，作《晋祠记》，好事者玩其文。"（第606页）而且是出身于范阳祖氏的士族。

李广，字弘基，《北齐书》卷四五本传说他是"范阳人也，其先自辽东徙焉。广博涉群书，有才思文议之美，少与赵郡李謇齐名，为邢、魏之亚。而讷于言，敏于行"。（第607页）可见他虽然是汉人，但不是士族。

樊逊，字孝谦，《北齐书》卷四五本传说他是河东北猗氏人，"专心典籍，恒书壁作'见贤思齐'四字，以自劝勉"。（第608页）"仍荐之于右仆射崔暹，与辽东李广、渤海封孝琰等为暹宾客。"（第608页）"诏尚书开东西二省官选，所司策问，逊为当时第一。"（第614页）他也不是士族，可是汉人。

刘逖，据上编第一章第一节第二部分考证，他是北魏大臣刘芳之孙，好学，学识颇高，擅长诗咏，撰有诗赋及杂文三十卷，而且当是出自山东地区的汉士族。

荀士逊，《北齐书》卷四五本传说他是广平人。"好学有思理，为文清典，见赏知音。"（第616页）"与李若等撰《典言》行于世。"（第616—617页）可见他颇有学识。不过他虽然是汉人，但不是士族。

颜之推，据上编第一章第一节第二部分所考，他是琅琊临沂人也，"永嘉之乱"后，其九世祖颜含追随晋元帝南渡，江陵陷落后他被俘掠到关中，曾得到西魏十二大将军之一的李远重用。后乘黄河暴长，经三门峡之险，辗转来到北齐统治区。他精通儒家经典，博览群书，有文集三十卷、撰《家训》二十篇，而且是汉士族。

袁奭，据上编第一章第一节第二部分考证，他虽然出自陈郡袁氏，可是祖上久已南渡，萧庄时他出使北齐，后来就留在北齐统治区。他有学识，而且也是汉士族。

韦道逊，据上编第一章第一节第二部分考证，他与兄道密、道建、道儒并早以文学知名。并且是出自关中的士族。

江旰，据上编第一章第一节第二部分考证，他虽然是阳济人，但是祖上早已南渡，他是后来辗转来到东魏北齐统治区的。他颇有学识，但不是士族，是汉人。

睦豫，据上编第一章第一节第二部分考证，他颇有才学，弱冠举秀才。他虽然是汉人，但不是士族。

朱才，据上编第一章第一节第二部分考证，他是吴郡人，出自江左朱、张、顾、陆四大士族的朱氏，当有学识。他是充任袁奭的副使出使北齐，后来也留在北齐统治区。

荀仲举，字士高《北齐书》卷四五本传说他"与赵郡李概交款，概死，仲举因至其宅，为五言诗十六韵以伤之，词甚悲切，世称其美"。（第627页）又说他"世江南。仕梁为南沙令，从萧明于寒山被执"。（第627页）可见他的学业源于江左，并颇有文学，善于作诗，而且是汉士族。

萧悫，据上编第一章第一节第二部分考证，他当有才学，虽然是士族，但他是从其他地区来的。

古道子，据上编第一章第一节第二部分考证，他当有才学，当是汉人。

熊安生，字植之，《周书》卷四五本传说他是"长乐阜城人也。少好学，励精不倦。初从陈达受《三传》，又从房虬受《周礼》，并通大义。后事徐遵明，服膺历年。东魏天平中，受《礼》于李宝鼎。遂博通《五经》。然专以《三礼》教授。弟子自远方至者千余人。乃讨论图纬，捃摭异闻，先儒所未悟者，皆发明之。齐河清中，阳休之特奏为国子博士"。（第812页）"安生既学为儒宗"（第813页），"所撰《周礼义疏》二十卷、《礼记义疏》四十卷、《孝经义疏》一卷，并行于世"。（第813页）他虽然不是士族，但是汉人。

薛道衡，据上编第一章第一节第二部分考证他的学术水准极高，颇有著述，被时人誉为"才子"。由于他幼年而孤，不可能远游，因此其学术亦源于河东地区。

宋孝王，《北齐书》卷四六《循吏·宋世良传》说他是宋世良的从子,"学涉,亦好缉缀文藻。形貌短陋而好臧否人物,时论甚疾之"。(第640页)"求入文林馆不遂,因非毁朝士,撰《别录》二十卷,会平齐,改为《关东风俗传》,更广见闻。勒成三十卷以上之。"(第640页)他虽然是汉人,但不是士族。

房晖远,字崇儒,《隋书》卷七五本传说他是"恒山真定人也。世传儒学。晖远幼有志行,治《三礼》、《春秋三传》、《诗》、《书》、《周易》,兼善图纬,恒以教授为务。远方负笈而从者,动以千计。齐南阳王绰为定州刺史,闻其名,召为博士"。(第1716页)可见他也不是士族,但是汉人。

马光,字荣伯,《隋书》卷七五本传说他是"武安人也。少好学,从师数十年,昼夜不息,图书谶纬,莫不毕览。尤明《三礼》,为儒者所宗"。(第1717页)可见是汉人,但不是士族。

刘焯,《隋书》卷七五本传说他字士元,是信都昌亭人。"聪敏沉深,弱不好弄。少与河间刘炫结盟为友,同受《诗》于同郡刘轨思,受《左传》于广平郭懋当,问《礼》于阜城熊安生,皆不卒业而去。武强交津桥刘智海家素多坟籍,焯与炫就之读书,向经十载,虽衣食不继,宴如也。遂以儒学知名,为州博士。"(第1718页)"著《稽极》十卷,《历书》十卷,《五经述议》,并行于世。刘炫聪明博学,名亚于焯,故时人称二刘焉。天下名儒后进,质疑受业,不远千里而至者,不可胜数。"(第1719页)可知其学识之高深,不过他虽然是汉人,但不是士族。

刘炫,《隋书》卷七五本传说他字光伯,出身于河间刘氏的汉士族,他"少以聪敏见称。与信都刘焯闭户读书,十年不出。炫眸子精明,视日不眩,强记默识,莫与为俦。左画方,右画圆,口诵,目数,耳听,五事同举。无有遗失"。(第1719页)"著《论语述议》十卷,《春秋攻昧》十卷,《五经正名》十二卷,《孝经述议》五卷,《春秋述议》四十卷,《尚书述议》二十卷,《毛诗述议》四十卷,《注诗序》一卷,《算术》一卷,并行于世"。(第1723页)可知他学识颇高,著述甚多。

刘善经,《隋书》卷七六本传也记载他是河间人,"博物洽闻,尤善词笔。历仕著作佐郎、太子舍人。著《酬德传》三十卷,《诸刘谱》三十卷,《四声指归》一卷,行于世"。(第1748页)可知他还是汉士族。

潘叔度,正史中无传,除《隋书经籍志》外,仅有《北齐书》卷四四《儒林传》说他"难虽不传徐氏之门,亦为通解"。(第584页)故此其籍贯、族属皆不可知。

信都芳,《北齐书》卷四九《方伎信都芳传》说他是"河间人。少明算术,为州里所称。有巧思,每精研究,忘寝与食,或坠坑坎"。(第675页)"又著《乐书》、《遁甲经四术》、《周髀宗》。"(第675页)可知他是汉人,而且文化水准较高。

崔子发,正史中无传,《北齐书》卷四四《儒林传》曰:"胄子以通经仕者唯博陵崔子发、广平宋游卿而已",(第582页)可知他出身于博陵崔氏,是士族,而且学术水准较高。

卢思道,据本节前文考证,他是卢潜的族人,出身于范阳卢氏,是士族,而且有才学。

元晖业,据上编第一章第一节第一部分考证,他是出自鲜卑的虏姓士族,颇涉子史,文化水准较高。

祖莹,《魏书》卷八二本传说他字元珍,范阳遒人。"曾祖敏,仕慕容垂为平原太守。太祖定中山,赐爵安固子,拜尚书左丞。"(第1798页)"祖嶷,字元达。以从征平原功,进爵为侯,位冯翊太守,赠幽州刺史。父季真,多识前言往行,位中书侍郎。"(第1798页)"莹年八岁,能诵《诗书》,十二为中书学生。好学耽书,以昼继夜。"(第1798页)"莹夜读书,劳倦不觉天晓。催讲既切,遂误持同房生赵郡李孝怡《曲礼》卷上座。博士严毅,不敢还取,乃置《礼》于前,诵《尚书》三篇,不遗一字。"(第1799页)"莹以文学见重,常语人云:'文章须自出机杼,成一家风骨,何能共人同生活也。'"(第1800页)"其文集行于世。"(第1800页)可知他出自范阳祖氏这一士族,而且文化水准颇高,颇有著述。

李业兴,《魏书》卷八四本传说他是"上党长子人也。祖虬,父玄纪,并以儒学举孝廉"。(第1861页)"业兴少耿介,志学精力,负帙从师,不惮勤苦,耽思章句,好览异说。晚乃师事徐遵明于赵魏之间。"(第1861页)"后乃博涉百家,图纬、风角、天文、占候无不详练,尤长算历。"(第1861页)"爱好坟籍,鸠集不已,手自补治,躬加题帖,其家所有,垂将万卷。览读不息,多有异闻,诸儒服其渊博。"(第1865页)可知他学识深厚,涉猎广博。不过不是汉士族。

宋景业，《北齐书》卷四九本传说他是"广宗人。明《周易》，为阴阳、纬候之学，兼明历数"。（第675页）可知他是汉人，而且文化水准较高。

李元操，据上编第一章第一节第二部分及本节前文考证，他名孝贞字元操，出自赵郡李氏，是士族，并有才华。

辛德源，据上编第一章第一节第二部分所考，他是士族，虽是关陇人，但是自祖父起就在山东地区做官，而且文化程度极高。

李德林，据上编第一章第一节第二部分所考，他既有才华，又有著述。他虽然是汉人，但不是士族。

高澄，据上编第一章第一节第一部分所考，他是高欢的长子，敏悟过人，虽然出身于胡化族群家庭，母亲娄太后又是胡族，但是他的汉文化水准较高。

王纮，据上编第一章第一节第一部分所考，他是胡族，但是其父已接受汉文化，他更是颇有学识，并有著述。

宋世良，《北齐书》卷四六本传说他是广平人。"才识闲明，尤善治术"（第639页）"强学，好属文，撰《字略》五篇、《宋氏别录》十卷。"（第639页）可知他是汉人，有才学。

斛律丰乐，据上编第一章第一节第一部分所考，他是朔州敕勒部人，但是他当时已迁邺，虽然所作诗不太雅，但是可以看出他已经接受了汉文化，并有一定的文化修养。

高昂，据下编第一章第五节第一部分所考，他是出身于渤海高氏北方汉士族。还是魏孝武帝是宰相高乾的三弟。

萧祇，据本节前文考证，他是梁南平王萧伟之子，出身于兰陵萧氏，是士族。另据《北齐书》卷三三本传说他"少聪敏，美容仪"。（第443页）他逃至北方时"文襄令魏收、邢邵与相接对"。（第443页）而魏收、邢邵是当时北方的一流学者，故此萧祇的学识当也不凡。

陆法和，据本节前文所考，他的籍贯不详，只知道他隐居于江陵百里洲，《北齐书》卷三二本传说他"无疾而告弟子死期，至时，烧香礼佛，坐绳床而终。浴讫将敛，尸小。缩止三尺许。文宣令开棺视之。空棺而已。法和书其所居壁而涂之，及剥落，有文曰：'十年天子为尚可，百日天子急如火，周年天子递代坐。'"（第431页）可见其人颇为神秘，不过还是有学识的。

裴让之，据本编第一章第五节第一部分所考，他是裴佗之子，出身于河东裴氏，是士族，而且颇有才华。

裴讷之，据本编第一章第五节第一部分所考，他也是裴佗之子，是裴让之之弟，当然也是士族。《北史》卷三八《裴佗传》说他"纯谨有局量。弱冠为平原公开府墨曹，掌书记，从至并州"。（第1386页）说明裴讷之颇有学识。

高延宗，据本编第一章第五节第一部分所考，他是高澄之子，高欢之孙，而自言渤海蓨人，实际上靠不住。

萧慤，据本编第一章第五节第一部分所考，他出身于兰陵萧氏，是汉士族。

甄彬，据本编第一章第五节第一部分所考，他是甄法崇之孙，出身于中山甄氏，是士族，曾在蜀地做官，当是后来辗转回到北齐统治区。《南史》卷七十本传说他"有行业，乡党称善"。（第1705页）"及在蜀，[萧梁西昌侯萧]藻礼之甚厚云。"（第1705页）有文化。

冯淑妃，据本编第一章第五节第一部分所考，她当是出自长乐信都冯氏，属于士族。

崔氏，据本编第二章第二节第三部分所考，她是北齐卢士深妻，崔林义之女，而且出自北朝著姓，生活在北齐统治区域内。

陆卬，据上编第一章第一节第一部分考证，他是陆俟的后人，出自鲜卑步六孤氏，北魏孝文帝改革后当亦改籍河南洛阳。好学不倦，博览群书，通《五经》大义，为河间邢邵所赏识。他虽然是胡族，但是已经汉化，并且才华出众。

其中潘叔度、陆法和籍贯、族属不可考，郑公超、杨训、赵儒宗、杨子华从族属上看当都是汉人，可是籍贯不详。除此以外，籍贯及原居住地可考的有85人，经考订以上这85人中籍贯及原居住地在东魏北齐统治区有79人，约占93%；原居住地在东魏北齐统治区以外地区后迁徙来的有6人，占7%多。汉族有78人，约占92%；胡族有7人，占8%多。汉族有78人中属于士族有42人，约占52%；非士族有37人，占48%多。其中据此做饼图略加分析：

外来学者 7%
本土学者 93%

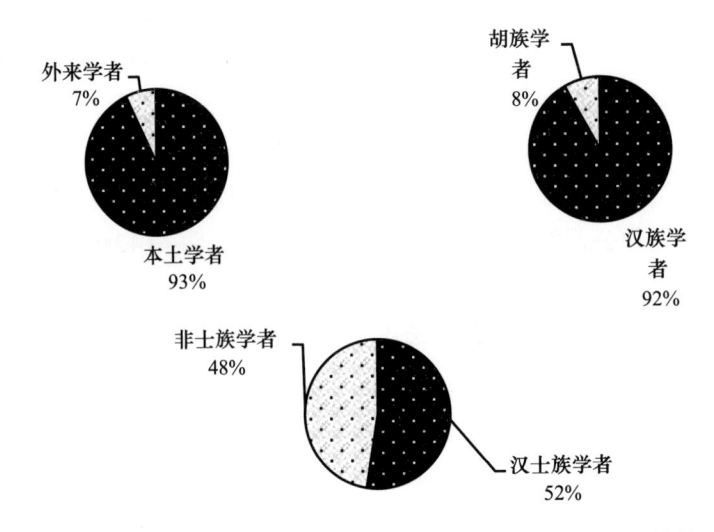

胡族学者 8%
汉族学者 92%

非士族学者 48%
汉士族学者 52%

可见正史《儒林传》《文苑传》《文学传》等传中所记载的东魏北齐统治区域内的学者绝大多数为土生土长的，外来的仅占极少数，而且那几个学术水平最高的几乎都是士族，这说明东魏北齐统治区域内的文化确实基本上是在本区域文化的土壤中成长起来的，受外来文化的影响较少，而且在学术传袭上士族的影响不容忽视。

(二) 西魏北周统治地区学者较少

在西魏北周统治区内，虽然有一些学者生活在西魏时期，但是由于《魏书》是生活在东魏北齐统治区的魏收所撰，因此生活在西魏时期者多失载，故了解该地区学者的情况主要看《周书》的《儒林传》等传。而生活在西魏北周统治区内的学者，据《周书》《儒林传》记载有卢诞、卢光、沈重、樊深、乐逊，《隋书》《儒林传》《文学传》所记载的有元善、辛彦之、何妥、萧该、刘臻、王頍，《北史》《文苑传》所记载的有王褒、庾信，共计13人，另外有著述的者还有宇文敱、薛寘、乐运、萧圆肃、萧大圜、刘璠、姚僧垣、姚最、宗幹、卢辩、阴颢、齐王宇文宪、萧吉、北周武帝宇文邕、苏绰、北周明帝宇文毓、赵王宇文招、滕简王宇文逌、宗懔、释亡名、王褒、萧㧑、庾信、牛弘、苏亮、颜之仪27人，另外《先秦汉魏晋南北朝诗·全北周诗》的作者有周明帝宇文毓、李昶、高琳、宗懔、宗羁、王褒、杨文佑、赵王宇文招、滕王宇文逌、庾信、孟康、徐谦、尚法师，共13人。以上这两类人中去掉重复的还有35人，下面就据史籍将他们的籍贯、族属、学识逐一考述：

卢诞，《周书》卷四五本传说他"本名恭祖。曾祖晏，博学善隶书，有名于世"。（第806页）"祖寿，太子洗马。燕灭入魏，为鲁郡守。父叔仁，年十八，州辟主簿。举秀才，除员外郎。"（第806页）"诞幼而通亮，博学有词彩。郡辟功曹，州举秀才，不行。"（第807页）"太祖又以诞儒宗学府，为当世所推，乃拜国子祭酒。"（第807页）而且他是出自范阳卢氏的汉士族。

卢光，《周书》卷四五本传说他字景仁，小字伯，是范阳公卢辩之弟，"性温谨，博览群书，精于《三礼》，善阴阳，解钟律，又好玄言"。（第807页）"光性崇佛道，至诚信敬。"（第808页）"撰《道德经章句》，行于世。"（第808页）而且他也是出身范阳卢氏的汉士族。

沈重，《周书》卷四五本传说他"字德厚，吴兴武康人也。性聪悟，有异常童。弱岁而孤，居丧合礼。及长，专心儒学，从师不远千里，遂博览群书，尤明《诗》、《礼》及《左氏春秋》。梁大通三年，起家王国常侍。梁武帝欲高置学官，以崇儒教。中大通四年，乃革选，以重补国子助教"。（第808—809页）"及江陵平，重乃留事梁主萧詧。"（第809页）"高祖以重经明行修，乃遣宣纳上士柳裘至梁征之。"（第809页）"授骠骑大将军、开府仪同三司、露门博士。仍于露门馆为皇太子讲论。"（第810页）"重学业该博，为当世儒宗。至于阴阳图纬，道经释典，靡不毕综。又多所撰述，咸得其指要。其行于世者，《周礼义》三十一卷、《仪礼义》三十五卷、《礼记义》三十卷、《毛诗义》二十八卷、《丧服经义》五卷、《周礼音》一卷、《仪礼音》一卷、《礼记音》二卷、《毛诗音》二卷。"（第810—811页）可见他是出身于吴兴武康的南方汉士族，而且学术自然源自江左地区。

樊深，字文深，《周书》卷四五本传说他是河东猗氏人，"弱冠好学，负书从师于三河，讲习《五经》，昼夜不倦"。（第811页）"深既专经，又读诸史及《苍雅》、篆籀、阴阳、卜筮之书。"（第812页）"撰《孝经》、《丧服问疑》各一卷，撰《七经异同说》三卷、《义纲略论》并《目录》三十一卷，并行于世。"（第812页）他是汉人，但不是士族。

乐逊，字遵贤，《周书》卷四五本传说他是河东猗氏人也，"闻硕儒徐遵明领徒赵、魏，乃就学《孝经》、《丧服》、《论语》、《诗》、《书》、

《礼》、《易》、《左氏春秋》大义"。（第 814 页）"每在众中，言论未尝为人之先。学者以此称之。所著《孝经》、《论语》、《毛诗》、《左氏春秋序论》十余篇。又著《春秋序义》，通贾、服说，发杜氏违，辞理并可观。"（第 818 页）他也不是士族。

元善，据上编第一章第一节第一部分所考，他出自拓跋氏鲜卑，是改汉姓的胡族。学识深厚，名列《隋书·儒林传》。

辛彦之，《隋书》卷七五本传说他"祖世叙，魏凉州刺史。父灵辅，周渭州刺史。彦之九岁而孤，不交非类，博涉经史，与天水牛弘同志好学。后入关，遂家京兆。周太祖见而器之，引为中外府礼曹，赐以衣马珠玉。时国家草创，百度伊始，近贵多出武人，修定仪注，唯彦之而已。"（第 1708 页）"撰《坟典》一部，《六官》一部，《祝文》一部，《礼要》一部，《新礼》一部，《五经异义》一部，并行于世。"（第 1709 页）而且他是出自陇西辛氏的汉士族。

何妥，据上编第一章第一节第一部分所考，他是胡族，父细胡，通商进入蜀地，于是定居郫县，事梁武陵王纪。他八岁游国子学，被湘东王召为诵书左右。江陵陷落，周武帝将他招致关中，授太学博士，他的著述颇多。但是据此知他是外来的学者。

萧该，《隋书》卷七五本传说他是兰陵人，是梁鄱阳王萧恢之孙，是汉士族。梁荆州陷落，与何妥同至长安。他"性笃学，《诗》、《书》、《春秋》、《礼记》并通大义，尤精《汉书》，甚为贵游所礼"。（第 1715 页）"后撰《汉书》及《文选音义》，咸为当时所贵。"（第 1715—1716 页）可见其学识颇高，并有著述，不过他是外来的学者。

刘臻，字宣挚，《隋书》卷七六本传说他是"沛国相人也。父显，梁寻阳太守。臻年十八，举秀才，为邵陵王东阁祭酒，元帝时，迁中书舍人。江陵陷没，复归萧詧，以为中书侍郎。周冢宰宇文护辟为中外府记室，军书羽檄，多成其手。后为露门学士"。（第 1731 页）"有集十卷行于世。"（第 1731 页）可知他颇有学识，且有著述。不过他虽然也是士族，但是外来的。

王頍，字景文，《隋书》卷七六本传说他是齐州刺史王颁之弟，而《隋书》卷七二《王颁传》记载，他们是出自太原王氏的汉士族，其父即是萧梁时平定侯景之乱的功臣王僧辩，本传又说"年数岁，值江陵陷，随诸兄入关。少好游侠，年二十，尚不知书。为其兄颙所责怒，于是感激，始读《孝经》、《论语》，昼夜不倦。遂读《左传》、《礼》、《易》、《诗》、《书》"。（第1732页）"勤学累载，遂遍通五经，究其旨趣，大为儒者所称。解缀文，善谈论。年二十二，周武帝引为露门学士。"（第1732页）"撰《五经大义》三十卷，有集十卷，并因兵乱，无复存者。"（第1733页）可见他颇有学识，但是学识不是来源于江左地区，而是源自关中地区。

王褒，《周书》卷四一本传说他字子渊，琅琊临沂人。"曾祖俭，齐侍中、太尉、南昌文宪公。祖骞，梁侍中、金紫光禄大夫、南昌安侯。父规，梁侍中、左民尚书、南昌章侯。并有重名于江左。褒识量渊通，志怀沉静。美风仪，善谈笑，博览史传，尤工属文"。（第729页）江陵平"褒与王克、刘毅、宗懔、殷不害等数十人，俱至长安"。（第731页）可见他的学术水平极高，和颜之仪的情况相同，是西魏平江陵后迁徙至关中的，并且出自琅琊王氏这支"永嘉之乱"后南迁的大士族。

庾信，《周书》卷四一本传说他字子山，南阳新野人。"祖易，齐征士。父肩吾，梁散骑常侍、中书令。信幼而俊迈，聪敏绝伦。博览群书，尤善《春秋左氏传》"。（第733页）"既有盛才，文并绮艳，故世号为徐、庾体焉。当时后进，竞相模范。每有一文，京都莫不传诵。"（第733页）"寻兼通直散骑常侍，聘于东魏。文章辞令，盛为邺下所称。"（第733页）"来聘于我。属大军南讨，遂留长安。"（第734页）"世宗、高祖并雅好文学，信特蒙恩礼。至于赵、滕诸王，周旋款至，有若布衣之交。群公碑志，多相请托。唯王褒颇与信相埒，自余文人，莫有逮者。"（第734页）"信虽位望通显，常有乡关之思。乃作《哀江南赋》以致其意云。"（第734页）《隋书》卷三五《经籍志》记载："后周开府仪同《庾信集》二十一卷并录。"（第1080页）可知他极有才华，并有著述，究其渊源，亦源自江左地区。因此说他的学术源自江左地区，另据本传说他是西魏平江陵后辗转进入关中的汉士族。

宇文㢸，据上编第一章第一节第一部分所考，他虽然与北周皇族同宗，但是他这一支早已随北魏孝文帝迁居中原，并定籍河南洛阳，是宇文氏中先进的一支。博学多通，曾奉诏修定《五礼》，还注《尚书》《孝经》。

薛寘，《周书》卷三八说他是河东汾阴人，"幼览篇籍，好属文。年未弱冠，为州主簿、郡功曹"。（第685页）"时前中书监卢柔，学业优深，文藻华赡，而置与之方驾，故世号曰卢、薛焉。"（第685页）"所著文笔二十余卷，行于世。又撰《西京记》三卷，引据该洽，世称其博闻焉。"（第685页）可知他当是士族，颇有学识，并有著述。

乐运，据本节前文所考，他是汉人，而且涉猎经史，学术水准较高，西魏平江陵后进入关中。

萧圆肃，据本节前文所考，他是梁武帝之孙，武陵王纪之子，出身于兰陵萧氏，是士族，而且文化水准较高，成都被西魏攻占后辗转到关中。

萧大圜，据本节前文所考，他出身于兰陵萧氏，是士族，而且文化水准较高，务于著述，江陵被西魏攻占后辗转到关中。

刘璠，《周书》卷四二本传说他字宝义，"沛国沛人也。六世祖敏，以永嘉丧乱，徙居广陵。父臧，性方正，笃志好学，居家以孝闻"。（第760页）他本人"少好读书，兼善文笔。年十七，为上黄侯萧晔所器重"。（第761页）"著《梁典》三十卷，有集二十卷，行于世。"（第765页）西魏攻占蜀地后来到关中。他文化水准较高。

姚僧垣，字法卫，《周书》卷四七本传说他是"吴兴武康人，吴太常信之八世孙也"。（第839页）"父菩提，梁高平令。尝婴疾历年，乃留心医药。"（第839页）"僧垣幼通洽，居丧尽礼。年二十四，即传家业。"（第840页）"僧垣少好文史，不留意于章句。时商略今古，则为学者所称。"（第840页）"医术高妙，为当世所推。"（第843页）"僧垣乃搜采奇异，参校征效者，为《集验方》十二卷，又撰《行记》三卷，行于世。"（第844页）可知他是汉人，出身于江南，精于医学。

姚最，《周书》卷四七本传说他是姚僧垣之子，也是吴兴武康人，"幼而聪敏，及长，博通经史，尤好著述。年十九，随僧垣入关。世宗盛聚学徒，校书于麟趾殿，最亦预为学士"。（第844页）"撰《梁后略》十卷，行于世。"（第845页）可知他是江南的汉人，并且有著述。

卢辩，《周书》卷二四本传说他字景宣，"累世儒学，父靖，太常丞。辩少好学，博通经籍，举秀才，为太学博士。以《大戴礼》未有解诂，辩乃注之"。（第403页）可见他出自大士族范阳卢氏，颇有著述。

阴颢，《梁书》卷四六《阴子春传》说他是阴子春之孙，武威姑臧人。"少知名。释初奉朝请,历尚书金部郎。后入周。撰《琼林》二十卷。"(第645页)而阴子春"天监初,起家宣惠将军、西阳太守"。(第645页)"太清二年,讨峡中叛蛮,平之。征为左卫将军,又迁侍中。属侯景乱,世祖令子春随领军将军王僧辩攻邵陵王于郢州,平之。"(第645页)可知阴颢出自陇西阴氏,是士族,又曾在南朝做官,后辗转来到关中地区。

齐王宇文宪,据上编第一章第一节第一部分所考,他是宇文泰的第五子,他是汉化的胡族。少年时即接受了汉文化,与其兄北周武帝宇文邕一起学习《诗》《传》等儒家经典。

萧吉,《隋书》卷七八本传说他是"梁武帝兄长沙宣武王懿之孙也。博学多通,尤精阴阳算术。江陵陷,遂归于周,为仪同"。(第1774页)可知他是梁宗室,出身于兰陵萧氏,是士族,并且颇有学识,西魏平江陵后进入关中地区。

周武帝宇文邕,据上编第一章第一节第一部分所考,他字祢罗突,是宇文泰的第四子。他"沉毅有智谋"。"克己励精,听览不怠。用法严整,多所罪杀。号令恳恻,唯属意于政。群下畏服,莫不肃然。性既明察,少于恩惠。"① 可见他是汉化胡族。

苏绰,据本节前文考证,他出身于武功苏氏,当是士族,而且博览群书,尤善算术,颇有学识。

北周明帝宇文毓,据上编第一章第一节第一部分所考,他小名统万突,是宇文泰的长子。另据《周书》卷四本纪记载,他"幼而好学,博览群书,善属文,词彩温丽"②。可见他虽然是胡族,但是他颇受汉化,并且文化水准较高。

赵王宇文招,据上编第一章第一节第一部分所考,他是宇文泰之子,原籍武川镇,出生在长安附近。"幼聪颖,博涉群书,好属文。学庾信体,词多轻艳。""招所著文集十卷,行于世。"③ 可见他虽然是胡族,但是汉文化底蕴深厚,且有著述。

---

① 《周书》卷六《武帝纪》,第107页。
② 《周书》卷四《明帝纪》,第107页。
③ 《周书》卷一三《文闵明武宣诸子传》,第202—203页。

滕王宇文逌，据上编第一章第一节第一部分所考，他也是宇文泰之子，原籍武川镇，出生在长安附近。"少好经史，解属文。""逌所著文章，颇行于世。"① 因此说他虽然是胡族，但是汉化颇深，并有著述。

宗懔，据本编第一章第五节第二部分所考，他出身于南阳郡姓宗氏，西魏平江陵后进入关中。"有集二十卷，行于世。"② 可知他颇有学识，并有著述。

释忘名，据《历代三宝记》记载，他"俗姓宗，讳阙殆，南阳人。为梁竟陵王友，曾不婚娶。梁败出家，改名上蜀。齐王入京，请将谒，帝以元非沙门，欲逼命还俗"③。可知他虽然出自南阳宗氏，但是他在南朝出仕，后辗转来到西魏北周政权统治区。

萧撝，据本编第一章第五节第二部分所考，他是出身于兰陵萧氏的汉士族，西魏占领蜀地后进入关中，而且博学有著述。

牛弘，《隋书》卷四九本传说他字里仁，是"安定鹑觚人也，本姓寮氏。祖炽，郡中正"。（第1297页）他本人"性宽裕，好学博闻"。（第1297页）"奉敕修撰《五礼》，勒成百卷，行于当世。"（第1300页）"性宽厚，笃志于学，虽职务繁杂，书不释手。"（第1310页）"有文集十三卷行于世。"（第1310页）可见他是汉人，而且学术水准甚高。

苏亮，《周书》卷三八本传说他字景顺，"武功人也。祖权，魏中书侍郎、玉门郡守。父佑，泰山郡守。亮少通敏，博学，好属文，善章奏"。（第677页）"亮少与从弟绰俱知名。然绰文章稍不逮亮，至于经画进趣，亮又减之。故世称二苏焉。"（第678页）"所著文笔数十篇，颇行于世。"（第678页）可见他出身于武功苏氏，属于士族，而且博学，擅长撰写奏章，颇有学识。

颜之仪，《周书》卷四十本传说他"字子升，琅邪临沂人也，晋侍中含九世孙"。（第719页）"之仪幼颖悟，三岁能读《孝经》。及长，博涉群书，好为词赋。尝献《神州颂》，辞致雅赡。"（第719页）"江陵平，

---

① 《周书》卷一三《文闵明武宣诸子传》，第206页。
② 《周书》卷四二《宗懔传》，第760页。
③ （隋）费长房：《历代三宝记》卷一一，河南人民出版社2013年版，第197—198页。

之仪随例迁长安。世宗以为麟趾学士，稍迁司书上士。"（第720页）"有文集十卷行于世。"（第721页）可见他是出身于琅邪颜氏的汉士族，与《颜氏家训》撰者颜之推是兄弟，而且博涉群书，喜好词赋，西魏平江陵后进入关中地区。

李昶，据本编第一章第五节第二部分所考，他是顿丘临黄人，当是士族，而且颇有学识，后从山东地区辗转进入关中。

高琳，据上编第一章第一节第一部分所考，他是高句丽人，跟随魏孝武帝西迁关中。他有相当的文化水准。且有诗作传世。他虽然是胡族，但是已接受汉文化。

孟康，正史无传，籍贯无考，据本编第一章第五节第二部分考证，他当是南朝来的汉人。宗羁、宗幹、徐谦、尚法师共四人籍贯不可考，杨文祐原居住地不详，族属亦不可考。除此以外，籍贯或原居住地及族属可考的有39人，籍贯原居住地在西魏北周统治区或较早进入该地区的有19人，约占49%；原居住地在江左等地后迁徙至西魏北周统治区的有20人，占51%多。另外可考的39人中，汉人有29人，占74%多；汉化的胡族有10人，约占26%。而且在汉族29人中，士族有23人，占79%多；非士族有6人，约占21%。在此做饼图加以分析：

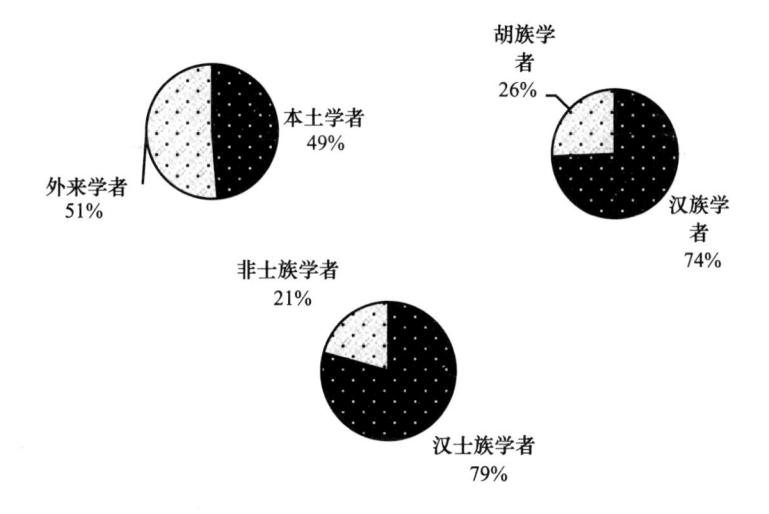

可见正史《儒林传》《文苑传》《文学传》等传以及有著述者，包括《先秦汉魏晋南北朝诗·全北周诗》的作者一共38人，其中西魏北周统治区域内

的学者多数是外来的，土生土长的占少数，而且王褒、庾信那几个学术水平最高的学者都是外来的士族。这说明西魏北周统治区域内的文化发展确实是得益于外来文化，受外来文化的影响较大，而且学术思想基本上由士族控制，并由他们来传袭。此外胡族对于该区域的文学也有一定的影响。

四 士族的存在

中国古代文化及其主体——儒家文化自东汉以来多在于士族的传播，但是自"永嘉之乱"后中国北方经历了五胡十六国的战乱时期，许多士族为躲避战乱纷纷迁徙到江左。同时也有许多士族仍然留在故乡，还有一些从其他地区辗转来到该地区的士族，其中不乏一些第一流的高门。这些士族主要有清河崔氏、博陵崔氏、范阳卢氏、赵郡李氏、陇西李氏荥阳郑氏、范阳祖氏、渤海高氏、渤海封氏、清河张氏、钜鹿魏氏、高阳许氏、太山羊氏、彭城刘氏、河间邢氏、右北平阳氏、河东裴氏、京兆韦氏、京兆杜氏、琅琊颜氏、兰陵萧氏、弘农杨氏、陈郡袁氏、太原王氏、河东薛氏、颍川荀氏、渤海刁氏，其中相当多的世族是以习读经史起家，并且世代相传，甚至成为家学，这就是所谓"家学源源"。这样使得以儒家文化为主体的汉文化能够在中国北方继续传习下去。

（一）东魏北齐统治地区士族多未迁徙

南北朝时期继续生活在东魏北齐统治区域内的士族主要有清河崔氏、博陵崔氏、东清河崔氏、范阳卢氏、赵郡李氏、陇西李氏、荥阳郑氏、太原王氏、渤海高氏、昌黎韩氏、钜鹿魏氏、高阳许氏、太山羊氏、彭城刘氏、河间邢氏，以及一部分河东裴氏、弘农杨氏、京兆韦氏等士族的家族成员，甚至包括一部分从江南辗转回到北方的琅琊颜氏、兰陵萧氏、陈郡袁氏、颍川荀氏、渤海刁氏，以下据史传逐一考释这些士族的情况。

[清河崔氏] 崔㥄，据《北齐书》卷二三本传所云，他字长孺，"父休，魏七兵尚书"。（第333页）他本人"状貌伟丽，善于容止，少有名望，为当时所知。初为魏世宗挽郎，释褐太学博士"。（第333页）"历览群书，兼有词藻，自中兴立后，迄于武帝，诏诰表檄多㥄所为。"（第335页）崔瞻，据《北齐书》卷二三《崔㥄传》记载，他字彦通，"聪朗强学，有文情，善容止，神采嶷然，言不妄发"。（第335页）"性简傲，以

才地自矜，所与周旋，皆一时名望。"（第337页）崔仲文，据《北齐书》卷二三《崔㥄传》所云，他"有学尚，魏高阳太守、清河内史。兴和中，为丞相掾"。（第337页）崔儦，据卷二三《崔㥄传》所云，他"学识有才思，风调甚高"。（第337页）而《隋书》卷七六本传记载，他字岐叔，"少与范阳卢思道、陇西辛德源同志友善。每以读书为务，负恃才地，忽略世人。大署其户曰：'不读五千卷书者，无得入此室。'数年之间，遂博览群言，多所通涉。解属文，在齐举秀才，为员外散骑侍郎，迁殿中侍御史。寻与熊安生、马敬德等议《五礼》，兼修律令"。（第1733页）崔景凤，据《北齐书》卷二三《崔㥄传》记载，他字鸾叔，"景凤涉学，以医术知名"。（第338页）崔国，据《北齐书》卷二三《崔㥄传》记载，他字法峻，"幼好学，泛览经传，多技艺，尤工相术"。（第338页）崔肇师，据《北齐书》卷二三《崔㥄传》所云，他是北魏尚书仆射崔亮之孙，"少时疏放，长遂变节，更成谨厚。涉猎经史，颇有文思"。（第338页）崔劼，① 据上编第一章第一节第二部分考证，他好学有家风。祖上本是清河人，曾祖时迁居青州之东，刘宋在河南设冀州，世代为三齐士族。这样史书记载在东魏北齐统治区生活、学业等情况可考的清河崔氏八人皆以习读经史为业，② 其学识皆出自本土。

[博陵崔氏] 崔逞，字季伦，据《北齐书》卷三十本传所云，他是"汉尚书寔之后也，世为北州著姓。父穆，州主簿。逞少为书生，避地渤海。"（第403页）"后迁左丞、吏部郎，主议《麟趾格》。"（第403页）"帝乃令都督陈山提等搜逞家，甚贫匮，唯得高祖、世宗与逞书千余纸，多论军国大事。"（第406页）崔达拏，据《北齐书》卷三十《崔逞传》记载，他是崔逞之子，"温良清谨，有识学，少历职为司农卿"。（第406页）崔昂，据《北齐书》卷三十本传所云，他字怀远，"昂年七岁而孤，伯父吏部尚书孝芬尝谓所亲曰：'此儿终当远至，是吾家千里驹也。'昂性端直少华，沉深有志略，坚实难倾动。少好章句，颇综文词"。（第410页）"又诏删定律令，损益礼乐。"（第411页）"昂有风调才识，旧立坚

---

① 按：崔劼祖上虽迁居东清河郡，但是他这一支本出清河，故也将他归入清河崔氏。
② 此外还有几个清河崔氏家族成员，可是苦于史籍中记载简略，无从考释其学业或习武情况，故此不再将他们列入本书加以考述。以下对其他士族家族的考述也如此。

正刚直之名。"(第 412 页) 崔季舒,据《北齐书》卷三九本传记载,他字叔正,"父瑜之,魏鸿胪卿。季舒少孤,性明敏,涉猎经史,长于尺牍,有当世才具"。(第 511 页)"文襄为中书监,移门下机事总归中书,又季舒善音乐,故内伎亦通隶焉,内伎属中书,自季舒始也。文襄每进书魏帝,有所谏请,或文辞繁杂,季舒辄修饰通之,得申劝戒而已。"(第 511 页)"加特进、监国史。季舒素好图籍,暮年转更精勤。兼推荐人士,奖劝文学,时议翕然,远近称美。"(第 512 页) 崔叔瓚,据《北史》卷三二《崔鉴传》所云,他是崔鉴之后,"颇有学识,性好直言。其妻即齐昭信皇后姊也,文宣擢为魏尹丞。属蝗虫为灾,帝以问叔瓚。对曰:'案《汉书·五行志》:土功不时,蝗虫作厉。当今外筑长城,内兴三台,故致此灾。'"(第 1161 页) 崔子枢,据上编第一章第一节第二部分考证,他是崔鉴之后,"学涉好文词,强辩有才干"①。崔子端,据《北史》卷三二《崔鉴传》所云,他是崔鉴之后,"亦有才干,而文艺为优"。(第 1161 页) 崔子发,《北史》卷三二《崔鉴传》又云,他是崔鉴之后,"有文才,武平末,秘书郎,修起居注"。(第 1161 页) 崔德立,据上编第一章第一节第二部分考证,他是崔鉴之后,好学,参预撰《御览》。崔伯谦,据《北齐书》卷四六本传所云,他字士逊,"少孤贫,善养母。高祖召赴晋阳,补相府功曹,称之曰:'清直奉公,真良佐也。'"(第 642 页)《北史》卷三二本传又说他"少时读经、史,晚年好《老》、《庄》,容止俨然无愠色,亲宾至,则置酒相娱,清言不及俗事,士大夫以为仪表"。(第 1162 页) 崔君洽,据上编第一章第一节第二部分考证,他是崔挺的后人,名液,字君洽,颇有学识。崔勔,据《北史》卷三二《崔挺传》所云,他是崔挺之后,"字宣祖,颇涉史传"。(第 1174 页) 可见史书中有明确记载的在东魏北齐统治区生活学业等情况可考的博陵崔氏十二人也是以注重儒学、涉猎经史为业,其学业也都出自本土。

[范阳卢氏] 卢景裕,据《魏书》卷八四本传所云,他字仲儒,小字白头,是"章武伯同之兄子。少聪敏,专经为学"。(第 1859 页)"居无所业,惟在注解。"(第 1859 页) 高欢"闻景裕经明行著,驿马特征,既而舍之,使教诸子"。(第 1859 页)"景裕风仪言行,雅见嗟赏。先是,

---

① 《北史》卷三二《崔鉴传》,第 1160 页。

景裕注《周易》、《尚书》、《孝经》、《论语》、《礼记》、《老子》，其《毛诗》、《春秋左氏》未讫。齐文襄王入相，于第开讲，招延时俊，令景裕解所注《易》。景裕理义精微，吐发闲雅"。（第1859页）"景裕虽不聚徒教授，所注《易》大行于世。"（第1860页）卢文伟，字休族，《北齐书》卷二二本传记载，他"少孤，有志尚，颇涉经史，笃于交游，少为乡闾所敬。州辟主簿。年三十八，始举秀才"。（第319页）"文伟性轻财，爱宾客，善于抚接，好行小惠，是以所在颇得人情，虽有受纳，吏民不甚苦之。经纪生资，常若不足，致财积聚，承候宠要，饷遗不绝。"（第320页）卢恭道，据《北齐书》卷二二《卢文伟传》所云，他是卢文伟之子，"性温良，颇有文学。州辟主簿"。（第320页）卢询祖，《北齐书》卷二二《卢文伟传》又云，他是卢文伟之孙，"有术学，文章华靡，为后生之俊。举秀才入京。李祖勋尝宴文士，显祖使小黄门敕祖勋母曰：'茹茹既破，何故无贺表？'使者伫立待之。诸宾皆为表，询祖俄顷便成。后朝廷大迁除，同日催拜。询祖立于东止车门外，为二十余人作表，文不加点，辞理可观"。（第320—321页）"有文集十卷，皆致遗逸。"（第321页）卢怀道，据《北齐书》卷二二《卢文伟传》所云，他是卢文伟之子，"性轻率好酒，颇有慕尚"。（第322页）卢宗道，《北齐书》卷二二《卢文伟传》又云，他是卢文伟之子，"性粗率，重任侠。历尚书郎、通直散骑常侍，后行南营州刺史"。（第322页）卢勇，《北齐书》卷二二《卢文伟传》记载，他是卢文伟族人，"字季礼，父璧，魏下邳太守。勇初从兄景裕俱在学，其叔同称之曰：'白头必以文通，季礼当以武达，兴吾门在二子也。'"（第322页）卢潜，据《北齐书》卷四二本传所云，他"容貌瑰伟，善言谈，少有成人志尚"。（第554页）"机事强济，为世宗所知，言其终可大用。"（第555页）卢士邃，《北齐书》卷四二《卢潜传》记载，他字子淹，"少为崔昂所知，昂云：'此昆季足为后生之俊，但恨其俱不读书耳。'"（第556页）卢怀仁，《北齐书》卷四二《卢潜传》又记，他是卢潜的从祖兄，字子友，"涉学有文辞，情性恬靖，常萧然有闲放之致。历太尉记室、弘农郡守，不之任，卜居陈留。所著诗赋铭颂二万余言，又撰《中表实录》二十卷"。（第556页）卢昌衡，《北齐书》卷四二《卢潜传》又记，他是魏尚书左仆射道虔之子，"武平末尚书郎。沉靖有才识，风仪蕴藉，容止可观"。（第557页）卢思道，据上编

第一章第一节第二部分考证，他是魏处士道亮之子，少以才学有盛名，颇有著述。卢公顺，据上编第一章第一节第二部分考证，他是卢思道之侄，学识不凡，"与博陵崔君洽、陇西李师上同志友善，从驾晋阳，寓居僧寺，朝士谓'康寺三少'，为物论推许"①。卢熙裕，《北齐书》卷四二《卢潜传》又云，他"虚淡守道，有古人之风，为亲表所敬重"。（第557页）卢逊之，《北齐书》卷四二《卢潜传》记载，他是卢潜从祖兄，"清靖寡欲，卒于司徒记室参军"。（第557页）卢叔武，据《北齐书》卷四二本传所云，他是卢文伟从子，"少机悟，豪率轻侠，好奇策，慕诸葛亮之为人"。（第559页）"上令元文遥与叔武参谋，撰《平西策》一卷。"（第560页）还说"叔武两兄观、仲并以文章显于洛下"。（第559页）卢臣客，《北齐书》卷四二《卢叔武传》又云，他是卢叔武族孙，"风仪甚美，少有志尚，雅有法度，好道家之言"。（第560页）卢斐，字子章，《北齐书》卷四七本传记载，他"性残忍，以强断知名"。（第657页）"伺察官人罪失，动即奏闻，朝士见之，莫不重迹屏气，皆目之为卢校事。"（第657页）可见史书中有明确记载的在东魏北齐统治区生活学业等情况可考的范阳卢氏20人中涉猎经史、以文学见知的有15人，占总数的75%；文武兼备的有2人，占总数的10%；豪率轻侠者有3人，占总数的15%。因此说生活在该地区可考的范阳卢氏仍然是以注重儒学涉猎经史为主，其学皆出自本土，还不乏诸如卢景裕、卢询、卢怀仁、卢叔武、卢观、卢仲之类颇有著述者。

　　[赵郡李氏] 李元忠，据《北齐书》卷二二本传所云，他"曾祖灵，魏定州刺史、钜鹿公。祖恢，镇西将军。父显甫，安州刺史。元忠少厉志操，居丧以孝闻。"（第313页）"元忠粗览史书及阴阳数术，解鼓筝，兼好射弹，有巧思。"（第313页）"初元忠以母老多患，乃专心医药，研习积年，遂善于方技。性仁恕，见有疾者，不问贵贱，皆为救疗。家素富实，其家人在乡，多有举贷求利，元忠每焚契免责。乡人甚敬重之。"（第313页）李搔，《北齐书》卷二二《李元忠传》记载，他是李元忠之子，"字德况，少聪敏，有才艺，音律博弈之属，多所通解。曾采诸声，别造一器，号曰八弦，时人称其思理"。（第315页）李密，据《北齐书》

---

① 《北齐书》卷四二《卢潜传》，第557页。

卷二二《李元忠传》记载，他是李元忠族弟，字希邕，"祖伯膺，魏东郡太守，赠幽州刺史。父焕，治书侍御史、河内太守，赠青州刺史。密少有节操，属尔朱兆杀逆，乃阴结豪右，与渤海高昂为报复之计"。（第316页）"密性方直，有行检，因母患积年，得名医治疗，不愈，乃精习经方，洞晓针药，母疾得除。当世皆服其明解，由是亦以医术知名。"（第316页）李愍，据《北齐书》卷二二《李元忠传》记载，他是李元忠宗人，"字魔怜，形貌魁杰，见异于时。少有大志，年四十，犹不仕州郡，唯招致奸侠，以为徒侣"。（第317页）"愍统其本众，屯故城以备尔朱兆。相州既平，命愍还邺，除西南道行台都官尚书，复屯故城。尔朱兆等将至，高祖征愍参守邺城。"（第318页）李景遗，据《北齐书》卷二二《李元忠传》所云，他是李元忠族叔，"少雄武，有胆力，好结聚亡命，共为劫盗，乡里每患之。永安末，其兄南钜鹿太守无为以赃罪为御史纠劾，禁于州狱。景遗率左右十余骑，诈称台使，径入州城，劫无为而出之。州军追讨，竟不能制。由是以侠闻"。（第318页）李义深，据《北齐书》卷二二本传所云，他"祖真，魏中书侍郎。父绍宗，殷州别驾。义深学涉经史，有当世才用"。（第323页）李骓骁，据《北齐书》卷二二《李义深传》所云，他是李义深之子，"有才辩，尚书郎、邺县令。武平初，兼通直散骑常侍聘陈，为陈人所称"。（第324页）李正藻，《北齐书》卷二二《李义深传》记载，他是李义深之孙，李骓骁之子，"明敏有才干。武平末，仪同开府行参军、判集书省事。以父骓骁没陈，正藻便谢病解职，忧思毁瘠，居处饮食若在丧之礼，人士称之"。（第324页）李同轨，据《北齐书》卷二二《李义深传》所云，"义深兄弟七人，多有学尚。第二弟同轨以儒学知名"。（第324页）李稚廉，据《北齐书》卷四三本传所云，他是李义深之弟，"聪敏好学，年十五，颇寻览五经章句。属葛荣作乱，本郡纷扰，违难赴京"。（第571页）李神威，《北齐书》卷二二《李义深传》记载，他是李义深族弟，"幼有风裁，传其家业，礼学粗通义训。又好音乐，撰集《乐书》，近于百卷"。（第324页）李浑，据《北齐书》卷二九本传所云，他字季初，"曾祖灵，魏钜鹿公。父遵，魏冀州征东府司马，京兆王愉冀州起逆，害遵。浑以父死王事，除给事中"。（第393页）"后除光禄大夫，兼常侍，聘使至梁。梁武谓之曰：'伯阳之后，久而弥盛，赵李人物，今实居多。常侍曾经将领，今复充使，文武不坠，良属斯人。'"（第394页）"以参禅代仪注，赐泾阳男。删定《麟趾格》。"（第394页）李湛，《北齐书》卷二九《李浑传》记载，他是李浑之子。"字处元。涉猎文史，有家风。为太子舍人，兼常侍，聘陈使副。"（第394页）李绘，据《北齐书》卷二九《李浑传》所云，他是李浑之弟，"字敬文。年六岁，便自愿入学，家人偶以年俗忌，约而弗许。伺其伯姊笔牍之间，而辄窃用，未几遂通《急就章》，内外异之，以为非常儿也。及长，仪貌端伟，神情朗俊。河间邢晏，即绘舅也。与绘清言，叹其高远"。（第394页）"时敕待中西河王、秘书监常景选儒学十人缉撰五礼，绘与太原王乂同掌军礼。魏静帝于显阳殿讲《孝经》、《礼记》，绘与从弟骞、裴伯茂、魏收、卢元明等俱为录议。素长笔札，尤能传授，缉缀词议，简举可观。"（第395页）李公绪，据《北齐书》卷二九《李浑传》记载他是李浑族子，字穆叔，"性聪敏，博通经传"。（第396页）"尤善阴阳图纬之学。"（第396页）"潜居自待，雅好著书，撰《典言》十卷，又撰《质疑》五卷，《丧服章句》一卷，《古今略记》二十卷，《玄子》五卷，《赵语》十三卷，并行于世。"（第396页）李祖昇，据《北齐书》卷四八本传记载，他是显祖李皇后之长兄，"仪容瑰丽，垂手过膝，睦姻好施，文学足以自通"。（第667页）李祖勋，据《北齐书》卷四八《外戚·李祖昇传》所云，他是李祖昇之弟，"性贪慢，兼妻崔氏骄豪干政，时论鄙之。以数坐赃，免官。无才干，自少及长，居官皆因宠，无可称述"。（第668页）李祖纳，据《北史》卷三三《李顺传》记载，他是李祖昇之弟，"兄弟中最有识尚，以经史被知"。（第1217页）李孝贞，据上编第一章第一节第二部分考证，他字元操，颇有学识，"少好学，能属文。在齐，释褐司徒府参军事。简静，不妄通宾客，与从兄仪曹郎中骚、太子舍人季节、博陵崔子武、范阳卢询祖为断金之契。后以射策甲科，拜给事中……所著文集二十卷，行于世"[①]。李孝基，据上编第一章第一节第二部分考证，他是李孝贞之弟，有才学。李孝威，据《北史》卷三三《李顺传》所云，他字季重，"涉学有器干，兄弟之中，最为敦笃"。（第1219页）李谔，字士恢，《隋书》卷六六本传说他"好学，解属文。仕齐为中书舍人，有口辩，每接对陈使"。（第1543

---

① 《隋书》卷五七《李孝贞传》，第1404—1405页。

页）可见史书中有明确记载的在东魏北齐统治区生活的赵郡李氏 29 人中涉猎经史、以文学见知的有 23 人，占总数的 85% 多；文武兼备者 1 人，约占总数的 4%；雄武有胆力或无才干者有 3 人，占总数的 11% 多。因此说生活在该地区学业等情况可考的赵郡李氏仍然是以注重儒学习读经史为主，其学皆出自本土，出过名儒李同轨，还不乏诸如李神威、李公绪、李孝贞等颇有著述的学者。

[陇西李氏] 李玙，据《北齐书》卷二九本传所云，他字道璠，"凉武昭王暠之五世孙。父韶，并有重名于魏代。玙温雅有识量。释褐太尉行参军"。（第 396 页）"齐受禅，追玙兼前将军，导从于圆丘行礼。玙意不愿荣名两朝，虽以宿旧被征，过事即绝朝请。"（第 396 页）李瑾，《北齐书》卷二九《李玙传》云，他是李玙之弟，字道瑜，"才识之美，见称当代。瑾六子，彦之、倩之、寿之、礼之、行之、疑之，并有器望。行之与兄弟深相友爱，又风素夷简，为士友所称"。（第 397 页）李晓，《北齐书》卷二九《李玙传》又云，他是李玙从弟，"字仁略。魏太尉虔子。学涉有思理"。（第 397 页）李师上，另据上编第一章第一节第二部分考证，他是魏收的外孙，聪敏好学，"雅有词致……童龀 [外祖魏收] 便自教属文，有名于世"[1]。可知史书记载的在东魏北齐统治区生活的陇西李氏十人皆有学识。这十人虽然出自陇西李氏，但是李师上是李玙之孙，李玙与其父李韶即"并有重名于魏代"，其父李韶为北魏尚书。李晓是李玙从弟，传中又说"尔朱荣之害朝士，将行，晓衣冠为鼠所噬，遂不成行，得免河阴之难"[2]。这些又说明陇西李氏学业等情况可考的十人皆长期生活在东魏北齐统治区，其学业当也出自该地区。

[荥阳郑氏] 郑述祖，据《北齐书》卷二九本传所云，他字恭文，"祖羲，魏中书令。父道昭，魏秘书监。述祖少聪敏，好属文，有风检，为先达所称誉"。（第 397 页）"初述祖父为光州，于城南小山起斋亭，刻石为记。述祖时年九岁。及为刺史，往寻旧迹，得一破石，有铭云：'中岳先生郑道昭之白云堂。'述祖对之呜咽，悲动群僚。"（第 397—398 页）"述祖能鼓琴，自造《龙吟十弄》，云尝梦人弹琴，寤而写得。当时以为

---

[1] 《北史》卷一〇〇《序传》，第 3319 页。
[2] 《北齐书》卷二九《李玙传》，第 397 页。

绝妙。"（第398页）郑元德，《北齐书》卷二九《郑述祖传》说他是郑述祖之子，"多艺术"。（第398页）郑元礼，据上编第一章第一节第二部分考证，他字文规，是北魏名臣郑羲之曾孙，颇有才学。"少好学，爱文藻，名望"①。可知史书记载的在东魏北齐统治区生活学业等情况可考的荥阳郑氏三人皆有才艺，其学业也出自该地区。

　　[范阳祖氏] 祖莹，据本节第三部分所考，他字元珍，曾祖祖敏先后出仕后燕、北魏，祖父祖巍、父祖季真亦出仕北魏。"莹年八岁，能诵《诗书》，十二为中书学生。好学耽书，以昼继夜。"② 颇有才华，并撰有文集。祖珽，据上编第一章第一节第二部分考证，他是祖莹之子，辞藻遒逸，才华出重。祖君信，《北齐书》卷三九《祖珽传》记载，他是祖珽之子，"涉猎书史，多诸杂艺。位兼通直散骑常侍，聘陈使副，中书郎"。（第521页）祖君彦，《北齐书》卷三九《祖珽传》又记，他也是祖珽之子，"容貌短小，言辞涩讷，少有才学。"（第521页）祖孝隐，《北齐书》卷三九《祖珽传》又记，他是祖珽之弟，"亦有文学，早知名。词章虽不逮兄，亦机警有辩，兼解音律。"（第521页）祖茂，据《北齐书》卷三九《祖珽传》记载，他是祖珽之叔，"颇有辞情，然好酒性率，不为时重。大宁中，以经学为本乡所荐，除给事，以疾辞，仍不复仕"。（第521—522页）祖崇儒，据《北齐书》卷三九《祖珽传》记载，他是祖珽族弟，"涉学有辞藻，少以干局知名"。（第522页）祖鸿勋，《北齐书》卷四五本传记载，他"父慎，仕魏历雁门、咸阳太守，治有能名"。（第605页）"仆射临淮王彧表荐鸿勋有文学。"（第605页）"梁使将至，敕鸿勋对客。高祖曾征至并州，作《晋祠记》，好事者玩其文。"（第606页）可见史书记载的在东魏北齐统治区生活学业等情况可考的范阳祖氏八人皆以文学经史为业，其学皆出自本土，还不乏诸如祖莹、祖珽、祖鸿勋之类颇有著述者。

　　[渤海高氏] 高乾，据《北齐书》卷二一本传所云，他字乾邕，"父翼，字次同，豪侠有风神，为州里所宗敬"。（第289页）"朝廷以翼山东豪右，即家拜渤海太守。"（第289页）他"性明悟，俊伟有知略，美音

---

① 《北齐书》卷二九《郑述祖传》，第398页。
② 《魏书》卷八二《祖莹传》，第1798页。

容，进止都雅。少时轻侠，数犯公法，长而修改，轻财重义，多所交结"。（第289—299页）"为庄帝举哀，三军缟素。乾升坛誓众，辞气激扬，涕泪交下，将士莫不哀愤。"（第290页）高慎，《北齐书》卷二一《高乾传》记载，他是高乾之弟，"字仲密，颇涉文史，与兄弟志尚不同，偏为父所爱"。（第292页）高昂，《北齐书》卷二一《高乾传》记载，他是高乾三弟，字敖曹，"幼稚时，便有壮气。长而俶傥，胆力过人，龙眉豹颈，姿体雄异。其父为求严师，令加捶挞。昂不遵师训，专事驰骋，每言男儿当横行天下，自取富贵，谁能端坐读书，作老博士也。与兄乾数为劫掠，州县莫能穷治"。（第293页）高季式，《北齐书》卷二一《高乾传》记载，他是高乾四弟，字子通，"亦有胆气"。（第296页），邙山失利，"所亲部曲请季式曰：'今日形势，大事去矣，可将腹心二百骑奔梁，既行避祸，不失富贵。何为坐受死也？'季式曰：'吾兄弟受国厚恩，与高王共定天下，一旦倾危，亡去不义。若社稷颠覆，当背城死战，安能区区偷生苟活。'"（第296—297页）"季式豪率好酒，又恃举家勋功，不拘检节。"（第297页）高德政，据《北齐书》卷三十本传所云，他字士贞，"渤海蓨人。父颢，魏沧州刺史。德政幼而敏惠，有风神仪表。显祖引为开府参军，知管记事，甚相亲狎"。（第406—407页）"世宗（高澄）嗣业，如晋阳，显祖（高洋）在京居守，令德政参掌机密，弥见亲重。"（第407页）"显祖末年，纵酒酗醉，所为不法，德政屡进忠言。"（第409页）可见史书中有明确记载的在东魏北齐统治区生活学业等情况可考的渤海高氏5人中涉猎文史、好文者有2人，占总数的40%；文武兼备者有2人，占总数的40%；豪率有胆气者有1人，占总数的20%。因此说生活在该地区的渤海高氏好文史者超过豪率有胆气者一倍。

[渤海封氏]封隆之，据《北齐书》卷二一本传所云，他字祖裔，小名皮，"父回。魏司空。隆之性宽和，有度量。弱冠，州郡主簿，起家奉朝请，领直后"。（第301页）"隆之以父遇害，常怀报雪，因此遂持节东归，图为义举。"（第301页）"诏隆之参议麟趾阁，以定新制。"（第302页）"天平初，复入为侍中，预迁都之议。魏静帝诏为侍讲。"（第302页）"隆之自义旗始建，首参经略，奇谋妙算，密以启闻，手书削稿，罕知于外。高祖嘉其忠谨，每多从之。"（第303页）封子绘，《北齐书》卷二一《封隆之传》说他是封隆之之子，"字仲藻，小名摇，性和理，有器

局。释褐秘书郎中"。（第304页）"敕与群官议定律令，加仪同三司。"（第306页）封子绣，据《北齐书》卷二一《封隆之传》记载，他也是封隆之之子，"外貌儒雅，而侠气难忤"。（第306页）封延之，据《北齐书》卷二一《封隆之传》所云，他字祖业，是封隆之之弟。"少明辨，有世用。起家员外郎。"（第307页）封孝琬，据《北齐书》卷二一《封隆之传》所云，他是封隆之从子，字子蒨。"性恬静，颇好文咏。"（第307页）封孝琰，据上编第一章第一节第二部分考证，他是封隆之从子，颇有学识。封述，据《北齐书》卷四三本传记载，他字君义，"父轨，廷尉卿、济州刺史。述有干用，年十八为济州征东府铠曹参军。高道穆为御史中尉，启为御史"。（第573页）"天平中，增损旧事为《麟趾新格》，其名法科条，皆述删定。"（第573页）"河清三年，敕与录尚书赵彦深、仆射魏收、尚书阳休之、国子祭酒马敬德等议定律令。"（第573页）"述久为法官，明解律令，议断平允，深为时人所称。"（第573页）封询，据《北齐书》卷四三《封述传》所云，他是封述之弟，"字景文。魏员外郎，武定中永安公开府法曹，稍迁尚书起部郎中"。（第574页）"询窥涉经史，清素自持，历官皆有干局才具，治郡甚著声绩，民吏敬而爱之。"（第574页）可见史书中有明确记载的在东魏北齐统治区生活学业等情况可考的渤海封氏7人中涉猎经史、以文学见知的有6人，约占总数的86%；文武兼备的有1人，占总数的14%多；因此说生活在该地区的渤海封氏仍然是以注重儒学涉猎经史为主，其学皆出自本土。

[清河张氏] 张虔威，据《隋书》卷六六本传所云，他字元敬，"父晏之，齐北徐州刺史。虔威性聪敏，涉猎群书。其世父嵩之谓人曰：'虔威，吾家千里驹也。'年十二，州补主簿。十八为太尉中兵参军，后累迁太常丞"。（第1557页）张虔雄，《隋书》卷六六《张虔威传》又云，他是张虔威之弟，"亦有才器。秦孝王俊为秦州总管，选为法曹参军。王尝亲案囚徒，虔雄误不持状，口对百余人，皆尽事情，同辈莫不叹服"。（第1558页）可见史书记载的在东魏北齐统治区生活可考的清河张氏二人皆有才学，其学皆出自本土。

[钜鹿魏氏] 魏兰根，据《北齐书》卷二三本传所云，他"身长八尺，仪貌奇伟，泛览群书，诵《左氏传》、《周易》，机警有识悟"。（第329页）"丁母忧，居丧有孝称。"（第329页）"遭父丧，庐于墓侧，负

第二章 胡汉文化整合趋同及地域差异之缘由 / 379

土成坟,忧毁殆于灭性。"(第329页)魏明朗,《北齐书》卷二三《魏兰根传》记载,他是魏兰根族弟,"颇涉经史,粗有文性,累迁大司马府法曹参军,兼尚书金部郎中"。(第332页)魏恺,《北齐书》卷二三《魏兰根传》记载,他是魏明朗从弟,"少抗直有才辩"。(第332页)"恺应声曰:'虽复零雨自天,终待云兴四岳。公岂得言不知?'杨[愔]欣然曰:'此言极为简要,更不须多语。'"(第332页)魏彦卿,《北齐书》卷二三《魏兰根传》记载他是魏恺从子,魏大司农魏季景之子,"武平中,兼通直散骑常侍,聘陈使副。"(第332页)魏澹,据上编第一章第一节第二部分考证,他是魏彦卿之弟,学识有词藻,撰有《后魏书》九十二卷。魏收,据本节第三部分所考,他字伯起,极有才学,撰有《魏书》。"诏试收为《封禅书》,收下笔便就,不立稿草,文将千言,所改无几。时黄门郎贾思同侍立,深奇之,帝曰:'虽七步之才,无以过此。'迁散骑侍郎,寻敕典起居注,并修国史。""初河间邢子才及季景与收并以文章显,世称大邢小魏,言尤俊也。"[1] 魏季景,据《北齐书》卷三七《魏收传》所曰,他是魏收从叔,"有才学,历官著名,并在收前,然收常所欺忽"。(第485页)魏宁,《北齐书》卷四九本传又曰,他"以善推禄命征为馆客。武成亲试之,皆中"。(第679页)可知史书记载的在东魏北齐统治区生活学业等情况可考的钜鹿魏氏8人皆涉猎经史有才学,其学业皆出自本土,还不乏诸如魏澹、魏收颇有著述者,特别魏收是该地区学识最高者之一,并著有《魏书》这一重要史籍。

[高阳许氏]许惇,据《北齐书》卷四三本传所云,他字季良,"清识敏速,达于从政,任司徒主簿,以能判断,见知时人,号为入铁主簿"。(第574页)"少纯直,晚更浮动。"(第575页)"历官清显,与邢邵、魏收、阳休之、崔劼、徐之才之徒比肩同列,诸人或谈说经史,或吟咏诗赋,更相嘲戏,欣笑满堂,惇不解剧谈,又无学术,或竟坐杜口,或隐几而睡,深为胜流所轻。"(第575页)许文经,《北齐书》卷四三《许惇传》记载,他是许惇之子,"勤学方雅,身无择行,口无戏言"。(第575页)许遵,《北齐书》卷四九本传说他"明《易》,善筮,兼晓天文、风角、占相、逆刺,其验若神"。(第676页)可知史书记载的在东魏北

---

[1] 《北齐书》卷三七《魏收传》,第483—495页。

齐统治区生活学业等情况可考的高阳许氏有3人皆好学，只是许惇过平。

[太山羊氏] 羊烈，据《北齐书》卷四三本传所云，他字信卿，"晋太仆卿琇之八世孙，魏梁州刺史祉之弟子。父灵珍，魏兖州别驾。烈少通敏，自修立，有成人之风。好读书，能言名理，以玄学知名"。（第575页）"烈家传素业，闺门修饰，为世所称，一门女不再醮。"（第576页）"烈答云：'卿自毕轨被诛以还，寂无人物，近日刺史，皆是疆场之上彼此而得，何足为言。岂若我汉之河南尹，晋之太傅，名德学行，百代传美。且男清女贞，足以相冠，自外多可称也。'"（第576页）羊肃，《北齐书》卷四三《羊烈传》记载，他是羊祉之孙，"以学尚知名"。（第576页）"武平中，入文林馆撰书。"（第576页）羊脩，据《北齐书》卷四三《羊烈传》记载，他是羊烈之弟，"有才干，大宁中卒于尚书左丞"。（第576页）由此推测，羊脩当有学业。可见史书记载的在东魏北齐统治区生活学业等情况可考的太山羊氏有3人，皆好学，其学业亦出自山东地区。

[彭城刘氏] 刘祎，据《北齐书》卷三五本传所云，他字彦英，"性弘裕，有威重，容止可观，虽昵友密交，朝夕游处，莫不加敬。好学，善《三礼》，吉凶仪制，尤所留心"。（第471页）刘逖，据上编第一章第一节第二部分考证，他是刘芳之孙，留心文藻，颇工诗咏。刘訾，据《北齐书》卷四五《文苑·刘逖传》记载，他是刘逖之弟，"少聪明，好文学。天统、武平之间，历殿中侍御史，兼散骑侍郎，迎劳陈使，尚书仪曹郎"。（第616页）刘顗，据上编第一章第一节第二部分考证，他是刘逖从子，他好文学，工草书，风仪甚美。刘珉，据上编第一章第一节第二部分考证，他也颇有学识。可见史书记载的在东魏北齐统治区生活学业等情况可考的彭城刘氏5人皆习读经史、好文学，其学业也都出自本土。

[河间刘氏] 刘炫，据本节第三部分所考，他字光伯，极有才华，"著《论语述议》十卷，《春秋攻昧》十卷，《五经正名》十二卷，《孝经述议》五卷，《春秋述议》四十卷，《尚书述议》二十卷，《毛诗述议》四十卷，《注诗序》一卷，《算术》一卷，并行于世"[①]。刘善经，据本节

---

① 《隋书》卷七五《儒林·刘炫传》，第1723页。

第三部分所考，他是河间人，"博物洽闻，尤善词笔……著《酬德传》三十卷，《诸刘谱》三十卷，《四声指归》一卷，行于世"①。可见史书明确记载在东魏北齐统治区生活并可考的河间刘氏二人皆习读经史，有著述，学业皆出自本地区，特别是刘炫入隋后成为当时的大儒。

［河间邢氏］邢邵，据本节第三部分所考，他字子才，系出名门雅有才思，聪明强记。"词致宏远，独步当时，与济阴温子昇为文士之冠，世论谓之温、邢……有集三十卷，见行于世。"② 邢大宝，《北齐书》卷三六《邢邵传》记载，他是邢邵之子，"有文情"。（第479页）《邢邵传》还说邢邵"孽子大德、大道，略不识字焉"。（第479页）邢峙，《北齐书》卷四四本传记载，他字士峻，"少好学，耽玩坟典，游学燕、赵之间，通《三礼》、《左氏春秋》。天保初，郡举孝廉，授四门博士，迁国子助教，以经入授皇太子。峙方正纯厚，有儒者之风"。（第589页）可见史书中有明确记载的在东魏北齐统治区生活学业等情况可考的河间邢氏五人中涉猎经史、精于文学者有3人，占总数的60%多；2人略不识字，约占总数的40%；特别邢邵是该地区学识最高者之一，因此说生活在该地区的河间邢氏仍然是以注重儒学为主，而且学业皆出自本地区。

［右北平阳氏］阳休之，据本节第三部分所考，他字子烈，"好学不倦，博综经史，文章虽不华靡，亦为典正。邢、魏殂后，以先达见推。位望虽高，虚怀接物，为搢绅所爱重……所著文集三十卷，又撰《幽州人物志》并行于世"③。阳辟强，据上编第一章第一节第二部分考证，他是阳休之之子，被其父引入文林馆，还是受到家学熏陶的。阳俊之，据上编第一章第一节第二部分考证，他是阳休之之弟，颇有才学，有文集十卷。因此说史书记载的在东魏北齐统治区生活学业等情况可考的右北平阳氏3人皆好学，学业皆出自本地区，而且阳休之是当时的著名学者，阳休之、阳俊之兄弟皆有著述。

［河东裴氏］裴让之，据《北齐书》卷三五本传所云，他是裴佗之

---

① 《隋书》卷七六《文学·刘善经传》，第1748页。
② 《北齐书》卷三六《邢邵传》，第478—479页。
③ 《北齐书》卷四二《阳休之传》，第563—564页。

子,"字士礼。年十六丧父,殆不胜哀"。(第465页)"少好学,有文俊辨,早得声誉。魏天平中举秀才,对策高第。"(第465页)"省中语曰:'能赋诗,裴让之。'"(第465页)裴诹之,《北齐书》卷三五《裴让之传》记载,他是裴让之之弟,"字士正,少好儒学,释褐太学博士。尝从常景借书百卷,十许日便返。景疑其不能读,每卷策问,应答无遗"。(第466页)裴谳之,《北齐书》卷三五《裴让之传》记载,他也是裴让之之弟,"字士平,七岁便勤学,早知名。累迁司主簿。杨愔每称叹云:'河东士族,京官不少,唯此家兄弟,全无乡音。'谳之虽年少,不妄交游,唯与陇西辛术、赵郡李绘、顿丘李构、清河崔瞻为忘年之友"。(第467页)"尤悉历代故事、仪注,丧礼皆能裁正。"(第467页)裴谋之,《北史》卷三八《裴佗传》记载,他是裴佗之子,"字士令,少有风格,邢邵每云'我裴四。'武成为开府,辟为参军,掌书记"。(第1386页)裴讷之,《北史》卷三八《裴佗传》记载,他是裴佗之子,"字士言,纯谨有局量。弱冠为平原公开府墨曹,掌书记,从至并州。"(第1386页)裴矩,《隋书》卷六七本传记载,他字弘大,"祖他,魏都官尚书。父纳之,齐太子舍人。矩襁褓而孤,及长好学,颇爱文藻,有智数。世父让之谓矩曰:'观汝神识,足成才士,欲求官达,当资干世之务。'矩始留情世事。齐北平王贞为司州牧,辟为兵曹从事,转高平王文学"。(第1577页)可见史书记载的在东魏北齐统治区生活学业等情况可考的河东裴氏6人皆有文才,习读经史、喜好文学。考其学术渊源,这几位虽然祖籍在河东,而河东地区是东魏北齐与西魏北周政权拉锯地区,因此难以断定该地区的归属,但是他们实际上都长期生活在河南、河北地区,其学业当皆来源于东魏北齐统治的河南、河北地区。

[京兆韦氏] 韦道逊,据上编第一章第一节第二部分考证,他与兄道密、道建、道儒并早以文学知名。可见史书记载的在东魏北齐统治区生活的京兆韦氏4人皆以文学知名。虽然他们兄弟4人出自京兆韦氏,但是据《北齐书》卷四五《文苑·韦道逊传》所曰:"曾祖萧,随刘义真渡江。祖儒,自宋入魏,寓居河南洛阳,官至华山太守。"(第626页)"道密,魏永熙中开府祭酒。"(第626页)"道建,天保末卒司农少卿。道儒,历中书黄门侍郎。道逊,武平初尚书左中兵,加通直散骑侍郎"(第626页)可见其父祖辈就寓居洛阳,兄弟4人又在东魏北齐政权中央任职,

其学业当皆来源于东魏北齐统治地区。

[琅琊颜氏]颜之推,据上编第一章第一节第二部分考证,他博览群书,无不该洽,词情典丽,博识有才辩。平江陵时被西魏掠至关中,后辗转来到东魏北齐统治区。《北齐书》卷四五本传还说"之推在齐有二子,长曰思鲁,次曰敏楚,不忘本也。《之推集》在,思鲁自为序录"。(第626页)可见史书记载的在东魏北齐统治区生活的琅琊颜氏三人皆以学识知名,而且颜之推是当时的著名学者。考其学术渊源,颜之推被西魏俘掠至关中时学术上已颇有声望,其二子颜思鲁、颜敏楚学业亦当源自其父,因此说颜之推父子之学当源自南朝。

[兰陵萧氏]萧渊明,① 据《北齐书》卷三三本传所云,他是"梁武帝长兄长沙王懿之子。在其本朝,甚为梁武所亲爱。少历显职,封浈阳侯"。(第441页)另据《梁书》卷二三《长沙嗣王业传》说,其兄弟萧业"幼而明敏,识度过人"。(第360页)"业性敦笃,所在留惠。深信因果,笃诚佛法,高祖每嘉叹之。"(第361页)"有文集行于世"(第361页)萧藻"性谦退,不求闻达。善属文辞,尤好古体"。(第362页)其兄弟皆有学识,特别是萧业因笃诚佛法而受到萧衍的赞叹,萧渊明又为萧衍所亲爱,因此他当亦有学识。萧祗,《北齐书》卷三三本传只说他"字敬式,梁武弟南平王伟之子也。少聪敏,美容仪"。(第443页)而没记载其学识,但是《梁书》卷二二《南平元襄王伟传》记载其父萧伟"少好学,笃诚通恕,趋贤重士,常如不及"。(第348页)"晚年崇信佛理,尤精玄学,著《二旨义》,别为新通。又制《性情》、《几神》等论,其义,僧宠及周舍、殷钧、陆倕并名精解,而不能屈。"(第348页)其子萧放,据上编第一章第一节第二部分考证,亦有才学。因此说萧祗至少也是好学之士。萧退,据上编第一章第一节第二部分所考,他是梁武帝弟司空鄱阳王恢之子,萧概之父。另据《梁书》卷二二《鄱阳王恢传》记载其父好学,② 因此他本人当也好学。萧概,《北齐书》卷三三《萧退传》说他是萧退之子,"深沉有礼,乐善好学,攻草隶书。南士中称为长者。历著作佐郎,待诏文林馆"。(第443页)萧慤,《北齐书》卷四五本传记

---

① "萧渊明"原作"萧明",因《北齐书》成书于唐代,避唐高祖李渊讳。
② 《梁书》卷二二《鄱阳王恢传》,中华书局1973年版,第350页。

载，他是梁上黄侯萧晔之子，字仁祖，"天保中，入国，武平中太子洗马"。（第627页）而据《南史》卷五二《始兴忠武王憺附子晔传》所云："美姿容，善谈吐。"（第1303页）"简文入居监抚，晔献《储德颂》，迁给事黄门侍郎。"（第1304页）既然其父有学识，萧悫亦当有学识。因此说史书记载的在东魏北齐统治区生活学业等情况可考的兰陵萧氏6人皆有学识，并且都是萧梁宗室，学业当皆源于江左南朝。

[弘农杨氏] 杨愔，据《北齐书》卷三四本传所云，他字遵彦，小名秦王，"父津，魏时累为司空侍中。愔儿童时，口若不能言，而风度深敏，出入门闾。未尝戏弄。六岁学史书，十一受《诗》、《易》，好《左氏春秋》。幼丧母，曾诣舅源子恭。子恭与之饮。问读何书，曰：'诵《诗》。'子恭曰：'诵至《渭阳》未邪。'"（第453页）"及长，能清言，美音制，风神俊悟，容止可观。人士见之，莫不敬异，有识者多以远大许之。"（第454页）"愔贵公子，早著声誉，风表鉴裁，为朝野所称。"（第456页）还说"愔一门四世同居，家甚隆盛，昆季就学者三十余人"。（第453页）可知史书记载的在东魏北齐统治区生活、出身于弘农杨氏的杨愔昆季三十余人皆好学，弘农虽处于东魏北齐和西魏北周交界地区，但是杨愔之父即在北魏中央为仕，又曾问学居住在洛阳的舅父源子恭处，其学业当源于河洛地区，这三十多个兄弟当亦问学于此。

[陈郡袁氏] 袁聿修，据《北齐书》卷四二本传所云，他字叔德，是"魏中书令翻之子也，出后叔父跃。七岁遭丧，居处礼度，有若成人。九岁，州辟主簿。性深沉有鉴识，清净寡欲，与物无竞，深为尚书崔休所知赏"。（第564页）"天统中，诏与赵郡王叡等议定五礼。"（第565页）"聿修少平和温润，素流之中，最有规检。"（第565页）袁奭，据上编第一章第一节第二部分考证，他是梁司空袁昂之孙，梁侍中袁君方之子，曾入文林馆，当有学识。可见史书记载的在东魏北齐统治区并可考的陈郡袁氏二人皆好学。考其学术渊源，袁聿修之父曾任北魏中书令，其家当居于洛阳，学业亦当出于此。袁奭，祖父在梁为司空，父亲为梁侍中，奉使留居北齐统治区，因此说其学业源于江左地区。

[太原王氏] 王劭，据上编第一章第一节第二部分考证，他的学术水准很高，颇有著述，"时祖孝徵、魏收、阳休之等尝论古事，有所遗忘，讨阅不能得，因呼劭问之。劭具论所出，取书验之，一无舛误。自是大为

时人所许，称其博物"①。而其"父松年，齐通直散骑侍郎。劭少沈默，好读书。弱冠，齐尚书仆射魏收辟参开府军事，累迁太子舍人，待诏文林馆"②。因此其学术源于山东地区。

［河东薛氏］薛道衡，据上编第一章第一节第二部分考证，他的学术水准极高，由于他幼年而孤，不可能远游，因此其学术亦源于山东地区。

［颍川荀氏］荀仲举，据《北齐书》卷四五本传所云，他字士高，"与赵郡李概交款，概死，仲举因至其宅，为五言诗十六韵以伤之，词甚悲切，世称其美"。（第627页）又记载其家族世居江南，他本人"颍川人，世江南。仕梁为南沙令，从萧明于寒山被执"。（第627页）因此他的学业源于江左，并颇有学识。

［陇西辛氏］辛德源，据上编第一章第一节第二部分考证，他的学术水准很高，撰有文集、《政训》《内训》各二十卷。他的祖籍虽然在陇西，但是"祖穆，魏平原太守。父子馥，尚书右丞"③。皆仕宦于河南、河北，因此他当然长期生活在古代山东地区，其学术亦源于此。

［渤海刁氏］刁柔，据《北齐书》卷四四本传所云，他字子温，"柔少好学。综习经史，尤留心礼仪。性强记，至于氏族内外，多所谙悉。初为世宗挽郎，出身司空行参军。丧母，居丧以孝闻"。（第585—586页）"元象中，随例到晋阳，高祖以为永安公府长流参军，又令教授诸子。"（第586页）"又参议律令。时议者以为立五等爵邑，承袭者无嫡子，立嫡孙，无嫡孙，立嫡子弟，无嫡子弟，立嫡孙弟。柔以为无嫡子，立嫡孙，不应立嫡子弟。"（第586页）本传又说其父刁整曾任北魏车骑将军，因此他当生活在河洛地区，其学也源于此。

虽然生活在东魏北齐统治区太原王氏、河东薛氏、颍川荀氏、渤海刁氏史书有明确事迹记载的都只有一人，但是他们都习读经史、喜好文学，并出现了王劭、薛道衡这两位当时的著名学者。

总之，在东魏北齐统治区内生活的士家大族除渤海高氏外，皆重视儒学，并涌现出诸如邢邵、颜之推、魏收、王劭、薛道衡等著名学者，另外

---

① 《隋书》卷六九《王劭传》，第1601页。
② 同上。
③ 《隋书》卷五八《辛德源传》，第1422页。

除琅琊颜氏、兰陵萧氏、陈郡袁氏外，这些大族的学术皆源于东魏北齐统治区，这些都说明在该地区学术基本上由士家大族掌握传习，而且其学术大多源于此，因此基本上可以说这些士家大族的学术水平代表了该地区的学术水准。

（二）西魏北周统治地区外来士族较多

南北朝时期继续生活在西魏北周统治区域内的士族主要有陇西李氏、京兆韦氏、京兆杜氏、武功苏氏、陇西辛氏以及一部分河东裴氏、河东薛氏、河东柳氏、弘农杨氏的家族成员，还有一些从其他地区辗转来到该地区的士族，如清河崔氏、博陵崔氏、范阳卢氏、荥阳郑氏、河内司马氏、太原王氏、兰陵萧氏、琅琊王氏、琅琊颜氏、南阳庾氏、南阳宗氏、沛国刘氏、吴兴沈氏，以下据史传逐一考释这些士族的情况：

[陇西李氏]李礼成，据《隋书》卷五十本传所云，他字孝谐，"凉王暠之六世孙。祖延实，魏司徒。父彧，侍中。礼成年七岁，与姑之子兰陵太守荥阳郑颢随魏武帝入关"。（第1316页）"礼成虽善骑射，而从容儒服，不失素望。后以军功拜车骑大将军、仪同三司，赐爵修阳县侯，拜迁州刺史。"（第1316页）李安，《隋书》卷五十本传又云，他字玄德，"父蔚，仕周为朔燕恒三州刺史、襄武县公。安美姿仪，善骑射"。（第1322页）可见史书中有明确记载的在西魏北周统治区生活的陇西李氏2人中文武兼备者1人，占总数的50%；崇尚武力者1人，也占总数的50%；因此说生活在该地区学业等情况可考的陇西李氏崇尚武力的习俗略占上风。而由于李礼成是和表兄弟郑颢一起随魏武帝入关的，因此说他的习尚当源自山东地区。

[京兆韦氏]韦孝宽，据《周书》卷三一本传记载，他名叔裕，字孝宽，"少以字行。世为三辅著姓"。（第535页）"祖直善，魏冯翊、扶风二郡守。父旭，武威郡守。建义初，为大行台右丞，加辅国将军、雍州大中正。"（第538页）"孝宽沉敏和正，涉猎经史。弱冠，属萧宝夤作乱关右，乃诣阙，请为军前驱。朝廷嘉之，即拜统军。随冯翊公长孙承业西征，每战有功。拜国子博士，行华山郡事。"（第535页）"恭帝元年，以大将军与燕国公于谨伐江陵，平之，以功封穰县公。还，拜尚书右仆射，赐姓宇文氏。"（第535页）"孝宽在边多载，屡抗强敌。所有经略，布置之初，人莫之解；见其成事，方乃惊服。虽在军中，笃意文史，政事之

余,每自披阅。末年患眼,犹令学士读而听之。"(第544页)可知其学识源自关陇地区,并曾在西魏政权拜相。韦夐,《周书》卷三一本传记载,他字敬远,"志尚夷简,澹于荣利。弱冠,被召拜雍州中从事"。(第544页)"夐又雅好名义,虚襟善诱。虽耕夫牧竖有一介可称者,皆接引之。特与族人处玄及安定梁旷为放逸之友。少爱文史,留情著述,手自抄录数十万言。晚年虚静,唯以体道会真为务。旧所制述,咸削其藁,故文笔多并不存。"(第546页)故此他喜好文史的兴趣也来自关陇地区。韦瑱,《周书》卷三九本传记载,他字世珍,"世为三辅著姓。曾祖惠度,姚泓尚书郎。随刘义真过江,仕宋为镇西府司马、顺阳太守,行南雍州事。后于襄阳归魏,拜中书侍郎,赠安西将军、洛州刺史。祖千雄,略阳郡守。父英,代郡守"。(第693页)"瑱幼聪敏,有夙成之量,闾里咸敬异之。笃志好学,兼善骑射。"(第693页)"瑱雅性清俭,兼有武略。蕃吏赠遗,一无所受。胡族畏威,不敢为寇。公私安静,夷夏怀之。"(第694页)因此说他好学的兴趣当源自河东地区。韦祐,《周书》卷四三本传记载,他字法保,少以字行于世,其家族"世为州郡著姓。祖骈,雍州主簿。举秀才,拜中书博士。父义,前将军、上洛郡守"。(第774页)"法保少好游侠,而质直少言。所与交游,皆轻猾亡命。"(第775页)韦师,《隋书》卷四六本传记载,他字公颖,"父瑱,周骠骑大将军。师少沉谨,有至性。初就学,始读《孝经》,舍书而叹曰:'名教之极,其在兹乎!'少丁父母忧,居丧尽礼,州里称其孝行。及长,略涉经史,尤工骑射"。(第1257页)所以他略涉经史的兴趣源自关陇地区。韦世康,《隋书》卷四七本传记载,其家族"世为关右著姓。祖旭,魏南幽州刺史。父夐,隐居不仕,魏、周二代,十征不出,号为逍遥公。世康幼而沉敏,有器度"。(第1265页)"性孝友,初以诸弟位并隆贵,独季弟世约宦途不达,共推父时田宅,尽以与之,世多其义。"(第1267页)韦洸,据《隋书》卷四七本传记载,他是韦世康之弟,"字世穆,性刚毅,有器干,少便弓马。仕周,释褐主寝上士"。(第1267页)韦协,《隋书》卷四七《韦世康附弟洸传》记载,他是韦洸之子,"字钦仁,好学,有雅量。起家著作佐郎。后转秘书郎"。(第1268页)因此说他好学的兴趣当源自关陇地区。韦艺,《隋书》卷四七本传记载,他是韦世康之弟,字世文,"少受业国子。周武帝时,数以军功,致位上仪同"。(第1268页)

他少时曾受业国子，学业源流自是出于关陇地区。韦冲，《隋书》卷四七本传记载，他是韦世康之弟，"字世冲，少以名家子，在周释褐卫公府礼曹参军。后从大将军元定渡江伐陈，为陈人所虏，周武帝以币赎而还之"。（第1269页）"冲有辞辩，奉使称旨"。（第1269页）"容貌都雅，宽厚得众心。"（第1270页）韦寿，《隋书》卷四七本传记载，他是韦孝宽之子，字世龄，"寿在周，以贵公子，早有令誉，为右侍上士"。（第1271页）韦操，《隋书》卷四七《韦世康传》记载，他是韦世康从父弟，"字元节，刚简有风概"。（第1271页）可见史书中有明确记载的在西魏北周统治区生活学业等情况可考的京兆韦氏12人中好学者有7人，占总数的58%多；文武兼备者3人，占总数的25%，崇尚武功者2人，约占总数的17%；因此说生活在该地区的京兆韦氏仍然是以好学者为主，其学业除韦瑱外皆出自关陇地区。

[京兆杜氏] 杜杲，据《周书》卷三九本传所云，他字子晖，"祖建，魏辅国将军，赠豫州刺史。父皎，仪同三司、武都郡守。杲学涉经史，有当世干略"。（第701页）因此他学涉经史的喜好当源自关陇地区。杜整，《隋书》卷五四本传记载，他字皇育，"祖盛，魏直阁将军、颍川太守。父辟，渭州刺史。整少有风概，九岁丁父忧，哀毁骨立，事母以孝闻。及长，骁勇有旅力，好读孙、吴《兵法》"。（第1366页）因此说他好读兵书的兴趣来源于关陇地区。可见史书中有明确记载的在西魏北周统治区生活学业等情况可考的京兆杜氏二人皆好学，而且学业皆来源于关陇地区。

[武功苏氏] 苏绰，据《周书》卷二三本传所云，他字令绰，"魏侍中则之九世孙也，累世二千石。父协，武功郡守"。（第381页）"绰少好学，博览群书，尤善算术。"（第381页）"然诸曹疑事，皆询于绰而后定。所行公文，绰又为之条式。"（第381页）"属太祖与公卿往昆明池观渔，行至城西汉故仓地，顾问左右，莫有知者。或曰：'苏绰博物多通，请问之。'太祖乃召绰。具以状对。太祖大悦，因问天地造化之始，历代兴亡之迹。绰既有口辩，应对如流。"（第381—382页）"绰性俭素，不治产业，家无余财，以海内未平，常以天下为己任。博求贤俊，共弘治道，凡所荐达，皆至大官。"（第394页）"又著《佛性论》、《七经论》，并行于世。"（第395页）苏威，《周书》卷二三《苏绰传》记载，他是苏绰之子，"少有父风，袭爵美阳伯"。（第395页）另据《隋书》卷四一

《苏威传》记载:"隋承战争之后,宪章蹐驳,上令朝臣厘改旧法,为一代通典。律令格式,多威所定,世以为能。"(第1186页)因此说苏绰父子的学术渊源当来自关陇地区。苏椿,《周书》卷二三《苏绰传》记载,他字令钦,是苏绰之弟,"性廉慎,沉勇有决断。正光中,关右贼乱,椿应募讨之,授荡寇将军。累功封迁奉朝请、厉威将军、中散大夫,赐封美阳子,加都督、持节、平西将军、太中大夫。大统初,拜镇东将军、金紫光禄大夫,赐姓贺兰氏"。(第395页)"椿当官强济,特为太祖所知。"(第395页)苏亮,据《周书》卷三八本传所云,他字景顺,"祖权,魏中书侍郎、玉门郡守。父祐,泰山郡守。亮少通敏,博学,好属文,善章奏。初举秀才,至洛阳,遇河内常景。景深器之,退而谓人曰:'秦中才学可以抗山东者,将此人乎。'"(第677页)"除中书监,领著作,修国史。亮有机辩,善谈笑,太祖甚重之。有所筹议,率多会旨。记人之善,忘人之过。荐达后进,常如弗及。故当世敬慕焉。"(第678页)虽然常景称苏亮为秦中学者,但是苏亮父亲曾任泰山郡守,祖父曾任北魏中书侍郎、玉门郡守,因此说他的学术兴趣当源自山东地区。苏湛,《周书》卷三八《苏亮传》记载,他是苏亮之弟,"字景俊。少有志行,与亮俱著名西土。年二十余,举秀才"。(第678页)这里只说他与兄苏亮"俱著名西土",并没有说他的学业源自西土,从他父祖的仕宦情况看,他们兄弟长期生活在山东地区,学术兴趣当受那一地区的影响。苏让,《周书》卷三八《苏亮传》记载,他又是苏湛之弟,"字景恕。幼聪敏,好学,颇有人伦鉴识"。(第679页)"及太祖为丞相,引为府属,甚见亲待。出为卫将军、南汾州刺史。治有善政。"(第680页)苏让的学业渊源当与二兄相同,也源自山东地区。可见史书中有明确记载的在西魏北周统治区生活学业等情况可考的武功苏氏6人中好学者有5人,占总数的83%多;崇尚武功者1人,约占总数的17%;因此说生活在该地区的武功苏氏仍然是以好学者为主。但是好学的5人中2人学术源自关陇地区,占5人的40%;3人学业源自山东地区,占5人的60%;由此可见外来学术对关陇地区的武功苏氏之影响。

[陇西辛氏]辛威,据《周书》卷二七本传记载,"祖大汗,魏渭州刺史。父生,河州四面大都督"。(第447页)他本人"少慷慨,有志略。初从贺兰拔岳征讨有功,假辅国将军、都督。及太祖统岳之众,见威奇

之，引为帐内"。（第447页）"兼其家门有义，五世同居，时以此称之。"（第448页）辛庆之，据《周书》卷三九本传所云，他字庆之，"世为陇右著姓。父显崇，冯翊郡守，赠雍州刺史。庆之少以文学征诣洛阳，对策第一，除秘书郎"。（第697页）"大统初，加车骑将军。"（第697页）"庆之位遇虽隆，而率性俭素，车马衣服，亦不尚华侈。志量淹和，有儒者风度。特为当时所重。又以其经明行修，令与卢诞等教授诸王。"（第698页）因此他的文学修养当源自关陇地区。辛昂，《周书》卷三九《辛庆之传》记载，他是辛庆之族子，"字进君。年数岁，便有成人志行"。（第698页）"迥以昂达于从政，复表昂行成都令。昂到县，便与诸生祭文翁学堂，因共欢宴。"（第698页）"以昂化洽夷华，进位骠骑大将军、开府仪同三司。"（第699页）辛仲景，《周书》卷三九《辛庆之传》记载，他是辛昂族人，"父欢，魏陇州刺史、宋阳公"。（第700页）他"好学，有雅量。其高祖钦，后赵吏部尚书、雍州刺史，子孙因家焉"。（第700页）"仲景年十八，举文学，对策高第。"（第700页）故此他的学业当源自关陇地区。辛公义，《隋书》卷七三本传记载，其"祖徽，魏徐州刺史。父季庆，青州刺史"。（第1681页）"公义早孤，为母氏所养，亲授书传。周天和中，选良家子任太学生，以勤苦著称。武帝时，召入露门学，令受道义。每月集御前令与大儒讲论，数被嗟异，时辈慕之。"（第1681页）从辛公义曾以良家子任北周太学生来看，他的学术兴趣当源自关陇地区。辛彦之，《隋书》卷七五本传记载，其"祖世叙，魏凉州刺史。父灵辅，周渭州刺史。彦之九岁而孤，不交非类，博涉经史，与天水牛弘同志好学。后入关，遂家京兆。周太祖见而器之，引为中外府礼曹，赐以衣马珠玉。时国家草创，百度伊始，近贵多出武人，修定仪注，唯彦之而已"。（第1708页）"彦之撰《坟典》一部，《六官》一部，《祝文》一部，《礼要》一部，《新礼》一部，《五经异义》一部，并行于世。"（第1709页）因此说他的学业源自关陇地区。可见史书中有明确记载的在西魏北周统治区生活学业等情况可考的陇西辛氏6人中好学者有4人，占总数的三分之二；崇尚武功者2人，占总数的三分之一；因此说生活在该地区的陇西辛氏也是以注重儒学为主，而且好学的四人学业皆源自关陇地区。

［河东裴氏］裴宽，据《周书》卷三四本传所云，他字长宽，"祖德

欢，魏中书郎、河内郡守。父静虑，银青光禄大夫"。（第594页）"宽仪貌瓌伟，博涉群书，弱冠为州里所称。与二弟汉、尼是和知名。"（第594页）裴汉，《周书》卷三四《裴宽传》记载，他是裴宽之弟，字仲霄，"操尚弘雅，聪敏好学，尝见人作百字诗。一览便诵"。（第597页）"大统五年，除大丞相府士曹行参军，补墨曹参军。汉善尺牍，尤便簿领，理识明赡，决断如流。"（第597页）裴镜民，《周书》卷三四《裴宽传》记载，他是裴汉之子，"少聪敏，涉猎经史。为大将军、谭公会记室参军。"（第598页）裴尼，《周书》卷三四《裴宽传》记载，他是裴宽之弟，"字景尼，性弘雅，有器局。起家奉朝请。除梁王东阁祭酒，迁从事中郎，加通直散骑常侍。陇西李际、范阳卢诞并有高名于世，与尼结忘年之交"。（第598页）裴之隐，《周书》卷三四《裴宽传》记载，他是裴尼之子，"赵王招府记室参军"。（第598页）而据上编第一章第一节第一部分所考，赵王宇文招汉化程度颇高，并有著述，而裴之隐任他的记室参军必须具有较深厚的汉文化修养。裴师民，《周书》卷三四《裴宽传》记载，他是裴尼之子，裴之隐之弟，"好学有识度，见称于时"。（第598页）河东地处东魏北齐与西魏北周两大对立政权的拉锯处，但是由于裴宽兄弟的父祖皆出仕于北魏政权，并在中央及河洛地区任职，所以他们兄弟子侄的学术兴趣当源自河洛地区。裴侠，《周书》卷三五本传记载，他字嵩和，"幼而聪慧，有异常童。年十三，遭父忧，哀毁有若成人。州辟主簿，举秀才"。（第618页）"魏孝武与齐神武有隙，征河南兵以备之，侠率所部赴洛阳。授建威将军、左中郎将。俄而孝武西迁，侠将行而妻子犹在东郡。"（第618页）"大统三年，领乡兵从战沙苑，先锋陷陈。侠本名协，至是，太祖嘉其勇决，乃曰'仁者必有勇'，因命改焉。"（第618页）"侠又撰九世伯祖贞侯潜传，以为裴氏清公，自此始也，欲使后生奉而行之，宗室中知名者，咸付一通。"（第619页）可见他文武兼备。至于他的学业渊源，据本传说他"祖思齐，举秀才，拜议郎。父欣，博涉经史，魏昌乐王府司马、西河郡守"。（第618页）因此他的学业当源自山东地区。裴肃，《周书》卷三五《裴侠传》记载，他是裴侠之子，"贞亮有才艺。天和中，举秀才，拜给事中士"。（第620页）他的学业渊源也当同于其父。裴果，《周书》卷三六本传记载，他字戎昭，"祖思贤，魏青州刺史。父遵，齐州刺史。果少慷慨有志略。魏太昌初，起家前将军、乾河军主，除阳平郡丞。太祖曾使并州，与果相遇。果知非常人，密托附焉"。（第647页）"勇冠当时，人莫不叹服。"（第647页）"果性严猛，能断决，每抑挫豪右，申理屈滞，历牧数州，号为称职。"（第648页）裴孝仁，《周书》卷三六《裴果传》记载，他是裴果之子，"幼聪敏，涉猎经史，有誉于时。起家舍人上士。累迁大都督、仪同三司。出为长宁镇将。扞御齐人，甚有威边之略"。（第648页）他也是文武兼备，另外从其父裴果的经历看他的学业当源自关陇地区。裴文举，《周书》卷三七本传记载，他字道裕，"少忠谨，涉猎经史。大统十年，起家奉朝请，迁丞相府墨曹参军"。（第669页）而据本传记载"祖秀业，魏中散大夫、天水郡守，赠平州刺史。父邃，性方严，为州里所推挹。解褐散骑常侍、奉车都尉，累迁谏议大夫、司空从事中郎"。（第668页）因此说他的学业当源自河东地区。裴政，《隋书》卷六六本传记载，他字德表，"政幼明敏，博闻强记，达于时政，为当时所称"。（第1548页）"侯景作乱，加壮武将军，帅师随建宁侯王琳进讨之。擒贼率宋子仙，献于荆州。及平侯景，先锋入建邺，以军功连最，封夷陵侯。"（第1548页）"周文帝闻其忠，授员外散骑侍郎，引事相府。命与卢辩依《周礼》建六卿，设公卿大夫士，并撰次朝仪，车服器用，多遵古礼，革汉、魏之法，事并施行。"（第1549页）"著《承圣降录》十卷。"（第1550页）考其学术渊源，本传说他"高祖寿孙，从宋武帝徙家于寿阳"。（第1548页）"会江陵陷，与城中朝士俱送于京师。"（第1549页）可见他文武兼备，而他的学术源自江左地区。可见史书中有明确记载的在西魏北周统治区生活学业等情况可考的河东裴氏12人中好学者有8人，约占总数的67%；文武兼备者3人，占总数的25%多；崇尚武功者1人，占总数的8%多；因此说生活在该地区的河东裴氏也是以注重儒学为主。但是他们的学业渊源却比较复杂，好学者加上文武兼备者共11人，其中源自山东地区的9人，约占82%；源自关陇地区的1人，占9%多；源自江左地区的1人，占9%多，总体来看还是多源自山东地区。

[河东薛氏] 薛端，据《周书》卷三五本传所云，他字仁直，本名沙陁，"端少有志操。遭父忧，居丧合礼。与弟裕，励精笃学，不交人事"。（第621页）"从擒窦泰，复弘农，战沙苑，并有功。"（第621页）"端久处选曹，雅有人伦之鉴，其所擢用，咸得其才。"（第622页）薛裕，《周

书》卷三五《薛端传》记载，他是薛端之弟，"字仁友。少以孝悌闻于州里。初为太学生，时黉中多是贵游，好学者少，唯裕躭习不倦。弱冠，辟丞相参军事"。（第622页）薛胄，《周书》卷三五《薛端传》记载，他字绍玄，是薛端之子。"幼聪敏，涉猎群书，雅达政事"。（第622页）《隋书》卷五六本传记载，"胄少聪明，每览异书，便晓其义。常叹训注者不会圣人深旨，辄以意辩之，诸儒莫不称善。性慷慨，志立功名"。（第1387页）薛濬，《隋书》卷七二本传记载，他是薛胄之从祖弟，字道赜，"父琰，周渭南太守。濬少丧父，早孤，养母以孝闻。幼好学，有志行，寻师于长安。时初平江陵，何妥归国，见而异之，授以经业"。（第1663页）虽然他们的郡望是河东，而河东又地处东西对峙的拉锯地区，但是《周书》卷三五《薛端传》记载，他是"汾阴侯辨之六世孙。代为河东著姓。高祖谨，泰州刺史、内都坐大官、涪陵公。曾祖洪隆，河东太守"。（第620页）祖"洪隆子麟驹徒居之，遂家于冯翊之夏阳焉。麟驹举秀才，拜中书博士，兼主客郎中，赠河东太守。父英集，通直散骑常侍"。（第620页）其高祖以下多在中央或山东地区为宦，这些人都是薛端之弟或子侄，因此说他们的学业兴趣当都源自山东地区。薛善，《周书》卷三五本传所云，字仲良，"善少为司空府参军事，迁傥城郡守，转盐池都将。魏孝武西迁，东魏改河东为泰州，以善为别驾。善家素富，童仆数百人。兄元信，仗气豪侈，每食方丈，坐客恒满，弦歌不绝。而善独供己率素，爱乐闲静"。（第623页）"善干用强明，一郡称最。"（第624页）据此可知，薛善有一兄长薛元信，"仗气豪侈"。薛慎，《周书》卷三五《薛善传》记载，他是薛善之弟，"字佛护，好学，能属文，善草书。少与同郡裴叔逸、裴诹之、柳虬、范阳卢柔、陇西李璨并相友善。起家丞相府墨曹参军。太祖于行台省置学，取丞郎及府佐德行明敏者充生。悉令旦理公务，晚就讲习，先六经，后子史"。（第624—625页）其父祖为宦情况据记载"祖瑚，魏河东郡守。父和，南青州刺史"。（第623页）因此说他的学术兴趣当源自山东地区。薛憕，《周书》卷三八本传记载，他字景猷，"曾祖弘敞，值赫连之乱，率宗人避地襄阳。憕早丧父，家贫，躬耕以养祖母，有暇则览文籍。时人未之奇也"。（第683页）"不交人物，终日读书，手自抄略，将二百卷。"（第683页）"大统初，仪制多阙。太祖令憕与卢辩、檀翥等参定之。"（第684页）襄阳虽然处于南北相争之地，但是文化上多受南朝影响，故此他的学术兴趣当源自南朝。薛寘，《周书》卷三八本传记载，"寘幼览篇籍，好属文"。（第 685 页）"魏废帝元年，领著作佐郎，修国史。寻拜中书侍郎，修起居注。"（第 685 页）"朝廷方改物创制，欲行《周礼》，乃令寘与小宗伯卢辩斟酌古今，共详定之。"（第 685 页）而本传又说他"祖遵彦，魏平远将军、河东郡守、安邑侯。父义，尚书吏部郎、清河广平二郡守"。（第 685 页）故此他的学术当源自山东地区。可见史书中有明确记载的在西魏北周统治区生活学业等情况可考的河东薛氏 9 人中好学者有 7 人，约占总数的 78%；豪气崇尚武力者 1 人，占总数的 11% 多；文武兼备者 1 人，占总数的 11% 多。因此说生活在该地区的河东薛氏也是以好学者为主，而好学者的学术兴趣都源自山东地区。

[河东柳氏] 柳庆，据《周书》卷二二本传所云，他字更兴，"幼聪敏，有器量。博涉群书，不治章句。好饮酒，闲于占对。年十三。因曝书，僧习谓庆曰：'汝虽聪敏，吾未经持试。'乃令庆于杂赋集中取赋一篇，千有余言，庆立读三遍，便即诵之，无所遗漏"。（第 369 页）"时北雍州献白鹿，群臣欲草表陈贺……庆操笔立成，辞兼文质。"（第 370 页）"庆威仪端肃，枢机明辨。太祖每发号令，常使庆宣之。天性抗直，无所回避。"（第 372 页）"魏恭帝初，进位骠骑大将军、开府仪同三司、尚书右仆射，转左仆射，领著作。"（第 372 页）可知柳庆曾在西魏政权拜相。柳机，《周书》卷二二《柳庆传》又云，他是柳庆之子，"字匡时，少有令誉，风仪辞令，为当世所推。历小纳言、开府仪同三司、司宗中大夫"。（第 373 页）柳弘，《周书》卷二二《柳庆传》又云，他也是柳庆之子，"字匡道，少聪颖，亦善草隶，博涉群书，辞彩雅赡。与弘农杨素为莫逆之交。解巾中外府记室参军"。（第 373 页）"有文集行于世。"（第 373 页）柳带韦，《周书》卷二二《柳庆传》说他也是柳庆从子，"字孝孙。深沉有度量，少好学。身长八尺三寸，美风仪，善占对"。（第 373 页）柳旦，据《隋书》卷四七《柳机传》记载，他是柳机之弟，"字匡德，工骑射，颇涉书籍。起家周左侍上士，累迁兵部下大夫"。（第 1273 页）柳肃，《隋书》卷四七《柳机传》记载，他是柳机之弟，"字匡仁，少聪敏，闲于占对。起家周齐王文学，武帝见而异之，召拜宣纳上士"。（第 1273 页）柳謇之，《隋书》卷四七《柳机传》记载，他是柳机从子，

"字公正。父蔡年，周顺州刺史。謩之身长七尺五寸，仪容甚伟，风神爽亮，进止可观。为童儿时，周齐王宪尝遇謩之于途，异而与语，大奇之。因奏入国子，以明经擢第，拜宗师中士，寻转守庙下士。武帝尝有事太庙，謩之读祝文，音韵清雅，观者属目"。（第 1275 页）柳虬，《周书》卷三八本传记载，他是字仲蟠，是柳庆之兄也，"年十三，便专精好学。时贵游子弟就学者，并车服华盛，唯虬不事容饰。遍受《五经》，略通大义，兼博涉子史，雅好属文"。（第 680 页）大统"十四年，除秘书丞。秘书虽领著作，不参史事，自虬为丞，始令监掌焉"。（第 681 页）柳桧，据《周书》卷四六本传所云，他字季华，是秘书监柳虬之次弟，"性刚简任气，少文，善骑射，果于断决。年十八，起家奉朝请。居父丧，毁瘠骨立。服阕，除阳城郡丞、防城都督。大统四年，从太祖战于河桥，先登有功"。（第 827 页）"八年，拜湟河郡守，仍典军事。寻加平东将军、太中大夫。吐谷浑入寇郡境，时桧兵少，人怀忧惧。桧抚而勉之，众心乃安。因率数十人先击之，溃乱，余众乘之，遂大败而走。"（第 827—828 页）柳雄亮，据《周书》卷四六《孝义柳桧传》记载，他是柳桧之子，"字信诚。幼有志节，好学不倦。年十二，遭父艰，几至灭性。终丧之后，志在复仇"。（第 829 页）"年始弱冠，府史文笔，颇亦委之。"（第 829 页）虽然他们的郡望是河东，而河东又地处东西对峙的拉锯地区，但是《周书》卷二二《柳庆传》却说他"五世祖恭，仕后赵，为河东郡守。后以秦、赵丧乱，乃率民南徙，居于汝、颍之间，故世仕江表。祖缉，宋同州别驾，宋安郡守。父僧习，齐奉朝请。魏景明中，与豫州刺史裴叔业据州归魏"。（第 369 页）其父又在中央或山东地区为宦，而这些人都是柳庆兄弟或子侄，因此说他们的学业兴趣当都源自山东地区。柳敏，《周书》卷三二本传记载，他是字白泽，是"敏九岁而孤，事母以孝闻。性好学，涉猎经史，阴阳卜筮之术，靡不习焉。年未弱冠，起家员外散骑侍郎"。（第 560 页）"敏操履方正，性又恭勤。"（第 561 页）柳昂，《周书》卷三二《柳敏传》记载，他是柳敏的少子"字千里，幼聪颖有器识，干局过人。武帝时，为内史中大夫、开府仪同三司，赐爵文城郡公。当途用事，百寮皆出其下。昂竭诚献替，知无不为，谦虚自处，未尝骄物。时论以此重之"。（第 561—562 页）而《周书》卷三二《柳敏传》却说柳敏是"晋太常纯之七世孙也。父懿，魏车骑大将军、仪同三司、汾州刺史"。（第560页）因此他们的学业当源自河东地区。柳裘，《隋书》卷三八本传记载，他字茂和，是"齐司空世隆之曾孙也。祖惔，梁尚书左仆射。父明，太子舍人、义兴太守。裘少聪慧，弱冠有令名，在梁仕历尚书郎、驸马都尉。梁元帝为魏军所逼，遣裘请和于魏。俄而江陵陷，遂入关中"。（第1138页）因此他的学业兴趣当源自江左地区。柳彧，据《隋书》卷六二本传记载，他字幼文，"七世祖卓，随晋南迁，寓居襄阳。父仲礼，为梁将，败归周，复家本土。彧少好学，颇涉经史"。（第1481页）因此他的学业当是在河东故土所学。可见史书中有明确记载的在西魏北周统治区生活学业等情况可考的河东柳氏15人中好学者有14人，占总数的93%多；崇尚武功者1人，约占总数的7%；因此说生活在该地区的河东柳氏也是以注重儒学为主。而他们的学业渊源除柳裘源自江左外，多源自山东地区。

[弘农杨氏] 杨宽，据《周书》卷二二本传所云，他字景仁，"宽少有大志，每与诸儿童游处，必择高大之物而坐之，见者咸异焉。及长，颇解属文，尤尚武艺"。（第364页）"魏废帝初，入为尚书左仆射、将作大监，坐事免。"（第367页）"宽性通敏，有器识。频牧数州，号称清简。历居台阁，有当官之誉。然与柳庆不协，欲按成其罪，时论颇以此讥之。"（第367页）而且本传又说他"祖恩，魏镇远将军、河间内史。父钧，博学强识，举秀才，拜大理平，转廷尉正。累迁，历洛阳令、右中郎将军、华州大中正、河南尹、廷尉卿、安北将军、七兵尚书、北道大行台、恒州刺史、怀朔镇将军，卒于镇"。（第364页）可知他的学业当源自山东地区，又曾在西魏政权拜相。杨敷，《周书》卷三四本传记载，他字文衍，"敷少有志操，重然诺。每览书传，见忠臣烈士之事，常慨然景慕之"。（第599页）而本传说他是"华山公宽之兄子也。父暄，字景和。性朗悟，有识学。弱冠拜奉朝请，历员外散骑侍郎、华州别驾、尚书右中兵郎中、辅国将军、谏议大夫。以别将从魏广阳王深征葛荣，为荣所害"。（第599页）因此说他的学业源自山东地区。杨素，据《隋书》卷四八本传所云，他字处道，"父敷，周汾州刺史，没于齐。素少落拓，有大志，不拘小节，世人多未之知"。（第1281页）"后与安定牛弘同志好学，研精不倦，多所通涉。善属文，工草隶，颇留意于风角。"（第1281页）《周书》卷三四《杨敷传》还说杨素"有文武材略"。（第600页）

杨约，《隋书》卷四八本传记载，他字惠伯，是杨素的异母弟。"性沉静，内多谲诈，好学强记"。（第1293页）而他们父亲早亡，对他们学业上影响不大，故此他们的学业当出自关陇地区。杨尚希，《隋书》卷四六本传曰："尚希龆龀而孤。年十一，辞母请受业长安。涿郡卢辩见而异之，令入太学，专精不倦，同辈皆共推伏。"（第1252页）"时年十八，令讲《孝经》，词旨可观。太祖奇之，赐姓普六茹氏，擢为国子博士，累转舍人。"（第1252页）"尚希性弘厚，兼以学业自通，甚有雅望，为朝廷所重。"（第1253页）可知他的学业当受到卢辩的影响，出自山东地区。杨异，《隋书》卷四六本传记载，他字文殊，"异美风仪，沉深有器局。龆龀就学，日诵千言，见者奇之。九岁丁父忧，哀毁过礼，殆将灭性。及免丧之后，绝庆吊，闭户读书。数年之间，博涉书记"。（第1258页）考其学业源流，据本传说他"祖钧，魏司空。父俭，侍中"。（第1258页）由此可知他的学业源自山东地区。杨穆，《周书》卷二二《杨宽传》记载，他是杨宽之兄，"字绍叔。魏永安中，除华州别驾。孝武末，宽请以澄城县伯让穆，诏许之。仍拜中军将军、金紫光禄大夫，除车骑将军、都督并州诸军事、并州刺史"。（第368页）杨俭，《周书》卷二二《杨宽传》记载他是杨宽之兄，"字景则。伟容仪，有才行。魏正始中，起家侍御史，加奉朝请，迁员外散骑侍郎"。（第368页）"大统初，以本官行东秦州事，加使持节、当州大都督。从破齐神武于沙苑。"（第368页）杨绍，《周书》卷二九本传记载，他字子安，"祖兴，魏新平郡守。父国，中散大夫。绍少慷慨有志略，屡从征伐，力战有功"。（第500页）大统"四年，出为郿城郡守。绍性恕直，兼有威惠，百姓安之。稽胡恃众与险，屡为抄窃。绍率郡兵从侯莫陈崇讨之，匹马先登，破之于默泉之上"。（第500页）杨文思，《隋书》卷四八本传记载，他字温才，是杨素的从叔，"父宽，魏左仆射，周小冢宰。文思在周，年十一，拜车骑大将军、仪同三司、散骑常侍"。（第1294页）"天和初，治武都太守。十姓獠反，文思讨平之，复治翼州事。党项羌叛，文恩率州兵讨平之，进击资中、武康、隆山生獠及东山獠，并破之。"（第1294页）杨文纪，《隋书》卷四八本传记载，他字温范，是杨素的从叔，"少刚正，有器局。在周，袭爵华山郡公"。（第1295页）"将兵迎陈降将李瑗于齐安，与陈将周法尚军遇，击走之。"（第1295页）可见史书中有明确记载的在西魏北周统治区生活学业等情况可考的弘农杨氏 11 人中好学者有 5 人，占总数的 45% 多；文武兼备者 1 人，占总数的 9% 多；崇尚武功者 5 人，占总数的 45% 多；因此说生活在该地区的弘农杨氏中好学者与崇尚武功者平分秋色。可是在好学者和文武兼备者 6 人的学业渊源，4 人出自山东地区，占三分之二；2 人出自关陇地区，占三分之一；因此说弘农杨氏的学业渊源多出自山东地区。

[清河崔氏] 崔彦穆，据《周书》卷三六本传所云，他字彦穆，"曾祖顗，魏平东府咨议。祖蔚，遭从兄司徒浩之难，南奔江左。仕宋为给事黄门侍郎，汝南、义阳二郡守。延兴初，复归于魏，拜颍川郡守，因家焉"。（第 640 页）"父稚，笃志经史，不以世事婴心。起家秘书郎，稍迁永昌郡守。"（第 640 页）"彦穆幼明悟，神彩卓然。年十五，与河间邢子才、京兆韦孝宽俱入中书学，偏相友受。"（第 640 页）崔君绰，《周书》卷三六《崔彦穆传》记载，他是崔彦穆之子，"性夷简，博览经史，有父风。大象末，丞相府宾曹参军"。（第 641 页）崔君肃，《周书》卷三六《崔彦穆传》记载，他是崔彦穆之子，"解巾为道王侍读。大象末，颍川郡守"。（第 641 页）从崔君肃出仕为道王侍读，可知其有学识。据史书记载，在西魏北周统治区生活学业等情况可考的清河崔氏三人皆好学，崔彦穆父子祖籍为清河，而且其祖父定居于颍川郡，因此其学业源于山东地区。

[博陵崔氏] 崔谦，据《周书》卷三五本传所云，他字士逊，"祖辩，魏平远将军、武邑郡守。父楷，散骑常侍、光禄大夫、殷州刺史"。（第 611 页）"谦幼聪敏，神彩嶷然。及长，深沉有识量。历观经史，不持章句，志在博闻而已。每览经国纬民之事，心常好之，未尝不抚卷叹息。"（第 612 页）"谦性至孝，少丧父，殆将灭性。与弟说特相友爱，虽复年事并高，名位各重，所有资产，皆无私焉。其居家严肃，动遵礼度。"（第 613—614 页）由于其父祖在河北地区为宦，因此他的学业当源于该地区。崔说，《周书》卷三五《崔谦传》记载，他本名士约，"少鲠直，有节概，膂力过人，尤工骑射"。（第 614 页）崔彭，《隋书》卷五四本传记载，他字子彭，"祖楷，魏殷州刺史。父谦，周荆州总管。彭少孤，事母以孝闻。性刚毅，有武略，工骑射。善《周官》、《尚书》，略通大义"。（第 1368—1369 页）因此说崔彭所学源于其父崔谦。崔猷，《周书》卷三

五本传记载，他字宣猷，"汉尚书寔之十二世孙也。祖挺，魏光州刺史、泰昌县子，赠辅国将军、幽州刺史，谥曰景。父孝芬，左光禄大夫，仪同三司，兼吏部尚书，为齐神武所害"。（第615页）"猷少好学，风度闲雅，性鲠正，有军国筹略。"（第615页）可是由于其父在北魏中央为宦，因此他的学业当源于该地区。崔仲方，《隋书》卷六十本传记载，他字不齐，"祖孝芬，魏荆州刺史。父宣猷，周小司徒。仲方少好读书，有文武才干。年十五，周太祖见而异之，令与诸子同就学"。（第1447页）因此说崔仲方的学业当源于山东地区即后来的东魏北齐统治区。崔弘度，据《隋书》卷七四本传所云，他字摩诃衍，"祖楷，魏司空。父说，周敷州刺史。弘度膂力绝人，仪貌魁岸，须面甚伟。性严酷。年十七，周大冢宰宇文护引为亲信。寻授都督，累转大都督"。（第1698页）崔弘昇，《隋书》卷七四本传又云，他字上客，"在周为右侍上士。尉迟作乱相州，与兄弘度击之，以功拜上仪同"。（第1700页）"高祖受禅，进爵为公，授骠骑将军。宿卫十余年。"（第1700页）可见史书中有明确记载的在西魏北周统治区生活学业等情况可考的博陵崔氏7人中习读经史、好学者有3人，约占总数的43%；1人文武兼备，占总数的14%多，崇尚武功者3人，约占总数的43%；因此说生活在该地区的博陵崔氏仍然是注重儒学者和崇尚武功者人数相等，但是这些好学者的学业皆源于山东地区。

[范阳卢氏] 卢辩，据《周书》卷二四本传所云，他字景宣，"累世儒学，父靖，太常丞。辩少好学，博通经籍，举秀才，为太学博士。以《大戴礼》未有解诂，辩乃注之"。（第403页）"累迁尚书右仆射。"（第404页）可知其学识源自山东地区，并曾在西魏政权中拜相。卢柔，据《周书》卷三二本传记载，他字子刚，"少孤，为叔母所养，抚视甚于其子。柔尽心温清，亦同己亲。宗族欢重之。性聪敏，好学，未弱冠，解属文，但口吃不能持论。颇使酒诞节，为世所讥"。（第562页）卢恺，《周书》卷三二《卢柔传》记载，他是卢柔之子，"字长仁。涉猎经史，有当世干能。起家齐王记室。历吏部、内史上士，礼部下大夫。寻为聘陈副使"。（第563页）其父卢柔学业可能来自河北地区，他的学术当也受到其父的影响，源自河北地区。卢诞，《周书》卷四五本传记载，他"本名恭祖。曾祖晏，博学善隶书，有名于世。仕燕为给事黄门侍郎、营丘成周二郡守。祖寿，太子洗马。燕灭入魏，为鲁郡守。父叔仁，年十八，州辟

主簿。举秀才，除员外郎"。（第806页）"诞幼而通亮，博学有词彩。郡辟功曹，州举秀才，不行。"（第807页）"太祖又以诞儒宗学府，为当世所推，乃拜国子祭酒。"（第807页）卢光，据《周书》卷四五本传所云，他字景仁，是卢辩之弟，"性温谨，博览群书，精于《三礼》，善阴阳，解钟律，又好玄言"。（第807页）"光性崇佛道，至诚信敬。"（第808页）可知史书记载的在西魏北周统治区生活学业等情况可考的范阳卢氏五人皆博学，而且学业当皆来自山东地区。

[荥阳郑氏] 郑孝穆，据《周书》卷三五本传所云，他字道和，"魏将作大匠浑之十一世孙。祖敬叔，魏颍川、濮阳郡守，本邑中正。父琼，范阳郡守"。（第609页）"孝穆幼而谨厚，以清约自居。年未弱冠，涉猎经史。父叔四人并早殁，昆季之中，孝穆居长。抚训诸弟，有如同生，闺庭之中，怡怡如也。"（第609页）因此其学业源自山东地区。郑诩，《周书》卷三五《郑孝穆传》又云，他是郑孝穆之子，"历位纳言，为聘陈使"。（第611页）既然他能出使陈朝，当有学识。郑译，《周书》卷三五《郑孝穆传》又云，他也是郑孝穆之子，"幼聪敏，涉猎群书，尤善音乐，有名于时。世宗诏令事辅城公"。（第611页）而他们兄弟的学业兴趣当受到父亲影响。郑伟，《周书》卷三六本传记载，他字子直，"祖思明，少勇悍，仕魏至直阁将军，赠济州刺史。父先护，亦以武勇闻。起家员外散骑侍郎"。（第633页）"伟少倜傥有大志，每以功名自许，善骑射，胆力过人。"（第634页）"从战河桥及解玉壁围，伟常先锋陷阵。"（第634页）"伟性粗犷，不遵法度，睚眦之间，便行杀戮。"（第634页）郑顶，《周书》卷三六《郑伟传》记载，他是郑伟族人，"字宁伯，少有干用。起家员外散骑侍郎"。（第635页）"历职内外，并有恪勤之称。"（第635页）郑常，《周书》卷三六《郑伟传》又记，他字子元，是郑顶之子，"颇涉学，有当官誉。历抚军将军、通直散骑常侍、司皮下大夫，迁信、东徐、南兖三州刺史"。（第635页）他的学业当源自关陇地区。可见史书中有明确记载的在西魏北周统治区生活学业等情况可考的荥阳郑氏6人中习读经史、好学者有5人，占总数的83%多；崇尚武力者1人，约占总数的17%；因此说生活在该地区的荥阳郑氏绝大多数好学，但是好学的五人中除郑常外，学业多源自山东地区。

[河内司马氏] 司马裔，据《周书》卷三六本传所云，他字遵胤，

"晋宣帝弟太常馗之后。曾祖楚之,属宋武帝诛晋氏戚属,避难归魏"。(第 645 页)"裔少孤,有志操,州郡辟召,并不应命。起家司徒府参军事。"(第 645 页)"大统三年,大军复弘农,乃于温城起义,遣使送款。"(第 645 页)"及大军东征,裔率所部从战河桥,又别攻怀县,获其将吴辅叔。自此频与东魏交战,每有克获。"(第 645 页)"魏废帝元年,征裔,令以本兵镇汉中。"(第 645 页)司马侃,《周书》卷三六《司马裔传》记载,他字道迁,是司马裔之子,"少敢勇,未弱冠,便从戎旅"。(第 647 页)可见史书中有明确记载的在西魏北周统治区生活的河内司马氏 2 人皆崇尚武力。

[太原王氏]王思政,据《周书》卷一八本传所云,他字思政,"容貌魁伟,有筹策。魏正光中,解褐员外散骑侍郎。属万俟丑奴、宿勒明达等扰乱关右,北海王颢率兵讨之,启思政随军。军事所有谋议,并与之参详"。(第 293—294 页)"时魏孝武在藩,素闻其名,颢军还,乃引为宾客,遇之甚厚。"(第 294 页)"帝以思政可任大事,拜中军大将军、大都督,总宿卫兵。"(第 294 页)当是文武兼备。

[兰陵萧氏]萧撝,据《周书》卷四二本传所云,他字智遐,"梁武帝弟安成王委之子也。性温裕,有仪表。年十二,入国学,博观经史,雅好属文"。(第 751 页)"撝善草隶,名亚于王褒。算数医方,咸亦留意。所著诗赋杂文数万言,颇行于世。"(第 753 页)萧济,《周书》卷四二《萧撝传》记载,他是萧撝之子,"字德成,少仁厚,颇好属文"。(第 753 页)萧世怡,《周书》卷四二本传记载,他是"梁武帝弟鄱阳王恢之子也。以名犯太祖讳,故称字焉。幼而聪慧,颇涉经史"。(第 754 页)"陈武帝执政,征为侍中。世怡疑而不就,乃奔于齐。"(第 754 页)萧子宝,《周书》卷四二《萧世怡传》记载,他是萧世怡之子,"美风仪,善谈笑,年未弱冠,名重一时"。(第 754 页)萧圆肃,字明恭,《周书》卷四二本传记载,他是"武陵王纪之子也。风度淹雅,敏而好学"。(第 755 页)"有文集十卷,又撰时人诗笔为《文海》四十卷,《广堪》十卷,《淮海乱离志》四卷,行于世。"(第 756 页)萧大圜,《周书》卷四二本传记载,他字仁显,是"梁简文帝之子也。幼而聪敏,神情俊悟。年四岁,能诵《三都赋》及《孝经》、《论语》。七岁居母丧,便有成人之性"。(第 756 页)"恒以读《诗》、《礼》、《书》、《易》为事。元帝尝自

问《五经》要事数十条,大圜辞约指明,应答无滞。"(第757页)"性好学,务于著述。撰《梁旧事》三十卷、《寓记》三卷、《士丧仪注》五卷、《要决》两卷,并文集二十卷。"(第759页)萧该,《隋书》卷七五本传记载,他是萧梁鄱阳王萧恢之孙,少封攸侯。江陵陷落后与何妥同至长安。"性笃学,《诗》、《书》、《春秋》、《礼记》并通大义,尤精《汉书》,甚为贵游所礼。"(第1715页)"该后撰《汉书》及《文选音义》,咸为当时所贵。"(第1716页)在当时有一定影响。可见史书中有明确记载的在西魏北周统治区生活学业等情况可考的兰陵萧氏7人皆有学识,并且都是萧梁宗室,学业当皆源于江左南朝。

[琅琊王氏] 王褒,据《周书》卷四一本传所云,他字子渊,"曾祖俭,齐侍中、太尉、南昌文宪公。祖骞,梁侍中、金紫光禄大夫、南昌安侯。父规,梁侍中、左民尚书、南昌章侯。并有重名于江左。褒识量渊通,志怀沉静。美风仪,善谈笑,博览史传,尤工属文"。(第729页)江陵平"褒与王克、刘瑴、宗懔、殷不害等数十人,俱至长安"。(第731页)另据《隋书》卷三四《经籍志》记载:"《象经》一卷王褒注。"(第1017页)卷三五《经籍志》记载:"后周小司空《王褒集》二十一卷并录。"(第1080页)可见他甚有才学,并有著述,究其渊源,实源自江左地区。

[琅琊颜氏] 颜之仪,据《周书》卷四十本传所云,他字子升,"晋侍中含九世孙。祖见远,齐御史治书。正色立朝,有当官之称"。(第719页)"之仪幼颖悟,三岁能读《孝经》。及长,博涉群书,好为词赋。尝献《神州颂》,辞致雅赡。"(第719页)"江陵平,之仪随例迁长安。世宗以为麟趾学士,稍迁司书上士。"(第720页)"有文集十卷行于世。"(第721页)可见他颇有学识,并有著述,学识亦源自江左地区。

[南阳庾氏] 庾信,据本节第三部分所考,他字子山,其父在萧梁时期即为高官,他本人亦出仕萧梁政权。他又有才华,"聪敏绝伦。博览群书,尤善《春秋左氏传》……既有盛才,文并绮艳,故世号为徐、庾体焉"①。并有著述。究其渊源,亦源自江左地区。

[南阳宗氏] 宗懔,据《周书》卷四二本传所云,他字元懔,"八世

---

① 《周书》卷四一《庾信传》,第733页。

祖承，永嘉之乱，讨陈敏有功，封柴桑县侯，除宜都郡守。卒于官，子孙因居江陵。父高之，梁山阴令。懔少聪敏，令好读书，昼夜不倦。语辄引古事，乡里呼为'小儿学士'"。（第759页）"及江陵平，与王褒等入关。太祖以懔名重南土，甚礼之。"（第760页）"有集二十卷，行于世。"（第760页）可知其学识源自江左地区，并有著述。

[沛国刘氏]刘璠，据《周书》卷四二本传所云，他字宝义，"沛国沛人也。六世祖敏，以永嘉丧乱，徙居广陵。父臧，性方正，笃志好学，居家以孝闻"。（第760—761页）"九岁而孤，居丧合礼。少好读书，兼善文笔。年十七，为上黄侯萧晔所器重。"（第761页）"少慷慨，好功名，志欲立事边城，不乐随牒平进。会宜丰侯萧循出为北徐州刺史，即请为其轻车府主簿，兼记室参军，又领刑狱。"（第761页）"属侯景度江，梁室大乱，循以璠有才略，甚亲委之。"（第761页）"太祖（宇文泰）素闻其名，先诫[达奚]武曰：'勿使刘璠死也。'"（第762页）"尝卧疾居家，对雪兴感，乃作《雪赋》以遂志云。"（第763页）"著《梁典》三十卷，有集二十卷，行于世。"（第765页）可知其学识源自江左地区，并有著述。

[吴兴沈氏]沈重，字德厚，《周书》卷四五本传说他"性聪悟，有异常童。弱岁而孤，居丧合礼。及长，专心儒学，从师不远千里，遂博览群书，尤明《诗》、《礼》及《左氏春秋》。梁大通三年，起家王国常侍。梁武帝欲高置学官，以崇儒教。中大通四年，乃革选，以重补国子助教"。（第808—809页）"高祖以重经明行修，乃遣宣纳上士柳裘至梁征之。"（第809页）"重学业该博，为当世儒宗。至于阴阳图纬，道经释典，靡不毕综。又多所撰述，咸得其指要。其行于世者，《周礼义》三十一卷、《仪礼义》三十五卷、《礼记义》三十卷、《毛诗义》二十八卷、《丧服经义》五卷、《周礼音》一卷、《仪礼音》一卷、《礼记音》二卷、《毛诗音》二卷。"（第810—811页）可见其学识之渊博，并且著述甚多。不过其学识还是源自江左地区。

在西魏北周统治区生活的琅琊王氏、太原王氏、琅琊颜氏、南阳庾氏、南阳宗氏、沛国刘氏以及南方的吴兴沈氏这些士族，虽然就文化上史书有明确事迹记载都只有一人，但是除太原王氏的王思政外，他们都习读经史、喜好文学，并出现了王褒、庾信、沈重这样的著名学者，他们的学术皆源自江左地区。不过总的来看，在西魏北周统治区内生活的士家大族大多重视儒学、习读经史，并涌现出诸如王褒、庾信、沈重等著名学者，这说明在该地区学术大多由士家大族掌握传习，因此这些士家大族的学术水平代表了该地区的学术水准。但是除外来的兰陵萧氏和只有一人的琅琊王氏、琅琊颜氏、南阳庾氏、南阳宗氏、吴兴沈氏外，其他士家大族的成员皆出现了文武兼备或崇尚武功的现象，还有的士族家族中出现尚武好游侠者与好学者人数相等甚至超出的现象。另外，这总计19个士族家族的学业渊源，出自山东地区或在该地区占优的有10个士族家族，约占53%；出自关陇地区或在该地区占优的有3个士族家族，约占16%；源自江左南朝的有6个士族家族，约占31%；也就是说关陇地区的学业多源自外来文化。而且在许多士族中各种文化混杂其中。由此可见在这些方面关陇统治区与东魏北齐统治区大不相同。此外，王褒、庾信这两位著名学者皆是西魏平江陵时所得，加上还有许多由于种种原因辗转来到西魏北周统治区的人才，都说明外来的士家大族对该地区文化影响之大。

就当时生活在整个中国北方的士家大族来看，除极个别家族出现了文武参半的现象外，皆重视儒学，并涌现出诸如邢邵、颜之推、魏收、王劭、薛道衡、王褒、庾信等著名学者，这说明该地区学术大多是由士家大族掌握传习的，他们代表了该地区的学术水准，而且这些士家大族对北方文化的发展起了重大的作用。当然还有一些非士族出身以及一些汉化胡族的学者对中国北方新的汉文化的形成也做出了相当大的贡献。此外，李德林、辛德源、颜之推、王褒、庾信、沈重等著名学者所起的作用不容忽视。特别是诸如颜之推、王褒、庾信、沈重这些外来的著名学者在进入北方时当也把南方的汉族文化一起带到了北方，这对于当时北方全新汉文化的形成也起了一定的作用。因此说这一时期中国北方产生的新的文化仍然以汉文化为主体。

五 中枢权力核心中的胡汉比例

参与中枢政局的胡汉比例特别是汉人人数多寡亦能说明该政权的汉化程度，而参与中枢政局多指其宰相，东魏北齐和西魏北周的宰相都指任那些官职的人，据《通典》卷一九《职官·要略·宰相》所云：

> 后魏、北齐亦置丞相,俱为宰相。尤重门下官,多以侍中辅政,亦宰相也。(第490页)
>
> 后周大冢宰,亦其任也。其后亦置左右丞相。(第490页)

同书卷二一《职官·宰相》又云:

> 北齐乾明中,置丞相。河清中分为左右,各置府僚。然而为宰相秉持朝政者,亦多为侍中。赵彦琛、元文遥、和士开同为宰相,皆兼侍中。(第540页)
>
> 后周大冢宰,亦其任也,其后亦置左右丞相。大象二年,以杨坚为大丞相,遂罢左右丞相官。(第540页)

祝总斌教授则认为,"北魏、北齐的尚书省长官是宰相"①,并进一步论证"北朝的侍中不是宰相",说:"《通典·职官三》北齐'为宰相秉持朝政者亦多为侍中'。人们往往引用杜佑此话作为北齐宰相是侍中之证,可是如果我们注意此句所加原注:'赵彦琛、元文遥、和士开同为宰相,皆兼侍中',便会发现后者含义是不同的。据《北齐书》各传及《北齐将相大臣年表》,天统四年太上皇高湛死前,赵彦琛先后为尚书令、并省录尚书事,元文遥为左仆射,和士开为右仆射,俱兼侍中。可见就杜佑原注的文字和史实来看,宰相当指尚书令、仆射,而不是侍中;兼侍中只是便于接近皇帝,议决政事,发挥作用的一个条件。《通典》正文的断句和原注的文字矛盾,史料不合,是不足为据的。当然,也可能正文的'多为侍中'是'多兼侍中'之意,那么引之以证北齐宰相是侍中,就完全南辕北辙了。"② 因此笔者在本书中亦采用这种看法。

(一) 东魏北齐统治地区

东魏北齐的宰相包括尚书省的长官,即录尚书事、尚书令、尚书仆射以及大丞相、丞相,曾任大丞相、丞相者,据《北齐书》卷一《神武帝

---

① 祝总斌:《两汉魏晋南北朝宰相制度研究》,中国社会科学出版社1990年版,第229—233、300—305页。

② 同上书,第304—305页。

纪》记载：

> 永熙元年正月壬午，拔邺城，据之。废帝进神武大丞相、柱国大将军、太师。（第7页）

同书卷三《文襄帝纪》记载：

> 世宗文襄皇帝讳澄……［武定五年］七月戊戌，魏帝诏以文襄为使持节、大丞相、都督中外诸军、录尚书事，大行台、渤海王。（第31—32页）

同书卷四《文宣帝纪》记载：

> ［天保八年夏四月乙酉］以太师，咸阳王斛律金为右丞相……（第63页）

同书卷五《废帝纪》记载：

> ［乾明元年二月］戊申，以常山王演为大丞相、都督中外诸军、录尚书事……（第75页）

同书卷六《孝昭帝纪》记载：

> ［皇建元年八月］戊子，以太傅、长广王湛为右丞相，以太尉、平阳王淹为太傅，以尚书令、彭城王浟为大司马。（第82页）

同书卷八《后主纪》记载：

> ［天统三年］秋八月辛未，太上皇帝诏以太保、任城王湝为太师，太尉、冯翊王润为大司马，太宰段韶为左丞相，太师贺拔仁为右丞相……（第100页）

> [武平元年二月]己巳，以太傅、咸阳王斛律光为右丞相，并州刺史、右丞相、安定王贺拔仁为录尚书事……（第103页）
>
> [三年]八月庚寅……以太宰、任城王湝为右丞相……（第105页）
>
> [四年]十二月戊寅，以司徒高阿那肱为右丞相。（第107页）

同书卷十《任城王湝传》记载：

> 任城王湝，神武第十子也……武平初，迁太师、司州牧，出为冀州刺史，加太宰，迁右丞相、都督、青州刺史。（第137页）

可知任大丞相、丞相的有高欢、高澄、斛律金、高演、高湛、段韶、贺拔仁、斛律光、高阿那肱、高湝10人。

任录尚书事、尚书令、尚书仆射者，据《魏书》卷一二《孝静帝纪》记载：

> [天平元年十月丙子]以卫大将军、尚书令元弼为骠骑大将军、仪同三司、洛州刺史，镇洛阳。（第298页）
>
> 二年春正月……乙亥，兼尚书右仆射、东南道行台元晏讨元庆和，破走之。（第298页）
>
> [三年二月]丁酉，诏加齐文襄王使持节、尚书令、大行台、大都督，以鲜卑，高车酋庶皆隶之。（第300页）
>
> 五月癸卯……丙辰，以录尚书事、西河王悰为司州牧。（第300页）
>
> 九月壬寅，以定州刺史侯景兼尚书右仆射、南道行台，节度诸军南讨。（第300页）
>
> 四年春正月……丁巳……以汝阳王暹为录尚书事。（第301页）
>
> 冬十月，以咸阳王坦为录尚书事。（第301页）
>
> 兴和元年春正月辛酉，以尚书令孙腾为司徒。（第303页）
>
> 六月乙酉，以尚书左仆射司马子如为山东黜陟大使，寻为东北道大行台，差选勇士。（第303页）

> 秋七月丁丑，诏以齐献武王为相国、录尚书事、大行台，固辞相国。（第303页）
>
> 四年春正月丙辰……乙酉……以尚书右仆射高隆之为司徒，以太尉、彭城王韶为录尚书事……辛卯……封祖裔为尚书右仆射。（第305页）
>
> ［武定二年三月］中书监元弼为录尚书，左仆射司马子如为尚书令，以今上为右仆射。（第307页）
>
> 十有一月……甲申，以司徒高隆之为尚书令。（第307页）
>
> ［三年十二月］戊子，以太保孙腾为录尚书事。（第308页）
>
> ［五年］五月丁酉朔……戊戌，以尚书右仆射、襄城王旭为太尉。甲辰，以太原公今上为尚书令，领中书监，余如故，询以政事。……以司徒高隆之录尚书事，以徐州刺史慕容绍宗为尚书左仆射，高阳王斌为右仆射。（第309页）
>
> 六月……乙酉……太尉、襄城王旭兼尚书令，奉诏宣慰。（第309页）
>
> 秋七月戊戌……以齐文襄王为使持节、大丞相、都督中外诸军事、录尚书事、大行台、勃海王。（第310页）

《北齐书》卷三《文襄帝纪》记载：

> 世宗文襄皇帝讳澄……天平元年，加使持节、尚书令、大行台、并州刺史。（第31页）

同书卷四《文宣帝纪》记载：

> 显祖文宣皇帝讳洋……武定元年，加侍中。二年，转尚书左仆射，领军将军。五年，授尚书令、中书监、京畿大都督。（第44页）
>
> ［八年春正月］戊辰，魏诏进帝位使持节、丞相、都督中外诸军事、录尚书事、大行台、齐郡王，食邑一万户。（第43—44页）
>
> ［天保元年秋七月］乙卯，以尚书令、平原王高隆之录尚书事，尚书左仆射、平阳王淹为尚书令。（第53页）

> [十月]乙酉，以特进元韶为尚书左仆射，并州刺史段韶为尚书右仆射。（第54页）
>
> [三年夏四月]甲申，以吏部尚书杨愔为尚书右仆射。（第56页）
>
> [五年八月]庚子……尚书令、平阳王淹录尚书事，常山王演为尚书令，中书令、上党王涣为尚书左仆射。（第59页）
>
> [八年夏四月乙酉]尚书令、常山王演为司空、录尚书事，长广王为尚书令，尚书右仆射杨愔为尚书左仆射，以并省尚书右仆射崔暹为尚书右仆射，上党王涣录尚书事。（第64页）
>
> [九年]五月辛丑，尚书令、长广王湛录尚书事，骠骑大将军、平秦王归彦为尚书左仆射。甲辰，以前尚书左仆射杨愔为尚书令。（第65页）
>
> [十年]三月戊戌，以侍中高德政为尚书右仆射。（第66页）
>
> 闰四月丁酉……侍中、高阳王湜为尚书右仆射。（第66页）
>
> 秋八月戊戌……以尚书右仆射、河间王孝琬为尚书左仆射。（第66页）

同书卷五《废帝纪》记载：

> [天保十年十一月乙卯]以平阳王淹为司空，高阳王湜为尚书左仆射……侍中燕子献为右仆射。（第74页）
>
> [乾明元年]二月己亥，以太傅、常山王演为太师、录尚书事，以太尉、长广王湛为大司马、并省录尚书事，以尚书左仆射、平秦王归彦为司空，赵郡王叡为尚书左仆射……戊申……以司空、平秦王归彦为司徒，彭城王浟为尚书令。（第75页）
>
> 五月壬子，以开府仪同三司刘洪徽为尚书右仆射。（第75页）

同书卷七《武成帝纪》记载：

> 世祖武成皇帝讳湛……乾明初……帝既与孝昭谋诛诸执政，迁太傅、录尚书事、领京畿大都督。（第89页）

[大宁元年冬十一月乙卯]以尚书右仆射、赵郡王叡为尚书令……以尚书令段韶为大司马……以太保、彭城王浟为太师、录尚书事……以中书监、任城王湝为尚书左仆射,以并州刺史斛律光为右仆射……(第90页)

河清元年春正月乙亥……己亥。以前定州刺史,冯翊王润为尚书左仆射。(第90页)

二月丁未……乙卯,以兼尚书令、任城王湝为司徒。(第90页)

五月甲申……己丑,以尚书右仆射斛律光为尚书令。(第90页)

[七月丁酉]以尚书令斛律光为司空,以太子太傅、赵郡王叡为尚书令,中书监、河间王孝琬为尚书左仆射。(第91页)

二年春正月乙亥……以太子少傅魏收为兼尚书右仆射。(第91页)

三月乙丑……丙戌,以兼尚书右仆射赵彦深为左仆射。(第91页)

[三年三月庚辰]以侍中、武兴王普为尚书左仆射。(第92页)

五月甲子……壬午,以尚书令、赵郡王叡为录尚书事……(第92页)

十二月乙卯……己巳……并州刺史兰陵王长恭为尚书令。(第92页)

同书卷八《后主纪》记载:

天统元年夏四月丙子……丁丑……录尚书事、赵郡王叡为司空,尚书左仆射、河间王孝琬为尚书令。庚寅……尚书右仆射赵彦深为左仆射。(第97页)

[二年春正月]丙申,以吏部尚书尉瑾为尚书右仆射。(第98页)

五月乙酉,以兼尚书左仆射、武兴王普为尚书令。(第98页)

[三年]五月甲午,太上皇帝诏以领军大将军、东平王俨为尚书令。(第99页)

闰六月辛巳……壬午,太上皇帝诏尚书令、东平王俨录尚书事,

以尚书左仆射赵彦深为尚书令,并省尚书左仆射娄定远为尚书左仆射,中书监徐之才为右仆射。(第100页)

[四年]三月乙巳……开府仪同三司、广宁王孝珩为尚书令。(第101页)

五月癸卯,以尚书右仆射胡长仁为左仆射,中书监和士开为右仆射。(第101页)

冬十月辛巳,以尚书令、广宁王孝珩为录尚书,左仆射胡长仁为尚书令,右仆射和士开为左仆射,中书监唐邕为右仆射。(第101页)

[五年]十二月庚午,以开府仪同三司、兰陵王长恭为尚书令。庚辰,以中书监魏收为尚书右仆射。(第103页)

[武平元年二月]己巳,以太傅、咸阳王斛律光为右丞相,并州刺史、右丞相、安定王贺拔仁为录尚书事……(第103页)

三月辛酉,以开府仪同三司徐之才为尚书左仆射。(第103页)

[夏六月]己酉,诏以开府仪同三司唐邕为尚书右仆射。(第103页)

[秋七月]甲寅,以尚书令、兰陵王长恭为录尚书事,中领军和士开为尚书令。(第103—104页)

[二年]二月壬寅,以录尚书事、兰陵王长恭为太尉,并省录尚书事赵彦深为司空,尚书令和士开录尚书事,左仆射徐之才为尚书令,右仆射唐邕为左仆射,吏部尚书冯子琮为右仆射。(第104页)

[十一月]丙寅,以徐州行台、广宁王孝珩录尚书事。(第105页)

[三年二月]辛巳,以并省吏部尚书高元海为尚书右仆射。庚寅,以左仆射唐邕为尚书令,侍中祖珽为左仆射。(第105页)

[八月]己丑,以司州牧、北平王仁坚为尚书令,特进许季良为左仆射,彭城王宝德为右仆射。(第106页)

四年春正月戊寅,以并省尚书令高阿那肱为录尚书事。(第106页)

[二月]乙卯,以尚书令、北平王仁坚为录尚书事。(第106页)

五月丙子……癸巳,以领军穆提婆为尚书左仆射,以侍中、中书

监段孝言为右仆射。（第 107 页）

  [五年二月]甲寅，以尚书令唐邕为录尚书事。（第 108 页）

  秋八月癸卯……甲辰，以高励为尚书右仆射。（第 108 页）

  [六年]夏四月庚子，以中书监阳休之为尚书右仆射。（第 108 页）

《魏书》卷二一上《高阳王雍传》记载：

  高阳王雍……嫡子泰……子斌，袭。武定中，官至尚书右仆射。（第 557 页）

《北齐书》卷十《冯翊王润传》记载：

  冯翊王润……寻为尚书令，领太子少师，历司徒、太尉、大司马、司州牧、太保、河南道行台、领录尚书……（第 139—140 页）

同书卷一二《范阳王绍义传》记载：

  及后主奔邺，以绍义为尚书令、定州刺史。（第 156 页）

同书卷一三《清河王岳传》记载：

  世宗崩，显祖出抚晋阳，令岳以本官兼尚书左仆射，留镇京师。（第 175 页）

同书卷一四《上洛王思宗传》记载：

  子元海……邺城将败，征为尚书令。（第 183—184 页）

  思好本浩氏子也，思宗养以为弟……累迁尚书令、朔州道行台、朔州刺史、开府、南安王……（第 185 页）

同书卷一五《韩轨传》记载：

> 子晋明嗣……武平末，除尚书左仆射。（第200页）

同书卷一六《段荣传》记载：

> 荣第二子孝言……及祖［珽］出后，孝言除尚书右仆射，仍掌选举。（第214—215页）

同书卷一九《任延敬传》记载：

> 太昌初，累转尚书左仆射，进位开府仪同三司。（第251页）

同书卷二十《斛律羌举传》记载：

> 子孝卿……后主至济州，以孝卿为尚书令。（第267页）

同书卷二三《魏兰根传》记载：

> 高祖至，以兰根宿望，深礼遇之。中兴初，加车骑大将军、尚书右仆射。（第311页）

同书卷二五《张亮传》记载：

> 转都督二豫、扬、颍等八州军事、征西大将军、豫州刺史、尚书右仆射、西南道行台。（第361页）

同书卷二六《薛琡传》记载：

> 累迁尚书仆射，卒。（第371页）

同书卷二八《元晖业传》记载：

> 历位司空、太尉，加特进，领中书监，录尚书事。（第386页）

同书卷三十《崔昂传》记载：

> 即日除为兼右仆射。数日后，昂因入奏事，帝谓尚书令杨愔曰："昨不与崔昂正者，言其太速，欲明年真之。终是除正，何事早晚，可除正仆射。"明日，即拜为真。（第411页）

同书卷三八《元文遥传》记载：

> 孝昭摄政，除大丞相府功曹参军，典机密……天统二年。诏特赐姓高氏，籍属宗正，第依例岁时入朝。再迁尚书左仆射，进封宁都郡公，侍中。（第504页）

同书卷三九《崔季舒传》记载：

> 天保初，文宣知其无罪，追为将作大匠，再迁侍中。俄兼尚书左仆射、仪同三司，大被恩遇。（第512页）

同书卷四一《皮景和传》记载：

> 琅邪王之杀和士开也，兵指西阙，内外惶惑，莫知所为。景和请后主出千秋门自号令。事平，除尚书右仆射、赵州刺史……是时拒吴明彻者多致倾覆，唯景和全军而还，由是获赏，除尚书令……（第537—538页）

同书卷四七《酷吏邸珍传》记载：

> 邸珍……后兼尚书右仆射、大行台，节度诸军事。（第651页）

计有高欢、高澄、斛律金、高演、高湛、高淹、高浟、高润、段韶、贺拔仁、斛律光、高阿那肱、高湝、元弼、元晏、元惊、侯景、元遥、元坦、孙腾、司马子如、高隆之、元韶、封祖裔、元旭、慕容绍宗、元斌、高洋、杨愔、高涣、崔暹、高归彦、高德政、高湜、高孝琬、燕子献、高叡、刘洪徽、魏收、赵彦深、高普、高长恭、尉瑾、高俨、娄定远、徐之才、高孝珩、胡长仁、和士开、唐邕、冯子琮、高元海、高仁坚、许季良、高宝德、祖珽、穆提婆、段孝言、高励、阳休之、高绍义、高岳、高思好、韩晋明、任延敬、斛律孝卿、魏兰根、张亮、薛琡、元晖业、崔昂、元文遥、崔季舒、皮景和、邸珍75人。

此外，还有一些人以典机密、掌机密、参谋机密的名义参与决策，据《北齐书》卷二四《陈元康传》记载：

> 高祖闻而征焉。稍被任使，以为相府功曹参军，内掌机密。（第342页）

同书卷四二《崔劼传》记载：

> 天保初，以议禅代，除给事黄门侍郎，加国子祭酒，直内省，典机密。（第558页）

同书卷四五《文苑·刘逖传》记载：

> 肃宗崩，从世祖赴晋阳，除散骑侍郎，兼仪曹郎中。久之，兼中书侍郎。和士开宠要，逖附之，正授中书侍郎，入典机密。（第615页）

《隋书》卷四二《李德林传》记载：

> 河清中，授员外散骑侍郎，带斋帅，仍别直机密省。天统初，授给事中，直中书，参掌诏诰。寻迁中书舍人。武平初，加通直散骑侍郎。又敕与中书侍郎宋士素、副侍中赵彦深别典机密。（第1195页）

《北史》卷四七《阳尼传》记载：

> ［从孙］昭字元景，学涉史传，尤闲案牍。为齐文襄府墨曹参军，甚见亲委，与陈元康、崔暹等参谋机密。（第1730页）

计有陈元康、崔劼、刘逖、李德林、阳昭5人。

以上就是在东魏北齐政权中担任过宰相的官员，共计80人，下面就将这些人的族属、出身、学识逐一考订。

高欢，据上编第一章第一节第一部分所考，他进入中原后开始崇尚儒术，接受汉文化。

高澄，据上编第一章第一节第一部分所考，他是高欢长子，虽然出身于胡化族群家庭，母亲娄太后又是胡族，但是他敏悟过人，汉文化水准较高。

斛律金，字阿六敦，《北齐书》卷一七本传说他是"朔州敕勒部人也。高祖倍侯利，以壮勇有名塞表，道武时率户内附，赐爵孟都公。祖幡地斤，殿中尚书。父大那瓌，光禄大夫、第一领民酋长"。（第219页）"金性敦直，善骑射，行兵用匈奴法，望尘识马步多少，嗅地知军度远近。"（第219页）可见斛律金是一个典型的边地胡族，并且没有接受汉文化。

高演，据上编第一章第一节第一部分及本节前文所考，他是高欢的第六子，高澄之弟。"及文襄执政，遣中书侍郎李同轨就霸府为诸弟师。帝所览文籍，源其指归而不好辞彩。""帝聪敏有识度，深沉能断，不可窥测。"① 可见高演虽然出身于胡化族群家庭，但是他也接受了汉文化，并且水准较高。

高湛，据上编第一章第一节第一部分所考，他是高欢的第九子，虽然他虽然出身于胡化族群家庭，但是他也接受了汉文化。

高淹，据上编第一章第一节第一部分所考，他接受了汉文化。

高浟，据上编第一章第一节第一部分所考，他是高欢的第五子，已经接受了汉文化。

---

① 《北齐书》卷六《孝昭帝纪》，第79—84页。

高润,据上编第一章第一节第一部分所考,他是高欢的第十四子,已经接受了汉文化。

段韶,据上编第一章第一节第一部分所考,他是段荣之子,姑臧武威人,他骁勇善战。虽然出身于边地胡化族群家庭,但是他已经接受了汉文化。

贺拔仁,《北史》卷五三《张保洛传》说他字天惠,是善无人。"以帐内都督从神武破尔朱氏于韩陵,力战有功。天保初,封安定郡王,历数州刺史、太保、太师、右丞相、录尚书事。"(第1909页)可见贺拔仁是一个未接受汉文化的边地胡族。

斛律光,《北齐书》卷一七本传说他是斛律金之子,朔州敕勒部人。"字明月,少工骑射,以武艺知名"。(第222页)"性少言刚急,严于御下,治兵督众,唯杖威刑。"(第226页)可见斛律光出身于边地胡族家庭,当是一个未接受汉文化的胡族人。

高阿那肱,《北齐书》卷五十本传说他是"善无人也。其父市贵,从高祖起义。那肱为库典,从征讨,以功勤擢为武卫将军。肱妙于骑射,便僻善事人,每宴射之次,大为世祖所爱重。又谄悦和士开,尤相褒狎,士开每为之言,弥见亲待"。(第690页)"肱才伎庸劣,不涉文史,识用尤在士开之上,而奸巧计数亦不逮士开。"(第690页)可见高阿那肱虽然是汉人,但是才识低下。

高湝,据上编第一章第一节第一部分所考,他是高欢的第十子,已经接受了汉文化。

元弼,据上编第一章第一节第一部分所考,他是常山王遵的后人,元晖之子,出身于迁洛的家族,当已接受了汉文化。

元晏,从其姓氏看应是元魏宗室,是胡族,但是由于他史书中无传,仅知他曾任尚书右仆射,其他皆不可知。

元惊,据上编第一章第一节第一部分所考,他当已接受了汉文化。

侯景,据《南史》卷八十本传所云,他字万景,是"魏之怀朔镇人也。少而不羁,为镇功曹史。魏末北方大乱,乃事边将尔朱荣,甚见器重。初学兵法于荣部将慕容超宗,未几超宗每询问焉"。(第1993页)"景右足短,弓马非其长,所在唯以智谋。"(第1994页)"景长不满七尺,长上短下,眉目疏秀,广颡高颧,色赤少鬓,低视屡顾,声散。"(第2015页)"景性猜忍,好杀戮,恒以手刃为戏。"(第2015页)据姚薇元《北朝胡姓考》所考，侯景是胡族人。① 因此说他是一个典型的未接受汉文化的边地胡族人。

元暹，据《魏书》卷一九上《京兆王子推传》记载，他字叔照，是北魏京兆王元子推的后代。"庄帝初，除南兖州刺史，在州猛暴，多所杀害。元颢入洛，暹据州不屈。"（第444页）"普泰元年，除凉州刺史，贪暴无极。欲规府人及商胡富人财物，诈一台符，诳诸豪等云欲加赏，一时屠戮，所有资财生口，悉没自入。"（第445页）因此说元暹当未接受汉文化。

元坦，据上编第一章第一节第一部分所考，他已经接受了汉文化。

孙腾，据《北齐书》卷一八本传所云，他字龙雀，是咸阳石安人，"祖通，仕沮渠氏为中书舍人，沮渠灭，入魏，因居北边"。（第233页）"腾少而质直，明解吏事。"（第233页）可见孙腾是汉人。

司马子如，据《北齐书》卷一八本传所云，他字尊业，是"河内温人也。八世祖模，晋司空、南阳王。模世子保，晋乱出奔梁州，因家焉。魏平姑臧，徙居于云中，其自序云尔"。（第238页）"子如少机警，有口辩，好交游豪杰，与高祖相结托，分义甚深。"（第238页）"子如性既豪爽，兼悟旧恩，簿领之务，与夺任情，公然受纳，无所顾惮。"（第239页）虽然司马子如河内温人的士族身份不可信，但是他的汉人族属是不容置疑的。

高隆之，《北齐书》卷一八本传记载，他字延兴，"本姓徐氏，云出自高平金乡。父干，魏白水郡守，为婿高氏所养，因从其姓"。（第235页）"隆之身长八尺，美须髯，深沉有志气。"（第235页）"隆之虽不涉学，而钦尚文雅，缙绅名流，必存礼接。寡姊为尼，事之如母，训督诸子，必先文义。"（第238页）因此说高隆之是汉人。

元韶，据上编第一章第一节第一部分所考，他是元魏宗室，并已接受汉文化。

封祖裔，据本节前文所考，他名隆之，字祖裔，出身于渤海封氏的汉士族。

元旭，据《魏书》卷一九下《城阳王长寿传》所云，他字显和，是城阳王长寿的后人，"武定末，位至大司马。"（第513页）却没有他接受汉文化的记载。

---

① 姚薇元：《北朝胡姓考》内篇第三《内入诸姓·侯氏》，第87—90页。

慕容绍宗，据上编第一章第一节第一部分所考，他是前燕太原王慕容恪的后人，当已接受了汉文化。

元斌，《北齐书》卷二八本传记载，他"字善集，祖魏献文皇帝。父高阳王雍，从孝庄于河阴遇害。"（第384页）"斌美仪貌，性宽和，居官重慎，颇为齐文襄爱赏。"（第384页）可见他出身于元魏宗室，至迟其父元雍已迁居洛阳，所以他是一个已经接受汉文化的胡人。

高洋，据上编第一章第一节第一部分所考，他是高欢的第二子，虽然出身于胡化族群家庭，母亲娄太后又是胡族，但是他的汉文化水准较高。

杨愔，据本节前文所考，他是出身于弘农杨氏的汉士族，而且六岁学史书，十一岁受《易》，喜好《左氏春秋》，经学造诣颇深。

高涣，据上编第一章第一节第一部分所考，字敬寿，是高欢的第七子，"读书颇知梗概。而不甚耽习"①。他已经接受了汉文化。

崔暹，据本节前文所考，他是出身于博陵崔氏的汉士族，而且颇有学识。

高归彦，据上编第一章第一节第一部分所考，他已经接受汉文化。

高德政，据本节前文所考，是出身于渤海高氏的汉士族，而且好文，擅长文字。

高湜，据上编第一章第一节第一部分所考，他已经接受汉文化。

高孝琬，据上编第一章第一节第一部分所考，他是文襄帝高澄的第三子，已经接受了汉文化。

燕子献，《北齐书》卷三四本传记载，他字季则，是"广汉下洛人。少时相者谓之曰：'使役在胡代，富贵在齐赵。'"（第460页）"子献欲验相者之言，来归。高祖见之大悦，尚淮阳公主，甚被待遇。"（第460页）可见燕子献也是汉人。

高叡，据上编第一章第一节第一部分所考，他是赵郡王琛之子，高祖从孙，他"励己勤学，常夜久方罢"②。已经接受了汉文化，并有著述。

刘洪徽，《北齐书》卷一九《刘贵传》说他是刘贵次子，秀容阳曲人

---

① 《北齐书》卷十《上党刚肃王涣传》，第135页。
② 《北齐书》卷一三《赵郡王琛附子叡传》，第170页。

也。此外并无他接受汉文化的记载。① 另据姚薇元《北朝胡姓考》所考证，其父刘贵疑是胡族，② 因此说他当也是未接受汉文化的胡族人。

魏收，据本节前文所考，他是出身于钜鹿魏氏的汉士族，而且学术水准极高，有《魏书》等著述传世。

赵彦深，《北齐书》卷三八本传说他"自云南阳宛人，汉太傅憙之后。高祖父难，为清河太守，有惠政，遂家焉，清河后改为平原，故为平原人也。本名隐，避齐庙讳，改以字行。父奉伯，仕魏位中书舍人、行洛阳令"。（第505页）"彦深幼孤贫，事母甚孝。年十岁，曾候司徒崔光。光谓宾客曰：'古人观眸子以知人，此人当必远至。'性聪敏，善书计，安闲乐道，不杂交游，为雅论所归服。"（第505页）赵彦深南阳宛人的出身虽然不可信，但是他确实是汉人。

高普，据上编第一章第一节第一部分所考，他也接受了汉文化。

高长恭，据上编第一章第一节第一部分所考，他是文襄帝的第四子，也接受了汉文化。

尉瑾，据上编第一章第一节第一部分所考，他虽然出身于胡族家庭，但是已接受汉文化。

高俨，据上编第一章第一节第一部分所考，他字仁威，是武成帝高湛的第三子，已经接受了汉文化。

娄定远，据《北齐书》卷一五《娄昭传》所云，他是娄昭次子，代郡平城人，"少历显职，外戚中偏为武成爱狎"。（第196页）可见娄定远出身于边地胡族家庭，当是未接受汉文化的胡族人。

徐之才，《北齐书》卷三三本传记载，他是"丹阳人也。父雄，事南齐，位兰陵太守，以医术为江左所称。之才幼而俊发，五岁诵《孝经》，八岁略通义旨。曾与从兄康造梁太子詹事汝南周舍宅听《老子》"。（第444页）"之才非唯医术自进，亦为首唱禅代，又戏谑滑稽，言无不至，于是大被狎昵。"（第445页）"之才聪辩强识，有兼人之敏，尤好剧谈体语，公私言聚，多相嘲戏。"（第447页）因此说徐之才也是汉人。

高孝珩，据上编第一章第一节第一部分所考，他是文襄帝的第二子，

---

① 《北齐书》卷一九《刘贵传》，第251页。
② 姚薇元：《北朝胡姓考》内篇第二《勋臣八姓·刘氏》，第50页。

已经随其父高澄接受了汉文化,"学涉经史,好缀文,有伎艺。尝于厅事壁自画一苍鹰,见者皆以为真,又作朝士图,亦当时之妙绝"①。可知他属于胡化族群,但是他的汉文化修养颇深厚。

胡长仁,字孝隆,《北齐书》卷四八本传说他是"安定临泾人,武成皇后之兄。父延之,魏中书令"。(第668页)因此说胡长仁是汉人。

和士开,据上编第一章第一节第一部分所考,他虽然是胡族,但是已经接受了汉文化。

唐邕,据《北齐书》卷四十本传所云,他字道和,是"太原晋阳人,其先自晋昌徙焉。父灵芝,魏寿阳令。邕少明敏,有治世才具。"(第530页)"善书计,强记默识,以干济见知"。(第530页)"性识明敏,通解时事,齐氏一代,典执兵机。"(第532页)可见唐邕是汉人,有学识。

冯子琮,据《北齐书》卷四十本传记载,他是"信都人,北燕主冯跋之后也。父灵绍,度支郎中。子琮性聪敏,涉猎书传,为肃宗除领军府法曹,典机密,摄库部"。(第528页)因此说冯子琮虽然出身于胡化族群家庭,但是他已经接受了汉文化。

高元海,据上编第一章第一节第一部分所考,他已经接受了汉文化。

高仁坚,据上编第一章第一节第一部分所考,他是武成帝的第五子,当已经随其父高湛接受了汉文化。

许季良,据本节前文所考,他是出身于高阳许氏的汉士族,清识敏速,达于从政,颇有见识。

高宝德,据上编第一章第一节第一部分所考,他是彭城景思王浟之子,当接受了汉文化。

祖珽,据上编第一章第一节第二部分所考,他是出身于范阳祖氏的汉士族,是祖莹之子,而且词藻遒逸,颇有才华。

穆提婆,《北齐书》卷五十本传记载,他"本姓骆,汉阳人也。父超,以谋叛伏诛。提婆母陆令萱尝配入掖庭,后主襁褓之中,令其鞠养,谓之乾阿奶,遂大为胡后所昵爱。令萱奸巧多机辩,取媚百端,宫掖之中,独擅威福。天统初,奏引提婆入侍后主,朝夕左右,大被亲狎,嬉戏丑亵,无所不为"。(第689—690页)可见穆提婆当是汉人。

---

① 《北齐书》卷一一《广宁王孝珩传》,第144—145页。

段孝言，据上编第一章第一节第一部分所考，他是段荣的第二子，虽然出身于边地胡化族群家庭，但是已经接受了汉文化。

高励，据上编第一章第一节第一部分所考，他是清河王高岳之子，已接受了汉文化。

阳休之，据本节前文所考，他出身于右北平阳氏，是士族，少勤学，爱文藻，弱冠擅声，学术水准极高。

高绍义，据上编第一章第一节第一部分所考，他是北齐文宣帝的第三子，他当已经接受了汉文化。

高岳，据上编第一章第一节第一部分所考，他字洪略，是高欢的从父弟，虽然出身于边地胡化族群家庭，但是已经接受了汉文化。

高思好，据上编第一章第一节第一部分所考，他本名思孝，当已接受汉文化。

韩晋明，据上编第一章第一节第一部分所考，他是韩轨之子，他是已接受汉文化的胡族人，而且颇有学问。

任延敬，据上编第一章第一节第一部分所考，他虽然出身于边地胡化族群家庭，但是他当也接受了汉文化。

斛律孝卿，据上编第一章第一节第一部分所考，他是斛律羌举之子，虽然出身于胡族家庭，但是当已接受汉文化。

魏兰根，据本节前文所考，他是出身于钜鹿魏氏的汉士族，泛览群书，诵《左氏传》、《周易》，有学识。

张亮，《北齐书》卷二五本传记载，他字伯德，是"西河隰城人也，少有干用，初事尔朱兆"，（第360页）"亮性质直，勤力强济，深为高祖、世宗所信，委以腹心之任。"（第361页）可见张亮是汉人。

薛琡，据《北齐书》卷二六本传记载他字昙珍，是"河南人。其先代人，本姓叱干氏。父豹子。魏徐州刺史。琡形貌魁伟，少以干用称"。（第369页）"琡宿有能名，深被礼遇，军国之事，多所闻知。琡亦推诚尽节，屡进忠谠。"（第370页）可知他不是汉人，是未接受汉文化的胡族人。

元晖业，据上编第一章第一节第一部分前文所考，他出身于元魏宗室，涉子史，亦颇属文，是一个汉化胡族人，并且汉文化水准较高，有著述。

元斌，据《北齐书》卷二八本传记载，他"字善集，祖魏献文皇帝。父高阳王雍，从孝庄于河阴遇害"。（第384页）"斌美仪貌，性宽和，居官重慎，颇为齐文襄爱赏。"（第384页）可见他出身于元魏宗室，是一个已接受汉文化的胡族人。

崔昂，据本节前文所考，他是出身于博陵崔氏的汉士族，而且少好章句，颇综文词，有学识。

元文遥，据上编第一章第一节第一部分所考，他出身于元魏宗室，是一个汉化胡族人，并且汉文化水准较高。

崔季舒，据上编第一章第一节第二部分所考，他是出身于博陵崔氏的汉士族，涉猎经史，有才学。

皮景和，据《北齐书》卷四一本传所云，他是"琅邪下邳人也。父庆宾，魏淮南王开府中兵参军事。正光中，因使怀朔，遇世乱，因家广宁之石门县。景和少通敏，善骑射"。（第536—537页）"景和于武职之中，兼长吏事，又性识均平，故频有美授。"（第537页）可见皮景和当是胡化族人，而且没有接受汉文化。

邸珍，《北史》卷八七本传记载，他字宝安，"本中山上曲阳人也。魏太和中，徙居武川镇"。（第2899页）"性严暴，求取无厌。"（第2899页）因此说邸珍当是胡化族人，也没有接受汉文化。

陈元康，据《北齐书》卷二四本传所云，他字长猷，是广宗人。"元康颇涉文史，机敏有干用。"（第342页）"天平元年，修起居注。二年，迁司徒府记室参军，尤为府公高昂所信待。"（第342页）"高祖经纶大业，军务烦广，元康承受意旨，甚济速用。性又柔谨，通解世事。"（第342页）可见陈元康是汉人，而且文化水准较高。

崔劼，据上编第一章第一节第二部分及本节前文所考，他出身于清河崔氏的汉士族，崔光之子，好学，有家风。

刘逖，据上编第一章第一节第二部分所考，他出身于彭城刘氏的汉士族，而且留心文藻，颇工诗咏，文化水准较高。

阳昭，《北史》卷四七《阳尼传》记载，他是阳尼的从孙，是士族，"字元景，学涉史传，尤闲案牍"。（第1730页）可见他有一定文化水准。

李德林，据上编第一章第一节第二部分所考，他是汉人，不是士族人，但是他博学多才。

以上80人中，汉族有26人，占总数的32%多；胡族及胡化族群有54人，约占总数的68%。将各类人群细分则可见，汉人中出身士族的有

14人，占总数的18%；一般家庭出身的有12人，占总数的15%。胡族及胡化族群中，接受汉文化的有41人，占总数的51%多；未接受汉文化的有12人，占总数的15%；1人汉化与否不详，占总数的1%多。另外在26位汉人中，出身士族的14人，约占54%；一般家庭出身的12人，占46%多。在54位胡族及胡化族群中，接受汉文化的41人，约占76%；未接受汉文化的12人，占22%多；汉化与否不详的1人，约占2%。可见东魏北齐政权中胡族胡化族群所占的比例超过三分之二，汉人则不足三分之一，但是如果加上已接受汉文化的胡族及胡化族群，汉族和已接受汉文化的胡族及胡化族群的人数达到67人，约占总数的84%，相反未接受汉文化的和情况不详的胡族及胡化族群却只有13人，占总数的16%多。据此做若干饼图加以诠解：

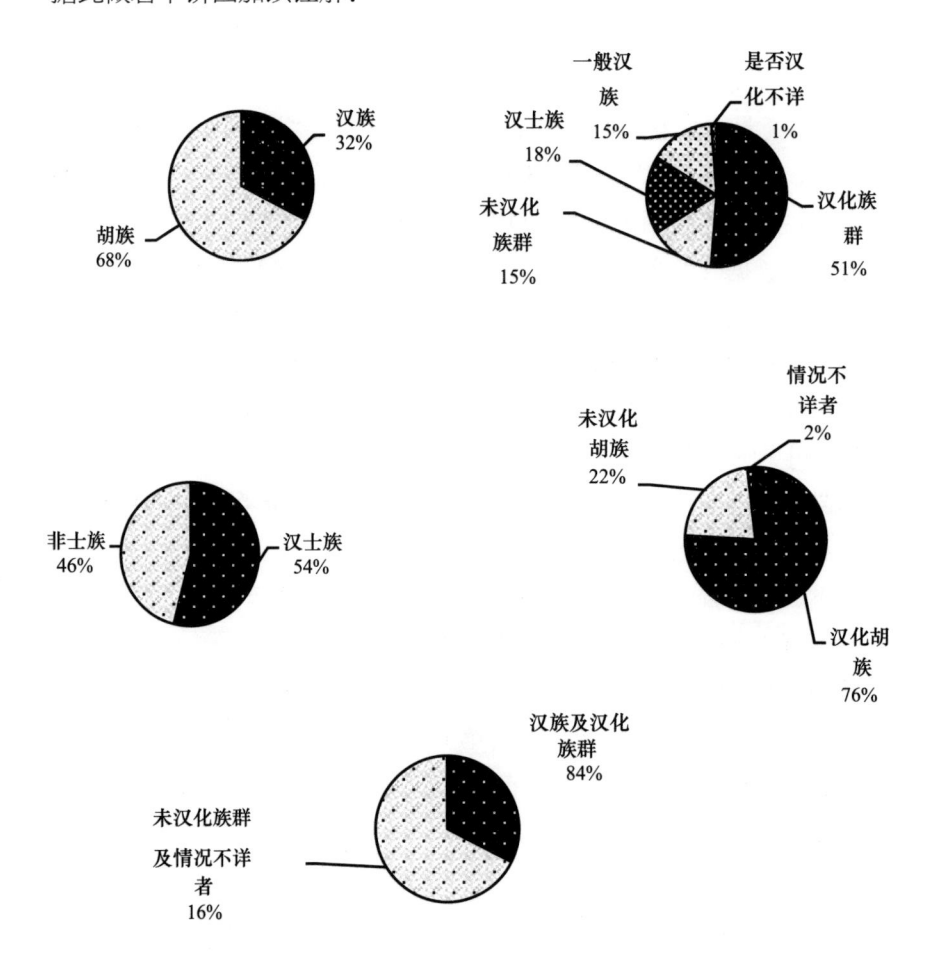

由此可说明东魏北齐政权基本上由汉人和已接受汉文化的胡族所控制掌握，特别是东魏实际统治者即北齐皇族高氏虽然是胡化族群，可是他们绝大多数已接受了汉文化，他们对东魏北齐政权具有很大的控制力和影响力，而且还有相当人数的汉士族参与到该政权的中枢权力中，由此必然对东魏北齐统治区域的文化产生巨大的影响，必将进一步推动该区域胡族及胡化族群汉化的进程，进而对于该区域新的汉文化的最后形成起着相当大的促进作用。

（二）西魏北周统治地区

西魏北周的宰相包括有大冢宰、左右丞相，而在行六官制度之前沿袭北魏宰相制度，即以尚书省的录尚书事、尚书令、尚书仆射为宰相，因此在西魏北周政权中担任过这些官职的人当是宰相，而大冢宰一职据《周书》卷二《文帝纪》记载：

> ［魏恭帝］三年春正月丁丑，初行"周礼"，建六官。以太祖为太师、大冢宰，柱国李弼为太傅、大司徒赵贵为太保，大宗伯独孤信为大司马，于谨为大司寇，侯莫陈崇为大司空。（第36页）

同书卷三《孝闵帝纪》记载：

> 孝闵皇帝讳觉……魏恭帝三年三月……十月乙亥，太祖崩。丙子，嗣位太师、大冢宰。（第45页）
>
> 元年春正月辛丑……以大司徒、赵郡公李弼为太师，大宗伯、南阳公赵贵为太傅、大冢宰，大司马、河内公独孤信为太保、大宗伯，柱国、中山公护为大司马。（第46页）
>
> ［二月］甲午，以大司空、梁国公侯莫陈崇为太保，大司马、晋国公护为大冢宰，柱国、博陵公贺兰祥为大司马，高阳公达奚武为大司寇，大将军、化政公宇文贵为柱国。（第48页）

同书卷五《武帝纪》记载：

> ［建德元年三月］癸亥，以太傅、蜀国公尉迟迥为太师，柱国邓国公窦炽为太傅，大司空、申国公孝穆为太保，齐国公宪为大冢宰，

卫国公直为大司徒，赵国公招为大司空，柱国枹罕公辛威为大司寇，绥德公陆通为大司马。（第80页）

同书卷六《武帝纪》记载：

［建德六年］五月丁丑，以柱国、谯王俭为大冢宰。（第102页）

［宣政元年］二月甲辰，柱国、大冢宰谯王俭薨……乙丑，以上柱国越王盛为大冢宰，陈王纯为雍州牧。（第105—106页）

同书卷七《宣帝纪》记载：

［大象元年九月］乙卯，以酆王贞为大冢宰。（第121页）

同书卷八《静帝纪》记载：

［大象二年六月甲子］以上柱国秦王贽为大冢宰，杞国公椿为大司徒。（第132页）

［冬十月壬戌］大丞相、隋国公杨坚加大冢宰，五府总于天官。（第134页）

而丞相、大丞相的任命，据《周书》卷一《文帝纪》记载：

八月，齐神武袭陷潼关，侵华阴。太祖率诸军屯霸上以待之。齐神武留其将薛瑾守关而退。太祖乃进军讨瑾，虏其卒七千，还长安，进位丞相。（第13页）

同书卷八《静帝纪》记载：

［大象二年夏五月庚戌］柱国汉王赞为上柱国、右大丞相，上柱国扬州总管隋国公杨坚为假黄钺、左大丞相，柱国秦王贽为上柱国。帝居谅闇，百官总以听于左大丞相。（第131页）

第二章　胡汉文化整合趋同及地域差异之缘由　/　427

尚书令、尚书仆射的任命,据《周书》卷一《文帝纪》记载:

> 七月丁未,帝遂从洛阳率轻骑入关,太祖备仪卫奉迎……军国之政,咸取太祖决焉。仍加授大将军、雍州刺史,兼尚书令,进封略阳郡公,别置二尚书,随机处分,解尚书仆射,余如故。太祖固让,诏敦谕,乃受。(第13页)

《周书》卷二《文帝纪》记载:

> 遣左仆射、冯翊王元季海为行台,与开府独孤信率步骑二万向洛阳。(第24页)

同书卷一五《于谨传》记载:

> [大统]十二年,拜尚书左仆射,领司农卿。(第247页)

同书卷一六《独孤信传》记载:

> [大统]十六年。大军东讨,信率陇右数万人从军,至崤坂而还。迁尚书令。(第266页)

同书卷一七《梁御传》记载:

> 大统元年,转右卫将军,进爵信都县公,邑一千户。寻授尚书右仆射。(第280页)

同书卷一九《豆卢宁传》记载:

> 魏恭帝二年,改封武阳郡公,迁尚书右仆射。(第309页)

同书卷二十《贺兰祥传》记载:

> 魏废帝二年，行华州事。后改华州为同州，仍以祥为刺史。寻拜尚书左仆射。（第337页）

同书卷二一《尉迟迥传》记载：

> 累迁尚书左仆射，兼领军将军。（第349页）

同书卷二二《周惠达传》记载：

> ［大统］四年，兼尚书右仆射。（第363页）

同卷《杨宽传》记载：

> 魏废帝初，入为尚书左仆射、将作大监，坐事免。（第367页）

同卷《柳庆传》记载：

> 魏恭帝初，进位骠骑大将军、开府仪同三司、尚书右仆射，转左仆射，领著作。（第372页）

同书卷二四《卢辩传》记载：

> 累迁尚书右仆射。（第404页）

同书卷二五《李贤传》记载：

> ［李贤弟远］顷之，除尚书左仆射。（第421页）

同书卷三一《韦孝宽传》记载：

> 恭帝元年，以大将军与燕国公于谨伐江陵，平之，以功封穰县公。还，拜尚书右仆射，赐姓宇文氏。（第538页）

同书卷三二《申徽传》记载：

> ［大统］十六年，征兼尚书右仆射，加侍中、骠骑大将军、开府仪同三司。废帝二年，进爵为公，正右仆射，赐姓宇文氏。（第556页）

同书卷三四《赵善传》记载：

> 迁车骑大将军、仪同三司、尚书右仆射，进爵为公，增邑并前一千五百户。大统三年，转左仆射兼侍中，监著作，领太子詹事。（第588页）

同书卷四四《泉企传》记载：

> 大统初，加开府仪同三司，兼尚书右仆射，进爵上洛郡公，增邑通前千户。（第787页）

计有元季海、宇文泰、宇文觉、赵贵、宇文护、宇文宪、宇文俭、宇文盛、宇文贞、宇文贽、杨坚、宇文赞、贺拔胜、念贤、长孙绍远、独孤信、侯莫陈崇、于谨、梁御、豆卢宁、贺兰祥、尉迟迥、周惠达、杨宽、柳庆、卢辩、李贤、韦孝宽、申徽、赵善、泉企31人。此外还有一些官员以参典机密、掌机密、参掌机密、掌机密的名义参与决策，据《周书》卷二三《苏绰传》记载：

> 即拜大行台左丞，参典机密。（第382页）

同书卷三二《卢柔传》记载：

> 大统二年，至长安……太祖重其才，引为行台郎中，加平东将

军，除从事中郎，与苏绰对掌机密。（第563页）

同书卷三三《库狄峙传》记载：

大统元年，拜中书舍人，参掌机密，以恭谨见称。（第569页）

又有参掌机密的苏绰、卢柔、库狄峙3人。二者相加西魏北周的宰相当就是这34人，而这34人的出身、学识及胡族汉化情况如何？

元季海，正史无传，《周书》卷三八《元伟传》后记"尚书仆射、冯翊王元季海"。（第689页）知其是元魏宗室，汉化程度如何不得而知。

宇文泰，据上编第一章第一节第一部分所考，他字黑獭，是代北武川镇人，是边地胡族人，在进入中原之前未接受汉文化，割据关陇后始崇尚儒术，接受汉文化的影响。

宇文觉，据上编第一章第一节第一部分所考，他是宇文泰的第三子，北周孝闵皇帝。并已经接受了汉文化。

赵贵，据《周书》卷一六本传所云，他字元贵，是"天水南安人也。曾祖达，魏库部尚书、临晋子。祖仁，以良家子镇武川，因家焉。贵少颖悟，有节概。"（第261页）丝毫没有汉文化的素质，当出自边地的胡化族群。

宇文护，据本编第一章第七节第二部分所考，他字萨保，是宇文泰之侄，是个没有接受汉文化的胡族人。

宇文宪，据上编第一章第一节第一部分所考，他是宇文泰的第五子，"少与高祖俱受《诗》、《传》，咸综机要，得其指归。"① 因此他虽然是胡族人，但是他已经汉化。

宇文俭，据上编第一章第一节第一部分所考，他是宇文泰之子，已经接受了汉文化。

宇文盛，据上编第一章第一节第一部分所考，他也是宇文泰之子，并已接受了汉文化。

宇文贞，据本编第一章第七节第二部分所考，他是北周明帝宇文毓之子，他是否接受汉文化则不详。

---

① 《周书》卷一二《齐炀王宪传》，第187页。

宇文贽，据上编第一章第一节第一部分所考，他是北周武帝宇文邕之子，已接受了汉文化。

杨坚，据《隋书》卷一本纪所云，他是"弘农郡华阴人也。汉太尉震八代孙铉，仕燕为北平太守。铉生元寿，后魏代为武川镇司马，子孙因家焉"。（第1页）"[杨]忠即皇考也。皇考从周太祖起义关西，赐姓普六茹氏，位至柱国、大司空、隋国公。"（第1页）"皇妣吕氏，以大统七年六月癸丑夜，生高祖于冯翊般若寺。"（第1页）他"初入太学，虽至亲昵不敢狎也。"（第2页）卷二本纪又说"上性严重，有威容，外质木而内明敏，有大略"。（第54页）可见其父杨忠已是边地胡化族群人，而杨隋自言"弘农郡华阴人"是靠不住的，但是杨坚已接受了汉文化。

宇文贽，据上编第一章第一节第一部分所考，他是北周武帝宇文邕之子，而且已经接受了汉文化。

贺拔胜，据上编第一章第一节第一部分所考，他虽然是出身于武川镇的边地胡族，但是已接受了汉文化。

念贤，据上编第一章第一节第一部分所考，他是武川镇的胡族人，但是他"颇涉书史"①，接受了汉文化。

长孙绍远，据上编第一章第一节第一部分所考，他是汉化的鲜卑人，但是从他仅"雅好坟籍，聪慧过人"②。说明他接受了汉文化。

独孤信，据《周书》卷一六本传所云，他是"云中人也，本名如愿。魏氏之初，有三十六部，其先伏留屯者，为部落大人，与魏俱起。祖俟尼，和平中，以良家子自云中镇武川，因家焉。父库者，为领民酋长，少雄豪有节义，北州咸敬服之。信美容仪，善骑射"。（第263页）"信既少年，好自修饰，服章有殊于众，军中号为独孤郎。"（第263页）无汉化记载，而以"善骑射"著称，因此说他是个没有接受汉文化的边地胡族人。

侯莫陈崇，据《周书》卷一六本传记载，他字尚乐，"代郡武川人。其先，魏之别部，居库斛真水。五世祖曰太骨都侯。其后，世为渠帅。祖允，以良家子镇武川，因家焉"。（第268页）"崇少骁勇，善驰射，谨慤少言。"（第268页）无汉化记载，而以"少骁勇，善驰射"著称，因此

---

① 《周书》卷一四《念贤传》，第226页。
② 《周书》卷二六《长孙绍远传》，第430页。

说他是个没有接受汉文化的边地胡族人。

于谨，据上编第一章第一节第一部分所考，他虽然出身于胡族家庭，但是也受到农业地区汉人的影响，接受了点汉文化。

梁御，据上编第一章第一节第一部分所考，他虽然是出身于边地鲜卑化的族群，但在一定程度上接受了点汉文化。

豆卢宁，据《周书》卷一九本传所云，他"字永安，昌黎徒何人。其先本姓慕容氏，前燕之支庶也"。（第309页）"父长，柔玄镇将，有威重，见称于时。"（第309页）"宁少骁果，有志气，身长八尺，美容仪，善骑射。"（第309页）无汉化记载，又以"善骑射"著称，因此说他是没有接受汉文化的边地胡族人。

贺兰祥，据《周书》卷二十本传所云，他"字盛乐。其先与魏俱起，有纥伏者，为贺兰莫何弗，因以为氏。其后有以良家子镇武川者，遂家焉"。（第335—336页）"祥年十一而孤，居丧合礼。"（第336页）此外无汉化记载，基本上可以说他是个没有接受汉文化的边地胡族人。

尉迟迥，据《周书》卷二一本传记载，他"字薄居罗，代人也。其先，魏之别种，号尉迟部，因而姓焉"。（第349页）"迥少聪敏，美容仪。及长，有大志，好施爱士。"（第349页）无汉化记载，又是宇文泰的外甥，因此说他是个没有接受汉文化的边地胡族人。

周惠达，据《周书》卷二二本传记载，他"字怀文，章武文安人也。父信，少仕州郡，历乐乡、平舒、平成三县令，皆以廉能称。惠达幼有志操，好读书，美容貌，进退可观，见者莫不重之"。（第361页）是生活在农业地区的汉人，但是文化水准不太高。

杨宽，据本节前文所考，他出身于弘农杨氏，是士族，但是从他"尤尚武艺"来看，① 文化水准当不会太高。

柳庆，据本节前文所考，他出身于河东柳氏，是士族，而且具备一定的文化水准。

卢辩，据本节前文所考，他出身于范阳卢氏，是山东的大士族，而且文化水准很高。

李贤，据上编第一章第一节第一部分所考，他也是出身于边地鲜卑化

---

① 《周书》卷二二《杨宽传》，第364页。

的胡族，只是在一定程度上接受了点汉文化。

韦孝宽，据本节前文所考，他出身于京兆韦氏，是关中士族，颇有学识。

申徽，据《周书》卷三二本传所云，他"字世仪，魏郡人也。六世祖钟，为后赵司徒。冉闵末，中原丧乱，钟子遂避地江左。曾祖爽仕宋，位雍州刺史。祖隆道，宋北兖州刺史。父明仁，郡功曹，早卒。徽少与母居，尽心孝养。及长，好经史。性审慎，不妄交游。遭母忧，丧毕，乃归魏"。（第555页）他祖上是在十六国时期逃避战乱避地江左的汉人，他本人又喜好经史，南北朝时回到北方。

赵善，据《周书》卷三四本传记载，他字僧庆，是"太傅楚国公贵之从祖兄也。祖国，魏龙骧将军、洛州刺史。父更，安乐太守"。（第587页）"善少好学，涉猎经史，美容仪，沉毅有远量。"（第587页）"善性温恭，有器局，虽位居端右，而逾自谦退。"（第588页）其父祖皆在中原农业地区做官，他本人又是生活在农业地区的汉人。

泉企，据《周书》卷四四本传所云，他字思道，是"上洛丰阳人也。世雄商洛。曾祖景言，魏建节将军，假宜阳郡守，世袭本县令，封丹水侯。父安志，复为建节将军、宜阳郡守，领本县令，降爵为伯。企九岁丧父，哀毁类于成人。服阕袭爵"。（第785页）"企虽童幼，而好学恬静，百姓安之。"（第785页）是生活在农业地区的汉人，他虽说"好学恬静"，但是据其本传记载他常出任武职，多征战，因此说他的文化水准当不太高。

苏绰，据本节第四部分所考，他出身于武功苏氏，是关中世族，而且文化水准颇高。

卢柔，据本节第四部分所考，他虽然出身于范阳卢氏，是山东的大世族，但是他的文化水准不是很高。

库狄峙，据《周书》卷三三本传所云，"其先辽东人，本姓段氏，匹䃢之后也，因避难改焉。后徙居代，世为豪右。祖凌，武威郡守。父贞，上洛郡守。峙少以弘厚知名，善骑射，有谋略"。（第569页）无汉化记载，又以"善骑射"著称，因此说他是没有接受汉文化的边地胡族人。

以上34人中胡族及胡化族群有24人，约占总数的71%；汉族有10人，占总数的29%多。将各类人群细分可见，胡族及胡化族群中接受汉文化的有14人，占总数的41%多；未接受汉文化的有8人，占总数的

23%多；2人汉化与否不详，约占总数的6%。汉人中出身士族的有6人，约占总数的18%；一般家庭出身的有4人，约占总数的12%。另外在10位汉人中，出身士族的6人，占60%；一般家庭出身的4人，占40%。在24位胡族及胡化族群中，接受汉文化的14人，约占59%；未接受汉文化的8人，占33%多；汉化与否不详的2人，占8%多。汉人和已接受汉文化的胡族达到24人，约占总数34人的71%，相反未接受汉文化的和情况不详的胡族及胡化族群却只有10人，占总数34人的29%多。据此做若干饼图加以分析：

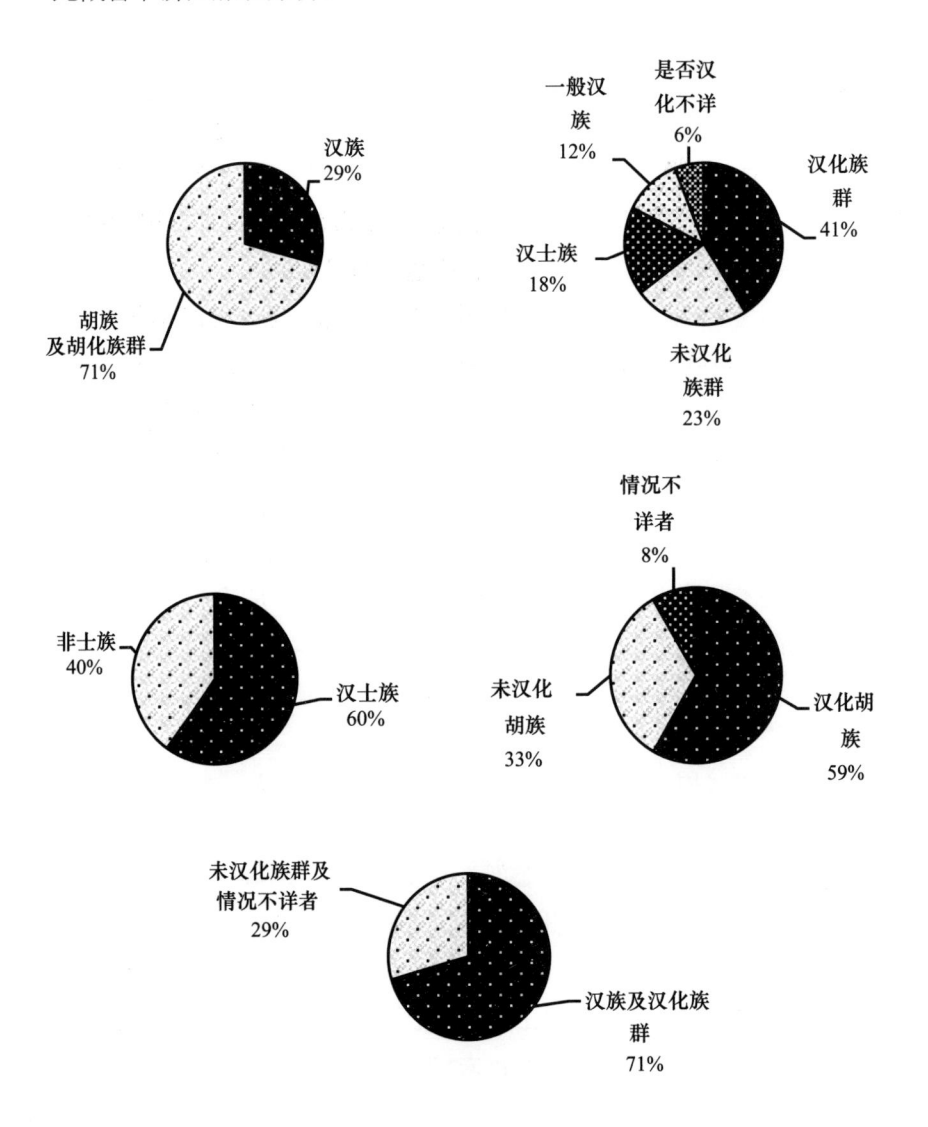

第二章 胡汉文化整合趋同及地域差异之缘由

可见西魏北周政权中胡族胡化族群所占的比例超过三分之二，汉人只有 10 人，只占三分之一不到，汉人加上已接受汉文化的胡族共计 24 人，虽然在中枢政局中占多数，但是担任掌握中枢决策最高的职务——大冢宰一职的宇文泰、宇文觉、赵贵、宇文护、宇文宪、宇文俭、宇文盛、宇文贞、宇文贇、杨坚 10 人中，皆由胡族和胡化族群中人担任，除宇文宪外多未接受汉文化或汉化程度较浅，其中杨坚还是在他即将取代北周建立隋朝之前担任过此职，实属于特殊情况。这就说明西魏北周政权基本上由胡族中未接受汉文化或汉化程度较浅者所控制掌握，因此这些未接受汉文化的胡族和胡化族群在西魏北周统治区内具有很大的影响力。而这些胡族和胡化族群必将其胡文化的因素在各个方面有所表现，这种表现必然对西魏北周统治区域的文化产生巨大的影响。另外，任西魏时期最高地位的所谓"八柱国家"以及地位略低的十二大将军在西魏北周政权中的权力如何？八柱国、十二大将军，据《周书》卷一六《赵贵独孤信侯莫陈崇传》记载有：

> 使持节、太尉、柱国大将军、大都督、尚书左仆射、陇右行台、少师、陇西郡开国公李虎，①
> 使持节、太傅、柱国大将军、大宗伯、大司徒、广陵王元欣，
> 使持节、太保、柱国大将军、大都督、大宗伯、赵郡开国公李弼，
> 使持节、柱国大将军、大都督、大司马、河内郡开国公独孤信，
> 使持节、柱国大将军、大都督、大司寇、南阳郡开国公赵贵，
> 使持节、柱国大将军、大都督、大司空、常山郡开国化于谨，
> 使持节、柱国大将军、大都督、少傅、彭城郡开国公侯莫陈崇。
> 右与太祖为八柱国。后并改封，此并太祖时爵。
> 使持节、大将军、大都督、少保、广平王元赞，
> 使持节、大将军、大都督、淮安王元育，

---

① 中国古代师、傅、保的顺序是太师、太傅、太保，少师、少傅、少保，李虎为少师、尚书左仆射，故此李虎应排在少傅侯莫陈崇之前，大司空于谨之后。现在这个八柱国的顺序，当是因为令狐德棻修《周书》已在唐代，李虎已被追尊为本朝太祖皇帝之缘故。

使持节、大将军、大都督、齐王元廓，

使持节、大将军、大都督、秦七州诸军事、秦州刺史、章武郡开国公宇文导，

使持节、大将军、大都督、平原郡开国公侯莫陈顺，

使持节、大将军、大都督、雍七州诸军事、雍州刺史、高阳郡开国公达奚武，

使持节、大将军、大都督、阳平公李远，

使持节、大将军、大都督、范阳郡国公豆卢宁，

使持节、大将军、大都督、化政郡开国公宇文贵，

使持节、大将军、大都督、荆州军事、荆州刺史、博陵郡开国公贺兰祥，使持节、大将军、大都督、陈留郡开府国公杨忠，

使持节、大将军、大都督、岐州诸军事、岐州刺史、武威郡开国公王雄。（第272—273页）

其中元氏诸王元欣、元赞、元育、元廓是元魏宗室，仅居虚名，其他人中宇文泰、赵贵、于谨、独孤信、侯莫陈崇、豆卢宁、贺兰祥7人进入西魏北周的权力中心，占总数20人的三分之一多，特别是八柱国中有5人参与最高决策，占总数20人的25%，占八柱国人数的62.5%。而且八柱国十二大将军中进入西魏北周的权力中心的7人皆是胡族和胡化族群，诚然在西魏北周统治区域内胡族的汉化仍然在进行中，可是由于胡文化在西魏北周政权中具有相当的影响力，这必然对该区域的文化发展起着相当的负面作用，这样或多或少地影响了该区域新的汉文化的最后形成进程。

六 战乱之影响

战争是政治的一种表现形式，是敌对双方为了达到一定的政治、经济目的而进行的武装争斗，也是各种矛盾激化的必然结果。由于自"永嘉之乱"以来，中国北方战乱颇多，人民流离失所，对于北方的广大地区社会经济造成极大的破坏，同时对于文化也产生了负面的影响，因此就不能不将战乱这一因素考虑进来，分别考述在山东地区、关陇地区发生的战争。

（一）东魏北齐政权统治区战乱频发

在北朝后期，由于以高欢家族为首的东魏北齐政权割据山东地区与割据关陇地区的西魏北周政权形成东西对峙的政治格局，因此战乱颇多。在此先看在山东地区发生的战乱，据《魏书》卷一二《孝静帝纪》记载：

> ［天平元年］十有一月，兖州刺史樊子鹄、南青州刺史大野拔据瑕丘反。（第298页）
>
> 闰月，萧衍以元庆和为镇北将军、魏王，入据平濑乡……二年春正月……乙亥，兼尚书右仆射、东南道行台元晏讨元庆和，破走之。（第298页）
>
> 夏四月，前青州刺史侯渊反，攻掠青、齐。癸未，济州刺史蔡俊讨平之。（第299页）
>
> 六月，元庆和寇南豫州，刺史尧雄大破之。（第299页）
>
> 冬十月有一月丁未，萧衍将柳仲礼寇荆州，刺史王元击破之。（第299页）
>
> ［三年二月］丁卯，阳夏太守卢公纂据郡南叛，大都督元整破之。（第300页）
>
> ［秋七月］丙辰，阳平人路季礼聚众反。幸酉，御史中尉窦泰讨平之。（第300页）
>
> 先是，荥阳人张俭等聚众反于大丑山，通宝炬。［四年夏四月］壬辰，武卫将军高元盛讨破之。（第301页）
>
> ［四年］八月，［元］宝炬、宇文黑獭寇陕州，城陷，刺史李徽伯为黑獭所杀。……［冬十月］己酉，宝炬行台宫景寿、都督杨白驹寇洛州，大都督韩延大破之。宝炬又遣其子大行台元季海、大都督独孤如愿逼洛州。刺史、广阳王湛弃城退还，季海、如愿遂据金墉。颍州长史贺若微执刺史田迅西叛，引宝炬都督梁回据城。宝炬又遣其都督赵继宗、右丞韦孝宽等攻陷豫州。（第301—302页）
>
> ［十有二月甲寅］河间人邢摩纳、范阳人卢仲礼等各聚众反。（第302页）
>
> ［元象元年春正月丁卯］大都督贺拔仁攻宝炬南汾州。己卯，拔之，擒其刺史韦子粲。行台任祥率豫州史尧雄等与大行台侯景、司

徒高敖曹、大都督万俟受洛干等，于北豫相会，俱讨颍州。梁回等弃城遁走，颍州平。（第302页）

[秋七月己亥]行台侯景、司徒公高敖曹围宝炬将独孤如愿于金墉，宝炬、宇文黑獭并来赴救。大都督厍狄干率诸将前驱，齐献武王总众继进。八月辛卯，战于河阴，大破之。斩其大都督、仪同三司寇洛生等二十余人，俘获数万。司徒公高敖曹、大都督李猛、宋显并战没。宝炬留其将长孙子彦守金墉。壬辰，齐献武王济河，子彦弃城走。（第302—303页）

[兴和三年]三月己酉，梁州人公孙贵宾聚众反，自号天王。阳夏镇将讨擒之。（第304页）

[武定元年]二月壬申，北豫州刺史高仲密据虎牢西叛。三月，宝炬遣其子㟴与宇文黑獭率众来援仲密。庚子，围河桥南城……戊申，齐献武王讨黑獭，战于邙山，大破之，擒宝炬兄子临洮王森、蜀郡王荣宗、江夏王昇、钜鹿王阐、谯郡王亮、骠骑大将军仪同三司太子詹事赵善、督将参僚等四百余人，俘斩六万余，甲仗、牛马不可胜数。豫、洛二州平。齐献武王追奔至恒农而还。（第306页）

[二年]二月丁卯，徐州人刘乌黑聚众反。遣行台慕容绍宗讨平之。（第307页）

[五年春正月]辛亥，司徒侯景反，颍州刺史司马世云以城应之。景入据颍城，诱执豫州刺史高元成、襄州刺史李密、广州刺史暴显等。遣司空韩轨、骠骑大将军仪同三司贺拔胜、可朱浑道元、左卫将军刘丰等，帅众讨之。景乃遣使降于宝炬，请师救援。宝炬遣其将李景和、王思政帅骑赴之。思政等入据颍川，景乃出走豫州……九月，齐文襄王还晋阳。辛酉，萧衍遣其兄子贞阳侯渊明帅众寇徐州，堰泗水于寒山，灌彭城以应侯景。冬十月乙酉，以尚书左仆射慕容绍宗为东南道行台，与骠骑大将军仪同三司大都督高岳、潘相乐讨渊明。十有一月，大破之，擒渊明及其二子瑀、道，将帅二百余人，俘斩五万级，冻乏赴水死者不可胜数。十有二月乙亥，萧渊明至阙，帝御阊阖门让而宥之。岳等回师讨侯景……六年春正月己亥，大都督高岳等于涡阳大破侯景，俘斩五万余人，其余溺死于涡水，水为之不流。景走淮南。（第309—310页）

第二章 胡汉文化整合趋同及地域差异之缘由

[六年]秋八月甲戌,以尚书左仆射慕容绍宗为大行台,与太尉高岳、司徒韩轨、大都督刘丰等讨王思政于颍川,引洧水灌其城……

[七年]六月丙申,克颍州,擒宝炬大将军尚书左仆射东道大行台太原郡开国公王思政、颍州刺史皇甫僧显等,及战士一万余人……(第311页)

《北齐书》卷二《神武帝纪》记载:

[天平二年正月]壬戌,神武袭击刘蠡升,大破之……三月,神武欲以女妻蠡升太子,候其不设备,辛酉,潜师袭之。其北部王斩蠡升首以送。其众复立其子南海王,神武进击之,又获南海王及其弟西海王、北海王、皇后公卿已下四百余人,胡、魏五万户。(第18页)

九月辛亥,汾州胡王迢触、曹贰龙聚众反,署立百官,年号平都。神武讨平之。(第19页)

[元象元年]七月壬午,行台侯景、司徒高昂围西魏将独孤信于金墉,西魏帝及周文并来赴救。大都督厍狄干帅诸将前驱,神武总众继进。八月辛卯,战于河阴,大破西魏军,俘获数万。司徒高昂、大都督李猛、宗显死之。西师之败,独孤信先入关,周文留其都督长孙子彦守金墉,遂烧营以遁。神武遣兵追奔,至崤,不及而还。初神武知西师来侵,自晋阳帅众驰赴,至孟津,未济,而军有胜负。既而神武渡河,子彦亦弃城走,神武遂毁金墉而还。(第20页)

武定元年二月壬申,北豫州刺史高慎据武牢西叛。三月壬辰,周文率众援高慎,围河桥南城。戊申,神武大败之于芒山,擒西魏督将已下四百余人,俘斩六万计。(第21页)

同书卷四《文宣帝纪》记载:

[天保元年]十一月,周文帝率众至陕城,分骑北渡,至建州……丙寅,帝亲戎出次城东。周文帝闻帝军容严盛,叹曰:"高欢

不死矣。"遂退师。①（第54页）

三年春正月丙申，帝亲讨库莫奚于代郡，大破之，获杂畜十余万，分赉将士各有差。（第56页）

四年春正月丙子，山胡围离石。戊寅，帝讨之，未至，胡已逃窜，因巡三堆戍，大狩而归。（第57页）

九月，契丹犯塞。壬午，帝北巡冀、定、幽、安，仍北讨契丹。冬十月丁酉，帝至平州，遂从西道趣长堑。诏司徒潘相乐率精骑五千自东道趣青山。辛丑，至白狼城。壬寅，经昌黎城。复诏安德王韩轨率精骑四千东趣，断契丹走路。癸卯，至阳师水，倍道兼行，掩袭契丹。甲辰，帝亲逾山岭，为士卒先，指麾奋击，大破之，虏获十万余口、杂畜数十万头。乐又于青山大破契丹别部。所虏生口皆分置诸州。（第57页）

五年春正月癸巳，帝讨山胡，从离石道。遣太师、咸阳王斛律金从显州道，常山王演从晋州道，掎角夹攻，大破之，斩首数万，获杂畜十余万，遂平石楼。（第58页）

三月，茹茹庵罗辰叛，帝亲讨，大破之，辰父子北遁，太保贺拔仁坐违节度除名。（第58页）

夏四月，茹茹寇肆州。丁巳，帝自晋阳讨之，至恒州黄瓜堆，虏骑走。时大军已还，帝率麾下千余骑，遇茹茹别部数万，四面围逼。帝神色自若，指画形势，虏众披靡，遂纵兵溃围而出。虏不退走，追击之，伏尸二十里，获庵罗辰妻子及生口三万余人。（第58页）

六年春正月壬寅，清河王岳以众军渡江，克夏首。送梁郢州刺史陆法和。（第59页）

[夏四月] 丁卯，仪同萧轨克梁晋熙城，以为江州。（第60页）

戊寅，突厥遣使朝贡。梁反人李山花自号天子，逼鲁山城。五月乙酉，镇城李仲侃击斩之。（第60页）

秋七月己卯，帝顿白道，留辎重，亲率轻骑五千追茹茹。壬午，及于怀朔镇。帝躬当矢石，频大破之，遂至沃野，获其侯利蔼焉力娄

---

① 按：这次军事行动实际仅是双方对峙，并未发生军事冲突，也就是说战争没有发生，因此在下文的统计中不将这次军事行动计入。

第二章　胡汉文化整合趋同及地域差异之缘由

阿帝、吐头发郁久闾状延等。并口二万余，牛羊数十万头。茹茹俟利郁久闾李家提率部人数百降。（第60页）

同书卷七《武成帝纪》记载：

[河清元年]秋七月，太宰、冀州刺史、平章王归彦据土反，诏大司马段韶、司空娄叡计擒之。乙未，斩归彦并其三子及党与二十人于都市。（第91页）

[二年冬十二月]己酉，周将杨忠师突厥阿史那木汗等二十余万人自恒州分为三道，杀掠吏人……己未，周军逼并州，又遣大将军达奚武帅众数万至东雍及晋州，与突厥相应……三年春正月庚申朔，周军至城下而陈，战于城西。周军及突厥大败，人畜死者相枕，数百里不绝。诏平原王段韶追出塞而还。（第92页）

[三年闰月]乙巳，突厥寇幽州。周军三道并出，使其将尉迟迥寇洛阳，杨㯹入轵关，权景宣趣县瓠。冬十一月甲午，迥等围洛阳……甲辰，太尉娄叡大破周军于轵关，擒杨㯹。十二月乙卯，豫州刺史王士良以城降周将权景宣。丁巳，帝自晋阳南讨……壬戌，太师段韶大破尉迟迥等，解洛阳围。（第93页）

同书卷八《后主纪》记载：

[武平四年五月]，开府仪同三司尉破胡、长孙洪略等与陈将吴明彻战于吕梁南，大败，破胡走以免，洪略战没，遂陷秦、泾二州。明彻进陷和、合二州。（第107页）

《周书》卷六《武帝纪》记载：

[建德五年十月]己酉，帝总戎东伐。以越王盛为右一军总管，杞国公亮为右二军总管，随国公杨坚为右三军总管，谯王俭为左一军总管，大将军窦恭为左二军总管，广化公丘崇为左三军总管，齐王宪、陈王纯为前军……癸亥，帝至晋州，遣齐王宪率精骑二万守雀鼠

谷，陈王纯步骑二万守千里径，郑国公达奚震步骑一万守统军川，大将军韩明步骑五千守齐子岭，乌氏公尹昇步骑五千守鼓钟镇，凉城公辛韶步骑五千守蒲津关，柱国、赵王招步骑一万自华谷攻齐汾州诸城，柱国宇文盛步骑一万守汾水关。遣内史王谊监六军，攻晋州城……[十二月]己未，军次并州。庚申，延宗拥兵四万出城抗拒，帝率诸军合战，齐人退，帝乘胜逐北，率千余骑入东门，诏诸军绕城置阵。至夜，延宗率其众排阵而前，城中军却，人相蹂践，大为延宗所败，死伤略尽。齐人欲闭门，以阇下积尸，扉不得阖。帝从数骑，崎岖危险，仅得出门。至明，率诸军更战，大破之，擒延宗，并州平……六年春正月乙亥，齐主传位于其太子恒，改年承光，自号为太上皇。壬辰，帝至邺。齐主先于城外掘堑竖栅。癸巳，帝率诸军围之。齐人拒守。诸军奋击，大破之，遂平邺。齐主先送其母并妻子于青州，及城陷，乃率数十骑走青州……尉迟勤擒齐主及其太子恒于青州……[二月丁未]，齐诸行台州镇悉降，关东平。合州五十五，郡一百六十二，县三百八十五，户三百三十万二千五百二十八，口二千万六千八百八十六。（第95—101页）

据以上记载统计，发生在北朝后期东魏北齐政权统治的山东地区的大小战争大致有三十五场之多，而东魏北齐政权一共只存在了四十三年，差不多平均十个月发生一场战争。而其主要集中于东魏时期至北齐文宣帝高洋统治时期，这一共有二十五年，可是在这期间一共发生了二十九场战争，平均每年发生战争一场多一点，可以说是战争频繁。可是这些战争规模较小的有二十二场之多，占战争总数近三分之二。规模大或稍大一些的战争有十三场，战争总数的三分之一多。另外，在北齐灭亡后还在山东地区发生过几场战争，据《周书》卷六《武帝纪》记载：

[建德六年十二月]己未，东寿阳土人反，率众五千袭并州城，刺史东平公宇文神举破平之……是月，北营州刺史高宝宁据州反。（第105页）

[宣政元年夏四月]庚申，突厥入寇幽州，杀略吏民。（第106页）

同书卷八《静帝纪》记载：

> [大象二年六月]甲子，相州总管尉迟迥举兵不受代。诏发关中兵，即以[韦]孝宽为行军元帅，率军讨之……[八月]庚午，韦孝宽破尉迟迥于邺城，迥自杀，相州平（第132—133页）
>
> [同年秋七月]庚寅，申州刺史李慧起兵……甲午……荥州刺史邵国公宇文胄举兵，遣大将军、清河公杨素讨之。青州总管尉迟勤举兵。（第132页）

这又有七场大小战争，不过大象二年七月的那几场战争规模都不大，属于响应尉迟迥起兵的军事行动，应与尉迟迥起兵归为一场大规模的战争。这样加上北齐政权灭亡前的战争，合计有三十九场之多。可是从东魏政权建立的天平元年（534）至北周政权灭亡的大定元年（581），一共四十七年，也就是说平均一年多发生一场战争。另外，在这一时期，发生的较大规模的战争有十三场，差不多三年发生一场较大规模的战争。而大规模的战争一共发生过九场，大约五年发生一场大规模的战争，有的战争还持续数月之久。因此可以说该区域战争频发，而这必然会对东魏北齐政权统治的山东地区的某些区域经济文化造成比较严重的破坏。幸好这些战争大多上发生在东魏北齐政权与西魏北周政权交界处，只有建德五年北周灭北齐、大象二年尉迟迥起兵这两场战乱波及该区域的政治、经济、文化中心，可是据《周书·武帝纪》记载，北周灭北齐那场战争虽然持续了三个多月的时间，不过只在晋州及太原打得比较激烈，邺城却由于北齐后主高纬的逃亡，很快被北周军队拿下。另据《周书》《周书·静帝纪》记载，平定尉迟迥起兵的时间是大象二年六月甲子日（即六月十日），随即韦孝宽率军出征，八月庚午日（八月十七日）战争结束，共计两个月零七天。据《周书》卷二一《尉迟迥传》记载，主要在沁水之东和邺城城外打得比较激烈，战争波及的地区较少。至于为何该区域战争较多，实为其地理环境所致，此区域多平原，少险隘，外敌易于攻入所致。总的来看，这四十场战争除了对于该区域文化发达的河洛地区造成了负面的影响较大之外，东魏北齐政权的统治中心邺城周围以及文化发达地带较少遭受战乱的侵扰，使得那些地区经济文化非但没有遭到破坏，相反还取得了长足的发展，进而保证了汉文化在战乱之后迅速恢复，并得到长足的发展。

（二）西魏北周政权统治区战乱较少

北朝后期宇文泰建立西魏政权，割据关陇地区，公元557年其子宇文觉建立北周政权，长期以来与高欢控制的东魏以及其子高洋建立的北齐政权东西对峙，直至北周灭亡，杨坚建立隋王朝，其间战乱甚多。再次对于发生在西魏北周政权统治区域内的战乱略加考述，据《魏书》卷一二《孝静帝纪》记载：

> ［元象元年］二月，豫州刺史尧雄攻扬州，拔之，擒宝炬义州刺史韩显、扬州长史丘岳，送京师。（第302页）
>
> ［武定四年八月］齐献武王自邺帅众西伐，文襄王会于晋州。九月，围玉壁以挑之，宝炬、黑獭不敢应。冬十有一月，齐献武王有疾，班师。（第308页）

《北齐书》卷二《神武帝纪》记载：

> ［天平元年八月］神武寻至恒农，遂西克潼关，执毛洪宾。进军长城，龙门都督薛崇礼降。（第17页）
>
> 三年正月甲子，神武帅厍狄干等万骑袭西魏夏州，身不火食，四日而至。缚稍为梯，夜入其城，禽其刺史费也头斛拔俄弥突，因而用之。留都督张琼以镇守，迁其部落五千户以归。西魏灵州刺史曹泥与其婿凉州刺史刘丰遣使请内属。周文围泥，水灌其城，不没者四尺。神武命阿至罗发骑三万径度灵州，绕出西军后，获马五十匹，西师乃退。（第19页）
>
> 十二月丁丑，神武自晋阳西讨，遣兼仆射行台汝阳王暹、司徒高昂等趣上洛，大都督窦泰入自潼关。四年正月，癸丑，窦泰军败自杀。神武次蒲津，以冰薄不得赴救，乃班师。高昂攻克上洛。（第19—20页）
>
> ［四年］十一月壬辰，神武西讨，自蒲津济，众二十万。周文军于沙苑。神武以地厄少却，西人鼓噪而进，军大乱，弃器甲十有八

万,神武跨橐驼,候船以归。(第20页)

[兴和四年]九月,神武西征。十月己亥,围西魏仪同三司王思政于玉壁城,欲以致敌,西师不敢出。十一月癸未,神武以大雪,士卒多死,乃班师。(第21页)

[武定]四年八月癸巳,神武将西伐,自邺会兵于晋阳……九月,神武围玉壁以挑西师,不敢应……神武有疾。十一月庚子,舆疾班师。(第23页)

《周书》卷二《文帝纪》记载:

[大统四年]冬十一月,东魏将侯景攻陷广州。十二月,是云宝袭洛阳,东魏将王元轨弃城走。都督赵刚袭广州,拔之。(第26页)

十二年春,凉州刺史宇文仲和据州反。瓜州民张保害刺史成庆,以州应仲和。太祖遣开府独孤信讨之。东魏遣其将侯景侵襄州,太祖遣开府若干惠率轻骑击之。至穰,景遁去。夏五月,独孤信平凉州,擒仲和,迁其民六千馀家于长安。瓜州都督令狐延起义诛张保,瓜州平。(第30页)

十三年春正月,茹茹寇高平,至于方城。(第30页)

十六年春正月,柳仲礼率众来援安陆,杨忠逆击于漴头,大破之,擒仲礼,悉虏其众。马岫以城降。(第32页)

[十七年]冬十月,太祖遣大将军王雄出子午,伐上津、魏兴。大将军达奚武出散关,伐南郑。(第33页)

魏废帝元年春,王雄平上津、魏兴,以其地置东梁州。夏四月,达奚武围南郑,月余,梁州刺史、宜农侯萧循以州降。武执循还长安。(第33页)

秋八月,东梁州民叛,率众围州城。太祖复遣王雄讨之……[二年]二月,东梁州平。迁其豪帅于雍州。(第33页)

[魏恭帝]二年,梁广州刺史王琳寇边。冬十一月,遣大将军豆卢宁帅师讨之。(第36页)

同书卷五《武帝纪》记载:

> ［天和五年冬］齐将斛律明月寇边，于汾北筑城，自华谷至于龙门……六年春正月己酉朔……诏柱国、齐国公宪率师御斛律明月……三月己酉，齐国公宪自龙门度河，斛律明月退保华谷，宪攻拔其新筑五城。（第78页）

同书卷六《武帝纪》记载：

> ［建德四年］闰月，齐将尉相贵寇大宁，延州总管王庆击走之。（第93页）

同书卷八《静帝纪》记载：

> ［大象二年秋七月］己酉，郧州总管司马消难举兵，以柱国、杨国公王谊为行军元帅，率军讨之。（第132页）
>
> 八月庚申，益州总管王谦举兵不受代，即以梁睿为行军元帅，率军讨之。（第133页）

据以上记载统计，发生在北朝后期西魏北周政权统治的关陇地区的大小战争大致有十九场，而西魏北周政权一共只存在了四十六年，差不多平均两年发生一场战争。其中较大规模的战争有三场，差不多十五年在该地区发生一场大规模的战争。至于为何该区域战争较少，是由于该区域地势险要，其统治中心的关中更是号称"阻山带河，四塞之地"①。这就使得外敌难以攻入该区域。可是由于前期有几次战争发生在该政权的统治中心地带关中地区及其附近，所以说对于该地区的经济文化还是产生了一些负面的影响。加之其他因素，特别是十六国时期这一时期战乱造成的影响，使得该地区这时的文化发展较慢，落后于山东、江左这两大区域。

---

① 《汉书》卷三一《项羽传》，第1808页。

本章小结

魏晋南北朝时期，特别是北朝后期，胡族以及胡化族群的草原等外来文化与原居于中国北方农业地区的汉族文化相互碰撞、相互影响，最终形成了以儒家思想为核心的新的汉文化。这在政治、经济、军事、思想、意识形态、社会风俗等诸多方面都有所表现，如名儒学者据《魏书》卷八四《儒林传》、卷八五《文苑传》、《北齐书》卷四四《儒林传》、卷四五《文苑传》、《周书》卷四五《儒林传》、《隋书》卷七五《儒林传》、卷七六《文学传》记载的有卢景裕等64人，他们大多是汉人，只有元善、何妥2人出身胡族，仅占极少数，而且他们2人都曾在南朝生活学习，并在学术上有一定造诣之后才来到北方，如果从文化上看他们当属于南朝人。在这中间的一流学者有卢景裕、李同轨、李业兴、温子昇、颜之推、沈重、元善、何妥、刘焯、刘炫等人，再加上修撰《魏书》的魏收和邢子才、阳休之、李德林、王劭、薛道衡、庾信等人，大致有17人，其中仅有两位学术出自江左地区的胡族，只约占12%，相反汉族有15人，占88%还多，不论是人数还是百分比汉族都居于压倒多数。由此可看出魏晋南北朝时期著名学者群体的构成是以汉族主体。还有据史籍记载，胡族和胡化族群在儒学上接受汉文化的有一百多人，其表现为知书、好学强记、留心学问、博涉经史、少好经史、好儒学、尤好经传、通涉五经、尤明经传、读书敏速、略涉文艺、猎涉文史、颇有文义、颇有学问、博极古今、博览群书、博学多通、学尽琴书、雅洞篇章、好文学、颇有笔札、善草隶、性爱篇章、善辞令、词彩温丽、受学名儒、解音律、尊重儒师，重视教育等多个方面，说明汉文化的高度文明对胡族影响之深。在社会习俗方面，胡族及胡化族群也受到汉文化的影响。服饰上，自北魏孝文帝改革推行汉化政策禁胡服以来，进入中原的胡族大多改穿汉族服饰。也就是说，从总体上看胡汉文化经过相互碰撞、相互影响，最终在中国北方形成的是以儒家思想为核心的新的汉文化。但是由于种种原因，东魏北齐政权所统治的山东地区与西魏北周政权所统治的关陇地区在文化的方方面面也存在着一些差异。

那么为什么在文化上表现为胡族及胡化族群汉化的总社会发展趋势？

这是因为当时中国北方除个别地区外，大多是"好尚稼穑。重于礼文""人性多敦厚，务在农桑，好尚儒学""崇尚学业""尊儒慕学"，这说明虽然由于胡族的大量涌入中原等中国北方的农业地区，出现了胡汉文化相互碰撞、相互交流、相互影响的局面，但是并没有从根本上对汉族文化造成巨大的影响，相反由于在当时汉族文化处于一个较高的水准，而人类都是向往文明的，因此这些进入中国北方农业地区的胡族及胡化族群虽然占领了这些地区，甚至建立了割据政权，可是在文化上很快地转而接受汉文化，其中有些人甚至汉化程度颇深，撰有著述。诚然，这些胡族的文化在个别方面也是产生了一定的影响的，但是这一时期最终形成的文化仍然是以儒家思想为核心的汉文化作为主体文化。

至于东魏北齐政权所统治的山东地区与西魏北周政权所统治的关陇地区在文化方面存在着一些差异，是由于这两大区域内历史人文环境、进入该地区的胡族及胡化族群自身的素质以及自然地理的诸多不同所造成的。具体地说，南北朝时期继续生活在东魏北齐统治区域内的士族主要有清河崔氏、博陵崔氏、东清河崔氏、范阳卢氏、赵郡李氏、陇西李氏、荥阳郑氏、太原王氏、渤海高氏、昌黎韩氏、钜鹿魏氏、高阳许氏、太山羊氏、彭城刘氏、河间邢氏，以及一部分河东裴氏、弘农杨氏、京兆韦氏等士族的家族成员，甚至包括一部分从江南辗转回到北方的琅琊颜氏、兰陵萧氏、陈郡袁氏、颍川荀氏、渤海刁氏，在东魏北齐统治区内生活的士家大族除渤海高氏外，皆重视儒学，并涌现出诸如邢邵、颜之推、魏收、王劭、薛道衡等著名学者，另外除琅琊颜氏、兰陵萧氏、陈郡袁氏的袁奭外，这些大族的学术皆源于东魏北齐统治区，这些都说明该地区学术基本上由士家大族掌握传习，而且其学术大多源于此，因此基本上可以说这些士家大族的学术水平代表了该地区的学术水准。而生活在西魏北周统治区域内的士族主要有陇西李氏、京兆韦氏、京兆杜氏、武功苏氏、北地傅氏以及一部分河东裴氏、河东薛氏、河东柳氏、弘农杨氏的家族成员，还有一些从其他地区辗转来到该地区的士族，如琅琊王氏、琅琊颜氏、南阳庾氏、南阳宗氏、兰陵萧氏、沛国刘氏，虽然在西魏北周统治区生活的琅琊王氏、太原王氏、琅琊颜氏、南阳庾氏、南阳宗氏、沛国刘氏以及南方的吴兴沈氏，史书在文化上有明确事迹记载的只有一人，但是除太原王氏的王思政外，他们都习读经史、喜好文学，并出现了王褒、庾信、沈重这样的著名学者,但是他们的学术皆源自江左地区。就学者的构成来看,东魏北齐统治区域内的学者绝大多数为土生土长的,外来的仅占极少数,而且邢邵、颜之推、魏收、王劭、薛道衡这几位学术水平最高的学者都是士族,这说明东魏北齐统治区域内的文化确实基本上是在本区域文化的土壤成长起来的,受外来文化影响较少。可是西魏北周统治区域内的学者多数是外来的,土生土长的占少数,而且王褒、庾信这几位学术水平最高的学者都是外来的士族。这说明西魏北周统治区域内的文化发展确实是得益于外来文化,受外来文化的影响较大。再看文化发展进程,山东地区虽然经过五胡十六国以至南北朝时期胡族不断涌入,甚至入主中原,但是所受到的胡族文化影响不大,这是由于该区域有着深厚的汉文化沉淀,先秦诸子百家多产生于该地区。在南北朝时期该区域在除个别地区如《通典》所说有"仗气任侠""浮巧成俗""俗尚武艺"的现象外,其他地区多是"性缓尚儒""文学盛兴,闾井之间,习于程法""人情朴厚,俗有儒学""儒雅盛兴",而且无胡汉杂居的记载。至于西魏北周统治的关陇地区虽然汉化也是大方向,可是在文化上却不如山东地区先进,甚至出现了"华戎杂错""连接山胡""杂有獠户""连杂氏羌"的现象以及"俗具五方,人物混淆""去农从商,争朝夕之利,游手为事""女淫而妇贞""多尚武节""好祀鬼神""人尤劲悍""工习猎射"之俗,不过有些地区仍然行"尚俭约,习仁义,勤于稼穑""皆务于农事""崇重道教"之风,还是以汉族先进文化为主导的。还有一个值得注意的方面就是中枢权力核心的构成,在东魏北齐政权的中枢权力核心82人中,汉族有27人,占总数的32%多;胡族及胡化族群有54人,约占总数的68%。其中,汉士族的有14人,约占总数的18%;可是胡族及胡化族群中接受汉文化的有41人,占总数的51%多;汉族和已接受汉文化的胡族及胡化族群的人数达到67人,约占总数的84%,相反未接受汉文化的和情况不详的胡族及胡化族群却只有13人,占总数的16%多。这就看出东魏北齐政权基本上由汉人和已接受汉文化的胡族所控制掌握,特别是东魏实际统治者即北齐皇族高氏虽然是胡化族群,可是他们绝大多数已接受了汉文化,他们对东魏北齐政权具有很大的控制力,对于其统治区域内的文化取向也有着相当大的影响力。而且还有相当人数的汉士族参与到该政权的中枢权力中,这些汉士族中的一部分人又具有很高的学术水准,由此必然对东魏北齐统治区域的汉文化发展产生巨大的推动作用。相反西魏北周政权中枢权力核心中共有 34 人，胡族胡化族群有 24 人，所占的比例超过三分之二，汉人有 10 人，只占三分之一不到，汉人加上已接受汉文化的胡族 10 人，共计 20 人，虽然在中枢政局中占多数，但是担任掌握中枢决策最高的职务——大冢宰一职的宇文泰、宇文觉、赵贵、宇文护、宇文宪、宇文俭、宇文盛、宇文贞、宇文贽、杨坚 10 人中，皆由胡族和胡化族群人担任，除宇文宪外多未接受汉文化或汉化程度较浅，其中杨坚还是在他即将取代北周建立隋朝之前担任过此职，实属于特殊情况。在该政权的八柱国十二大将军中已接受汉文化的元氏诸王元欣、元赞、元育、元廓等元魏宗室徒有虚名，特别是宇文泰、赵贵、于谨、独孤信、侯莫陈崇等柱国大将军参与最高决策，占中枢权力核心总数 20 人的 25%。而进入西魏北周的权力中心的 7 人皆出自胡族和胡化族群。这些都制约了该地区汉文化良性发展。诚然，在西魏北周统治区域内胡族的汉化仍然在进行中，可是西魏北周政权中胡文化对于该地区汉文化的发展还是会产生负面影响的。再则，地理环境的差异，东魏北齐政权所控制的豫州、青州、兖州、幽州、冀州、并州、徐州的地理环境比较好，大部分地方地势相对平坦，这样便于从事农业生产，使得人们多务农桑，由此便会出现重礼文、好尚儒学之风，从而有利于汉文化的发展。虽说西魏北周政权所控制的关中地区地理环境为"被山带河，四塞以为固，卒然有急，百万之众可具也。因秦之故，资甚美膏腴之地，此所谓天府者也"。但是西魏北周政权所控制的雍、梁二州的其他地方多山，地势高，起伏较大，"山多林木"，"地广民稀"，多不利于农业生产。有些地方又地接胡戎，时常会对农业生产造成不利的影响，不利于汉文化的发展。总的来说，东魏北齐政权所控制的山东地区的历史人文环境、自然地理以及进入该地区的胡族及胡化族群自身的素质优于西魏北周政权所控制的关陇地区，这就使得在文化上山东地区比之关陇地区先进。

再则，战乱对于社会的安定、经济文化的发展所起的负面作用，是不容置疑的。不过由于东魏北齐政权与西魏北周政权的一段时期相安无事，这就使得山东、关陇这两大区域的经济文化得以恢复。虽然东魏北齐政权统治的山东地区战乱颇多，可是由于这些战争多发生在与西魏北周政权的交界地带，对于其统治区内的经济文化发达地带造成的负面影响不大，也就是说，没有给该地区经济文化带来长久的致命的破坏，相反，在战乱过后，经济文化迅速恢复，并得到较快的发展。而西魏北周政权统治的关陇地区虽然战乱较少，可是其他因素却制约着该地区文化的发展，与东魏北齐统治区相比则略显逊色。

结束语

魏晋南北朝时期是一个社会大动荡、战乱频繁、各族人口不断迁徙的历史时期，在各族人口不断迁徙的过程中，胡汉文化相互接触、相互碰撞、相互影响，经过嬗变、趋同，最终形成了新的汉文化。

在这一时期文化的融合过程中，不同民族面对各个文化体系发展水平的差异，人们总是自然地要选择发展水平较高的文化作为自身发展的目标，由于当时汉族文化的文明程度比较高，生产力水平也比其他民族高，因此汉文化是这场文化融合的主流，胡族在大量涌入中国北方的农业地区后，开始与汉族杂居，共同生活，必然在儒学教育、礼仪风俗、典章制度、文学艺术、社会生活等文化的诸方面受到先进的汉文化影响，主要表现为习读经史，重视儒家传统文化的教育，尊敬师长，大量继承发展汉族的典章制度，爱好并学习汉族的语言文学、书画、乐曲，尊崇汉族的传统宗教——道教，穿着汉族服饰，喜好汉族的生活习俗，甚至有些胡族对儒家经典史籍颇有研究著述，并且还有文学作品传世。这些又说明文明程度落后的民族虽然有时能够征服文明程度先进的民族，但是反过来却很快在文化上被先进的民族所同化，甚至逐渐融合到文明程度先进的民族中去，完成民族认同。

当然，在胡族大量涌入中国北方农业地区的同时，他们也将其本身的胡族文化一并带入新的迁徙地区，这些胡族文化在与汉族文化的接触、碰撞的过程中虽然被汉文化所融合，可是它也凭着自身顽强的生命力或多或少地影响着原来居住在该地区的汉族，并将胡文化某些优秀的因素融入新形成的汉文化之中，主要表现在宗教信仰、语言、艺术以及社会生活诸方面，但是胡文化对汉文化的影响在这次文化融合的过程中只是支流，并非主流。

从总体上来看，经过魏晋南北朝时期胡汉各族文化相互接触、相互碰撞，不断嬗变，特别是到北朝后期文化进入了一个趋同期，最终各种胡文化融合进汉文化中，形成了一种全新的文化，但是这种全新的文化并非朴汉济教授所说的 Synthesized 的第三种形态的文化，而是一种以儒家思想为核心的全新的汉文化，只是这种新的汉文化中加入了一些新的因素，当然也包括一些外来文化因素的融入。究其原因，当是一方面中国北方农业地区，特别是山东地区在先秦时期就是文化最繁荣的地区，诸子百家中的儒、墨、道、法、名、兵、纵横、五行、农等学术流派皆源于此，还有闻名一时的"稷下之学"，这些都给该地区的文化奠定了深厚的底蕴。两汉时期特别是东汉以此地区的洛阳作为京畿，成为当时的文化中心。虽经五胡十六国时期的战乱，可是由于自然环境、人文历史、士族等原因，该地区文化未遭到大的破坏，特别是儒学仍然顽强地生存并发展起来。同时关陇地区自先秦起，法、道、兵、儒等家思想逐渐传入，特别是两汉以来黄老学说、儒家思想得到发扬光大，虽曾也遭受秦始皇"焚书坑儒"、五胡十六国的战乱，但是由于士族习读经史的传统，使得以儒家思想为核心的汉文化能够顽强地在该地区生存下去。另一方面，由于不同民族在相互接触中文化适应的潜力是无法抗拒的，当时的各胡族文化相对于中国北方农业地区的汉族文化是落后一些，原有落后的文化传统已经不能适应形势发展的需要，而且人类总是向往文明，因此当这些胡族胡族和胡化族群进入中原后，与该地区原有的汉人杂居交往的过程中，受到汉文化的影响，开始接受汉文化。再加上这些胡族以及胡化族群在建立政权后，由于胡族的落后统治方式已经不能适应其统治及社会发展的需要，要想在中国北方农业地区建立巩固的政权，就必须走与汉族地主阶级相结合的汉化道路，效法汉族的各项制度。基于以上缘由，当北魏入主中原以及北魏末年的战乱之时，以鲜卑族为首的各胡族涌入中国北方农业地区后迅速接受了汉族先进的文化，由此最终在中国形成了以儒家思想为核心的全新汉文化。

在胡汉文化的融合过程中，由于北朝后期在中国北方的农牧业地区同时出现了东魏北齐与西魏北周两大敌对政权，分别统治着山东和关陇两大区域，形成了中国北方的东西对峙的局面。而这两大区域的历史、文化环境、自然环境不同，加之进入各区域的胡族人数多寡、文化水准差异，两大区域形成的新的汉族文化也就必然存在着一些差异。通过对儒学教育、礼仪风俗、典章制度、文学艺术、社会生活等诸多方面的分析，笔者以为西魏北周统治区的文化略逊于东魏北齐统治区，诸如儒学方面，东魏北齐统治区内的胡族以及胡化族群受到儒学影响的人数不仅多于西魏北周统治区，且学术水准较高的人数也多于西魏北周统治区。而西魏平江陵后俘掠来了王褒、庾信、沈重等一批著名学者，使西魏北周统治区的文化得到较大幅度的提高。另外，在其他方面东魏北齐统治区亦优于西魏北周统治区。究其原因，自先秦以来黄河下游地区在大多数时期处于领先地位，而东魏北齐政权正统治着该地区。东魏北齐统治区和西魏北周统治区的学者人数、学术水准、著述多寡、中书决策机构中汉族人数以及社会习俗等方面亦足以说明这一问题。此外，地理环境的差异对于各地区文化的发展也产生了相当大的影响，如东魏北齐政权所控制的豫州、青州、兖州、幽州、冀州、并州、徐州的自然环境比较好，大部分地方地势相对平坦，这样便于从事农业生产，使得人们多务农桑，"好尚稼穑，重于礼文"，"人性多敦厚，务在农桑，好尚儒学"，"崇尚学业"，由此便会出现重于礼文、好尚儒学之风，从而有利于汉文化的发展。但是西魏北周政权所控制的雍、梁二州的其他地方多山，地势高，起伏较大，"山多林木""地广民稀"，多不利于农业生产。有些地方又地接胡戎，时常会对农业生产造成不利的影响，对该地区文化产生了一些负面的影响，甚至在该政权的统治中心——关中地区出现了"华戎杂错"的局面，这些都不利于汉文化的发展，这就使得该地区文化在南北朝后期处于一个比较落后的地位。

主要参考文献

一 历史文献

（清）阮元：《十三经注疏》，中华书局1980年版。
（西汉）司马迁：《史记》，中华书局点校本1959年版。
（东汉）班固：《汉书》，中华书局点校本1962年版。
（南朝宋）范晔：《后汉书》，中华书局点校本1965年版。
（晋）陈寿：《三国志》，中华书局点校本1959年版。
（唐）房玄龄：《晋书》，中华书局点校本1974年版。
（唐）姚思廉：《梁书》，中华书局点校本1973年版。
（北齐）魏收：《魏书》，中华书局点校本1974年版。
（唐）李百药：《北齐书》，中华书局点校本1972年版。
（唐）令狐德棻：《周书》，中华书局点校本1971年版。
（唐）魏徵、长孙无忌：《隋书》，中华书局点校本1973年版。
（唐）李延寿：《南史》，中华书局点校本1975年版。
（唐）李延寿：《北史》，中华书局点校本1974年版。
（后晋）刘昫：《旧唐书》，中华书局点校本1975年版。
（北宋）司马光：《资治通鉴》，中华书局点校本1956年版。
（唐）杜佑：《通典》，中华书局点校本1988年版。
（北宋）王钦若、杨亿：《册府元龟》，中华书局1989年版。
（唐）林宝：《元和姓纂》，中华书局1994年版。
（北魏）杨衒之撰，今人周祖谟校释：《洛阳伽蓝记》，上海书店出版社2000年版。
（清）赵翼撰，今人王树民校证：《廿二史劄记校证》，中华书局1984

年版。

（北齐）颜之推撰，今人王利器集解：《颜氏家训集解》（增补本），中华书局1993年版。

（唐）张彦远：《历代名画记》，人民美术出版社1964年版。

（唐）欧阳询：《艺文类聚》，上海古籍出版社1965年版。

（唐）徐坚：《初学记》，中华书局1962年版。

（北宋）李昉：《太平御览》，中华书局1960年版。

（唐）段成式：《酉阳杂俎》，中华书局1981年版。

（北宋）李昉：《太平广记》，中华书局1961年版。

（南朝梁）释慧皎：《高僧传》，中华书局1992年版。

（唐）释道宣：《续高僧传》，中华书局2014年版。

（隋）费长房：《历代三宝记》，河南人民出版社2013年版。

（北宋）李昉：《文苑英华》，中华书局1966年版。

（清）严可均：《全上古三代秦汉三国六朝文》，中华书局1958年版。

逯钦立辑校：《先秦汉魏晋南北朝诗》，中华书局1983年版。

二 考古资料（以编著者姓氏排序）

陕西省考古研究所：《西安北周安伽墓》，文物出版社2003年版。

山西省考古研究所等：《北齐东安王娄叡墓》，文物出版社2006年版。

太原市文物考古研究所：《北齐徐显秀墓》，文物出版社2005年版。

杨军凯：《北周史君墓》，文物出版社2014年版。

原州联合考古队：《北周田弘墓》，文物出版社2009年版。

段文杰：《中国敦煌壁画全集》（西魏卷），天津人民美术出版社2002年版。

固原博物馆：《固原文物精品图集》，宁夏人民出版社2012年版。

金维诺：《中国墓室壁画全集》（汉魏晋南北朝），河北教育出版社2011年版。

山西博物院编：《山西博物院》，山西人民出版社2005年版。

山西古代壁画艺术博物馆：《山西古代壁画精品图说》，山西人民出版社2008年版。

中国社会科学院考古研究所等：《磁县湾漳北朝壁画墓》，科学出版社

2003年版。

中国社会科学院考古研究所等：《邺城文物精华》，文物出版社2014年版。

罗新、叶炜疏证：《新出魏晋南北朝墓志疏证》，中华书局2005年版。

王靖宪：《中国碑刻全集》第四卷，人民美术出版社2010年版。

赵超辑：《汉魏南北朝墓志汇编》，天津古籍出版社2008年版。

三　学术著作（以著者姓氏排序）

（一）国内部分

白翠琴：《魏晋南北朝民族史》，四川民族出版社1996年版。

曹文柱：《中国文化通史·魏晋南北朝卷》，中共中央党校出版社2000年版。

陈爽：《世家大族与北朝政治》，中国社会科学出版社1998年版。

陈琳国：《中古北方民族史探》，商务印书馆2010年版。

陈寅恪：《隋唐制度渊源略论稿》，上海古籍出版社1982年版。

陈寅恪：《唐代政治史述论稿》，上海古籍出版社1982年版。

陈寅恪：《金明馆丛稿初编》，上海古籍出版社1980年版。

陈寅恪：《魏晋南北朝史讲演录》，黄山书社1987年版。

陈寅恪：《讲义与杂稿》，生活·读书·新知三联书店2002年版。

陈垣：《元西域人华化考》，上海古籍出版社2000年版。

丁凌华：《中国丧服制度史》，上海人民出版社2000年版。

何兹全：《中国古代社会》，河南人民出版社1991年版。

侯旭东：《五、六世纪北方民众佛教信仰》，中国社会科学出版社1998年版。

侯旭东：《北朝村民的生活世界》，商务印书馆2005年版。

胡宝国：《汉唐间史学的发展》，商务印书馆2003年版。

黄永年：《文史探微》，中华书局2000年版。

黄永年：《六至九世纪中国政治史》，上海书店出版社2004年版。

黄永年：《黄永年谈艺录》，中华书局2014年版。

介永强：《西北佛教历史文化地理研究》，人民出版社2008年版。

康乐：《从西郊到南郊》，台湾稻乡出版社1995年版。

李书吉：《北朝礼制法系研究》，人民出版社2002年版。
李文才：《三至六世纪益梁地区》，商务印书馆2002年版。
刘影：《皇权旁的山西》，新星出版社2007年版。
卢云：《汉晋文化地理》，陕西人民教育出版社1991年版。
逯耀东：《从平城到洛阳》，台湾东大图书股份有限公司2001年版。
罗新：《中古北族名号研究》，北京大学出版社2009年版。
马长寿：《乌桓与鲜卑》，上海人民出版社1962年版。
马长寿：《碑铭所见前秦至隋初的关中部族》，中华书局1985年版。
缪钺：《读史存稿》，生活·读书·新知三联书店1963年版。
吕春盛：《北齐政治史研究——北齐衰亡原因之考察》，台湾大学出版社1984年版。
吕春盛：《关陇集团的权力结构演变——西魏北周政治史研究》，台湾稻乡出版社2002年版。
吕思勉：《两晋南北朝史》，上海古籍出版社1983年版。
吕思勉：《中国民族史》，中国大百科全书出版社1987年版。
施和金：《北齐地理志》，中华书局2008年版。
孙同勋：《拓跋氏的汉化及其他——北魏史论文集》，台湾稻乡出版社2005年版。
谭其骧：《长水集》，人民出版社1987年版。
谭其骧主编：《中国历史地图集》，中国地图出版社1982—1987年版。
唐长孺：《魏晋南北朝史论拾遗》，中华书局1983年版。
唐长孺：《魏晋南北朝隋唐史三论》，武汉大学出版社1993年版。
唐长孺：《唐长孺社会文化史论丛》，武汉大学出版社2001年版。
田余庆：《拓跋史探》，生活·读书·新知三联书店2003年版。
万绳楠：《魏晋南北朝文化史》，黄山书社1992年版。
王明珂：《华夏边缘》，社会科学文献出版社2006年版。
王青：《汉魏两晋南北朝佛教信仰与神话》，中国社会科学出版社2001年版。
王小甫：《中国中古的族群凝聚》，中华书局2012年版。
王伊同：《五朝门第》，金陵大学出版社1943年版。
王元军：《六朝书法与文化》，上海书画出版社2002年版。

王仲荦：《魏晋南北朝史》，上海人民出版社 2003 年版。

王仲荦：《北周六典》，中华书局 1979 年版。

王仲荦：《北周地理志》，中华书局 1980 年版。

汪波：《魏晋北朝并州地区研究》，人民出版社 2001 年版。

阎步克：《察举制度变迁史稿》，辽宁大学出版社 1991 年版。

阎步克：《乐师与史官——传统政治文化与政治制度论集》，生活·读书·新知三联书店 2001 年版。

阎步克：《从爵本位到官本位》，生活·读书·新知三联书店 2009 年版。

姚薇元：《北朝胡姓考》，中华书局 2007 年版。

张庆捷：《民族汇聚与文明互动》，商务印书馆 2010 年版。

张伟然：《湖南历史文化地理研究》，复旦大学出版社 1995 年版。

张伟然：《湖北历史文化地理研究》，湖北教育出版社 2000 年版。

张晓虹：《文化区域的分异与整合》，上海书店出版社 2004 年版。

周伟洲：《吐谷浑史》，宁夏人民出版社 1985 年版。

周伟洲：《中国中世西北民族关系研究》，西北大学出版社 1992 年版。

周一良：《魏晋南北朝史论集》，北京大学出版社 1997 年版。

周一良：《魏晋南北朝史札记》，中华书局 1989 年版。

周一良：《魏晋南北朝史论集续编》，北京大学出版社 1991 年版。

周振鹤、游汝杰：《方言与中国文化》，上海人民出版社 1997 年版。

周振鹤主著：《中国历史文化区域研究》，复旦大学出版社 1997 年版。

朱大渭：《魏晋南北朝社会生活史》，中国社会科学出版社 1998 年版。

(二) 国外部分

［日］川本芳昭：《魏晋南北朝时代の民族问题》，日本汲古书院 1998 年版。

［日］堀敏一：《魏晋南北朝隋唐时代史の基本问题》，日本汲古书院 1997 年版。

［韩］朴汉济：《中国中古胡汉体制研究》，韩国一潮阁 1988 年版。

［日］松下宪一：《北魏胡族体制论》，日本北海道大学出版会 2007 年版。

四 学术论文（以撰写者姓氏排序）

（一）国内部分

曹道衡：《北朝黄河以南的学术与文化》，《福州大学学报》（哲学社会科学版）2002年第2期。

曹道衡：《西魏北周时代的关陇学术与文化》，《文学遗产》2002年第3期。

曹文柱：《略论魏晋南北朝时期文化机构的更新》，《史学集刊》2001年第2期。

曹文柱、李传军：《二十世纪魏晋南北朝史研究》，《历史研究》2002年第5期。

曹印双：《从秦府集团成员仕进状况看区域文化合流》，《中国历史地理论丛》2006年第1辑。

段锐超：《北朝"观渔"与民族认同》，《中国农史》2013年第5期。

冯国富：《固原北周李贤墓壁画简论》，《固原师专学报》1991年第2期。

冯天瑜：《魏晋南北朝文化刍议》，《中国文化研究》1994年第4期。

耿志强：《固原北周壁画墓与艺术风格》，《西夏研究》2013年第4期。

韩伟：《北周安伽墓围屏石榻之相关问题浅见》，《文物》2001年第1期。

黄寿成：《以高欢家族为例看东魏北齐汉化》，《暨南史学》第6辑，暨南大学出版社2009年版。

黄寿成：《从中枢决策机构看北齐北周的汉化》，《文史哲》2010年第3期。

黄寿成：《汉士族与东魏北齐政权》，《青岛大学师范学院学报》2011年第1期。

黄寿成：《北齐文林馆考》，《暨南史学》第7辑，暨南大学出版社2012年版。

黄寿成：《北周政权是否实行九品中正制》，《文史哲》2014年第4期。

黄寿成：《北齐政权选官制度辨析》，《厦门大学学报》（哲学社会科学版）2015年第6期。

黄寿成：《北周政权察举制度考释》，《北京师范大学学报》（哲学社会科学版）2016年第5期。

黄若琰:《北周后期为何货币不标明重量》,《陕西师范大学继续教育学院学报》2007年第2期。

金申:《从杨子华的绘画和墓室壁画考证北齐皇室的生活》,《考古与文物》2005年第3期。

李伯齐:《略论晋北朝齐鲁世族及其文化地位》,《齐鲁文化研究》2003年第12辑。

李金河:《魏晋南北朝经学述论》,《山东大学学报》(社会科学版)1997年第1期。

李克建:《历史上的文化整合与民族认同——以北朝后期为分析中心》,《中南民族大学学报》(人文社会科学版)2014年第6期。

李梅田:《北齐墓葬文化因素分析——以邺城、晋阳为中心》,《中原文物》2004年第4期。

李毓芳:《汉长安城的布局与结构》,《考古与文物》1997年第5期。

罗宏曾:《魏晋南北朝文化架构的特征》,《天津社会科学》1987年第3期。

马良怀:《魏晋南北朝时期的社会文化思潮论纲》,《中南民族学院学报》1991年第3期。

倪润安:《西魏北周墓葬的发现与研究述评》,《考古与文物》2005年第5期。

宁夏回族自治区博物馆、宁夏固原博物馆:《宁夏固原北周李贤夫妇墓发掘简报》,《文物》1985年第11期。

齐东方:《艺术奇葩——北齐娄叡墓壁画》,《瞭望》1991年第21期。

秦进才:《燕赵历史文化研究之二:北朝史与河北历史文化研究》,《第六届河北省社会科学学术年会论文专辑》,2011年。

邱忠鸣:《北齐佛像青州样式新探》,《艺术考古》2013年第1期。

渠传福:《山西朔州水泉梁北齐壁画墓发掘简报》,《文物》2010年第12期。

沙武田:《北朝时期佛教石窟艺术样式的西传及其流变的区域性特征——以麦积山第127窟与莫高窟第249、295窟的比较研究为中心》,《敦煌学辑刊》2011年第2期。

山西省考古研究所、忻州市文物管理处:《山西忻州市九原岗北朝壁画墓》,《考古》2015年第7期。

田兆元:《论北朝时期民族融合过程中的神话认同》,《上海大学学报》(社会科学版)2000年第3期。

仝建平:《近20年山西区域文化研究的回顾与反思》,《山西大同大学学报》(社会科学版)2010年第2期。

王翠萍:《北魏洛阳城的空间形态结构及布局艺术》,《西北建筑工程学院学报》1998年第9期。

王永平:《论北魏孝文帝任用南士及其对南朝文化之汲引》,《学习与探索》2009年第9期。

王志刚:《民族文化认同与北朝史官制度的发展》,《史学集刊》2009年第2期。

邢东升:《魏晋南北朝时期河北区域经学的时代差异与地域分异》,《南京农业大学学报》2011年第4期。

杨效俊:《东魏、北齐墓葬的考古学研究》,《考古与文物》2000年第5期。

尹申平:《西安发现的北周安伽墓》,《文物》2001年第1期。

袁志明:《北朝佛教信仰与民族文化认同》,《青海民族研究》(社会科学版)2001年第3期。

张金龙:《十六国北朝文化区的再认识》,《文史哲》1993年第3期。

赵向群:《魏晋五凉时期河西民族融合中的羌化趋势》,《西北师大学报》(社会科学版)1996年第1期。

赵一德:《云冈佛籁洞与北朝文化》,《文史哲》1989年第2期。

中国社会科学院考古研究所汉长安城工作队:《西安市十六国至北朝时期长安城宫城遗址的钻探与试掘》,《考古》2008年第9期。

中国科学院考古研究所洛阳工作队:《汉魏洛阳城初步勘查》,《考古》1973年第4期。

周积明:《论魏晋南北朝文化特质》,《江汉论坛》1989年第1期。

周伟洲:《魏晋南北朝时期北方的民族融合》,《社会科学战线》1990年第3期。

周伟洲:《胡汉体制与侨旧体制论——评朴汉济教授关于魏晋南北朝史研究的新体系》,《中国史研究》1997年第1期。

周伟洲:《从民族关系看魏晋南北朝隋唐时期的历史特征与地位》,韩国《历史学报》第38辑,1998年。

朱大渭:《魏晋南北朝文化的基本特征》,《文史哲》1993年第3期。

朱振华、颉玉娟:《魏晋南北朝时期艺术特征探析》,《太原大学教育学院学报》2013年第3期。

（二）国外部分

朴汉济:《北魏王权与胡汉体制》,韩国《震檀学报》1987年第64期。

朴汉济:《魏对外政策和胡汉体制——与统一体制指向相联系》,韩国《历史学报》1987年第116期。

朴汉济:《北魏洛阳社会和胡汉体制——以都城区划和住民分布为中心》,韩国《泰东古典研究》1990年第6期。

朴汉济:《西魏北周时代胡姓的重行与胡汉体制——向"三十九国九十九姓"姓氏体制回归的目的和逻辑》,《北朝研究》1993年第2期。

朴汉济:《西魏北周时代的赐姓与乡兵的府兵化》,《历史研究》1993年第4期。

朴汉济:《西魏北周时代胡汉体制的展开——胡姓重行的经过与其意义》,韩国《魏晋隋唐史研究》创刊号,1994年。

后　　记

　　当我在电脑键盘上敲下最后一个字符时，不仅没有如释重负的感觉，相反不禁思绪万千，心情久久不能平静，因为其间的经历颇多，风风雨雨实在难以言表。这部脱胎于博士学位论文的书稿经过十余载反复修改终于将要付梓，同时值得欣慰的是此稿与当年博士学位论文已迥然不同，有了较大的提升。但是其中可能还存在诸多不足，祈请诸位专家学者不吝指正。

　　值书稿即将付梓之际，我还要谈谈自己的求学经历，因为我们"50后"的一代当年求学之艰辛实在是当今年轻学子难以想象的。当我需要受到高等教育之时，大学之门对于我这类"狗崽子"是关闭的，于是乎只能在父辈的指导下自学。由此让我回想起若干年前一位台湾学者的发问：你们大陆的这一代为何多是沿袭父辈治学？前文正可做一诠释。而我的治学之路更是可以说是"荆棘丛生"，恢复高考制度之后又由于诸多原因，直至1994年我才师从著名民族史专家马驰教授攻读硕士学位，走上了治学之路，并在中古史研究方面做出了微小的贡献。

　　对于我取得的这点成果首先应该感谢两位恩师，一位是我的硕士导师马驰教授。驰师学术治学严谨，为我的第一篇读书札记、第一篇学术论文逐字逐句地修改，指出其中的诸多不足，这些虽然已过去二十多年，但是仍然历历在目。再一位是我的博士导师贾二强教授，我与二强师的关系与其他老师又有所不同。人们常说"良师益友"，我以为自己与二强师的关系才可以称得上是真正的良师益友。十余年前，承蒙二强师不弃，忝列门墙。由于二强师学识渊博，治学严谨，即便资质鲁钝、悟性不高的我，经过此后的三年半的学习，在学业上取得了较大的进步。除了学业之外，二强师为人正直、仗义执言、秉公办事的为人处世风格，也使我获益甚多。二强师还在百忙之中阅读了这部书稿，并撰写了序言，提出了中肯的建议。在此对于两位恩师再次表示深深的谢意！

再一位对于我的一生产生巨大影响的是先父黄永年教授，是他老人家首先将我领入学术的殿堂。记得在"读书无用论"盛行的动荡时期，他老人家就让我阅读了《通鉴纪事本末》《明史纪事本末》等传世文献及名家的学术著述，还在版本目录学方面对我多加指教，这些都为我以后从事历史教学及研究打下了坚实的基础。在我进入学术之门后，虽然他老人家对于我的学业没有过多地做具体的指导，甚至可以说对于我的学术研究成果有些苛刻，但是给我指出了明确的治学方向。虽然先父去世已逾十载，但是他老人家渊博的学识、严谨的治学态度、独特的学术视角、优雅而深邃的行文布局，使我终身受益。

还要感谢挚友辛德勇教授，我与他相识已逾三纪，每当我在学业上困惑之时他都给予我诸多鼓励及指教。华南师范大学曹旅宁教授也在学业上给予了许多帮助，还有我的博士学位论文答辩委员周伟洲、杜文玉、袁林、侯甬坚、陈锋、吕卓民教授在答辩过程中对于我的论文提出了许多中肯的批评建议，在此致以诚挚的谢意！还要感谢海内外诸多师友在文史研究方面给我的帮助及指教，不过限于篇幅不便一一列名致谢。此外，陕西师范大学的各位师友对于我的学业也多有帮助，又承蒙陕西师范大学人文学部的各位专家教授对我的这部书稿不弃，通过了我申报的2017年陕西师范大学度优秀著作出版资助。学院的各位领导不仅在学术上对我不断加以督促，还在出版经费上给予了大力支持。在此一并致谢！再有中国社会科学出版社的郭沂纹副总编辑、宋燕鹏编审为此书的编辑出版更是付出了极大的艰辛，实在让我感动，在此表示由衷的感谢！

最后，感谢我的母亲、妻子及小女。母亲辞世虽然已近二载，但是在我少年乃至青年时代的"文化大革命"动乱之时，仍然引导我走上了正确的人生轨道，对于我在为人处世方面教育颇多。妻子秦西玲也默默地承担了诸多家务，为我腾出不少时间。小女若琰不论是在美国留学攻读博士学位期间，还是在香港大学任教之时，不断地与我通电话，发微信，与我相约共同努力，不断地激励着我。因此说没有她们的支持和鼓励，这部书稿也是不可能最终完成并付梓的。

黄寿成　谨记
2017年10月16日